beck'sche reihe

bsr

Dieses von dreiunddreißig Fachgelehrten aus aller Welt verfaßte Lexikon gibt in rund 600 Artikeln Auskunft über die bedeutendsten Historiker. Es führt ein in Leben, Werk und Wirkung. Jedem Artikel sind bibliographische Hinweise zugeordnet. So wird ein Überblick über die Entwicklung der Geschichtswissenschaft von der Antike über das Mittelalter hin bis zur wissenschaftlichen Begründung der Geschichtsschreibung im 18. Jahrhundert und ihrer fachlichen Ausbildung im 19. und 20. Jahrhundert vorgelegt.

Die Herausgeber:
Rüdiger vom Bruch, geb. 1944, ist Professor für Wissenschaftsgeschichte an der Humboldt-Universität zu Berlin.
Rainer A. Müller, geb. 1944, ist Professor für Geschichte der Frühen Neuzeit an der Universität Eichstätt-Ingolstadt.

Historikerlexikon

Von der Antike bis zur
Gegenwart

Herausgegeben von
Rüdiger vom Bruch und
Rainer A. Müller

Verlag C.H. Beck

Die erste Auflage dieses Buches erschien 1991.

Die Deutsche Bibliothek – CIP-Einheitsaufnahme

Ein Titeldatensatz für diese Publikation ist bei
Der Deutschen Bibliothek erhältlich

Originalausgabe

2. überarbeitete und erweiterte Auflage, München 2002

Gesamtherstellung: Druckerei C. H. Beck, Nördlingen
Umschlagbilder: vorne: Thukydides – Photo: AKG, Berlin; Jacob Burckhardt.
Leopold v. Ranke – Photo: AKG, Berlin; Marc Bloch.
Rückseite: Aventinus – Photo: AKG, Berlin, Hans Rosenberg.
Umschlagentwurf: +malsy, Bremen
Printed in Germany
ISBN 3 406 47643 0

www.beck.de

Inhalt

Nicht nach ihrer Zahl, sondern nach ihrem Gewicht sollen sie beurteilt werden. (Marcus Tullius Cicero)

«Ich wünschte mein Selbst gleichsam auszulöschen, um nur die Dinge reden zu lassen.» (Leopold von Ranke)

Geschichte ist «die geistige Form, in der eine Kultur sich Rechenschaft über ihre Vergangenheit ablegt». (Johan Huizinga)

Vorwort

Erinnerungsvermögen hat die kulturelle Dimension menschlicher Existenz immer schon begleitet und mehr oder minder stark geleitet. Individuen erinnern sich ebenso wie Familien, Sozialverbände, Nationen und Kulturkreise. Identität, Vergewisserung des jeweiligen Standorts und Maximen der Zukunftsgestaltung sind untrennbar mit einer in historischer Arbeit sich erschließenden Spurensuche verknüpft. Solche Spurensuche als ein verfügbares kollektives Erinnerungsvermögen stellt sich von Epoche zu Epoche, in den verschiedensten Sozialgruppen und Nationen unterschiedlich dar und erfüllt durchaus verschiedene Funktionen. Mythenerzähler, die vergangenes Wissen als Tiefengeheimnis tradieren, Chronisten, die Rechenschaft ablegen, Geschichtsschreiber, die das Wissen um Vergangenes in theologischer, nationalpolitischer oder parteigebundener Absicht nutzbar zu machen suchen, Historiker, die mit dem Anspruch wissenschaftlich verbürgter Exaktheit das kollektive Gedächtnis professionalisieren und damit zwischen Erinnerung und Verfügbarkeit das Pathos objektivierbarer Distanz legen.

Erst das neuzeitliche Wissenschaftsverständnis ermöglichte die Entfaltung einer eigenständig profilierten Geschichtswissenschaft, ein Wort, das sich erstmals 1752 bei J. M. Chladenius findet. Doch Historiker hat es seit dem Altertum in allen Kulturkreisen gegeben. In unserer von raschem Wandel geprägten und vielfach kurzatmigen Gegenwart scheint wissenschaftlich reflektierter Erinnerung, gegenwartsdeutender Traditionsaneignung erhöhte Bedeutung zuzukommen. Damit einher geht eine verstärkte Hinwendung zur Historiographiegeschichte, wie die in den letzten Jahren in rascher Folge vorgelegten Publikationen zur Geschichte der Geschichtswissenschaft belegen.

Gleichwohl fehlte bislang ein Nachschlagewerk, das in raschem Zugriff über die Männer und (bislang noch kaum) Frauen orientiert, welche das Geschichtsdenken zu ihrer Zeit beeinflußt und geprägt haben, denen die historische Forschung maßgebliche oder doch wichtige Impulse verdankt, die innovativ oder repräsentativ wirkten. Diese Lücke sucht das vorliegende biographische Lexikon zu schließen. Nicht eine Literaturgeschichte der Historiographie ist sein Inhalt, sondern anhand bio-bibliographischer Lemmata sollen wichtige Persönlichkeiten mit ihrem Œuvre vorgestellt werden, die in Antike, Mittelalter, Früher Neuzeit und Moderne, in verschiedenen Nationen und Kulturkreisen die Geschichtsschreibung wesentlich geprägt haben. Dabei ließen das vorgegebene Buchformat und die notwendige Validität der Artikel nicht mehr als 600 Biographien zu, die in einem gewissen Proporz auf die verschiedenen Länder und Perioden verteilt wurden, wobei die Autoren innerhalb des mit ihnen vereinbarten Raumkontingents eigene Akzente setzten. Einige gewichten vorwiegend nach der Prominenz der von ihnen dargestellten Historiker, andere betonen stärker heute wenig bekannte, zu ihrer Zeit und in ihrem Bereich aber paradigmatische Persönlichkeiten, wieder andere lenken den Blick auf Außenseiter, denen die Geschichtsforschung wichtige Impulse verdankt oder führen in Kulturkreise und Länder ein, die aus unserem Gesichtskreis zu schwinden drohen. Aus dem Leser- und Benutzerinteresse heraus setzten die Herausgeber einen deutlichen Schwerpunkt auf die moderne Geschichtswissenschaft seit ca. 1750, berücksichtigten sie vorwiegend die europäischen Länder, gewährten sie hier wiederum deutschen Historikern einen größeren Raum, ohne darum Wertungen vorzunehmen. Ausschlaggebend waren vielmehr pragmatische Überlegungen.

Die von internationalen Fachleuten verfaßten Lemmata beinhalten neben einer knappen Biographie die wichtigsten Arbeiten der aufgenommenen Historiker (in ihren gängigen Editionen) und leisten eine wissenschaftliche «Verortung» von Autor und Werk. Durchgängig beigefügte Literaturhinweise erleichtern einen intensiveren Zugang.

Hauptintention eines Lexikons im Taschenbuchformat ist die «Handlichkeit» seiner Informationen, die Stringenz der Stichworte bzw. Lemmata. Neuartig an diesem «Historikerlexikon» dürfte die weltweite Auswahl der Biographierten sein. Viele wird man in diversen Nachlagewerken finden, freilich nur begrenzt in kompetenter Darstellung, viele lassen sich allenfalls über die Spezialliteratur eruieren.

Querverweise stellen Bezüge zu weiteren, im Register mit Lebensdaten aufgeführten bzw. mit einem eigenen Artikel vertretenen Historikern her.

Erhebliche Probleme bereiteten die Auswahl der Historiker und die Aufteilung des begrenzten Raumes. Grundsätzlich wurden nur bereits verstorbene Historiker berücksichtigt. Auswahl und Gewichtung der aufgenommenen Historiker erfolgten in engster Abstimmung mit den von den Herausgebern gewonnenen Autoren. Während die Herausgeber Kontingente für einzelne Epochen und Länder gemäß einem Verteilungsschlüssel festlegten, der Verzeichnungen zu meiden und die verschiedenen Kulturkreise angemessen zu berücksichtigen sucht, besaßen die Autoren für den von ihnen bearbeiteten Bereich in Auswahl und Gewichtung erheblichen Spielraum. Wir hoffen, damit dem jeweiligen Forschungsstand und spezifischen Relevanzkriterien Rechnung zu tragen und über den lexikographischen Zuschnitt hinaus historiographiegeschichtliche Akzente setzen zu können.

Dem Hauptteil des Lexikons, der die Artikel über die einzelnen Historiker enthält, folgt eine tabellarische Übersicht in chronologischer Reihenfolge.

Zu danken haben wir vor allem dem Verlag, der dieses Unternehmen angeregt und mit großem Engagement gefördert hat, insbesondere seiner Lektorin Frau Dr. Christine Zeile. 1991 ist das Historikerlexikon erstmals erschienen. Sämtliche Artikel wurden für diese Neuauflage durchgesehen und, soweit erforderlich, aktualisiert. Neu aufgenommen wurden ca. 70 Historiker, überwiegend im vergangenen Jahrzehnt Verstorbene, daneben erstmals einige afrikanische sowie weitere britische und französische Historiker. Ferner einige Personen, deren geschichtswissenschaftliche Bedeutung erst kürzlich deutlich wurde. Nicht zuletzt den Rezensenten der Erstauflage danken wir für wichtige Hinweise. Die Neuaufnahmen spiegeln auch jüngste historiographiegeschichtliche Akzentsetzungen. Wir danken den bisherigen Autoren für die Mühen der Überarbeitung und den neu gewonnenen Autoren für ihre Mitarbeit.

Rüdiger vom Bruch/Rainer A. Müller

Berlin/Eichstätt
Februar 2002

Abdur-Rahman Scheref (1853–1925). Wurde Lehrer u. erteilte 42 Jahre lang Gesch.unterricht am Galata-Serail, wurde 1892 Direktor der dortigen Schule, unter den Jungtürken 1908 Unterrichtsminister u. im April 1909 zum letzten Reichsgesch.schreiber ernannt – das Amt verschwand mit der Abschaffung des Sultanats (1.11.1923) durch Kemal Atatürk; 1910 Gründer der *Revue historique publiée par l'Institut d'Histoire Ottomane* in Istanbul; Herbst 1918 Minister für religiöse Stiftungen, Nov. 1919 wieder Unterrichtsminister. Leiter der Gesellschaft für osman. Geschichte u. des Roten Halbmondes.

S. schrieb eine *Osmanische Geschichte,* die als erste wiss. Gesch. des Sujets aus türk. Feder gilt, und war um pragmatische Darstellung bemüht, bes. für die Zeit nach 1839 (Beginn der «Tanzimat»-Reformperiode mit Öffnung zu weltlicher Kultur, auch politisch) mit eigenen Forschungen. Sein Werk wurde unter Atatürk gekürzt als Schul-Lehrbuch verwendet. S. verfaßte ferner eine *Weltgeschichte,* die säkularistisch aufklärend für ein weitgehend traditionsverhaftetes Publikum wirkte, ferner viele biograph. Art. in der o.a. «Revue».

Ausg.: Siehe F. Babinger, Die Geschichtsschreiber der Osmanen und ihre Werke, L 1927, S. 406. *B. R.*

Abel, Wilhelm (1904–1985), Handwerkersohn aus Pommern, promovierte 1929 bei dem Schmoller-Schüler August Skalweit zum Dr. rer. pol., habilitierte sich ebenfalls bei diesem 1935 für Volkswirtsch.lehre in Frankfurt a.M., übernahm 1942 eine entsprechende Prof. in Königsberg u. 1947 den Lehrst. f. Agrarpol. in Göttingen, den er 1964 mit dem auf sein Drängen errichteten Ordinariat f. Wirtsch.- u. Soz.gesch. ebendort tauschte. Als einer der letzten Vertreter der Histor. Schule der Nationalökonomie führte A. deren zugleich induktive u. deduktive Konzeption zu einem neuen Höhepunkt insbes. auf dem Gebiet der Wüstungs- u. Agrargesch. sowie der agrar. Konjunktur- u. Armutsforsch. Seine Ergebnisse u. Vorstellungen über vorindustrielle Zyklen u. Epochen bestimmten lange nicht nur die (west-)dt. Forsch., sond. strahlten auch nach Fkr., Ital., Span., Großbr., USA u. selbst Jap. aus, bis die Hist. Anthropologie u. Neue Kulturgesch. wesentl. Revisionen u. Ergänzungen erarbeiteten.

HW: Die Träger des deutschen Getreidehandels, Ffm 1929; Die Wüstungen des ausgehenden Mittelalters, Jena 1943, 3. Aufl. Ffm 1967; Massenarmut u. Hungerkrisen im vorindustriellen Deutschland, Göttingen 1974 u.ö.
Lit.: K.H. Kaufhold u.a. (Hg.), Theorie u. Empirie in Wirtschaftspolitik u. Wirtschaftsgeschichte. W. A. zum 80. Geburtstag, Göttingen 1984; VSWG 73 (1986), 297–300. *W. W.*

Acton, John Emerich Edward Dalberg (1834–1902). 1869 zum Lord erhoben. Einer der gelehrtesten Männer seiner Zeit, wirkte A., der erst 1895 eine Prof. (als ↑Seeleys Nachfolger auf dem Regius Chair in Cambridge) erhielt, vor allem als Lehrer, Essayist und Briefpartner. Er veröff. kein einziges Buch; seine Texte wurden erst nach seinem Tode gesammelt ediert (*Lectures on Modern History,* Lo 1906; *Historical Essays and Studies,* Lo 1907 u.a.). Der liberale Katholik A. war stark von dt. Kultur beeinflußt (1850–58 hatte er auf dem Kontinent stud., haupts. bei ↑Döllinger in München, mit dem er einen umfangreichen Briefwechsel führte, der in 3 Bdn. publiziert wurde). Nachdrücklich verpflichtete er die brit. Gesch. auf die Wissenschaftlichkeit der ↑Ranke-Schule. Wie kein zweiter verstand es A., die Historiker von der Bedeutung ihrer Mission u. die brit. Öffentlichkeit von der sozialen Relevanz der Historie zu überzeugen. Er war in erster Linie Anreger und Programmatiker. Eine geplante große ‹History of Liberty› blieb ungeschrieben; Als Regius Prof. befaßte sich A. vor allem mit der Konzeption der *Cambridge Modern History* (3 Bde., 1902–11).

Lit.: R. Hill, Lord Acton, New Haven 2000. *J. O.*

Adam von Bremen (gest. vor 1085). Aus Ostfranken stammend, besuchte er vielleicht gleichzeitig mit ↑Lampert von Hersfeld die berühmte Bamberger Domschule. Um 1066/67 nahm ihn Erzbischof Adalbert (†1072) als Kanoniker ins Domstift Bremen auf. Im Anschluß an eine Reise für Missionsinteressen des Erzbistums Hamburg-Bremen zu König Sven Estridsson von Dänemark ist A. 1069 urkundlich als Domscholaster (Magister) bezeugt. Nach dem Tod Adalberts verfaßte A. seine später weitverbreitete (22 Hss.) *Hamburger Kirchengeschichte,* die er 1075/76 dem neuen EB Liemar widmete, aber an einem (verlorenen) Exemplar noch bis um 1081 weiterarbeitete. In der im frühen MA wurzelnden Tradition von Bistums- und Abtei-Chroniken – in Form von Gesta der Bischöfe bzw. Äbte (z. B. von Metz, Lüttich usw.) nach dem Vorbild der Papst-Gesten im *Liber Pontificalis* – nehmen A.s Gesten einen bes. Platz ein als erste Gesch. der fast 300jährigen Kirche von Hamburg, die seit Ansgar im 9. Jh. mit dem Bistum Bremen zusammenwuchs (906/908 Vereinigung päpstlich dekretiert). Buch III enthält die Biographie Adalberts, des ehrgeizigen geistlichen Reichsfürsten und Erziehers Heinrichs IV., mit beachtlicher, auch kritischer Charakterisierungskunst, getragen von reichstreuer Gesinnung. Buch IV erweist A. als «Tacitus des germ. Nordens»: Es bietet eine *Descriptio insularum aquilonis,* hist. Landeskunde jener Inseln Nordeuropas, auf die sich Missions- und kirchenpolit. Patriarchatsansprüche des Erzbistums richteten. Das Werk bezeugt in der Verarbeitung antiker und ma. historiographischer wie urkundlicher Quellen, mündlicher Berichte (z. B. König Svens) und sagenhafter Traditionen typische ma. Schulbildung auf hohem Niveau.

Ausg.: Gesta Hammaburgensis ecclesiae Pontificum, hg. und übers. von W. Trillmich (Ausgew. Quellen zur dt. Gesch. des MA, hg. von R. Buchner Bd. XI), Darmstadt 1961, 137–503 (Einl. u. Text).
Lit.: LMA 1, Sp. 107 (F.-J. Schmale); G. Theuerkauf, Die Hamburgische Kirchengeschichte A.s v. B. Über Gesellschaftsformen u. Weltbilder im 11. Jh. In: Historiographia Mediaevalis, FS f. F.-J. Schmale, hg. v. D. Berg/H.-W. Goetz, Darmstadt 1988, 118–137; A. Heine, Hg., A. v. B., Geschichte der Erzbischöfe von Hamburg. Aus dem Lateinischen übersetzt, Essen 1986; J. Janson, Templum nobilissimum, Adam av Bremen, Uppsalatemplet och konfliktlinjerna i Europa kring ar 1075, Göteborg 1998. *L. B.*

Adams, Herbert Baxter (1850–1901). A., geb. in Shutesbury, Mass., studierte am Amherst C., in Berlin u. in Heidelberg (Dr. phil. 1876). Dieses dt. Studium wurde bedeutend für die amer. Gesch.schr. durch A.s Tätigkeit an der Johns Hopkins U. (seit 1878). A. richtete ein Seminar ein, bildete eine Gruppe von einflußreichen Historikern aus u. vermittelte die Theorie und Praxis der dt. Gesch. wiss. In seiner Interpretation der amer. Gesch. war er ein Advokat der «Germanist thesis», die die Entwicklung der freiheitlichen demokratischen Selbstverwaltung auf die germ. Dorfgenossenschaft zurückführte. Über

Engl. kam der Keim für diese Entwicklung nach Neuengland, dem Geburtsort der amer. Demokratie (daher auch «germ theory» genannt). Diese These förderte die Untersuchung der polit. institutionellen Strukturen der frühen amer. Siedlungen. A.s Werke über *The Germanic Origin of New England Towns* (Baltimore 1882) u. amer. Parallelen zu ma. angelsächs. Institutionen waren vorbildlich. Im übrigen widmete sich A. der Förderung der Gesch.forschung, veröff. ein Werk über einen amer. Pionier einer exakteren Gesch.schr. u. war ein Gründer u. die treibende Kraft der American Historical Association (1884). A. betonte den staatsbürgerlichen Wert der Gesch. Seine Gesch.interpretation wurde bald widerlegt, aber sein Verdienst um die am. Gesch.wiss. blieb unvermindert.

Lit.: Herbert B. Adams: Tribute of Friends, Baltimore 1902; American Masters of Soc. Sciences, hrsg. v. H. W. Odum, NY 1927, 99–127. *E. B.*

Alföldi, András (1895–1981), prom. trotz seiner Teilnahme am I. Weltkrieg schon 1919 in Budapest u. wirkte als Prof. der Alten Gesch. (o. ä.) in Debrecen (1923/29), Budapest (1930/47), Bern (1948/52), Basel (1952/55) u. Princeton (1955/65). Die Flucht aus Ungarn schnitt ihn von seinen umfangreichen provinzialröm. Forschungen zum zentralen Donauraum ab.

Mit bes. Schwerpunkt in der Numismatik förderte A. alle Epochen der röm. Gesch. So widmete er sich intensiv den Anfängen Roms und Latiums, der rep. Münzprägung, der Spätrepublik u. Entstehung der 2. Monarchie in Rom, ↑Caesar u. Octavian, der Entwicklung Pannoniens u. Daciens, der Krise des 3. Jh. n. C., der Spätantike mit bes. Gewicht auf dem Sieg des Christentums u. den rel. Konflikten dieser Zeit, der ↑Historia Augusta, den Steppenvölkern, der Herrschaftssymbolik in der Antike u. a. m. Nicht nur zu diesen Themen publizierte er zahlreiche, oft grundlegende Monographien u. Aufsätze. A. verband dabei eine erstaunliche, umfassende Kenntnis sowohl der schriftl. QQ wie auch der archäol. u. numismat. Denkmäler und eine große Arbeitskraft bis ins hohe Alter mit der Fähigkeit, bedeutsame, originelle u. fruchtbare Fragen zu stellen u. ebenso zu beantworten. Mit vom Zeitgeist nicht verführbarer Eigenwilligkeit erschloß er der Gesch. wichtige Problemfelder, die zwischen den üblichen Spezialisierungen liegen. A. war Mitglied u. Ehrenmitglied vieler wiss. Institutionen, u. a. des Ordens «Pour le Mérite».

Lit.: G. Alföldy, in: Gnomon 53, 1981, 410–414; J. Heurgon, J.-B. Giard u. A. Chastagnol, in: Journ. d. Savants 1981, 197–227; J. F. Gilliam, F. Kolb u. a., Andrew Alföldi 1895–1981, Princeton 1982 (WV); K. Christ, Neue Profile der Alten Geschichte, Da 1990, 8–62. *H. W.*

Al-Tabari (Abu Dschafar Muhammad Ben Djani) (839–923). Geb. in Amol (Tabaristan am Kasp. Meer), Wunderkind: Konnte angebl. mit 7 Jahren den Koran auswendig. Reiste mit den Mitteln des Vaters nach Bagdad, Syrien, Ägypten und dann nach Hause zurück. War ein stiller Gelehrter, der Beamtenstellen ausschlug, um sich seinen enzyklop. Interessen zu widmen: neben Gesch. Theol. u. Poesie, Ethik, Lexikographie u. Grammatik, Mathematik und Medizin. Starb in Tabaristan.

Sein Werk ist nur teilweise erhalten. So auch das bedeutendste, die Weltgesch., die die Zeit ab den Propheten bis zum Juli 915 behandelt. 963 wurde das Werk auf Veranlassung des samanidischen Wesirs (Samaniden = regionale Dynastie in Samarkand im 10. Jh., faktisch unabhängig von den Kalifen, für die Wiedergeburt persischer Kultur nach dem Arabersturm verdienstvoll) oder von diesem selbst aus dem ursprüngl. Arab. ins Pers. übersetzt. Es folgten auch türk. Bearb.

Das Werk stützt sich auf mündliche Überl., die Al-Tabari teilweise auf seinen Reisen von Autoritäten aufnahm. Al-Tabari sammelte auch sich widersprechende Informationen, ohne für die Glaubwürdigkeit einer Version die Verantwortung zu übernehmen. Daher bietet das unprätentiös, aber nicht trokken geschr. Werk eine hervorragende Materialsammlung, u.a. eine auch für Nicht-Moslems gut lesbare Biographie des Propheten Mohammed. Al-Tabari gilt als das Muster des Arabisch schreibenden Persers (ab 10. Jh. dann erneuter Aufschwung der genuinen pers. Lit. u. Historiographie).

Ausg.: C.A. Storey, Persian Literature, Bd. 1, Lo 1970, S. 61 f. s. auch: Brockelmann, Gesch. d. arab. Lit., Lei 1943, Bd. 1 (1943), S. 148 f. (Ausw. aus der Weltgesch. in franz. Sprache [6 Bde.] bei: Editions Sindbad, Paris 1982): The history of al-Tabari, Bd. 5: The Sasanids, the Byzantines, the Lakhmids, and Yemen, transl. and annot. by C.E. Bosworth, Albany 1999. *B.R.*

Altheim, Franz (1898–1976), war ein bes. fruchtbarer Außenseiter. Er prom. 1924 (bei H.v. Armin) über die Politik des ↑Aristoteles, habil. sich 1930 (bei W.F. Otto) über griech. Götter in Rom, war ab 1936 Prof. für Alte Gesch. in Halle, 1949–1964 an der FU Berlin. A.s bedeutendste Leistung liegt in der wesentlichen Erweiterung der althist. Horizonte nach innen durch die Verfolgung rel.- und kulturhist. Probleme (z.B. *Literatur und Gesellschaft im ausgehenden Altertum* 1948/50; *Röm. Religionsgesch.* 1931/3, 1938, 1951/3, 1956; *Geschichte der lat. Sprache* 1951) sowie vor allem nach außen durch die Einbeziehung der oriental. und asiat. (Rand-)Kulturen in die Gesch. der (bes. röm.) Antike (*Die Krise der Alten Welt* 1943 bzw. *Niedergang der Alten Welt* 1952; *Weltgesch. Asiens im griech. Zeitalter* 1947/8; *Ein asiat. Staat: Feudalismus bei den Sasaniden u. ihren Nachbarn* 1954; *Geschichte der Hunnen* 1959/62; *Die Araber in der Alten Welt* 1964/69; *Geschichte Mittelasiens im Altertum* 1970; *Christentum am Roten Meer* 1971/3). A. verdeutlichte in diesen Arbeiten die Einheit des vorderasiat.-abendl. Kulturraumes und seine Beziehungen nach Innerasien; er betonte die Bedeutung der Reiternomaden für die Gesch. dieses Raumes. In seinen *Epochen der röm. Gesch.* (1934) versuchte er eine originelle Neugliederung. Anregungen u. Vermarktung lagen freilich oft zu nahe beieinander; die Anregungen werden bleiben.

Lit.: G. Sanders, in: Gnomon 50, 1978, 789 ff.; E. Merkel, Bibl. Franz Altheim, in: R. Stiehl u. H.E. Stier (Hrsg.), Beiträge z. Alten Gesch. u. deren Nachleben, FS Altheim, B 1970, 390–426; K. Christ, Röm. Gesch. u. deutsche Gesch.-wiss., Mn 1982, 246–254. *H.W.*

Amari, Michele (1806–1889), kam in Palermo zur Welt und wuchs in einem antiaristokratischen, frankophilen und von Voltaireschen und agnostischen Ideen durchdrungenen kulturellen Ambiente auf. 1842 veröff. er in Palermo *Un periodo delle Istorie siciliane del Secolo XIII* (ab der 2. Ausg., P 1843, u.d.T. *La guerra del Vespro Siciliano*), wo er den Volkscharakter der antiangioinischen Bewegung darlegte. Das Buch hatte auf Grund seiner nach Unabhängigkeit strebenden Ideale einen enormen Erfolg und erschien den bourbonischen Herrschern sofort gefährlich.

A. flüchtete nach Paris und begann Arabisch zu studieren, um seine Forschungen über die sizilian. Gesch. zu vertiefen. Er nahm mit Mazzini Kontakt auf und verfaßte die ‹Introduzione› zu der bis dahin unveröff. Schr. von Niccolò Palmieri, dem «Saggio storico politico sulla Costituzione del Regno di Sicilia» (Lausanne 1847). 1848 kehrte er nach Sizilien zurück, doch das Scheitern der Revolution regte ihn dazu an, wieder nach Paris zu gehen, wo er seine Studien fortsetzen konnte. Schließlich veröff. er seine dreibändige *Storia dei mussulmani in Sicilia* (Fi 1854–72), die von Pessimismus und hist. Fatalismus durchdrungen ist. 1859 kehrte er nach Italien zurück, bekleidete wichtige öffentliche Ämter und wurde 1861 zum Senator des ital. Reiches ernannt.

Lit.: Centenario della nascita di Michele Amari, Palermo 1910; V. E. Orlando, M. Amari e la storia del Regno di Sicilia, in: Archivio storico siciliano, 50, 1930, pp. 1 ss.; R. Romeo, Amari Michele, in: Dizionario Biografico degli italiani, vol. II, R 1960, pp. 637 ss.; I. Peri, Michele Amari, Na 1976. *M. R. D. S.*

Amira, Karl von (1848–1930), kathol., seit 1910 konfessionslos. Nach jur. Studium in München Staatsexamen und 1873 Prom. mit der Diss. *Das altnorwegische Vollstreckungsverfahren.* 1874 Habil. mit der Untersuchung *Erbenfolge und Verwandtschafts-Gliederung nach den altniederdeutschen Rechten.* 1875–1892 Ordinarius für Rechtsgesch. in Freiburg, dann bis zum Lebensende in München.

A. widmete sich zwei großen Forschungsgebieten, einmal der nordischen Rechts.gesch., zum anderen der Rechtsarchäologie. Von seinen zahlreichen Veröffentl. erlangten besondere Publizität: *Die german. Todesstrafen* (1922), *Der Stab in der german. Rechtssymbolik* (1909) und *Nordgerm. Obligationsrecht* (1882).

Als führender Vertreter seiner Disziplin vertrat er die Ansicht, daß das Recht nur als «Kulturerscheinung» interpretierbar und nur aus dem Kontext der gesamten Kultur zu verstehen sei.

Sein *Grundriß des germ. Rechts* (1890) erfuhr bis in jüngere Zeit Neuauflagen.

Lit.: NDB I, 249; P. Puntschart, K. v. A. und sein Werk, 1932; HRG I, Sp. 146 ff.; H. Nehlsen, Karl von Amira (1848–1930): ein Gelehrtenleben. In: Karl von Amira zum Gedächtnis. Ffm. u. a. 1999, S. 9–22; P. Landau (Hrsg.), Karl von Amira zum Gedächtnis, Ffm. u. a. 1999 (Rechtshistorische Reihe, Bd. 206). *R. A. M.*

Ammianus Marcellinus (ca. 330–nach 395) entstammte einer Kurialenfamilie aus Antiochia am Orontes, trat in jungen Jahren in die ‹Garde› (protectores domestici) ein u. wurde 353 ‹Adiutant› des magister equitum Ursicinus, den er an der Perserfront und in Gallien begleitete; 357 wurde er wieder in den Orient versetzt, wo er uns noch 363 im Perserfeldzug Julians begegnet. Danach lebte er in Antiochia, unternahm mehrere Reisen (nach Ägypten, Griechenland, Thrakien u. a.) und übersiedelte wohl nach 378 nach Rom, wo er offenbar im heidnisch-gebildeten Symmachuskreis verkehrte, sein Gesch.werk verfaßte und starb. A. M. war Heide, aber gegen die relig. Probleme seiner Zeit einigermaßen indifferent.

Seine *Res gestae* beschreiben in 31 B., an ↑Tacitus anknüpfend, die Zeit zwischen Nerva (96) u. der Schlacht von Adrianopel (378); während er die ältere Zeit nur knapp abhandelte, umfassen die erhaltenen B. 14–31 die selbst erlebten Jahre ab 353. Das ursprünglich bis zum Tode Julians u. Jovians (B. 25) reichende Werk wurde nach der Publikation (um 391) erweitert um die 6 B. zu Valentinian I. und Valens (wohl bald nach 395 veröffentlicht). Die von A. M. benutzten QQ waren zu den erhaltenen Büchern wohl recht vielfältig u. bestanden zu großen Teilen aus dokument. Material (bes. relationes) u. Berichten von Zeitzeugen; inwieweit A. M. auch zeitgenöss. Gesch.werke benutzte, läßt er nicht erkennen. Sein Augenmerk galt der Reichsgesch., deren Zentrum Rom nicht mehr war, den Taten (u. Intrigen) der Kaiser, ihres Hofes u. der hohen Beamtenschaft; das Kriegsgeschehen wird breit und effektvoll geschildert. A. M. verband die annalist. Darstellung mit der zeitüblichen Kaiserbiographie; er besaß eine scharfe Beobachtungsgabe auch für Details, bes. bei der Charakterisierung von Personen, aber auch eine ‹barocke› Schilderungsfreude bei sehr ungenauer Wiedergabe von für uns wichtigen Fakten. Zu seinem gedrechselten, gesuchte Worte u. seltene Wendungen liebenden Stil paßt die Zurschaustellung seiner Gelehrsamkeit in Zitaten u. Exkursen. Die Bedrohung des Reiches beurteilte er gelassen u. ohne Überbewertung der ‹alten Zeit›. Für das 4. Jh. ist sein Werk die wichtigste historiograph. Quelle.

Ausg.: TA mit *Übers.:* W. Seyfarth, A. M., Röm. Geschichte, 4 Bde. B/Da [5]1983–[3]1986. – *Komm.:* J. Szidat, Historischer Kommentar zu A. M. Buch XX–XXI, Historia Einzelschr. 31, 38, 89, Wie 1977/96. *Lit.:* K. Rosen, A. M., Ertr. d. Forsch. 183, Da 1982; T. G. Elliot, A. M. and fourth century history, Toronto 1983.

H. W.

Andreas, Willy (1884–1967), Neuzeithistoriker, in dessen vielfältigem Werk das Zeitalter der Renaissance und der Reformation sowie das 18. u. frühe 19. Jh. Schwerpunkte bilden.

Der aus einer Karlsruher Bürgerfamilie stammende A. studierte seit 1903 u. a. in Berlin u. Heidelberg, wo er 1907 bei ↑E. Marcks, dessen Tochter Gerta er heiratete, mit einer Arbeit über *Die venezianischen Relazionen u. ihr Verhältnis zur Kultur der Renaissance* promovierte. Mit seiner *Gesch. der Verwaltungsorganisation u. Verfassung Badens 1802–1818* (1913) habil. er sich 1912 in Marburg. 1914 wurde A., der v. 1914–18 am Ersten Weltkrieg teilnahm, a. o. Prof. an der TH Karlsruhe, 1916 Prof. in Rostock, 1922 in Berlin, 1923 in Heidelberg, wo er bis 1945 mit beträchtlicher Resonanz forschte u. lehrte. A. galt in den 20er Jahren als liberaler Demokrat, war aber zugleich ausgesprochen national eingestellt u. engagiert für den Anschluß Österreichs. In der Endphase der Republik näherte er sich der «nationalen Opposition» an. 1932/33 Rektor, arrangierte er sich im Dritten Reich mit dem NS u. wurde 1946 aus dem Amt entfernt, 1948 wieder eingesetzt u. 1949 emeritiert; in der Folgezeit lehrte er bis 1959 in Tübingen und Freiburg.

Bedeutende Werke A.' sind das «eine Zeitenwende» thematisierende Buch *Dtl. vor der Reformation* (1932, 2. Aufl. 1959) u. *Das Zeitalter Napoleons u. die Erhebung der Völker* (1943, 2. Aufl. 1955), in dem Napoleon außenpolitisch als Angreifer, innenpolitisch als erster moderner Diktator dargestellt wird. – Neben Arbeiten zur venezianischen Gesch. sind *Wandlungen des großdtn. Gedankens,* 1924; *Kämpfe um Volk u. Reich,* 1934, zu nennen.

A. schrieb beeinflußt v. ↑E. Marcks literarisch ambitionierte biograph. Portraits, so die Essays *Geist u. Staat* (1922; 4. Aufl. 1940), außerdem *Richelieu* (1941, 1958) u. die unvollendete Biogr. *Carl August v. Weimar. Ein Leben mit Goethe.* 1757–83 (1954), dessen

Briefwechsel (Bd. I, 1954) er herausgab. Im Rahmen der Friedrichsruher Ausgabe der «Gesammelten Werke» Bismarcks ed. A. die *Gespräche* (3 Bde. 1924–26); eine kommentierte Auswahl dieser «Gespräche» gab er 1963–65 heraus. A. war Mithrsg. des biogr. Werks *Die großen Deutschen* (1935 f.).

Das Werk A.' ist charakteristisch für eine ästhetisierende Gesch.schr., die sich teils mit liberalen, teils mit nationalen Orientierungen verband.

Lit.: D. Hauck: Verz. der Schriften v. W. A. In: ZGO 105, 1957, S. 295–324; F. Facius: W. A. In: HZ 207, 1968, S. 525–528; Ch. Jansen: Professoren u. Politik. Polit. Denken u. Handeln der Heidelberger Hochschullehrer 1914–1935, Göttingen 1992. *B. F.*

Andrews, Charles McLean (1863–1943). A., in Wethersfield, Conn., geb., studierte am Hartford Trinity C. u. an der Johns Hopkins U. (Ph. D. 1889), wo er von ↑H. B. Adams textkritisches Forschen u. die Bedeutung der Institutionen lernte. Trotz zunehmender Taubheit wurde er Professor der G. am Bryn Mawr C. (1889–1907), an der Johns Hopkins U. (bis 1910) und Yale U. (bis 1931). Seine Diss., *The Rivertowns of Connecticut* (Baltimore 1889), widersprach der damals vorherrschenden «Germanist thesis». Sein Stud. der engl. Gesch. überzeugte A. davon, daß die amer. Revolution nicht wie bisher als ein im gesch. Plan vorgesehenes Ereignis, sondern als das Resultat einer langen institutionellen Sonderentwicklung der amer. Kolonien im Rahmen des engl. Weltreiches verstanden werden mußte. Damit wurde A. (mit ↑H. L. Osgood) ein Pionier jener amer. Kolonialgesch., die wegen ihrer Betonung der engl. imperialen Strukturen als Entwicklungsrahmen oft «imperial school» genannt wurde. *Colonial Self Government 1652–89* (NY, 1904) brachte eine frühe Formulierung der These, *The Colonial Background of the American Revolution* (NH 1924) eine präzisere und *The Colonial Period of American History* (4 Bde., NH 1934–38) die ausgereifte. Damals aber hatte sich die amer. Gesch.wiss. schon von A.s Interpretation als zu pol. institutionell ab- u. einer mehr ökon. und sozialen zugewendet. A. gab Inventare für amer. Quellen in englischen Archiven u. die *Yale Historical Series* heraus.

Lit.: A. S. Eisenstadt: C. M. A., NY 1956. *E. B.*

Angermann, Erich (1927–1992), leistete einen wesentl. Beitrag dazu, nach 1945 die amerik. Geschichte als eigenst. Feld der Gesch.schr. in Dtl. zu etablieren.

Zunächst lag sein Forschungsschwerpunkt jedoch in einem anderen Bereich. Der aus München stammende A. promovierte 1952 in seiner Vaterstadt bei ↑F. Schnabel mit einer Arbeit über *Karl Mathy als Sozial- u. Wirtschaftspolitiker* (1952; ungedruckt, gekürzt veröffentlicht in: ZGO 103, 1955, S. 499–622). Auch seine 1962 publizierte Habil.schr. handelte vom südwestdt. Liberalismus des 19. Jhs. A. untersuchte darin Leben u. Werk von *Robert von Mohl (1799–1875)*. A. gelang ein überaus kenntnisreiches u. umfassendes Bild des vielseitigen Liberalen, der als Gelehrter, Publizist sowie als Politiker wirkte.

In mehreren längeren Aufsätzen hatte A. sich zu diesem Zeitpunkt daneben mit Problemen der amerik. Gesch. des 19. u. 20. Jhs. beschäftigt. 1959/60 war außerdem in der Reihe Quellen- und Arbeitshefte für den Gesch.unterricht sein *Aufstieg der Vereinigten Staaten von Amerika* erschienen. 1963 erhielt er einen Ruf auf den Lehrstuhl für Anglo-Amerik. Gesch. in Köln, der ersten fakt. Professur für amerik. Gesch. in der BRD (seit 1955). Von dieser Position aus war A. fast 30 Jahre als Lehrer, Forscher u. Wiss.organisator tätig.

Auch in seinen Kölner J. hatte A.s wissenschaftl. Werk mehrere Schwerpunkte. Neben Studien zur dt. Rechts- u. Geistesgesch. des 18. bis 20. Jhs. publizierte er zur amerik. Gesch. seit der Revolution. Sein HW, *Die Vereinigten Staaten von Amerika seit 1917* (München 1966), wurde schnell zum dt.-sprachigen Standardwerk dieser Epoche amerik. Gesch., nicht zuletzt aufgrund der ausgewogenen Mischung aus polit., sozialer u. ökonom. Gesch.

Das dt.-amerik. Verhältnis bildete einen eigenen Schwerpunkt, dem A. sich in Form von Diplomatiegesch., des Vergleichs u. Fragen der wechselseitigen Wahrnehmung widmete. Zusammen mit seinen geistes-, rechts- u. sozialgesch. Arbeiten ergibt sich ein nicht nur inhaltl., sondern auch method. vielfältiges Werk.

Mitte der 1970er J. wandte sich A. außerdem verstärkt der Institutionalisierung des wissenschaftl. Dialogs zwischen dt. u. amerik. Gesch.wiss. zu. Dabei nutzte er die Kontakte, die er sich zur amerik. Gesch.schr. aufgebaut hatte. Zunächst über eine Serie von Symposia, später durch das wesentl. nach seiner Konzeption 1987 gegr. DHI in Washington entfaltete er sein Talent als Wiss.organisator. Er leistete so einen wesentl. Beitrag zur Verknüpfung zwischen dt. u. amerik. Gesch.-wissenschaft. A. verstarb wenige Monate nach seiner Emeritierung.

WV: Das wissenschaftliche Werk E. A.s, in: N. Finzsch u. H. Wellenreuther (Hrsg.), Liberalitas. FS für E. A. zum 65. Geburtstag. Stuttgart 1992, S. 519–530.
Lit.: H. Wellenreuther, E. A. (1927–1992), in: HZ 258, 1994, S. 279–285; Weber, S. 250. *K. K. P.*

Annalisten heißen in der Historiogr. des republikan. Rom die Verfasser von Gesch.werken, die, streng nach röm. Amtsjahren gegliedert, gewöhnlich die Gesch. Roms von den Anfängen der Stadt bis auf die Gegenwart des Autors hinabführten. Ihre Vorgänger versuchten die späteren Autoren durch präzisere, gelegentlich ausführlichere und vor allem stil. bessere Darstellung zu übertreffen. Die spätrepublikan. u. kaiserzeitl. Rhetorik nannte *Annales* die Schilderungen älterer Zeiten, die der Zeitgesch. des Autors *Historiae*, auch wenn beide das Jahresschema zugrunde legten (Gellius, noct. Att. 5, 18; Servius, in Aeneid. I 373). Nach allgemeinerem Sprachgebrauch versteht man heute unter A. die Vorgänger des ↑Livius, ↑Dionysios (und ↑Diodor); ihre Werke sind ausschließlich in Fragmenten überliefert (nur weniges erhalten).

Da Rom vor dem II. Punischen Krieg keine Gesch.schr. besaß, mußten die A. auf Amtsjahrbücher (bes. die *Annales maximi* der Pontifices maximi), Familientraditionen, Sagen und Plausibilitätserwägungen zurückgreifen, um die Jhh. zu füllen (Epektase). Schriftl. Aufzeichnungen führten nur rudimentär über die Einnahme Roms durch die Gallier (387/6 v. C.) zurück. Polit. Auseinandersetzungen (bes. seit 133) und das Bedürfnis, exempla für verfassungsmäßiges Handeln festzuschreiben, verformten auch das Bild des 4. bis 2. Jh. v. C. Wiss. Forschung haben A. nur sehr selten betrieben oder benutzt. Die ersten A. schrieben griech., weil sie sich an die hellenistische Welt wandten. Bis in das 1. Jh. v. C. waren die A. zumeist Senatoren, oft sogar Konsulare, d. h. sie gehörten der einflußreichsten Gruppe Roms an. Aber auch die Nichtsenatoren waren auf verschiedene Weise polit. stark engagiert.

1. Quintus Fabius Pictor, Patricier u. Senatsgesandter zum Orakel von Del-

phi nach Cannae (216 v.C.), gilt als der erste röm. Gesch.schreiber. Er behandelte die ‹Gründung Roms› (von Aeneas bis zu den Anfängen der Republik?) und den I. u. II. Punischen Krieg ausführlicher, die Zeit dazwischen gedrängt. Zur röm. Urzeit folgte er griech. QQ (bes. Diokles v. Peparethos). Er galt i.w. als zuverlässig und wurde oft benutzt.

2. Lucius Cincius Alimentus, der u.a. 210 v.C. als Praetor in Sizilien kämpfte, verteilte den Stoff ähnlich wie Fabius Pictor. Das Gründungsdatum Roms setzte er auf 729/28 v.C.

3. Von den Werken des Publius Cornelius Scipio, des Sohnes des Africanus maior, Aulus Postumius Albinus (cos. 151) u. Gaius Acilius (als Senator bezeugt 155) ist kaum etwas bekannt.

4. Der erste, der röm. Gesch. jahrweise und unter dem Titel *Annales* auf Latein verfaßte, war der bedeutendste Epiker Roms vor Vergil, Quintus Ennius (239–169), der dazu durch Naevius' Epos über den I. Pun. Krieg angeregt wurde. Ennius schrieb 18 B. von den Anfängen der Stadt (3 B.) bis auf seine Zeit, am ausführlichsten die Kriege des 2. Jh.; seine Darstellung prägte das röm. Gesch.bewußtsein erheblich.

5. Marcus Porcius Cato (234–149; cos. 195, censor 184) verknüpfte in seinen *Origines* die Gründungsgeschichten Roms und anderer Städte Italiens (3 B.) mit einer Darstellung der Punischen Kriege bis zum J. 149 (4 B.). Er folgte nicht dem strengen annalistischen Schema, überging Vorzeichen, Teuerungen u.ä. Angaben der *Annales maximi* und verschwieg die Namen der Feldherrn. Streben nach Exaktheit verband er mit eigenwilligem Urteil.

6. Unter den sog. älteren A. kennen wir nur von Lucius Cassius Hemina, der wohl 4 B. *Annalen* schrieb, und Gnaeus Gellius, dessen Werk sehr breit, vielleicht sogar auf 100 B. angelegt war, keine Staatsämter. Beide schrieben um die Mitte des 2. Jhs. Nach Quintus Fabius Maximus Servilianus (cos. 142) ist vor allem Lucius Calpurnius Piso Frugi (cos. 133) zu nennen, der in 7 B., die des öfteren zitiert wurden, bis wenigstens z. J. 146 gelangte, aber das 5. und 4. Jh. noch relativ knapp behandelte. Die Annalen des Gaius Sempronius Tuditanus (cos. 129), der in besonderem Maße staatsrechtlich interessiert war, und Gaius Fannius (cos. 122) bleiben uns nur schemenhaft.

7. Unter den sog. jüngeren A. waren Quintus Claudius Quadrigarius und Valerius Antias, die beide in sullan. Zeit schrieben, die bedeutsamsten. Insbesondere hat wohl Antias, der mindestens 75 B. verfaßte, den Stoff erheblich erweitert; Quadrigarius setzte offenbar erst mit der Gallierkatastrophe ein. Vom dezidiert popularen Standpunkt aus schrieb Gaius Licinius Macer, Volkstribun i. J. 73, in mindestens 16 B. die Gesch. Roms.

8. Das annalist. Schema ist wohl auch früh für hist. Monographien verbindlich geworden, so für die nach 122 verfaßten 7 B. des Lucius Coelius Antipater über den Hannibalischen Krieg oder die Zeitgesch. des Sempronius Asellio (bis zum Jahre 91), den Lucius Cornelius Sisenna, Praetor i. J. 78 v.C. und Vorgänger ↑Sallusts, bis zu Sullas Tod fortsetzte. Auch ↑Tacitus verwendete es.

Noch bis in die Neuzeit hinein ist das annalist. Schema vorbildhaft geblieben.

Ausg.: TA: H. Peter (Hrsg.), Historicorum Romanorum Reliquiae, vol. I St [3]1967.
Lit.: M. Schanz u. C. Hosius, Gesch. der röm. Lit. bis zum Gesetzgebungswerk des Kaisers Justinian, Bd. 1 Mn [4]1927, 168–203; 316–328; 86–93; D. Timpe, Fabius Pictor und die Anfänge der röm. Historiographie, in: ANRW I 2, B 1972, 928–

969; ders., Erwägungen zur jüngeren Annalistik, in: Antike u. Abendland 25, 1979, 97–119. *H. W.*

Appianos (vor 100?–nach 161?) aus Alexandria kam nach dortiger Ämterbekleidung wohl unter Hadrian nach Rom, wo er als ‹Rechtsanwalt› (causidicus) lebte u. röm. Bürgerrecht u. Ritterrang erhielt. Sein Freund M. Cornelius Fronto (cos. 143) erwirkte ihm von Antoninus Pius eine Procuratur (in Ägypten?).

A. schrieb im Alter eine *Römische Gesch. (Rhōmaïkē historía)* in 24 B. von den Anfängen Roms bis zu Traian, die die Kriege Roms überwiegend nach Regionen in der Reihenfolge des ersten Zusammenstoßes mit Rom schilderte. Erhalten sind davon (abgesehen von Fragmenten) die Bücher 1 (Königszeit; bewahrt v.a. die Praefatio), 6 (Ibērikē: Spanische Kriege), 7 (Annibaïkē: 2. Pun. Krieg in Italien), 8 (Libykē: Kriege gegen Karthago u. Numider in Africa, nur 1. Teil), 9 (Illyrikē u. Makedonikē, zu Teilen), 11 (Syriakē: Kriege gegen Seleukiden, nur 1. Teil), 12 (Mithridateîos: Mithridat. Kriege), 13–17 (Bürgerkriege Roms 133–35 v. Chr.). Nur in den Einzelbüchern wird eine chronol. Darstellung gewahrt, Überschneidungen zwischen den Büchern sind normal. Ähnlich, aber in nur 3 B., verfuhr etwas früher L. Annaeus Florus; sie kamen so dem zeitgenöss. antiquarischen Bedürfnis, insbes. für den rhetor. Schulbetrieb, entgegen. Die größte hist. Bedeutung besitzt heute die Darstellung der Bürgerkriege, bes. B. 1 (133–70 v.C.) u. 4/5 (43–35 v.C.). A. benutzte sowohl griech. wie lat. QQ, die er ohne bes. Eigenkenntnisse, nicht immer sorgfältig u. nicht ohne Mißverständnisse u. Irrtümer ausschrieb und die weitgehend unbekannt, jedoch sehr unterschiedlicher Qualität sind. Gleichwohl hat A. viele wichtige Informationen bewahrt. Sein Verhältnis zum Imperium Romanum u. Kaisertum war positiv, und er sah sich in einer glücklichen Zeit leben. Sein griech. Stil ist sachlich u. ohne rhetorische Übertreibungen.

Ausg.: TA: P. Viereck, A. G. Roos u. E. Gabba, Appiani Historia Romana, 2 Bde. L 1962–1968. – *Übers.:* O. Veh, A. v. A., Röm. Gesch., St 1987 ff. – *Komm.:* E. Gabba, Appiani bellorum civilium liber primus/liber quintus, Introduzione, testo critico e commento con traduzione e indici, Fi 1958 u. 1970.
Lit.: E. Schwartz, in: RE 2, 216–237 (= ders., Griech. Geschichtschreiber, L 1957, 361–393); E. Gabba, A. e la storia delle Guerre Civili, Fi 1958. *H. W.*

Arai Hakuseki (1657–1725). Jap. konfuzianischer Gelehrter und Politiker, der im Dienste des Edo-Bakufu stand, aber auch sehr viel für die japan. Gesch.forschung leistete. Hakuseki wurde als Sohn eines armen Samurai geboren. Während er das Leben eines Rônin führte, nachdem sein Vater aus dem Haus seines Herren vertrieben worden war, studierte er die konfuz. Lehre und, als er beinahe 40 Jahre alt war, fand sein akademisches Talent Anerkennung und er wurde Hoferzieher des Tokugawa Tsunatoyo von der Shôgun-Familie (der spätere Shôgun Ienobu). Binnen kurzem, als Ienobu als Shôgun (1709–12) Japan regierte, übte Hakuseki als sein polit. Ratgeber eine wichtige Rolle aus, und seine Stellung änderte sich auch nicht unter dem Shôgunat Ietsugus (1712–16), des Sohnes Ienobus. Aber danach verlor er seine polit. Stellung, und er war in seinen letzten Lebensjahren sehr enttäuscht. Hakuseki betrieb bezüglich der jap. Gesch. rationalistische und positivistische Studien und hinterließ einige hervorragende Werke. Das *Tokushi Yoron* (Lektüre der Geschichte mit zusätzlichen Bemerkungen, 1712) ist die

Überarbeitung des Manuskripts der für Ienobu in Fortsetzungen gehaltenen Vorlesungen über die jap. Gesch. und erläutert – klassifiziert nach Epochen – die politische Geschichte Japans bis zur Entstehung des Edo-Bakufu im Abriß. Auch das *Hankanhu* (Register von Schriftstücken der Daimyôterritorien, 1702) ist ein Schriftstück, das für Ienobu in Fortsetzungen über jede Daimyôfamilie der Edozeit berichtete. Das *Koshitsu* (Aufstellung der alten Geschichte, 1716) erläutert als Antwort auf die Fragen Ienobus auch die Methode der nationalistischen Erforschung des Götterzeitalters Japans (das sog. mythologische Zeitalter).

WW: Zenshu: Arai Hakuseki-Zenshu (Zen rokkan, Tokyo, 1905–1907); Gesammelte Werke: Arai Hakuseki (6 Bände, Tokyo, 1905–1907). *S. I.*

Aristobul(os). Architekt u. Ingenieur im Stabe Alexanders d. Gr. (336–323 v. C.), nach 316 Bürger von Kassandreia, ist eine der zuverlässigsten QQ zur Alexandergesch. Viell. aus Rücksicht auf Kg. Kassandros (305–298/7) verfaßte er frühestens nach 301, 84 J. alt, in apologetischer Tendenz u. mit persönl. Varianten u. Anekdoten ein entglorifiziertes, positives, menschliches Alexanderbild. Dabei benutzte er krit., bereits erschienene Alexanderdarstellungen wie die von ↑Kallisthenes, Onesikritos u. Nearch, viell. auch die von ↑Kleitarch u. ↑Ptolemaios. In den 62 meist bei ↑Arrian, ↑Strabon u. ↑Plutarch namentlich ihm zugeschriebenen Frgmt. lassen seine spez. Interessen die zivilisatorische u. kulturelle Bedeutung des Alexanderzuges hervortreten.

Ausg: F. Jacoby: Die Frgmt. der Griech. Hist. II B. BD, Lei 1929–30, Nr. 139 (m. Komm.).
Lit.: P. Pedech, Historiens compagnons d'Alexandre, P 1984; K. Meister, Die griech. Gesch.schr., St 1990, 116–8 (Lit.); O. Lendle, Einführung in die griechische Geschichtsschreibung Darmstadt 1992, 175–178. *H. B.*

Aristoteles (384–322 v. C.). Sohn d. maked. Hofarztes Nikomachos aus Stageiros, war Philosoph, beeinflußte aber die Entwicklung der Gesch.schr. und Biogr. und eröffnete der hist. Betrachtung ganz neue Gebiete innerhalb des neuartigen Wiss.betriebes seiner Schule, des Peripatos.

367/6 in Platons Akademie eingetreten, ging er nach dessen Tod (348/7) über Assos in Kleinasien und Mytilene auf Lesbos zu Kg. Philipp II. von Maked. nach Pella (343/2), um den 13jährigen späteren Alexander d. Gr. zu unterrichten. Frühestens 336 eröffnete A. mit Theophrast seine Schule im Gymn. Lykeion in Athen. Nach Alexanders Tod 323 mußte A. vor dem Makedonenhaß aus Athen fliehen und starb in Chalkis auf Euboia.

Der esoterische Teil seiner Werke, nach 287 für über 150 Jahre verschollen, konnte nur indirekt über seine Schüler Wirkung ausüben. Die heute verlorenen Schr. von Theophrast und dessen Schüler Praxiphanes über die Gesch.schr. («peri historias») könnten von A.' provokativem Urteil in seiner *Poetik* angeregt worden sein, wonach die Dichtung philosophischer und bedeutender sei als die Gesch.schr. Jedenfalls waren mimesis (Nachahmung) und hedone (Vergnügen), was der Theophrast-Schüler ↑Duris für seine Gesch. schr. beanspruchte, zentrale Begriffe in A.' Poetik. Umstritten ist freilich, ob daraus eine peripat. Theorie der Gesch. schr. oder eine historiogr.-methodische Schultrad. zu erschließen sei, die mit der «tragischen Gesch.schr.» zu identifizieren wäre und große Teile der hellenist. Gesch.schr. beherrschte. Noch weniger konkret läßt sich der Einfluß der peripat. Theorie der Charakterbildung und Typisierung menschlichen Lebens auf die hist. Biogr. nachweisen. Nur vorübergehende Wirkung hatte das biolog. Entwicklungsmodell auf die Kulturgesch.schr. wie in Dikaiarchs «Leben Grld.s» (Bios Hellados).

Die empirische Methode des A. führte u. a. auch zu hist. relevanten Materialsamml., wie Gesetzessamml. oder der von über 150 Verfassungen, darunter die von Athen *(Athenaion Politieia)*, die einzige erhaltene (auf Papyrus), zweigeteilt in eine Gesch. und eine Systematik. Solche Samml. gab es auch nach A. und außerhalb des Peripatos, wie Krateros' Samml. ath. Volksbeschlüsse. In dieser Tradition standen wohl auch die gelehrten Exkurse der hellenist. Gesch.schr. Erst die neuz. Wiss. hat solche Materialsamml. wieder systematisch angelegt und für die Rekonstruktion hist. Entwicklungen oder für Theoriebildungen ausgewertet.

Ausg.: H. Oppermann (ed.): Ath. Pol., St 1928 (übs. v. M. Dreher, St 1993); P. J. Rhodes: Comm. Ath. Pol., O1981. I. Bywater (ed.): De arte poetica, O ²1911 (übs. v. O. Gigon; S 1961). D. Klose: Theophrast. Charaktere, griech.-dt., St 1970.
Lit..: K. v. Fritz: Die Bedeutung des A. für die Gesch.schr., in: Histoire et historiens, Entret. 4, 1956, 85–145; F. Wehrli: Kleines Wb. d. Hellen., Wie 1988, 495–514; O. Lendle: Einführung in die griechische Geschichtsschreibung, Darmstadt 1992, 185–189. *H. B.*

Arneth, Alfred Ritter von (1819–1897), Sohn eines Historikers u. bedeutenden Numismatikers, geb. in Wien, dort Stud. der Rechtswiss., seit 1841 am Haus-, Hof- u. Staatsarchiv beschäftigt, seit 1868 dessen Direktor. A. öffnete das Archiv für die Forschung, nutzte sein Amt auch selbst für intensive Quellenstudien v. a. zur Gesch. des 18. Jhs., aus denen neben Editionen v. a. Biographien, z. T. monumentalen Zuschnitts hervorgingen. 1879 wurde A. Präs. der Österr. Akad. der Wiss., 1896, als Nachfolger ↑Sybels, Präs. der Hist. Komm. bei der Bayer. Akad. d. Wiss.; auch politisch war A. aktiv: 1848 liberal-großdeutscher Abg. in der Paulskirche, seit 1861 im niederösterr. Landtag, seit 1869 im Herrenhaus.

WW: Prinz Eugen von Savoyen, 3 Bde. (1858); Die Relationen der Botschafter Venedigs über Österr. im 18. Jh. (1863); Geschichte Maria Theresias, 10 Bde. (1863–1879); Anton Ritter von Schmerling (1895); Aus meinem Leben, 2 Bde. (1891/92).
Lit.: NDB 1 (1953), S. 364; ÖBL 1 (1957), S. 29. *W. S.*

Arnold, Gottfried (1666–1714). In Annaberg als Sproß einer luth. Pastorenfamilie geb., begann er mit dem Studium im orthodoxen Wittenberg, ohne es abzuschließen. Er war unter den Einfluß Philipp Jacob Speners gekommen und ging als Hauslehrer nach Dresden, später nach Quedlinburg. Im Sinne des Pietismus erweckt, suchte er im Rückgriff auf das Frühchristentum die verderbte Orthodoxie zu überwinden. Sein Buch *Die erste Liebe d. i. wahre Abbildung der ersten Christen* (1696) machte ihn nicht nur berühmt, sondern führte zu seiner Berufung auf eine Professur für Gesch. der Univ. Gießen (1697). Rasch desillusioniert, zog er sich noch im gleichen Jahr zurück, um in Quedlinburg zu privatisieren, zu meditieren und zu publizieren. 1700 nahm er die Hof-Predigerstelle in Allstedt bei der Herzogin-Witwe von Sachsen-Eisenach an. Nach zwei Jahren wegen unorthodoxer Lehrmeinung seines Amtes enthoben, mußte er trotz Intervention seines Gönners, Friedrich I. von Preußen, 1704 Sachsen verlassen. Nunmehr fand er zunächst in Werden (Altmark) Anstellung als Pfarrer und wurde 1707 Superintendent in

Perleberg, wo er am 30. Mai 1714 verstarb. Neben seiner schon genannten Schrift von 1696 – einem «Hausbuch» aller Schwärmer – war die 4-bändige *Unpartheyliche Kirchen- und Ketzerhistorie* (1699/1700) ein epochemachendes Werk aus dem Umkreis des Pietismus und erneuerter Hallischer Wissenschaftsauffassung der Reichspublicistik. Nicht nur auf die deutsche Aufklärung – etwa Thomasius, ↑J.L. Mosheim, J.S. Semler, Lessing – wirkte sie, sondern auch für Goethe und die radik. Kirchenkritik des 19. Jhs. war diese Kirchengesch. ein wichtiges Werk.

In verfeinerter (spät-)humanistischer Methode suchte A. in Offenlegung der urspr. christl. Zustände und der histor. Darstellung der folgenden Abänderungen und Entwicklungen eine ermahnende und aufklärende Beschreibung der abendländischen Kirchengesch. zu liefern, die entschieden über die bisherigen, pragmatischen Historien hinausführte. A. nahm für die deutsche Gesch. des 18. Jhs. eine Schlüsselstellung ein.

Lit.: E. Seeberg, Gottfried Arnold. Die Wiss. u. Mystik seiner Zeit, (Ndr.), Da 1964 (ursprüngl. 1923); NDB 1, 385 f.; TRE 4, 136–140; H. Dörries, Geist u. Gesch. bei G.A., Gö 1963; RGG⁴ 1, Sp. 791 f. *N. H.*

Arnold von Lübeck (†27. 6. 1211/14). Seit 1177 Abt des Benediktinerklosters Lübeck; 1172 wahrscheinlich Teilnahme an der Pilgerreise Heinrichs des Löwen nach Palästina. A. setzte die «Slavenchronik» des ↑Helmold v. Bosau für die Phase von 1171–1209 fort und liefert darin z.T. ungenaue Darstellungen der polit. Auseinandersetzungen um Heinrich, der Ereignisse des 3. und 4. Kreuzzuges sowie des Thronkonfliktes zu Beginn des 13. Jhs.

Ausg.: MG SS XXI, S. 115–250, von J.M. Lappenberg; dte. Übersetzung in: GDV 71, ²1896 von W. Wattenbach.
Lit.: LMA 1, Sp. 1007 f.; VL 1, Sp. 472–476; NDB I, S. 381; J. Schilling, Arnold von Lübeck, Gesta Gregorii Peccatoris. Untersuchungen und Edition, Göttingen 1986. *R. A. M.*

Arrian(us) (Lucius, Flavius A. ca. 95–175 n.C.). A. aus Nikomedia, der Hauptstadt der röm. Prov. Bithynien in Kleinasien, ein Grieche aus vornehmem Hause, Schüler des Stoikers Epiktet, verfaßte die wertvollste Gesch. Alexanders d. Gr. (*Alexandrou Anabasis,* 7 B.), die uns aus der Antike erhalten ist, ergänzt durch eine kurze indische Gesch. *(Indike),* deren zweiter Tl. die Fahrt von Alexanders Admiral Nearchos vom Indus zum Euphrat beschreibt.

Seine übrigen hist. Schr., eine Gesch. Bithyniens *(Bithyniaka)* bis zu den Römern (74 v.C.), eine parthische Gesch. *(Parthika)* bis zu Ks. Trajans Partherkrieg (114–117) u. eine Gesch. der Diadochen 323–321 v. C. *(Ta met' Alexandron)* sowie drei Biogr., davon je eine über Dion und Timoleon, die beide im 4. Jh. v.C. kurze Zeit über Sizilien geherrscht haben, sind nur frgmt. erhalten.

Das Material für diese Werke fand A. in den Bibl. Athens. A. hatte sich nämlich nach seiner erfolgreichen Karriere unter Ks. Hadrian, die ihn bis zum Konsulat (130) und zur Statthalterschaft der Prov. Kappadokien in Kleinasien (ca. 130–137) gebracht hatte, Athen zu seiner zweiten Heimat gewählt.

Schon während seiner militärisch-administrativen Tätigkeit schrieb A. darüber Handbücher. Sein lit. Interesse entsprach der zeitgenöss. Bewunderung für die Klassiker des alten Athen u. der Pflege der Rhetorik, der sog. zweiten Sophistik. A.s Alexandergesch., nach dem Vorbild ↑Xenophons *Anabasis* betitelt, entsprang wohl auch romantischer Sehnsucht nach der einst ruhmvollen Vergangenheit Grld.s, vor allem aber dem ausgesprochenen Ehrgeiz, in bewußtem Gegensatz zu den früheren Darstellungen (↑Diodor, ↑Pompeius Trogus, ↑Curtius Rufus, ↑Plutarch) durch Entmythifizierung u. Rationalisierung Alexanders Taten die ihnen zukommende allgemeine Anerkennung zu verschaffen, womit A. durch seinen praktisch-lehrhaften Zug gleichzeitig ein exemplarisches Feldherrenbild und Herrscherideal für das zeitgenöss. röm. Ks.tum zeichnete.

Als seine Hauptquellen benützte er ↑Ptolemaios und zur Ergänzung ↑Aristobul, die er für die zuverlässigsten hielt und deren knapper Stil dem seinen, wohl aus der Regierungspraxis entlehnten, entsprach. Die Vulgata (↑Kleitarch) berücksichtigte er nur gelegentlich. Seine Quellenauswahl, seine für antike Hist. ungewöhnlich gewissenhafte Zitierweise, seine praktischen Erfahrungen und gelegentlichen Ortskenntnisse haben A. zur wertvollsten Quelle für die modernen Alexander-Darstellungen gemacht. Dies führte zeitweise zu einer Überschätzung seines wahren QQwertes und zur Unterschätzung seines letztlich zwangsläufig aus der Sekundärarbeit mit schriftl. QQ sich ergebenden subjektiven Eklektizismus. A.s kaiserzeitl. Perspektive, seine Beschränkung auf das Militär. u. Praktische, seine teils geradezu naive, offene Bewunderung für Alexander, seine stoisch-deterministische Weltsicht u. seine Tendenz zu zeitloser Schematisierung vereitelten jedoch eine angemessene hist. Würdigung Alexanders.

Im Ggs. z. populären märchenhaften Alexanderbild blieb das nüchternsachliche von A. im Altertum u. MA ohne Wirkung. A. war vielmehr als Hauptzeuge des attizistischen Stils u. wegen seiner jugendlichen Mitschriften von Epiktets Lehren berühmt.

Ausg.: GW: A. G. Roos (ed.) 2 Bde., L 1907/28. Anab., lud.: G. Wirth – O. v. Hinüber (Hrsg. u. Übs.), Mn-Z 1985 (m. Lit.). Komm.: A. B. Bosworth, A Hist. Comm. on A.'s Hist. of Alex., I–II. 1980; 1995.

Lit.: Ph. A. Stadter, A. of Nicomedia, Chapel Hill 1980; O. Lendle, Einführung in die griechische Geschichtsschreibung, Darmstadt 1992, 250f.; A. B. Bosworth: A historical commentary on Arrian's History of Alexander II: Commentary on books IV–V. Oxford 1995. *H. B.*

Aubin, Hermann (1885–1969). Sohn eines Textilfabrikanten aus Reichenberg/Böhmen, habil. sich nach Studien in München, Bonn und Freiburg 1914 in Bonn und war dort von 1921–25 a. o. Prof. Seiner Initiative war 1921 die Gründung des Inst. f. gesch. Landesk. zu verdanken. 1925 folgte A. einem Ruf nach Gießen, von 1929–45 war er Prof. in Breslau. An beiden Univ. gelang ihm die Gründung von Seminarabtlg. bzw. Inst. f. gesch. Landesk. Nach Lehrstuhlvertr. 1945/46 in Göttingen erfolgte die Berufung auf eine Prof. f. ma. Gesch. in Hamburg, die er bis zur Emeritierung 1954 wahrnahm. A. war Mit- bzw. Herausgeber von VSWG und ZfO, von 1953–58 auch Präsident des Verbandes der Historiker Dtl. Seinen Forsch.schwerpunkt bildete die gesch. Landesk., eine Disziplin innerhalb der dt. Gesch.Wiss., die sich erst mit dem Jh.anfang zu entwickeln begann und ihm entscheidende Impulse sowie die Hinführung zu institut. Förderung zu verdanken hat. 1925 erschien in Bonn seine programm. Aufsatzsmlg. *Geschichtliche Landeskunde;* sein Konzept entfaltete A. in einer Vielzahl von Vorträgen im In- und Ausland. Sein wegweisender method. Zugriff, der in einer Verbindung österr. (↑O. Redlich) und westdt. Traditionen (↑A. Schulte) landesgesch. Forsch. wurzelte, bestand in der Beschreibung der

Regelhaftigkeiten region. Kulturströmungen und Kulturformengrenzen; dazu erwies sich die interdiszipl. Zusammenarbeit als unumgänglich. A.s eigene Arbeiten zur hist. Landesk. konzentrierten sich deshalb sowohl auf rhein. und schles. Siedlungsgesch. als auch auf die Erforsch. von Mundarten, Dorf- und Flurformen sowie Rechts- und Wirtsch.-gesch. Aufgrund dieses Ausgangspunktes gelangte er zur intens. Bearbeitung der dt. Ostsiedlung, die sich f. ihn als Ostbewegung darstellte und auch schwed., poln. und russ. Entwicklungen miteinbezog. Wichtige Frucht dieser Arbeiten war seine Hg.schaft (zus. mit Th. Frings und J. Müller) von *Kulturströmungen und Kulturprovinzen in den Rheinlanden,* Bonn 1926, sowie seine Mitwirkung an dem Werk «Der Raum Westfalen» seit 1929. A.s hist.-polit. Gesamtwerk muß vor dem Hintergrund der «Reichsreformdiskussion» und der damit vielschichtig verbundenen «Heimatbewegung» der 20er und 30er Jahre gesehen werden, deren Wesen keineswegs genuin nationalsozialistisch war. In der neueren Literatur wurde A. nachgewiesen, sich auch in den Dienst der nationalsozialistischen Volkstumspolitik gestellt und ihr mit seinen Forschungen vorgearbeitet zu haben.

Lit.: F. Petri (Hg.), Grundlagen und Perspektiven gesch. Kulturraumforsch. und Kulturmorph. Ges. Aufs. H. A. z. 80. Geb., Bo 1965 (WV); G. Rhode (in Zusammenarbeit mit W. Kuhn), H. A. und die Gesch. des dt. und europ. Ostens, in: ZfO 18/1969, S. 601–621; E. Ennen, H. A. und die gesch. Landeskunde der Rheinlande, in: RhVjbll. 34/1970, S. 9–42, W. Oberkrome, Volksgeschichte. Methodische Innovation und völkische Ideologisierung in der deutschen Geschichtswissenschaft 1918–1945, Göttingen 1993; K. Schönwälder, Historiker und Politik, Frankfurt/M., NY 1992; W. Schulze/O. G. Oexle (Hg.), Deutsche Historiker im Nationalsozialismus, Frankfurt/M. 1999; P. Schöttler (Hg.), Geschichtsschreibung als Legitimationswissenschaft 1918–1945, Frankfurt/M. 1997. *L. S. S.*

Aulard, Alphonse (1849–1928). Erster Inhaber des von der Stadt Paris gestifteten Lehrstuhls an der Sorbonne für Gesch. der Revolution (1886–1922), allerdings kein gelernter Hist., sondern zuvor Prof. für Lit. A. organisierte die gesch.wiss. Forsch. über die Franz. Rev., besorgte zahlreiche Quellenpublikationen, gründete die *Revue de la Révolution française* (1881–1938) und nahm die Auseinandersetzung mit ↑Taine sowohl vom Standpunkt der Gesch. wiss. wie aus polit. Überzeugung auf. In seinen gut besuchten Vorlesungen und in seinem Hauptwerk *Histoire politique de la Révolution française* (P 1901 u. ö., dt. Mn. 1924) verbreitete A. ein Gesch.bild, das in Einklang mit der polit. Ideologie der Radikal-Republikaner stand und auch in den Schulbüchern der III. Republik verbreitet wurde: Danton wurde als polit. Vorbild dargestellt, Robespierre scharf verurteilt. Nach eigenem Bekunden wollte A. die Franz. Rev. «lehren und zugleich praktizieren und dabei sowohl der Wiss. als auch der Republik dienen». Er hielt Gesch.wiss. und polit. Parteinahme für vereinbar, wie z. B., bei anderer polit. Couleur, auch ↑Sybel.

Lit.: Dictionnaire de Biographie française, Bd. 4, S. 584 f. (A. Martin, Werke); G. Belloni, A. – Historien de la Révolution française, P 1949. *B. G. B.*

Aventinus (Turmair), Johannes (1477–1534). Der Wirtssohn aus Abensberg studierte bei dem «deutschen Erzhumanisten» Conrad Celtis ab 1495 in Ingolstadt u. Wien, dann in Krakau u. Paris (M. A. 1504). Eine Univ.-Laufbahn öffnete sich nicht, dafür aber fand er als Präzeptor der Söhne des bayer. Herzogs Albrecht IV. (ab 1508) u. als erster amtlicher Landeshistoriograph (seit 1517) eine herrschaftsnahe Stellung. Der Präzeptor verfaßte 1512 humanistische *Rudimenta grammaticae,* die viel benutzt wurden, u. andere Lehrmittel, an der Landesuniv. gründete er eine «Sodalitas literaria Angilostadiensis» u. edierte vorbildlich die *Vita Heinrici IV.* Auf seinem *Iter bavaricum* 1517/18 sammelte A., der erfolgreichste humanistische QQentdecker in Deutschland, Material für seine Landesgesch.; als früher Epigraphiker rangiert A. neben K. Peutinger. In Abensberg schrieb A. nach älteren Studien 1519/21 die *Annales ducum Boiariae* nieder, die er – ein Meister dt. Sprache – *als Bayerische Chronik* überarbeitete (1533). 1528 «ob evangelium» verhaftet, auf Fürsprache des Kanzlers L. v. Eck freigelassen, verbrachte A. seine letzten Jahre in der Reichsstadt Regensburg, ohne sich indes zur Reformation zu bekennen. Kräftige Polemik gegen die alte Kirche, besonders in der *Chronik,* aber auch eine reichspatriotisch-kaiserliche Haltung, haben den Druck der WW bis 1554/66 verzögert. Obwohl indiziert, standen die materialreichen Arbeiten des «Vaters der bayer. Gesch.» (↑A. F. v. Oefele) – in Polemik u. Imitatio – bis ins 19. Jahrhundert zentral in der bayer. historiographischen Tradition.

A. stellt die Landesgesch. im weiten Kontext einer Universalgesch. dar u. verbindet annalistische Partien mit gelehrt-beschreibenden Querschnitten; auch Fragmente einer *Germania illustrata* weisen auf diese von ↑F. Blondus begründete, von C. Celtis in Deutschland propagierte Tradition. Ein nationaler Humanist, sucht A. eine idealisierte germanische Frühgesch. gleichrangig neben die Antike zu stellen u. so seiner Zeit nationale und religiöse Reformimpulse zu geben: darin sieht A. die utilitas der Gesch.

Ausg.: J. A., Sämtliche Werke, 6 Bde., Mn 1881–1908.
Lit.: G. Strauss, Historian in an Age of Crisis [...], C/Mass. 1963; E. Dünninger, J. A., 1977; A. Schmid, Die historische Methode des J. A., in: BlldtLG 113 (1977), 338–395; Ders., Die Kleinen Annalen des J. A. aus d. J. 1511, in: F. Brendle u. a. (Hg.), Dt. Landesgesch.-schr. im Zeichen des Humanismus, 2001, 69–95. *H. D.*

Bacon, Francis, seit 1618: Baron von Verulam (1561–1626). Nach Jurastudium, dreijährigem Aufenthalt in Paris, Erwerb eines Parlamentssitzes u. Zulassung als Anwalt machte B. in Fortführung d. Tradition seiner Familie Karriere im Königsdienst (1618 Lordkanzler). Seine weitgespannten Pläne z. Reform von Univ. u. Wiss. konnte er jedoch nicht verwirklichen. Schon 1621 gestürzt, entfaltete er deshalb eine erfolgreiche publizist.-literar. Tätigkeit. B.s Programm, die (engl.) aristotel.-späthumanist. Scholastik sowohl methodisch (durch Induktion, Experiment, Empirie) als auch konzeptionell (Naturerkenntnis bzw. -beherrschung «for the benefit of men»; «Baconismus») zu erneuern, führte zu zeitgenöss. vielbeachteten, erst heute wieder erkannten Fortschritten auch auf dem Gebiet d. Ethik, Politik u. Gesch. (Ansatz: empirisch-pragmat. Psychologistik), vor allem weil B. die hist. Empirie erstmals zum eigentl. Fundament der Wiss. machte. Selbst in entsprechende Darstellungen umgesetzt hat B. seine theoret. Entwürfe für die «Historia civilis» zwar kaum. Dennoch blieb die einzige größere Studie *History of the reign of Henry VII* (Lo 1622) bis Ende des 19. Jh.s hoch angesehen u. für ihr Thema bestimmend.

Weitere *WW*: Essays (Lo 1597 u. ö.; dt. Wie 1940); The Advancement of Learning (Lo 1605, lat. Lo 1623; dt. Pest 1783; ND Da 1966); Novum Organon (Lo 1620); The New Atlantis (zuerst unselbständig in: Sylva Sylvarum, Lo 1624); WA: Ed. J. Spedding u. a., 14 Bde. (Lo 1857–1874, ND St 1963).

Lit.: B. Vickers (ed.), Essential Articles for the study of F. B. (Hamden, Conn. 1968); A. Seifert, Cognitio historica (B 1976); J. Kenyon, The History men (Lo 1983); J. Weinberger, Science, Faith and Politics (Ithaca-Lo 1986); J. M. Levine, Humanism and Historiography (NY 1987); W. Krohn, F. B. (Mn 1988); P. Zagorin, F. B. (Princeton 1998); D. B. Altegoer, Reckoning words: Baconian science and the construction of truth (Madison u. a. 2000). *W. W.*

Baethgen, Friedrich (1890–1972). Der in Greifswald geb. Sohn eines Theologieprof. stud. in Heidelberg u. Berlin; als Schüler ↑K. Hampes Prom. 1913 *(Die Regentschaft Papst Innozenz III. im Königreich Sizilien)* u. Habil. 1920 in Heidelberg *(Der Anspruch des Papsttums auf das Reichsvikariat)*, Freundschaft mit ↑E. Kantorowicz u. ↑P. E. Schramm; nach MGH-Mitarbeit wurde B. 1924 a. o. Prof. in Heidelberg, war von 1927–1929 am Preuß. Hist. Institut in Rom tätig u. lehrte seit 1929 als o. Prof. in Königsberg, als Nachfolger ↑R. Holtzmanns 1939–1947 in Berlin (Mitgl. der Mittwochs-Gesellschaft 1942–1944); 1947–1958 war B. Präs. der MGH, 1956–1964 Präs. der Bayer. Akad. d. Wiss.

B.s Forschungsinteresse galt dem Hoch- u. SpätMA, bes. der Politik- u. Geistesgesch. dieser Epoche (*Der Engelpapst*, 1943; *Mediaevalia*, 2 Bde., 1960), deren Grundzüge er ohne method. innovative Profilierung auch in Überblicksdarstellungen vorführte (*Europa im Spätmittelalter*, Neue Propyläen-Weltgesch., 1941; *Schisma u. Konzilszeit, Reichsreform u. Habsburgs Aufstieg*, Handbuch der dt. Gesch., Bd. 1, 1954).

WV: DA 29 (1973), S. 18–24.

Lit.: Jb. d. Bayer. AdW 1972, S. 57–76; HZ 216 (1973), S. 783–786; G. Tellenbach, Das wiss. Lebenswerk von F. B., in: DA 29 (1973), S. 1–17; W. Schulze, Dt. Gesch.wiss. nach 1945, 1989, S. 145–158. *W. S.*

Balbo, Cesare (1789–1853), stammte aus einer Turiner Adelsfamilie. Von 1803–1813 wirkte er in der kaiserlich-napoleonischen Verwaltung und trat dann, nach der Rückkehr der Savoyer, in deren Dienst. 1848 beauftragte ihn König Carlo Alberto mit der Führung einer Kommission, die das erste Wahlrecht des savoyischen Staates ausarbeiten sollte, das lange bestand. Im selben Jahr mußte er die erste verfassungsgemäße piemontesische Regierung bilden. Nach dem Sturz des Ministeriums blieb er als Abg. im Parlament. Er verfaßte zahlreiche pol. und moral. Werke, in denen er sein patriotisches Ideal ausarbeitete: Grundlage bildete die Treue zur savoyischen Dynastie und zur Kirche sowie ein bevormundender, aber zum Liberalen neigender Reformismus. Diese Forderungen spiegeln sich in seinen histor. Arbeiten: *Storia d'Italia,* 2 Bde., Tn 1830 (wiederveröff. u. d. T. *Storia d'Italia sotto ai barbari,* Fi 1846); *Sommario della Storia d'Italia, 1846; Pensieri sulla storia d'Italia,* Fi 1858. Diese Werke zählen zu den bedeutendsten Beiträgen der italienischen Gesch.-schr. des Risorgimento: Darin erscheint das leidenschaftliche Streben nach nationaler Unabhängigkeit als wahrer Leitfaden und Urteilskriterium.

Lit.: E. Ricotti, Della vita e degli scritti del conte Cesare Balbo. Rimembranze, Fi 1856; B. Croce, Storia della storiografia italiana nel secolo XIX, Bari 1947, 140–146 u. passim; N. Valeri, Cesare Balbo. Pagine scelte precedute da un saggio, Mi 1960; E. Passerin d'Entreves, Balbo Cesare, in: Dizionario Biografico degli Italiani, vol. V, R 1963, 395 ff.; G. Scaglia, Cesare Balbo. Il Risorgimento nella prospettiva storica del progresso cristiano, R 1975. *M. R D. S.*

Bancroft, George (1800–1891). Der Pastorensohn aus Worcester, Mass., studierte am Harvard College, in Göttingen (Dr. phil. 1820), Berlin u. Heidelberg. Erlebnisse, die ihn zum Gründer u. Lehrer an der nach europ. Idealen gestalteten Round Hill School in Nottingham (1823–30) machten u. von der Theol. ab- u. der Lit. und Gesch. zuleiteten. Als Autor von polit. Artikeln und als Übersetzer der Werke seines Lehrers ↑A. Heeren bekannt, veröff. B. die ersten zwei Bände seiner berühmten *History of the United States from the Discovery to the Present Time* (10 Bde., Boston 1834–75). Sein Einsatz für die Demokratische Partei brachte ihm öff. Ämter ein, u.a. Marineminister (1845–46) u. Gesandter in London (1846–49). Bevor er Gesandter in Berlin wurde (1867–74) setzte er seine *History* fort (Bde. 3–9). Von Berlin aus nahm er Kontakte mit europ. Historikern auf u. sammelte Quellen. Heimgekehrt vollendete er seine *History* und fügte ihr die *History of the Formation of the Constitution of the United States of America* (2 Bde., Boston 1882) bei. Das zentrale Thema seiner Gesch.schr. war die göttlich gewollte Sondermission der USA, die demokratischen Ideale der Freiheit und Volkssouveränität beispielhaft zu realisieren; er war überzeugt, daß dann, auf Grund der dem Guten zugeneigten menschl. Natur, der Fortschritt zur universalen Realisierung unaufhaltsam sein würde. Das Freiheitsideal, in den altgerman. Dörfern geboren und über Engl. in die amer. Kolonien gebracht (Germanist thesis), programmierte von Beginn den amer. Staat, dessen Existenz auf der organischen Einheit des Volkes beruhte. B. gab seiner Gesch. eine dramatische Erzählform, obwohl auch er den Ereignissen und Persönlichkeiten nur Indikationswert für die großen, das Leben bestimmenden Kräfte zuschrieb. B.s Werke wurden viel gelesen und er selbst hoch geehrt. Aber schon zur Zeit seines Todes wurde B.s, dem Amerika des 19. Jahrhunderts vorzüglich angepaßte Gesch.schr. von den «Scientific Historians» als unwissenschaftlich abgelehnt.

Lit.: R. B. Nye, G. B., NY 1944; R. H. Canary, G. B., NY 1974. *E. B.*

Baron, Hans (1900–1988). Der in Berlin geb. Sohn eines deutsch-jüdischen Sanitätsrates widmete sein wissenschaftl. Werk nahezu ausnahmslos der Erforschung, Deutung u. Neubewertung des ital. Renaissancehumanismus. Das Studium der Gesch. u. Philosophie in Berlin u. Leipzig, bes. bei ↑E. Troeltsch u. ↑W. Goetz, schloß B. mit einer von ↑F. Meinecke betreuten Diss. über *Calvins Staatsanschauung und das Konfessionelle Zeitalter* (1922; gedr. 1924) ab, edierte dann Aufsätze seines verstorbenen Lehrers Troeltsch (3 Bde.) u. ging 1925–1927 als Forschungsstipendiat nach Italien. Die nach der Habil. (Berlin 1928: *Leonardo Bruni Aretino und der florentiner Bürgerhumanismus des Quattrocento*; ungedr.) begonnene Mitarbeit an der Reichstagsakten-Edition für die Zeit Maximilians I. (Hist. Komm. bei der Bayer. Akad. d. Wiss.) endete mit B.s Entlassung im Mai 1933. Über Italien u. London emigrierte B. 1938 in die USA u. arbeitete nach div. Lehraufträgen u. Stipendien 1944–1948 am Institute for Advanced Study in Princeton, von 1949–1970 an der Newberry Library, Chicago, sowie als Lecturer u. Visit. Prof. u.a. in Chicago u. Harvard. 1956 wurden ihm in einem deutschen Wiedergutmachungsverfahren Rang u. Bezüge eines em. ao. Prof. zuerkannt.

B.s Renaissance-Bild löste sich, beeinflußt von Goetz' universalhist. Sicht des Zeitalters u. W. Jaegers ‹Drittem Humanismus›, aus dem Schatten ↑J. Burckhardts: Es wird geprägt von der – oft als zu einseitig kritisierten – Konzentration auf das Florenz des von der Forschung zuvor eher vernachlässigten frühen 15. Jhs. u. von einem prononciert ideengeschichtlichen Forschungsansatz. Als ‹Entdeckung› B.s kann die Erschließung der polit. Dimension des zumal in der deutschen Wissenschaftstradition häufig auf den Charakter als Bildungsbewegung reduzierten Florentiner Frühhumanismus gelten: Anhand der histor.-polit. Lit. um 1400, bes. der Schriften ↑L. Brunis, analysierte B. Genese u. Transformation einer auf das Ideal des aktiven Staatsbürgers hin orientierten Theorie des Republikanismus – geschult an Methodenerbe wie Krise des Historismus, durch Zeiterfahrung sensibilisiert für den Gegenwartsbezug u. die polit. Unterströmungen von ‹Geistesgeschichte›.

B.s positive Profilierung des «civic humanism» o. «Bürgerhumanismus» als Vorläufer neuzeitlicher, bürgerlich-liberaler Staatstheorie ist «auf der Suche nach einer republik. Vergangenheit» (H. Günther) zumal in der amerik. u. ital. Forschung (Kristeller, Pocock, Fubini) kontrovers diskutiert u. auf ihre zeitgebundene, lebensweltliche Bedingtheit hin untersucht worden. Vor dem Hintergrund der Diskussion um Formierung u. Zukunft der ‹Zivilgesellschaft› belebte sich mit Verzögerung auch im deutschsprachigen Raum die Rezeption.

WW: The Crisis of the Early Italian Renaissance. Civic Humanism in an Age of Classicism and Tyranny. Princeton 1955 (1966); Humanistic and Political Literature in Florence and Venice at the Beginning of the Quattrocento. Cambridge 1955; From Petrarch to Leonardo Bruni. Chicago 1968; In Search of Florentine Civic Humanism. Princeton 1988; Bürgersinn u. Humanismus im Florenz der Renaissance. Berlin 1992.

Lit.: D. Hay, The Place of H. B. in Renaissance Historiography, in: Renaissance. Studies in Honor of H. B. Firenze 1971, S. XI–XXIX; J. Hankins, The ‹Baron Thesis› after Forty Years and some Recent Studies of L. Bruni, in: Journal of the History of Ideas 56, 1995, S. 309–331; AHR 101, 1996, S. 107–144 (Forum); K. Schiller, Gelehrte Gegenwelten. Über humanistische Leitbilder im 20. Jh., Ffm 2000; K. Große Kracht, «Bürgerhumanismus» oder «Staatsräson». H. B. und die republikanische Intelligenz des Quattrocento, in: Leviathan 29, 2001, S. 355–370. *H. C.*

Baronius, Caesar (1538–1607). Im neapolitanischen Sora geb., studierte B. in Neapel u. Rom Jus, trat aber, von Philipp Neri geleitet, dem Oratorium bei, dessen Generaloberer er 1593 wurde. Von Neri auf die Kirchengesch. gelenkt (1558 ff.), schrieb er seit 1577 die *Annales ecclesiastici* u. arbeitete an der Revision des *Martyrilogium Romanum* und des *Breviers* mit. B. wurde 1596 Kardinal, 1597 Präfekt der Vaticana. Der wichtige Ratgeber Papst Clemens VIII. wurde 1605 beim Konklave durch spanische Exklusive ausgeschlossen, weil er die hist. Fundamente des spanischen Staatskirchenrechts in der *Monarchia Sicula* (zu Unrecht) bezweifelt hatte.

Die *Annales* (1588–1607) stehen am Anfang der kath. Kirchengesch.schr., die sich aus der Weltgesch. als Heilsgesch. gelöst hat u. die Darstellung einzelner Institutionen überwölbt. Sie sind die kath. Antwort auf den «Catalogus testium veritatis» des ↑M. Flaccius Illyricus und die Magdeburger Centurien, die – Ansätze Luthers ausbauend – die Kirchengesch. als Dekadenz von der wahren Lehre u. der ursprünglichen Verfassung sahen. Mit den Kontrahenten teilt B. das Ideal der ecclesia primitiva. Seine Ekklesiologie rückt das von Christus gestiftete Papsttum ins Zentrum mit einer Tendenz, seine großen

Vollmachten schon auf den Stifter zurückzuführen: Die göttliche Institution stiftet Kontinuität, «für eine Verfallsbetrachtung ist kein Raum» (W. Nigg), die Annalenform erschwert – wie die Jahrhundertgliederung der Magdeburger – zusätzlich entwickelnde Darstellung.

Gleichzeitig mit den «Controversiae» Kardinal R. Bellarmins hat B. mit seiner auf PrimärQQ gegründeten Kirchengesch. – die nirgends die Gegner nennt – ein langerwünschtes apologetisches Werk geschaffen. Kürzende Bearbeitungen, Übersetzungen, die Fortführung durch O. Raynaldus von 1198 bis 1556 (1646ff.) erhoben die Annales zum kanonischen Werk kath. Kirchengesch.schr. der Frühneuzeit.

Lit.: W. Nigg, Die Kirchengeschichtsschreibung, 1934; H. Jedin, Kardinal C. B., 1978; DBI 6, 470ff. *H. D.*

Barros, João de (1497–1562). B. stammte aus einer Familie königl. Beamter und wurde am Hof des port. Königs Manuel I. erzogen; er hatte verschiedene Ämter in der überseeischen Verwaltung Portugals inne, die ihm Informationen über die port. Entdeckung und Kolonisation zugänglich machten. B. befaßte sich mit lit.-didakt. Fragen, aber auch mit hist.-geograph. Themen. Zu den frühen hist. Werken gehört die romanhafte *Crónica do Imperador Clarimundo* (1520), in der er die Herkunft der port. Könige beschrieb und verherrlichte. Mit seinem Spätwerk, den *Décadas*, am Stil des ↑Titus Livius orientiert, beschrieb und rechtfertigte B. die Taten der port. Entdeckung und Eroberung im Osten. Auf der Basis seiner Informationen hatte er eine umfangreiche, nach den vier Kontinenten gegliederte geograph.-hist.-wirtschaftl. Enzyklopädie geplant, von der er aber nur den Teil über Asien, unterteilt zu je zehn Büchern, realisierte; der erste Bd. erschien 1552, der zweite 1553, der dritte posthum 1563, der vierte erst 1615. (ND Lissabon 1945/46). B. verwendete in diesem als Weltgesch. konzipierten Werk auch ausländ. Quellen aus Persien, Indien und China und konstatierte die Vielfalt der östlichen Zivilisation und ihre Gleichwertigkeit mit der Europas. B. starb 1562 in Pombal.

Lit.: Saraiva/Lopes, 283–301. *H. J. K.*

Basadre Grohmann, Jorge (1903–1980). Der im von Chilenen besetzten Tacna, Peru, geb. B. besuchte die Deutsche Schule in Lima und stud. danach in Lima an der Universidad Nacional Mayor de San Marcos, wo er 1928 in Literaturwiss. und 1936 in Rechtswiss. promovierte. Von 1928–1954 hatte er dort den Lehrstuhl für Peruan. Gesch. und von 1935–1954 parallel dazu den für Peruan. Recht inne. Gastprofessuren führten ihn in die USA (1931/32), nach Deutschland (1932), Spanien (1933) und Argentinien (1942). Lange Jahre wirkte B. auch als Direktor der Bibliothek der Univ. San Marcos (1930/31, 1935–1942) und baute die 1943 durch Feuer völlig zerstörte Nationalbibliothek in Lima als ihr Direktor (1943–1948) wieder auf und machte sie zu einer der besten Bibliotheken Lateinamerikas, indem er den vernichteten Bücherbestand ersetzen konnte. Zweimal war er Erziehungsminister (1945, 1956–1958) und war Direktor für Kulturbeziehungen der Panamerikanischen Union (1948–1950). Diese Lehr- und Verwaltungstätigkeit sowie zahlreiche bedeutende Forschungsarbeiten machten B. zum herausragenden Hist. Perus im 20. Jh. B. widmete sich vor allem der modernen Geschichte Perus seit der Unabhängigkeit zu Beginn des 19. Jhs. und versuchte mit seinen Arbeiten, die Detailinformationen mit zusammenfassenden Darstellungen gekonnt verbanden, den Nationbildungsprozeß eines stabilen Perus zu fördern. B. starb am 29. Juni 1980 in Lima, noch mit den Vorbereitungen für die 7. Auflage seines großen Geschichtswerks beschäftigt.

HW: La Iniciación de la República. 2 vols. (Lima 1929, 1930); Peru: problema y posibilidad (Lima 1931, 1978 aktualisiert); Historia de la República del Peru. 2 vols. (Lima 1939), 17 vols in der 6. Aufl. von 1968; Los fundamentos de la historia del derecho. (Lima 1957, 1967).
Lit.: M. Alisky: Historical Dictionary of Peru. Metuchen, 1979, S. 16–17; T. W. Davies, jr.: «Jorge Basadre (1903–1980)», in: HAHR 61 (1981), S. 84–86; J. R. Thomas, S. 109–110.

H. J. K.

Basin, Thomas (ca. 1412–1491). Der in der Normandie (Caudebec-en-Caux) geb. B. entstammte einer wohlhabenden Kaufmannsfamilie, die infolge der engl. Invasion 1415 ihre Heimat verließ. Nach vielfältigen Studien, vor allem juristischen, in Paris, Löwen und Bologna und der Teilnahme am Konzil von Florenz/Ferrara (1439) erhielt B. ein Kanonikat an der Kathedrale von Rouen (1440) und übernahm 1441 den Lehrstuhl f. Kan. Recht an der Univ. Caen; 1442 wurde er zum Rektor gewählt, 1447 zum Bischof von Lisieux bestellt.

Obgleich Mitglied des engl. Kronrates, unterstellte er sein Bistum (100j. Krieg) der franz. Krone und wurde deren Kronrat. Als Diplomat und Staatsmann (Mitberater bei der Pragm. Sanktion; Gutachter für die Rehabilitierung der Jeanne d'Arc) kam er in Konflikt mit König Ludwig XI., in dessen Verlauf B. nach Rom fliehen mußte und 1474 auf sein Bistum verzichtete. Sein Exil führte ihn über Trier und Löwen schließlich nach Utrecht, wo er auch verstarb. Im niederl. Exil verfaßte er in humanistischem Latein eine *Histoire de Charles VII.* sowie eine *Histoire de Louis XI.* Erstere skizziert ein durchaus positives Bild Karls VII., während letztere von Invektiven gegen seinen Feind Ludwig XI. geprägt ist.

Lit.: LMA 1, Sp. 1533 f.; A. Maurice, Un grand patriote: Th. B., évêque de Lisieux, 1963; M. Spencer, Thomas Basin (1412–1490). The History of Charles VII. and Louis XI., 1997. *R. A. M.*

Beard, Charles Austin (1874–1948). Sohn einer Quäkerfamilie aus Indiana. Studierte an der DePauw U. u. Oxford U. (bis 1902), wo er auch das Ruskin House (eine Volksbildungsstätte) mitgründete. An der Columbia U. (Ph. D. 1904) unterrichtete B. Politikwiss. bis 1917. *The Development of Modern Europe* (2 Bde., mit ↑J. H. Robinson, NY 1907–08) profilierte schon die Themen der progressiven Gesch.: Gesch. muß mehr sein als pol. Gesch. Die Entwicklung der Wiss. und Industrie zeichnet den Fortschritt der Menschheit vor, und Aufgabe der Historiker muß es sein, die Gesch. zu einem Instrument für diesen Fortschritt zu gestalten. *An Economic Interpretation of the Constitution of the United States* (NY 1913) sollte die Verfassung Reformen zugänglich machen, indem sie zum Resultat von wirtschaftl. Interessenkonflikten erklärt wurde. Sie sei kein Akt pol. Weisheit, sondern Ergebnis einer konservativen Gegenrevolution der Kommerz- u. Finanzinteressen gegen die Grundbesitzer (meist Schuldner) u. das Volk gewesen. *The Rise of American Civilization* (mit Mary Beard 2 Bde., NY 1927), eine ökonomisch interpretierte amer. Gesch., wurde B.s populärstes, von einem tiefen Glauben an den Fortschritt durchwirktes Werk. Während der Depression widmete B.

sich der Gestaltung einer liberal-kooperativen Demokratie (*The Future Comes. A Study of the New Deal,* 1933) die er als Ziel der Geschichte ansah. Paradoxerweise verlor er gleichzeitig, teilweise unter dt. Einfluß, seinen Glauben an einen objektiven Fortschritt, den er nun zu einem Willensakt in einem rätselhaften Kosmos reduzierte. Charles und Mary B. schlossen ihre amer. Gesch. mit *America in Midpassage* (2 Bde. 1939, NY) ab, in der die Rolle der Ideen wieder mehr betont wurde. Nach 1936 schrumpfte B.s einst universale Fortschrittserwartung auf amer. Dimensionen zusammen («Continentalism»), und er opponierte gegen Amerikas Kriegseintritt. B. starb als der bekannteste ‹Progressive Historiker› in einer Zeit, in der der Einfluß der ‹Progressive History› durch wissenschaftl. Entwicklungen und die veränderte Stellung Amerikas in der Welt schon stark geschwächt war, aber auch als ein isolierter Außenseiter wegen seines eigenwilligen Versuches, den Kriegseintritt der USA auf Intrigen des Präsidenten F.D. Roosevelt zurückzuführen.

Lit.: E. Nore, C. B., Carbondale 1983.

E. B.

Beatus Rhenanus (1485–1547). Nach der berühmten Stadtschule im heimischen Schlettstadt besuchte B. – die Familie kam aus Rheinau (daher Rhenanus) – die Univ. Paris (1503/07) und Basel, wo er als Gehilfe und Freund des Königs der Humanisten Erasmus v. Rotterdam (dessen WW er 1540f. herausgab) zum Philologen u. Editor wurde. Ein Kommentar (1519) zur «Germania» des ↑Tacitus, die Kronzeuge des patriotischen Humanismus war, signalisiert eine Wende zur Gesch., für die K. Peutinger u. ↑J. Aventin wichtig wurden. Ausgaben kirchenhist. QQ, von Tacitus u. ↑Livius, ↑Prokop u. ↑Jordanes, begleiten die Forschungen für die *Rerum Germanicarum LL3* (1531, eine Überarbeitung kam nicht zustande), die in Schlettstadt entstand, wohin sich B. 1527 zurückgezogen hat.

B. ging von Plänen einer ‹Germania illustrata› – wie sie C. Celtis in den Spuren des ↑F. Biondus entwickelt hatte – aus, gelangte aber über die geographische Einteilung hinaus zu einem hist. Bild der germ.-dt. Gesch. bis in die sächsische Kaiserzeit. Anders als J. Wimpheling – der die Gattung begründet hatte – u. Celtis glorifiziert B. die «barbarische» germanische Frühzeit nicht, sondern sieht – erasmianisch – Kultur u. Christentum gemeinsam erst im fränkischen Zwingreich – das römische Verwaltungstraditionen fortführte – wachsen, im regnum Germanicum der Ottonen endlich auch die Freiheit. Wie ↑L. Bruni läßt er das Römerreich gestorben sein, die mittelalterlichen Kaiser führten bloß den Namen. «Das stärkste kritische Talent des deutschen Humanismus» (↑P. Joachimsen), kann B. die Quellen – statt sie zu kumulieren – nach Entstehungszeit u. innerer Haltung genetisch scheiden u. für eine Charakteristik der Zustände auswerten, die B. wichtiger sind als Kriegsgesch. u. Herrscherbiographie. – In W. Lazius hat B. einen Nachfolger.

Lit.: P. Joachimsen, Geschichtsauffassung u. Geschichtsschreibung in Deutschland unter dem Einfluß des Humanismus, 1910; R. Newald, in: NDB 1, 682f.; (1953); H. Rupprich, in: Geschichte der deutschen Literatur IV, 1 + 2, 1970/73, passim; U. Muhlack, B. R., J. Wimpfeling u. die humanistische Geschichtsschreibung in Deutschland, in: Annuaire de Sélestat 35 (1985) 193ff.; B. R. (1485–1547), 2000.

H. D.

Becker, Carl Lotus (1873–1945). Auf einer Farm in Black Hawk County, Iowa, geh., studierte B. am Cornell C. (Iowa), an der U. of Wisconsin (1893–

97; Ph. D. 1907) u. Columbia U. (1897–98). In Wisconsin wurde er unter ↑F. J. Turners Einfluß Historiker und löste sich vom Methodismus los, womit eine lebenslange Suche nach einem seinem Skeptizismus angepaßten Sinn der Gesch. begann. Obwohl B. europ. Gesch. unterrichtete (U. of Kansas (1902–16) u. Cornell U. (1917–41), veröff. er bis 1920 nur Werke über amer. Gesch., bes. über die Vorrevolutionszeit und die Unabhängigkeitserklärung. B. schrieb Sozialgesch. als progressiver Historiker, der den Konflikt zwischen einer Besitzerelite und dem Volke betonte und die Verfassungsschöpfung als eine konservative Reaktion auf die demokrat. Revolution auslegte. Ein zunehmender Skeptizismus und Psychologismus schwächten B.s Glauben an die absoluten Werte in der Unabhängigkeitserklärung, «reine» Fakten in der Theorie u. eine auf reinen Verstand fundierte hist. Kontinuität. Die enttäuschende Nachkriegszeit brachte einen zehnjährigen inneren Kampf, der (teilweise unter ↑B. Croces Einfluß) zu einem relativistischen Geschichtsbild führte, sichtbar in seinem berühmtesten Werk, *The Heavenly City of the Eighteenth Century Philosophers* (New Haven Conn. 1932) und im Sammelband *Everyman His Own Historian* (NY 1935). Diese brillant geschriebenen Werke sahen Gesch.-interpretationen als nützliche Mythen in einer Welt ohne objektive Ordnung. B. fand es schwierig, auf solch relativistischer Basis den modernen totalitären Systemen zu widersprechen u. Werke zugunsten des von ihm geförderten kollektivistischen Liberalismus zu schreiben. Seinen letzten, meist nichthistorischen Werken fehlte die Überzeugungskraft.

Lit.: B. T. Wilkins, C. B., Cam. Mass. 1961. *E. B.*

Beda Venerabilis (Baeda), hl., (673–735), OSB. Als 7jähriger (Waise?) wurde er dem Abt von Kloster Wearmouth anvertraut und siedelte später ins neugegründete Kloster Jarrow über, wo er – abgesehen von zwei kleinen Reisen – sein ganzes klösterliches Leben verbrachte. Mit 19 Jahren empfing er die Weihe zum Diakon, mit 30 diejenige zum Priester. Dem hervorragenden Lateiner stand eine reichhaltige Klosterbibl. zur Verfügung, die er für seine umfangreiche Schriftstellerei intensiv nutzte. B., 1899 zum Doctor ecclesiae erhoben, wurde und wird als erster «wiss. Theologe» des MAs bezeichnet sowie als «Vater der engl. Geschichtsschreibung».

Den breitesten Raum in seinem Œuvre nehmen theol. Werke ein, doch äußerte er sich zu nahezu sämtl. Wiss.-gebieten der damaligen Zeit (u. a. *De orthographia, De natura rerum, Musica quadrata*). Sein historiogr. Werk begann mit der *Historia abbatum,* einer Biogr.samml. der Äbte von Wearmouth, die zugleich eine Klosterg. beinhaltete. Berühmtheit erlangte B. aufgrund seiner *Historia ecclesiastica gentis Anglorum.* Diese objektive und sachliche, bis 731 reichende Darstellung umfaßt nicht nur die KG Engl., sondern auch die polit. und kultur. Gesch. des Landes, und gehört in die erste Reihe der frühma. Historiogr. Das sich an ↑Orosius und ↑Eusebius orientierende Werk wurde in über 160 Hss. überliefert. Darüber hinaus verfaßte B. kleinere Werke zur Chronol. *(De temporibus; De temporum ratione)* und eine *Vita Cutbberti.*

WW: Migne PL 90–95; MGH AA 1898; C. Plummer, Baedae Opera Historica, 2 Bde, O 1898; B. Colgrave/R. A. B. Mynors (ed. a. transl.), Bede's Eccl. History of the English People, O 1969.
Lit.: LMA 1, Sp. 1774–1779; Cannon, 38 ff.; B. Ward, The Venerable Bede. Harrisburg, Pa. 1990; P. H. Blair, The

world of Bede, Cambridge u.a. 1990; G.H.Brown, Bede the Venerable, Boston 1987. *R.A.M.*

Beloch, Karl Julius (1854–1929), erlangte Ruhm vor allem durch seine streng realist.-rationalist. *Griech. Gesch.,* die das konventionelle, teils idealisier. Griechenlandbild, etwa von ↑E.Curtius, zerschlug und deren 2., neugest. Aufl. 1912–1927 in 8 Teilbänden (1. Aufl. 1893–1904 in 4 Bdn.) bis heute die ausführlichste dt.sprachige Darstellung der Zeit von den Anfängen der Griechen bis zum Frieden von Naupaktos 217 v.C. ist.

Wegen eines Bronchialleidens studierte B. nach dem Abitur 1872 im Süden, in Palermo, kurz in Heidelberg, ab Herbst 1873 in Rom. Zur Prom. 1875 vorübergehend in Heidelberg, wurde er 1877 in Rom aufgrund seines Kampanien-Ms.s (ersch. 1879) habilitiert und 1879 Prof. Dazu erhielt er 1900 den Lehrauftrag für antike Geographie. B. beherrschte mit seinen Schülern, darunter ↑G. de Sanctis, die it. Altertumswiss., die er zu intern. Ansehen brachte. Ähnliche Anerkennung fand er in Dtld. nicht, die Leipziger Professur 1913 blieb Episode.

B. suchte die Alte Gesch. gleichsam wie eine Naturwiss. zu betreiben. Mit seinen nach größtmöglicher Exaktheit strebenden chronolog., geograph., demograph. und, umfassender als ↑A.Böckh, wirtschaftshist. Forsch. suchte er Minimalwerte für eine sachliche Grundlage der Alten Gesch. zu ermitteln, deren Eigengesetzlichkeit er zur Erklärung polit. Entwicklungen heranzog. Mit seiner rigorosen Quellenkritik opponierte er vor allem in der griech. Gesch. gegen die Philologen unter den Althist., indem er in bewußter Autoritätsfeindlichkeit den antiken Autoren mißtraute, was B. wiederum den Vorwurf willkürlicher Quelleninterpretation eintrug. B.s Reaktion auf Kritik, darunter auch die von ↑Th.Mommsen und von U.v. Wilamowitz, war teilweise so scharf, daß man sagte, B. ließe drucken, was andere nicht zu denken wagten bis hin zu peinlichem Antisemitismus.

Antike und Gegenwart, Wiss. und Politik vermischten sich. In gutsherrlichem Selbstbewußtsein, zur führenden Schicht zu gehören, schätzte er die erbliche Monarchie gering. Er war überhaupt gegen sog. «große Männer». Trotz seiner Verachtung für die Masse anerkannte er deren hist. Bedeutung in seiner kollektivist. Gesch.auffassung, deren Determinismus er bis auf die Bodengestalt und Klimaverhältnisse zurückführte, ohne den Einfluß der geistigen Entwicklung zu leugnen. Als Anhänger eines dt. Nationalstaates sah er in Philipp, dem Vollstrecker der griech. Einheit, den Höhepunkt der griech. Gesch. Im Ersten Weltkrieg lehnte er die it. Staatsbürgerschaft ab und nahm dafür Internierung und Verlust seiner Professur und seines Hauses in Kauf. Der Kampf um seine Restitution hinderte ihn, sich 1919 um einen Sitz in der Weimarer Nationalversammlung zu bemühen.

Wissenschaftlich haben die meisten seiner bewußt nonkonformistischen Neubewertungen nicht lange überlebt, aber seine Methoden und Denkansätze bestechen noch heute durch ihre Klarheit und Kompromißlosigkeit.

Weitere WW: Die Bevölkerung der griech.-röm. Welt (1886); Röm. Gesch. bis zum Beginn der Punischen Kriege (1926); Bevölkerungsgesch. Italiens (3 Bde. 1937–1961).
Lit.: K.Christ: Von Gibbon zu Rostovtzeff, [3]1989, 249–285, 369f., 382f. (Lit. u. HW-Verz.); K.Christ, Hellas. Griech. Gesch. und dt. Gesch.wiss. (1999) 81ff. (m. Lit.) *H.B.*

Below, Georg von (1858–1927), Sohn eines Offiziers aus Königsberg/Pr., wurde nach Stud. in Königsberg, Berlin und Bonn 1883 ebd. prom., übernahm die Herausgabe der Landtagsakten von Jülich-Berg (Bd. 1 und 2, 1895 und 1907) und habil. sich 1886 in Marburg.

1889 wurde er a.o. Prof. in Königsberg, 1891 o. Prof. in Münster, 1897 in Marburg, 1901 in Tübingen und 1905 in Freiburg/Br. (Emeritierung 1924). Seit 1903 war v.B. Mithrsg. der VSWG; polit. engagierte er sich beim Freikonservativismus (seit 1907). Er galt als der streitbarste Vertreter seines Faches an der Jh.wende. Das betraf sowohl seine auf method. Gegensätzen beruhenden Auseinandersetzungen mit ↑Lamprecht, ↑Schmoller, ↑Sombart u.a. als auch seine um Unterschiede in der Sache geführten Kontroversen u.a. um den Ursprung der landständ. und der Stadtverf. (gegen ↑v. Gierke, ↑E. Gothein, ↑A. Schulte, R. Sohm). v. B.s Verdienste um die Erforsch. städtischer Verf.gesch. sowie der Sozial- und Wirtsch.gesch. des MAs sind unbestreitbar, auch wenn sein Versuch, den staatl. Charakter des MAs in den Begriffen des 19./20. Jh.s zu erfassen, von der gegenwärtigen begriffsgesch. Forsch. erheblich revidiert worden ist.

In allen verf.- und wirtsch.gesch. Arbeiten betonte v.B. die Bedeutung des individ. und des polit. Faktors; entwicklungsgesch. Schemata lehnte er ebenso ab wie die Annahme von Kausalitäten in der Gesch. Seine Position im Streit mit K. Lamprecht war deshalb eindeutig. Seine historiograph. Arbeiten betonten den Ursprung dt. Gesch.-schreibung in der Romantik und belegen seine Gegnerschaft zur Soziologie (u.a.: *Die dt. Gesch.schreibung von den Befreiungskriegen an bis zu unseren Tagen,* 1916, ^{2}1924).

Lit.: H. Aubin, G.v.B., in: NDB 2, 32f.; (WV und ältere Lit.); O.G. Oexle, Ein polit. Historiker: G.v.B., in: N. Hammerstein (Hg.), Dt. Gesch.wiss. um 1900, Wie u.a. 1988, S. 193–218; H. Cymorek, G. v. B. und die deutsche Geschichtswissenschaft um 1900, Stuttgart 1998; S. Haas, Historische Kulturforschung in Deutschland 1880–1930, Köln/Weimar/Wien 1994. *L.S.S.*

Bengtson, Hermann (1909–1989), war seit 1950 ein Begriff für Studenten und Forscher der Alten Gesch. Sein Name stand für eine ganze Reihe von Standardwerken, die als unentbehrliche Arbeitsmittel den Wissensstand fast des gesamten Faches der Alten Gesch. übersichtlich, distanziert, kurz und klar zusammenfaßten.

B. stud. Gesch., klass. Philol., Ägyptologie und Assyriologie in Hamburg, Pisa und München, wurde 1935 von W. Otto promoviert und 1939 habilitiert. Trotz Kriegsdienst (1939–41) war er Priv.-Doz. in Heidelberg (1940) und ab 1942 ao. Prof. in Jena. 1944/45 wurde er als Kriegstagebuchführer eingezogen, was er als eine Art Praktikum des Hist. empfand. 1949 apl. Prof. in München, bekam er 1952 den Ruf nach Würzburg, wo er 1959/60 zum Rektor gewählt wurde, ging 1963 nach Tübingen und 1966 nach München. 1978 wurde er em. B. war Mitglied der Akad. in Lund, Brüssel und München.

Der universalhist. Tradition seit A.v. Gutschmid verpflichtet, vertrat er noch das ganze Fach, vom Alten Orient und Ägypten bis in die Spätantike, und übernahm entsprechend die Herausgabe des *Handbuchs der Altertumswiss.* Besonders aber machte er sich um die Erforschung und Darstellung des Hellenismus, auch für ein breiteres Publikum, verdient. Als Kennzeichen seiner Schule mit sechs Habilitanden gilt quellennahe und pragmatische Sacharbeit.

HW: Die Strategie in der hellenistischen Zeit (3 Bde 1937–52, ^{2}1964–67); Zur Geschichte des Niederganges des Ptolemäerreiches (gem. m. W. Otto, 1938); Einführung in die Alte Geschichte (1949, ^{8}1975, engl. 1970); Griechische Geschichte (HDAW III 4, 1950, ^{5}1977, ital. 1985, span. 1986, engl. 1988); Großer Historischer Weltatlas I (gem. m. V. Milojcic, 1953, ^{6}1978), dazu Erläut. I (gem. m. V. Milojcic, 1953, ^{4}1976); Die Staatsverträge des Altertums II (gem. m. R. Werner, 1962, ^{2}1975); Grundriß der röm. Geschichte I (HdAW III 5,1, 1967, ^{3}1982); Herrschergestalten des Hellenismus (1975); Marcus Antonius (1977); Die Flavier (1979); Alkibiades (1979); Kaiser Augustus (1981); Griechische Staatsmänner des 5. und 4. Jh. v. Chr. (1983); Die Diadochen (1987); Hellenistische Weltkultur (1988); Gestalten der antiken Geschichte (1989); Kurze Geschichte der Antike (1989). WV 1936–73 in: H. B., Kleine Schriften z. Alten Geschichte (1974), 649–658.
Lit.: JHF 1978 (1979) 13–32; E. Vogt, Jb. d. Bayer. Akad. d. Wiss. 1990 (1991) 253–57; H.-H. Schmitt, in: J. Seibert (Hg.), Hellenist. Stud. (1991) 9–16; K. Christ, Hellas. Griech. Gesch. und dt. Gesch. (1999) 314 ff. *H. B.*

Bernardus Guidonis (1261/62–1331). Geb. im Limousin, 1279 in den Dominikanerorden eingetreten, nach Studium und Lehre (Theologie) sowie der Übernahme des Priorenamtes in verschiedenen Konventen Südfrankreichs 1307 zum Inquisitor von Toulouse ernannt, von Papst Johannes XXII. mit dipl. Missionen nach Italien und Flandern betraut und zudem Vertreter seines Ordens an der avignon. Kurie, wurde B. 1323 das Bistum Tuy (Galizien) und 1324 das Bistum Lodève (Languedoc), das er bis zum Lebensende behielt, übertragen. Neben diesen Tätigkeiten zeichnete er sich durch eine überaus rege schriftstell. Tätigkeit aus, die weite Beachtung fand. Sein erklärtes Ziel war, nützliche Nachschlagewerke meist tabellarisch-schematischer Art zu schaffen, deren Thematik sowohl die Inquisitionspraxis, als auch Heiligenleben (sein *Speculum sanctorale* stand dem vergleichbaren Werk des ↑Jacobus de Voragine nicht nach), die Gesch. seines Ordens, der wichtigsten polit. Mächte des Christentums (Papsttum, Kaisertum, frz. Königtum) und geistl. wie weltl. Institutionen Südfrankreichs (darunter sein Bistum Lodève) umfaßte. Bemüht um Aktualität und Absicherung des Stoffes durch Vermehrung der QQ, überarbeitete B. seine Werke laufend und stellte die QQ je nach Publikumsbedarf in thematisch unterschiedlichen Kompendien zusammen. Seine Papstchronik *(Flores chronicorum)* wurde neben jener des ↑Martinus Polonus zu einer maßgeblichen QQgrundlage des Spätmittelalters.

Lit.: LMA 1, Sp. 1976–1978; B. Gui et son monde (Cahiers de Fanjeaux 16), Tou 1981; B. Guenée, Entre l'Église et l'État. P 1987, 49–85; A.-M. Lamarrigue, Bernard Gui (1261–1331). P 2000. *G. M.*

Bernheim, Ernst (1850–1942), Sohn eines Kaufmanns aus Hamburg, wurde nach Stud. in Berlin, Heidelberg und Straßburg 1873 ebd. prom. und habil. sich 1875 in Göttingen. 1883 wurde B. zum a. o. Prof., 1889 zum o. Prof. an der Univ. Greifswald ernannt, wo er bis 1921 lehrte. Eine Berufung an die Univ. Leipzig 1892, die von dem ihm langjährig befreundeten ↑K. Lamprecht unterstützt wurde, kam nicht zustande. 1899 wurde B. zum Rektor der Greifswalder Univ. gewählt, seit 1912 war er Vorsitzender der Ges. f. Hochschulpäd. Aufgrund seiner jüdischen Abstammung lebte B. in seinen letzten Lebensjahren unter schwierigsten Bedingungen in Greifswald. B.s Forsch.-schwerpunkte waren Verf.gesch. des MAs sowie Gesch.methodologie und

-philos. Letztere haben seinen um die Jh.wende bedeutenden Ruf als Gesch.-theoretiker begründet. Sein *Lehrbuch der historischen Methode* (erschien seit 1889 in 6 Auflagen bis 1908) wurde in 4 Sprachen übersetzt; dessen Rezeption auch im Ausland war bedeutend. Darüber hinaus beschäftigte sich B. seit den ausgehenden 90er Jahren mit Problemen der Hochschulpäd., Fragen, die nur wenige zeitgenössische Fachwiss. bewegten, die B. aber als notwendige Auseinandersetzung mit der wachsenden Bedeutung der Naturwiss. und deren Verhältnis zu den Kultur-/Geisteswiss. verstand. B. verband seine methód. Position mit einer inhaltl. Festlegung von Gesch.schreibung als Kulturgesch. im weiteren Sinne, zu der eine Kulturgesch. im engeren Sinne ebenso gehörte wie polit. Gesch. Erstere sei «Gesch. der Entwicklung der sozialen Lebensformen und Arbeitsresultate» im Unterschied zur «polit. Gesch.», die die hist. Entwicklung der Staaten und des Staatslebens darstelle. Mit dieser Festlegung war B.s Position im Lamprecht-Streit eindeutig. Gegen eine Wendung zum Comteschen Positivismus, die er bei Lamprecht zu beobachten meinte, setzte sich B. aber seit den 90er Jahren deutlich ab. B. hat als «Wegbereiter einer Kultur- als Sozialgesch.schreibung» gewirkt, auch wenn seine realhist. Unters. solches nur in Ansätzen enthalten. Neben den methodolog. Arbeiten waren seine Unters. zum Verhältnis von Reich und Kirche sowie zur Wirkung ma. Zeitbegriffe wichtig.

Lit.: NDB 2, S. 125, (Teilwerkverz.); H. Buszello, E. B., in: S. Quandt (Hg.), Dt. Gesch.didaktiker im 19. und 20. Jh., Pa u. a. 1978, S. 219–56 (Sek.lit.); R. Unterstell, Klio in Pommern. Die Geschichte der pommerschen Historiographie 1815–1945, Köln/Weimar/Wien 1996. *L. S. S.*

Berve, Helmut (1896–1979), aus großbürgerl. Haus in Breslau, 1914 Kriegsfreiwilliger, stud. Gesch., klass. Philol., Arch. und Kunstgesch. in Breslau, Marburg und Freiburg, legte 1921 sein philolog. Staatsexamen in Karlsruhe ab und wurde im selben Jahr von W. Otto in München promoviert. Anschließend ging er für einen Winter nach Berlin zu ↑E. Meyer, ↑U. Wilcken und U. v. Wilamowitz. 1924 wurde er in München mit einer Monographie über das Alexanderreich und aller mit Alexander in Berührung kommender Personen habilitiert.

Das Werk (*Das Alexanderreich auf prosopographischer Grundlage,* 2 Bde, 1926), das durch seine umfassende und souveräne Quellen- und Literaturbehandlung sowie das reife Urteilsvermögen einhellige Anerkennung in der Fachwelt fand, brachte ihm umgehend die Leipziger Prof. ein (1927). Dort entstand bis 1943 seine sog. Leipziger Schule mit fünf Habilitanden, angezogen von seinem liberalen, geistreichen und passionierten Vortrag. Seine ganz persönl. Konzeption, vor allem der *Griech. Gesch.* (2 Bde. 1931–33, ^{2}1951–52), suchte die Einmaligkeit der Gesch. der Griechen als eines fahrenden Volkes in der Menschheitsgeschichte herauszustellen. Die Erklärung dafür fand er in der außerordentl. und gegensätzl. Begabung des ionischen und dorischen Stammes, wobei er einen Forsch.ansatz des 19. Jhs. (K. O. Müller) fortsetzte. Damit geriet er zwar in Gegensatz zur mehr positivist. und objektivist. Tendenz der universalhist. Tradition (E. Meyer, W. Otto), traf aber die Ideale und das Pathos des interessierten Publikums der Weimarer Republik und kam in die Nähe nationalsozialist. Ideologie, die er sich in weiteren Publikationen zunehmend zu eigen machte.

Kurz nach dem Eintritt in die NSDAP wurde B. Gesamtdekan der Philosoph.

Fak., 1937–39 Prorektor, 1940–43 Rektor. Sein einflußreichstes nationalsozialist. Amt war Kriegsbeauftragter der deutschen Altertumswissenschaft. Sein idealisiertes Spartabild (*Sparta*, 1937, ²1944) gehörte zur Pflichtlektüre der Adolf-Hitler-Schulen. Andererseits versuchte B., rassisch diskriminierten Kollegen zu helfen, und vermochte an der Univ. Leipzig ein liberales Klima und das wiss. Niveau zu halten. 1943 nach München berufen, wurde er 1945 suspendiert. 1948 von den gegen ihn erhobenen Vorwürfen freigesprochen, wurde er 1949 korresp. Mitgl. der Mainzer Akad. und bekam im Winter 1949/50 Lehraufträge in München und Regensburg, bis er 1954 nach Erlangen berufen wurde.

1960–1967, während seines Vorsitzes in der Komm. für Alte Gesch. und Epigraphik, einer unabhängigen staatl. Forsch.institution, als Nachfolger von Graf Stauffenberg und bes. nach seiner Emeritierung 1962 schrieb er sein zweites HW, das wie das *Alexanderreich* zum unentbehrlichen Standardwerk wurde. *Die Tyrannis bei den Griechen* (2 Bde. 1967), womit er zu seinen wiss. Anfängen, der Prosopographie, und zum Positivismus zurückkehrte.

Lit.: K. Christ, Neue Profile der Alten Geschichte, Da 1990, 125–187, 352f. (Lit. u. HW-Verz.); ders., Hellas. Griech. Gesch. und dt. Gesch. (1999) 300-02. (m. Lit.). *H. B.*

Bloch, Marc (1886–1944). In Paris geb.; Sohn von Gustave Bloch, Prof. für Alte Geschichte an der Sorbonne; Studium an der École Normale Supérieure und an der Sorbonne; Stipendiat der Fondation Thiers (1909–1912). Seine Aufenthalte in Deutschland (1908–1909) waren von größter Bedeutung für seine Bildung: in Leipzig, wo er namentlich Vorlesungen bei dem Psychologen W. Wundt und bei ↑R. Kötzschke hörte, und in Berlin. B. war zunächst Gymnasiallehrer in Montpellier und Amiens. Während des 1. Weltkriegs 1914–1918 kämpfte er an der Front. 1919 wurde er zum ao. Prof., 1920 zum Ordinarius an der Univ. Straßburg ernannt. B. freundete sich dort mit ↑Lucien Febvre an, mit dem er 1929 die Zs. *Annales d'histoire économique et sociale* gründete und fortan leitete; ebenfalls eng befreundet war er mit dem belgischen Mediävisten ↑Henri Pirenne. Es gelang ihm zwar nicht, in das Collège de France gewählt zu werden, aber 1936 wurde er Henri Hausers Nachfolger als Inhaber des Lehrstuhls für Wirtschaftsgesch. an der Sorbonne. 1939 meldete er sich freiwillig für den Frontdienst; nach der Niederlage im Mai 1940 setzte er unter schwierigen Bedingungen, da er Jude war, seine Lehrtätigkeit in der nicht besetzten Zone fort, ging dann in den Untergrund und trat 1943 in Lyon der Widerstandsbewegung bei. Im Juni 1944 wurde er von der Gestapo und der Vichy-Miliz festgenommen, gefoltert und ermordet. Parallel zu seiner Tätigkeit als Leiter der Zs. *Annales*, ist B. der Vf. mehrerer wichtiger Werke: 1924 erschien *Les rois thaumaturges*, in dem er die sich auf lange Zeit erstreckende Geschichte der Legende und der Riten der Heilung der Skrofeln (der tuberkulösen Adenitis) durch die Kg.e von Frankreich und England darstellt; es handelt sich um eine Untersuchung des symbolischen Wesens der Macht.

1931 veröffentlicht er *Les caractères originaux de l'histoire rurale française*, in der er Methoden und Modelle, die durch die deutsche und die engl. Schule entwickelt worden waren, auf die Untersuchung der Agrarstrukturen Frankreichs anwendet. 1939–1940 veröffentlicht er *La Société féodale*, ein Versuch, die gesamte Geschichte des Mittelalters zu synthetisieren, indem er besonderen

Nachdruck auf den Inhalt und die soziale Bedeutung der Institutionen legt, die durch die Ausbreitung der hierarchischen Abhängigkeitsbeziehungen in der Gesellschaft entstanden waren. In B.s historischer Produktion befindet sich auch eine Abhandlung zur historischen Methode *(Apologie pour l'histoire ou Métier d'historien).*

B. setzte mit Lucien Febvre die Erneuerung der Gesch.wiss. in Frkr. in der Zeit zw. beiden Weltkriegen ins Werk. Er zeichnete sich dabei besonders durch seine Bemühungen aus, die «Strukturen» zum vorrangigen Gegenstand der histor. Forschung zu machen, und durch seine Intention, die Entwicklung einer vergleichenden Gesch.-wiss. zu fördern.

WW: Rois et serfs, Paris 1920; Les rois thaumaturges, Paris 1924 (ND, mit einem wichtigen Vorwort von J. Le Goff, Paris 1983), dt. Die wundertätigen Könige, München 1998); Les caractères originaux de l'histoire rurale française, Oslo 1931 (ND, mit einem wichtigen Vorwort von P. Toubert, Paris 1988); La société féodale, Paris 1939–1940, dt. Die Feudalgesellschaft, Ffm 1982; Apologie pour l'histoire ou Métier d'historien, Paris 1949, dt. St 1974; L'étrange défaite, Paris 1957; Souvenirs de guerre, 1914–1915, Paris 1969, (englisch, mit einer wichtigen Einleitung v. C. Fink, Ithaca und London 1980); Mélanges historiques, Paris 1969.
Lit.: K. E. Born, Neue Wege der Wirtschafts- und Sozialgesch. in Frankreich, die Historikergruppe der «Annales», in: Saeculum 15 (1964), 298–309; U. Raulff, Ein Historiker im 20. Jahrhundert: Marc Bloch, Ffm 1995; O. Dumoulin, Marc Bloch, Paris 2000; P. Schöttler (Hrsg.), Marc Bloch. Historiker und Widerstandskämpfer, Ffm, New York, 1999.
J. M. M.

Blondus, Flavius (1392–1463, **Flavio Biondo**). Der in Forlì gebürtige Altertumsforscher und Historiograph trat nach humanist. Studien 1433 in den Dienst Papst Eugens IV. und wirkte an der Kurie als Sekretär und Notar bis zu seinem Tode. Von seinem reichhaltigen altertumskundl. Œuvre wurden vor allem die *Roma instaurata* (eine stadtröm. Topographie), die *Italia illustrata* (eine hist. Topographie des antiken und ma. Italien) und seine *Roma Triumphans* (ein Handbuch der römischen Altertümer) bekannt und vielbenutzt. Als Gesch.schreiber von Qualität, der nicht nur die kuriale Sichtweise dartat, verfaßte er eine 31 Bücher umfassende Chronik mit dem Titel *Historiarum ab inclinatione Romani imperii decades III,* die er im Jahre 1453 beendete und die im Druck 1483 in Venedig erschien. Die letzten 10 Bücher behandeln die Zeitgesch. des Autors. Aufgrund seiner thematischen Materialsammlungen bezeichnete ihn ↑Gregorovius als den «ruhmvollen Begründer der antiquarischen Wissenschaft».

Lit.: LMA 2, Sp. 212f.; O. Clavuot, Biondos «Italia illustrata», 1990. *R. A. M.*

Böckh, August (1785–1867), gehörte neben ↑B. G. Niebuhr zu den Begründern der wiss. Alten Gesch., auch wenn er sich als Philologe, im weitesten Sinne, verstand. Gegen die «Textphilol.» G. Hermanns betrachtete er entsprechend der Romantik den gesamten Lebensbereich eines Volkes als Gegenstand der Philologie, den er andererseits systematisch, dem Methodenbewußtsein der Zeit entsprechend, in der postum nach Vorlesungsmanuskripten hrsg. *Encyclopädie u. Methodologie der philol. Wiss.* (²1886) beschrieb. Die Gesch. unterschied sich nur durch die zeitliche Betrachtungs- und Darstellungsweise von der Philol. Die beiden HW, *Die Staatshaushaltung der Athener* (1817, ³1886; Ndr. 1967), in der Nachfolge von B. G. Niebuhrs Unters. zur röm. Wirtschafts- und Sozialordnung stehend, und die von B. angeregte und unter seiner Leitung von der Preuß. Akad. d. Wiss. hrsg. systemat. Samml. der griech. Inschriften, das *Corpus Inscriptionum Graecarum* (4 Bde. 1825–1859), waren zugleich Modell und Voraussetzung dafür, in alle Lebensbereiche der Antike gleichsam wie in einen Organismus einzudringen und damit Umfeld und Bedingungen für die Entstehung der lit. und hist. Werke zu rekonstruieren.

Als jüngstes von sechs Kindern eines früh verstorbenen, markgräflich badischen Hofratssekretärs studierte B. nach dem Besuch der Karlsruher «Fürstenschule» Theologie und Klassische Philologie bei Fr. A. Wolf und Fr. Schleiermacher in Halle (1803–1806). Danach in Berlin ohne Aussicht auf ein dauerndes Lehramt, prom. er rasch in Halle (1807) und wurde Prof. in Heidelberg. Die nationale Aufbruchstimmung in Preußen, die von W. v. Humboldt konzipierten Gründungsideale und die sich bereits abzeichnende überragende wiss. Qualifikation der neuen Univ. ließen B. 1811 nach Berlin gehen, wo er bald selbst zu einem «Fürsten im Reich der Wiss.» wurde: B. war sechsmal Dekan, fünfmal Rektor. Seit 1814 ihr Mitgl., später Sekretär, reorganisierte B. die Akad. d. Wiss. für wiss. Vorhaben, die die Kraft eines einzelnen überstiegen. B. gehörte ca. 24 europ. u. amer. wiss. Akad. bzw. Ges. an, war Träger höchster intern. Auszeichnungen und Kanzler des Ordens «Pour le mérite».

Mit dem von ihm gegr. philol. Seminar und als Direktor des Seminars für gelehrte Schulen (1819) beeinflußte er die Univ.- und Lehrerausbildung. Trotz seines hist. relativierten Antikenbildes behielt er die Wolfsche Idealisierung der antiken Kunst und Wiss. als Ausgangspunkt für alle modernen Kenntnisse bei und trug durch seinen Begriff von der Wiss. als höchster Verwirklichung des Menschen zur Dominanz des altspr. Gymn. als einzigen Zugangs zur Univ. und des altertumswiss. Stud. bei. Unerschrocken kämpfte er vor und nach 1848 für die Freiheit der Wiss., möglichst unter dem Schutz und mit der großzügigen Förderung einer nationalen, patriarchalisch-liberalen Monarchie.

Weitere hist. *WW:* Metrolog. Unters. (1838); Zur Gesch. der Mondzyklen bei den Hell. (1855); Ges. kl. Schriften, 7 Bde. (1858–72).

Lit.: M. Hoffmann: A. B. (1901); B. Schneider: A. B., Wie 1985 (Lit.). K. Christ, Hellas. Griech. Gesch. und dt. Gesch. (1999) 15–17 (m. Lit.). *H. B.*

Boecler, Johann Heinrich (1611–1672), Sohn eines luth. Pastors, stud. in Tübingen und Straßburg. Hier gehörte er mit J. Freinsheim und J. Scheffler zu den engeren Schülern Matthias Berneggers, dessen späthumanistische, an niederl. Vorbildern ausgerichtete Wiss.auffassung im Sinne einer phil.-hist. Universaldisziplin auch von B. übernommen und in Richtung auf Politik und Naturrecht fortgebildet wurde. 1637 zum Prof. der Rhetorik ernannt, folgte er mit seinen Studienfreunden einer Einladung der Kgin. Christine an die Univ. Uppsala, 1648. Zum schwedischen Reichs-Historiographen ernannt, kehrte er 1652 nach Straßburg als Prof. Historiarum zurück und wirkte hier bis zu seinem Tode. B. verfaßte eine Fülle von Gutachten, politisch-histor. Abhandlungen im Sinne der Zeit – in denen er eine hohe Reichs- und Kaiserverehrung trotz aller protest. Grundhaltung erkennen ließ – und hatte einen weitgespannten Korrespondenten-Kreis (↑Conring, Joh. Christ. von Boyneburg). B. war Kur-Mainzer Rat, Kaiserl. Rat, erfreute sich finanzieller Unterstützung Ludwigs XIV. und der schwed. Krone, gehörte zu den frühesten Kommentatoren Grotius'.

Seine Werke z. T. bei Jöcher; u. a.: *Notas in Taciti primordia annalium et historias; In Hippol. a Lapide de ratione status; De sacro Romano Imperio; Historia belli danici 1643–1645 gesti; Institutiones politicae.*

Die Gesch. ist für B. – im Sinne des Lipsianismus – grundlegende Wiss., um zu einer angemessenen politischen Ordnung des Gemeinwesens zu gelangen. Ihre normativen Vorgaben könnten, recht angewandt und umgesetzt, dazu befähigen, der aufgewühlten Zeit eine tragfähige und weitgehend konfessionsunabhängige Gestalt zu sichern. In Verbindung mit Naturrecht, Philologie, Rhetorik und Politik sowie Antiken-Kommentierungen befähige sie nicht nur zu einem friedl. Austausch über alle Konfessionsgrenzen hinweg, sondern fördere eine gerechtere Gemeinschaft. B. hatte eine weitreichende Wirkung bis tief ins 18. Jh., nicht zuletzt auf Thomasius, die Hallesche Schule und auch noch Göttingen.

Lit.: M. Stolleis, Geschichte des öffentlichen Rechts in Deutschland 1, 1988; NDB 2, 372 f.; E. Cl. Scherer, Geschichte und Kirchengeschichte an den deutschen Universitäten, 1927. *N. H.*

Böhmer, Johann Friedrich (1795–1863). Das Studium an den Univ. Heidelberg und Göttingen schloß B. 1817 mit der Prom. ab.

Dank eines beträchtlichen Familienvermögens konnte er als Privatgelehrter leben, übernahm 1825/30 jedoch als Archivar und Bibliothekar Ämter an Institutionen seiner Vaterstadt Frankfurt. Die Bekanntschaft mit Freiherrn vom Stein führte dazu, daß jener ihn 1823 in die Gesellschaft für ältere dte. Gesch.-kunde aufnahm und ihn auch in die Zentraldirektion der MGH berief. 1824 bereits wurde er ständiger Sekretär der Gesellschaft und neben ↑Pertz Leiter der MGH. Sein Aufgabenbereich war die Edition der deutschen Königs- und Kaiserurkunden des MAs, doch brachte er es zu keiner eigenst. Ausgabe. Sein eigentliches Lebenswerk wurden vielmehr die *Regesta chronologico-diplomatica regum atque imperatorum Romanorum inde a Conrado I. usque ad Heinricum VII.* (1831), die die Regesten der Königs- und Kaiserurkunden für die Zeit von 911 bis 1313 enthalten und 1839/46 mit den Regesten der Urkunden für die Zeit Ludwigs des Bayern (1314–1347) ihre Fortsetzung finden. 1833 erschienen seine Regesten der Urkunden der Karolinger, 1854 die der Wittelsbacher. Querelen über die Methode von QQeditionen mit Pertz führten dazu, daß seine *Fontes rerum Germanicum* (3 Bde., 1843/53; Bd. 4 aus dem Nachlaß ed. v. A. Huber, 1868) nicht im Rahmen der MGH erschienen. B.s Hauptinteresse und Vorliebe galt dem «Heiligen Römischen Reich Deutscher Nation»; um seine Unabhängigkeit zu wahren übernahm er keine Univ.professur.

Lit.: ADB 3, S. 76 ff.; NDB 2, S. 393 f. M. Fink-Lang, Der Beitrag Johann Friedrich Böhmers zu Marie Görres Ausgabe der Familienbriefe. In: Görres-Studien, Paderborn, München u. a. 1999. S. 215–230. *R. A. M.*

Bolin, Anders Sture Ragnar (1900–1963), promovierte 1927 zum Dr. phil. und wurde noch im selben Jahr mit einer Dozentur betraut; 1938 erhielt er eine Prof. an der Univ. Lund. In seinem Werk werden drei große Problemkreise angesprochen: 1. Im Kontext der Wirtschaftsgesch. des FrühMAs vertrat er die These, daß die von ↑H. Pirenne entwickelte Theorie über die islamische Handelsblockade im Mittelmeer dahingehend ergänzt werden müsse, daß neue, nördliche Handelswege über das Baltikum entstanden; diese Ansicht untermauerte er mit umfangreichem numismatischem Material und mittels math.-stat. Methoden. 2. In seinen Studien über das frühe nord. MA beschäftigte er sich sowohl mit den Gesellschaftsstrukturen, als auch mit der Kritik der erzählenden QQ. Sein Aufsatz über die ma. Agrargesch. Skandinaviens in «The Cambridge Economic History» (1, 1940) bietet eine Zusammenfassung dieser Forschungen. 3. Innerhalb der modernen allg. Gesch. versuchte er, in der Arbeit «Det ensidiga våldet» (Lund 1944) eine erste wiss. Behandlung der Vorgesch. des Zweiten Weltkriegs zu geben.

WW: S. B., Muhammed, Karl den store och Rurik, in: Skandia 1939; State and Currency in the Roman Empire to 300 A. D., Lund 1958; Om Nordens äldsta historieforskning, Lund 1931. *H. S.*

Bolland (Bollandus), Jan (1596–1665), trat 1612 in die SJ ein, später wurde er, nach einem theol. Studium in Löwen, Präfekt des Jesuitenkollegs in Mecheln. Die Kenntnisnahme eines unausgeführten Vorhabens aus dem Jahre 1607 des Jesuiten Heribert Rosweyde, systematisch Heiligenleben zu sammeln, bewegte ihn zur Planung der Reihe der *Acta Sanctorum,* in denen alle vitae herausgegeben werden sollten, in der Reihenfolge der Sterbedaten der Heiligen. Die krit. Herausgabetechnik bezweckte, die Brauchbarkeit dieser geschmähten hagiograph. QQ wiederherzustellen. Der philolog. Ansatz B.s wurde durch den inhaltlich-kritischen Ansatz seines Kollegen Godfried Henskens, mit dem er 1643 Teil I besorgte, ergänzt. Die gelehrte Welt und sogar die protestant. Kreise (G. Vossius) erkannten sofort die Erudition und die wissenschaftliche Integrität des Unternehmens und Papst Alexander VII. den moralischen Nutzen für die Kirche. Archivarbeit in Rom, wozu der Papst ihn einlud, konnte er wegen seiner schon schwankenden Gesundheit nicht mehr vornehmen. Zu seiner Ehre wurden die Gelehrten, die, bis jetzt, die *Acta* herausgeben, «Bollandisten» genannt.

Lit.: J. Thonissen, in: Biogr. Nat., 2, 1868, 630–41; P. Peeters, L'œuvre des Bollandistes, Bru 1960, 12–23. *W. P.*

Bonjour, Edgar (1898–1991), prägte maßgeblich Profil u. Außenwirkung der Schweizer Gesch.wiss. in der zweiten Hälfte des 20. Jhs. Der gebürtige Berner wurde bei R. Feller mit einer Arbeit über *Die Bauernbewegung des Jahres 1525 im Staate Bern* promov. (Bern 1923), schloß Studien in Paris u. Berlin an, habilitierte sich nach Jahren im Schul- u. Archivdienst (Bern 1933) und lehrte seit 1935 an der Univ. Basel. Sein Werk umfaßt bedeutende Beiträge zur Historiographie- u. Universitätsgesch., auf die Schweiz konzentriert vor stets präsentem europäischen Hintergrund. B.s Lebensthema aber wurde die *Geschichte der schweizerischen Neutralität* (unter diesem Titel zuerst einbändig: 1946; 1965–1976: 9 Bde.), zumal in ihrem zeitgeschichtl. Bezug: Im Auftrag des Bundesrates untersuchte B., «kein Mythenstürmer, aber auch kein Hofhistoriker» (H. R. Guggisberg), seit 1962 auf der Basis exklusiver Akteneinsicht die Außen- u. Verteidigungspolitik der Schweiz in den Jahren 1939–1945. Der von ihm vorgelegte, um moderat-kritische Ausgewogenheit bemühte «Bonjour-Bericht» (3 Bde., 1970, als Teil der *Geschichte*) regte öffentl. Kontroversen an u. wurde rasch selbst zum Gegenstand zeithistor. Forschung.

WW: Studien zu Johannes von Müller, 1957; Die Schweiz u. Europa, 8 Bde., 1958–1988 [Reden u. Aufsätze]; Die Univ. Basel von den Anfängen bis zur Gegenwart 1460–1960, 1960; Erinnerungen 1983; Freundesbriefe, 1987; R. Feller/ E. B., Geschichtsschreibung der Schweiz vom Spätmittelalter zur Neuzeit, 2. Aufl. 1979.

Lit.: G. Kreis, Die schweizer. Neutralität während des Zweiten Weltkriegs in der Hist. Forschung, in: L.-E. Roulet (Ed.), Les États neutres européens et la Seconde Guerre Mondiale, 1985, S. 29–53; H. R. Guggisberg, E. B. 1898–1991, in: HZ 254 (1992), S. 222–228; S. Zala, Das amtliche Malaise mit der Historie. Vom Weißbuch zum Bonjour-Bericht, in: SchwZG 47 (1997), S. 759–780. *H. C.*

Boockmann, Hartmut (1934–1998), Schüler ↑H. Heimpels. Diss. 1965 *Laurentius Blumenau: fürstlicher Rat, Jurist, Humanist (ca. 1415–1484)*, Habil. 1975 *Johannes Falkenberg, der Deutsche Orden und die polnische Politik.* 1975–1982 Prof. in Kiel, 1982–1998 in Göttingen, dazwischen 1992–1995 Humboldt-Univ. zu Berlin. Mitgliedschaften u. a. in der Akad. der Wiss. in Göttingen, Zentraldirektion der MGH, MA-Kommission der Berlin-Brandenburgischen Akademie der Wiss. Mithrsg. der «Göttingischen Gelehrten Anzeigen», «Geschichte in Wissenschaft und Unterricht», «Zeitschrift für Kunstgeschichte».

Kennzeichnend für den vielseitigen, Zuhörer wie Leser ungemein anregenden MA-Forscher waren die vielen Studien zu West- und Ostpreußen mit der zentralen Gesch. des dt. Ordens. Er, der in Marienburg geb. war, gab die Reihe «Deutsche Geschichte im Osten Europas» heraus und verfaßte selbst den Bd. *Ostpreußen und Westpreußen* (1992). Method. innovativ war seine Betonung von Bildinterpretationen, etwa in seinem erfolgreichen Buch *Die Stadt im späten Mittelalter* (1986, ³1994). Die mittelalterl. Stadtgesch. blieb sein zentrales Metier (*Leben und Sterben in einer spätmittelalterlichen Stadt* 1983), die sich dabei in ein Interesse für die spätmittelalterl. Kultur insges. weitete (*Fürsten, Bürger, Edelleute. Lebensbilder aus dem spätem Mittelalter,* 1994; Mithg. v. *Literatur, Musik und Kunst im Übergang vom Mittelalter zur Neuzeit,* 1995). Daraus erwuchs sein Interesse für Museumsdidaktik, die er etwa bei der Konzeption des Dt. Hist. Museums einbrachte (vgl. *Geschichte im Museum,* 1983). Auch die Biographie des eigenen Lehrers wie die Gesch. der Heimatuniv. interessierte ihn lebhaft: *Geschichtswissenschaft in Göttingen,* 1987; *Der Historiker Hermann Heimpel,* 1990; posthum *Wissen und Widerstand. Geschichte der deutschen Universität,* 1999.

Lit.: P. Moraw, in: DA 54, 1998, S. 911 f.; J. Rohlfes u. a. in: GWU 49, 1998, S. 527 f. *H. F.*

Bosl, Karl (1908–1993). Stud. in München, Schüler ↑Karl Alexander von Müllers; Diss.: *Das Nordgaukloster Kastl. Gründung, Gründer, Wirtschafts- und Geistesgesch.* (1938, ersch. 1939), Habil.: *Die Reichsministerialität der Salier und Staufer: ein Beitrag zur Geschichte des hochmittelalterlichen deutschen Volkes, Staates und Reiches* (1948, ersch. 1950/51; ND 1979). Zunächst Gymnasiallehrer, dann Prof. für Bayer. Landesgesch.: 1953–1960 Univ. Würzburg, 1960–1977 Univ. München; Direktor des Inst. für Bayer. Landesgesch., Vorsitzender der Komm. für Landesgesch. bei der Bayer. Akad. der Wiss. (ab 1960); seit 1961 Akademie-Mitgl.

B. ging es um eine Verbindung von Landes- u. Regionalgesch. mit der allg. europ. Historie (*Frühformen der Gesellschaft im mittelalterlichen Europa,* 1964; *Mensch und Gesellschaft in der Geschichte Europas,* 1972; *Die Grundlagen der modernen Gesellschaft im Mittelalter,* 1972; *Europa im Mittelalter,* 1975) im Gesamtspektrum der Perioden. Hrsg. u. a. des *Historischen Atlas von Bayern,* der ZBLG sowie des *Handbuchs der böhmischen Länder* (1967 ff.) u. Wiss.organisator. Der vielseitig interessierte, auch populärwiss. publizierende Landeshistoriker (*Geschichte des Mittelalters*, [5]1973; *Repräsentation und Parlamentarismus in Bayern*, 1974; *Bayerische Geschichte*, [6]1979) der v.a. die Methoden ↑M. Webers in seine Arbeiten einbrachte, sah seine Schwerpunkte in der Erforsch. der sozialen Mobilität im MA, was sein bes. Interesse für die Stadtgesch. erklärt (*Die mittelalterliche Stadt in Bayern*, 1974, *Die bayerische Stadt in Mittelalter und Neuzeit. Altbayern – Franken – Schwaben*, 1988). Hatte er nach dem Kriege maßgebl. am Wiederaufbau des bayer. Gymnasialwesens mitgewirkt (1949–1954 Vors. des Bayer. Philol.verbandes), sah er während seiner Universitätszeit eine Aufgabe auch in häufiger Präsenz bei lokalen Gesch.-vereinen, um so histor. Wissen einem breiteren Publikum zugängl. zu machen. B. war u.a. Hrsg. einer weit verbreiteten *Bayerischen Biographie* (1983, Ergbd. 1988).

Lit.: W. Störmer, in: ZBLG 57 (1994), 171–176; T. Miyake, K. B., der Mensch u. seine Gesellschaftsgesch., in: K. B., Vorträge zur Gesch. Europas, Deutschlands u. Bayerns, hg. v. E. Bosl, Bd. 1, 1998, IX–XII. *H. F.*

Brandi, Karl (1868–1946), zählte zu den führenden dtn. Historikern der 20er u. 30er Jahre; er hatte seine Arbeitsschwerpunkte in den Hilfswiss.n, der Landesgesch. u. vor allem in der Übergangszeit zwischen MA und Neuzeit. Sein bekanntestes Werk ist die Biogr. Karls V.

Der Sohn eines kath. Gymnasiallehrers studierte seit 1896 Gesch., Germ. und Geogr. in München, Straßburg u. Berlin, wo er 1890 mit einer Arbeit über die Reichenauer Urkundenfälschung promovierte. 1895 schlug B. eine konfessionelle Professur in Bonn aus. Nach seiner Habil. 1895 in Göttingen wurde er dort 1897 a.o. Prof. für Histor. Hilfswiss., zunächst mit persönlichem Ordinariat, seit 1910 als etatmäßiger Hochschullehrer. Obgleich er Rufe nach Straßburg (1913), Leipzig (1915) und Berlin (1929) erhielt, lehrte er 40 Jahre lang in Göttingen, wo er – u.a. als Rektor 1920 – eine herausragende Rolle spielte.

Zwar «vernunftrepublikanisch» orientiert, war B. doch ausgesprochen national und konservativ eingestellt. 1932–37 Vors. des Historikerverbandes, zudem Repräsentant der dtn. Historiker auf den Internat. Historiker-Treffen, nahm er eine ambivalente Haltung gegenüber dem Dritten Reich und der NS-Politik ein.

Neben Veröff. in den Histor. Hilfswiss.n (u.a. *Unsere Schrift*, 1911; Mit-Hrsg. des «Archivs für Urkundenforschung») maßgebliche Beteiligung an landesgesch. Unternehmungen wie dem Histor. Atlas Niedersachsens (1910–1938).

Sein Buch *Die Renaiss. in Florenz und Rom* (1899 bis 1927 7 Auflagen) stellte nach dem Urteil von ↑W. Goetz den ersten Versuch in dt. Sprache dar, die «italienische Renaiss. in eine geschlossene Darstellung und mit tiefer Einfühlung zur Anschauung zu bringen». B. hat versucht, über ↑Burckhardt hinausgehend, die Renaiss. mit ihrem politischen und kulturellen Leben vom 13. bis zum 16. Jh. umfassend darzustellen.

Mit *Karl V. Werden und Schicksal einer Persönlichkeit und eines Weltreiches* (2 Bde. 1937/41) verband B. universalgesch. und biogr. Methode; aus s. Sicht stand bei K. die dynastische Idee im Vordergrund, nicht die ma. Idee des Kaisertums. – In B.'s Darstellung der Reformation und Gegenreformation liegt das Schwergewicht auf der polit. Motivik; das Religiöse schlug gleichsam dialektisch ins Politische um.

B.s Historiogr. ist gekennzeichnet durch Abneigung gegen Spekulation und theoretische Durchdringung des Stoffs. Von einer kath. Anschauung ausgehend, doch den Ultramontanismus ablehnend, fügte er sich mit seiner nat.lib.-konserv. Haltung in den Hauptstrom der dtn. Historiogr. der ersten Hälfte des 20. Jhs. ein. B., der bereits den modernen Typus des Wissenschaftsorganisators repräsentierte, war überzeugt vom Öffentlichkeitsauftrag des Historikers.

Lit.: Autobiographisches: Aus 77 Jahren Lebensgeschichte und wissenschaftliche Entwicklung vor dem Hintergrund der Zeit. (Unveröffentl. Manuskript); W. Berges: K. B. (1868–1946). In: Westf. Lebensbilder. Bd. XI. Münster 1975, S. 7–26, W. Goetz: K. B. In: Ders.: Historiker in meiner Zeit. Kö, Graz 1957, S. 361–369; W. Petke: K. B. u. die Geschichtswiss. In: H. Boockmann/H. Wellenreuther (Hrsg.): Geschichtswiss. in Göttingen. Gö 1987, S. 287–320; G. Schnath: K. B. In: Niedersächsische Lebensbilder 6, 1969, S. 1–48 (S. 31 ff.: Schriftenverzeichnis); P. E. Schramm: K. B. In: ZRG GA 65, 1947, S. 464–477; H. R. v. Srbik: K. B. In: Almanach der Österr. Akad. der Wiss. 97, 1947, S. 255–278; E. Weniger: K. B. In: Die Sammlung 1, 1948, S. 605–607. *B. F.*

Braubach, Max (1899–1975), Sohn eines Bergrates aus Metz, studierte in Heidelberg, München und Bonn, wo er 1922 von ↑A. Schulte prom. wurde und sich ebd. 1924 habil. 1928 wurde er zum Nachfolger seines Lehrers Schulte auf den f. einen kathol. Historiker vorgesehenen Lehrstuhl berufen; er blieb dort bis zu seiner Emeritierung 1967. 1959/60 war B. Rektor der Univ. und wurde in zahlreiche wiss. Gremien berufen (u. a. seit 1930 Beirat der Görres-Ges.). B.s Forsch.schwerpunkte lagen in vier Bereichen: Europ. Gesch. des 17. und 18. Jh.s, die Gesch. der Rheinlande im gleichen Zeitraum, Zeitgesch. bis 1945 und die Gesch. der Univ. Bonn. Sein Verdienst um die Erforsch. der FNZ besteht im Nachweis der sozialen, geistigen und polit. Bedeutung auch der geistl. Fürstentümer des Alten Reiches, deren spezif. Anteil am Prozeß der «Modernisierung» häufig übersehen worden ist. B.s method. Zugriff war ein bewußt polit. und geistesgesch.; den Debatten um eine theoret. Fundierung hist. Forsch. stand er fern. Neben zahlreichen biographisch orient. Monographien (u. a.: *Prinz Eugen. Eine Biographie*, 5 Bände, 1963–65) erarbeitete er eine Gesamtdarst. zur rhein. Gesch. von 1648–1815 sowie als Standardwerk der diplomatiegesch. Forsch. die 1952 erschienene Arbeit *Wien und Versailles von Ludwig XIV. bis Kaunitz*. B. stand nicht zuletzt aufgrund seines bewußten Bekenntnisses zum kathol. Glauben in deutlicher Distanz zum Nationalsozialismus, die durch seinen Kontakt mit Männern des militär. Widerstandes verstärkt wurde.

Lit.: K. Repgen, In memoriam M. B., in: HZ 224/1977, S. 82–91; K. Repgen/St. Skalweit (Hg.), Spiegel der Gesch. Festgabe f. M. B., Mr 1964 (S. 964–976, WV 1923–63); J. Spörl, M. B., in: HJb 95/1975, S. 170–187; Max Braubach zum Gedächtnis, in: Annalen des Historischen Vereins für den Niederrhein 202/1, 1999, S. 9–104 (WV). *L. S. S.*

Braudel, Fernand (1902–1985). In Lunéville-en-Ornois geb.; 1923 Staatsexamen (agrégation d'histoire); Gymnasiallehrer, zehn Jahre lang in Algier, dann in Paris. Schüler ↑L. Febvres. 1935 ging B. als Prof. an die Univ. São Paulo (Brasilien). 1937 Prof. an der École Pratique des Hautes Études in Paris. 1939 Einberufung zum Militär; 1940–1945 Kriegsgefangenschaft in Deutschland; er benutzte diese Zeit, um seine Habilitationsschrift: *Das Mittelmeer und die Mittelmeerländer zur Zeit Philipps II.* (weitgehend aus dem

Gedächtnis) niederzuschreiben; er habilitierte sich 1947. 1946 hatte ihn Febvre in den Leitungsausschuß der Zs. «Annales» geholt. 1949 wurde er dessen Nachfolger am Collège de France und 1956 als Vorsitzender der 6. Abteilung der École Pratique des Hautes Études (bis 1972), an die er viele junge Historiker kommen ließ, die von der «Annales»-Bewegung beeinflußt worden waren, u. a. R. Mandrou, E. Le Roy Ladurie, J. Le Goff, M. Ferro, denen er 1969 die Leitung der Zs. überließ; ab 1982 distanzierte er sich allerdings weitgehend von der Zs. 1984 erfolgte die Wahl in die Académie Française.

B. ist der bedeutendste Fortsetzer der von ↑M. Bloch und L. Febvre eingeleiteten Erneuerung der Gesch.wiss. in Frankreich gewesen. In seinem 1949 erschienenen Buch *La Méditerranée et le monde méditerranéen* publizierte er seine Theorie, nach der die Zeiten der Gesch. je nach den studierten Phänomenen verschieden sind: zuerst die nahezu unbewegliche «geographische» Zeit der beinahe unveränderlichen Kräfte, die das geographische Milieu bilden, d. h. in diesem Buch, das Mittelmeer; dann die «soziale» Zeit, die die langsamen Bewegungen der Demographie, des Warenaustausches und der Preise umfaßt und der der zweite Teil des Buchs gewidmet ist; schließlich die kurze Zeit, die der Ereignisse, in der die Wirkung der oben erwähnten tieferen Kräfte zum Ausdruck kommt und mit der sich der dritte Teil befaßt.

1979 erschienen seine drei Bände *Civilisation matérielle, économie et capitalisme,* eine groß angelegte Analyse der Wirtschaftssysteme im vorindust. Europa. Diese Werke waren es, die B. einem großen Publikum bekannt machten. Als er 1985 starb, arbeitete er an einer Geschichte Frankreichs, deren fertiggestellte Kapitel posthum veröffentlicht wurden.

WW: La Méditerranée et le monde méditerranéen à l'époque de Philippe II, Paris 1949; Écrits sur l'histoire, Paris 1969; Civilisation materielle, Économie et Capitalisme, 3 Bde., Paris 1979; L'Identité de la France, 3 Bde., Paris 1986; Grammaire des civilisations, Paris 1987.

Lit.: Cannon, S. 51 f.; B. Kronsteiner, Zeit, Raum, Struktur – F. B. und die Gesch.schreibung in Frankreich, 1989; J. Revel (Hg.), F. B. et l'histoire, 1999.

J. M. M.

Brentano, Lujo (1844–1931), neben ↑Schmoller Hauptvertreter der jüngeren hist. Schule der dt. Nationalökonomie und soziallib. Mitbegründer des Vereins für Socialpolitik 1872/73. – Gründliche Kenntnis der engl. Gewerkschaftsbewegung, die sich in seinem hist.-ökonom. Hauptwerk *Die Arbeitergilden der Gegenwart* (2 Bde., 1871/72) niederschlug, veranlaßte den tief vom Humanismus der Aufklärung geprägten B. in Kaiserreich und Republik zu kämpferisch-entschiedenem Eintreten für eine wirksame Sozialreform, für ein modernes Arbeits- und Sozialrecht auf der Basis gewerkschaftlicher Gleichberechtigung im Arbeitskampf (*Mein Leben im Kampf um die soziale Entwicklung Deutschlands,* 1931). Nach der Habilitation 1871 lehrte B. Nationalökonomie, Finanzwiss. und Wirtschaftsg. an den Universitäten Breslau, Straßburg, Wien, Leipzig und München; der brillante akadem. Lehrer prägte mit strengster method. Disziplin und logischem Scharfsinn mehrere Generationen.

Lit.: H. Neisser/M. Palyi, L. B., Eine Bio-Bibliographie, B 1924; C. Brinkmann, in: HdSW 2, 1959, 410f. (WV); NDB 2, 1955, 596f.; J. J. Sheehan, The Career of L. B., Ch-Lo 1966; Ders., L. B., in: H.-U. Wehler (Hg.), Dt. Historiker, Bd. 8, 1982, 24–39; H.-C. Kraus, Lujo Brentano (1844–1931). Nationalökonom und bürgerlicher Sozialreformer, in: B. Heidenreich (Hg.), Geist und Macht. Die Brentanos, Wiesbaden 2000, 131–158. *R. v. B.*

Bresslau, Harry (1848–1926). B. studierte ab 1866 an den Univ. Göttingen und Berlin zunächst Jura, wandte sich dann aber dem Gesch.studium (vornehmlich bei ↑Waitz) zu, bei dem er 1869 auch promovierte. Er selbst nennt allerdings ↑Droysen seinen wichtigsten Lehrer. Nach kurzer Tätigkeit als Gymnasiallehrer habilitierte er sich 1872 in Berlin bei Droysen und wurde dort 1877 zum Prof. ernannt. 1890 folgte er einem Ruf an die Univ. Straßburg, wo er bis 1912 lehrte. Seit 1877 war er als Mitarbeiter, seit 1888 als Mitglied der Zentraldirektion der MGH tätig und übernahm dort die Redaktion des NAs. Seine Hauptaufgabe jedoch war die Leitung der Herausgabe der *Diplomata* Kaiser Heinrichs II. und Heinrichs III. Neben der Leitung der Abteilung der Diplomata übernahm er 1912 auch noch jene der Scriptores. 1918 wurde er aus Straßburg ausgewiesen; er verstarb in Heidelberg. Von seinem großen wiss. Œuvre gelten die *Jahrbücher d. dten. Reiches unter Heinrich II.* (3 Bde., 1875) und unter *Konrad II.* (2 Bde., 1879/94) und sein *Handbuch der Urkundenlehre für Deutschland und Italien* (1889; mehrfache Auflagen) als Standardwerke. 1921 erschien seine *Gesch. der MGH* (= NA 42).

Lit.: NA 47 (1928), S. 251–266; HZ 136 (1927), S. 58–66; NDB 2, S. 600f.; H. Fuhrmann, «Sind eben alles Menschen gewesen», 1996. *R. A. M.*

Breysig, Kurt (1866–1940), als Sohn eines Gymnasiallehrers in Posen geboren, wurde nach Stud. in Berlin und Tübingen 1888 von ↑Schmoller prom. und habil. sich 1892. Seit 1896 war er Extraordinarius f. neuere Gesch. in Berlin und wurde erst 1923 auf einen Lehrstuhl f. Soziol. ebendort berufen. Seit 1925 war B. ord. Mitglied der dt. Ges. f. Soziologie. Sein vielschichtiges Werk, das bei seinen Fachkollegen mehrheitlich auf Skepsis und Ablehnung stieß und ihm Anerkennung vornehmlich von Sozialwiss. und Kulturhist. einbrachte, ist dreigeteilt. Die ersten großen Arbeiten waren der brandenb.-preuß. Verf.-, Verw.- und Finanzgesch. gewidmet. In einer zweiten, kulturgesch. geprägten Phase widmete sich B. seit der Jh.wende der vergleichenden Universalgesch.; die dritte Phase, beginnend mit den 20er Jahren, war gekennzeichnet von der Hinwendung zur Gesch.philos. und Soziologie. Mit seinem kulturgesch. Zugriff stand er im sog. «Methodenstreit» der 90er Jahre auf ↑Lamprechts Seite. Sein bedeutendstes Werk dieser Zeit, *Der Stufenbau und die Gesetze der Weltgeschichte,* erlebte bis 1950 drei Auflagen. Seit den 20er Jahren ergänzte B. sein an staatl.-gesellsch. Entwicklungsreihen orientiertes Stufendenken um eine sozialpsych. Seite, womit er die Wendung zur Soziologie vollzog. Als vierbändiges Spätwerk veröff. B. *Vom Sein und Erkennen geschichtlicher Dinge* (1935/44) als Darstellung von Theorie und Gesch. der Entwicklungsgesch. Seit den 90er Jahren dem Kaiserreich kritisch gegenüberstehend, war B. ein überzeugter Anhänger der Weimarer Republik, was ihn 1933 vor der illusionären Verkennung des Nationalsozialismus allerdings nicht schützte.

Lit.: B. vom Brocke, K. B., 1971; ders., K. B., in: H.-U. Wehler (Hg.), Dt. Historiker, Bd. IV, Gö 1972, S. 95–116 (Nachweise der WVe und Sek.lit.); S. Haas, Historische Kulturforschung in Deutschland 1880–1930, Köln/Weimar/Wien 1994; H. Böhme, Einleitung, in: K. Breysig, Die Geschichte der Menschheit, 2. erw. Aufl., Berlin/New York 2001. *L. S. S.*

Broszat, Martin (1926–1989). Nach Flakhelferdienst im Zweiten Weltkrieg studierte B. in Leipzig. Nach Abschluß des Stud. wechselte er 1949 nach Köln u.

war dort Mitarb. bei der von ↑Th. Schieder geleiteten «Dokumentation der Vertreibung der Dt. aus Ost-Mitteleuropa». 1952 promovierte B. bei Schieder über «Die antisemit. Bewegung im wilhelmin. Dtl.». Seit 1955 arbeitete er am IfZ München. Von 1972 bis zu seinem Tode 1989 war B. als Nachfolger von ↑H. Krausnick dessen Direktor. B. war Gastprof. in Oxford (1966), Honorarprof. der Univ. Konstanz (1972) u. München (seit 1980).

Als ein Vertreter der jungen Nachkriegsgeneration von Hist. erforschte B. im Zuge der erst sehr spät einsetzenden wiss. Auseinandersetzung mit der nat.-soz. Ermordung der europ. Juden die Herrschaftsstruktur u. die Ostpol. des Dritten Reiches. Das 1951 gegr. IfZ war bei der krit. Aufarbeitung des NS federführend in einer Zeit öffentl. Skandale über die NS-Vergangenheit westdt. Politiker u. einer bis dahin weitgehend verdrängten Beschäftigung mit der nat.-soz. Diktatur. Der Frankfurter Auschwitz-Prozeß von 1963–65 war eine erste wichtige Zäsur. Zusammen mit den drei anderen Gutachten für den Prozeß wurde B.s Beitrag über die Struktur u. Funktionsweise der *Nationalsozialistischen Konzentrationslager* 1965 veröffentlicht. Bereits 1958 gab B. die autobiograph. Aufzeichnungen des Kommandanten von Auschwitz Rudolf Höß heraus, welche erstmals die erschütternde Befehls- u. Verwaltungspraxis der Vernichtungspol. aus der Täterperspektive dokumentierte.

In der 1969 erschienenen Stud. *Der Staat Hitlers* betont B., daß Hitler nicht als alles entscheidender Diktator fungierte, sondern das NS-Herrschaftssystem durch eine ständige Dynamik mit rivalisierenden Subsystemen u. Eliten gekennzeichnet war. B. verweist auf den ungeordneten Funktionsmechanismus der Machtausübung, der v. a. während des Krieges in ein wachsendes Organisationschaos mündete. Diese «Polykratie» des NS führte zu einem dauernden Dualismus zwischen Staat u. Partei, der durch den Führerabsolutismus im Gleichgewicht zu halten versucht wurde u. letztlich auch den Führer-Mythos bestärkte. B. löste sich von lediglich auf Hitler bezogenen Erklärungsansätzen u. kultivierte gleichzeitig den Charisma-Begriff ↑M. Webers für den NS als entscheidendes Erklärungsmoment für den Prozeß der Ausbalancierung der Machtzentren. Im Hinblick auf die Vernichtungspol. wurde die Frage, ob Hitler persönl. einen konkreten Befehl zur Vernichtung der Juden gegeben hatte, als nicht entscheidend verworfen. B. erweiterte den Ansatz der sog. «Intentionalisten» um die notwendige umfassende «strukturelle» Einbeziehung zahlreicher staatl. Ressorts, einer vorsorglich u. zweckrational planenden Bürokratie u. Wissenschaft, jungen aufstrebenden, entgegenarbeitenden Eliten u. außerstaatl. Interessengruppen innerhalb des Prozesses der Massenvernichtung. Die nat.-soz. Vernichtungspol. gründete sich demnach auf eine feste weltanschaul. Überzeugung, die jedoch gerade im Verlauf des Zweiten Weltkrieges einen oftmals improvisierten Charakter hatte u. sich prozeßhaft radikalisierte.

Innerhalb der von B., Wolfgang Benz u. Hermann Graml hrsg. Reihe zur Dt. Gesch. der neuesten Zeit veröffentlichte B. 1984 den Bd. *Die Machtergreifung*. B. zeigte auch für den Aufstieg der NSDAP, daß nicht nur ein folgenreiches Bündnis zwischen alten Eliten u. der nat.-soz. Massenbewegung den katastrophalen Weg von der ersten dt. Demokratie in den NS ebnen konnte. Diese Koalition wurde auch von Beginn an gestützt von einer völkisch-totalitären Weltanschauung, die nicht zwingend kohärent, sondern vielmehr eine bruchstückhafte Ideologie war mit der Eignung zum vielfältig adaptionsfähigen Massen-Mythos für breite soziale Schichten u. Milieus.

B. hat während seiner Amtszeit am IfZ umfangreiche Quelleneditionen u. innovative Forschungsprojekte angeregt, welche die dt. Zeitgesch.schreibung weit vorangebracht haben. Im Rahmen des von B. mit hrsg. bahnbrechenden Projektes *Bayern in der NS-Zeit* (1977–1983) ging es um eine systemat. Erweiterung der neuen Struktur- u. Sozialgesch. um die Kultur- u. Alltagsgesch. der Region. Unter der Überschrift Widerstand u. Verfolgung wurden hier polit. relevante Einstellungs- u. Motivstrukturen für soz. Milieus u. Kollektivgruppen untersucht u. dokumentiert. B. setzte sich für einen verantwortungsvollen u. aufgeklärten Umgang mit der nat.-soz. Vergangenheit ein. Angesichts von vierzig Jahren Erforschung des NS plädierte er 1985 für eine *«Historisierung des Nationalsozialismus»* als einer notwendigen histor. Einordnung in die dt. Gesch., um die Spezifik des NS in die weitere Perspektive periodenübergreifender Veränderungen einzufügen. Im sog. *«Historikerstreit»* (ausgelöst 1986 durch die Abwehr der umstrittenen Thesen Ernst Noltes durch Jürgen Habermas) über die Einzigartigkeit der nat.-soz. Judenvernichtung wehrte sich B. gegen einen relativierenden u. apologet. Gebrauch dieses Begriffs. Er distanzierte sich von «patriot. Geschichtsverlangen» u. warb erneut für eine notwendige moral. Sensibilität im Umgang mit dem NS.

HW: Kommandant in Auschwitz. Autobiograph. Aufzeichnungen des Rudolf Höß (Hrsg.), 1958; Der NS. Weltanschauung, Programm u. Wirklichkeit, 1960; Nat.-soz. Polenpol. 1939–1945, 1961; Zweihundert Jahre dt. Polenpol., 1964; Der kroat. Ustascha-Staat 1941–1945 (Zus. m. L. Hory), 1964; «Nat.-soz. Konzentrationslager 1933–1945», in: Anatomie des SS-Staates, Bd. 2 (zus. mit H. Buchheim/H.-A. Jacobsen/H. Krausnick), 1965; Der Staat Hitlers, 1969; Bayern in der NS-Zeit, 6 Bde. (Mithrsg.), 1977–1983; Die Machtergreifung, 1984; Nach Hitler. Der schwierige Umgang mit unserer Gesch., 1986; M. B./S. Friedländer: Um die «Historisierung des NS». Ein Briefwechsel, in: VfZ 36 (1988), 339–372; Die dt. Eliten u. der Weg in den Zweiten Weltkrieg (Hrsg. m. K. Schwabe), 1989; SBZ-Handbuch (Hrsg. m. H. Weber), 1990.

Lit.: K.-D. Henke/C. Natoli, Mit dem Pathos der Nüchternheit. M. B., das IfZ u. die Erforschung des NS, 1991; H. Mommsen, Zeitgesch. als «krit. Aufklärungsarbeit». Zur Erinnerung an M. B., in: GG 17 (1991), 141–157; Nachrufe auf M. B., in: VfZ 38 (1990), 5–42; EHHW 1, 143–144; H. Möller/U. Wengst (Hrsg.), 50 Jahre IfZ, 1999; I. Kershaw, Der NS-Staat. Gesch.-interpretationen u. Kontroversen im Überblick, 2. Aufl. 2001 (engl. 1985).

B. H.

Bruni, Leonardo (um 1370–1444). Im Kreis um Coluccio Salutati, dem Kanzler von Florenz, hat Aretino (da aus Arezzo stammend) studia humanitatis betrieben u. bei Manuel Chrysoloras Griechisch gelernt. Ab 1406 wirkte er – im Schisma – als Sekretär römischer bzw. pisanischer Päpste. Seit 1415 wieder in Florenz, stieg B. zum Kanzleramt auf (1427).

Führender Humanist seiner Zeit, hat B. in *De studiis et litteris* u. in seinem Briefwechsel das neue Bildungsprogramm vorgeführt u. bes. durch Übersetzungen aus dem Griechischen – Plato, ↑Aristoteles, ↑Xenophon, ↑Plutarch, ↑Prokop – Ruhm erworben. Mit der *Historia florentini populi* (bis 1402), seit 1415 geschrieben, hat er das Musterwerk humanistischer Gesch.schr. vorgelegt. Wo die Florentiner Chronistik bunten Stoff ohne Kritik u. ohne literarischen Anspruch – daher in Volgare – häufte, konzentrierte sich B. auf die pol.

Gesch. von Florenz, die er nach dem Modell ↑Livius in sprachlichem Purismus annalistisch darstellt; die Bucheinteilung gibt eine Periodisierung, Rückblicke u. Zeitraffer verklammern die Ereignisse, Reden bieten Motivationen. B. sucht – die Notizen der Chroniken abwägend u. durch Archivbenutzung – die Wahrheit zu finden, auf der die utilitas der Gesch. als Lehrmeisterin weltklugen Verhaltens basiert: Gesch. ist B. Werk des Menschen allein. – Während die frühen Humanisten in der verlorenen Antike ihre geistige Heimat suchten u. die media aetas ausklammerten, hat B. sich in der *Laudatio florentinae urbis,* die ein Vorbild vieler Stadtbeschr. wurde, zum Florentiner republikanischen Patriotismus bekannt u. die Ideale des «civic humanism» (↑H. Baron) als pol. engagierte vita activa nach Art der röm. Republik vertreten. So schildert er schon die röm. Kaiserzeit als Verfall, im republikanischen Florenz, das die libertas ganz Italiens gegen die Tyrannen verteidigt, lebt in B.s guelfisch-republikanischer Ideologie die wahre röm. Tradition weiter u. zeitigt auch einen kulturellen Anstieg, den Viten Dantes u. Petrarcas (in Volgare) schildern. – Mit *Commentaria rerum suo tempore gestarum* nach ↑Caesars Vorbild hat B. auch ein Modell der Zeitgesch.schr. als Vorlage für künftige Historiker hinterlassen.

Lit.: H. Baron, L. B., Humanistisch-philosophische Schriften, 1928; ders., Humanistic and Political Literature in Florence and Venice, 1955; E. Santini (ed.), Historiarum Florentini populi libri: RIS[2] 19/3; B. L. Ullmann, L. B. and Humanistic Historiography, in: Studies in the Italian Renaissance, 1955; E. Cochrane, Historians and Historiography in the Italian Renaissance, 1981, 3 ff.; L. B. cancelliere della Repubblica di Firenze, hg. v. P. Viti, Firenze 1990; G. Griffiths, The Justification of Florentine Policy offered by L. B. in his Public Letters, 1999. *H. D.*

Brunner, Otto (1898–1982), in Mödling bei Wien als Sohn eines Bezirksrichters geboren, studierte seit 1918 am angesehenen Inst. für Österr. Gesch.-forsch. in Wien Geogr. und Gesch. 1922 wurde er von ↑O. Redlich prom. und 1923 Volontär, später Unterstaatsarchivrat am Haus-, Hof- und Staatsarchiv in Wien; er habil. sich 1929 mit einer Arbeit zur Wiener Finanzgesch. in MA und FNZ. 1931 wurde B. a. o. Prof., 1940 o. Prof. und war von 1942–45 Leiter des IÖG. Aufgrund des Vorwurfs der Zusammenarbeit mit dem Nationalsozialismus wurde B. zum a. o. Prof. zurückgestuft und in den einstweiligen Ruhestand versetzt. Sein 1949 in Salzburg veröff. Werk *Adeliges Landleben und europ. Geist. Leben und Werk Wolf Helmhards von Hohberg 1612–1678* brachte B. erneut breite wiss. Anerkennung und führte 1954 zur Berufung nach Hamburg, wo er bis zur Emeritierung 1968 lehrte. B. war 1959/60 Rektor der Univ. Hamburg, Mitbegründer (zus. mit ↑W. Conze) des Arbeitskreises f. mod. Sozialgesch. und Mithrsg. der VSWG von 1968–1979. B. gilt als Wegbereiter und Begründer einer method. reflekt. Sozial- und Begriffsgesch.schreibung. Seine Arbeiten erwuchsen aus einer in der Mediävistik wurzelnden Landesgesch., die in enger Beziehung mit verwandten Strömungen in Dtl. (↑Aubin, ↑Kötzschke) stand. In seinem 1939 erschienenen Buch *Land und Herrschaft* ([5]1965) formulierte er zwei zentrale Annahmen, die die dt.sprachige Gesch.-wiss. der folgenden Jahrzehnte entscheidend beeinflußten: die Notwendigkeit quellennaher Begrifflichkeit, um die Sachverhalte des MAs und der FNZ nicht unkritisch zu verkürzen, und die Ungeschiedenheit ma. und frühneuzeitlicher Staatlichkeit und Ges. Beiden lag B.s als historistisch (im Sinne von ↑E. Troeltsch) zu charakterisierende Annahme vom Gewordensein aller gesch.

Ereignisse und Begriffe zugrunde. B. folgte damit einem zeitgenöss. Krisenbewußtsein, das im Rückgriff auf die Vergangenheit die Probleme der Gegenwart zu lösen beabsichtigte. Der damit postulierte Relevanzbezug von hist. Erkenntnis und Gegenwartskritik führte f. B. zu grundsätzlicher Kritik am westeurop. Parlamentarismus und zu einer deutlichen Parteinahme f. eine, der kath. Soziallehre verwandten Ständetheorie, die auf eine autoritäre Staatslenkung zielte. Sein methodisch anregendes Denken wirkte auf die im dt.sprachigen Raum seit den 60er Jahren geführte Diskussion um Inhalt und Methode der Gesch.wiss. stimulierend, auch wenn seine Ergebnisse, sein method. Ansatz und sein polit. Standort seit seinem Tod zum Gegenstand engagierter Auseinandersetzung geworden sind.

Lit.: O. G. Oexle, Sozialgesch. – Begriffsgesch. – Wiss.gesch. Anmerkungen zum Werk O. B.s, in: VSWG 71/1984, S. 305–341; Chr. Dipper, O. B. aus der Sicht der frühneuzeitl. Historiographie, in: Jb. d. ital.-dt. Inst. in Trient 13/1987, S. 73–96; R. Blänkner, Von der «Staatsbildung» zur «Volkswerdung». Otto Brunners Perspektivenwechsel der Verfassungshistorie im Spannungsfeld zwischen völkischem und alteuropäischem Geschichtsdenken, in: L. Schorn-Schütte (Hg.), Alteuropa oder Frühe Moderne. Deutungsmuster für das 16. bis 18. Jahrhundert aus dem Krisenbewußtsein der Weimarer Republik in Theologie, Rechts- und Geschichtswissenschaft, Berlin 1999, S. 87ff.; W. Oberkrome, Volksgeschichte. Methodische Innovation und völkische Ideologisierung in der deutschen Geschichtswissenschaft 1918–1945, Göttingen 1993; K. Schönwälder, Historiker und Politik, Frankfurt/M./New York 1992; G. Algazi, O. Brunner – «Konkrete Ordnung» und Sprache der Zeit, in: P. Schöttler (Hg.), Geschichtsschreibung als Legitimationswissenschaft 1918–1945, Frankfurt/M. 1997, S. 166–203; W. Schulze/O. G. Oexle (Hg.), Deutsche Historiker im Nationalsozialismus, Frankfurt/M. 1999. *L. S. S.*

Brunschwig, Henri (1904–1989), in Mulhouse geb., begann seine Karriere als Hist. Preußens. Nach Stud. in Strasbourg u. a. bei ↑M. Bloch arbeitete B. von 1931–35 am Institut Français in Berlin. Seine auf Anregung von ↑G. Lefebvre entstandene Habil. erschien 1947 u. d. T. *La crise de l'Etat prussien à la fin du XVIIIe siècle et la genèse de la mentalité romantique*. Seit 1948 Prof. an der ENFOM, publ. B., regelmäßiger Autor der *Annales*, vorwiegend zu Fragen des dt. und frz. Imperialismus (*L'expansion allemande outre-mer du XVe siècle à nos jours*, 1957; *Mythes et réalités de l'imperialisme colonial français, 1871–1914*, 1960). Nach seinem 1960 durch ↑F. Braudel vermittelten Ruf auf den neugeschaff. Lehrstuhl f. afrik. Gesch. an der 6. Abt. der École Pratique des Hautes Études wurde B. zum wichtigsten Lehrer einer neuen Generation von frz. Afrik.-Hist. wie M. Michel u. C. Coquery-Vidrovitch, trat selbst jedoch v. a. durch kolonialhist. Studien und QQedit. hervor. B.s letzte und bis heute unzureichend gewürdigte Monogr. (*Noirs et blancs dans l'Afrique noire française*, 1983) untersucht die Rolle von Afrik. – als Chefs, Übersetzer, Polizisten, Verwaltungsmitarbeiter – bei der Errichtung und Aufrechterhaltung frz. Kolonialherrschaft.

Lit.: M. Michel, H. B., in: RFHOM 77 (1990), 99–101; J. Hargreaves, From Colonisation to Avènement. H. B. and the History of Afrique Noire, in: JAH 31 (1990), 347–352. *A. E.*

Bryce, James (1838–1922). 1914 zum Viscount erhoben, war B. der prototyp. liberale Gelehrtenpolitiker des späten 19. Jhs. 1870 wurde er in Oxford Regius Prof. of Civil Law, war Minister und Berater in den letzten beiden Regierungen Gladstones, 1907–13 Botschafter in Washington, schließlich einer der Inspiratoren des Völkerbundes. Als Hist. erstrebte B. einen Kompromiß zw. dem alten Ideal des «man of letters» und dem neuen des «scientific historian». B.s Hauptinteresse galt der vgl. Verfassungsgesch., die er universalhist. als Fortschrittsgesch. konzipierte. In *The Holy Roman Empire* (O. 1864) schilderte er die kontinentaleurop. Gesch. von Caesar zu Bismarck im Spannungsfeld zw. Einzelnationen u. imperialer Gesamtordnung. Fluchtpunkt war dabei weniger (wie etwa bei ↑Sybel) der integrale Nationalstaat als die föderative Vermittlung von Reich und Nationen. Föderalismus steht auch im Zentrum v. *The American Commonwealth* (3 Bde., Lo 1888), wo B. die Kontinuität der amerik. Gesch. mit der engl. Tradition geordneter Freiheit betont.

Lit.: T. Kleinknecht, Imperiale u. internat. Ordnung, Gö 1985 (mit WV). *J. O.*

Buarque de Holanda, Sergio (1902–1982). Nach Schulbesuch und Studium (Jura) in São Paulo und Rio de Janeiro waren die frühen Interessen von B. de H. eher allg. literar.-kultur. und journal. Natur. In den Jahren 1929–30 ging er als Europakorrespondent von «O Jornal» nach Deutschland, wo er ↑Fr. Meinecke hörte, ↑Kantorowicz, ↑Sombart und ↑Max Weber las. Dieser sozialwiss. Ansatz ist in seinem ersten und mehrmals neuaufgelegten Werk über die Wurzeln Brasiliens (*Raizes do Brasil,* Rio de Janeiro 1936) spürbar; eine krit. Interpretation der Entwicklung bras. Sitten und Institutionen, ohne die sonst übliche patriot. Verherrlichung. B. de H. war darüber hinaus um eine stärkere Institutionalisierung, Professionalisierung und Internationalisierung des akad. und kulturellen Lebens in Bras. bemüht. Er hatte zahlreiche akad. Ämter inne und hielt Vorlesungen auch im Ausland. 1945 erschien eine weitere, gut dokumentierte Arbeit zur Kolonialgesch. (*Os Monçoes,* Rio 1945), in der er das expansionistische Brasilien im Landesinneren beschrieb. Das Thema des Kulturkontakts zwischen verschiedenen Ethnien im Landesinneren nahm B. de H. in *Caminhos e Fronteiras* (Rio 1957) und *Visão do Paraíso* (Rio 1959) erneut auf. Seine Qualitäten als Autor polit. Gesch. zeigten sich in der Arbeit *Do Imperio à República* (Rio 1972), Band 7 der von ihm hrsg. bedeutenden *Historia General da Civilização Brasilieira* (Rio 1960–1972). 1969 stellte B. de H., ein aktiver Sozialist, seinen Lehrstuhl für Gesch. der bras. Zivilisation in São Paulo aus Protest gegen Übergriffe der Militärregierung zur Verfügung.

Lit.: M. O. Leite da Silva Dias (ed.), Sergio Buarque de Holanda, História. São Paulo 1985, 7–64; R. M. Morse, Obituary: Sergio Buarque de Holanda (1902–1982), in: HAHR 63 (1983), 147–150. *H. J. K.*

Buckle, Henry Thomas (1821–1862). B.s einziges Buch, seine *History of Civilization in England* (von 16 geplanten Bdn. erschienen zwei, Lo 1857/61), war das in völliger Isolation vom geistigen Leben Englands geschriebene Werk eines materiell unabhängigen Autodidakten. Der 1. Bd. machte B. neben Darwin rasch zu einem der berühmtesten wiss. Schriftsteller des Hochviktorianismus. Die *History* wurde in viele Sprachen übersetzt (z. B. 1874 ins Japanische) und im Ausland auch noch rezipiert, nachdem ihr Ruhm, schon kurz nach B.s Tod (an Typhus in Damaskus) in England verblaßte. Später ist B. eher zu den Begründern der Soziologie als zu den großen Historikern gerechnet worden. Unter dem Einfluß Comtes und der naturwiss. Methode suchte B. nach überzeitl. Gesetzmäßigkeiten in der Gesch., mit deren Hilfe er exakt erfaßte hist. Vorgänge kausal erklären sowie Prognosen aufstellen wollte. Dieses Programm hat ↑Droysen zu einer grundsätzl. Stellungnahme veranlaßt. Bes. interessierte B. die intellektuell-techn. Entwicklung, die ihm der «große Hebel der Kultur» war. Die beiden Bde. der *History* enthalten außer einer kurzen Gesch. des engl. Geistes von der Mitte des 16. bis zum Ende des 18. Jhs. programmatische Bemerkungen sowie Studien zu Frkr., Spanien und Schottl. Immer noch bedeutend ist B.s Versuch einer soziolog. Gesch. Schottlands (in Bd. 2).

Lit.: E. Fuchs, Henry Thomas Buckle. Geschichtsschreibung und Positivismus in England u. Deutschland, Leipzig 1996.

J. O.

Bünau, Heinrich Graf von (1697–1762), kursächs. Staatsmann u. begüterter Privatgelehrter (mit einer der größten Bibliotheken seiner Zeit: 42 000 Bände), markiert den Übergang vom barock/frühaufklärerischen Gesch.denken zur verwissenschaftlichten Historie der Spätaufklärung: In seinem Werk (hier ist auch der umfangreiche Nachlaß zu berücksichtigen!) läßt sich dieser Paradigmenwechsel als immanenter Entwicklungsprozeß auf fünf verschiedenen Ebenen ausmachen: 1. in dem Schritt von der Sammlung u. Kompilation von Quellen hin zur erzählenden Darstellung; 2. in der Entwicklung quellenkrit. Standards u. einer sich sukzessiv vollziehenden Verselbständigung der quellenkrit. Forschungsarbeit; 3. in der Überwindung der pragmatisch-didaktischen, dem Topos historia magistra vitae gehorchenden Gesch.konzeption; 4. in der allmählichen Emanzipation der Historie von Theologie u. Staatsrecht; 5. in dem Fortschritt von einer zunächst rein polit. Historiographie hin zur Berücksichtigung u. schließlich auch Integration kulturgeschichtl. Fragen.

HW: Probe einer genauen u. umständlichen Teutschen Käyser- u. Reichshistorie, L 1722; Genaue u. umständliche Teutsche Käyser- u. Reichs-Historie, 4 Bde., L 1728–43; *Nachl.:* Landesbibl. Dresden.
Lit.: M. Schurig: Die Gesch.schreibung des Grafen H. v. B., Naumburg 1910; W. Schultze: H. v. B., mschr. phil. Diss. Leipzig 1933. *H. W. B.*

Burchard von Ursperg (ca. 1177–ca. 1231). Der Propst des schwäb. Prämonstratenserklosters verfaßte in den Jahren 1229/30 eine Weltchronik unter Beiziehung der Arbeiten von ↑Frutolf von Michelsberg, ↑Ekkehard von Aura, Johannes von Cremona sowie mehrerer Annalenwerke (Weingarten, Zwiefalten) und auch der *Historia* und der *Genealogia Welforum*. Das staufer-freundliche Werk kritisiert die päpstl. Reichspolitik und berichtet ab 1190 nach authentischem Erleben. Die Chronik zeitigte allerdings nur geringe Resonanz; es existiert lediglich eine vollständige Hs. aus dem späten 15. Jh.

Ausg.: MGH SRG, 2. Aufl. 1916.
Lit.: N. Backmund, Die ma. Geschichtsschreiber des Prämonstratenserordens, 1972; LMA 2, Sp. 952; W. Walz, Der spätstaufische Geschichtsschreiber Burchard von Ursberg, Stuttgart 1982; C. L. Neel, The historical work of Burchard of Ursberg, Ann Arbor, Mich. 1982. *R. A. M.*

Burckhardt, Carl Jacob (1891–1974), Historiker u. Diplomat. Der Großneffe ↑J. Burckhardts stud. in Basel, München, Göttingen u. Zürich, war 1918–1921 Attaché an der Schweizer Gesandtschaft in Wien; Freundschaft mit Hugo v. Hofmannsthal (*Briefwechsel*, 1956). Prom. (1919/1922) u. Habil. (1927) in Zürich, dort 1928 a.o. Prof., 1932 o. Prof. in Genf (Institut des Hautes Études Internationales). Über seine Zeit als Hoher Kommissar des Völkerbunds in der Freien Stadt Danzig (1937–1939) legte B. von Rechtfertigungsabsicht geprägte Erinnerungen vor (*Meine Danziger Mission*, 1960), deren Glaubwürdigkeit zuletzt stark angezweifelt wurde. 1945–1948 Präs. des Internat. Komitees vom Roten Kreuz, 1945–1949 Schweizer Gesandter in Paris, 1954 Friedenspreis des Dt. Buchhandels.

Als Historiker blieb B. dem Ideal einer individualisierenden Gesch.darstellung von hoher ästhetischer Qualität verpflichtet u. widmete sich v.a. Themen u. Gestalten der frühen Neuzeit: im monumentalen Porträt u. Epochengemälde (*Richelieu*, 3 Bde, 1935; 1965/66) wie in einer Vielzahl zumeist biograph. Essays (*Gestalten und Mächte*, 1941; *Bilder aus der Vergangenheit*, 1956; *Begegnungen*, 1958).

WW: Ges. Werke, 6 Bde., 1971; Briefe 1908–1974, 1986.
Lit.: Dt. Akad. f. Sprache u. Dichtung, Jb. 1974, S. 119–124; HZ 220 (1975), S. 255–258; Feller/Bonjour 2, S. 785–787; E. W. Blättler, «Worte müssen leise Zeichen bleiben». Wege z. Verständnis des literar. Schaffens von C.J.B., 1979; P. Stauffer, Zwischen Hofmannsthal u. Hitler: Carl J. Burckhardt, 1991; W. Hofer, Gescheiterte Mission in Danzig, in: HZ 256 (1993), S. 105–125. *W.S.*

Burckhardt, Jacob (1818–1897), entstammte einer Basler Gelehrten- und Pfarrerfamilie. Nach kurzem Studium der Theol. in Basel (1837–39) und anschließendem Berliner Studium der Kunstgesch. bei F. Kugler und Gesch. u.a. bei ↑Ranke und ↑Droysen (1839–43) erfolgte seine Habil. 1844 in Basel. 1845 arbeitete er als Redakteur bei der Basler Zeitung. Unterbrochen durch längere Italienaufenthalte war er 1846–55 Dozent und a.o. Prof. in Basel, 1855–58 o. Prof. für Kunstgesch. in Zürich und ab 1858 für Gesch. wiederum in Basel. B. entwickelte in universalhist. Studien sowie in ausgiebigen Reflexionen über die theoret. Grundlagen des Gesch.denkens eine neue Konzeption von «Kulturgesch.», mit der er sich insbesondere von den fortschritts-optimist. hegelianischen «Ideenlehren» abgrenzte. Kulturgesch. richtet sich bei B. auf die Triebnatur des Menschen und auf ihre Rationalisierungs- und Sublimierungsformen in politischen und religiösen Ordnungen. Er untersuchte sie im Querschnitt durch die Gesamtheit der menschl. Lebensformen und wählte dazu in seinen Hauptwerken krisenhafte welthist. Umbruchperioden. *Die Zeit Constantin's d. Gr.* ([1]1853) schildert die Begründung der ma. Kultur im Übergang von der Antike zum Christentum. Nach der eindringlichen Porträtierung der ital. Kunstwelt im *Cicerone* ([1]1855) beschreibt sein konzeptionell aufschlußreichstes Werk, *Die Kultur der Renaissance in Italien* ([1]1860), den Strukturwandel von Staat und Kirche im Ausgang des MA, die Freisetzung eines rein innerweltlichen Machtstrebens und den dadurch veränderten Lebensstil der Gesellschaft insgesamt. B. empfindet diese weltzugewandte Lebenshaltung in ihrer Irreversibilität als höchst zwiespältig. Sie beruht auf Machtgier, Habgier, schrankenloser Subjektivität und Sinnlichkeit; aber diese Grundtriebe fördern auch die neuzeitl. Reflexionskultur als Voraussetzung ästhet. und wiss. Produktion.

Die typologischen Grundmuster seines Geschichtsdenkens hat B. in Vorlesungen *Über das Studium der Geschichte* (1868–73) explizit dargelegt. Sie sind unter dem Titel *Weltgeschichtliche Betrachtungen* aus dem Nachlaß herausgegeben ([1]1905; unter dem urspr. Titel in krit. Neuedition 1982). Die Signatur einer Epoche sieht B. jeweils bestimmt durch das Bedingungsgefüge der drei «Potenzen» Staat, Religion, Kultur, wobei Kultur sowohl als Teilbereich die Fähigkeit zu Spontaneität, Kritik und Reflexion wie auch als oberster gesamthist. Bezugspunkt das Wirkungsgeflecht aller Lebensformen meint. Im Industrialisierungsprozeß des 19. Jh. stellt er eine verhängnisvolle Verselbständigung der Potenzen fest. Nun dominiere zwar die «Kultur», zu der B. auch die «Gesellschaft im weitesten Sinne» einschließl. der kapitalistischen Erwerbs- und Verkehrsformen rechnet. Aus seiner alteuropäisch-humanistischen Sicht empfindet er sie jedoch nicht mehr als Befreiungs- sondern als Zersetzungspotential. Dies macht die «Betrachtungen» zugleich zu einer der wichtigsten zeitkritischen Diagnosen der Entfaltung industriekapitalistischer Massengesellschaften.

Ebenfalls postum erschienen ist seine 1870 ausgearbeitete, unvoll. *Griechische Kulturgeschichte* (4 Bde., [1]1898–1902), der B. die kulturgesch. Maxime voranstellt, er schreibe nicht Personen- und Ereignisgesch., sondern hebe ganz das «Konstante» und «Typische» einer Epoche heraus: «Wir lernen hier den ewigen Griechen kennen, wir lernen eine Gestalt kennen statt eines einzelnen Faktors». Vor allem durch seine anthropol. Grundlegung aber auch durch sein typisierendes Verfahren hat B. der G. W. entscheidende neue Perspektiven erschlossen.

Trotzdem nahm er durch die Art, wie er Gesch. ästhetisierend und kontemplativ als Bildungsprozeß der Menschheit begriff, in der G. W. des 19. Jh. eine exponierte Außenseiterstellung ein.

Lit.: GW, 14 Bde., B 1929–34. – Briefe, 10 Bde., Bas 1949–86. Werke. Kritische GA, 27 Bde., Mü/Basel 2000 ff. – W. Hardtwig, Gesch.schreibung zwischen Alteuropa und moderner Welt. J. B. in seiner Zeit, Gö 1974. – E. Schulin, B.s Potenzen- und Sturmlehre, Hei 1983. – J. Große, Typus und Geschichte: eine J.-B.-Interpretation, Kö 1997. *G. H.*

Bury, John Bagnell (1861–1927), seit 1893 Prof., 1902–27 Regius Prof. of Modern History in Cambridge, bearbeitete mit umfassender Fachkompetenz u. im Geiste eines maßvollen Hegelianismus die ges. europ. Gesch. vom Altertum bis zum 19. Jh. Neben zahlreichen althist. Werken und der bis heute gültigen Edition von ↑Gibbons «Decline and Fall» haben ihn vor allem geistesgesch. Bücher bekannt gemacht: *History of Freedom of Thought* (NY 1913), *The Idea of Progress* (Lo 1920). Einfluß hatte er besonders auf die amerik. New Historians.

Lit.: N. H. Baynes, A Bibliography of the Works of J. B. Bury, Compiled with a Memoir, C. 1929; P. R. H. Slee, Learning and a Liberal Education, Manchester 1986. *J. O.*

Bußmann, Walter (1914–1993). B. entstammte einer prot. Beamtenfamilie aus dem bikonfess. Hildesheim. Er stud. in Heidelberg u. Göttingen Gesch., Germanistik, Philos. u. Anglistik u. wurde 1939 durch ↑S. A. Kaehler mit einer Arbeit über die weltanschaul. Maßstäbe des Liberalismus promoviert. 1941–42 hatte er für das Oberkommando des Heeres, 1943 als Ordonnanzoffizier eines Panzerkorps das Kriegstagebuch zu führen. Er erhielt Einblick in militär. Entscheidungen u. frühzeitig Kenntnis der Staatsstreichpläne vom 20.7.44. Hier entstanden diejenigen Grundlagen für die Doppelrolle des Zeithist. u. Zeugen, auf denen B. später für eine differenzierte Analyse des nat.-soz. Widerstands eingetreten ist u. ein kritisches Bild des Offizierskorps zeichnete, so im Aufs. *Zur Entstehung u. Überlieferung der Hoßbach-Niederschrift* (1968).

1945 an die Univ. Göttingen zurückgekehrt, wo bereits früh die Auseinandersetzung mit der jüngsten Vergangenheit stattfand, habilitierte er sich 1949 mit einer Arbeit, die 1952 (1981 in unveränd. Neuaufl.) unter dem Titel veröffentlicht wurde: ↑*Heinrich v. Treitschke. Sein Welt- u. Geschichtsbild*, die method. in der Trad. von ↑F. Meineckes u. Kaehlers Historismus steht. Sie belegt bereits B.s reiche Kenntnisse der Wiss.-

gesch. des 19. Jh.s u. ist sein erstes eindrucksvolles Zeugnis für eine hist. Biographik, die dem Menschen dadurch gerecht wird, daß sie ihn im Rahmen seiner Epochengebundenheit versteht u. die B. in zahlreichen Aufsätzen (über Ludwig Bamberger, Gustav Freytag, Gelehrte des 19. u. 20. Jh.s u. über den Widerstand) gestaltet. 1955 wurde er in Berlin Ordinarius für «Wiss. von der Pol.» an der Dt. HS für Pol., 1959 o.P. an der FU, 1960 in der Nachfolge von ↑H. Herzfeld auf den Lehrst. für Neuere Gesch. des F. Meinecke-Inst. berufen.

Schwerpunkt seiner Forsch. u. Lehre war lebenslang die Beschäftigung mit Bismarck. 1956 u. seither in mehrfacher Aufl. erschien im 3. Bd. des «Hb. der Dt. Gesch.» (Brandt-Meyer-Just) sein *Zeitalter Bismarcks 1852–1890*, das, ergänzt durch eine Reihe von Aufs., das Bismarckbild in Fachwelt u. Öffentlichkeit prägte. In der Doppelperspektive der Persönlichkeit u. des Eingebundenseins in ihre Zeitumstände war es fern von aller Heroisierung das Bild des realist. Pessimisten mit der «Melancholie des Täters». Auf biogr. Feld beispielhaft wurde auch die 1964 vorgelegte Ed. *Staatssekretär Graf Herbert v. Bismarck. Aus seiner polit. Privatkorresp.*

1966 folgte B. einem Ruf auf das Ordinariat für Neuere Gesch. in München, 1969 einem Ruf nach Karlsruhe. Seine Begabung auch für die auf souveräner Stoffbeherrschung beruhende große synthet. Darstellung, die zugleich seine Kollegs auszeichnete, erwies sich im 1982 vorgelegten 5. Bd. des Hb. der Europ. Gesch., *Europa von der Französischen Revolution zu den nationalstaatl. Bewegungen des 19. Jh.s,* bei dem B. als Hrsg. u. Mitautor fungierte. Mit *Zwischen Preußen u. Deutschland. Friedrich Wilhelm IV.*, erschien 1990 die erste Biogr. über diesen pr. König überhaupt, dem sich B. schon früher in Beitr. über Ereignisse u. Gestalten seiner Zeit genähert hatte. Die Ed. der *Briefe 1900–1963* seines Lehrers Kaehler (1993) ist ein wichtiger Beitr. zur Gesch. der Gesch.wiss. des 20. Jhs.

Dem hervorragenden Gelehrten u. Organisator oblag die hist. Ausbildung der Attachés im Auswärtigen Amt. In der Nachfolge von ↑H. Rothfels wurde er 1977 Hrsg. der *Akten zur dt. auswärtigen Pol. 1918–1945* u. 1985 Vors. der Komm. zur Vorbereitung der Ed. der *Akten zur auswärtigen Pol. der Bundesrep. Dtl.* Er war Mitglied der Bayer. Akad. der Wiss. u. gehörte zahlreichen namhaften Beiräten u. Komm. der Gesch.wiss. an. In der Hist. Komm. München leitete er die Abteilung *Dt. Gesch.QQ des 19. u. 20. Jhs.* Er starb 1993 in Karlsruhe.

Lit.: FBPG 3 (1993), 281–288; VfZG 41 (1993), 495–502; HZ 258 (1994), 867–876. *C. v. M.*

Butterfield, Herbert (1900–1979). B. stammte aus überzeugt methodistischem Elternhaus u. war Prof. für Moderne Gesch. in Cambridge (seit 1963 Inhaber des berühmten Regius-Chair) sowie Master of Peterhouse. Mehr Essayist als geschichtswiss. Detailforschung ergebener Historiker, vertrat er zunächst gegen die herrschende Whig-Historie u. dann gegen die Schule v. ↑L. Namier ein konsequenter historistisches, bes. nach 1945 bzw. dem ersten Einsatz der A-Bombe ein stark christlich gefärbtes Geschichts- u. Historiographiekonzept.

WW: The Whig Interpretation of History (Lo 1931, ND NY 1978); The Statecraft of Machiavelli (Lo 1940, ND Lo 1955); The Study of Modern History (Lo 1944); The Origins of Modern Science 1300–1800 (Lo 1949, ND Lo 1968); Christianity and History (Lo 1949, dt. St 1952); Christianity, Diplomacy and War (Lo 1953); Man on his Past (C 1955); George III. and the Historians (Lo 1957);

C. I. McIntire (Hg.), H. B. Writing on Christianity and History (NY 1979); A catalogue of the papers of Sir H. B. 1900–1974 (Cambridge 1994).
Lit.: J. H. Elliott, H. G. Koenigsberger (Hg.), The Diversity of History (Lo 1970, Bibl.); M. R. Thorp, H. B. and the reinterpretation of the Christian historical perspective (Lewiston 1997). W. W.

Caesar (Gaius Iulius C., 100–44 v. C.), Roms bedeutendster Staatsmann, entstammte einem patricischen Geschlecht; er war ab 63 Pontifex maximus, 59 Konsul, 58–49 Proconsul in Illyricum, Gallia Citerior u. Ulterior, Dez. 49 – 15. 3. 44 ständig Dictator und/oder Konsul mit zahlreichen Sonderbefugnissen.

C. schrieb neben dem *Anticato,* der stiltheoretischen Schrift *De analogia,* der Dichtung über die Reise von Rom nach Spanien *Iter* u. Reden (alles nicht erhalten) bes. die *Commentarii rerum gestarum* zur Eroberung Galliens (58–52 v. C.) wohl i. J. 52/51 (7 B.; B. 8 [51/50 v. C.] von Aulus Hirtius, einem sehr engen Mitarbeiter [cos. 43], nach C.s Tod) u. zum Bürgerkrieg 49/48 v. C. wohl i. J. 47 (3 B.). Der bescheidene Titel *Commentarius* dürfte von C. selber stammen (benutzt von Cicero, Brut. 262, Hirtius, b. Gall. 8, pr. 2, ↑Sueton, Caes. 56); er bezeichnet ein in schlichtem Stil verfaßtes, privates Amtsjournal oder Aide-mémoire, das gewöhnlich nicht als publikationswürdig galt u. keinen speziellen Genusregeln unterlag wie etwa ein Gesch.werk. C. hat seine *Commentarii* freilich stilistisch so ausgefeilt u. mit Exkursen versehen, daß schon Cicero u. Hirtius (a. a. O.) sie als Gesch.werk nicht für verbesserungswürdig hielten. Der Zweck der *Commentarii* C.s bestand darin, den röm. Führungsschichten sein polit. umstrittenes Handeln in Gallien bzw. im Krieg gegen Pompeius und die Optimaten überzeugend als rechtmäßig u. staatsfördernd darzustellen, seine Sicht den Zeitgenossen wie der Nachwelt als die selbstverständliche u. einzig richtige Vorstellung einzureden. Dazu argumentiert C. nicht ausdrücklich, sondern informiert, sich scheinbar ganz zurücknehmend, in klarer chronol. Folge schlicht u. sehr suggestiv darüber, «wie es eigentlich gewesen» sei. Da er insofern Gesch. schreibt, nennt er sich, wie seit ↑Thukydides üblich, in der 3. Person. Er reduziert sehr konsequent u. läßt alles, was ablenken könnte, auch wenn es ihm vorteilhaft wäre, fort, so daß eine große Klarheit u. Stringenz entsteht und C. als überlegener, seinen Freunden u. Soldaten eng verbundener Abwehrer seiner Feinde erscheint; das benötigte er so im polit. Kampf um die erste Stelle im Staat.

Bezeichnenderweise spielen die Götter (außer Fortuna) keine aktive Rolle. Schon C. Asinius Pollio (cos. 40), ein Caesarianer, der selber Historien über die Jahre 60 bis (mindestens) 42 v. C. schrieb, bezichtigte C. der Flüchtigkeiten u. Verfälschungen, vermutlich, um sich von ihm abzuheben; zahlreiche moderne ‹Entlarver› C.s haben es ihm nachgetan – zumeist jedoch, ohne über hinreichende Beweise zu verfügen: Auch C. komponierte verschiedenartige, sich widersprechende Akteure u. Interessen, wie sie in der Realität wohl vorkamen.

Obwohl C. auf seine Berichte (litterae) an den Senat (57, 55, 52 v. C.) u. sein Archiv zurückgreifen konnte, schrieb er beide *Commentarii* mit großer Raschheit. Der Stil galt schon den Zeitgenossen als sehr klar u. elegant, ohne rhetorischen Schmuck; Cicero (a. a. O.) nennt die Bücher des *Bellum Gallicum* «schmucklos-einfach, gradheraus und anmutig» (nudi, recti, venusti) u. lobt C.s «reine u. lichtvolle Kürze» (pura et illustris brevitas). Sie zählen zu den großen Werken der Weltliteratur.

C. fälschlich zugeschrieben wurden drei kurze Abhandlungen über die Kriege der Jahre 47–45 v. a. gegen die

Feinde der Kleopatra u. gegen Pharnakes *(Bellum Alexandrinum)*, in der Provinz Africa gegen die restlichen Optimaten um Cato u. Metellus Scipio *(Bellum Africum)* u. in Spanien gegen die Söhne des Pompeius *(Bellum Hispaniense)*. Schon ↑Sueton kannte die Autoren nicht mehr; für das erste wird zumeist A. Hirtius als Verf. vermutet.

Ausg.: TA: O. Seel/A. Klotz, C. Iulius Caesar: Commentarii, 3 Bde. St 1927–1961. – *Übers.:* V. Stegmann/G. Wirth, C., der Gallische Krieg, Mn 1978; G. Wirth, Die Bürgerkriege, Die Geschichte der Kriege gegen Pompeius in Alexandria, in Afrika, in Spanien, Reinbeck 1966. – *Komm.:* F. Kraner/W. Dittenberger/F. Hofmann/H. Meusel, Bellum Gallicum/Bellum civile, 4 Bde. B [17]1913–20/[11]1906.
Lit.: M. Gelzer, C. als Historiker, in: D. Rasmussen (Hrsg.), C., WdF 43, Da 1967, 428–473; H. Gesche, C., Ertr. d. Forsch. 51, Darmstadt 1976, 70–87; 121–126; 182–186; u. ö. *H. W.*

Carcopino, Jérôme (1881–1970), wurde 1912 Prof. an der Univ. Algier, habil. sich dort – nach Kampf im Ersten Weltkrieg – i. J. 1919, wurde 1920 Nachfolger seines Lehrers G. Bloch an der Sorbonne, 1930 Mitglied der Académie des Inscriptions et Belles-Lettres, 1955 der Académie Française. 1922/23 u. 1937–1940 leitete er die École Française in Rom; 1941/42 war er Sécrétaire d'État de l'Éducation Nationale der Vichy-Regierung.

C. widmete sich vornehmlich der röm. Republik und verband lit., archäol. u. epigraph. QQ. So untersuchte er die lex Hieronica im röm. Sizilien (1914), die Anfänge Ostias (1919), befaßte sich intensiv mit der Späten Republik, die er für die *Histoire Générale* behandelte u. in originellen, oft Widerspruch provozierenden Monographien beleuchtete (z. B. *Sylla ou la monarchie manquée* 1931; *Les secrets de la correspondance de Cicéron* 1947), untersuchte das Bildungsprogramm der Basilica sottoterranea bei der Porta Maggiore in Rom oder stellte die *Vie quotidienne à Rome à l'apogée de l'Empire* dar. Auch mit dem röm. Nordafrica (und anderen Provinzen) befaßte er sich ausführlich. Er war ein faszinierender akad. Lehrer.

Lit.: H. Marrou, Notice sur la vie et les travaux de M. Jérôme Carcopino, Comptes rendus de l'Acad. d. Inscr. et Belles-Lettres 1972, 204–220; R. Tomasson, Bibl. des Œuvres de Jérôme Carcopino, in: Hommage à la mémoire de Jérôme Carcopino, P 1977, 349–411 (WV). *H. W.*

Carlyle, Thomas (1795–1881). Drei der Werke des Zeitgenossen ↑Rankes, mit welchem ihn eine (freilich viel schärfer formulierte) Distanz zur Aufklärung verbindet und von dem ihn Gleichgültigkeit gegenüber wiss.krit. Verfahrensweisen trennt, gehören zur Gesch. der Gesch.schr.: *The French Revolution* (3 Bde., Lo 1837), *Oliver Cromwell's Letters and Speeches* (2 Bde., Lo 1845) und *History of Friedrich II, Called Frederick the Great* (6 Bde., Lo 1858–65). Für den selbststil. Propheten aus dem fundamental.-calvinist. Schottland war die Gesch. die Bühne für ein rational nicht erfaßbares Drama, das von willensstarken, prophet. begabten Ausnahmenaturen ausgetragen wird; die Zeiten zwischen den dramat. Höhepunkten interessierten ihn nicht. Cromwell, den C., wie Lord ↑Acton sagte, als nation. Mythos überhaupt erst «erfand», war der Inbegriff eines solchen Helden. Später wurde es Friedrich d. Gr., den (mit Zügen seines tyrannischen Vaters Fr. Wilh. I. angereichert) C. als «the last of the Kings» vor dem Zeitalter von Skeptizismus und Demokratie verherrlichte. C.s in Dtl. viel günstiger als in Engl. aufgenommenes Buch war eine Hauptquelle der Fridericus-Rex-Legende. Alle Züge von C.s Gesch.verständnis bis auf den exaltierten Heldenkult finden sich schon in *French Revolution,* einem durchaus auf Qstudium im Rahmen des Zeitüblichen gestützten Meisterwerk lit. Darstellung, das weniger lineare Erzähltechniken als einen «kinematographischen» Perspektivenwechsel verwendet. C. ging über die Verschwörungstheorien in der Nachfolge Burkes hinaus u. sah manche der sozialen Ursachen der Frz. Rev., bes. das Elend des Volkes. Die Rev. war für ihn ein metaphys. Ereignis: das Gericht der Vorsehung über eine verrottete Aristokratie. C. verachtete Institutionen. Rechts- u. Verfassungsgesch. war ihm vollkommen fremd.

Lit.: The Centenary Edition of the Works of T. C., 30 Bde., Lo 1896–99; F. Kaplan, T. C.: A Biography, C 1983; J. D. Rosenberg, C. and the Burden of History, O 1985. *J. O.*

Carr, Edward Hallett (1892–1982), setzte in zahlreichen historiograph. Feldern wichtige Akzente, bes. der Gesch. Sowjetrußlands, der Internat. Beziehungen u. der Gesch.phil. Nach Stud. in Cambridge war C. von 1916–36 Mitgl. des Foreign Office. Als brit. Botschaftssekr. in Riga begann er sich Ende der 20er J. intens. mit russ. Sprache, Gesch. u. Lit. zu beschäftigen und verfaßte u. a. einen Bd. mit Portraits russ. Revolutionäre des 19. Jh.s (*The Romantic Exiles*, 1933) und eine Biographie Bakunins (1937). 1936 wurde C. auf die Woodrow Wilson Professur f. internat. Politik in Aberystwyth/Wales berufen. Drei J. darauf erschien sein bahnbrechendes Werk *The Twenty Years' Crisis 1919–1939*, das wesentl. die sog. realist. Schule auf dem Gebiet der internat. Beziehungen prägte. Während des 2. Weltkriegs war C. Mithrsg. der *Times* u. Verfasser äußerst kontroverser Leitartikel, in denen er u. a. die Planwirtsch. als ökon. Modell der Zukunft pries. Seine pro-sowjet. Haltung verhinderte nach 1945 zunächst die Rückkehr an eine Univ. Erst 1955 ging C. als Fellow des Trinity College nach Cambridge. 1950 publizierte er den ersten von insges. 14 Bde. seines HWs *History of Soviet Russia* (1950–78), das von einigen Kritikern als «stalinist.» diffamiert wurde. Weite Resonanz als Einführung in das Stud. der Gesch. fanden die u. d. T. *What is History?* 1961 publizierten Trevelyan Lectures. C. definierte als Aufgabe der Hist., die vielfältigen Ursachen der Ereignisse zu ermitteln, deren Beziehungen untereinander herauszuarbeiten, um sie schließl. ihrer jeweiligen Bedeutung gemäß hierarch. anzuordnen. Er schärfte seinen Lesern zudem ein, man solle «den Hist. studieren, bevor man seine Fakten studiert.»

Lit.: J. Haslam, The Vices of Integrity. E. H. C., 1999. *A. E.*

Carsten, Francis Ludwig (1911–1998), wuchs als Sohn einer wohlhabenden jüd. Familie in Berlin auf; sein Vater war Augenarzt. C. studierte Jura in Berlin, Genf u. Heidelberg, konnte seine jurist. Laufbahn 1933 als Jude aber nicht fortsetzen. Er engagierte sich im Widerstand gg. den NS in der sozialist. Gruppe «Neu Beginnen». C. hatte sich bereits 1928 den Kommunisten angeschlossen, aber schon vor 1933 zunehmend von diesen distanziert. Als er enttarnt zu werden drohte, floh er 1936 über die Schweiz nach London, ließ sich dann auf Rat seines Freundes ↑N. Elias in Amsterdam nieder. Auch während dieser Exiljahre gehörte er zum aktiven Widerstand gegen den NS, nahm aber zugleich Kontakt mit dem ein J. zuvor gegr. Internat. Inst. für Soz.-gesch. u. mit niederl. Historikern auf. C. begann, über die frühe preuß. Gesch. zu arbeiten, an der ihn in erster Linie die Sonderentwicklung des Adels u. dessen lang andauernde Macht interessierte. In den Amsterdamer J. bis 1939 entstanden erste Art. zum vorfriderizian. Preußen.

1939 siedelte C. nach Großbritannien über u. setzte seine Stud. am Wadham College in Oxford fort. Nach kurzzeitiger Internierung als angebl. NS-Spion u. nach einem Militärdienst, aus dem C. bald ausgemustert wurde, schloß er 1942 in Oxford seine Diss. zur Gutsherrschaft im Dtl. des 17. Jh.s ab. C. beteiligte sich von 1942 bis 1946 an den Planungen der brit. Regierung für ein Dtl. nach dem Krieg, beschäftigte sich daneben aber weiterhin mit der preuß. Gesch. 1947 wurde er *lecturer* am Westfield College der Univ. of London, dem er die nächsten 14 J. angehören sollte. Von 1961 bis zu seiner Emeritierung 1978 war C. Masaryk-Prof. für Central European History an der Univ. of London. Aufbauend auf seiner Diss. veröffentlichte er 1954 sein erstes Buch, *The Origins of Prussia.* Es handelte sich um eine innovative Soz.gesch. Preußens vom ausgehenden MA bis zum 17. Jh., die jedoch in Dtl. zunächst kaum rezipiert wurde. Noch einflußreicher wurde seine zweite Studie, *Princes and Parliaments* (Oxford 1959), über dt. Ständeversammlungen im 15. u. 16. Jh. C. betonte darin den Beitrag dieser Einrichtungen an der Staatsbildung u. wurde so zu einem der Väter der modernen Ständeforschung. 1961 gab er in der Reihe New Cambridge Modern History den Band *The Ascendancy of France, 1648–88* heraus, was sein Renommee in der brit. Gesch.schr. verdeutlichte.

Mit diesen Stud. hatte sich C. einen Namen als FNZ-Historiker gemacht. Ungefähr in der Mitte seines Lebens wechselte er jedoch sein Forschungsgebiet und wandte sich künftig der Zeitgesch. Dtl.s zu. Am Anfang dieses zweiten Abschnitts seines Œuvres stand das 1964 veröffentl. Buch zur Rolle der Reichswehr in der Weimarer Republik: *Reichswehr u. Politik* (Köln 1964), in dem C. den Beitrag des Militärs am Untergang der ersten dt. Demokratie ausleuchtete.

Es folgte eine lange Reihe von Monogr. zur dt., brit. u. österr. Zeitgesch. Method. waren C.s Arbeiten von der brit. empir. Sozialgesch.schr. beeinflußt u. ihr deskriptiver Zug trug ihnen in Dtl. gelegentl. die Kritik der Oberflächlichkeit ein. 1985 gab er *Essays on German History* heraus, in denen er kleinere Stud. der vorangegangenen 40 J. versammelte. In seine letzte Monogr., *The German Workers and the Nazis* (Aldershot 1995; auf dt. in einer erweiterten u. – wie alle seine Stud. – vom Autor selbst übersetzten Fassung 1996 u. d. T. *Widerstand gegen Hitler* publiziert), über die Haltung der Arbeiterschaft gg.über dem NS-Regime flossen C.s eigene Jugenderfahrungen explizit ein.

C. war einer der ersten Hist. in Großbritannien, die nach dem Zweiten Weltkrieg hauptsächl. über die dt. Gesch. arbeiteten. Als Forscher u. als Wiss.organisator, der u. a. an der Gründung des DHI London beteiligt war, leistete er einen wesentl. Beitrag, diesem Forschungsgebiet in der brit. Historiogr. zu Anerkennung zu verhelfen. Zur Professionalisierung der Gesch.wissenschaft trug er bei, indem er durch sein Werk u. durch seine Schüler eine auf Archivstud. gestützte Beschäftigung mit nichtbrit. Gesch. im Vereinigten Königreich zu etablieren half.

HW: The Origins of Prussia, Oxford 1954; Princes and Parliaments in Germany from the Fifteenth to the Eighteenth Century, Oxford 1959; Reichswehr u. Politik. 1918–1933, Köln 1964; The Rise of Fascism, London 1967 (dt. Frankfurt/M. 1968); Revolution in Central Europe, 1918–1919, Berkeley 1972 (dt. Köln 1973); Fascist Movements in Austria. From Schönerer to Hitler, London 1977 (dt. München 1977); War against War. British and German Radical Movements in the First World War, Berkeley 1982; The First Austrian Republic, 1918–1938, Aldershot 1986; August Bebel und die Organisation der Massen, Berlin 1991; Eduard Bernstein. 1850–1932. Eine polit. Biographie, München 1993; Widerstand gegen Hitler, Frankfurt/M. 1996.

Lit: F. L. C., From Berlin to London, in: Leo Baeck Institute Year Book 43, 1998, S. 339–349; V. Berghahn, F. C.: Politics and History in Two Cultures, in: Ders./ M. Kitchen (Hrsg.), Germany in the Age of Total War, London 1981, S. 7–22 (auch mit einem teilw. *WV*, S. 258–260); V. Berghahn, F. L. C. (1911–1998), in: GG 25, 1999, S. 504–510; IBDCEE, S. 182; H. J. Cohn, F. L. C. 1911–1998, in: German History 17, 1999, S. 95–101. *K. K. P.*

Cassiodor(us) (ca. 485–ca. 580). Flavius Magnus Aurelius C. stammte vermutlich aus einer vornehmen syrischen Familie, die bei Messina lebte. Seine polit. Karriere führte ihn u. a. als Sekretär in die unmittelbare Umgebung Theoderichs, machte ihn dann zum Konsul und zum Praefectus praetorii. Seine Hauptintention war es, die Politik der arianischen Gotenkönige kompromißbereiter gegenüber den kathol. Römern auszurichten. Gegen 540 zog er sich in das von ihm errichtete Kloster Vivarium zurück, wo er sich vornehmlich lit. und theol. Aufgaben widmete. Wegen des Gotenkrieges scheiterte sein Versuch, in Rom eine Theolog. Hochschule zu gründen. Er ließ im Kloster zahlreiche Handschriften sammeln und kopieren und rettete damit wichtige QQ der röm. Kultur ins MA, u. a. die «Historia tripartita» des Epiphanios Scholastikos sowie durch Übersetzung die Werke des ↑Flavius Josephus. C., den man als den «letzten Philologen des klass. Altertums» bezeichnet hat, verfaßte eine Vielzahl theol. Schriften, eine Grammatik sowie eine Genealogie seiner Familie. Seine *Variae,* Aktenstücke und Erlasse der Gotenkönige, bilden nicht nur eine wichtige Quelle für die Verwaltungsgesch. des Ostgotenreiches, sondern dienten als Formelsammlung in den ma. Kanzleien als Hilfsmittel. Als Historiker tat sich C. insbesondere durch zwei Werke hervor, durch die *Chronika,* eine röm. Gesch. im Rahmen der Weltgesch. von Adam bis zum Jahre 519, sowie durch die *Gotengeschichte* in 12 Büchern, die die Goten als Nachfolger der Römer stilisiert, aber nur im Auszug des ↑Jordanes überliefert ist. Seine Weltchronik blieb im FrühMA nahezu unbekannt, wurde aber im Hoch- und SpätMA oft zitiert. Das Kloster Vivarium, wo er auch starb, bestand nach seinem Tode nur noch kurze Zeit.

Ausg.: Variae (MGH AA XII); Chronica (MGH AA XI).

Lit.: J. J. O'Donnell, C., 1979; LMA II, Sp. 1551/54; LThK³ II, Sp. 970 f.; S. Krautschick, Cassiodor und die Politik seiner Zeit, Bonn 1983; R. C. MacPherson, Rome in involution: Cassiodorus' Variae in their literary and historical setting. Poznán 1989. *R. A. M.*

Cassirer, Ernst (1874–1945), geb. als Kind jüd. Eltern in Breslau. Stud. der Jurisprudenz in Berlin, danach der Philos. u. Lit. in Leipzig, Heidelberg u. Berlin. C. promovierte 1899 in Marburg bei Hermann Cohen über Descartes. 1906 wurde C. Privatdoz. in Berlin. Von 1919 bis 1933 lehrte C. an der neugegr. Univ. Hamburg Philos. u. war 1929/30 auch Rektor der Univ. C. emigrierte nach einer Einladung an das All Souls College in Oxford (1933–1935) zuerst nach Engl. u. dann nach Schweden, wo er eine Prof. an der Univ. Göteborg innehatte. Schließlich ging C. in die USA u. erhielt 1941 eine zweijährige Gastprofessur an der Yale Univ. u. 1944 eine Gastprofessur an der Columbia Univ.

Als Neukantianer setzte sich C. in seinen frühen Arbeiten mit der Erkenntnistheorie u. vor allem mit Descartes u.

↑Leibniz auseinander, welche die philos. Begründung der Erkenntnisproblematik in das Licht der neuzeitl. Wiss. stellten. Während seiner Aufenthalte an der Bibliothek des Kulturhist. ↑A. Warburg arbeitete C. an seinem kulturphilos. Hauptwerk *Philosophie der symbolischen Formen*. Im Zentrum stehen erkenntnistheoret. Überlegungen zur Bedingung der Möglichkeit von Bedeutung u. Bedeutsamkeit im Bereich menschl. Kultur. Sprache, Mythos, Erkenntnis, Technik, Recht, Moral, Kunst u. Religion sind für C. anthropolog. Einzelbereiche, die kognitive Referenz stiften, aber erst im Zusammenhang die bloße Wahrnehmung der Welt als Eindruck zur Erkenntnis der Welt als geistigen Ausdruck umbilden. Der Sprache kommt bei C. eine entscheidende Bedeutung als symbol. Form zu, da die Aneignung von u. die Orientierung innerhalb der histor. Vergangenheit weitgehend sprachl. vermittelt ist. Die Struktur des Erinnerns innerhalb des menschl. Denkens ordnet Daten u. Orte nach unterschiedl. Bezugspunkten. Menschl. Erfahrung stellt demnach eine Vielfalt von Bildwelten dar, deren Sinngebung für den menschl. Geist erst durch sinnverleihende Formung einen objektiven Zusammenhang ergeben u. wissentliche Ordnung der soz. Welt ermöglichen.

Sein letztes Werk *Der Mythus des Staates* war gleichsam eine polit. Wendung seiner Kulturphil. u. seines wiederholten Plädoyers für unveräußerl. Menschenrechte gegen das «Dritte Reich». C. zeigt auf, daß totalitäre Diktaturen gesellschaftl. Legitimität bes. durch polit. Mythen u. eine Ritualisierung des polit. u. soz. Alltags begründen. Der Rassenmythos war für C. das destruktivste Glaubenssystem, das im NS den wissenschaftl. Wunsch nach Objektivierung u. sozialtechnolog. Ordnungsdenken zu verbinden suchte. Die Praxis des nat.-soz. Gesellschaftsordnung bedeutete für C. eine Umwertung aller humanist. Werte. Die Zerstörung der menschl. Freiheit erfolgte für C. zugunsten eines totalitären kollektiven Sinnentwurfs mit einem Übergewicht des myth. Denkens über das rationale, d. h. das aufgeklärte Denken.

HW: Leibniz' System in seinen wissenschaftl. Grundlagen, 1902; Das Erkenntnisproblem in der Philosophie u. Wissenschaft der neueren Zeit, 4 Bde., 1906, 1907, 1920, 1950, (dt. 1957); Substanzbegriff u. Funktionsbegriff, 1910; Freiheit u. Form, 1916; Philosophie der symbol. Formen, 3 Bde., 1923, 1925, 1929, Index 1930; Die Philosophie der Aufklärung, 1932; An Essay on Man, 1942; The Myth of the State, 1946.

WW: E. C., Gesammelte Werke. Hamburger Ausgabe, 25 Bde. 1998 ff.; E. C., Nachgelassene Manuskripte u. Texte, ca. 20 Bde. 1995 ff.

Lit.: A. Graeser, E. C., 1994; O. Schwemmer, E. C. Ein Philosoph der europ. Moderne, 1997; D. Frede/R. Schinder (Hrsg.), E. C. Werk u. Wirkung, 1997; Zum Gedenken an E. C., 1999; R. A. Bast, Problem, Geschichte, Form, 2000.

WV: W. Eggers/S. Mayers, E. C. An Annotated Bibliography, 1988. *B. H.*

Cassius Dio (Lucius Claudius C. D. Cocceianus, ca. 163/4 – nach 229) war der Sohn eines röm. Senators und Konsulars aus Nicaea in Bithynien; er genoß die übliche höhere Bildung, kam vor Herbst 180 nach Rom, bekleidete dort und in Provinzen die ersten senatorischen Ämter, war wohl 194 Praetor, ca. 205/8 Suffektkonsul, 223–228 Statthalter von Africa Proconsularis, Dalmatia u. Pannonia Superior, 229 cos. II ordinarius mit Severus Alexander. Dieses Amt verbrachte er wegen des Hasses der Prätorianer außerhalb Roms; danach lebte er in Nicaea.

C. D. schrieb auf griech. eine röm. Gesch. *(Rhōmaïkē historía)* von den Anfängen der Stadt bis auf Severus Alexander in 80 B. Erhalten sind davon (fast vollständig) die von 68 v. C.–47 n. Chr. reichenden B. 36–60, ferner zahlreiche Fragmente u. Auszüge (bes. des Iohannes Xiphilinos u. Zonaras), so daß das Werk bis auf die schon früh verlorenen B. 22–35 (ca. 145–68 v. C.) recht gut rekonstruiert werden kann. Für die Materialsammlung bis 193 benötigte C. D. 10 Jahre, für die Niederschrift 12 Jahre (72,23,5), was wohl in die Jahre 197–219 gehört; der Text wurde aber wohl nach 229 noch einmal überarbeitet. Sein annalistisches Grundschema untergliederte C. D., um der Stoffülle Herr zu werden, nach Sachgruppen, die er oft über 2–3 Jahre ausgreifen ließ. Die Erwähnung zu vieler Details, wozu er in der Regel auch Tagesdaten zählte, hielt er gleichwohl der Gesch. für unwürdig, die zu interpretieren und abstrahieren habe (vgl. 46, 35, 1). Insgesamt gruppierte C. D. den Stoff zu Dekaden (z. B. Buch 11: I. Pun. Krieg; 21: III. Pun. Krieg; 41: Bürgerkrieg 49 v. C.) und in die 3 Teile der Republik (B. 1–50), der Kaiserzeit (ab Actium: B. 51 ff.) u. der selbsterlebten Zeit ab 180 n. C. (B. 73–80).

C. D. benutzte viele verschiedene QQ, nach eigener Aussage die wesentlichen, darunter z. B. Cicero, ↑Sallust, ↑Livius; des Unterschieds an Informationsfreiheit zwischen Republik u. Kaiserzeit war er sich bewußt (53, 19). Für seine Zeit konnte er auf eigene Kenntnisse u. Befragungen zurückgreifen. Er urteilte vom senatorischen Standpunkt aus ohne republik. Romantizismus (wie noch ↑Tacitus). Programmat. Charakter hat die Maecenasrede (52, 14–40), wohl eine eingearbeitete Flugschrift von 214/5. Auffällig ist die Vorzeichengläubigkeit. – C. D. bemühte sich um einen klaren, sprachlich reinen Prosastil, der freilich die übersteigernden Mittel der Rhetorik nutzte, und um Sachlichkeit. Wenn er auch weniger eindrucksvoll erzählte, so zeichnet er sich durch gediegenes Urteil u. eine Fülle von bedeutsamen Informationen aus.

Ausg.: TA: U. Ph. Boissevain, Cassii Dionis historia Romana, 5 vol. B 1895–1931. – *Übers.:* O. Veh, C. D., Röm. Geschichte, 5 Bde. Mn-Z 1985/87.
Lit.: F. Millar, A Study of C. D., O 1964; B. Manuwald, C. D. und Augustus, Philolog. Untersuchungen z. d. Büchern 45–56 des dionischen Gesch.werkes, Wie 1979.
H. W.

Castro, Américo (1885–1972). Ein Span., geb. in Brasilien, aufgewachsen und erzogen in Andalusien, Philosophiestudent in Paris, Mitbegründer mit ↑Menéndez Pidal des Centro de Estudios Históricos, ab 1915 Prof. für Gesch. der Span. Sprache an der Univ. Madrid, bemühte sich C. um die Erneuerung und das Verständnis der span. Kultur. Er machte sich einen Namen als Sprachwissenschaftler. Mit Ausbruch des span. Bürgerkriegs ging C. ins Exil nach Amerika, wo er ab 1940 an der Princeton University und seit seiner Emeritierung 1953 an verschiedenen Univers. lehrte. 1969 kehrte C. nach Span. zurück; er starb dort 1972. Während des Exils wandte sich C. in der Reflexion über die Hintergründe der span. Gegenwartsprobleme hist. Studien zu. Seine Arbeiten wie *España en su historia* (Buenos Aires 1948), *La realidad histórica de España* (versch. engl. Übersetzungen) oder *De la edad conflictiva* (Ma 1961) gaben trotz vorhandener Generalisierungen der span. Historiogr. neue Impulse, indem sie im Entwicklungsprozeß des kath. Span. anders als bisher die Bedeutung des moslem. und jüdischen Kulturbeitrages unterstrichen (auch: *Sobre el nombre y el quién de los españoles.* Ma 1973).

Lit.: G. Araya, El pensamiento de Américo Castro. Ma 1983. *H. J. K.*

Cauchie, Alfred (1860–1922). Stud. am Großen Seminar in Tournai; Doktor der Gesch. an der Univ. Löwen im Jahre 1890. Dozent ebenda ab 1892 für Gesch. der Institutionen und Ideen des MAs und für die Kirchengesch. an der philol. und theol. Fakultät. Sein Forschungsbereich war der Investiturstreit und der Jansenismus. Er war einer der ersten, der in Löwen, nach dem Vorbild des deutschen Seminar-Modells, eine spezifische Fachausbildung für Historiker einführte. Er betrachtete die Gesch. auch nicht länger als «ancilla theologiae» und auch nicht als ein Medium in den ideol. Konflikten des 19. Jhs., sondern als eine Disziplin mit eigener Finalität («l'église n'a pas besoin de mensonges»).

Dennoch stand er dem liberalen Katholizismus näher als dem Ultramontanismus. Mit der von ihm 1900 gegründeten *Revue d'Histoire Ecclésiastique* beabsichtigte er ein Instrument, um das kulturelle Niveau des Klerus zu heben. Er eiferte für die systematische Entdekkung von QQ der belgischen Gesch. im Ausland, als Mitglied der Commission Royale d'Histoire und als Begründer, im Jahre 1902, und Direktor (1919) des Institut historique belge de Rome.

Lit.: L. van der Essen, A. C., in: RHE 18, 1922, 213–39. – J. Tollebeek, A. C., in: Bull. Inst. Hist. R. 57, 1987, 199–219.

W. P.

Cellarius (Keller), Christoph (1634–1707). In Schmalkalden geb., Stud. in Jena und Gießen der Philologie und Theologie. Ab 1673 war C. Rektor an verschiedenen thüring. Lateinschulen. 1693 wurde er auf die Prof. der Geschichte und Beredsamkeit an die neugegründete Universität Halle berufen, wo er 1707 verstarb.

Gern wird die Dreiteilung der Geschichte in Alte, Mittelalterliche und Neuere auf C. zurückgeführt, was nur bedingt zutrifft. Bereits vor ihm haben andere – insbes. Philologen, von denen er wohl diese Einteilung übernahm – diese Trias verwendet. Dennoch hat C.' Tätigkeit in Halle und der weithin wirkende Ruhm dieser Reform-Universität dazu geführt, daß Zeitgenossen wie auch Spätere diese Einteilung dauerhaft übernahmen.

Philologisch-antiquarisch vorgebildet und interessiert, vertrat C. im Umkreis der neueren Hallischen Gesch.auffassungen als letzter die ältere, auf ↑Melanchthon und ↑Sleidan zurückweisende Universal-Gesch.schr. Sie konnte in dieser Form nicht mehr überleben und hat erst zu Ende des 18. Jhs. in Göttingen – auf ganz andere Weise – in ↑Gatterer eine Wiederbelebung erfahren.

WW: Nucleus Historiae antiquae cum tabulis synopticis, 1675; Historia medii aevi a temporibus Constantini Magni ad Constantinopolim a Turcis captam deducta, 1688 u. ö.; Historia Universalis, [...] in antiquam et medii aevi ac novam divisa [...], 1704 u. ö.

Lit.: NDB 3, 180 f.; F. X. von Wegele, Geschichte der Deutschen Historiographie, Mn, L 1885; U. Neddermeyer, Das Mittelalter in der deutschen Historiographie vom 15. bis zum 18. Jahrhundert, Kö u. W 1988; N. Hammerstein, Jus und Historie, Gö 1972.

N. H.

Chabod, Federico (1901–1960), wurde in Aosta geb. und schrieb sich 1918 an der philos. Fakultät der Univ. Turin ein. 1935 wurde er an die Fakultät für pol. Wiss. in Perugia und dann an die philos. Fakultät in Mailand berufen. Dort bekam er Kontakt mit der Aktionspartei und ging 1943 ins Aostatal, wo er eine antifaschistische Widerstandspartei begründete. 1946 nahm er sein der Forschung und Lehre gewidmetes Leben an der philos. Fakultät in Rom wieder auf. Danach wurde er in Neapel Direktor des von ↑Benedetto Croce gegründeten Ital. Instituts für hist. Studien und wurde Codirektor der Rivista storica italiana, die auf seine Anregung hin nach fünfjähriger Pause wieder veröffentlicht wurde.

Seine ↑Machiavelli und der Renaissance gewidmeten Studien sind jetzt in den *Scritti su Machiavelli* (Tn 1964) und den *Scritti sul Rinascimento* (Tn 1967) gesammelt. Die Frage der modernen Staatsbildung, die er zuerst in *Lo stato di Milano nell'impero di Carlo V* (R 1933) in Angriff genommen hatte, nahm er in einer Reihe von späteren Artikeln und in einer unvollendeten, aber gewichtigen *Storia di Milano* (Tn 1971) wieder auf. Seine Untersuchungen zur ital. Außenpolitik, vor dem Krieg begonnen, wurden in der *Storia della politica estera italiana dal 1870 al 1896* (Bari 1961) veröff.; seine akademischen Vorlesungen sind in: *L'Italie contemporaine* (P 1950) *Storia dell'idea d'Europa,* Bari 1961; *L'idea di nazione,* Bari 1961; *La politica di Fabio Sarpi,* V-R 1962; *Lezioni di metodo storico,* Bari 1969; gedruckt erschienen.

Lit.: Federico Chabod nella cultura e nella vita contemporanea, in: Rivista storica italiana 72, 1960, 613–834 (WV); R. Mattioli, Commemorazione di F. Chabod, Napoli 1960; R. Romeo, F. Chabod, in: Momenti e problemi di storia contemporanea, Assisi-R 1971, pp. 225 ff.; F. Venturi, Chabod, Federico, in: Dizionario Biografico degli Italiani, vol. 24, R 1980, pp. 344 ff. *M. R. D. S.*

Channing, Edward (1856–1931). Als Sohn eines Dichters in Dorchester, Mass., geb., studierte C. an der Harvard U. mit Henry Adams als Lehrer (Ph. D. 1880) u. wurde dort später Professor (1883–1929). Durch seine Frühwerke über koloniale Lokalgesch. und Jeffersons Amerika und den noch heute gebrauchten *Guide to the Study of American History* (mit Albert B. Hart, 1. Aufl., Boston 1896) wurde er bekannt. C.s opus magnum war die *History of the United States* (6 Bde., NY 1905–1925), dessen Zentralthemen der evolutionäre Fortschritt und die Überwindung der zentrifugalen Tendenzen der Staaten durch die Kräfte der nationalen Einheit waren. Die Kolonialzeit sah er im Sinne der «imperial school» (↑C. M. Andrews). Makellose Objektivität u. sorgsames Quellenstudium im Sinne der vorherrschenden, von der dt. Gesch.-wiss. geformten «Scientific History», aber auch ein östlicher Akzent (besonders eine Vernachlässigung des von ↑F. J. Turner betonten «westward movement») und eine zögernde Integration der soz. und ökon. Aspekte in die polit. Gesch. machten C.s Werk zu einer Übergangserscheinung von der traditionellen zur neueren amer. Gesch.-schr.

Lit.: R. R. Fahrney, «E. C.», in: The M. W. Jernegan Essays in American Historiography, hrsg. v. W. T. Hutchinson, NY 1958. *E. B.*

Chemnitz, Bogislav Philipp (seit 1648: von C.) (1605–1678), in Stettin als Abkömmling einer Gelehrten-Familie geb., stud. – ganz im Geiste seiner Zeit – Gesch. und Jurisprudenz in Rostock und Jena. Der Dreißigjähr. Krieg ließ ihn 1627 jedoch zu den Waffen eilen, erst in niederl., dann in schwedischen Dienste. 1637 in militär. Verwaltungsdienste überwechselnd, bediente sich die schwed. Krone hinfort seiner geschickten Feder. 1644 schwed. Hof-Historiograph, wurde er 1648 geadelt, 1675 zum schwed. Hofrat ernannt und starb 1678 auf seinem Gut in der Provinz Westmannland.

Berühmt-berüchtigt wurde Ch. als polit. Pamphletist. Im Interesse Schwedens publizierte er unter dem Pseudonym Hippolithus a Lapide den in den Umkreis der damaligen «Ratio-Status»-Diskussion gehörenden Traktat: *Dissertatio de Ratione Status in Imperio no-*

stro Romano-Germanico, dessen erstes Erscheinungsdatum nicht gesichert zwischen 1640 und 1647 angenommen wird. Die Argumentation lief auf eine Ausgliederung des Hauses Habsburg aus dem Reich und eine Stärkung des Reichstags bei gleichzeitiger Schwächung der Kurfürsten hinaus. Anti-kaiserlich suchte Ch. mit Hilfe jüngerer publicistischer Lehren die Souveränität der Reichsstände zu belegen, das Reich als ein aristokr. Staatswesen zu charakterisieren, bar jeden heilsgeschichtl. Kontexts. Ch. fand mit dieser Schrift vehemente Gegnerschaft, nur wenige folgten ihm. Die Schrift wurde verboten und vom Henker verbrannt. Dennoch hat sie die lebhafte Diskussion über die «forma Imperii» zu Ende des Dreißigjährigen Krieges nachhaltig mitentfacht und angeregt.

Der kgl. schwed. in Teutschland geführte Krieg, eine Auftragsarbeit, erschien ab 1648 in 2 Bden; die restlichen wurden erst im 19. Jh. aus dem NL publ. Ch. folgte der annalistischen Methode, erzählte und zit. ellenlang aus den QQ, die er chronol. ordnete und teilte – zumal er die schwed. Archive benutzen durfte – somit viel, später verlorengegangenes Originalmaterial mit.

Lit.: M. Stolleis, Geschichte des öffentlichen Rechts I, 1988; ADB 4, 114–116; R. Hoke, Hippolithus a Lapide, in: M. Stolleis (Hg.), Staatsdenker im 17. und 18. Jahrhundert, 1987^2, 118–128. *N. H.*

Chladenius, Johann Martin (1710–1759), orth.-lutheranischer Theologe u. philosophischer Wolffianer, ist v. a. wegen zweier Werke für die sich verwissenschaftlichende Historie bedeutsam: der *Einleitung zur Auslegung vernünfftiger Reden u. Schrifften* (L 1742; ND: D 1969) u. der *Allgemeinen Geschichtswissenschaft* (L 1752; ND: W 1985). Letztere entwickelt eine allgemeine Epistemologie des Erfahrungswissens, die, insoweit sie erkenntnistheoretisch-geschichtslogische Fragen diskutiert, mithin Elemente der Aufklärungshistorik enthält. Folgende Themenkomplexe sind auch heute von unmittelbar aktueller Bedeutung: 1. Ch.s philos. u. hist. Hermeneutik, 2. seine Ausführungen zur Frage der Konstituierung der Gesch. durch Narrativität, d. h. durch den Akt des Erzählens, 3. seine Reflexionen auf die Standortgebundenheit der hist. Erkenntnis u., damit aufs engste verbunden, 4. das Verhältnis von Objektivität u. Parteilichkeit, sowie schließlich 5. die Frage der Gewißheit hist. Erkenntnisleistung. Ch. hat für die jahrtausendealte Tradition der (vorwissenschaftl.) Historie eine Erkenntnistheorie nachgeliefert, wie sie zuvor noch nie auf einen Begriff gebracht worden war; zugleich enthält seine Theorie zahlreiche Elemente, die weit vorausweisen, ja, die weder überholt noch in Teilen vollständig ausgeschöpft sind. In seinen Ausführungen zum «Sehepunckt» wies er nach, daß Parteilichkeit keineswegs im Gegensatz zur wissenschaftl. Erkenntnis steht: die Einsicht in die hist. Perspektivität sei vielmehr eine ihrer Bedingungen.

Lit.: H. Müller: J. M. Ch., B 1917; Chr. Friederich: Sprache u. Gesch., Meisenheim 1978. *H. W. B.*

Choniates Niketas (ca. 1155–ca. 1215), geb. in Chonai (Phrygien), Steuerbeamter, kaiserl. Sekretär am Hof der Komnenen-Dynastie u. unter Isaak II. Angelos (1185–1204), verlor bei der Plünderung Konstantinopels durch die Kreuzfahrer 1204 sein gesamtes Vermögen; er starb ca. 1215 in Nikaia am Hof des Theodoros Laskaris, der das griech. Reich gegen das «Lateinische Kaiserreich» der Kreuzfahrer behaupten wollte.

In seiner *Chronikè dihégesis* (vom Tod Alexios' I. Komnenos 1118 bis 1206, ab ca. 1160 breiter, da er dann Zeitzeuge war) findet sich eine Beschreibung der von den Kreuzfahrern zerstörten Statuen («de signis»), ist unentbehrlich für die Jahrzehnte vor 1204; arbeitete eher mit Autopsie als mit Urkunden. Benannte als Ursachen des Untergangs die Unfähigkeit der Komnenen u. die milit. Laxheit der den Komnenen nachfolgenden Angeloi, hatte aber keinen Sinn für die ebenso verderblichen sozialen Spannungen. Schildert drastisch wie sonst kein byz. Historiker, bietet gute Charakteristiken, Realismus ohne einseitiges Herrscherlob, ist ein Paradebeispiel der für byz. Historiogr. typ. «klassizistischen Mimesis», d.h. der bewußten Nachfolge der altgriech. Historiker. Rhetorisch stark betont, mit raffinierter Zitierkunst aus heidnischen, ebenso wie aus christlichen Quellen.

Ausg.: J.A. van Dieten: Nicetae Choniatae Historia (CFHB, Bd. 11, 1.2) 1975.
Lit.: H. Hunger, Die hochsprachl. profane Lit. der Byzantiner, Mn 1978; J.-L. van Dieten, Niketas Choniates, Erläuterungen zu den Reden und Briefen nebst einer Biographie, Berlin 1971; Ders., Zur Überlieferung und Veröffentlichung der Panoplia Dogmatike des Niketas Choniates (Zetemata Byzantia, 3), Amsterdam 1970. *B. R.*

Churchill, Winston Spencer (1874–1965). 1953 geadelt. Der Staatsmann, seit 1900 im Unterhaus und seit 1906 Mitglied mehrerer Regierungen, 1939–45 und 1951–55 Premierminister, war der einzige Literaturnobelpreisträger unter den brit. Historikern (1953). Er veröff. seit 1898 eine lange Reihe hist. Werke, vor allem Biographien seines Vaters (*Lord Randolph Churchill,* 2 Bde., Lo 1906) und eines berühmten Vorfahren (*Marlborough: The Life and Times,* 4 Bde., Lo 1933–38) und Darstellungen der beiden Weltkriege (*The World Crisis,* 6 Bde., Lo 1923–31; *The Second World War,* 6 Bde., Lo 1948–54), schließlich *A History of the English-speaking Peoples,* 4 Bde., Lo 1956–58. Seine frühen journalist. Erfahrungen als Kriegskorrespondent (u.a. aus dem Burenkrieg) und seine Kunst als Parlamentsredner kamen dem hist. Schriftsteller C. zustatten, der trotz des Umfangs seiner Werke einen prägnanten Stil pflegte.

Selbst in den Büchern über Ereignisse, die er erlebt und mitgestaltet hatte, war C. mehr als ein Autobiograph. Das apologet. Moment tritt zurück; alle Werke sind mit umfassenden Materialien u. hist. Analysen angereichert. C. beschäftigte Forschungsassistenten, behielt sich selbst aber die Darstellung vor. Grundmotive sind Aufkommen und Bewahrung von Recht und Freiheit in der parlament. Demokratie, die Gefahr milit. Schwäche und die prägende Rolle von Individuen. Für C. mußte der Hist. die Fakten respektieren (er selbst tat es meist, doch nicht immer), aber schließlich ein Urteil sprechen.

Lit.: R. I. Cohen, Bibliography of the Works of Sir Winston Churchill, Lo 1998; R.S. Churchill, ab Bd. 3: M. Gilbert, W.S.C., Lo 1966ff.; R. Jenkins, Churchill A Biography, Lo 2001: R. Prior, C.s «World Crisis» as History, Lo 1983. *J.O.*

Ciccotti, Ettore (1863–1939), geb. in Potenza, wuchs in einer reichen und gebildeten Gutsbesitzerfamilie auf. 1879 schrieb er sich an der jur. Fakultät der Univ. Neapel ein und war nach der Prom. als Advokat tätig. Gleichzeitig pflegte er weiterhin hist. Studien, die immer eine material. und natural. Einstellung zeigten, im Gegensatz zum Idealismus ↑Croces. 1891 erhielt er den Lehrstuhl f. Alte Gesch. an der wiss.-lit. Akad. in Mailand, wo er aber 1897 auf Grund seines Engagements in der sozialistischen Partei entlassen wurde. Nach einem kurzen Aufenthalt in der Schweiz kehrte er als Univ.prof., zunächst in Messina, dann in Rom, nach Italien zurück und übte weiterhin eine intensive journalistische und wiss. Tätigkeit aus. 1924 wurde er zum Senator ernannt und führte in diesem Amt einen mutigen Kampf gegen den aufkommenden Faschismus, den er allerdings in dessen Anfangszeit mit einer gewissen Gunst aufgenommen hatte. In seinem hist. Schaffen widmete er sich vorwiegend der Alten Gesch. Zu seinen wichtigsten Werken gehören: *La costituzione così detta di Licurgo*, Na 1886; *La famiglia nel diritto antico*, Tn 1886; *Donne e politica negli ultimi anni della Repubblica*, Mi 1895; *Il tramonto della schiavitù nel mondo antico*, 1899; *La guerra e la pace nel mondo antico*, Tn 1901; *L'evoluzione della storiografia e la storia economica del mondo antico*, Mi 1903; *Vecchi e nuovi orizzonti della numismatica e la funzione della moneta nel mondo antico*, Mi 1915; *Storia greca*, Fi 1922; *La civiltà del mondo antico*, 2 voll., Udine 1935; *Profilo di Augusto*, 1938.

Lit.: L. Agnello, Ciccotti Ettore, in: Dizionario Biografico degli Italiani, vol. XXV, R 1981, 369 ff. *M. R. D. S.*

Clapham, John Harold (1873–1946). 1943 geadelt. C., ein Schüler des Ökonomen Alfred Marshall, wurde 1928 der erste Prof. für Wirtschaftsgesch. in Cambridge. Er verstand sich auf deskriptive, mit einfachen (vor-cliometrischen) Mitteln quantifizierende, Kausalerklärungen und theoret. Modelle vermeidende Wirtschaftsgesch. auf der Basis gedruckter QQ. Seine monumentale *Economic History of Modern Britain* (3 Bde., C 1926–38) beschreibt (im Unterschied zu kapitalismuskritischen Moralisten wie den ↑Hammonds) den ökonom. Aufstieg Großbritanniens mit Anspruch auf Wertfreiheit als Erfolgsgesch. Zu Lebzeiten war er der renommierteste brit. Wirtschaftshistoriker.

Lit.: D. C. Coleman, History and the Economic Past, O 1987. *J. O.*

Clarendon, Edward Hyde (1609–1674), seit 1661 Earl of Clarendon. Er war einer der führenden engl. Staatsmänner des 17. Jhs.: seit 1642 auf royalist. Seite, 1646–60 mit den Stuarts im Exil, in der Restauration als Lordkanzler der mächtigste Mann nach dem König, Sturz und Flucht 1667, Tod im frz. Exil. In seinen beiden Exilperioden schrieb C. *The History of the Rebellion and Civil Wars in England* (erst 1702–04 veröff., beste Ausg. hrsg. v. W. D. Macray, 6 Bde., O 1888). Die *History* ist Zeitgesch. der Jahre 1628–60, geschrieben von einem Beteiligten: eine Mischung aus apologiehaftem Memoirenwerk, detaillierter Ereignisschilderung, Parteipamphlet eines gemäßigten Royalismus und Polit. Theorie. C. ging es um eine Verteidigung des hist. engl. Staates gegen die purit. Rev., deren religiös. Antrieben er wenig Verständnis entgegenbrachte. Providentielle oder Verschwörungs-Interpretation der Rev. lehnte er ab; die Ursachen der Rev. sah er in taktischen Fehlern und moral. Versagen von Individuen, bes. der Berater des Königs u. der Mitglieder des Parlaments. C., einer der gelehrtesten Männer des Zeitalters, stellte sich in die Tradition der Klassiker, bes. ↑Livius und ↑Tacitus, auch in die neuerer Autoren wie ↑Machiavelli und ↑Commynes. Als erster Engländer suchte und fand er den «olympischen Ton» (Trevor-Roper) großer Gesch.schreibung. Stilbildend waren die kunstvolle Anlage narrativer Verläufe und die etwa 130 Charakterskizzen in der *History*. C.s Gesch.werk ist eine der größten lit. Leistungen des 17. Jhs.

Lit.: G. Roebuck, C. and Cultural Continuity: A Bibliographical Study, NY 1981; G. E. Miller, Edward Hyde, Earl of Clarendon, Boston 1983; M. W. Brownley, C. and the Rhetoric of Historical Form, Philadelphia 1985; R. W. Harris, C. and the English Revolution, Lo 1983. *J. O.*

Cochlaeus (Dobeneck), Johannes (1479–1552). Der Wendelsteiner – daher Cochlaeus – studierte in Köln Artes u. Theol., wirkte ab 1510 als Lehrer in Nürnberg u. ging 1515 als Präzeptor der Neffen W. Pirckheimers nach Bologna, wo er von Jura zur Theol. (Dr. 1517 Ferrara, Priesterweihe 1518 Rom) wechselte. Das weitere Leben des angesehenen Humanisten wurde durch die Stellungnahme gegen M. Luther, fieberhafte Publizistik, Engagement auf Reichstagen bzw. Religionsgesprächen und für die Reform der Kirche bestimmt: Stationen waren Frankfurt, Mainz, Dresden, Meißen, Breslau.

Nebst Schulschriften – u. a. eine erste dt. Geographie (1512) – zeigen viele Editionen – u. a. Cyprian, Gregor v. Nazianz, Nikolaus I. – den humanistischen Ansatz und das positive biblische und patristische Fundament seiner Theologie, die zudem auf der Kölner via antiqua aufruhte. Darum hat er auch die pessimistische Anthropologie Luthers abgelehnt und früher als andere Erasmianer gegen die Reformation gekämpft, weil sie die Einheit des christl. Europas zerriß und speziell die Berufung des Deutschen und des Hl. Röm. Reichs störte, die er wie ↑E. S. Piccolomini deutete. Seine Gesch.schr. stand im Zeichen der Kontroverse. Eine *Historia Hussitarum* (Druck 1549) entstand gleichzeitig mit *Commentaria de actis et scriptis Martini Lutheri* 1532/1535, um das Unheil des Glaubensabfalls zu zeigen. Nach Luthers Tod zu Ende geführt (Druck 1549), boten die *Commentaria* aus eigenem Erleben und den Werken des Reformators eine erste kirchliche Zeitgesch., keine Biographie: Erst 1555/56 lieferten ↑J. Sleidan bzw. J. Mathesius evangelische Gegendarstellungen zu C.s trübem Bild einer Deformation. Die engagierten *Commentaria* – die 1582 auch dt. erschienen – prägten lange das kath. Lutherbild.

Lit.: M. Spahn, J. C., 1898 (Schr.verzeichnis); R. Bäumer, J. C., 1980; K. Langosch (Hg.), J. C. Brevis Germaniae Descriptio, [3]1976; A. Herte, Das kath. Lutherbild im Bann der Lutherkommentare des J. C., 3 Bde. 1943; wichtig: M. Samuel-Scheyder, J. C. Humaniste et adversaire de Luther, 1993. *H. D.*

Collingwood, Robin George (1889–1943) lehrte seit 1912 in Oxford, ab 1935 dort als Wayneflete Prof. of Metaphysical Philosophy. C. war ein wichtiger Anreger der Erforschung des röm. Britannien und zwischen den Weltkriegen die führende Autorität auf diesem Gebiet. Er initiierte die Sammlung römischer Inschriften, führte eigene Grabungen durch und verfaßte (mit J. N. L. Myres) den 1. Band der *Oxford History of England: Roman Britain* (1936). C. sah seine Arbeit als Archäologe und Historiker im Zusammenhang umfassender philos. Reflexion. In *An Essay on Philosophical Method* (O 1933), *An Autobiography* (O 1939) und dem in den 30er Jahren geschriebenen, erst posthum veröff. Buch *The Idea of History* (O 1946) unternahm er den Versuch einer Begründung der Historie als Wissenschaft mit eigenem Objekt und eigener Methode. C. war von kontinentalen Denkern beeinflußt (↑Vico, dem dt. Idealismus, ↑Dilthey, ↑Croce u. a.) und stand im Gegensatz zur empiristisch-realistischen engl. Schulphilosophie seiner Zeit. Die größte Resonanz fand er außerhalb Englands (etwa bei H.-G. Gadamer). Als Fachphilosoph ging C. über die oft bloß programmat. Bekundungen früherer brit. Autoren (etwa ↑Seeleys oder ↑Actons) hinaus und erstrebte erstmals in Großbrit. eine systemat. Theorie der hist. Erkenntnis jenseits von Positivismus und materialer Gesch.philosophie. Ihr Kernstück ist die Lehre vom Nachvollzug der Erfahrung der Vergangenheit (re-enactment). Gesch. ist für C. hauptsächlich Gesch. des Denkens. Auf der Grundlage unveröff. Manuskripte hat in den letzten Jahren eine neue C.-Diskussion begonnen. C. ist der wichtigste brit. Gesch.theoretiker des 20. Jhs.

Lit.: J. Brühning, R. G. C. und das Problem des Historismus, phil. Diss. Kiel 1969; W. J. van der Dussen, History as a Science: The Philosophy of R. G. C., Den Haag 1981; W. H. Dray, History as Re-enactment, Oxford 1995. *J. O.*

Commynes, Philippe de (vor 1447–1511). Nach ritterlicher Erziehung stieg C., früh Waise, seit 1464 im Dienst Karls des Kühnen, des Herzogs (ab 1467) v. Burgund, zum Rat u. Kammerherr auf, «verriet» aber – so C. selbst – 1472 seinen Herrn mit dem Wechsel ins feindliche Lager des franz. Königs Ludwig XI. (†1483). Im Parteienstreit am Hof König Karls VIII. 1487/89 eingekerkert, nahm C. als Diplomat am Italienzug 1494/95 teil und konnte auch unter Ludwig XII. (1498–1515) noch eine politische Rolle spielen.

Ein herausragendes Werk zeitgeschichtlich-politischer Literatur, entstanden C.s *Mémoires* – die in Frankreich eine Gattung begründeten – zunächst als Vorlage für eine lateinische Biographie Ludwigs XI., aber auch zur Rechtfertigung seiner Tätigkeit (1489/93); zwei Bücher über den Italienzug Karls VIII. kamen 1495/98 hinzu. Der verratene Burgunder wird abgewertet, Ludwig XI. gelobt, aber des Nimbus herrscherlicher Entrückung beraubt; kluge Diplomatie stellt C. über das schmutzige Kriegshandwerk. C. zeichnet Komplexität und Instabilität der Politik u. hebt auf die niederen Motive ab. Der «sanftmütige ↑Machiavelli» (Sainte-Beuve) – 1524 gedruckt – wurde wie der Florentiner als Leitfaden politischen Handelns gelesen.

Lit.: LMA 3, Sp. 91–95; Mémoires, ed. J. Calmette, G. Durville, 1924/25, dt. ed. F. Ernst, [2]1983; W. J. Meyer, Erlebte Geschichte [...], 1977; J. Dufournet, Sur Ph. de C., 1982; ders., Ph. d. C., 1994 (Aufsätze). *H. D.*

Conring, Hermann (1606–1681). In Norden (Ostfriesland) als Sohn einer Pastoren-Familie geboren, stud. von 1620 bis 1624 in Helmstedt und nach kurzen Unterbrechungen infolge des Dreißigj. Krieges ab 1625 in Leiden Theologie, Medizin und Jurisprudenz, wie es dem polyhist. Wiss.ideal seiner Zeit entsprach. Dank seiner außergewöhnl. Begabung durfte er in fast allen diesen Disziplinen als kompetent gelten. 1631 trat er eine Erzieherstelle im Hause des Braunschweig.-Lüneburg. Kanzlers an und erhielt 1632 eine Professur in Helmstedt. 1637 wurde er mit der Professur für Medizin betraut und 1650 mit der für Politik. 1681 starb C., der neben seiner Lehrtätigkeit als Leibarzt, Gesandter, Gutachter und erfolgreicher Autor in fast allen Disziplinen zeitgenössischer Wissenschaft wirkte.

Aus seinen historisch-politischen Werken – sie umfassen insgesamt eine 6bändige Ausgabe in Folio seiner Werke, die J. W. Goebel posthum 1730 veröffentlichte – insbes.: *De origine iuris Germanici; De moribus Germanorum; De finibus Imperii Germanici; Praefatio in Taciti Germania* [...] C. hat u. a. die sog. Translations-Theorie widerlegt, die von ↑Melanchthon/↑Sleidan autorisierte Vorstellung des hlg. Röm. Reichs dt. Nation als unmittelbares Nachfolge-Gemeinwesen des antiken Röm. Reichs.

Die Gesch. stand C. nie im Zentrum der Wiss. Sie diente ihm zur Absicherung der Politik – seiner philosophia practica –, die gestützt auf historische Beispiele zur normativen Wissenschaft ausgebaut werden sollte. Insoweit blieb C. einer spāthuman. Gesch.vorstellung verhaftet, die die Historie als Spiegel, als stellvertretende, aber auch bestätigende

Erfahrung verstand; sie erschien als «locuplettissimum compendium alienae experientiae».

Lit.: M. Stolleis (Hg.), Hermann Conring, 1983; N. Hammerstein, Jus Publicum Romano-Germanicum, jetzt in: ders., Res publica litteraria, Berlin 2000, 111 ff.

N. H.

Conze, Werner (1910–1986). Als Historiker nachhaltig von ↑H. Rothfels beeinflußt (Promotion 1934, Habilitation 1940 in Königsberg), verdankte C. zugleich entscheidende Anregungen der «dt. Soziologie» um G. Ipsen und H. Freyer, deren ganzheitlichen Ansatz er nach dem Krieg vorübergehend als «Strukturgesch.», dauerhaft als integrale «Sozialgesch.» weiterentwickelte. Allerdings mündete 1939 sein method. Ansatz in ein rassistisches Bevölkerungsprogramm, begrüßte er eine «Entjudung» der Städte im Osten.

Der lebenslang jugendbewegt-lebhaft wirkende und zugleich umfassend gebildete Gelehrte entfaltete nach einer ao. Prof. 1944 in Posen und o. Prof. 1956 in Münster eine ungewöhnlich erfolgreiche Lehrtätigkeit 1957–79 in Heidelberg. Auch wenn er bedeutende Beiträge zur dt.-poln. Gesch. im Ersten Weltkrieg (1958), zu den dt.-russ. Beziehungen vorlegte (ein großes Werk zur Gesch. Ostmitteleuropas stand bei seinem Tod kurz vor dem Abschluß), zur dt. Gesch. 1890–1933 und zur Gesch. der dt. Nation insgesamt, insbes. auch zu der von ihm entscheidend geförderten Zeitgesch. (etwa als Mitinitiator der VfZ 1952 und als Biograph von Jakob Kaiser 1969) – sein überdauerndes und wegweisendes Lebenswerk ist mit dem Durchbruch der Sozialgesch. in Dt. verknüpft, die er durch empirische Forschungen, methodolog. Analysen und wiss.org. Unternehmen prägte. Mit dem einflußreichen Aufs. «Vom ‹Pöbel› zum ‹Proletariat›» (1954) entwickelte er sozialgesch. Kriterien für die «Übergangszeit» des Vormärz. Seine Aufsätze über Struktur- und Sozialgesch. 1952 und 1957 beeinflußten mehrere Generationen junger Historiker, die Sozialgesch. nicht als Sektorwiss., sondern mit C. als Synthese, als «das Ganze der gesch. Welt» verstanden. Gegenüber den unfruchtbaren Methodenstreitigkeiten des 19. Jhs. suchte C. «die Kluft zwischen Historie und Soziologie zu überbrücken», wobei er an seine Erstlingsarbeit über die «Sprachinsel» Hirschenhof von 1934 als «Verbindung von hist., soziolog., volkskundl. und statist. Methode» anknüpfen konnte. Neben den gemeinsam mit ↑O. Brunner und R. Koselleck hg. *Gesch. Grundbegriffe. Hist. Lexikon zur polit.-soz. Sprache in Dt.* (seit 1972) diente als entscheidende Plattform der 1957 begr. «Arbeitskreis für mod. Sozialgesch.» mit der Schriftenreihe *Industrielle Welt* (seit 1962), der systematisch große Themen von der industriellen Arbeiterbewegung über die Sozialgesch. der Bundesrepublik und über die von C. für die dt. Forschung erstmalig erschlossene Familienforschung bis hin zur Gesch. des dt. Bildungsbürgertums aufarbeitete.

Lit.: J. Kocka, W. C. und die Sozialgesch. in der Bundesrep. Dt., in: GWU 36, 1986, 595–602; W. Schieder, Sozialgesch. zwischen Soziologie und Gesch., in: GG 13, 1987, 244–266; G. A. Ritter, Die neuere Sozialgesch. in der Bundesrep. Dt., in: J. Kocka (Hg.), Sozialgesch. im internat. Überblick, Da 1989, 19–88; K. Schönwälder, Historiker und Politik, F/N. Y. 1992; P. Schöttler (Hg.), Geschichtsschreibung als Legitimationswissenschaft 1918–1945, F 1997; W. Schulze/O. G. Oexle (Hg.), Deutsche Historiker im Nationalsozialismus, F 1999; R. Hohls/K. H. Jarausch (Hg.), Versäumte Fragen, St/M 2000; Th. Etzemüller, Sozialgeschichte als politische Geschichte. Werner Conze und die Neuorientierung der westdeutschen Geschichtswissenschaft nach 1945, München 2001.

R. v. B.

Cornelius, Carl Adolf (1819–1903). Der aus einer Künstlerfamilie stammende C. stud. in Bonn u. Berlin (u.a. bei ↑Böckh, K. Lachmann u. ↑Ranke), war danach Gymnasiallehrer, seit 1846 Doz. am Lyceum Hosianum in Braunsberg. 1848 Mitgl. der Paulskirche, 1850 Prom. in Münster, 1852 Habil. in Breslau, dort 1854 a.o. Prof., 1855 o. Prof. in Bonn, 1856 in München, wohin er als Katholik neben ↑Sybel berufen wurde. Freundschaft mit ↑Döllinger. Als Gegner der päpstlichen Unfehlbarkeit wurde C. Altkatholik. Grundlegende Forsch. über die Wiedertäufer u. den Humanismus in Münster sowie zu J. Calvin.

WW: Die Münsterischen Humanisten u. ihr Verhältnis zur Reformation, 1851; Geschichte des Münsterischen Aufruhrs, 2 Bde., 1855–1860; Die Rückkehr Calvins nach Genf, 1888/90; Historische Arbeiten vornehmlich zur Reformationszeit, 1899.
Lit.: NDB 3, S. 363; W. Goetz, C. A. C., in: HVjs 6 (1903), S. 449–453; HJb 82 (1963), S. 277–299 [Briefwechsel C.s mit W. Junkmann]; H. Dickerhof-Fröhlich, Das hist. Studium an der Univ. München im 19. Jh., 1979; B. Mütter, Die Gesch.-wiss. in Münster zwischen Aufklärung und Historismus, 1980. *W. S.*

Cortesão, Jaime (1884–1960), geb. in Ança, Port., war die wohl dynamischste Persönlichkeit der jungen Generation der Republik (1910) Portugal und gehörte zur Intellektuellengruppe Renascença Portuguesa, die für eine Erneuerung Port. eintrat. Er hatte Medizin studiert, war Poet und Dramaturg; 1919 wurde er zum Direktor der Nationalbibliothek in Lissabon ernannt. Erst seit 1922, anläßlich der Hundertjahrfeiern zur Unabhängigkeit Brasiliens, widmete er sich vorwiegend der Historiogr. So wirkte er an wichtigen Sammelwerken zur port.-bras. Gesch. mit: «História da Colonização Brasileira», 1922, geleitet von Carlos Malheiro Dias; «História de Portugal», 1928–1937, geleitet von Damião Peres; «História do Regime Republicano em Portugal», 1930, geleitet von Luis de Montalvor. Seit 1927 wegen der polit. Verhältnisse im Exil lebend, ab 1940 in Bras., für das er auch als Diplomat tätig war, verfaßte C. zahlreiche profunde Forschungs- und Überblicksarbeiten, die neue Erkenntnisse zur port. Entdeckungsgesch. und Kolonisierung in Bras. vermittelten und zu Standardwerken geworden sind. C. starb 1960 in Lissabon, nachdem er 1957 nach Port. zurückgekehrt war.

HW: Os Descobrimentos Portugueses, (ND Lissabon 6 Bde. 1978–1981³), Introdução a história das Bandeiras (2 Bde. Lissabon 1964), Alexandre Gusmão e o Tratado de Madrid 1750 (Rio 1940, ND 1950–63); Rapôso Taveres e a formação territorial do Brasil (Rio 1958).
Lit: A. J. Saraiva/O. Lopes, 1020–1024. *H. J. K.*

Cosío Villegas, Daniel (1898–1976), in Mexiko-Stadt geb., erhielt eine vielseitige Ausbildung. Er stud. in Mexiko Ingenieurw., Philos., Literaturw. und Recht, worin er seinen Abschluß machte. Er vervollständigte seine Ausbildung im Ausland, stud. Wirtschaftsw. in Harvard, Agrarwirtsch. in Wisconsin und Cornell, wo er den M. A. erwarb, sowie Wirtsch. an der London School of Economics und Polit. Wiss. an der École Libre de Sciences Politiques in Paris. Wie so viele andere lateinamerikan. Intellektuelle des 19. und 20. Jh.s war C. V. zugleich Hist., Politologe, Ökonom, Schriftsteller, Lehrer, Hrsg. und Diplomat – erfüllt von dem Wunsch, Sinnvolles für das Mexiko nach der Revolution von 1910/17 zu tun. So war C. V. u.a. im Ministerium für Erziehung tätig, er gründete versch. Institute – u.a. die Casa de España, aus der später das Colegio de México als wiss. Asyl für span. Emigranten und als Zentrum für Sozialwiss. hervorging –, schuf ein bald international renommiertes Verlagshaus, Fondo de Cultura Económica, dessen Dir. er von 1934–1948 war, gründete und leitete drei wichtige Zeitschriften, *El Trimestre Económico,* Dir. 1934–1948, *Historia Mexicana,* Dir. 1951–1961, und *Foro Internacional,* Dir. 1960–1963. C.V. vertrat sein Land in zahlreichen internationalen Organisationen.

Der aktive Einsatz für die Entwicklung Mexikos, der Wunsch, die hist. Hintergründe der mexik. Wirklichkeit zu verstehen und verständlich zu machen, führten C. V. zu hist. Untersuchungen. Aus den vielfältigen hist.-polit.-ökonom. Arbeiten ragt die monumentale 10bändige *Historia Moderna de México, 1867–1911,* heraus, das bedeutendste Ergebnis neuerer mexik. Historiogr., mit der die vorher übliche Propaganda-Gesch.schreibung revidiert wurde. C. V. leitete nicht nur das ab 1948 begonnene Projekt, koordinierte die Mitarbeiter, sondern war auch selbst Autor von 5 Bänden (Mexico 1955–1972). C. V. widmete sich auch zeitgesch. Fragen, wobei er sich bes. mit dem polit. System Mexikos, dem Präsidentenamt, Amtswechsel auseinandersetzte (*La Sucesión presidencial.* Mexico 1975; *La Sucesión: Desenlace y perspectivas. Mexico* 1976). C. V. starb 1976 in Mexiko-Stadt.

Lit.: J. R. Thomas, 141–143; St. R. Ross, Obituary: Daniel Cosío Villegas (1898–1976), in: HAHR 51 (1971), 91–103.
H. J. K.

Creighton, Donald Grant (1902–1979). Lehrte Gesch. an der U. of Toronto (1927–1971). In C.s Sicht machte das Einzugsgebiet des St.-Lorenz-Stromes u. die von ihm ausstrahlende kommerzielle Dynamik Kanada zur Nation, zuerst in Verbindung mit Europa u. dann mit den transkontinentalen Provinzen. Diese «Laurentian thesis», formuliert in *The Commercial Empire of the St. Lawrence* (Tor. 1937, [2]1956), wurde sehr einflußreich. C.s *Dominion of the North* (Tor. 1944) weitete diese Sicht auf die franz.-kan. Gesch. aus. Als Historiker lehnte C. die seit 1945 starke sozialwiss. Orientierung der Gesch. ab, betonte deren Autonomie u. schrieb literarisch geformte Gesch. in den der Biographie freundlichen 50er Jahren (*McDonald,* 2 Bde., Tor. 1952 u. 1955).

Lit.: Character and Circumstance: Essays in Honour of Donald Grant Creighton, hrsg. von J. S. Moir, Tor. 1970. *E. B.*

Croce, Benedetto (1866–1952), wurde in Pescasseroli (L'Aquila) geb. und erhielt seine erste Ausbildung in Neapel. 1883 ging er nach Rom und schrieb sich an der jur. Fakultät ein, die ihm jedoch nicht entsprach. Ohne Prom. zurück in Neapel, widmete er sich lit. und hist. Studien. Darin erlangte er einen solchen Ruf, daß er 1910 zum Senator und 1920 zum Minister für öffentl. Unterrichtswesen ernannt wurde. Als standhafter Gegner des faschistischen Regimes stimmte er im Senat konsequent gegen die freiheitsberaubenden Gesetze und 1929 gegen das Konkordat mit der Kirche. Nach dem Untergang des Faschismus hatte er eine wichtige Rolle in der Politik, stets geleitet von der Überzeugung, daß man den Fortbestand eines liberalen Staates sichern müsse. Er war Mitglied des Rats und der verfassungsgebenden Versammlung und kehrte 1948 als rechtmäßiges Mitglied in den Senat zurück. 1947 begründete er in Neapel das ital. Inst. für Hist. Studien.

Als Persönlichkeit von außergewöhnlicher Prägung gilt C. als einer der wichtigsten ital. Intellektuellen des 20. Jhs. In seinem Gesch.konzept befreite er diese von den natural. u. wiss. Grundsätzen u. siedelte sie im Bereich der Kunst an, indem er ihre Selbständigkeit und ihren ethisch-polit. Wert hervorhob.

Unter seinen zahlreichen Werken sind besonders hervorzuheben: *Teoria e storia della storiografia,* Bari 1916; *Storia della storiografia italiana nel sec. decimonono,* Bari 1921; *Storia del Regno di Napoli,* Bari 1925; *Storia dell'età barocca in Italia,* Bari 1929; *Storia d'Italia dal 1871 al 1915,* Bari 1928; *Storia d'Europa nel secolo decimonono,* Bari 1932; *La storia come pensiero e come azione,* Bari 1937.

Lit.: F. Chabod, Croce storico, in: Riv. stor. ital. 64, 1952, 473 ff.; E. Cione, Bibliografia crociana, Mi 1956; S. Borsari, L'opera di Benedetto Croce, Na 1964; V. Vitiello, Storiografia e storia nel pensiero di B. Croce, Na 1968; Benedetto Croce trent'anni dopo, a cura di A. Bruno, R-Bari 1983; P. Bonetti, Introduzione a Croce, Bari 1984; P. Craveri/G. Patrizi, Croce, Benedetto, in: Dizionario Biografico degli Italiani, vol. 31, R 1985, 182 ff. *M. R. D. S.*

Cunningham, William (1849–1919), wurde 1874 zum anglik. Priester ordiniert und war ab 1908 Archidiakon von Ely. Als Dozent für Gesch. in Cambridge übernahm er Lehraufgaben in Wirtschaftsgesch. und begründete diese mit seinem bahnbrechenden Lehrbuch *The Growth of English Industry and Commerce* (C 1882) als akad. Disziplin, die aber zwischen Marshalls neoklass. Ökonomie u. ↑Maitlands strenger Gesch.wiss. lange keinen sicheren Ort fand (erst 1928 wurde in Cambridge ein Lehrstuhl geschaffen). C. betonte die Rolle des Staates und die Wohltaten der merkantilist. Tradition. Er war ein Gegner von Laissez-faire, Kosmopolitismus, Individualismus und Materialismus und sah sich näher bei ↑Roscher als bei der engl. Wirtschaftstheorie seiner Zeit. Überhaupt führte er Prinzipien der dt. hist. Nationalök. in Engl. ein.

Lit.: A. Cunningham, W. C.: Teacher and Priest, Lo 1950 (mit WV); G. M. Koot, English Historical Economics, 1879–1926, C 1987. *J. O.*

Cuoco, Vincenzo (1770–1823), geb. in Civitacampomarano (Campobasso), studierte ab 1787 in Neapel Jurisprudenz. Er interessierte sich für hist. Studien, die er auch nach Beginn seiner gerichtl. Laufbahn fortsetzte. Dabei befaßte er sich v. a. mit den Schr. ↑Vicos, als dessen Schüler und Nachfolger er sich sah. 1799 schloß er sich der republikanischen Regierung an und mußte bei deren Zusammenbruch ins Exil gehen. Nach mehreren Stationen in Italien und im Ausland ließ er sich in Mailand nieder, wo er 1801 seinen *Saggio storico sulla rivoluzione napoletana del 1799* drucken konnte. Dieses Werk ist durchdrungen von anti-aufklärerischem und antijakobinischem Geist und beruft sich auf nationalistische und volkseigene Ideale. Die Mailänder Zeit war von intensiver geistiger Aktivität geprägt, doch blieben die anderen hist. Werke unvollendet. 1806 kehrte er nach Neapel zurück, wo er ein hoher Reichsbeamter wurde. Nach der Rückkehr der Bourbonen wurde er auf Grund seiner Kompetenz und Eignung nicht aus der Verwaltung entlassen. Doch als Napoleon von Elba flüchtete, war C. einer der überzeugtesten Unterstützer der nationalen Bewegung gegen die wiedererstarkten Oberen, wodurch seine Stellung im bourbonischen Staat sehr schwierig wurde. In den letzten Jahren seines Lebens fiel er einer schweren Gehirnerkrankung zum Opfer, so daß er in völliger geistiger Umnachtung starb.

Lit.: F. Tessitore, Lo storicismo giuridico-politico di Vincenzo Cuoco, Tn 1962; ders., Lo storicismo di Vincenzo Cuoco, Na 1965; ders., V. Cuoco tra illuminismo e storicismo, Na 1971; M. Themelly, Cuoco, Vincenzo, in: Dizionario Biografico degli Italiani, vol. 31, R 1985, 388 ff. *M. R. D. S.*

Curtius, Ernst (1814–1896), schrieb die meistgelesene dt.-sprachige *Griechische Geschichte* des 19. Jhs., (3 Bde., 1852–

67; [6]1887–9), vom Verleger gedacht als Pendant zu ↑Th. Mommsens «Römische Geschichte». Sie formulierte feinsinnig in ausgewählter Sprache jenes ästhetisierende u. idealisierende Bild des klass. Griechentums (bis zur Schl. v. Chaironeia 338 v.C.) des Bildungshumanismus des 19. Jhs., reich an Beschreibungen der Landschaft, archäolog. Denkmäler und Religion, doch bes. in der griech. Frühzeit Gesichertes und Hypothetisches miteinander vermengend.

Aus angesehener, relig. Lübecker Familie, studierte C. 1833–36 in Bonn, Göttingen und Berlin Altertumswiss., Theol., Kunstgesch. und Anthrop., bes. bei K.O. Müller u. ↑A. Böckh. Er empfand sich als Philologe wandte sich aber später immer mehr der Archäol. zu. Zwei Erlebnisse prägten seine wiss. und publizist. Tätigkeit, letztere meist in meisterlich vorgetragenen Festreden zu Kg.- bzw. Ks.geburtstagen und akad. Feiern: ein Grld.aufenthalt 1836–40, noch vor seiner Diss., der ihn als Privatlehrer bei einer befreundeten Familie durch Attika, die Peloponnes, erstmals nach Olympia und auf die Inseln führte, in romant. Begeisterung, wiss. Neugier und bewußter Abkehr vom polit. «Parteiengezänk» und zweitens die Erziehung des späteren Ks. Friedrich III. in Berlin (1844–49), was ihn die Revolution von 1848 aus der Sicht des preuß. Königshauses miterleben ließ.

1850 begann er, wie schon einmal 1843, als Privatdozent an der Univ. Berlin vornehmlich Landeskunde Grld.s zu lehren, woraus seine histor.-geograph. Beschreibung der Peloponnes (2 Bde., 1851–52) hervorging. Parallel dazu arbeitete er an Böckhs «Corpus Inscriptionum Graecarum» mit. 1856 bekam C. den Lehrst. K.O. Müllers f. Klass. Philol. und Archäol. in Göttingen und 1868 den archälog. in Berlin und wurde Mitgl. der Museumskomm. Die Ausgrabungen von Olympia (1875–81), für die er das preuß. Königshaus gewinnen konnte, feierte C. als Krönung seiner Forsch. und als «erstes Friedenswerk des jungen Reiches».

Weitere WW: Atlas von Athen (1877); Olympia, 5 Bde. (1890–97 m. Fr. Adler). *Lit.:* K. Christ: Von Gibbon zu Rostovtzeff, Da [3]1989, 68–63, 362f., 378 (Lit. u. HW-Verz.); F. Curtius: E.C., B [2]1913; K. Christ, Hellas. Griech. Gesch. und dt. Gesch. (1999) 32–42 (m. Lit.). *H.B.*

Curtius (Quintus C. Rufus) verfaßte die erste u. einzig erh. lat. Alexandermonogr. *(Historiae Alexandri Magni Macedonis)*. Da von den 10 B. die ersten zwei verloren sind, fehlen Angaben zu Person u. Motivation. Aufgrund der Ergebenheitsadresse an das Kaiserhaus (X 28) u. der Zeitbezüge gilt heute das Ende Ks. Caligulas (37–41) u. die ersten Jahre des Ks. Claudius (41–54) als die wahrsch.ste Abfassungszeit. Dies legt die Identifikation mit dem Rhetor, Senator u. Konsul d.J. 43 n.C. nahe.

Die promonarchische Haltung von C. mag den Unterschied seines Alexanderbildes zu dem der übrigen «Vulgata» (↑Kleitarch) bei ↑Diodor u. ↑Pompeius Trogus erklären. Die zuverlässigeren Teile seiner Darstellung gehen auf ↑Ptolemaios u. viell. auf Onesikritos zurück.

Der Aufbau war romanhaft: Klimax von Alexanders Triumph bis ins Übermenschliche u. Antiklimax der durch Erfolg u. Übernahme orientalischer Sitten verfallenden Moral Alexanders, Peripetie des Alexanderbildes nach dem Tode des Darius, Zweiteilung in je 5 B. (Pentaden), durch Parallelismen u. Verweise aufeinander bezogen, dazu bewußt akzentuierte Buchabschlüsse.

Trotz Einbeziehung der späten Beisetzung in Alexandria war C's Geschichte Alexanders nach antiker Auffassung mehr hist. als biogr., zwar nicht synchron., aber nach Geschehenszusammenhängen gegliedert. Sie ist eine nach Schauplätzen u. Personen abwechslungsreiche Abfolge von Einzelepisoden, die in sich geschlossen, antithesenreich u. lebendig geschildert sind u. in ihrer dramatischen Gestaltung sogar die Geographie mit einschließen u. typisieren. Diese Episoden, die durch knappe hist. Zwischentexte zusammengehalten werden, gehen in ihrer Eigengesetzlichkeit häufig zu Lasten der Einheitlichkeit, vor allem der Charakterbilder. Die Innenperspektive, gleichsam die eines Augenzeugen, in der er psycholog. Gefühle, Gedanken u. Motive der Akteure schilderte, direkte Reden einstreute und dabei u.a. Anleihen beim zeitgenöss. Rhetorikunterricht, beim Epos u. bes. bei ↑Livius machte, wechselte er ab mit der das Ganze überblickenden Außenperspektive des Hist. Seine Maßstäbe gewann er aus eigener polit. Erfahrung oder aus seiner stark stoisch geprägten Weltsicht.

Die hist. Zuverlässigkeit ist in vielen Fällen, die sich an der Parallelüberl. nicht überprüfen lassen, sehr fraglich.

Ausg.: K. Müller – H. Schönfeld (Hrsg. u. Übs.), Mn 1954; Komm: J. E. Atkinson, A Comm. on Q. C. R. III–IV, A 1980.
Lit.: W. Rutz, ANRW II 32, 4, B–NY 1986, 2329–57 (Lit.); J. Fugmann, Zum Problem der Datierung der Historiae Alexandri Magni des Curtius Rufus, in: Hermes 123, 1995, 233–243. *H. B.*

Cuspinianus (Spießhammer), Johannes (1473–1529). Aus Schweinfurter Ratsgeschlecht, fand C. nach Stud. in Leipzig – von Maximilian I. 1493 als poeta laureatus gekrönt – nach Wien, wo er als orator und Mediziner lehrte (bis 1515) u. als Superintendent (ab 1501) die Univ. beaufsichtigte. Neben bzw. nach C. Celtis (†1508) Haupt des Wiener Humanistenkreises, übernahm C. seit 1510 diplomatische Missionen bes. nach Ungarn, im Vorfeld des Wiener Kongresses (1515, den er schilderte) u. der Wahl Karls V. Die späten Jahre, 1525/26 von Unglücksfällen überschattet, widmete C. seinen Werken, die indes vielfach erst posthum erschienen.

Mit zahlreichen Editionen – u. a. Ravennater Consularfasten, ↑Otto v. Freising – hat C. als philologisch-antiquarischer Forscher die QQkenntnis bereichert. Mit seinem HW *De Caesaribus et imperatoribus Romanorum* (1540) hat C. den in J. Wimphelings «Epitome Germanorum» (1505) abgesteckten nationalen Rahmen in traditioneller Kontinuitätsvorstellung zugunsten einer Serie von Portraits ab ↑Caesar verlassen u. so die politisch-dynastische Propaganda Maximilians I. nach Anläufen K. Peutingers in Gesch.schr. umgesetzt. Mit der Behandlung der oströmischen Kaiser ist er ein Vorläufer der Byzantinistik, die Türkengefahr, der C. eigene Schriften widmete, lenkte den Blick auch auf die Sultane. In seine Vorlagen ↑F. Blondus, ↑B. Platina u. ↑E. S. Piccolomini trägt C. eine antiitalienische u. kirchenkritische Tendenz. Eine unvollendete *Austria* (1555) behandelt Fürsten u. Topographie (Nieder-)Österreichs.

Lit.: H. Ankwicz-Kleehoven, Der Wiener Humanist J. C., 1959; H. Wiesflecker, Ks. Maximilian I., Bd. V, 1986, passim; B. Schürmann, Die Rezeption der Werke Ottos v. Freising [...], 1986. *H. D.*

Dahlmann, Friedrich Christoph (1785–1860). In Wismar (Meckl.) geb., begann D. 1802 mit philolog. Studien in Kopenhagen, wohin er nach der Promotion in Wittenberg (1810) und mit Lehrbefugnis 1811 zurückkehrte. Ab 1812 lehrte er in Kiel Alte Gesch. und nord. Gesch. 1815 wurde der gegen eine romant. MAschwärmerei gewandte polit. Hist. Sekretär der schlesw.-holst. Stände, die er vor dem dt. Bundestag vertrat, und folgte 1829 einem Ruf nach Göttingen. Nach 1831 am Entwurf einer Hannoverschen Verfassung beteiligt, verfaßte er nach deren Aufhebung 1837 den Protest der «Göttinger Sieben». Aus Hannover verwiesen, wandte er sich nach Leipzig und erhielt 1842 einen Ruf nach Bonn. Als einer der Führer der kleindt. Partei trat er 1848 ins Vorparlament und gehörte zum 17-Männergremium zur Beratung einer Bundesreform. D.s Reformentwurf wollte bei Ausschluß Öster.s aus dem Bund das preuß. Erbkaisertum, das Veto des Monarchen und das Zweikammersystem durchsetzen. Nach dem Scheitern der Revolution trat er 1849 aus dem Parlament aus und zog sich aus dem polit. Leben zurück. 1860 ist er in Bonn gest.

Im Zentrum von D.s Denken steht der Staat, der ihm so alt wie die Menschheit ist, weder Vertragswerk noch notwendiges Übel. Der Staat ist eine leiblich und geistig geeinte Persönlichkeit, die Staatsordnung steht der göttlichen Ordnung so nahe wie sonst nichts auf der Erde. Die gute Staatsform, die das individuelle Wirken und das Eigentum nur so weit beschränkt, wie es das öffentliche Wohl erfordert, ist für D. gemäß seinem Leitbild Engl. die konstitut. Monarchie, in der engl. Verfassung sah er die fortlebende german. Auf der Basis der «gegebenen Zustände» seiner «Politik» sollten die Stände der Privilegierten zu Ständen des Volkes entwickelt werden. Dabei war das Gegebene das hist. Gewordene. In der Anerkennung des Gegebenen lag zugleich der Entschluß zum Neuen. In der vom liberalen Standpunkt aus in Verbindung mit dem Machtgedanken dargestellten Gesch. lag der Beginn einer kleindt. geprägten polit. Gesch.schreibung.

WW: Qkde. der dt. Gesch., Gö 1830, fortges. von G. Waitz, L [9]1931–32, ein unerläßliches Hilfsmittel der Gesch.wiss.; Die Politik auf den Grund und das Maß der gegebenen Zustände zurückgeführt, I: Staatsverfassung, Volksbildung, Gö 1835, L [3]1847, B 1924 (Klassiker der Politik. 12); Gesch. von Dänemark, 3 Bde., H 1840–43; Gesch. der Engl. Revolution, L 1843, [5]1848; Gesch. der Frz. Revolution bis auf die Stiftung der Republik, L 1845, B [3]1864; Kleine Schr. und Reden, hrsg. v. C. Varrentrapp, St 1886.

Lit.: R. Hansen, F. C. D., in: Dt. Hist., hrsg. v. H.-U. Wehler, Bd. 5, 1972, 27–53; H. Heimpel, F. C. D., in: Die großen Dt., Bd. 5, B 1957, 236–248; DBE 2, 429 f.; NDB 3, 478–481. *C. v. M.*

De Felice, Renzo (1929–1996). Der in Rieti geb. Neuzeithist. studierte v. a. bei Delio Cantimori u. ↑F. Chabod, der ihn 1961 an der Univ. La Sapienza in Rom promovierte. Zuerst mit Forsch. zur Revolutionsepoche u. ital. Jakobinergesch. befaßt, wandte er sich bald der faschist. Periode zu, für die er als Prof. in Rom neue, histor. vertiefte Interpretationen entwickelte: als aus bestimmten Strukturen u. Prozessen der ital. Neuzeit abzuleitende, stark sozialist. geprägte Massenbewegung, als spezif. Regime einer charismat. Führerpersönlichkeit mit charakterist. Merkmalen. Hg. d. wichtigen Reihe *Storia dell'Italia contemporanea* (bisher 7 Bde.).

HW: Mussolini, 5 Bde. (mit Teilbdn.), Rom 1965–1990; Le interpretazioni del fascismo, Bari 1972 u. ö., (engl. Cambridge 1977, dt. Göttingen 1980, franz. 1983); Gabriele D'Annunzio, Bologna 1978; Il fascismo e l'oriente: arabi, ebrei e indiani nella politica di Mussolini, Rom 1988; Fascismo, antifascismo, nazione, Bologna 1996.

Lit.: B. W. Painter Jr., R. D. F. and the historiography of Italian Fascism, in: AHR 95 (1990), 391–402; V. Vidotto, R. D. F., in: Enciclopedia Italiana di scienze, lettere ed arti 1979/1992, Rom 1991, 302; E. Gentile, R. D. F.: A Tribute, in: JCH 32 (1997), S. 139–151; F. Perfetti, R. D. F., ovvero la storia senza pregiudizi, in: Nuova Storia Contemporanea 1, Nr. 1 (1997), S. 29–48. *W. W.*

Dehio, Georg (1850–1932). D. wurde als Sohn eines in russ. Diensten stehenden Arztes in Reval geb. Sein Studium der Gesch. absolvierte er an der Univ. Göttingen, wo er 1872 mit einer Doktorarbeit bei ↑Waitz über den Hamburg-Bremer Erzbischof Hartwig von Stade prom. 1877 habilitierte er sich mit einer zweibändigen *Gesch. des Erzbistums Hamburg-Bremen* in München und widmete sich fortan überwiegend kunsthistor. Fragestellungen. 1883 wurde er nach Königsberg berufen und erhielt 1884 dort das Ordinariat für Kunstgesch. 1892 wechselte er an die Univ. Straßburg, wo er bis 1918 lehren konnte. Seine letzten Lebensjahre verbrachte er in Tübingen, wo er auch verstarb. D. war einer der bedeutendsten Vertreter seines Faches und Verfasser bzw. Herausgeber von wichtigen Handbüchern (*Die kirchliche Baukunst des Abendlandes,* 2 Bde., 1884/1901; *Handbuch der deutschen Kunstdenkmäler,* 5 Bde., 1905/12). Sein Hauptwerk wurde die *Gesch. der deutschen Kunst,* 3 Bde., 1919/25. Darüber hinaus verfaßte er eine Vielzahl an Monographien und gab wichtige Anregungen zur Denkmalpflege. D.s Werk zeitigte nicht nur in den Fachwiss. große Resonanz, sondern auch beim kunsthistor. interessierten Reisepublikum. Neben mehreren Ehrenpromotionen war er Mitglied der Akademien in Berlin, München und Göttingen.

Lit.: NDB 3, S. 563 f.; DBE 2, S. 467; Metzler-Kunsthist.-Lexikon, S. 54–57; D. Reimann, Der Papst der Baukunst: zum 150. Geburtstag Georg Dehios. In: Monumente/Deutsche Stiftung Denkmalschutz. Bonn. 10 (2000). 9/10. S. 34–35.

R. A. M.

Dehio, Ludwig (1888–1963), war einer der herausragenden westdtn. Historiker der Nachkriegszeit, der, von den Denktraditionen der dtn. Historiogr. ausgehend, versuchte, die Erfahrungen seiner Zeit in der Interpretation der neuesten Gesch. zu verarbeiten.

Der 1888 in Königsberg als Sohn des Kunsthistorikers ↑Georg D. geb. L. D. trat nach der Promotion bei ↑H. Bresslau über *Innozenz IV. und Engl.* in den pr. Archivdienst ein. Während der NS-Zeit arbeitete er als «Nichtarier» im Hohenzollernschen Hausarchiv. Nach dem Zweiten Weltkrieg, 1945–54, war D. Dir. des Staatsarchivs Marburg, seit 1946 auch Honorarprof. D. hatte als Hrsg. der «Histor. Zeitschr.» (1949–1956) eine Schlüsselfunktion in der dtn. Gesch.wiss. inne, obgleich er eher als Außenseiter der Historikerzunft zu betrachten ist; er war Mitglied wichtiger akadem. Gremien wie der Histor. Komm. bei der Bayer. Akad. der Wiss.

In der Weimarer Zeit veröffentlichte D. Aufsätze zur pr. Gesch. des 19. Jhs., insbes. zum Heeres- u. Verfassungskonflikt, in denen die liberale Opposition distanziert betrachtet wird u. die nicht eigentl. vom Hauptstrom der Historiogr. dieser Zeit abweichen.

Zu einem bedeutenden Historiker wurde D. mit dem Werk *Gleichgewicht u. Hegemonie. Betrachtungen über ein Grundproblem der neueren Staatengesch.* (1948), in dem er die Entwicklung des europ. Staatensystems als Kampf zwischen Hegemonialstreben u. Gleichgewichtsdenken, zwischen kontinentalem u. insularem Denken interpretierte u. dessen Auflösung auf die letzten beiden von Dtl. ausgehenden Hegemonialkriege u. den Aufstieg der beiden Weltmächte USA und Sowjetunion zurückführte. Schwächen dieses Ansatzes, etwa der «raumpolit. Determinismus» u. die Reduktion von Politik auf Machtpolitik, wurden in der Rezeption zunächst meist übersehen. Den Ost-West-Gegensatz betrachtete D. als Kampf zw. dem «eurasisch basierten» kontinentalen totalitären Machtprinzip des Sowjetreiches u. der «insularen» freiheitl. von den USA geführten westl. Welt, wobei er entschieden für den Westen eintrat.

In vielbeachteten Aufsätzen wie «Ranke u. der dte. Imperialismus» (1950) u. «Gedanken über die dte. Sendung 1900–1918» (1952) (gesammelt in *Dtl. u. die Weltpolitik im 20. Jh.*, 1955) setzte sich D. kritisch mit den dtn. Denktraditionen auseinander. Er widersprach der These vom Dritten Reich als einem Unfall der dtn. Gesch. u. vertrat gegen ↑G. Ritter, der aus seiner Sicht die Dynamik des pr.-dtn. Hegemonialstrebens unterschätzte, die These einer Kontinuität zwischen dem pr.-dtn. u. dem nat.sozialist. Hegemonialanspruch.

D. blieb in konservativen bildungsbürgerlichen Denkkategorien, etwa in seiner Beurteilung des Massenhandelns, verhaftet. Gleichwohl wirken seine Nachkriegswerke, trotz ihrer Zeitgebundenheit u. des metaphernreichen Sprachstils, noch heute anregend.

Lit.: V. R. Berghahn: L. D. In: H.-U. Wehler (Hg.): Dte. Historiker, Bd. IV, Gö 1972, S. 97–116; Th. Schieder: L. D. zum Gedächtnis 1888–1963. In: HZ 201, 1965, S. 1–12; S. Pistone: L. D., Napoli 1977; K. Hildebrand: Nachwort zu L. D.: Gleichgewicht u. Hegemonie, Darmstadt 1996, S. 387–414. *B. F.*

Delbrück, Hans (1848–1929), geb. in Bergen auf Rügen, wirkte nach seinem Studium in Greifswald (mit einer ma. Diss.) lebenslang in Berlin als Historiker, Publizist und Politiker. Als Historiker im Geiste ↑Rankes, Anhänger der dt. konstitut. Monarchie in preuß. Tradition, blieb D. als innovativer Militärhistoriker ein unbequemer Querkopf mit zunächst langsamer akad. Karriere. Engagierter Kriegsteilnehmer 1870, 1874–1879 Erzieher des preuß. Kronprinzen-Sohnes Waldemar, erlangte D. 1885 in Berlin eine ao., erst 1896 als Nachfolger ↑Treitschkes eine o. Professur. Einen heftigen «Strategiestreit» löste 1882 seine 2bdige *Gneisenau*-Biographie (4. Aufl. 1920) mit der These eines säkularen Umschwungs von der «Ermattungsstrategie» des 18. Jhs. (Friedr. d. Gr.) zur «Vernichtungsstrategie» des 19. Jhs. (Napoleon) aus, weiterentwickelt in seiner Geschichte der *Kriegskunst im Rahmen der politischen Geschichte* (4 Bde., 1900–1920), die als wiss. Hauptwerk den Zusammenhang von Staats- und Kriegsverfassung nachweist und in scharfsinniger Quellenkritik die tradierten großen Zahlen antiker Heere und weitere Legenden widerlegt. Neben zahlreichen Arbeiten zur polit. Gesch. entstand, letztmalig von einem dt. Historiker, 1924–1928 seine *Weltgeschichte* (5 Bde.).

Der «Gelehrte in der Politik» (so D. selbst 1919) engagierte sich als freikons. Abg. 1882 im Preuß. Abg.haus, 1884–1890 im Reichstag. Einflußreicher wirkte er indes als polit. Publizist, vor allem als Hg. der *Preußischen Jahrbücher* 1890–1919 (seit 1883 bereits neben Treitschke) – kein Massenblatt, aber meinungsbildend in den polit. Eliten –, die D. als «Kritiker der wilhelmin. Epoche» zum Sprachrohr gutinformierter Unterstützung einer gemäßigten Außenpol. sowie scharfer Kritik innenpol. Repression von Minderheiten (Dänen, Polen) und polit. Gegnern (Sozialdem.) und chauvinist. Strömungen schon vor 1914, verstärkt im Ersten Weltkrieg profilierte. Bis zum Krieg kluger Verteidiger der konstitut. Monarchie mit ihrem Dualismus von Beamtentum («org. Intelligenz») und Parlament (*Regierung und Volkswille*, 1914), unterstützte D. nach 1918 als «Vernunftrepublikaner» die Weimarer Republik, kämpfte er gegen «Kriegsschuldlüge» und «Dolchstoßlegende». Der «konservative Sozialdemokrat» (D.) blieb sich lebenslang treu, mußte nicht aus «ethischem Schutt» neu aufbauen (D. 1918). Der kons. Realist, offen für notwendige Neuerungen, fand als Historiker nicht die gebührende Beachtung.

HW: Hist. u. pol. Aufsätze, 1887; Krieg u. Pol., 3 Bde., 1918/19; Vor u. nach dem Weltkrieg, 1926.
Lit.: J. Ziekursch, H. D., in: DBJ 2, 1932, 89–95; K. Christ, Von Gibbon zu Rostovtzeff, 1972, 159–200; A. Hillgruber, in: H.-U. Wehler (Hg.), Dte. Historiker, Bd. 4, 1972, 40–52; A. Thimme, H. D. als Kritiker der wilhelm. Epoche, D 1955; R. vom Bruch, Wiss., Pol. u. öff. Meinung, Husum 1980; A. Bucholz, H. D. and the German Military Establishment, Iowa 1985; W. Deist, H. D.: Militärhistoriker und Publizist. In: MGM 57, 1998, S. 371–383; S. Lange, H. D. und der «Strategiestreit». Kriegführung und Kriegsgeschichte in der Kontroverse 1879–1914 (Freiburg 1995); EHHW I, S. 294–296.
R. v. B.

Denifle, Heinrich Suso, Taufname Joseph (1844–1905). *16. Jan. 1844 in Imst aus Tiroler Bauernfamilie, studierte u. a. in Graz, Rom. Seit 1861 Dominikaner, 1866 Priester, wirkte er ab 1870 im Grazer Hausstudium des Ordens als Lektor. Ab 1880 in Rom, zunächst als Sozius des Ordensgenerals und Mitarbeiter der leoninischen Ausgabe des Thomas v. Aquin, wurde er 1883 Unterarchivar des Hl. Stuhls, konnte auf Forschungsreisen nach England, Frankreich, Spanien, Portugal und in lebhaften Beziehungen zu Freunden und Gegnern seine Quellenstudien vorantreiben. †10. Juni 1905 in München, wurde er in der Benediktiner-Abtei St. Bonifaz beigesetzt.

D.s Bedeutung auf verschiedenen Gebieten der ma. Quellenforschung war bahnbrechend. Für die Gesch. der dt. Mystik (bes. zu Tauler, Eckhart, Seuse) hat er in Interpretationen und Editionen durch Nachweise von Zusammenhängen zwischen Mystik und Scholastik zur Klärung der verworrenen Textlage beigetragen. Seine Scholastik-Studien mündeten in das grundlegende Werk *Die Entstehung der Universitäten des MAs bis 1400* (1885) und die i. A. der franz. Regierung besorgte Edition des *Chartularium Universitatis Parisiensis* mit dem *Auctuarium Chartularii* (zus. mit E. Chatelain 1894/97). Wichtige Untersuchungen zu Lit.-, Phil.-, Theol.-Gesch. und Urkundenwesen publizierte er in dem mit Franz Ehrle SJ, 1895 Präfekt der Vatikanischen Bibliothek, hg. Arch. für Lit.- und Kirchengeschichte des MAs (7 Bde. 1885/1900). Studien zum Niedergang der Klöster und Kirchen im 15. Jh. führten 1899 zur glanzvollen Darstellung *La guerre de cent ans et la désolation des églises, monastères et hôpiteaux, I: jusqu'à la mort de Charles V. (1385)* sowie zu aufsehenerregenden, textkritischen Forschungen über *Luther und Luthertum* (1904), fortgesetzt vom Ordensbruder A. M. Weiß. Die Verdienste des unermüdbaren, kämpferischen, tiefgläubigen Gelehrten, der nie Prof. war, um die Quellenerhebung zur ma. Kirchen- und Geistesgeschichte – nach Leistung einzuordnen in die Reihe großer Editoren seit ↑C. Baronius, E. Martène, ↑J. Mabillon über ↑L. Duchesne zu G. Morin und ↑H. Finke und neben Historikern wie ↑M. Manitius und ↑M. Grabmann –, fanden Anerkennung in Ehrenpromotionen durch die Univ. Innsbruck, München, Cambridge und Wahl zum Mitglied der Akad. Berlin, Paris, Prag, Wien, Göttingen.

Lit.: H. Grauert, D., ein Wort zum Gedächtnis und zum Frieden, in: HJb 26, 1905, 959–1018; NDB 3, 595–597 (M. Schmaus); DHGE 14, 1960, 221–245 (A. Walz) (Lit.); LThK[3] III, Sp. 94 (J. Metzler).
L. B.

Denina, Carlo Giovanni Maria (1731–1813), wurde in Revel (Piemont) geboren. Er stud. zuerst in Saluzzo und besuchte dann nach dem kirchl. Gelübde die Univ. von Turin. 1753 wurde er Prof. für Lit. in Pinerolo, mußte diesen Lehrauftrag aber bald wegen der Feindschaft der Jesuiten aufgeben. Danach widmete er sich einige Zeit theol. Studien und erhielt 1756 den Doktortitel an den Scuole Palatine in Mailand. Durch seine zahlreichen Reisen quer durch Italien entwickelte er seine liter. und hist. Kenntnisse und veröff. 1769 in Turin den ersten Bd. seines Hauptwerks *Le rivoluzioni d'Italia,* mit dem er den Lehrstuhl f. Rhetorik am Collegio Superiore in Turin bekam. Als ein Jahr später der 2. Bd. erschien, wurde ihm der Lehrstuhl für ital. Eloquenz und griech. Sprache an der Univ. Turin zuerkannt. Schließlich wurde er mit dem 3. Bd. 1771 so berühmt, daß ihn Friedrich II. von Preußen an seinen Hof einlud, die dt. Gesch. zu studieren, und ihn in seine Akad. aufnahm. 1804 lernte er in Mainz Napoleon kennen, der ihn zum Bibliothekar machte. So begab er sich nach Paris, wo er bis zu seinem Tod lebte.

Lit.: L. Negri, Carlo Denina, Tn 1933; Carlo Denina, in: Riformatori lombardi, piemontesi e toscani, a cura di F. Venturi, Mi-Na 1958, 701 ff.; C. Corsetti, Per una rilettura di Carlo Denina, in: Clio 24, 1988, 367 ff. *M. R. D. S.*

Denis, Ernest (1849–1921), frz. Historiker, der neben ↑Palacký als 2. Nationalhistoriker der Tschechen galt. D., geb. in Nîmes, stammte aus einer kalvinistischen Familie. Er stud. Gesch. an der ENS, nahm als Freiwilliger am dt.-frz. Krieg teil und ging 1872 als Stipendiat der frz. Regierung auf 3 Jahre zu hist. Forsch. nach Prag. Dort machte er die Bekanntschaft von Palacký, der ihn in die Kreise der tschechischen Nationalbewegung einführte. Nach seiner Rückkehr reichte D. eine Arbeit über die Hussitenkriege ein, die an der Sorbonne zunächst als ketzerisch und panslawistisch abgelehnt und erst nach entspr. Änderungen als Thèse (vglb. Habil.-Schr.) akzeptiert wurde (*Hus et la guerre des Hussites,* P 1878). Hier wie in seinen späteren Werken über die böhmische Gesch., die im slawischen Bürgertum große Verbreitung fanden, gab D. dem nationaltschechischen Kampf gegen dt. Herrschaft eine hist. Dimension. Für das große Hb. von ↑Lavisse/Rambaud schrieb D. zahlreiche Art. über südosteurop. und über dt. Gesch. Ab 1896 veröff. er ein 3bändiges Werk über die dt. Gesch. im 19. Jh., in dem er ebenso wie in den Hb.art. die nationalstaatliche Einigung Dtl.s als hist. legitim und notwendig darstellte. Es fand in Dtl. kaum Beachtung. Die scheinbar widersprüchliche Tendenz seiner Gesch.schr. über Böhmen und über Dtl. erklärt sich aus dem Axiom seines polit.-hist. Denkens, der prinzipiellen Bejahung des Nationalstaatsgedankens. Diesem Grundsatz blieb der überzeugte Linksrepublikaner auch in seinen Beiträgen zur frz. Kriegszieldiskussion im Ersten Weltkrieg treu. D. engagierte sich nun sehr für die nationale Sache der Tschechen und gab gemeinsam mit Masaryk die Zschr. *La nation tchèque* heraus.

D. lehrte anfangs an den Univ. Bordeaux und Grenoble, ab 1896 an der Sorbonne, wo er 1905 als Nachfolger von Rambaud den Lehrstuhl für Neuere Gesch. und nach dem Ersten Weltkrieg den neueingerichteten Lehrstuhl für Osteurop. Gesch. erhielt. Nach Gründung der Tschechoslowakei bereitete die Regierung in Prag D. einen triumphalen Empfang, benannte einen großen Bahnhof nach ihm und ließ ihm nach dem Tode Denkmale in Prag (nicht mehr vorhanden) und Nîmes errichten.

Lit.: a) W. Eberhard, E. D.s Konzeption der böhmischen Gesch. und ihre Funktion in der tschechischen Gesch.wiss. (WW, Lit.), in: F. Seibt (Hrsg.), Fkr. und die böhmischen Länder im 19. und 20. Jh., Mn 1990; b) betr. D.s Gesch.schr. über Dtl.: B. Gödde-Baumanns, Dt. Gesch. in frz. Sicht, Wie 1971 (WW, Lit.). *B. G. B.*

De Sanctis, Gaetano (1870–1957), wurde nach seinem Studium bei ↑K. J. Beloch 1900 Prof. für Alte Gesch. in Turin, 1929 in Rom. 1931 wegen Verweigerung des Treueides auf das Regime des Faschismus entlassen u. seit 1929 fast erblindet, nach der Befreiung jedoch hochgeehrt, widmete er sich unbeirrt seinen historiograph. Hauptwerken, der *Storia dei Romani,* die er in 7 Bänden von den Anfängen der Stadt bis z. J. 133 v. C. fortführte (1907–1964), u. der *Storia dei Greci* (in 2 Bd. bis zum Tod des Sokrates; 1939). In weiteren Monographien u. zahlreichen Aufsätzen behandelte er Probleme der griech., hellenist. u. röm.-rep. Gesch. De S. war vornehmlich an Politik u. Staatsentwicklung interessiert.

Lit.: A. Momigliano, Secondo u. Quinto Contributo alla storia degli studi classici e del mondo antico, R 1960, 299–317, u. 1975, 179–185. *H. W.*

Desing, Anselm (1699–1772), **OSB.** Der in Amberg (Opf.) geb. D. besuchte das Jesuitengymnasium seiner Heimatstadt u. stud. Philos. in Wien. 1718 trat er der Abtei Ensdorf bei. Nach dem Studium der Theol. in Michelfeld war er Lehrer am Ordensgymnasium in Weihenstephan u. Prof. an der Univ. Salzburg. Danach trat er (als Archivar, Bibliothekar u. Gesandter) in die Dienste des Fürstbischofs v. Passau, Josef Dominikus v. Lamberg. Seit 1761 war D. Abt seines Klosters.

D. vertritt noch ganz den Typ des barocken Universalgelehrten. Seine Werke umgreifen alle Gebiete damaliger Wiss. Besonderes Interesse widmete er der didaktischen Aufbereitung wiss. Erkenntnisse u. der Verteidigung kath. Lehre u. Rechtsauffassung gegenüber dem rationalen Naturrecht der Aufklärung. Sein hist. HW ist die *Historia Auxilia* (3 Tle, 1733–36), sein einflußreichstes Werk die *Kurtziste Universalhistori* (erstmals 1731), die bis 1808 13 Auflagen erzielte. Mit beiden Werken griff D., ord. Mitglied der Hist. Klasse der Bayer. Akademie der Wiss., typische Gattungen aufklärerischer prot. Gesch.schr. – die Staatengesch. u. die pragmatische Universalhistorie – auf. Er ging von der Standpunktgebundenheit der Historie, der Unmöglichkeit einer «Unpartheylichkeit» aus u. verstand Gesch.schr. im Unterschied zu seinen Ordensbrüdern ↑ Meichelbeck u. ↑Forster weniger als ein Produkt gelehrter Forschung, vielmehr im Modell der «historia magistra vitae» als Lehre in Beispielen zur moral. Unterweisung.

Lit.: BBKL 14, Sp. 919–924; A. Kraus, Die bayer. Historiographie zur Zeit der Gründung der Bayer. Akademie der Wiss. (1759), in: Ders., Bayer. Gesch.wiss. in drei Jh., München 1979, S. 158–167; M. Knedlik (Hg.), A. D. (1699–1772), ein benediktinischer Universalgelehrter im Zeitalter der Aufklärung, Kallmünz 1999. *H. Z.*

Dierauer, Johannes (1842–1920). Nach Stud. in Zürich, Bonn u. Paris 1868 Prom. in Zürich, dann Archivar u. Bibliothekar in St. Gallen (Vadiana); Rufe an Univ. lehnte D. ab. Neben zahlreichen Edd. ist seine in liberaler Gesinnung verfaßte, monumentale *Geschichte der Schweizerischen Eidgenossenschaft* (5 Bde., 1887–1917) von den Anfängen bis zur Schaffung des Bundesstaates 1848 bis heute grundlegend geblieben: D.s Werk zufolge ist die Schweiz vor allem eine polit. Willensgemeinschaft, also Staatsnation, nicht nur mehrsprachige Kulturnation mit einer eigenständigen Vergangenheit.

Lit.: Feller/Bonjour 2, S. 740–743. *W. S.*

Dike, Kenneth Onwuka (1917–1983), schloß 1950 als erster Afrikaner eine gesch.wiss. Diss. an einer brit. Univ. (King's College, London) ab. Die 1956 bei Clarendon Press in Oxford u.d.T. *Trade and Politics in the Niger Delta 1830–1885* publ. Studie war bahnbrechend wegen der damals noch ungewöhnl. Perspektive, Afrikaner als rational handelnde hist. Akteure zu zeigen. Im gleichen J. wurde D. Prof. für Gesch. an der Univ. Ibadan und erster Afrikaner überhaupt auf einem solchen Posten. D. widmete sich verstärkt wiss.-org. Aktivitäten. Er baute u.a. das Nationalarch. Nigerias auf, fungierte als Präs. der Historical Society of Nigeria und agierte in zahlr. int. Organisationen. 1966 mußte er das Land wegen des Biafra-Krieges verlassen und lehrte fortan in Harvard. 1980 kehrte D. nach Nigeria zurück und war bis zu seinem Tod Präs. einer techn. Univ. in Enugu.

Lit.: J.F.A. Ajayi, A Tribute to K.O.D., in: JHSN 12 (1984), 1–8; J.D. Fage, Obituary K.O.D., in: Africa 54 (1984), 96–98. *A.E.*

Dilthey, Wilhelm (1833–1911), Philosophieprof. in Basel (1867), Kiel (1869), Breslau (1871) und Berlin (1882), war mit seinen Arbeiten zur Logik und Hermeneutik der Geisteswiss. auch für den Strukturwandel der Gesch.wiss. von großer Bedeutung. Er verband Kants Erkenntniskritik mit der Hist. Schule des 19. Jhs. zur «Kritik der hist. Vernunft», gemeint ist die Analyse der Bedingungen und Verfahren, unter denen sich geschichtl. Bewußtsein lebensweltlich konstituiert (*Einleitung in die Geisteswiss.*, 1883). Denn für D. gehörte es «zum Wesen des Menschen selbst, daß er geschichtlich ist». Aus dieser Sicht schrieb er Geistesgeschichte der dt. Nationalkultur, der sog. «dt. Bewegung» von Lessing bis Hegel. Als neue biogr. Methode regte er an, das Individuum als «Kreuzungspunkt für Kultursysteme, Organisationen, in denen sein Dasein verwoben ist», repräsentativ zu verstehen.

Lit.: GS (bisher 22 Bde.) 1914–(2000). – U. Herrmann, Bibliogr. W.D., Weinheim 1969. – J. Thielen, W.D. und die Entwicklung des geschichtlichen Denkens in Dtld. im ausgehenden 19. Jh., Wü 1999. *G.H.*

Diodor von Agyrion auf Sizilien kompilierte ca. 65/60–35/30 v.C. eine Weltgeschichte in 40 B., von der Kosmogonie bis in seine Gegenwart (60/59). Die Bewahrung sonst verlorener QQ, die D. im wesentlichen in Rom fand, und vor allem, daß D. über weite Strecken hin, so zwischen 480 u. 431 u. zwischen 362 u. 301 v.C., die einzige erhaltene, fortlaufende Q ist und für die sizilische Gesch. und für die Konsularfasten der röm. Republik die wichtigste Grundlage bildet, machten D. zu einer der meist benutzten und unentbehrlichen althist. QQ.

Ganz erh. sind die B. 1–5 u. 11–20, die übrigen in Exzerpten. Er wollte gemäß dem Tit. *Bibliotheke historike* eine hist. Bibliothek ersetzen, indem er aus wahrsch. als klass. geltenden Hist. eine Geschichte der Oikumene übersichtlich, synchron. u. nach Schauplätzen geordnet, leicht lesbar u. einprägsam, vornehmlich zur moralischen Belehrung seiner Leser zusammenstellte.

Trotz anspruchsvoller, teils stoisch gefärbter Proömien blieb die inhaltliche Gestaltung meist an der Oberfläche und erging sich in Einzelheiten u. Gemeinplätzen. Die äußerliche Epochenbildung (Trojanischer Krieg, Alexander d. Gr., Caesar) folgte wohl dem populären, stoischen Ziel des Fortschritts der Menschheit auf eine Kosmopolis hin, dem sich das röm. Reich angenähert hatte. In dieselbe Richtung weisen die Belobigungen von Personen als Wohltäter der Menschheit.

Die platte sprachliche Vereinheitlichung durch D., seine Auswahl, Kürzung und Trennung in Jahresabschnitte u. der frgmt. Erhaltungszustand von D.s

Werk selbst und der seiner QQ lassen eine Rekonstruktion von D.s Arbeitsweise nur mit Unsicherheiten im Detail zu (↑Ephoros, ↑Kleitarch, ↑Duris, ↑Hieronymos, ↑Timaios). Autopsie von Reisen D.s läßt sich nur für Ägypten (59) nachweisen. Falsche Einordnungen, Dubletten, Datierungsfehler u. ä. zeigen, wie sehr die Stoffmenge D. überforderte. Hist. Kritik fehlt fast ganz.

Ausg.: F. Fischer – Th. Vogel (edd.): Ndr. St 1964; C. H. Oldfather u. a. (Hrsg. u. engl. Übs.), 12 Bde., Lo-NY 1933–67; Komm: A. Burton: D. I., A Comm., Lei 1972; M. Sordi (ed., comm.): D. XVI, Fi 1969.
Lit.: K. Meister, Die griech. Gesch.schr., St 1990, 171–181 (Lit.); L. Canfora, Le but de l'historiographie selon Diodore, in: H. Verdin, G. Schepens, F. de Keyser (Hgg.), Purposes of History: Stud. in Greek Historiography from the 4th to the 2nd Century B. C. (Studia Hellenistica 30), 1990, 313–322; O. Lendle, Einf. i. d. griech. Gesch.schr., 1992, 242–244; E. Galvagno u. a. (Hg.), Mito, storia, tradizione. Diodoro e la storiografia classica, 1991; K. S. Sacks, Diodorus and his Sources: Conformity and Creativity, in: S. Hornblower (Hg.), Greek Historiography, Oxford 1994, 213–232. *Übers.:* O. Veh, U. Will, 1992/3 (B. 1–10). *H. B.*

Dionys(ios) von Halikarnaß (ca. 80/75 – nach 7 v. C.): Von seinem Leben ist uns nur bekannt, daß er zwischen 30 u. 8 v. C. in Rom Rhetorik unterrichtete u. 7 v. C. seine *Archäologie* herausgab.

D. verfaßte zahlreiche literaturkrit. u. rhetor. Schriften, die sich auch auf hist. Darstellungen bezogen, bes. den Brief an einen Pompeius u. eine Arbeit über den Stil des ↑Thukydides *(Perì Thoykydídoy).* Sein Hauptwerk ist die *Römische Urgesch. (Rhōmaïkē archaiología),* in der die Anfänge Roms bis zum I. Punischen Krieg dargestellt sind. Von den ursprünglich 20 Büchern sind 1–10 ganz, 11 lückenhaft erhalten u. der Rest aus Auszügen bekannt. D. stützte sich auf andere annalistische Vorgänger als ↑Livius, so daß sein Werk für die Rekonstruktion der röm. ↑Annalisten bes. wichtig ist. Gedacht war es als rhetorisches Muster, weshalb die Reden sorgfältig ausformuliert sind. Die Sagen zur Gründung Roms, die er auf 751 festsetzte, werden breit erzählt, und auch sonst ist D. ausführlicher als Livius. Das röm. Staatswesen ist oft mißverstanden. Vor eigenen Ergänzungen scheute D. nicht zurück. So bleibt der heutige Quellenwert gering.

Ausg.: TA: C. Jacoby, Dionysii Halicarnasei antiquitatum Romanorum quae supersunt, L 1875. – *Übers.:* E. Cary, Roman Antiquities, 7 Bde., C/Mass 1937–50.
Lit.: E. Schwartz u. L. Radermacher, in: RE 5, Sp. 934–971 (= ders., Griech. Gesch.schreiber, L 1957, 319–360); E. Gabba, La ‹Storia di Roma arcaica› di Dionigi d'Alicarnasso, in: ANRW II 30, 1, B 1982, 799–816 (mit Lit.). *H. W.*

Diop, Cheikh Anta (1923–1986), das *enfant terrible* der afrikan. Gesch.schr., profilierte sich mit radik. Thesen über den schwarzafrikan. Ursprung Ägyptens sowie die kult. Einheit Afrikas u. zählte zu den bekanntesten Intellektuellen des frankoph. Afrika. Die meisten Afrikahist. begegneten seinem interdisz. angelegten, explizit polit. argumentierendem Werk jedoch mit Skepsis oder Ablehnung. Sie warfen D. nicht zu Unrecht ideolog. Voreingenommenheit, unhist. Herangehensweisen u. method. Schwächen vor. D. selbst urteilte über eines seiner wichtigsten Bücher, *L'Afrique noire précoloniale* (1960), es sei «weniger hist. Studie denn unentbehrliche Hilfsquelle für Hist.» Auch institut. blieb D. Außenseiter. Nach Promotion an der Sorbonne (1960) kehrte er in sein gerade unabhängig gewordenes Heimatland Senegal zurück. Der überzeugte Panafrikanist u. polit. Gegner des Staatspräs. L. S. Senghor erhielt erst 1981 eine Dozentur für Altertumsgesch. an der Univ. Dakar. Heute genießt D., dessen GesamtW in engl. Übers. vorliegt, v. a. in den USA unter afroamerikan. Wiss. Kultstatus.

Lit.: A. Eckert, Wem gehört das Alte Ägypten? Die Geschichtsschreibung zu Afrika u. das Werk C. A. Ds., in: W. Reinhard (Hrsg.), Die fundamentalistische Revolution, 1995, 189–214. *A. E.*

Dölger, Franz Joseph (1891–1968), Arztsohn aus Kleinwallstadt (Unterfranken), Studium der klass. Philol. in München, kam durch August Heisenberg zur Byzantinistik (1919), Diss. zu enzyklopädisch-allegorischem Gedicht des Meliteniotes «eis ten sophrosynen», Habil.: *Beiträge zur Gesch. der byzantin. Finanzverwaltung, bes. des 10. u. 11. Jh.*, ab 1931 bis 1959 (em.) Prof. für mittel- u. neugriech. Phil. in München. 1931–63 Haupthrsg. der *Byzantinischen Zeitschrift;* vielfacher Ehrendoktor (Athen, Saloniki, Sofia), Mitglied der Bayer. Akad. der Wiss. u. 5 anderer Akad., 1962 «Pour le Mérite» für Wissenschaften u. Künste.

Kombinierte Philol. u. Gesch. bewußt, um Byzanz aus seiner Randexistenz im westl. Bewußtsein heraus in den allgemein-europäischen Zusammenhang zu rücken u. um das ihm zukommende histor. Gewicht wiederzugeben. Ausgehend von der Erforschung der byzant. Staatsideologie (Einfluß Altroms: aeternitas u. renovatio – Hierarchie der Völker), betonte D. den Einfluß von Byzanz auf die Balkan-Völker (Bulgaren, die byzant. Staatsideologie kopieren!). Grundlegende Studien zur Wirtschafts-, Finanz- u. Sozialgesch. Daneben umfangreiche Lehrtätigkeit, ‹der letzte Universalist unter den Byzantinisten› (Karayannopulos).

Lit.: Bibliographie: Öst. Akad. der Wiss. (Hrsg.); Almanach für das Jahr 1969, W 1970, S. 395 ff.; Th. Klauser, Franz Joseph Dölger und sein Forschungsprogramm «Antike und Christentum» – JbAC Erg.-Bd. 7 (Münster 1980); G. Schöllgen, Franz Joseph Dölger und die Entstehung seines Forschungsprogramms «Antike und Christentum», in: JbAC 36 (1993) 7–23. *B. R.*

Döllinger, Ignaz (seit 1860: von D.) (1799–1890). Als Sohn eines Prof. für Medizin in Bamberg geb., wurde D. nach dem Stud. der Philos. und Theol. in Würzburg und Bamberg 1823 Prof. für KR und KG in Aschaffenburg, 1826 in München, wo er durch den «Görreskreis» (kath. Romantik) nachhaltig geprägt wurde. In *Eos* und den *Hist.-polit. Bll.* entfaltete er eine weitgespannte Publizistik. In der 2. bayer. Kammer und in der Paulskirche war er Wortführer der kath. Rechten, auf den Bisch.-konferenzen 1848 und 1850 setzte er sich für die Erneuerung einer dt. Nationalkirche ein. Es begann seine Verdächtigung als Irrlehrer, die wegen seines Widerstands gegen die als unkanonisch empfundenen neuen Dogmen 1871 zur Exkommunikation führte. Seit 1863 gehörte er der Hist. Komm. bei der Bayer. Akad. d. Wiss. an, 1871 wurde der eindrucksvolle Lehrer Rektor der Univ., 1873 Präsident der Akad., ferner Leiter aller Staatl. Samml. Bayerns. In den ersten 1870er Jahren setzte der Altkatholik ohne formelle Bindung sich für die Wiedervereinigung der getrennten Christen ein. Er starb, bis zuletzt geehrt und angesehen, 1890 in München.

Seinem immensen Wissen entsprach der Plan einer kirchengesch. und kirchenkundlichen Enzyklopädie. Die Unvereinbarkeit von Romantischem und Restaurativem (Münchener Restauration) wurde für den Lebensweg dieses Universalhist. ebenso bestimmend wie diejenige von hist. Forsch. mit aktiver Kirchenpolitik. In seinem Einsatz für ein Lebensrecht der dt. kath. Wiss. und seinem Festhalten am Episkopalismus unterlag er der scholastisch-kurialistischen Richtung. Überzeugt, daß es zwischen natürlicher und göttlich offenbarter Wahrheit letztlich keinen Widerspruch geben kann, war ihm die bibl. Offenbarung die Mitte der Gesch., Gesch.wiss. und bibl. Exegese waren die beiden «Augen» der Theologie. Von seinem oft genannten Werk gehen vielfältige Anregungen aus, ohne daß es bislang zu einer Auswirkung im Großen führte.

WW: Zu den kirchenhist. seiner inhaltlich wie stilistisch meisterhaften WW, von denen einige ins Engl. und Frz. übers. wurden, gehören: Gesch. der christl. Kirche, 2 Bde., Landshut 1833–35; Lehrbuch der KG, 2 Bde., Rb 1836–38, ²1843; Die Reformation, ihre innere Entwicklung und ihre Wirkungen im Umfange des Luth. Bekenntnisses, Rb 1846–48, ²1851; Christentum und Kirche in der Zeit ihrer Grundlegung, Rb 1860, ²1868; Kirche und Kirchen. Papsttum und Kirchenstaat, Mn 1861; Beitr. z. Sektengesch. des MA, 2 Bde., Mn 1890.

Lit.: J. Friedrich, I. v. D., 3 Bde., 1899–1901; W. Küppers, I. v. D., in: Die großen Dt., Bd. 5, 1957, S. 301–307; NDB 4, S. 21–25; G. Denzler/E. L. Grasmück (Hg.), Geschichtlichkeit und Glaube, 1990; M. Weitlauff, I. v. D. (1799–1890), in: Münchener Theol. Zs. 50, 1999, S. 299–395.

C. v. M.

Dopsch, Alfons (1868–1953). Nach dem Gesch.studium an der Univ. Wien wurde D. hier auch Privatdozent und ab 1900 o. Prof. Sein Hauptarbeitsgebiet war das Früh-MA, vornehmlich die österr. Territorialgesch.

Vorbildlich wurden seine Urkundeneditionen (u. a *Ausgewählte Urkunden zur Verfassungsgesch. d. österr. Erblande,* 1895; *Landesfürstl. Urbare Österreichs,* 1904/10). Aus der Vielzahl seiner Werke ragen seine Bücher *Die Wirtschaftsentwicklung der Karolingerzeit* (1912/13); *Wirtschaftl. und soziale Grundlagen der europ. Kulturentwicklung von Cäsar bis auf Karl den Großen* (1918/20) und *Herrschaft und Bauer in der deutschen Kaiserzeit* (1934) heraus. D., der bis 1937 in Wien lehrte, war Mitglied mehrerer Akademien (u. a. Wien, München, Göttingen).

Lit.: HZ 179 (1955), S. 213–216; NDB 4, S. 77; H. Vollrath, in: Dte. Historiker VII, hg. v. H.-U. Wehler, 1980, S. 39–54.

R. A. M.

Droysen, Johann Gustav (1808–1884). Geb. in Treptow/Rega als Sohn eines Militärgeistlichen, prägten D. früh aufgeklärte Theologie, Neuhumanismus u. der Geist der preuß. Reformzeit. Im Studium in Berlin, wo er sich 1831 für klass. Philologie habilitierte, beeinflußten ihn bes. ↑Böckh u. Hegel. Sein Forsch.gebiet war zunächst die griech. Gesch. Der Begriff «Hellenismus» wurde durch ihn in der Wiss. eingebürgert. Mit seinem Wechsel nach Kiel 1840 stand die neuere Gesch. im Mittelpunkt. Seine hier gehaltenen Vorlesungen über das Zeitalter der Freiheitskriege waren die Entfaltung eines nationalstaatl. Reformprogramms u. zugleich eine Kritik an der Reaktion. Als namhafter Opponent der dän. Politik gegenüber den Elbherzogtümern vertrat er deren provisorische Regierung am Bundestag in Frankfurt, wo er dem 17-Männergremium u. als Abg. Holsteins der Nat.verslg. sowie deren Verfassungsausschuß angehörte. Als Erbkaiserlicher setzte er sich für die kleindt. Lösung ein. Nach dem Scheitern der Revolution verfocht er die Schaffung des dt. Nationalstaates durch Preußen. Seine *Gesch. der preuß. Politik* sollte Preußens dt. Mission seit dem 15. Jh. wiss. belegen. Auch seine in Jena, wohin er 1851 einem Ruf folgte, vollendete Biographie Yorks v. Wartenburg, die ein großer Erfolg wurde, sollte am Beispiel der preuß. Reformzeit die Berufung Preußens verdeutlichen. 1859 nach Berlin berufen, führte der polit. Hist. seine preuß. Gesch. fort u. wirkte an Aktenpubl. z. preuß. Gesch. mit. Er wurde z. Historiographen des brandenburg. Hauses ernannt. Nach anfängl. Vorbehalten gegenüber Bismarcks Politik fand sie seine uneingeschränkte Unterstützung. D. starb 1884 in Berlin.

Der eigentliche Gründer der preuß.-kleindt. Schule, bei dem Hegelsche Vernunftsystematik u. romantischer Geist der Hist. Schule zusammentrafen, hatte bereits in seinem *Alexander d. Gr.* das Griech. nicht als Einheitskultur von abgeschlossener Größe, sondern als dynamische Entwicklung gesehen. Alexander war nicht ihr Zerstörer, sondern, gemäß Hegels «Weltgeist», Werkzeug: Er schuf mit seiner Einigung die Grundlage für die Ausbreitung des Christentums. So bestand auch für Preußen aufgrund seiner Heeresmacht u. Organisationsfähigkeit die sittliche Notwendigkeit, das partikulare Dt. zus.zuschließen. Das durch ein starkes Preußen zu schaffende überstaatliche Gebilde einer universalistisch-ethischen Organisation sollte in einem weltgesch. notwendigen Prozeß dem Menschheitsdienst verpflichtet sein, indem die sittliche Freiheit des einzelnen im nationalen Staat realisiert wurde, in dem Preußen dann aufgehen sollte. D.s nationalpäd. *Preuß. Politik* wurde z. Begründerin der Legende von der hist. u. nationalen Einigungsmission Preußens. – Der eigentliche Gang der Gesch. ist der Gang der sittlichen Welt z. «Zweck der Zwecke», zu Gott. Aus der Gesch. lernen wir Gott verstehen, u. nur in Gott können wir Gesch. verstehen. Der Staat als Gottes Ordnung ist Grundlage des gesamten irdischen geistigen u. materiellen Lebens. Er muß stark sein u. darf sich z. Selbsterhaltung auch über das Recht hinwegsetzen. Er muß aber, um die Entwicklung voranzutragen, das Recht gesellschaftl. Bereiche anerkennen u. ihre Bewegung u. dynamische Wechselwirkung mit seinen eigenen Funktionen umfassen. Aufgrund seiner optimistischen Einschätzung vom Wesen der Macht u. seines Glaubens an die Kräfte der Gesch. konnte D. sich staatl. Machtmißbrauch nicht vorstellen. Die Interessen des Staates sind mit denen der Ethik identisch. – Von dauerhafter Wirkung wurde D.s *Historik*. Er sah in der krit. Tatsachenforsch. nicht das höchste Ziel der Gesch.wiss. Als einziger Hist. seiner Zeit hat er mit diesem Werk auch eine theoretische Grundlage seiner Gesch.schr. erarbeitet. Zur Begründung u. Erklärung der Vernunft hist. Erkenntnis verbindet er darin gesch.philos., erkenntnistheoretische u. methodolog. Argumente. Als Bedingungen gesch. Werdens schreibt er der Natur, der menschl. Freiheit u. der sittlichen Idealität ein gleiches Recht zu. Diese Selbstreflexion der Gesch.wiss. hat ihre klassische Bedeutung behalten.

WW: Gesch. Alexanders d. Gr., B 1833, Gotha [3]1880; Gesch. des Hellenismus, 3 Bde., H 1836–43; Beitr. z. neuesten Gesch. Vier Aufs. Brau 1849; Vorlesungen über die Freiheitskriege, 2 Bde., 1846, Gotha [2]1886; Das Leben des Feldmarschalls Grafen York v. Wartenburg, 3 Bde., B 1851–52, L [11]1913; Gesch. der preuß. Politik, 14 Bde., L 1855–86; Grdr. der Historik, L 1868; Historik. Vorlesungen üb. Enzyklopädie u. Methodologie der Gesch., hrsg. v. R. Hübner, M 1937 u. ö.; Historik, hrsg. v. P. Leyh, 1977; Briefwechsel, 2 Bde., hrsg. v. R. Hübner, B 1929.

Lit.: J. Rüsen, J. G. D., in: Dt. Hist., hrsg. von H.-U. Wehler, Bd. 2, 1971, 7–23 (WV); DBE 2, 626 f.; NDB 4, 35–37; F. Jaeger, Bürgerliche Modernisierungskrise und historische Sinnbildung, 1994; C. Wagner, Die Entwicklung J. G. D. s als Althistoriker, 1991. *C. v. M.*

Dschuwaini, Ala ad-Din Ata Malik ben Muhammad (ca. 1230–1283). Angebliche Abstammung von Fadl b. Rabi, dem Wesir Harun al-Raschids, geboren in Azadwar, Bezirk Dschuwain (Chorassan, Nordostpersien), sein Vater wurde in Tus (Chorassan) den Mongolen Dschingis Khans ausgeliefert, trat in mongol. Dienste, war Sahib-Diwan (Finanzverwalter) von Chorassan; Dsch. trat in Diwan ein, war 1249/51 u. 1251/53 in der Mongolei, hat bei Einnahme der Assassinen-Festung Alamut (1256 in Nordpersien; Assassinen = Sekte zur Bekämpfung von Christen und anderen Feinden des Islam) dortige Bibliothek evakuiert, war 1263 Statthalter der Mongolen für Bagdad, galt als milde und doch effizient, 1283 vom Schlag getroffen wegen beständiger Vorwürfe bez. Steuereinziehung.

Wurde 1253 in der Mongolei zur Abfassung seiner Gesch. aufgefordert: 1. *Gesch. der Mongolen bis zum Tod Güyük Khans* (1248), 2. *Gesch. der Dyn. der Chwarezm-Schahs* (um 1200), 3. *Gesch. der mongol. Statthalter von Chorassan bis 1258*, 4. *Nachrichten über die Mörder-Sekte der Assassinen.* Dsch. war der einzige Perser, der Nachrichten über die Mongolei aus eigener Anschauung überliefert hat. Beschreibung der mongol. Hauptstadt Karakorum nach eigener Anschauung sonst nur noch bei Wilhelm Rubruk (Roysbroek); Dschingis Khans Eroberungen nirgends im islam. Kreis so ausführlich wie bei Dsch. Sein Stil galt als Muster neupers. Prosa.

Ausg.: Gibb Memorial Series, Lei u. Lo, 3 Bde. (1: Dschingis Khan und seine Nachfolger, 1912; 2: Die Chwarezm-Dynastie, 1916; 3: Die Assassinen, 1972); Auszüge: siehe Nachw. in: C. A. Storey, Persian Literature, Bd. 1, Lo 1970, S. 263 f. *B. R.*

Duby, Georges (1919–1996), geb. in Mâcon, wo er auch seine Jugend verbrachte. D. studierte in Lyon (Staatsexamen/agrégation 1942); er lehrte zuerst in Lyon und Besançon, bevor er mit einer Habilitation über *La société aux XIe et XIIe siècles dans la région mâconnaise* unter der Leitung v. Ch.-E. Perrin 1953 Prof. für mittelalterliche Geschichte an der Univ. Aix-Marseille wurde. 1970 wurde er dem Collège de France zugewählt; Emeritierung 1992.

Das Interesse von D. galt ursprünglich der Geographie, wie sie in Frankreich von den Schülern von Paul Vidal de la Blache (A. Demangeon, R. Blanchard, J. Sion, R. Dion) vor und nach dem Ersten Weltkrieg entwickelt worden war. Er selbst nahm teil an den Vorlesungen und Seminaren von A. Allix, der 1929 seine Thèse über eine kleine französische Gebirgsregion, die Oisans, veröffentlicht hatte, entschied sich dann allerdings für eine Historikerkarriere, behielt aber das Ziel, die Fragestellungen der Geographen in die geschichtliche Analyse einzuführen; dies auch in Anlehnung an die Annales-Schule von ↑L. Febvre und ↑M. Bloch, dessen Buch *Les caractères originaux de l'histoire rurale française* ihm dank A. Allix bekannt geworden war. So untersuchte er in seiner Habilschrift über den Mâconnais im 11.–12. Jh. die historische Bildung einer Landschaft unter der Wirkung der sie besiedelnden Menschen, und dies in einer Zeit, wo eine Schicht von adligen Landherren ihre Herrschaft über die abhängigen Bauern durchsetzte. Über die natürlichen Bedingungen eines Lands hinaus wurden die wirtschaftlichen und sozialen Faktoren der historischen Entwicklung erläutert. Als Vorbild der «Regionalmonographie» erhielt das Buch große Resonanz in der frz. Mediävistik. Die darauffolgenden Bücher von D. erweiterten zuerst die in dem *Mâconnais* entwickelten Perspektiven auf das ganze Mittelalter. *L'économie rurale et la vie des campagnes dans l'Occident médiéval* (1962) war der Versuch, eine historische Geographie (Agrarpraktiken; Besiedlungsformen; horizontale und vertikale soziale Verhältnisse etc.) der mittelalterlichen Agrarländer in ihrer Entwicklung vom Früh- bis zum Spätmittelalter zu rekonstruieren, während es in *Guerriers et paysans – VIIe–XIIe siècles, premier essor de l'économie européenne* (engl. 1969; frz. 1973) um den wirtschaftlichen «take off» des Abendlands im 10.–12. Jh. ging.

Bei diesen Studien über die Strukturen der «Feudalgesellschaft» in den zentralen Jahrhunderten des Mittelalters, wurde D. immer mehr bewußt, daß eine klassische marxistische Perspektive, die den entscheidenden Einfluß der materiellen Produktion und ihren Bedingungen zusprach, als Erklärungsmodell zwar nicht unbrauchbar, aber doch letztlich ungenügend war. Die Strukturen der Verwandtschaft (mit Berufung auf das Werk von Claude Lévi-Strauss und seiner Schüler), die Glaubensformen, die Mentalitäten, das Imaginäre waren demnach nicht einfach von der wirtschaftlichen Entwicklungen abhängig, sondern selbst Teil des Prozesses der Bildung der Feudalgesellschaft. Dies unterstrich D. schon in seinen drei Skira-Bänden (1966–67; neu veröffentlicht 1976 unter dem Titel *Le Temps des cathédrales*) über die Entwicklung der mittelalterlichen Kunst in ihrem wirtschaftlichen und sozialen Kontext.

Eine gewisse Zäsur in dem Werk und in der Karriere von D. trat ab dem Moment ein, in dem er 1970 ins Collège de France berufen wurde. Um einem breiten «Laienpublikum» zugänglich zu werden, ging er immer mehr auf Distanz gegenüber der gelehrten Praxis historisch-spezialisierter Veröffentlichungen. So verzichtete er weitgehend auf gelehrte Fußnoten, und entwickelte sich so zu einem talentierten literarischen Stilisten, was ihn in gewisser Hinsicht in die Nähe eines ↑J. Michelet brachte. Thematisch galt sein Interesse immer noch der Untersuchung der Strukturen der Feudalgesellschaft in der Phase vom 10. bis zum 13. Jh., vor allem seiner adligen Eliten. Dies aber immer mehr unter anthropologischen und mentalitätsgeschichtlichen Fragestellungen. So in dem Buch über die Schlacht von Bouvines (1973), in dem er die traditionelle Ereignisgeschichte aussparte, um den Platz und die Formen des Kriegs in der Gesellschaft des 11.–13. Jhs. aufzuklären. In *Les trois ordres et l'imaginaire du Féodalisme* (1978), wo er den Einfluß des Schemas der *tres ordines* (in Anlehnung an die Thesen von G. Dumézil über die Indogermanen) in der Feudalgesellschaft beschrieb und deutete; oder noch in seinem letzten Buch über die *Dames du XIIe siècle* (3 Bände 1996), wo er Lage und Sicht der Frauen in der mittelalterlichen Gesellschaft anhand einiger berühmter Figuren des 12. Jhs. untersuchte.

Parallel zu seiner Tätigkeit als Historiker war D., dessen Prestige weit hinaus über den Spezialistenkreis seiner Kollegen gegangen war, Leiter eines neu gegründeten kulturellen Fernsehsenders («Sept»), der später von der frz. und dt. Regierung in den deutsch-französischen Fernsehsender *Arte* verwandelt wurde. 1987 wurde er Mitglied der Académie française. Dank seiner Schüler, sowohl aus der Aixer, als auch aus der Pariser Periode, seines öffentlichen Unterrichts am Collège de France und nicht zuletzt seiner vielen in mehrere Sprachen übersetzten Bücher übte D. einen starken Einfluß auf die frz. und internationale Mediävistik der letzten Jahrzehnte aus. Kritische Stimmen haben zwar auf die manchmal ungenügende wissenschaftliche Fundierung vor allem der letzten Veröffentlichungen seit den 1980er Jahren hingewiesen. Die Anerkennung für seine intellektuellen Anregungen und Eröffnung von neuen Feldern blieb aber unbestritten.

HW: La société aux XIe et XIIe siècles dans la région mâconnaise (1953); Histoire de la civilisation française (en collaboration avec Robert Mandrou; 1958); L'économie rurale et la vie des campagnes dans l'Occident médiéval (1962); Adolescence de la Chrétienté/L'Europe des cathédrales/Fondements d'un nouvel humanisme (1966/67); L'an Mil (1967); Guerriers et paysans – VIIe–XIIe siècles, premier essor de l'économie européenne (engl. 1969; frz. 1973; dt. 1977); Le Dimanche de Bouvines – 27 juillet 1214 (1973; dt. 1988); Hommes et structures du moyen age (1973); Saint Bernard et l'art cistercien (1976; dt. 1981); Le temps des cathédrales, 980–1420 (1976, dt. 1980); Les trois ordres et l'imaginaire du féodalisme (1978; dt. 1981); Le chevalier, la femme et le prêtre (1981; dt. 1985); Guillaume le Maréchal (1984; dt. 1986); Histoire de France, Le Moyen Âge (1987); Mâle Moyen Âge (1988; dt. 1989); Dames du XIIe siècle (3 Bde., 1996; dt. 1997/1998).
Lit.: L. Raphael, Die Erben von Bloch und Febvre. Annales-Geschichtsschreibung und nouvelle histoire in Frankreich 1945–1980 (1994); P. Burke, Offene Geschichte. Die Schule der «Annales» (1991); J. Le Goff, The Moyen Age of G. D. (1919–1996), in: The Medieval History Journal 1, 1998, 3–24. *J. M. M.*

Du Cange, Charles Du Fresne, Sieur (1610–1688). Der in Amiens geb. Du C. besuchte das dortige Jesuitenkolleg und stud. Jura in Orléans. 1631 wurde er als Advokat am Pariser Parlamentsgericht zugelassen, zog es aber vor, in seine Heimatstadt zurückzukehren, wo er 1638 die Tochter eines königlichen Beamten heiratete, dessen Amt er 1645 kaufte. Wegen einer Pestepidemie in Amiens siedelte er 1668 nach Paris über; hier blieb er bis zu seinem Tod.

In der Tradition der franz. Historiker des 17. Jh.s, die zu keinem geistl. Orden (Jesuiten und Mauriner) gehören, steht er zwischen André Du Chesne (1585–1640, 1617 zum königlichen Geographen ernannt, der an eine Sammlung von allen franz. Historikern dachte) und Étienne Baluze (1630–1718, Bibliothekar Colberts zw. 1667 u. 1700 und unermüdlicher Sucher von Hss.) sowie Louis-Sebastien Lenain de Tillemont (1637–1698, Vf. von zwei monumentalen Werken: die Abhandlungen zur Kirchengesch. der ersten 6 Jahrhunderte, und die Gesch. Ludwigs des Heiligen). Du C. widmete sein Leben den histor. Studien, auch wenn er bis zum 45. Lebensjahr nichts veröffentlichte und viele unveröffentlichte Handschriften hinterließ. Sein Interesse galt vor allem der Gesch. Frankreichs, des latein. Orients und der von Byzanz sowie der Gesch. seiner Heimatprovinz Picardie. Er unterhielt enge Beziehungen zu den Maurinern von Saint-Germain-des-Prés. 1676 berief ihn Colbert in den Ausschuß, der damit beauftragt war, eine große Veröffentlichung der erzählerischen und urkundl. QQ der franz. Gesch. vorzubereiten; das Projekt, das er vorlegte, wurde aber abgelehnt. Enttäuscht beschloß er die seit langem gesammelten Materialien in Form eines *Glossars der mittellatein. Sprache* (3 Bände, Paris, 1678) herauszugeben.

Dieses latein. Glossar und das 1688 hrsg. *Glossar der mittelgriech. Sprache,* die heute noch unentbehrliche Nachschlagewerke bleiben, sind Du C.s bedeutendste Werke.

Lit: Art. Du C., in: DACL 4; J. Voss, Das MA im histor. Denken Frankreichs, Mn 1972, 162 ff. *J. M. M.*

Duchesne, Louis (1843–1922). Der in Saint-Servan (Bretagne) geb. D. besuchte die Schule in Saint-Brieuc, dann das Römische Kolleg in Rom. Priesterweihe 1867. Setzte dann die Studien in Paris (École des Carmes, Sorbonne, École pratique des hautes études) und an dem Französischen Institut in Rom (1874–1875) fort. In Rom wurde er G. B. De Rossis Schüler und Freund. 1877 veröffentlichte er seine Habilitationsschrift, *Études sur le Liber Pontificalis,* und wurde in demselben Jahr Prof. für Kirchengesch. an der Theolog. Fakultät in Paris. 1887 wurde er an die École pratique des hautes études berufen, 1888 in die Académie des Inscriptions et Belles Lettres gewählt; von 1895 bis zu seinem Tod leitete er das Französische Institut in Rom. 1910 wurde er Mitglied der Académie Française. Sein wiss. Werk behandelt die Gesch. der frühen Kirche und des Papsttums. D.s HW ist die kritische Ausgabe des *Liber Pontificalis* (1886–1892). Gründliche Kenntnis der QQ und die Schärfe seines kritischen Geistes machen ihn zu einem der großen Gelehrten seiner Zeit. Die Grundsätze, an die er sich zu halten bemühte, waren die, die er formuliert hatte, als er 1880 das *Bulletin critique,* «eine unbedingt rechtgläubige und unerbittlich wiss. Zs.», erscheinen ließ. Sie führten jedoch mehrmals zu Schwierigkeiten mit der kirchl. Hierarchie, z. B., als er an der Theolog. Fakultät lehrte, wegen der Art, wie er die Meinungen über die Dreifaltigkeit in der Zeit vor dem Konzil zu Nicäa dargelegt hatte, oder wie er über die These vom apostol. Ursprung der Bistümer in Gallien gespottet hatte (der Erzbischof von Sens verlangte seine Absetzung!). 1912 wurde sogar seine *Histoire de l'Église* auf den Index gesetzt.

Lit.: WV v. D. in: Louis Duchesne, Scripta Minora, 1973, S. IX–L; Art. Historiens de l'Église, in: DACL 6; B. Waché, Monseigneur Louis Duchesne (1843–1922), historien de l'Eglise, directeur de l'École française de Rome, Paris 1992. *J. M. M.*

Duncker, Maximilian (Max) (1811–1886). 1811 wurde D. in Berlin als Sohn eines Verlagsbuchhändlers geb. Er studierte Gesch. und Philologie in Berlin und Bonn. Wegen seiner Zugehörigkeit zur Burschenschaft verbrachte er 6 Monate in Festungshaft. 1839 in Halle habilitiert, wurde er dort ao. Prof. Der politische Hist., der lieber Gesch. machte als sie zu schreiben, entfaltete eine rege publizistische Aktivität, die ihn mehr als sein hist. Werk charakterisierte. Seit 1843 war er Redakteur an der «Allg. Literaturztg.», später Mitarbeiter an den «Preuß. Jbb.» und der «Constitutionellen Ztg.». Der Hegelianer fand früh zu Bismarck. Er gründete den Staat auf Sittlichkeit und Religion. An der Lösung der Schleswig-Holst.-Frage beteiligt, gehörte er im Frankfurter Parlament dem liberalen rechten Zentrum an und war Haupt der Erbkaiserlichen. 1849 2. Präsident der Gothaer Versammlung, vertrat er Halle 1849–52 in der 2. Kammer, 1850 im Erfurter Parlament. 1857 wurde er o. Prof. für politische Gesch. in Tübingen, 2 Jahre später kehrte er nach Berlin zurück, wo er die Pressestelle im Staatsministerium leitete. Als kleindt. Hist. kämpfte er publizistisch gegen Österr. 1861–66 war er Berater des Kronprinzen, ging 1866 als Zivilkommissar nach Kurhessen und entwarf die Verfassung des Norddt. Bundes, dessen konstituierendem Reichstag er angehörte. 1867–74 war er Direktor der Preuß. Arch. und lehrte seit 1872 an der Kriegsakad. Er starb 1886.

Für D. war die dt. Frage vor allem eine Machtfrage. Die Hist. sollten sich mit der neueren Gesch., insbesondere mit der preuß. befassen.

WW: Origines Germanicae, Hl 1839; Die Krisis der Reformation, L 1845; Zur Gesch. der dt. Reichsvers. in Frankfurt, B 1849; Heinrich v. Gagern, L 1850; Gesch. d. Altertums, 7 Bde., B 1852–57, [5]1878–83; Abh. aus der neueren Gesch., L 1887. *Lit.:* R. Haym, Leben M. D.s, B 1891; NDB 4, 195 f. *C. v. M.*

Dunning, William Archibald (1857–1922). Studierte am Dartmouth C. und in Berlin, vor allem aber an der Columbia U. (Ph. D. 1885), wo er dann 36 Jahre lang unterrichtete. An Staatswiss. u. Gesch. zu gleichen Maßen interessiert, wurde D. ein bedeutender Vertreter der von der dt. Gesch.wiss. stark beeinflußten «Scientific History». Mit ihren Methoden revidierte er das von nordstaatlichen Historikern geformte, dem Süden abträgliche Urteil über den Sezessionskrieg u. die Rekonstruktionszeit. *Reconstruction, Political and Economic: 1865–1877* (NY 1907) untersuchte die staatspolitischen u. konstitutionellen Probleme der Wiedereingliederung der Südstaaten nach ihrer Sezession vom Bundesstaat. Obwohl D. die negerfreundlichen Absichten der Rekonstruktion bejahte, galten seine Sympathien eher der Führungsschicht des Südens als den Bürgerrechten der schwarzen Bürger. Dadurch erlitt D.s Ansehen in späteren, der Menschenrechte viel stärker bewußten Jahren, einen starken Rückgang, obwohl D.s Werke durch ihren Materialreichtum wertvoll blieben.

Lit.: W. A. D., in: Dict. of Lit. Biography, Bd. 17, Detroit 1983, 148–154. *E. B.*

Duris von Samos, aus einer der ersten Familien, wurde wahrsch. um 330 v. C. im Exil auf Sizilien geb., als die Samier von den Athenern von ihrer Insel vertrieben waren (366/5–22/1). Ca. 304/2 war er in Athen Schüler von Theophrast, dem Oberhaupt des «Peripatos» (↑Aristoteles). Die Tyrannis in Samos, die er wahrsch. schon von seinem Vater übernahm, fand wohl 281/0, mit Lysimachos' Tod und dem Übergang der Insel an Ptolemaios II., ihr Ende. Spätestens damals widmete sich D. seinem Hauptwerk, der *Geschichte Makedoniens,* etwa 24 B., vom Tod von Philipps Vater Amyntas 370/69, d. h. vom Beginn des Aufstiegs Maked.s, bis zum Ende der letzten Diadochen (281/0). Es ist nur in kurzen Frgm. erhalten, wie auch seine übrigen Schriften, die, in peripat. Vielseitigkeit, ↑Homer erklärten und über die Tragödie, über Euripides und Sophokles, ferner über bildende Kunst und Musikgesch. handelten. Dazu verfaßte er noch zwei weitere geschichtliche Werke, 2 B. samische Lokalgesch. *(Samion Horoi),* die auch die Gesch. Athens berücksichtigte, und eine *Gesch. des Agathokles,* des Tyrannen v. Syrakus (318–289), in wahrsch. 4 B.

Lange galt D. als Begründer der «tragischen Gesch.schr.». D. kritisierte nämlich an ↑Ephoros und ↑Theopomp, daß ihrer Darstellung die mimesis (Nachahmung) und die hedone (Vergnügen) des gesprochenen Wortes fehlten. Aber nicht nur die Bestimmung dessen, was D. mit diesen beiden Begriffen genau meinte und was die Eigenart seiner Gesch.schr. in Wirklichkeit ausmachte, sondern auch der Begriff der «tragischen Gesch.schr.» selbst und dessen Anwendung auf D. sind umstritten. Teilweise wird heute das Tragische bis ↑Herodot und in das Epos hinein zurückverfolgt und nicht mehr allein der Übertragung von Aristoteles' Lehren der Poetik auf die Gesch.schr. zugeschrieben.

Von dieser bes. Art der Gesch.schr. mag z. T. der Mangel an Glaubwürdigkeit herrühren, der schon in der Antike D. vorgeworfen wurde. Dazu trugen auch die apologetischen, moralisierenden Tendenzen, der Patriotismus und die polit. wie hist. naheliegende Feindlichkeit gegen Athen und Maked. bei. D.' typisierende Personenbeschreibungen verraten den Einfluß der Neuen Komödie und von Theophrasts Charakteren. D. wurde von ↑Diodor zumindest in der Agathoklesgesch. benützt, ob auch in der Diadochengesch., wird heute meist bezweifelt.

Ausg.: F. Jacoby: Die Frgm. der griech. Hist. II A.C, Lei 1929–30, Nr. 76 (m. Komm.).
Lit.: R. B. Kebric: In the Shadow of Ma-

cedon: D. of Samos, Wie 1977; K. Meister, Die griech. Gesch.schr., St 1990, 96–100 (Lit.); O. Lendle, Einführung in die griechische Geschichtsschreibung, Darmstadt 1992, 181–189; F. Landucci Gattinoni, Duride di Samo, 1997. *H. B.*

Dutt, Romesh Chunder (Chandra) (1848–1909). Bis 1897 einer der höchsten einheimischen Beamten im Indian Civil Service, dann nationalist. Politiker. Verf. von hist. Werken, Romanen und lit. Übers. auf Engl. und Bengali. Seine *Economic History of British India* (2 Bde., Lo 1901–02) kritisierte die schädlichen Wirkungen der Kolonialherrschaft («Drain-of-wealth»-These). D. vertrat einen Synkretismus von ind. und europ. Kultur.

Lit.: L. P. Mathur, Historiography and Historians of Modern India, New Delhi 1987; J. N. Gupta, Life and Work of Romesh Chunder Dutt, Delhi 1986. *J. O.*

Dynter, Edmond de (gest. 1449), seit 1406 Sekretär Hzg. Antons v. Brabant und dann Philipps d. Guten, Verf. der später auch ins Frz. übersetzten *Chronica nobilissimorum ducum Lotharingie, Brabantieque et regum Francorum*, die aufgrund ihres weiten Rückgriffes bis auf die Trojanersage sowie ihrer reichen Urkundeninserierung einen wesentlichen propagandist. Beitrag zur Verankerung der burgundischen Dynastie in Brabant leistete.

Ausg.: P. F. X. de Ram (Hg.), Chronique des ducs de Brabant, 3 Bde., Bru 1854–60. *Lit.:* LMA 3, Sp. 1497; G. Melville, Vorfahren und Vorgänger, in: Die Familie als sozialer und historischer Verband, hg. v. P.-J. Schuler, Sigmaringen 1987, 277–289. *G. M.*

Ehrenberg, Victor (1891–1976), erwarb sich internat. Anerkennung durch seine Forsch. zum griech. Staat, den er für das zentrale Thema der griech. Gesch. hielt und zum Mittelpunkt seiner Forsch. machte. Dazu gehören bes. der Versuch einer idealtypischen Erfassung (*Der Staat der Griechen,* 1932, bearb. 1957/8; [2]1965), und im weiteren Sinne auch das soz. Gemälde aus den Komödien des Aristophanes (*A. u. d. Volk von Athen,* engl. 1943, [2]1951, dt. 1965) und die geistesgesch. Analyse *Sophokles und Perikles* (engl. 1954, dt. 1956).

Nach seinem vom Ersten Weltkrieg unterbrochenen Stud. der Altertumswiss. in Göttingen, Berlin und Tübingen u. a. bei ↑Ed. Meyer und W. Weber, prom. er 1920 mit Unters. zur *Rechtsidee im frühen Griechentum.* 1922 in Frankfurt habilitiert, trat er 1929 die Nachf. von H. Swoboda, dem Bearb. von G. Busolts «Griechische Staatskunde», an der Deutschen Univ. in Prag an. Als dt. Jude floh er 1939 vor Hitler-Dtld. nach Engl., wo er 1946 Prof. am Bedford Coll. der Univ. London wurde. Trotzdem nahm er bald wieder Kontakt mit dt. Kollegen auf, war Mitbegründer der Zschr. *Historia,* wurde Mitgl. dt. u. österr. Akad. und erhielt u. a. den Honorary Litt. D. von Cambridge.

In seiner Gesch.auffassung fühlte er sich der des ↑Thukydides und zugleich der des Alten Testaments verpflichtet.

Weitere WW: Society and Civilisation in Greece and Rome (1964); Polis und Imperium (1965, Ges. Schr.); From Solon to Socrates (1968); Man, State and Deity (1974, Ges. Schr.).
Lit.: H. Schäfer, V. E.s Beitr. z. hist. Erforsch. d. Griechentums, in: Historia 10, 1961, 387–408 (WV bis 1960); J. Vogt, V. E., in: Gnom. 48, 1976, 423–26; K. Christ, Hellas (1999) 271–73 (m. Lit.). *H. B.*

Eichhorn, Karl Friedrich (1781–1854). E. hatte 1808 in Göttingen prom. und sich zwei Jahre später dort habil. Mit dem Standardwerk *Deutsche Staats- und Rechtsgeschichte* (4 Bde., 1908 ff.) avancierte er zu einem maßgeblichen Vertreter der Histor. Rechtsschule. Mit dem 1. Band qualifizierte er sich für die neugegründete Berliner Univ., wo er seit 1811 neben ↑Savigny lehrte. Die Hauptintention seines histor. Œuvres war die Grundlegung des modernen Rechts auf hist. Prämissen. Neben seinem rechtshistor. Standardwerk, welches auch als «Markstein» der wiss. Rechtshistorie bezeichnet wurde, verfaßte er *Grundsätze des Kirchenrechts der kathol. und evangel. Religionspartei in Deutschland* (1831/33) und das richtungweisende Werk *Einleitung in das deutsche Privatrecht mit Einschluß des Lehnsrechtes* (1823 ff.).

Lit.: NDB 4, S. 378 f.; RGG⁴ 2, Sp. 1119; J. F. Schulte, E., sein Leben und Wirken, 1884; R. Conradin, K. F. E. als Staatsrechtslehrer, 1987. *R. A. M.*

Eichmann, Eduard (1870–1946). Nach dem Studium in Würzburg, Straßburg und München sowie der Promotion zum Dr. theol. und zum Dr. jur. wurde E. 1905 zum Priester geweiht. Er übernahm in der Folgezeit kanonistische Prof. in Prag, Wien und München, wo er von 1918 bis zu seinem Tode wirkte. Als Kanonist verfaßte er ein vielfach aufgelegtes *Lehrbuch des Kirchenrechts* (1923), als Rechtshistoriker machte er sich einen Namen durch seine frühen Schriften *Acht und Bann im Reichsrecht des MA* (1909) und *Kirchenbann und Königswahlrecht im Sachsenspiegel* (1910). Sein eigentliches historiograph. Hauptwerk wurde *Die Kaiserkrönung im Abendland* (2 Bde., 1942), in der er den Nachweis führte, daß der ma. Krönungsordo nicht nur als sakrales Ritual und polit. Zeremoniell zu sehen ist, sondern eine Erkenntnisquelle sui generis für das Verständnis von Herrschaft im MA darstellt.

Lit.: NDB 4, S. 383; RGG⁴ 2, Sp. 1120; A. Kolaska, E. E.: als Kanonist in Prag und Wien zum Begründer der «Münchener Kanonistischen Schule». Wien 1983; V. Carl, E. E. In: Berühmte Pfälzer im Ausland. Offenbach-Kaiserlautern 1992, S. 79–80. *R. A. M.*

Einhard, richtiger **Einhart** (770/775–840). Von edler Herkunft aus dem Maingau, † wohl am 14. März 840 in Kloster Seligenstadt, dort beigesetzt an der Seite seiner Gemahlin Imma (†836). Seine hohe Bildung verdankte er Kloster Fulda, dessen Bibl. und Skriptorium mehrere hervorragende Persönlichkeiten der früher sog. Karolingischen Renaissance zu seinen Schülern zählte, wie u. a. Walahfried Strabo, Otfried v. Weißenburg, Rudolf v. Fulda, Abt Hrabanus Maurus. Um 795 kam E., wohl vermittelt durch Abt Baugulf, an den Hof Karls d. Gr., wo er als Schüler Alkuins bald im gelehrten Kreis («Akademie») und in der Hofschule zur wichtigen Figur aufstieg, vertrauter Berater des Herrschers wurde, manche polit. Missionen ausführte und wohl auch Karls Testament redigierte, bes. aber als Architekt vermutlich die Aufsicht über die kaiserlichen Bauten und Kunstwerkstätten leitete. Wegen der genialen Verbindung von Gelehrsamkeit und künstlerischen Fähigkeiten wurde E. mit dem Ehrennamen Beseleel nach dem Werkmeister der Stiftshütte im AT bedacht. Nach Karls d. Gr. Tod 814 diente er auch noch am Hof Kaiser Ludwigs d. Frommen, u. a. als Erzieher Lothars. Er regierte als Laienabt mehrere Kanonikergemeinschaften und erhielt 7 Königsklöster zur Nutzung, u. a. bei Michelstadt, wo die Basilika Steinbach noch heute Spuren der Baukunst E.s bewahrt. Ab 830 zog E. sich in seine Heimat bei Mühlheim/Main zurück, errichtete dort Kloster Seligenstadt als Hort der 827 aus Rom erworbenen Reliquien, von ihm beschrieben in der kulturhist. interessanten Schrift *Translatio et Miracula SS. Marcelli et Petri.*

E.s Ruhm als Historiker beruht auf der *Vita Karoli Magni*, der ersten ma. Herrscherbiographie eines Laien in einer Zeit, da sonst die Hagiographie dominierte; verfaßt aus der Erfahrung von Person und Politik Karls in souveräner lit. Orientierung am antiken Vorbild der Kaiserbiographien des ↑Sueton. Das Werk ist unsere Hauptquelle über Karls Regierung – die E. als Höhepunkt der Gesch. des Frankenreichs begriff –, über Karls Verhältnis zum Papsttum und zu Byzanz sowie über die Anfänge des eher kritisch beurteilten Ludwig d. Fr. Die in 80 Handschriften überlieferte Vita hat stark nachgewirkt (vgl. etwa ↑Wipo, ↑Rahewin), jedoch als lit. Genus und in der Monumentalität keine direkte Nachfolge gefunden; erst die Vita König Ludwigs VI. von Suger v. St. Denis erreicht ähnliches Niveau. E. gilt als einer der gebildetsten Repräsentanten der karolingischen Geistesblüte. Die Briefe aus den Jahren 823–840 (insges. 65 Stücke, davon 58 von E. selbst), in der Abtei St. Bavo zu Gent zur Formelsammlung vereinigt, spiegeln E.s Sorge über den Niedergang der polit. Verhältnisse. Aufschlußreich für die letzten Lebensjahre ist die Briefsammlung von Lupus v. Ferrières, mit dem E. befreundet war.

Ausg.: Leben Karls des Großen, neu bearb. und übers. von R. Rau (Ausgew. Quellen zur dt. Gesch. des MA, hg. von R. Buchner, Bd. 5) Darmstadt 1966, 157–211 (Einl. u. Text).
Lit.: LMA 3, Sp. 1737–1739 (J. Fleckenstein); J. Fleckenstein, Ordnungen und formende Kräfte des Mittelalters. Ausgew. Beiträge, 1989, bes. S. 84–111 über Seligenstadt; H. Schefers, E. Ein Lebensbild aus karolingischer Zeit, Michelstadt-Steinbach 1993; Ders., (Hg.) E., Studien zu Leben und Werk. Dem Gedenken an Helmut Beumann gewidmet, 1997. *L. B.*

Ekkehard von Aura (gest. nach 1125). Von edelfreier Herkunft, vielleicht den bayer. Aribonen verwandt, 1101 Teilnehmer am dt. Kreuzzug Welfs I., Mönch des Benediktinerklosters in Tegernsee, wurde E. Abt des 1108 von Bischof Otto v. Bamberg gegründeten, vom Hirsauer Reformgeist geprägten Klosters Herrenaurach (Aura a. d. Saale); bis zu dessen Weihe 1113 lebte E. wohl im Burchardskloster Würzburg, für das er die *Vita Burchardi* verfaßte. Als Historiker wurde E. bekannt durch die Bearbeitung der Weltchronik des ↑Frutolf; darin deklarierte er sich als Anhänger Kaiser Heinrichs V., dem er 1107 eine Chronik-Abschrift mit der zweiten Bearbeitung unter seinem Namen widmete. Zur *Lit.* s. ↑Frutolf. *L. B.*

Elias, Norbert (1897–1990), Studium in Breslau, dann in Heidelberg und Freiburg, hier die Promotion in Philosophie zu *Idee und Individuum. Eine krit. Untersuchung zum Begriff der Gesch.* (1922, publ. 1924). E. wandte sich als Mitarbeiter von Karl Mannheim in Heidelberg, dann in Frankfurt/M. der Kultursoziologie zu und reichte im Winter 1932/33 seine Habil.schr. *Der höfische Mensch* ein (erst 1969 u. d. T. *Die höfische Gesellschaft* publ.), die das Aufeinanderangewiesensein von Adel und König im franz. Absolutismus untersuchte. Er konnte das Verfahren wegen der NS-Machtübernahme nicht abschließen, und emigrierte im März 1933 nach Frankreich, 1935 weiter nach England. Angeregt durch das Studium von Benimmbüchern und ihres Wandels über längere Zeiträume hinweg verfaßte E. das zweibdg. Werk *Über den Prozeß der Zivilisation. Soziogenetische und psychogenetische Untersuchungen*, das in einem ersten Teil versteckt in einem kleinen dt. Verlag 1937 erschien, vollständig erstmals 1939 in Basel, jedoch lange Zeit ohne große Resonanz. Erst die dt. TB-Ausg. von 1976 erzielte den Durchbruch und internat. Verbreitung. Dem Titel gemäß ging es in der Prozeßtheorie von E. zum einen um Veränderungen des menschl. Verhaltens, um «die langfristige Umwandlung der Außenzwänge in Innenzwänge», zum anderen um die Entstehung von stabilen Zentralorganen und um Staatsbildung, jeweils angetrieben durch interdependente Konkurrenz um Macht und Prestige.

Erstmals 1954 erhielt E. in Leicester eine bis 1962 versehene Dozentenstelle für Soziologie. Es folgten Gastprofessuren in Ghana und in Münster sowie eine weitgespannte internat. Vortragstätigkeit. 1987 erschienen Untersuchungen über *Die Gesellschaft der Individuen*, 1989 die autobiogr. beeinflußten *Studien über die Deutschen*. In dem posthum 1991 erschienenen Werk *The Symbol Theory* warb E. für eine Aufhebung des Dualismus von Natur und Kultur in den Menschenwissenschaften. E. gilt innerhalb der Gesch.wiss. als einer der bedeutendsten Vertreter einer sozialwiss. Kulturgesch.

WW: Ges. Schriften, 19 Bde. (1997 ff.).
Lit.: J. Goudsblom, Feuer und Zivilisation (1995); K.-S. Rehberg (Hg.), N.E. und die Menschenwissenschaften (1996); H. Korte, Über N. E. Das Werden eines Menschenwissenschaftlers (1997); A. Treibel, H. Kuzmics, R. Blomert, Zivilisationstheorie in der Bilanz. Beiträge zum 100. Geb. von N. E. (2000); K. Andres, Die unvermeidliche Universalgeschichte. Studien über N. E. und das Theorieproblem (2000); G. Schwerhoff, Zivilisationsprozeß und Geschichtswissenschaft. N. E.' Forschungsparadigma in historischer Sicht, in: HZ 266 (1998), S. 561–605; A. LaVopa, Der Höfling und der Bürger. Reflexionen über N. E., in: Historische Anthropologie 8 (2000), S. 119–134; S. Kuhlmann, Evolution und Staatlichkeit – mit einem Exkurs zu N. E.' «Soziogenese des Staates», in: PVS 41 (2000), S. 623–646. *R. v. B.*

Elton, Geoffrey Rudolph (1921–1994), engl. Hist. Geb. in Tübingen als Sohn von ↑V. Ehrenberg, Erziehung in Prag, 1939 Auswanderung nach England, 1944 Namenswechsel; Stud. in London, Ass. in Glasgow 1948, Ph. D. 1949 *(Thomas Cromwell, Aspects of His Administrative Work)*, ab 1949 Cambridge, 1983–88 Regius Prof. of Modern History.

Seit 1967 Mitgl. der British Academy, 1972 Präs. der Royal Historical Society. Mehrere Gastprofessuren in den USA; 1986 Ritterschlag.

Seine Hauptforschungsbereiche liegen in der frühneuzeitl. Gesch. Englands unter der Tudor-Dynastie *(The Tudor Constitution: documents and commentary*, 1968; *Studies in Tudor and Stuart Politics and Government*, 1974, 1992; *England unter den Tudors*, dt. 1983), über 30 J. forschte er zur Person Thomas Cromwells (*Reform and Renewal: Thomas Cromwell and the Common Weal*, 1973), darüber hinaus beschäftigte er sich mit der europ. Reformationsgesch. (*The Reformation*, 1958; *Reformation Europe 1517–1559*, 1963, dt. [2]1983; *Reform and Reformation: England 1509–1558*, 1977). Für ihn lag in den 1530er J. der entscheidende Umschwung vom mittelalterl. zum neuzeitl. engl. Staatswesen.

Er beschäftigte sich auch mit Grundproblemen der Gesch.schreibung, wobei er die traditionelle Erzählform favorisierte (*The Practise of History*, 1967; *Return to Essentials: Some reflections on the Present State of Historical Study*, 1991).

Lit.: B. L. Beer, G. R. E. Tudor Champion, in: W. L. Arnstein, Recent Historians of Great Britain, Ames 1990, 13–35; G. Roberts, Defender of the Faith: G. E. and the Philosophy of History, in: The Historian 57, 1998. *H. F.*

Ennen, Edith (1907–1999). Die Arzttochter aus Merzig/Saar stud. an den Univ. Freiburg, Berlin u. Bonn, wurde 1933 bei ↑F. Steinbach promov. (*Die*

Organisation der Selbstverwaltung in den Saarstädten vom ausgehenden MA bis zur frz. Revolution) u. absolvierte in Berlin die Archivarsausbildung. Als Wiss. Assistentin am Inst. für Geschichtl. Landeskunde in Bonn (1936–1947), dann als Leiterin des Stadtarchivs Bonn (1947–1964) begann E. eine intensive Publikationstätigkeit zur rhein. Landesgeschichte u. zum ma. Städtewesen. Sie lehrte seit 1961 als Hon.-Prof. in Bonn, von 1964–1968 als o. Prof. für Wirtschafts- u. Sozialgesch. an der Univ. Saarbrücken, bevor sie 1968 nach Bonn zurückkehrte u. den Lehrstuhl für geschichtl. Landeskunde der Rheinlande sowie die Leitung des Inst. für Geschichtl. Landeskunde übernahm. Unter die führenden europ. Stadthistoriker reihte sich E. mit ihrer *Frühgeschichte der europäischen Stadt* (1953) ein; die Erforschung des Städtewesens in regional differenzierter europ. Perspektive von der Spätantike bis in die (frühe) Neuzeit (*Die Stadt zwischen MA u. Gegenwart*, 1964) blieb, vielfältig facettiert (*Kölner Wirtschaft im Früh- u. HochMA*, 1975), die Mitte ihres Werks: die als strukturierende Einführung in ein unübersichtliches Forschungsfeld angelegte, mehrfach aktualisierte u. übersetzte Synthese *Die europäische Stadt des Mittelalters* (zuerst 1972) belegt dies ebenso wie E.s *Gesammelte Abhandlungen* (2 Bde., 1977/1987). Das Gespür für entwicklungsfähige Forschungsfelder (*Frauen im Mittelalter*, zuerst 1984), praktizierte Interdisziplinarität auch jenseits der Landesgeschichte (*Deutsche Agrargeschichte. Vom Neolithikum bis zur Schwelle des Industriezeitalters*, zs. mit W. Janssen, 1979) u. die Fähigkeit, anspruchsvolle Methodik mit anschaulich-klarer Darstellung, Quellennähe u. Detail mit bilanzierendem Überblick zu verbinden, trugen zu E.s großem Wirkungsradius als akad. Lehrerin u. Autorin bei. Bes. Verdienste erwarb sie sich zudem in der Forschungsorganisation: fach- u. länderübergreifende Langzeitprojekte wie der *Rheinische Städteatlas* u. der *Geschichtliche Atlas der Rheinlande* gehen wesentlich auf E.s Initiative zurück.

WV: Schriftenverz. E. E. 1933–1999, in: W. Janssen, M. Wensky (Hgg.), Mitteleurop. Städtewesen in MA u. Frühneuzeit. Köln u. a. 1999, S. 201–260.
Lit.: F. Irsigler, E. E. Anmerkungen zu Werk u. Wirkung, in: Janssen, Wensky (Hgg.), S. 1–19; E. E. zum Gedenken, in: RhVjbll. 64, 2000, S. IX–XX. *H. C.*

Ephoros aus Kyme in Kleinasien (4. Jh. v. C.), viell. Schüler des Isokrates von Athen, schrieb erstmals eine Universalgesch. von der «Rückkehr der Herakliden», d. h. der dorischen Wanderung, bis um 340. Er starb über dem Werk, sein Sohn Demophilos schloß es mit dem 30. B. ab. Damit schloß E. seine Zeitgesch. u. die seiner Vorgänger, die er eifrig benutzte, an das «heroische Zeitalter» an, das durch ↑Hellanikos abschließend behandelt war.

230 namentlich ihm zugeschr. Fragmente u. die Benützung durch ↑Diodor u. Nikolaos von Damaskus sind erh. Nach Geschehenseinheiten erstmals in selbständige B. mit jeweils eigenen Proömien in der epideikt. Art des Isokrates gegliedert und stilist. gleichmäßig ausgearbeitet u. ebenso erstmals die Geogr. als Einleitung von der Erzählung getrennt, sollte sein Werk größten pädagog. Nutzen beim griech. Leser erzielen.

Bis weit in die Zeitgesch. arbeitete E. nach schriftlichen QQ, darunter Komödien und Tageslit., die von der trad. Überl. abweichende Details enthielten und gleichsam den Eindruck von Autopsie erwecken konnten. E. verfügte über keine polit. oder milit. Erfahrungen von Reisen. Die Geisteswelt einer griech. Kleinstadt wurde zum Maßstab für die

Weltgeschichte, ein Vorbote des Hellenismus. Er schrieb noch eine panegyrische Gesch. von Kyme u. über Erfindungen und Stilistik. In der röm. Ks.zeit wurde E. durch neue Universalgeschichten verdrängt.

Ausg.: F. Jacoby, Die Frgmte der Griech. Hist., IIA.C, Lei 1926, Nr. 70 (m. Komm.). *Lit.:* K. Meister, Die griech. Gesch.schr., St 1990, 85–90 (Lit.); O. Lendle, Einführung in die griechische Geschichtsschreibung, Darmstadt 1992, 136–143. *H. B.*

Erdmann, Karl Dietrich (1910–1990), war einer der meinungsführenden Historiker in der Bundesrepublik, der – in einem weiteren Sinne Bildungspolitiker – erheblichen Einfluß auf die Diskussion über das dte. Geschichtsbewußtsein während der 60er und 70er Jahre hatte und in den 70er und 80er Jahren eine wichtige Rolle im internationalen Historikerverband spielte.

Geb. in Köln-Mülheim, wo er 1928 das Abitur machte, wuchs er als Protestant in der rheinischen Stadt während des Ersten Weltkrieges und der Weimarer Republik auf. Wie andere seiner Generation wurde er von der Jugendbewegung beeinflußt. Er studierte in Köln und in Marburg Geschichte, Germanistik und ev. Theologie – der christliche Glaube war für E. zeitlebens bedeutsam. 1930 ging er zu einem Studienaufenthalt nach Paris; bemerkenswerterweise wandte er sich in seinem ersten in dieser Zeit entstandenen Aufsatz gegen den Chauvinismus des Langemarck-Mythos und wies darauf hin, daß die wichtigsten Traditionen in Deutschland, Christentum und Humanismus, europäische Traditionen seien. Bei Wilhelm Mommsen legte er 1933 nicht nur das Staatsexamen, sondern auch die Doktorprüfung ab; seine Dissertation ging über *Das Verhältnis von Staat und Religion nach der Sozialphilosophie Rousseaus* (1935 erschienen). Von 1934–1936 war er Studienreferendar, dann Studienassessor in Köln. 1938 schied er nach seiner Heirat (seine Frau konnte ihre arische Herkunft nicht nachweisen) aus dem Staatsdienst aus; er arbeitete zunächst in der Privatindustrie und wählte dann 1939 die Laufbahn eines Berufsoffiziers, war während des Krieges in Frankreich, auch an der Ostfront sowie in der Offiziersausbildung eingesetzt.

E. hat einerseits in Verbindung zur Bekennenden Kirche gestanden, sich andererseits doch – wie insbesondere das von ihm verfaßte, von den Dienststellen nicht lizensierte Schulgeschichtsbuch zeigt – den Anforderungen des NS an das Geschichtsbild angepaßt, worüber sich 1996/97 eine Kontroverse entwickelte.

Seit Mai 1945 Assistent an der Univ. Köln, habilitierte er sich 1947 bei ↑P. Rassow mit einer Arbeit, die in Themenwahl und Fragestellung in gewisser Weise seine Dissertation fortsetzte: *Volkssouveränität und Kirche. Studien über das Verhältnis von Staat und Religion in Frankreich vom Zusammentritt der Generalstände bis zum Schisma, 5. Mai 1789–13. April 1791* (publiziert 1949). In besonderer Weise interessierte ihn – die Frage war gewiß durch eigene Erfahrungen mitgeprägt – der Gegensatz des individuellen Gewissens und der Forderungen des Staates; die staatliche Anerkennung des Rechtes der Kirche auf Freiheit der Lehre und Entscheidung über die innere Ordnung war für E. entscheidendes Kriterium für eine demokratisch-freiheitliche Staatsordnung.

1950–1952 als Generalsekretär der deutschen Unesco-Kommission tätig, wurde er 1953 Nachfolger von Otto Becker an der Univ. Kiel, nachdem er zuvor ↑H. Rothfels in Tübingen vertreten hatte. Jahrzehntelang bis zu seiner Emeritierung 1975 war der Lehrstuhl für Mittelalterliche und Neuere Geschichte in Kiel die Basis seines Wirkens; 1966/67 fungierte er als Rektor. Seit 1950 war E. Mitbegründer und Mitherausgeber der Zeitschrift «Geschichte in Wissenschaft und Unterricht», die er 40 Jahre lang gestaltete, über die er die Diskussion über wissenschaftliche Fragen und Aufgaben des Geschichtsunterrichtes mitbestimmte.

1962 bis 1967 amtierte E. als Vorsitzender des Verbandes der Historiker Deutschlands. 1970 wurde er Mitglied des Vorstandes des Internationalen Komitees der Geschichtswissenschaften, 1975 dessen Präsident. 1987 legte er eine Geschichte dieses Verbandes unter dem Titel *Die Ökumene der Historiker* vor. 1966–1970 war er Vorsitzender des Bildungsrates – womit er die Grenze von der Wissenschaft in die Bildungspolitik überschritt. – Erdmann entfaltete eine enorm breite Tätigkeit.

E.'s wissenschaftliche Hauptarbeitsgebiete waren die Zeit der Französischen Revolution, die Weimarer Republik, zunehmend auch die NS-Zeit und die gesamte deutsche Geschichte im 20. Jh. In ↑Gebhardts Handbuch schrieb er den Teil über die Zeit der Weltkriege. Bezogen auf die Gegenwart interessierte er sich nicht zuletzt für die deutsche Nationalstaatsproblematik, in die er neben der Bundesrepublik und der DDR auch Österreich einbezog. 1985 sprach er z.B. über das Thema «Drei Staaten – zwei Nationen – ein Volk?» – Leitende Funktionen nahm er in Editionsprojekten wahr, 1972 publizierte er die Riezler-Tagebücher, die im Kontext der ↑Fischer-Kontroverse heftig diskutiert wurden, vor allem leitete er die Herausgabe der *Akten der Reichskanzlei* in der Weimarer Republik, 1968–1990 erschienen (23 Bde.); das Kabinett Stresemann bearbeitete er selbst (zus. mit Martin Vogt, publiziert 1978).

Neben der neuesten deutschen Geschichte behandelte er Themen der Geschichtsphilosophie. Angeregt durch seine Reisen bemühte er sich, Forschungen zur neueren außereuropäischen Geschichte zu fördern. Obgleich nicht eigentlich schulbildend wirkend, hatte E. zahlreiche Schüler.

Die Auseinandersetzung über E.s Rolle in der NS-Zeit, die weniger durch Distanz zum Regime gekennzeichnet war, als lange Zeit angenommen wurde, hat einige Schatten auf die Biographie, weniger auf das nach dem Zweiten Weltkrieg entstandene Lebenswerk geworfen. Er rückte damit näher an andere Repräsentanten seiner Generation heran.

Lit.: E. Jäckel, Karl Dietrich Erdmann 1910–1990, in: HZ 252, 1991, S. 529–539; H. Boockmann/K. Jürgensen, Nachdenken über Geschichte. Beiträge aus der Ökumene der Historiker, Neumünster 1991 (S. 659–677 WV); M. Kröger/R. Thimme, Die Geschichtsbilder des Historikers Karl Dietrich Erdmann. Vom Dritten Reich zur Bundesrepublik, München 1996; «K. D. Erdmann u. der NS», in: GWU 48, 1997. *B. F.*

Erslev, Kristian August (1852–1930). Der in Kopenhagen geb. Sohn eines Verlagsbuchhändlers ist der bedeutendste dän. Hist. der quellenkritischen Schule seiner Zeit. Er habilitierte sich 1879, wurde 1883 Prof. an der Univ. Kopenhagen, danach dän. Reichsarchivar 1886–1924. 1911 (Kop.) veröffentlichte er sein kleines, aber in Skandinavien bahnbrechendes Methodenbuch *Historisk Teknik,* das 1928 durch die dt. Übersetzung auch ein intern. Publikum erreichte. Schon während seines Studiums 1870–1876 beschäftigte er sich neben Numismatik hauptsächlich mit quellenkrit. Fragen. E. war in seiner wissenschaftlichen Methodik von einem pessimistischen Dualismus geprägt, der sich in der Ambivalenz zwischen stringenter Gesch.forsch. und einer freieren Gesch.-

schr. niederschlug. Sein Forschungsschwerpunkt lag im dän. MA. Er gab mehrere QQeditionen heraus, beschäftigte sich mit der sozialen und wirtschaftlichen Gesch. der Zeit Waldemars sowie mit Theorie und QQkritik der Gesch.forsch. Des weiteren behandelte er die staatsrechtl. Gesch. Süd-Gotlands. E. publizierte mehrere allgemeine histor. Lehrbücher und Übersichtswerke zur älteren Epoche.

Nach einer Studienreise durch Griechenland 1878/79 studierte er an der Universität Berlin und lernte dort die neuen Unterrichtsmethoden in der Gesch.wiss. kennen, die er auf seine eigene Lehre übertrug, indem er methodische Seminarübungen nach dt. Vorbild abhielt. Seine «Historischen Forschungsübungen», die er ab 1887 abhielt, wurden insbesondere bekannt und bildeten die Basis für den seminaristischen Lehrbetrieb der Folgezeit. 1896 wurde auf Initiative E.s und mit ihm als ersten Vorsitzenden das phil.-hist. Institut gegründet.

E. wurde 1886 Mitglied der Danske Selskab, 1888 der Videnskabernes Selskab. Post mortem wurde eine Auswahl seiner hist. Abhandlungen, *Historiske Afhandlinger,* I–II, Kopenhagen 1937, herausgegeben.

Lit.: A. E. Christiansen (P. Norlund), K. E., in: Dansk biografisk leksikon, 1964, 242–246 mit Lit.angaben; A. E. Christensen, Linier i dansk historieskrivning i nyere tid, hrsg. von Den danske historikerforening, Kop 1976, 12–34; J. H. Tiemroth, Erslev – Arup – Christensen, Kop 1978; Bibliogr.: K. E., Vort slaegtleds arbeide i dansk historie, med en udsigt over hans litteraere arbeider, Kop 1922; K. E. Historiske afhandlinger, II, Kop 1937, 338–48.

H. S.

Eusebios von Kaisareia (Palaestina) (260/64–338/40) war Schüler des Bisch. Pamphilos v. Kaisareia (Mart. 310), Presbyter, Bisch. ebd. (ab 313/23); durch Origenes stark beeinflußt, stand er Arius nicht feindlich gegenüber, unterschrieb jedoch die Kanones von Nicaea. Aufgrund freundschaftlicher Beziehungen zu Konstantin d. Gr. besaß er Einfluß, war jedoch kein ‹Politiker›. Aus seinen vielen theolog.-philol. Schriften sind drei hist. bes. bedeutsam:

1. Die *Zeitlichen Richtdaten und Kurzfassung der mannigfaltigen Geschichte der Hellenen und Barbaren, (Chronikoì kanónes kaì epitomē pantodapēs historías Hellēnōn te kaì barbárōn),* meist irreführend ‹Chronik› genannt, stammen i. w. wohl aus der Zeit vor 303, sicher vor 311. Das in eine Einleitung, die, in die Gesch. der Chronologie ausgreifend, die Grundlagen u. Prinzipien des chronol. Systems E.s erläutert, u. in eine Jahrestabelle zerfallende Werk ist in späteren, stellenweise fehlerhaften Bearbeitungen (bes. des Hieronymus v. J. 380/81) u. einer armenischen Übersetzung erhalten. E. führte die Synchronisierung der bibl. u. frühchristl. mit der heidnisch-profanen Gesch., die zuvor u. a. schon Sex. Iulius Africanus geleistet hatte, erheblich weiter; er verzichtete auf eine Weltära u. chiliastische Spekulationen und begann mit dem ersten Jahr Abrahams (2015 v. Chr.). In der Tabelle, die jedes Jahr bezeichnete, bewahrte E. wichtige Daten, bes. auch der Kulturgesch.

2. Die *Kirchengesch. (Ekklēsiastikē historía)* gab E. in 4 Ausg., zuletzt in 10 Büchern um 325, heraus. Sie enthält für die wichtigsten Gemeinden die Sukzession der Bisch. (vielfach ungenau), die christl. Lehrer u. Schriftsteller sowie die Häretiker u. ihre Werke, wofür E. den Begriff einer christl. Lit.gesch. erst schuf, die Leiden der Juden wegen der Tötung Christi, die Verfolgung der Kirche und die Martyrien seiner Gegenwart (bis 313), als B. 10 die Predigt E.s zur Einweihung der Basilika v. Tyros. Die organisat. u. dogmat. Probleme der Kir-

che werden eher als Beiwerk behandelt; bemerkenswert sind E.s philol. Urteile, etwa zur Autorenschaft des Hebräerbriefes (3, 38, 2 f.; vgl. 6, 14, 2 ff.; 6, 25, 11 ff.). In der Gesch. der Kirche zeigte sich E. das Christentum als göttl. Institution.

3. Die sog. *Vita Constantini, (Eìs tòn bíon toỹ makaríoy Kōnstantínoy basiléōs)* 337/38 verfaßt, beschränkt sich auf das «gottgeliebte Leben» des ersten christl. Kaisers, der E. zufolge die Kirche hochherzig durch Privilegien, Fürsorge u. Bauten begünstigte, ein Freund Gottes u. sichtbares Vorbild christl. Lebens war (vgl. 1,3,4; 1,11). Trotz des panegyr. Grundtons, in dem die dunklen Punkte in Konstantins Leben sich auflösen, versuchen zahlreiche eingestreute Erlasse u. Briefe des Kaisers die bloße Lobschrift zu überwinden. Eingearbeitet sind u. a. eine Karfreitagspredigt Konstantins u. E.s Panegyricus anläßlich der Tricennalien des Kaisers von 335.

E.s Werke sind nicht nur eine außergewöhnlich wichtige Quelle zum frühen Christentum, sondern auch ein Zeugnis für die Verbindung von Glauben u. griech. Wissenschaft.

Ausg.: TA: Griech. Christl. Schriftsteller, Bd. 47 (^{2}1956); 9 (3 Bde. 1903/09); 7 (1902). – *Übers.:* Bibl. d. Kirchenväter, Bde. 2,1 (^{2}1937); 9 (^{2}1913).
Lit.: E. Schwartz, RE 6, 1370–1439 (= ders., Griech. Gesch.Schreiber, L 1957, 495–598); B. Altaner/A. Stuiber, Patrologie, Fr ^{9}1978, 217–225; 591 ff.; R. M. Grant, E. as Church Historian, O 1980.
H. W.

Eutropius (um 330 – nach 390?), wohl Heide, war magister memoriae unter Valens (um 369) und vielleicht der Prätorianerpräfekt v. Illyricum (380/1) u. Konsul v. 387. Er schrieb im Auftrage des Valens eine Kurzfassung der röm. Gesch. bis zum Tode Iovians (364; *Breviarium ab Urbe condita*) in 10 sehr knappen Büchern, wozu er die ↑Livius-Epitome, ↑Suetons Kaiserbiographien u. eine verschollene Kaisergesch. benutzte. Seine Darstellung ist klar, sachlich u. schlicht, so daß das Breviarium lange als Schulbuch benutzt wurde (fortgesetzt v. ↑Paulus Diaconus u. Landulfus Sagax). Es ist typisch für das spätantike Bildungsstreben u. bewahrt eine Reihe guter Informationen, bes. zur Kaiserzeit.

Ausg.: TA: F. Ruehl, Eu. breviarium ab Urbe condita, L 1887.
Lit.: W. den Boer, Some Minor Roman Historians, Lei 1972, 114–172. *H. W.*

Eyck, Erich (1878–1964). Der studierte Jurist aus angesehenem jüdischen Haus, tief in der dt. Klassik verwurzelt, unterstützte Friedrich Naumanns sozialen Liberalismus, eng befreundet mit dem «Hilfe»-Redakteur Theodor Heuß. Im Ersten Weltkrieg Mitarbeiter der lib. Vossischen Ztg., kämpfte er engagiert in der Weimarer Republik gegen die Feinde der Demokratie. Bereits seit 1933 in unfreiwilliger Muße als Jurist mit hist. Themen befaßt, emigrierte E. 1937 nach England, wo er von dezidiert liberalem Standpunkt aus mit seinen wiss. gesicherten hist. «Erzählungen» starke Resonanz erzielte. Geleitet vom Vorbild nationaler Reformen nach engl. Vorbild und dt. Sozialreform im Geiste von Schulze-Delitzsch analysierte er in seiner kritischen Bismarck-Biographie den dt. Weg als «Fehlleistung», übte er heftige Kritik an dem sog. «persönlichen Regiment» Wilhelms II. und an dem «unvollendeten» dt. Parlamentarismus.

HW: Der Vereinstag dt. Arbeitervereine 1863–1868, 1904; Gladstone, 1938; Bismarck, 3 Bde., 1941/44, 3. Aufl. 1963; Das persönliche Regiment Wilhelms II., 1948; Geschichte der Weimarer Republik, 2 Bde., 1954/56; Auf Deutschlands polit. Forum, 1963.
Lit.: K. Hildebrand, E. E. in: H.-U. Wehler (Hg.), Dt. Historiker, Bd. 2, 1971, 98–119. *R. v. B.*

Faber, Karl-Georg (1925–1982), ist, von der landesgesch. Forschung zur neuzeitlichen Gesch. der Rheinlande ausgehend, in den frühen 70er Jahren zum profilierten Theoretiker der dt. Gesch.-wiss. geworden. Diese nicht häufige Verbindung der beiden Bereiche historiographischen Arbeitens bereicherte neben der realhistor. und gesch.theoretischen Forschung in besonderer Weise die Kenntnis um die internat. Dimension der regional- gesch. Fundierung der methodisch neuen Ansätze seit der Jh.-wende. Nach Stud. in Mainz 1952 bei Leo Just promoviert, arbeitete F. von 1953–62 als wiss. Referent an der Bundesanstalt für Landeskunde und Raumforschung. Nach der 1965 erfolgten Habil. mit einer Arbeit zur Gesch. der Rheinlande im Vormärz ging F. 1967 als o. Prof. an die Univ. Saarbrücken; von 1976 bis zu seinem Tode lehrte er an der Univ. Münster. Mit seinem 1971 in 1. Aufl. erschienenen Werk *Theorie der Gesch.wiss.*, das als Antwort auf die in den 60er Jahren als krisenhaft empfundene Situation der dt. Gesch.wiss. entstanden war, legte F. den Versuch einer Vermittlung zwischen der «kritischen Theorie» eines J. Habermas und der normativen Hermeneutik Gadamerscher Prägung vor, der viel diskutiert und beachtet wurde. Neben den Forschungen zum rheinischen Vormärz arbeitete F. über die Struktur des dt. Liberalismus und über begriffsgeschichtliche Probleme.

Lit.: H. Gollwitzer, Nekrolog K.-G. F., in: HZ 236/1983, S. 773–78; W. J. Mommsen, In memoriam K.-G. F., in: Storia della Storiografia 2/1982, S. 3–10. *L. S. S.*

Fadl Allah Raschid Ad-Din ben Imad al Dawla Abu l-Khair (ca. 1247–1318), stammte aus Hamadan, war unter dem mongol. Il-Khan (= Khan des haupts. persischen Teils des mongol. Reiches) Abaka (1265–82) prakt. Arzt, unter dem Il-Khan Ghazan Khan (1295–1304) Hofhistoriker, begleitete 1303 Ghazan nach Syrien; bes. Vertrauensstellung unter Il-Khan Üldschaitü (1304–1316), ließ für die neue Khan-Residenz Sultaniyeh (im pers. Aserbaidschan) eine Vorstadt anlegen, ebenso östl. Täbris die Vorstadt Ghazaniyeh. Er wurde 1317 bei Hofe gestürzt, am 18. 7. 1318 unter falscher Anklage, Üldschaitü vergiftet zu haben, zusammen mit seinem Sohn hingerichtet. Miranschah (1405–1407), Timurs Nachfolger, läßt zur Schande 1399 Leiche ausgraben u. auf jüd. Friedhof verscharren.

Sein Werk in neupers. Sprache (*Dschamih al Tawarik* = Kompendium der Geschichte) umfaßt (1.) *eine Gesch. der Mongolen,* d.h. türk. u. mongol. Stämme, Genealogie und Sagen, von frühen Zeiten über Dschingis Khan bis Ghazan Khan. Die (2.) *Allgemeine Gesch.* beschreibt das vor-islamische Persien, die islam. Welt bis 1258 (Eroberung Bagdads durch die Mongolen; Ende des Abbassiden-Kalifats), den sagenhaften türk. Stammvater Oghuz, chinesische, jüdische, «fränkische» (= europ.-christl.), ind. u. buddhist. Gesch. R. ad-Din wollte mit Üldschaitüs Tod abschließen, mußte aber schon im Jahr 1306 abbrechen. Die Darstellung ist gewissenhaft nach Quellen gearbeitet, teilweise vermittels ind., chinesischer Gewährsmänner. Mongolisches hat R. ad-Din vom Khan selbst erfragt. Er berichtet auch über die hochmittelalterl. Kämpfe zw. Kaiser u. Papst u. weiß z. B. auch, daß es in Irland keine Schlangen gibt. Das Werk ist in seiner Exaktheit u. Vielseitigkeit das umfassendste islam. Gesch.werk. Handschriften jedoch weit verstreut u. unzuverlässig.

Ausg.: C. A. Storey, Persian Literature, Bd. 1, Lo 1970, S. 73 f. *B. R.*

Falco, Giorgio (1888–1966), in Turin geb., dort 1930 auf den Lehrstuhl für ma. Gesch. berufen. Durch seine jüd. Herkunft war er den rassistischen Verfolgungen ausgesetzt: 1938 wurde ihm der Lehrstuhl entzogen, doch konnte er unter dem Pseudonym Giuseppe Fornaseri weiter veröffentlichen. Während der dt. Besetzung Roms wurde er im Kloster S. Paolo fuori le mura, wo er untergeschlüpft war, gefangengenommen. Doch dank der Tatsache, daß ihn die Nationalsozialisten in der allg. Verwirrung in der Mönchszelle, in die sie ihn gesteckt hatten, vergaßen, konnte er sich retten. Nach dem Ende des Krieges konnte er seine Dozentur in Turin wiederaufnehmen und wurde Kodirektor der *Rivista storica italiana.* Sein Interesse für das MA drückt sich in versch. Aufs. und in einem großangelegten Werk, *La polemica sul medioevo,* Tn (1933) aus. Doch ganz ausgereift ist sein Denken in *La santa romana repubblica,* Na (1942). In diesem idealistisch geprägten Werk stellt er der Realität eines vom Krieg zerstörten Europa das Bild der substantiellen kulturellen Einheit des Kontinents im MA gegenüber: Damals sei die kath. und röm. Tradition als Basis einer allumfassenden Mission empfunden worden.

Zahlreiche seiner Schr. zur mod. Gesch. sind jetzt in den *Pagine sparse di Storia e di vita,* Mi-Na (1960) gesammelt.

Lit.: C. Ghisalberti, Giorgio Falco (6 febbraio 1888–6 aprile 1966), in: Rassegna storica del Risorgimento, LIII, 1966, 606 ff.; E. Sestan, Giorgio Falco. Discorso commemorativo pronunciato dal Linceo Ernesto Sestan nella seduta dell' 11 aprile 1970, R 1970; Dizionario generale degli autori italiani contemporanei, Fi 1974, vol. I, p. 491. *M. R. D. S.*

Febvre, Lucien (1878–1956). In Nancy geb.; Studium an der École Normale Supérieure und an der Sorbonne; Stipendiat der Fondation Thiers; Schüler von ↑G. Monod; Habilitation 1911 mit der Arbeit über *Philipp II. und die Freigrafschaft Burgund, eine politik-, religions- und sozialgesch. Untersuchung;* Kriegsdienst 1914–1918; 1919 Prof. an der Univ. Straßburg, wo er sich mit ↑M. Bloch befreundete; Kontakte mit Spezialisten für verschiedene Fachgebiete, mit dem Rechts- und Kirchenhistoriker G. Le Bras, dem Soziologen ↑M. Halbwachs, dem Psychologen C. Blondel, dem Geographen H. Baulig und dem Historiker der Französischen Revolution ↑G. Lefebvre, mit denen er und Bloch eine enge Zusammenarbeit entwickelten. Mit Bloch gründete er 1929 die Zs. «Annales d'histoire économique et sociale».

1933 wurde er Prof. am Collège de France. Ab 1935 leitete er auch die Herausgabe der Französischen Enzyklopädie, die eine interdisz. Darstellung der Gesamtheit des Wissens geben sollte. Nach dem 2. Weltkrieg und dem Tod Blochs setzte er die Veröffentlichung der *Annales* fort, mit dem neuen Titel *Annales, Économies, Sociétés, Civilisations,* indem er eine Anzahl jüngerer Historiker um sich versammelte, darunter C. Morazé, G. Friedmann und besonders ↑F. Braudel. Er erlangte 1946–47 von der Regierung die Gründung einer sechsten Abteilung der École Pratique des Hautes Études (1975 selbständig geworden), deren erster Vorsitzender er wurde und bemühte sich mit Braudel, eine interdisz. Unterrichts- und Forschungsanstalt für alle Human- und Sozialwiss. unter der Ägide der Historie aus ihr zu machen.

F. kann neben Bloch als derjenige bezeichnet werden, der für die Erneuerung der Gesch.wiss. in Frkr., die zw. beiden Weltkriegen stattfand und sich nach 1945 an den Univ. und bei dem Publikum durchsetzte, am meisten getan hat. Diese Erneuerung war gegen die sogenannte «positivistische» Auffassung gerichtet, die Ende des 19. und Anfang des 20. Jhs. in Frankreich vorherrschte, suchte Anregungen von Arbeiten der frz. Geographen aus der Schule von Vidal de la Blache, von Durkheims Soziologie, von Henri Berr aufzunehmen und einen Dialog zw. den verschiedenen Humanwiss. in die Wege zu leiten. Die großen Richtungen der Erneuerungsbewegung lassen sich folgendermaßen zusammenfassen: 1) auf dem Gebiet der Auffassung der Gesch. galt es vor allem, den positivist. Begriff der histor. Tatsache als etwas Gegebenes, spurenweise in den geschichtl. Dokumenten Vorhandenes zu bekämpfen; gegen diese Auffassung vertraten F. und Bloch die Meinung, das geschichtl. Erkenntnis Fragestellungen und Hypothesen benötigt. In Zusammenhang damit behaupteten sie, daß die Arbeit des Historikers keineswegs wirklichkeitsfremd und unabhängig von der Gegenwart sei, sondern daß die Fragen, die er stellt, notwendigerweise ein Produkt seiner eigenen Zeit sind. 2) Was den Inhalt betraf, so galt es, die Vorrangstellung der politischen Gesch. durch die der Wirtschafts- und Sozialgesch. zu ersetzen. Praktisch bedeutete das: nicht die Gesch. einiger herausragender Individuen (Könige, Fürsten, Politiker) zu schreiben, sondern die der Massen; eine Gesch., die sich mit kurz Dauerndem befaßt, durch eine, die eine lange Zeit ins Auge faßt, zu ersetzen, da die wirtschaftl. und sozial. Strukturen sich erst über lange Phasen wandeln. 3) Was schließlich die histor. Methoden betrifft, so vertraten Bloch und F. die Meinung, daß der Historiker sich auf die übrigen Humanwiss., Psychologie, Soziologie, Sprachwiss., stützen solle und daß die Quellen der Gesch. nicht nur auf Texten beruhen. Für diese Auffassung der Gesch. trat F. in zahlreichen, oft sehr polemischen Rezensionen und in mehreren Werken ein, deren bedeutendste folgende sind: *La terre et l'évolution humaine, introduction géographique à l'histoire,* (1922). F. studierte hier den Zusammenhang zw. dem natürlichen Milieu und den menschl. Gesellsch.

1928 veröffentlichte F. *Un Destin, Martin Luther,* eine Biographie im Geist der *Annales,* das heißt, F. unterstrich das, was ein Individuum mit der Gesell., die es umgibt, verbindet; er zeigte Luther als das Produkt eines sozialen, geistigen und kulturellen Milieus; er ging dem Problem der Rezeption und des Einflusses von Luthers Lehre in den verschiedenen Gesellsch.schichten nach. 1942 veröffentlichte F. *Le problème de l'incroyance au XVIe siècle, la religion de Rabelais;* auch hier stellte er den Schriftsteller des 16. Jhs. – Rabelais – in die Gesellschaft. Gegen die Gefahr des Anachronismus erfand er den Begriff der geistigen Ausrüstung (outillage mental), die allen Menschen einer bestimmten Zeit bei allen Unterschieden ihrer Persönlichkeit gemeinsam ist, und mit der sie die Wirklichkeit entziffern und deuten können. 1953 veröffentlichte F. schließlich eine Sammlung von Aufsätzen *Combats pour l'histoire.*

WW: Philippe II et la Franche Comté, étude d'histoire politique, religieuse et sociale, Paris 1912; La Terre et l'Évolution humaine, introduction géographique à l'histoire, Paris 1922; Un destin, Martin Luther, Paris 1928; dt. Martin Luther. Religion als Schicksal, Berlin 1976; Le Problème de l'incroyance au XVIe siècle, la religion de Rabelais, Paris 1942; Autour de l'Heptaméron, amour sacré, amour profane, Paris 1944; Combats pour l'Histoire, Paris 1953, dt. Das Gewissen des Historikers, Berlin 1988; Au cœur religieux du XVIe siècle, Paris 1957; Pour une histoire à part entière, Paris 1962.
Lit.: H.-D. Mann, Lucien Febvre. La pensée vivante d'un historien, Paris 1971; K. E. Born, Neue Wege der Wirtschafts- und Sozialgesch. in Frankreich; die Historikergruppe der «Annales», in: Saeculum 15 (1964), 298–309. *J. M. M.*

Fichtenau, Heinrich (von) (1912–2000), verschmolz als Mediävist die Tradition der österr. Mittelalterforschung mit innovativen Fragestellungen zu einem Werk von anregender Eigenständigkeit. Aus einer Offiziers- u. Beamtenfamilie stammend, in Linz geb., stud. F. seit 1931 in Wien Gesch. u. Kunstgesch., durchlief die Ausbildung am Inst. f. Österr. Gesch.forschung (IÖG) u. arbeitete dort nach der Prom. bei H. Hirsch (1936) als wiss. Hilfskraft. Mitarbeit an der MGH-Edition der Diplome Konrads III., Habil. 1942 in Wien, dort 1950 ao., 1962 o. Prof. f. Gesch. d. MAs u. Hist. Hilfswissenschaften, zugleich Vorstand des IÖG (bis 1983).

F. gelang es in seinen Arbeiten früh, die spezialistische Isolation des Urkundenforschers u. Hilfswissenschaftlers zu durchbrechen u. Diplomatik wie Paläographie in geistes-, sozial- u. kulturgeschichtl. Zusammenhänge einzubinden: Schon die Habil.schr. (*Mensch und Schrift im MA*, 1946) zielte, Anregungen d. Kunstgeschichte (A. Riegl, H. Sedlmayr) aufgreifend, primär auf den «schreibenden Menschen», auf «Schriftwollen» u. «Schrift als lebendige Form», mit ihren anthropolog.-physiologischen wie technisch-kulturhistor. Voraussetzungen. Mit der ‹Entdeckung› u. systematischen Erschließung von Urkundenformeln als hochkomplexer ideengeschichtlicher Quelle (*Arenga. Spätantike u. MA im Spiegel von Urkundenformeln*, 1957) gelang F. die Belebung einer problemgeschichtl. orientierten Urkundenlehre mit zeitübergreifendem Anregungspotential. Neben dieser Pioniertat stehen große Epochenporträts (*Das karolingische Imperium. Soziale u. geistige Problematik eines Großreiches*, 1949; *Lebensordnungen des 10. Jhs. Studien über Denkart u. Existenz im einstigen Karolingerreich*, 1984) u. Übersichtsdarstellungen (*Das Urkundenwesen in Österreich vom 8. bis zum frühen 13. Jh.*, 1971), Beispiele «moderierter ‹Geistesgeschichte›» (1975), quellennah u. anschaulich-konkret, stärker problem- als explizit theorieorientiert, mit großer Wirkung bes. auf die Mediävistik im englischsprachigen Raum. Auch F.s letzte Monographie *Ketzer u. Professoren. Häresie u. Vernunftglaube im MA* (1992) erprobte die Kombination von Ideengeschichte u. hist. Anthropologie u. führte die Analyse von Denkweisen ma. Menschen vor, nie nur elitenbezogen, vielmehr eingebunden in ein differenziertes Panorama vergangener Gegenwarten u. Lebenswelten.

WV/WW: H. F., Beiträge zur Mediävistik, Bd. 2. Stuttgart 1977, S. 271–284 (Schriften 1937–1975); Bd. 3. Stuttgart 1986, S. 337–340 (bis 1985); Forschungen über Urkundenformeln, in: MIÖG 94, 1986, S. 285–339; Diplomatiker u. Urkundenforscher, in: MIÖG 100, 1992, S. 9–49; Beiträge zu den FS für J. Lenzenweger, F. Hausmann, H. Zimmermann, F. Prinz, C. Violante; autobiogr. Skizze in: H. Baltl u. a. (Hgg.), Recht u. Geschichte, Sigmaringen 1990, S. 43–57.
Lit.: H. Wolfram, Grabrede auf H. F., in: MIÖG 109, 2001, S. 1–3; W. Stelzer, H. F. †, in: ebd., S. 273–284; H. F., in: Speculum 76, 2001, S. 855 f. *H. C.*

Ficker, Julius (seit 1885: F. Ritter von Feldhaus) (1826–1902), Sohn eines Arztes aus Paderborn, wurde nach Stud. in Münster, Berlin und Bonn 1849 prom. und 1851 Privatdozent in Bonn. 1852 folgte er einem Ruf an die Univ. Innsbruck, wo er bis 1879 lehrte. 1863 wechselte er auf eine Prof. f. dt. Reichs- und Rechtsgesch. der jurist. Fak. F. gehörte zum Kreis kath. Historiker, die in bewußtem Gegensatz zur kleindt.-prot. Gesch.schreibung (vertreten v. a. durch ↑H. v. Sybel und ↑J. G. Droysen) eine großdt. Sichtweise vertraten. Dieser Gegensatz, der vor dem Hintergrund der Auseinandersetzungen zwischen Preußen und Österreich um die polit. Vorherrschaft in den 1850er und 60er Jahren zu sehen ist, entlud sich in der bekannten Kontroverse zwischen F. und v. Sybel um die Bewertung des ma. dt. Kaisertums 1861/62. Gegen die Abwertung des ma. Imperiums durch v. Sybel, die einem polit. Gegenwartsideal verpflichtet war, verteidigte F. das universale kath. Reich. Auch er folgte dabei seinem großdt. polit. Interesse, ohne allerdings zum Lager der Ultramontanen zu gehören. F. kam, wie die Forsch. inzwischen anerkennt, zu einem weitaus zutreffenderen Bild hist. Realität als v. Sybel. Auch wenn diese Debatte eine zwischen polit. Historikern auf beiden Seiten geführte war, bleibt F.s hohes Können als Mediävist zu betonen, der sich Forsch. zum Verf.leben des MAs seit der späten Stauferzeit widmete und dabei die quellenkritische Methode weiterentwickelte. F. hat in Innsbruck schulbildend gewirkt und die österr. Gesch.-forsch. entscheidend geprägt (u. a. ↑O. Redlich).

Lit.: O. Brunner, J. F., in: NDB 5, S. 133 (WV und ältere Lit.); H. Gollwitzer, Westf. Historiker des 19. Jh.s in Österr., Bayern und der Schweiz, in: Westf. Zs. 122/1972, S. 9–50. *L. S. S.*

Finke, Heinrich (1855–1938). Sohn eines kath. Kleinbauern aus Westfalen, zunächst Autodidakt, beeinflußt von ↑J. Janssen, Tätigkeit u. a. als Hauslehrer, Journalist. 1879 Prom. in Tübingen bei B. Kugler (*König Sigismunds reichsstädtische Politik 1414–1418*), anschl. Studien bei J. Weizsäcker. Habil. an der Akad. in Münster 1887, dort 1891 a. o., 1897 o. Prof., 1899 Wechsel nach Freiburg als Nachfolger ↑A. Schultes. Seit 1924 war F. Präs. der Görres-Gesellschaft. Epochale Editionen zum Konstanzer Konzil (*Acta concilii Constanciensis*, 4 Bde., 1896–1928) sowie aus dem Kronarchiv Barcelona (*Acta Aragonensia*, 3 Bde., 1908–1923) ließen ihn zum führenden Erforscher des europ. SpätMAs werden. Von Quellenfunden ausgehend, erschloß F. neue Forschungsgrundlagen für die Gesch. Spaniens, den Untergang des Templerordens (*Papsttum und Untergang des Templerordens*, 2 Bde., 1907) u. das Pontifikat Bonifaz' VIII., v. a. auch für die Gesch. der vorreformator. Bestrebungen u. die Deutung des SpätMA, die er aus einseitiger konfess. Auffassung löste (*Das ausgehende Mittelalter*, 1900). Bei F. verbanden sich wiss. Organisationstalent (westfäl. Landesgesch.; dt.-span. Wiss.beziehungen) mit schulbildendem pädagog. Elan u. multiperspektiv. Deutungskraft, die bes. auch kultur- u. ideengeschichtl. Aspekte spätma. Geschichte berücksichtigte (*Dante als Historiker*, 1910; *Die Frau im Mittelalter*, 1913).

WW/WV: Autobiographie, in: Die Gesch.wiss. der Gegenwart in Selbstdarstellungen, Bd. I, 1925, S. 91–128; Verzeichnis der Schriften H. F.s, in: HJb 55 (1935), S. 466–477.
Lit.: H. Heimpel, H. F., in: HZ 160 (1939), S. 534–545; WestfZs 118 (1968), S. 9–113 (Briefwechsel mit A. Schulte); B. Horten, H. F. als Historiker der Vorreformation. Diss. phil. Innsbruck 1968; B. Mütter, Die Gesch.wiss. in Münster zw. Aufklärung u. Historismus, 1980, S. 251–283; Chr. Weber, H. F. zwischen akad. Imparität u. kirchlichem Antiliberalismus, in: Ann. d. Hist. Vereins f. d. Niederrhein 186 (1983), S. 139–165; Westfäl. Lebensbilder 13 (1985), S. 156–192. *W. S.*

Finley, Moses I(mmanuel) (1912–1986), war nach dem Urteil von ↑A. Momigliano in seiner Zeit der beste Sozialhist. des antiken Grld., vor allem auf methodischem Gebiet. F. verzichtete auf eine wirtschaftshist. Typisierung der antiken Wirtschaft, um die die fruchtlos gewordene K. Bücher-↑Ed. Meyer-Kontroverse ging. Er beschränkte sich vielmehr auf die Analyse konkreter Einzelfälle, für die er vornehmlich ↑M. Webersche soziolog. Kriterien und methodologische Mittel, wie etwa den Ideal-Typus, benützte und nach dem Vorbild der *Annales*-Schule, bes. ↑M. Blochs, den jeweiligen gesamten soz. u. kulturellen Zshg. miteinbezog.

15jährig schon B. A., 2 Jahre später (1929) M. A. in Public Law, erfuhr er an der hist. Fakultät der Columbia Univ., seit 1934 an M. Horkheimers Inst. f. Sozialforsch. und ab 1946 bei dem Theoretiker marktloser Wirtschaftsformen, dem Ungarn K. Polanyi, seine sozialwiss. Prägung, die ihn gelegentlich in den Verdacht brachte, Marxist zu sein. 1951 von W. L. Westermann, einem Spezialisten u. a. für antike Sklaverei, promoviert, verlor er 1952 wegen der Mc Carthy-Untersuchungen seine Stellung als Assistenzprof. an der Rutgers Univ. Seit 1955 lehrte er in Cambridge, 1970–79 auf dem althist. Lehrst., 1976–82 war er Master des neugegr. Darwin Coll., 1979 erhielt er die Knighthood.

Nach F.s Auffassung sollte die Andersartigkeit der Antike und deren Analyse den intellektuellen Reiz ausmachen und bei der Lösung von Gegenwartsproblemen helfen. Seine Wirkung über die Fachgrenzen hinaus spiegelt die Zahl der Auflagen und Übers. seiner Bücher wider. Für seine leichte Allgemeinverständlichkeit sorgten seine Fähigkeit, komplizierte, abstrakte Probleme in einfache, auf das Konkrete abzielende Einzelfragen aufzulösen, die Bedeutung eines Textes, oft auf induktive Weise, unmittelbar aus dem Zshg. zu gewinnen und am Einzelfall das Typische aufzuzeigen.

Seinem bewußten Perspektivismus lagen objektivistischer Anspruch und positivist. Quellengläubigkeit fern. Zweimal bekam er den «Wolfson Literary Award for History».

WV: «Economy and Society in Ancient Greece», hrsg. v. B. D. Shaw – R. P. Saller (1981, ohne Rez. u. Essays); P. Vidal-Naquet: Économie et société dans la Grèce ancienne: L'Œuvre de M. I. F., in: Arch. europ. soc. 6, 1965, 111–48.
HW: (ab 1981): Die frühe griech. Welt (engl. 1970; [3]1981; dt. 1982); Die Sklaverei in der Antike (engl. 1980; dt. 1981); Das politische Leben in der antiken Welt (engl. 1983; dt. 1986); Quellen und Modelle in der Alten Gesch. (engl. 1985; dt. 1987).
Lit.: W. Nippel, M. I. F., in: HZ 244, 1987, 750–53. K. Christ, Neue Profile der Alten Geschichte, 1990, 295–337, 357f. (Lit. u. HW-Verz.); K. Christ, Hellas. Griech. Gesch. und dt. Gesch. (1999) 374–76 (m. Lit.). *H. B.*

Fischer, Fritz (1908–1999), geboren im bayerischen Ludwigsstadt. F. studierte ab 1926 Ev. Theologie, Gesch. u. Philos. in Erlangen u. Berlin. Er promovierte 1934 in Theologie über «Thomas Nicolovius und die Schul- und Kirchenreform in Preußen» u. wurde im selben Jahr Wiss. Ass. an der Theologischen Fakultät in Berlin; ab 1935 Privatdozent für Kirchengeschichte. 1936 promovierte F. in Gesch. Nachdem F. bereits 1933 an einem Dozentenlager der SA teilgenommen hatte u. nach Selbsteinschätzung vor allem aus Stipendiengründen 1938 der NSDAP beitrat, war er zeitweise Assistent am «Reichsinstitut für Geschichte des neuen Deutschlands» von ↑W. Frank mit einem Projekt zum Verhältnis von Protestantismus u. Pol. 1939 habilitierte sich F. in Berlin. Im gleichen Jahr folgte die Einberufung zum Kriegsdienst. F. wurde 1942 zum ao. Prof. für Neuere Geschichte in Hamburg berufen. Nach erneutem Kriegsdienst geriet F. in amerikanische Kriegsgefangenschaft. Nach Wiedereröffnung der Univ. Hamburg lehrte F. seit 1947 dort Mittlere u. Neuere Gesch. 1952 war er Mitbegründer der «Kommission für die Geschichte des Parlamentarismus und der politischen Parteien» in Bonn. F. war Gastprof. an der Notre Dame Univ./ Indiana, USA (1954), Fellow am Institute for Advanced Study in Princeton, USA (1964/65) u. Gastprof. in Oxford (1969/70).

Seit den 1950er Jahren widmete sich F. nicht mehr kirchen- u. kulturgesch. Fragestellungen, sondern suchte einen inhaltlichen Paradigmenwechsel. Die soziopolit. Vorgesch. u. die dt. Kriegszielpol. im Ersten Weltkrieg stehen im Zentrum von F.s Gesamtwerk. Er bearbeitete dahingehend das nach dem Zweiten Weltkrieg von den Alliierten an Westdtl. u. die DDR zurückgegebene umfangreiche Aktenmaterial zur Weltkriegspolitik der Reichsämter. Ein wesentlicher Teil der Dokumente lagerte im damaligen Zentralarchiv Potsdam.

In dem 1959 in der HZ veröffentlichten Aufsatz *Dt. Kriegsziele, Revolutionierung u. Separatfriede im Osten 1914–1918* stellte F. seine Ergebnisse erstmals vor. Er ging von einem breiten Konsens innerhalb der bürgerlichen Parteien u. der Interessenverbände hinsichtlich weit gesteckter Kriegszielforderungen aus u. konstatierte für die Reichsleitung eine kontinuierliche Verfestigung der Kriegsziele im Osten u. Westen. Die sog. Septemberdenkschrift des Reichskanzlers Theobald von Bethmann Hollweg von 1914 wurde hier als Schlüsseldokument gesehen, wonach sich die annexionistische Kriegszielpol. des Dt. Reiches im Verlauf des Ersten Weltkrieges nicht wesentlich verändert u. seit spätestens 1911 in der Kontinuität einer dt. dominierten Mitteleuropavision gestanden habe. Das 1961 erschienene Standardwerk *Griff nach der Weltmacht. Die Kriegszielpol. des kaiserlichen Dt. 1914/18* verstärkte diese These u. löste die sogenannte «Fischer-Kontroverse» aus.

In der 1969 veröffentlichten u. nun die Vorgesch. des Krieges erschließenden grundlegenden Studie *Krieg der Illusionen. Die dt. Pol. 1911–1914* fragte F. erneut nach den gesellschaftl. Grundlagen des dt. Expansionsstrebens u. zeigte die wirtschafts- u. außenpolit. Interessen der Reichsleitung, weiter Kreise der Intellektuellen, der Landwirtschaft, der Wirtschaft u. der nationalen Verbände auf. F. sieht hier eine Sammlungspol. als Voraussetzung für den letztlich strategisch kalkulierten Expansionskrieg, um so von den polit. wie sozialen Reformforderungen der Arbeiterschaft u. der Sozialdemokratie ablenken u. die konserv. Vormachtstellung der traditionellen agrarischen u. industriellen Eliten sichern zu können. Der sog. «Kriegsrat» des Kaisers vom Dezember 1912, bei dem ein künftiger Krieg besprochen, jedoch aufgrund der noch auszubauenden Marine u. der Vorbereitung der Öffentlichkeit auf einen Kriegsfall für unpragmatisch gehalten wurde, ist von F. weitgehend als eine planmäßige «Vertagung» des Krieges interpretiert worden. Beide Untersuchungen richteten sich vor allem gegen die bis dahin traditionelle dt. Gesch.schreibung, laut der das Dt. Reich lediglich einen Verteidigungskrieg geführt u. keine wesentliche Schuld am Ausbruch des Ersten Weltkrieges habe.

Heftiger Widerspruch zu F.s Thesen folgte nicht nur auf dem Berliner Historikertag 1964. Die Auseinandersetzung gewann schnell deutungspolit. Züge innerhalb der Gesch.wiss., u. es gab bald zwei Lager der F.-Anhänger u. der F. widersprechenden Historiker. Die Debatte hatte auch tagespolit. Wirkungen, da die Kontroverse nicht nur innerhalb der Historikerzunft geführt wurde, sondern ein großes öffentliches Interesse erfuhr. Neben ↑H. Herzfeld u. ↑E. Zechlin trat ↑G. Ritter als Hauptkritiker auf, der von «gefährlicher Tendenzhistorie» sprach und polemisch eine «Erneuerung der Schuldanklage von Versailles» vermutete. Differenzierte u. zumeist würdigende Einschätzungen aus dem Ausland, vor allem den USA u. Großbritannien, halfen mit, die Debatte über die Jahre allmählich zu versachlichen, obgleich F. seine Thesen in späteren Aufsätzen weiter zugespitzt hat.

Die Arbeiten F.s zur Kriegszielpol. u. zur Hauptverantwortlichkeit des Dt. Reiches für den Kriegsausbruch stellen insgesamt einen Durchbruch in der Gesch.-wiss. dar; F.s Gesch.-interpretation zur Verantwortlichkeit der Reichsleitung in der Julikrise 1914 gilt im wesentlichen als anerkannt u. gab notwendige Impulse für eine weitere kritische Gesch.-betrachtung. Nachfolgende Arbeiten haben das Verhältnis zwischen völkischen Annexions- und Siedlungsplänen alldeutscher Extremisten und Bethmann Hollwegs «Politik der Diagonale» weiter ausdifferenziert; der gesellschaftspolit. Verständigungsprozeß über die Kriegsziele erscheint letztlich vielschichtiger.

F. kommt das große Verdienst zu, nicht nur dem relativierenden Diktum von einem vermeintlichen «Hineinschlittern» in den Ersten Weltkrieg die wiss. Grundlage entzogen zu haben, sondern auch die umfassenden gesellschaftl. Kriegszieldiskussionen in den Zusammenhang des Kriegsausbruchs u. des Kriegsverlaufs gestellt zu haben. Darüber hinaus stellte F. konsequent die Frage nach tradierten antiliberalen Denkformen u. konserv. Machtstrukturen vom Kaiserreich zum NS *(Bündnis der Eliten)* und betonte die Kontinuität von Dtl.s Kriegszielen von 1914 bis 1945. Vor dem Hintergrund dieser bis dahin weitgehend unbearbeiteten historischen Vergangenheit ermöglichten F.s Thesen zu personellen Kontinuitäten über die Zäsur von 1918 hinaus u. zu weltanschaulichen Wirkungszusammenhängen der antisemitisch-völkischen Rechten, der Wirtschafts- u. Agrareliten, des Bürgertums u. des Mittelstandes eine grundlegende Revision des bundesrepublikanischen Gesch.bildes. Darüber hinaus war F.s Ansatz einer Strukturgesch. polit. Entwicklungen einflußreich für eine jüngere Generation von Historikern, die in den 60er und 70er Jahren Geschichte als «kritische Sozialwissenschaft» verstanden.

HW: Moritz August von Bethmann-Hollweg u. der Protestantismus, 1937; Griff nach der Weltmacht, 1961; Weltmacht oder Niedergang, 1965; Krieg der Illusionen, 1969; Der Erste Weltkrieg u. das dt. Gesch.-bild, 1977; Bündnis der Eliten, 1979; Juli 1914, 1983; Hitler war kein Betriebsunfall, 1992.

Lit.: D. Stegmann/B.-J. Wendt/P.-Chr. Witt (Hrsg.), Industrielle Gesellschaft u. pol. System. FS für F. F., 1978; Diess. (Hrsg.), Dt. Konservatismus im 19. u. 20. Jh. FS für F. F., 1983; V. R. Berghahn, Die Fischerkontroverse – 15 Jahre danach, in: GG 6 (1980), S. 403–419; G. Schöllgen, Griff nach der Weltmacht? 25 Jahre Fischer-Kontroverse, in: HJB 106 (1986), 386–406; W. Jäger, Historische Forschung u. polit. Kultur in Dtl. Die Debatte 1914–1980 über den Ausbruch des Ersten Weltkrieges, 1984; J. A. Moses, The Politics of Illusion, 1975; J. W. Langdon, July 1914. The Long Debate 1918–1990, 1991; H. Böhme, «Primat» u. «Paradigma», in: H. Lehmann (Hrsg.), Historikerkontroversen, 2000, 87–139; Ein Gespräch mit F. F., in: 1999, 15 (2000), 142–159. *B. H.*

Flacius (latin. Vlacich), Matthias (1520–1575), nach seiner Heimat Illyricus genannt, wurde in Albona, Istrien, geb. Nach humanist. Studien in Venedig, die ihn zum Luthertum führten, ging er nach Deutschland. Über Augsburg, Basel, Tübingen kam er nach Wittenberg und erhielt 1544 die Professur für Hebräisch. Wegen des Interims geriet er mit ↑Melanchthon u. anderen führenden, ihm zu irenischen «Philippisten» in tiefgehenden Streit und mußte 1549 nach Magdeburg ausweichen. Hier hat er als Aufseher in Druckereien ein kärgliches Dasein geführt, bis ihn 1557 der Ruf auf die neutestament. Professur der jungen Univ. Jena erreichte. Jedoch auch hier geriet er bald in theol. Auseinandersetzungen, die 1561 zu seiner Absetzung führten. Ein unstetes Wanderleben, ständig von Not geprägt, aber in unnachgiebigem, strengem Luthertum, führte ihn von Regensburg nach Antwerpen, Basel, Straßburg und Frankfurt a. M., wo er 1575 starb.

In Fortführung luther. Gedanken über den Verfall des wahren christl. Glaubens suchte Fl. Ill. Kirchengesch. von Anfang an und nach Jahrhunderten geordnet zu schildern und dabei zu belegen, wie folgerichtig und notwendig die Reformation gewesen sei. Er formulierte zum ersten Mal – und darin auf lange Zeit verbindlich –, was das neue protest. Gesch.- und Selbstbewußtsein bestimmte. Zugleich veranlaßte er dadurch die kath. Seite, dieser Art Gesch.betrachtung eine eigene entgegenzusetzen.

WW: Ecclesiastica Historia, integram Ecclesiae Christi ideam [...] secundum singulas centurias (= Jahrhunderte) perspicuo ordine complectens, Bde. 1–13, Basel 1559–74; Catalogus testium veritatis, Basel 1556.
Lit.: NDB 5, 220–222; E. Fueter, Gesch. der Neueren Historiographie, 1936. TRE 11, 206–214; H. Scheible, Der Catalogus testium veritatis. F. als Schüler Melanchthons, in: Ebernburg-Hefte 30 (1996), 91–105; M. Hartmann, Humanismus und Kirchenkritik: M. F. I. als Erforscher des Mittelalters, Sigmaringen 2001. *N. H.*

Flavius Iosephus (Titus [?] F. I., 37/38 – nach 100) entstammte einer vornehmen Jerusalemer Priesterfamilie mit Aramäisch als Muttersprache u. jüdisch-religiöser Ausbildung (schließlich Pharisäer). 64/5 erwirkte er in Rom durch die Kaiserin Poppaea die Freilassung jüd. Priester; 66/7 kommandierte er die Aufständischen in Galilaea u. wurde in Iotapata gefangen. 69 von Vespasian wegen seiner Prophezeihung von dessen Kaisertum freigelassen, begleitete er den Kaiser u. Titus bis 73 im Osten, lebte danach, von Vespasian mit dem röm. Bürgerrecht, einer Pension u. a. beschenkt u. auch von dessen Söhnen geehrt, in Rom, wo er wohl starb.

1. Den *Jüdischen Krieg* (66–73) schrieb F. I., nachdem er eine aramäische Vorfassung publiziert hatte, zwischen 75 u. 79 mit sprachkundiger Hilfe auf Griech. u. in 7 Büchern. Er stützte sich dazu auf eigenes Erleben u. Berichte von anderen Teilnehmern auf beiden Seiten; nur für die Einleitung benützte er lit. QQ (1,31–2,283), darunter vielleicht die Weltgesch. des Nikolaos v. Damaskos. Für den Aufstand machte er die Zeloten verantwortlich; natürlich verherrlichte er Vespasian u. Titus u. versuchte er, die Juden allg. zu entlasten. Die Darstellung ist frisch u. lebendig.

2. Die *Jüdischen Altertümer (Ioydaïkē archaiología)* publizierte F.I. in 20 Büchern i. J. 93/94 (↑Dionysios v. Halikarnassos nachahmend); sie enthalten die israelitisch-jüdische Gesch. von der Erschaffung der Welt bis 66 n. C.: B. 10 endet mit dem Exil, 14–20 schildern die Zeit nach 67 v. C. mit bes. Schwerpunkt auf Herodes. Bis 143/2 v. C. (13, 6, 6, 212) griff er vornehmlich direkt u./od. durch eine hellenistisch-jüdische Zwischenquelle auf das AT zurück (sowohl die Septuaginta wie den hebr. oder aram. Text), für die Folgezeit benutzte er neben jüd. Darstellungen (etwa einer Herodesbiographie) auch Strabon, Nikolaos u. a. Für außerjüdische Angaben zitierte F. I. eine Vielzahl griech. u. lat. Autoren, die er aber oft im Original nicht einsah. Für die Gesch. Judaeas unter spätseleukidischer u. röm. Oberhoheit ist das Werk unsere wichtigste Quelle.

3. In einer Streitschrift *Gegen Apion (Pròs Apíōna)* verteidigte F. I. die Juden gegen Verleumdungen u. bewies das hohe Alter der Juden u. die Güte ihres Gesetzes. Das aus 2 Büchern bestehende Werk ist auch bedeutsam für die Kenntnis des antiken Antijudaismus. – In sei-

ner Autobiographie wehrte er sich selber gegen Angriffe.

Von den Juden totgeschwiegen, ist F. I. den Christen der Zeitzeuge Christi (ant. Iud. 18, 3, 3, 63 ff.; 20, 9, 1, 200 f.; Echtheit umstritten) gewesen u. bis ins 18. Jh. oft gelesen worden. Heute gilt er als unselbständiger, kritisch zu benutzender, aber für die späthellenistisch-röm. Zeit unentbehrlicher Hist. des Judentums.

Ausg.: TA: B. Niese, Flavii Iosephi opera, 7 Bde. B ^{2}1955; O. Michel u. O. Bauernfeind, F. J., De Bello Judaico – Der jüdische Krieg, Griech. u. dt., Da ^{2}1962/69. – *Übers.:* H. Clementz, Des F. J. Jüdische Altertümer, 2 Bde. Da 1959 (ND o. J.).
Lit.: H. Schreckenberg, Bibliogr. zu F. J., 2 Bde. Leiden 1968/79; L. H. Feldmann, F. J. Revisited: the Man, His Writings, and His Significance, in: ANRW II 21, 2, B 1984, 763–862. *H. W.*

Forster, Frobenius (1709–1791) **OSB.** In Königsfeld/Ilm (Obb.) geb., stud. F. in Jngolstadt u. Freising. 1727 trat er in das Kloster St. Emmeram (Regensburg) ein. Hier lehrte er v. 1735–1750 Philos., unterbrochen (1744–1747) v. einer Lehrtätigkeit an der Benediktineruniv. Salzburg. 1750–1760 war F. Prior u. Bibliothekar seines Klosters, ab 1762 Fürstabt.

Während seiner Lehrtätigkeit als Philos.prof. setzte sich F. krit.-eklektizistisch mit den neueren philos. Strömungen der Aufklärung auseinander, u. a. hielt er Vorlesungen über Experimentalphysik. Er interessierte sich früh für die europ. Akademiebewegung u. wurde im Gründungsjahr der Churbayerischen Akademie der Wissenschaften (1759) Mitglied ihrer Hist. Klasse. Unter F. als Fürstabt war St. Emmeram ein Zentrum naturwiss.-philos. u. hist. Forschung. Die führende Stellung des Klosters auf dem Gebiet hist.-krit. Forsch. im kath. Dtl. der zweiten Hälfte des 18. Jh.s dokumentiert die Tatsache, daß die Hist. Klasse der Bayer. Akademie v. den acht (zw. 1776–1790) vergebenen Preisen sechs an Mönche v. St. Emmeram verlieh. Seit seiner Tätigkeit als Bibliothekar beschäftigte sich F. nicht nur selbst eingehend mit QQ zur frühen Kirchengesch., sondern schulte auch Mitbrüder im krit. Umgang mit handschriftlichen QQ. F. intensivierte die bestehenden Beziehungen seines Klosters zur Maurinerkongregation v. St. Maur, der auf dem Gebiet der QQkritik damals führenden Institution in Europa.

Europ. Ruhm erwarb sich F. mit einer 1777 nach zwanzigjähriger Arbeit hrsg. Edition der Werke Alkuins. Er war einer der ersten Gelehrten Dtl.s, der die Ergebnisse methodischer QQkritik anwandte, wie sie die Mauriner entwickelt hatten. Ohne ein weitgespanntes Netz v. Beziehungen zu Klöstern u. Bibliotheken in ganz Europa wäre die Edition der *Beati Flacci Albini seu Alcuini* [...] *opera* (4 Bde.) nicht möglich gewesen. F. ließ sich Codices v. überallher zuschicken. Seine Editionsmethode, u. a. dokumentierte er alle Lesarten einer Handschrift, verweist auf die Prinzipien moderner hist.-krit. QQedition.

Lit.: NDB 5, 302 f. (1961) (ausführl. Werk- u. Lit.verz.); A. Kraus, F. F., Fürstabt v. St. Emmeram in Regensburg, in: Ders., Bayer. Gesch.wiss. in drei Jh., München 1979, S. 233–242; E. J. Greipl, F. F. (1709–1791), Fürstabt von St. Emmeram zu Regensburg, in: Beiträge zur Geschichte des Bistums Regensburg 23/24 (1989/1990), S. 385–391. *H. Z.*

Foucault, Michel (1926–1984). In Poitiers geb.; studierte an der École normale supérieure Paris von 1946 bis 1950; Staatsexamen (Agrégation) in Philosophie; Stipendiat der Fondation Thiers 1951; lehrte in verschiedenen franz. Städten (Paris, Lille, Clermont-Ferrand), verbrachte aber auch längere Zeit im Ausland (Uppsala, Warschau). F. wurde 1970 in das Collège de France gewählt; nach J.-P. Sartre wohl die bekannteste Persönlichkeit der franz. Intelligenz.

Seine wichtigsten Schriften sind: *L'histoire de la folie à l'âge classique,* in der er zeigte, wie zwischen dem 16. und dem 18. Jh. die entgegengesetzten Figuren des Wahnsinns und des klassischen Verstandes geschaffen wurden; *La naissance de la clinique* (1964), in der er erklärte, wie um das Ende des 18. Jhs. der menschliche Körper zum sichtbaren, erkennbaren Objekt konstituiert wurde; *Les mots et les choses* (1966), eine Archäologie der Geisteswissenschaften; *L'archéologie du savoir* (1969), in der er seine Methode darlegte; *Surveiller et punir* (1975), wo er die Errichtung des Gefängnisses als Grundlage des Strafsystems am Ende des 18. Jhs. studierte; schließlich *L'histoire de la sexualité* (1976 u. 1984).

Philosophisch gesehen erscheint F.s Werk als eine radikale Kritik der Vernunft, durch die der Begriff «Wahrheit» in Frage gestellt wird. Er untersucht die Erzeugungs- und Gültigkeitsbedingungen des Wissens im Rahmen einer «Archäologie des Wissens» und mehr und mehr einer «Genealogie» (im Sinne von Nietzsche) der Erzeugung der Wahrheit. Aber sein Werk übt auch einen starken Einfluß auf den Historiker aus.

Er hat Themen zur Sprache gebracht, die bisher von der traditionellen Gesch. kaum beachtet worden waren (Wahnsinn, Sexualität, usw.). Vor allem aber, indem er beweist, daß solche Gegenstände wie Wahnsinn, Mensch, Körper und Sexualität keine unveränderlichen, natürlichen Objekte sind (nur die Vorstellung, die man sich von ihnen im Lauf der Gesch. gemacht hat, und die damit verbundenen Verhaltensweisen würden sich ändern), sondern wirklich die Produkte von histor. datierten Gedankensystemen («systèmes de pensée»), stellt er den Historiker vor die Frage des histor. Objekts, des Dokuments und der Beziehungen derselben zueinander.

Lit.: Art. F., in: Dictionnaire des sciences historiques (A. Burguière, Hg., 1986); Michel Foucault – trajectoires au coeur du présent, hrsg. v. L.D'Alessandro, A. Marino, 1998. *J. M. M.*

Fraenkel, Ernst (1898–1975), ist einer der bedeutendsten Politikwiss. Dtls. Bes. mit seinem frühen Hauptwerk, dem *Doppelstaat*, beeinflußte er auch die histor. Forsch. wesentlich.

F. wurde als Sohn einer jüd. Kaufmannsfamilie in Köln geboren. Wichtige Impulse empfing er nach dem frühen Tod seiner Eltern von seinen Verwandten mütterlicherseits, bes. von dem Onkel Wilhelm Epstein, einem Sozialdemokraten u. bürgerl. Pazifisten. Nach Schulzeit in Köln u. Frankfurt/M., dem Notabitur 1916 sowie der Teilnahme am Ersten Weltkrieg studierte F. in Frankfurt/M. u. Heidelberg Rechtswiss. u. Gesch. Er promovierte 1923 mit einer arbeitsrechtl. Studie bei Hugo Sinzheimer u. wurde kurzzeitig dessen Assistent. Nach dem Assessorexamen 1925 arbeitete er zunächst als Dozent an der Wirtschaftsschule des Dt. Metallarbeiterverbandes, 1927 ließ er sich als Rechtsanwalt in Berlin nieder. In dieser Zeit war F. Syndikus des Dt. Metallarbeiterverbandes u. beriet seit 1931 in Rechtsfragen den Parteivorstand der SPD, der er 1921 beigetreten war. Bereits damals galt der junge F. als brillanter, sozialdemokrat. Jurist. Neben Art. zu arbeitsrechtl. u. rechtssoziolog. Fragen publizierte er in der Endphase der Weimarer Republik mehrere durch ↑M. Weber geprägte, verfassungstheoret. Vorschläge zur Rettung der Demokratie. In diesem Kontext entstand sein für die Parlamentarismusgesch. wegweisender Vorschlag eines konstruktiven Mißtrauensvotums.

Von der Machtübertragung bis zu

seiner Emigration war F. Teil des Widerstands in Dtl., u. a. als Mitgl. des Internat. Sozialist. Kampfbundes. Die Erfahrungen mit dem Regime u. seine jurist. Kenntnisse flossen in die Studie *The Dual State. A Contribution to the Theory of Dictatorship* ein, die 1941 in den USA, 1974 in Dtl. publiziert wurde (seitdem mehrmals). *Der Doppelstaat* gehörte zu den ersten bedeutenden Analysen des polit. Systems des NS-Regimes. F. unterschied darin für dessen Friedensphase zwei Formen von Herrschaft: den «Normenstaat», in dem bestehende Rechtsvorschriften fortexistierten, v. a. um das privat-kapitalist. Wirtschaftssystem zu stützen; u. den gesetzl. Regeln mißachtenden «Maßnahmenstaat», in dem nach polit. Opportunität entschieden wurde. Mit dieser Interpretation hat F. die Historiogr. zum NS maßgebl. beeinflußt, u. sie wurde v. a. zum Bezugspunkt von funktionalist. Deutungen des NS-Herrschaftssystems.

Nach Emigration in die USA Ende 1938 studierte F. von 1939 bis 1941 amerik. Recht an der Univ. of Chicago. Danach arbeitete er Konzepte für die Neugestaltung eines demokrat. Nachkriegsdtl.s aus; parallel lehrte er als Doz. an der New School of Social Research in New York. Von 1944 bis 1951 war F. im US-Staatsdienst, u. a. als Berater für sozial- u. verfassungsrechtl. Fragen der amerik. Militärregierung in Südkorea. 1951 kehrte er nach Berlin zurück, u. erst jetzt, mit 53 J., begann seine akad. Laufbahn im engeren Sinne. 1953 wurde er Prof. am späteren Otto-Suhr-Inst. der FU Berlin auf dem Lehrstuhl für Vergleichende Lehre der Herrschaftssysteme. Von 1964 bis zur Emeritierung 1967 war er Dir. des neu gegr. John F. Kennedy-Inst.s für Nordamerika-Studien der FU, dessen Einrichtung wesentl. auf sein Engagement zurückging. Er trug maßgebl. dazu bei, dieses Inst. zu einem der wichtigsten Zentren der Amerika-Forschung außerhalb der USA zu machen. Der «Amerikaner in Berlin» hatte enge Kontakte in die USA u. hielt sich auch nach 1951 länger dort auf, u. a. als Gastprof. an der Univ. of Colorado u. der Univ. of North Carolina.

Seit seiner Rückkehr nach Dtl. prägte F. die dt. Politikwissenschaft u. gab ihr eine interdisziplinäre Ausrichtung. Für die Gesch.wissenschaft wichtiger als F.s Neopluralismustheorie, deren Kernelemente er in der Aufsatzsammlung *Dtl. u. die westlichen Demokratien* (1964 u. öfter) umriß, wurden neben dem *Doppelstaat* die von F. in den 1950er J. aufgenommenen Amerikastudien. Diese waren zwar politikwissenschaftl. angelegt, beeinflußten aber aufgrund F.s fachübergreifenden Ansatzes u. der engen Verbindung zwischen Zeitgesch. u. Politikwissenschaft in den ersten Jahrzehnten nach 1945 auch die Gesch.wiss. F.s Hauptwerk auf dem Gebiet der Amerikastudien ist *Das amerik. Regierungssystem* (1960), in dem F. das polit. System der USA für ein dt. Publikum darstellte u. bes. die amerik. polit. Kultur als Garant der Demokratie sah. Für F. waren die USA als Symbol des Westens die grundsätzl. Alternative zu totalitären Staaten – eine Interpretation, die er an viele Historiker seiner Schülergeneration weitergab. Da F. seine Arbeiten v. a. für ein dt. Publikum schrieb u. da er method. eine Reflexion der eigenen Amerika-Stereotype als Vorbedingung für den Zugang zur amerik. Gesch. hielt, beschäftigte er sich in mehreren histor. angelegten Arbeiten mit dem dt. Amerikabild, bes. in *Amerika im Spiegel des dt. polit. Denkens* (1959) u. in der Abhandlung über *Das dt. Wilsonbild* (Jb. für Amerikastudien 5, 1960, S. 66–120).

In vielen Studien stellte er außerdem Vergleiche zur dt. Gesch. an. F. leistete aber auch wichtige Beiträge zur dt. Gesch.schr. selbst, etwa in seiner Studie zum Ruhreisenstreit 1928/29 (in: FS

Heinrich Brüning, 1967, S. 97–117). Anhand des bis dahin übersehenen, wichtigen polit. Konflikts stellte F. das gängige Bild der Mittelphase der Weimarer Republik als der «goldenen zwanziger Jahre» in Frage. Dagegen verdeutlichte er, daß die gewisse Konsolidierung der Demokratie zwischen 1924 und 1929 eher eine «Oberflächenerscheinung» war als eine grundlegende Stabilisierung. Im Mittelpunkt der letzten J. seines Lebens stand die Auseinandersetzung mit der 1968er-Studentenbewegung, der F. einen demokratiefeindl. Dogmatismus vorwarf.

Ausg.: A. v. Brünneck / H. Buchstein / G. Göhler (Hrsg.), GS E. F., 7 Bde., Baden-Baden 1999 ff. (jeweils mit ausführl. Einleitungen).
Lit.: E. F., Reformismus u. Pluralismus – Materialien zu einer ungeschriebenen polit. Autobiogr., HH 1973; G. Doeker/ W. Steffani (Hrsg.), Klassenjustiz u. Pluralismus. FS für E. F., HH 1973; G. Stourzh, In memoriam E. F., in: Amerikastudien 20, 1975, S. 207 f.; W. Steffani, E. F., in: PVS 16, 1975, S. 569–574; DBE, Bd. 3, S. 383; IBDCEE, S. 313 f.; A. v. Brünneck, Nachwort, in: E. F., Dtl. u. die westlichen Demokratien, erw. Ausg., Frankfurt/M. 1990, S. 360–374; H. Buchstein/G. Göhler (Hrsg.), Vom Sozialismus zum Pluralismus. Beiträge zu Werk und Leben E. F.s, Baden-Baden 2000. *K. K. P.*

Frank, Walter (1905–1945), war im Dritten Reich als Präs. des Reichsinstituts für Gesch. des neuen Dtls. der exponierteste Vertreter einer nat.sozial. Gesch.wiss.

Der Sohn eines höheren Beamten in Fürth studierte – unterbrochen durch ein Semester in Berlin – in München, vor allem bei ↑H. Oncken, K. Haushofer und ↑K. A. v. Müller, der sein eigentl. Lehrer war. Neben dem Studium entwickelte er publizist. Aktivität mit jungkonservativer, antiliberaler und antidemokratischer Tendenz. Seine Promotion und sein Buch über die frz. Dritte Republik machten den überzeugten Nationalsozialisten nach Hitlers Machtübernahme zu einem führenden Historiker. Auf ihm angebotene Lehrstühle verzichtend, betrieb er u. a. durch seinen Angriff auf H. Oncken die Auflösung der Hist. Reichskomm. und die Errichtung des Reichsinstituts für Gesch. des neuen Dtls., an dessen Spitze der inzwischen zum Prof. ernannte F. berufen wurde. Das personell eher schwach besetzte Institut, in dessen Beirat angesehene Gelehrte wie ↑H. R. v. Srbik, ↑E. Marcks und ↑F. Hartung neben exponierten nat.-sozial. Wissenschaftlern saßen, trat kaum mit bedeutenden wiss. Veröffentlichungen hervor. Gelang es F. auch zeitweilig, einen beachtlichen Einfluß in der Gesch.wiss., etwa bei der Besetzung von Lehrstühlen und Zschr.-Redaktionen auszuüben, so geriet das anfangs von Rosenberg geförderte Institut in die Auseinandersetzung zwischen den verschiedenen mit ideologischen Fragen befaßten NS-Größen und ihren Apparaten. Nach dem Angriff seines ehemaligen Mitarbeiters Grau wurde F. 1941 gestürzt, privatisierte in der Folgezeit und beging am Tage nach der Kapitulation des Dritten Reiches Selbstmord.

Die wiss. Veröffentlichungen F.s in der Weimarer Zeit fallen überwiegend nicht aus dem Rahmen der Historiogr. der Zeit. *Hofprediger Adolf Stoecker und die christl.soz. Bewegung* (1928), auf solider Quellengrundlage geschrieben, mit Sympathie für Stöcker und dessen antikapital. u. antifeudale Stoßrichtung, fand in der Fachwiss. ein positives Echo ebenso wie *Nationalismus und Demokratie im Frkr. der dritten Republik 1871–1918* (1933). Hier schildert F. die Korruption der Demokratie in Frkr., wobei durchaus die Weimarer Republik gemeint ist. – Seine histor.-polit. Aufsätze publizierte F. 1938 unter dem Titel *Geist und Macht*.

F. proklamierte in Reden eine neue «kämpfende Wissenschaft», die eng mit dem nationalen Geschehen der Zeit verbunden sein sollte. Eine derartige «neue» Geschichtswiss. ist in der NS-Zeit – abgesehen von der Einrichtung eines Judenreferats im Reichsinstitut, entsprechender Teile in den «Histor. Zeitschr.» – nur in Ansätzen entstanden; doch auch die übrige Geschichtswiss., insbesondere die nun verstärkt geförderte Volksgeschichtsschreibung, fügte sich nicht nur ins Dritte Reich ein, sondern hat die NS-Politik teilweise auch mit abgestützt.

Lit.: H. Heiber: W. Frank und sein Reichsinstitut für Gesch. des neuen Dtl.s. St 1966; H. Schulze: W. F. In: H.-U. Wehler (Hrsg.): Dt. Historiker. Bd. VII. Gö 1980, S. 69–81; R. Vierhaus: W. F. u. die Gesch.-wiss. In: HZ 207, 1968, S. 617–627. *B. F.*

Fredegar. Der Verfassername F. wurde ohne hinreichende Begründung einer anonym (von 2–3 Kompilatoren?) verfaßten Weltchronik beigelegt, die etwa zur Mitte des 7. Jhs. entstanden ist und ältere Werke (Isidor von Sevilla, ↑Gregor von Tours usf.) rezipiert, mit Papst- und Herrscherlisten komplettiert und um eine eigene Erzählung für die Jahre 584–642 erweitert. Sie ist die Hauptquelle zur fränk. Gesch. des 7. Jhs.; charakteristisches Moment war die Abwendung vom universalen Anspruch der Weltchronistik hin zur «nationalen» Stammeshistoriographie.

Ausg.: MG SS rer. Mer. II (1888) S. 1–193, von B. Krusch; dte. Übers. von O. Abel, in: GDV XI, ^{4}1940.
Lit.: ADB 7, S. 327; NDB 5, S. 385–386; LMA 4, Sp. 883; W. H. Fritze, Untersuchungen zur frühslawischen und frühfränkischen Geschichte bis ins 7. Jahrhundert, 1994; J. E. Woodruff, The Historia epitomata (third book) of the Chronicle of Fredegar, 1987. *R. A. M.*

Freeman, Edward Augustus (1823–1892), ein wohlhabender Privatgelehrter, der 1884 zum Regius Prof. in Oxford ernannt wurde, vertrat im polit. Spektrum der viktorian. Gesch.schr. eine demokrat., an die vor-normannische «teutonic freedom» u. die Traditionen munizipaler Unabhängigkeit erinnernde Position. Er war einer der ersten engl. Vorkämpfer einer hist.-krit. Gesch.wiss. ↑Rankeschen Typs, ohne deren Ansprüchen selbst immer zu genügen. Sein HW ist *History of the Norman Conquest of England* (6 Bde., 1867–79).

Lit.: J. W. Burrow, A Liberal Descent, C 1981. *J. O.*

Friedberg, Emil (1837–1910). Fr. lehrte Kirchen-, Staats- und Handelsrecht an den Univ. Berlin, Halle, Freiburg und seit 1873 in Leipzig. Als Rechtshistoriker publizierte er 1865 die Arbeit *Recht der Eheschließung in seiner geschichtlichen Entwicklung;* noch unersetzt ist seine Ausgabe des *Corpus Iuris Canonici* (2 Bde., 1879/81, ND Graz 1955). Darüber hinaus edierte er *Canonessammlungen zw. Gratian und Bernhard v. Pavia* (1897, ND Graz 1958).

Lit.: NDB 5, S. 445 f.; RGG^{4} 3, Sp. 358 f.; Chr. Link, E. F., in: H. Heinrichs u. a. (Hg.), Dte. Juristen jüd. Herkunft, 1993, S. 283–300. *R. A. M.*

Friedell, Egon (1878–1938), einer der erfolgreichsten, auflagenstärksten deutschsprachigen Kulturhistoriker, nach Habitus u. Werdegang Außenseiter auch unter den Außenseitern der Historikerzunft.

Als Egon Friedmann (offiz. Namensänderung 1916) in Wien geb., studierte der Sohn eines Tuchfabrikanten an den Univ. Heidelberg u. Wien (v. a. Philosophie, Kunst- u. Literaturgesch.; Dr. phil. 1904 in Wien, mit einer von F. Jodl betreuten Arbeit über *Novalis als Philosoph*). F. arbeitete – aufgrund seines Erbes finanziell unabhängig – u. a. als Kabarettist u. Theaterschriftsteller, Kritiker, Übersetzer u. Essayist, bevor er 1913 von M. Reinhardt als Schauspieler für die Bühne entdeckt wurde; Engagements in Wien u. Berlin, seit Anfang der 20er Jahre Arbeit am Hauptwerk *Kulturgeschichte der Neuzeit. Die Krisis der europäischen Seele von der schwarzen Pest bis zum Weltkrieg* (1927–1931), dem F. ein Pendant für die antike Welt (*Kulturgeschichte des Altertums. Leben u. Legende der vorchristlichen Seele. Erster Teil: Ägypten u. Vorderasien*, 1936; aus dem Nachlaß: *Kulturgeschichte Griechenlands*, 1949) folgen ließ, ohne es als nach 1933 verfemter Autor in Deutschland noch publizieren zu können. Wenige Tage nach dem Einmarsch deutscher Truppen in Österreich nahm sich F. in Wien das Leben.

Erfolg, Meriten u. Misere von F.s Kulturgesch. sind nicht zu trennen vom Kontext konservativ-elitärer Kultur- u. Wissenschaftskritik des ersten Jh.drittels: Gegen positivist. Spezialistentum u. Objektivitätsgläubigkeit setzte F. den radikal subjektiven Entwurf einer universalist. Geschichtsdeutung, die «nicht wissenschaftliche Stringenz, sondern ästhetische Evidenz» (Innerhofer) zum Ziel hat. Extremer Theorie-Eklektizismus (Orientierung an ↑F. Nietzsche, ↑J. Burckhardt, J. Langbehn, ↑O. Spengler, aber auch C. Lombroso, H. Hörbiger u. a.), der nat.wiss. Erkenntnisse der Zeit ebenso einbezog wie Geniekult, Rasselehren u. Antisemitismus (F. war 1897 vom jüd. Glauben zum Protestantismus konvertiert), organologische Gesch.auffassung, antithetische Argumentationsstruktur u. die Ausrichtung auf Symbol, Bild u. Anschauung statt Begriff u. Analyse prägen F.s kulturgesch. Werk: Geschichte u. Welt sind Fiktionen, postulierte F., u. als solche der Wissenschaft nur zugänglich, wenn sie zugleich Kunst ist. Die Darstellung lebt von einer virtuos gehandhabten Montagetechnik, die Selbst- u. Fremdzitate mit aphoristisch-impressionistischen Reflexionen u. anschaulich-narrativer, oft ironisch gebrochener Personen- u. Zeitschilderung auf unverwechselbarsuggestive Weise verbindet. Die Kombination von bildungsbürgerlicher Belesenheit u. forciertem Stilwillen stand bei F. jedoch, im Gegensatz zu Spengler, nicht im Dienst einer Untergangsprophetie, sondern zielte auf eine positiv konnotierte Überwindung der neuzeitlichen ‹Seelenkrise›.

Von der Fachwissenschaft wurde der «monumentale Feuilletonist» (U. Weinzierl) weithin ignoriert, von Schriftstellern (Döblin, Hesse, Zweig) dagegen positiv rezensiert und von den Lesern gerade wegen seiner Wiederbelebung der Kulturgeschichtsschreibung als literar. Genre durch Jahrzehnte geschätzt.

WV: H. Illig, Schriftspieler – Schausteller. Die künstlerischen Aktivitäten E. F.s. Wien 1987, S. 91–178 (220–293: Lit.verz.).
Lit.: G. M. Patterson, Race and Anti-Semitism in the Life and Work of E. F., in: Jb. d. Inst. f. Dts. Gesch 10, 1981, S. 319–339; R. Wiseman, E. F. Die Welt als Bühne. München 1987; R. Innerhofer, Kulturgeschichte zwischen den beiden Weltkriegen: E. F. Wien, Köln 1990 (Lit.verz.); J. Koch, Kulturgeschichte als Erkenntnismodell. E. F.s «Kulturgeschichte der Neuzeit». St. Ingbert 1993. *H. C.*

Friedjung, Heinrich (1851–1920), Historiker u. Journalist, in Roschtin (Mähren) geb., Stud. in Prag, Berlin u. Wien, u. a. bei ↑Sickel u. ↑Mommsen, Prom. 1873 in Wien, dort bis 1879 Lehrer an der Handelsakad. Als Kritiker des Ausgleichs mit Ungarn v. 1867 u. vehementer Verfechter einer engen Bindung der Doppelmonarchie an das Deutsche Reich zum Rücktritt vom Lehramt gezwungen, war F. fortan als polit. Publizist aktiv (Deutsche Zeitung; 1883 Gründung der Deutschen Wochenschrift; Korresp. der Vossischen Zeitung u.a.; 1915 Mitverfasser der *Denkschrift aus Deutschösterreich* zur ‹Mitteleuropa›-Debatte), liberal u. dt.national, um Einfluß bemüht u. in Affären verwickelt («Friedjung-Prozeß» 1909). Ursprünglich Mediävist (*Kaiser Karl IV. u. sein Anteil am geistigen Leben seiner Zeit*, 1876), profilierte sich F. dank literar. Begabung u. innovativer Methodik (Gespräche mit Zeitzeugen als hist. Quelle; aus dem Nachlaß hrsg.: *Geschichte in Gesprächen. Aufzeichnungen 1898–1919*, 2 Bde., 1997) rasch als führender, vielgelesener u. streitbarer Zeithistoriker Österreichs (*Der Kampf um die Vorherrschaft in Deutschland 1859 bis 1866*, 2 Bde., 1897/98; 10. Aufl. 1916/17), der zugleich auch die weltgeschichtl. Signatur seiner Gegenwart zu deuten suchte (*Das Zeitalter des Imperialismus 1884–1914*, 3 Bde., 1919–1922) – bis zuletzt überzeugt von der «Daseinsnotwendigkeit des Donaureiches» (1919).

WW: Der Krimkrieg u. die österr. Politik, 1907; Österreich von 1848 bis 1860, 2 Bde., 1908–1912; Historische Aufsätze, 1919.

Lit.: NDB 5, S. 451 f.; ÖBL 1, S. 362 f.; H. v. Srbik, in: DBJ, Üb.-Bd. II (1917–1920), 1928, S. 535–545; F. Fellner, H. F. – ein österr. Ahnherr der «Oral History», in: Dtld. u. Europa in der NZ. FS K. O. v. Aretin, Bd. 2, 1988, 633–660; F. Adlgasser/M. Friedrich, Einleitung, in: H. F., Geschichte in Gesprächen, Bd. I, 1997, S. 7–38. *H. C.*

Froissart, Jean (um 1347 – nach 1404). F. entstammte einer Händlerfamilie aus Valenciennes; der Kleriker begab sich 1361 nach England, um der Königin Philippa v. Hennegau ein Dichtwerk zu verehren, das er über die Schlacht bei Poitiers (1356) geschrieben hatte. So begann seine Laufbahn als Berufsschriftsteller im Dienste fürstlicher Mäzene, denen er seine Werke verehrte. Er blieb acht Jahre in London, unternahm jedoch während dieses Aufenthalts mehrere Reisen (nach Bordeaux, nach Italien). 1369 kehrte er nach Valenciennes zurück. Er hatte von nun an verschiedene fürstliche Gönner, besonders Wenzel von Luxemburg und Guy de Blois, die ihm verschiedene kirchliche Pfründen (die Pfarrei L'Estinnes und eine Kanonikuspräbende in Chimay, beide in Hennegau) verliehen; auch dort setzte er seine intensive Reisetätigkeit fort. Sein Werk umfaßt Dichtungen, u.a. einen umfangreichen Ritterroman, den *Meliador*, insbesondere aber die *Vier Bücher der Chroniken*, die den Verlauf des Hundertjährigen Kriegs im 14. Jh. erzählen. Um diese Chronik verfassen zu können, benutzte er mehrere schriftl. QQ (hauptsächlich die Chronik von Jean le Bel): aber allem Anschein nach beruhte sein Wissen im wesentlichen auf dem, was er im Laufe seiner vielen Reisen erfahren hatte. Seine Chronik hat F. immer wieder umgearbeitet und verändert, was dem Werk keinen Abbruch tat und dessen Erfolg nicht beeinträchtigte. Für Adlige und Hofleute geschrieben, sind F.s Chroniken eine Gesch. der Ereignisse, die in erster Linie von militär. Großtaten, von Turnieren, Feierlichkeiten und Festmahlen, von diplomatischen Handlungen und überhaupt von allem, was Aufsehen erregt und die ritterlichen und höfischen Mentalitäten veranschaulicht und verherrlicht, erzählt, und zwar nicht selten auf Kosten der histor. Wahrheit. Eine genauere Untersuchung der Chroniken zeigt jedoch, daß F. ein weitsichtiger Beobachter der großen politischen und sozialen Wandlungen seiner Zeit war.

Lit.: LMA 4, Sp. 984–985; M. Zink, Froissart et le temps, Paris 1998. *J. M. M.*

Froude, James Anthony (1818–1894). F. war der wichtigste Schüler ↑Carlyles, der Verwalter seines lit. Nachlasses und sein autorisierter Biograph. Seine überaus erfolgreiche *History of England* *from the Fall of Wolsey to the Defeat of the Spanish Armada* (12 Bde., Lo 1856–70) zeigte ihn als den glänzendsten hist. Schriftsteller der 2. Jh.hälfte, eine Art engl. ↑Michelet. F. suchte in Originalquellen «the real life of the past», verachtete aber den positivist. Objektivitätsbegriff eines ↑Buckle und die krit. Sorgfalt eines ↑Stubbs. Von seinen QQ machte er bewußt selektiven Gebrauch im Dienste eines Mythos: die Reformation der (von den Whig-Historikern geschmähten) Tudors als nationaler Triumph über Rom und Spanien. In *Oceana* (Lo 1886) beschwor er Vergangenheit u. Gegenwart eines rassisch begründeten brit. Weltreichs. Er war nach etwa 1870 der Gegenpol der sich formierenden Fachhistorie, einer der letzten viktorian. Amateure: eine durch und durch englisch-insulare Figur.

Lit.: R. Goetzman, J. A. F.: A Bibliography of Studies, NH 1977; W. H. Dunn, J. A. F.: A Biography, 2 Bde., O 1961/64; R. Jann, The Art and Science of Victorian History, Columbus, Ohio 1985; A. L. Rowse, Froude the Historian, Gloucester 1987. *J. O.*

Fruin, Robert (1823–1899). Prom. an der Univ. Leiden im Jahre 1847 über ein Thema aus der ägyptischen Gesch., aber sein ganzes Œuvre betrifft die Erhebung gegen Spanien, Willem von Oranje und den 80jährigen Krieg. Vom Jahre 1860 bis 1894 hatte er denn auch den wichtigen Lehrstuhl für niederländische Gesch. in Leiden inne. In seinem Werk steht die polit. Motivation der Personen immer im Mittelpunkt, und in den Erklärungen ging er selten vom niederl. Rahmen ab. Sosehr er mit dem von ihm bewunderten ↑Ranke Objektivität und Unparteilichkeit befürwortete, die Analyse den großen Thesen vorzog und vor allem den kritischen und intuitiven Ansatz der Zeugnisse anwandte, wurden implizit doch die Normen seiner Zeit und Umgebung als selbstverständlich dargestellt. Im vorliegenden Fall ist das dann ein großzügiger thorbeckianischer Liberalismus, und die Idee, daß Historiogr. dem Interesse der Nation dienen soll. In seinem Werk läßt sich übrigens eine allmähliche Verschiebung der Sympathie für die Staaten zum Bekenntnis zur monarchisch-orangistischen Verteidigung des Zentralstaates feststellen.

Lit.: F. Rachfahl, R. F., in: HZ 98, 1907, 507–43; E. Vermeulen, Fruin en Huizinga over de wetenschap der geschiedenis, 1956; H. J. Smit/W. Wieringa, Correspondentie van R. F., 1957; J. Tollebeek, De toga van Fruin, 1988, 9–55. *W. P.*

Frutolf (gest. 1103) war Mönch im Kloster Michelsberg bei Bamberg, wohl Lehrer und Prior, jedenfalls als Schreiber für die Vermehrung der Bibl.-Codices tätig. Er hat vermutlich mehrere Werke verfaßt; sicher sind ihm zuzuschreiben zwei *Musiktraktate* und eine *Weltchronik*. Das Überlieferungsschicksal des Geschichtswerks blieb bis 1896 hinter dem Namen ↑Ekkehard von Aura verborgen. Erst ↑H. Bresslau erkannte, daß die erste der 5 überlieferten Fassungen, nämlich die Chronik von der Schöpfung bis 1099, zum Großteil autograph vorliegt und von F. stammt, hingegen die weiteren Redaktionen Überarbeitungen mit Fortsetzungen bis 1125 von Ekkehard darstellen, der F.s Werke 1105 im Michaelskloster kennengelernt und zum eigenen Ruhm ausgemünzt hatte. Während F. loyal zu Kaiser Heinrich IV. stand, aber mit persönlichen Wertungen sparsam blieb, dokumentierte Ekkehard eine den Reformkreisen nahestehende Haltung. Dies wie auch der Augenzeugenbericht über den dt. Kreuzzug von 1101 (auch gesondert ediert: *Hierosolymita*) macht Ekkehards Teile als Quelle bes. interessant, während F.s Werk die weitaus größere Leistung war. In der Tradition der seit ↑Eusebios und Hieronymus als originär christl. Schöpfung ausgeprägten Universal-Chronographie leitet F. neben ↑Sigebert v. Gembloux eine neue Periode der heilsgeschichtl. und chronologisch an Weltären und -monarchien orientierten, dabei für die jüngere Zeit materialgesättigten Chronistik ein, die ihren Höhepunkt in ↑Otto v. Freising gewinnt. F.s Werk, «die umfassendste und bestgeordnete Chronographie des frühen MA», zeugt von Belesenheit, krit. Bemühen um Aufklärung von Widersprüchen, – F. korrigierte z. B. ↑Bedas Weltära-Berechnung –, Sinn für polit. Zusammenhänge und Interesse für Genealogien. Mit Ekkehards Forts. und unter dessen Namen wurde es Grundlage fast der gesamten dt. Chronistik im 12./13. Jh.

Ausg.: F.s und Ekkehards Chroniken und die anonyme Kaiserchronik, bearb. u. übers. von F.-J. Schmale und I. Schmale-Ott (Ausgew. Quellen zur dt. Gesch. des MAs, hg. von R. Buchner, Bd. 15), Darmstadt 1972 (Einl. u. Text).
Lit.: VL 2, Sp. 443–447; 993–998; LMA 3, Sp. 1765 f.; 4, Sp. 1002 f.; K. Schmid, F.s Bericht zum Jahr 1077 oder der Rückzug Rudolfs v. Schwaben, in: D. Berg (Hg.), Historiographia medievalis, FS f. F.-J. Schmale, Darmstadt 1988, 181–198; O. Meyer, Ein Ire Domscholaster in Würzburg um 1100, in: Schweinfurter Mainleite 1994, 4–9. *L. B.*

Fueter, Eduard (1876–1928). Der in Basel geb. Sohn eines Architekten, Enkel des in Berlin u. Basel lehrenden Historikers Heinrich Gelzer u. Schwager ↑J. Hallers stud. in Lausanne, Basel u. Berlin; Dr. phil. (Basel 1899), Habil. in Zürich 1903 (*Religion u. Kirche in England im 15. Jh.;* in Göttingen 1902 abgelehnt), 1904–1908 u. 1912–1921 polit. Redakteur der NZZ, als zu ententefreundlich zum Rücktritt gezwungen, seit 1922 Wirtschaftsjournalist u. Angestellter der Basler Handelsbank.

Zu F.s Hauptwerken zählt die *Geschichte der neueren Historiographie seit dem Humanismus* (zuerst 1911), klar im Aufbau, an Typenbildung orientiert, unkonventionell in der Wertung (positive Sicht auf die Gesch.schreibung der Aufklärung, wie bereits in: *Voltaire als Historiker*, 1905), früh als großer Wurf erkannt u. bis heute als Literaturgesch. der neuzeitlichen Historiographie nicht ersetzt. Vergleichbar innovativ war auch F.s – wie seine Hist.gesch. als Teil des von ↑G. v. Below u. ↑F. Meinecke hrsg. «Handbuches der ma. u. neueren Geschichte» erschienene – *Geschichte des europäischen Staatensystems von 1492 bis 1559* (1919): Jahrzehnte vor ↑F. Braudels «La Méditerranée [...]» führte F. hier die konsequente Trennung von eingehender Zustandsbeschreibung u. stark geraffter Ereignisgeschichte vor. Nicht mehr der großen Persönlichkeit oder allein der Reformation galt das primäre Interesse, sondern der auf geograph., wirtschaftl., demograph. u. polit.-militärische Faktoren bezogenen Problemanalyse. F.s ungewöhnliche Synthesebegabung u. Originalität bezeugen auch zwei weitere Werke: die *Weltgeschichte der letzten hundert Jahre, 1815–1920* (1921) u. *Die Schweiz seit 1848. Geschichte, Politik, Wirtschaft* (1928).

WV: H. C. Peyer, Der Historiker E. F. 1876–1928, 1982, S. 62–68.
Lit.: Feller/Bonjour 2, S. 775–777; O. Besomi, Il carteggio Croce – Fueter, in: Archivio Storico Ticinese 19 (75/1978), S. 217–276; H. C. Peyer, 1982; H. W. Blanke, Historiographiegesch. als Historik, 1991, S. 494–516. *H. C.*

Fulcher von Chartres (um 1058/59–1127). Ausbildung sehr wahrscheinlich an der Domschule in Chartres. Er nahm an der Synode von Clermont teil und beschloß, sich am 1. Kreuzzug zu beteiligen. Er war seit 1097 Hauskaplan Balduins von Boulogne (1100 Kg. v. Jerusalem) sowie auch Kanoniker der Grabeskirche.

Um 1105 schrieb er eine *Gesch. der Eroberung Jerusalems durch die Franken;* sie ist in zwei Fassungen erhalten. Durch den in Chartres herrschenden Humanismus beeinflußt, durch seine Niederlassung in einem vom Abendland so verschiedenen fremden Land aber auch geprägt, unterscheidet sich F. von den übrigen Historikern des ersten Kreuzzugs durch mehr Objektivität, durch eine gewisse Neugier gegenüber der Geographie dieser neuen Länder und der Vielfalt der Völker. Seine Chronik hatte einen ziemlich großen Erfolg, bis sie durch die von ↑Wilhelm von Tyrus verdrängt wurde.

Lit.: LMA 4, Sp. 1015 f.; V. Epp, F. v. Ch., 1990. *J. M. M.*

Furet, François (1927–1997). Der in Paris geb. Bankierssohn stud. an der Faculté des Lettres seiner Heimatstadt Gesch., war 1956–1961 am CNRS, dann an der École des Hautes Études en Sciences Sociales tätig, 1977–1985 als Prof.; 1985–1992 Dir. des Inst. Raymond Aron u. Prof. an der Univ. von Chicago. Unter dem Eindruck des Ungarnaufstandes 1956 aus der KP ausgetreten, entwickelte der scharfsinnige Analytiker seit 1965 eine neue, nüchterne, entschieden histor. Interpretation der Franz. Rev., die er ab 1990 mit bahnbrechenden kommunismuskritischen Zeitgesch.studien verband. Als Autorität der neuen Revolutionsforsch. Träger zahlreicher hoher Auszeichnungen.

HW: Penser la Révolution française, Paris 1978 (dt. Mü 1980); Dictionnaire critique de la Révolution française, Paris 1988; La Révolution 1770–1880, Paris 1988; Le Passé d'une illusion, Paris 1995 (dt. B 1996).
Lit.: M. Ozouf, Un itinéraire intellectuel: F. F., Paris 1997. *W. W.*

Furlong Cardiff, Guillermo (1889–1974). Der Argent. F., angelsächs. Abstammung, Mitglied des Jesuitenordens, erhielt seine akad. Ausbildung teils in Argent., teils in den USA. Er lehrte u. a. auch Engl. an verschiedenen Bildungseinrichtungen in Buenos Aires und Montevideo; er war Direktor der Academia de Letras del Plata. In seinen hist. Studien konzentrierte sich F. auf die Kolonialzeit und den La-Plata-Raum, vor allem auf die verschiedenen Aktivitäten der Jesuiten sowie auf das kulturelle Leben allg. Gestützt auf ein intensives Archivstudium in den ehem. Jesuiten-Archiven sowie auf eine enorme Quellenkenntnis, veröffentlichte er seit den 1920er Jahren zahlreiche Monographien und Editionen, unter denen die Arbeiten über koloniale Kartographie und Buchdruck, über die Jesuiten-Missionen und die Philosophie *(Los jesuitas y la cultura rioplatense,* Montevideo 1933; *Cartografía jesuítica del Rio de la Plata,* Buenos Aires 1936; *Nacimiento y desarrollo de la filosofía en el Rio de la Plata, 1536–1810,* Buenos Aires 1952; *Historia y bibliografía de las primeras imprentas rioplatenses.* 3 vols., Buenos Aires 1953–1958) zu Standardwerken wurden. Internationale Beachtung fand auch seine These über die neoscholast. Wurzeln der Revolution von 1810 *(La revolución de Mayo: los sucesos, los hombres, las ideas,* Buenos Aires 1960). 1969, im Alter von 80 Jahren, veröffentlichte F., sozusagen als Schlußstein seiner jahrzehntelangen Forschungen, eine 3bändige Geschichte über das koloniale Argentinien *(Historia social y cultural del Rio de la Plata, 1536–1810,* 3 vols. Buenos Aires 1969). Für eine Beschäftigung mit der Epoche vor 1810 im La-Plata-Raum sind F.s Schriften unerläßlich.

Lit.: R. D. Carbia, Historia crítica de la historiografía argentina desde sus origenes en el siglo XVI. La Plata 1939, 20–25; J. R. Thomas, 171 f. *H. J. K.*

Fustel de Coulanges, Numa Denis (1830–1889), prom. 1853 mit den Diss. *Quid Vestae cultus in institutis veterum privatis publicisque valuerit* u. *Polybe ou la Grèce conquise par les Romains,* wurde 1860 Prof. in Straßburg, lehrte 1870/75 an der École normale supérieure, die er 1880/83 leitete, u. 1875/80 sowie 1884/88 an der Sorbonne. Sein Hauptwerk zur Antike, *La cité antique* (1864), versuchte, den antiken Staat aus Totenkult u. Religion, die das Privateigentum begründet hätten, herzuleiten, indem F. stufenweise Zusammenschlüsse von Familie, Phratrie, Phyle/Tribus bis zum Stadtstaat annahm, u. er erklärte auch das Wesen des antiken Staates wesentlich aus der Religion. Zwar ist die Bedeutung der Religion im antiken Staate unbestreitbar, aber methodisch u. sachlich ist das Buch, das die frz. Gesch.schr. wesentlich beeinflußte, seit langem weitgehend überholt. Großen Einfluß nahm ebenfalls F.s mediävistisches Hauptwerk *Histoire des institutions politiques de l'ancienne France,* in welchem er die gallo-röm.-frz. Kontinuität den germ. Einflüssen voranstellte. Er stützte seine Thesen auf gründliche u. umfassende institutionengesch. Untersuchungen.

HW: Der antike Staat: Kult, Recht und Institutionen Griechenlands u. Roms, Mit einer Einleitung v. K. Christ, Mn 1988; L'histoire des institutions politiques de l'ancienne France, 6 Bde. P 1875–1893.

Lit.: J. Herrick, The historical thought of Fustel de Coulanges, Wash. D.C. 1954; A. Momigliano, Essays in Ancient and Modern Historiography, O 1977, 325–343; F. Hartog, Le XIXe siècle et l'histoire. Le cas F. de C., 1988. *H. W.*

Gachard, Louis-Prosper (1800–1885). G. stammte aus einer Händlerfamilie, war Autodidakt und fing seine Karriere als Schriftsetzer an. Als er 1826 stellvertr. Archivar im Staatsarchiv in Brüssel wurde, faßte er den Plan für eine nationale Herausgabe historischer QQ und für die Errichtung einer Kommission, um dies zu begleiten. Es war der direkte Anlaß zur Gründung der Commission Royale d'Histoire im Jahre 1834. 1831 wurde er zum allgemeinen Archivar der Staatsarchive Belgiens ernannt, 1832 wurde er mit der Herausgabe unveröffentlichter belg. Urkunden beauftragt, doch dieser Plan wurde durch einen analogen Plan von L. Warnkoenig, der technisch näher an die damalige überlegene deutsche Technik anschloß, durchkreuzt. Dennoch konnte G. seine Pläne verwirklichen, als er als Mitglied und vor allem als Sekretär (1850) der CRH der verdienstvolle Promotor wurde einer chronolog. Liste der herausgegebenen Urkunden bis 1350, unzähliger Berichte über Archivalien über Belgien im Ausland, eines Bureau Paléographique mit der Funktion der Pariser École des Chartes (1847) und von Dutzenden von umfangreichen QQveröffentlichungen, insbesondere über das 16. Jh. Er war ein Mann der Inventarisierung und der Textausgabe, nicht der Synthese. Als hervorragender Organisator hat G. dem belg. Archivwesen seine endgültige Struktur gegeben.

Lit.: A. von Reumont, L.G., in: HJb 7, 1886, 238–65; J. Cuvelier, L.G., in: Biographie Nationale, 29, 1957, 585–607.

W. P.

Gams, Pius (1816–1892). Der in Mittelbuch (Württ.) geb. G. wurde nach theol. und philos. Studium 1839 zum Priester geweiht und lehrte von 1847–1855 als Prof. für Philos. und Gesch. an der bischöfl. Hochschule Hildesheim. 1856 trat er in die Benediktinerabtei St. Bonifaz (München) ein, in der er bis zu seinem Lebensende – bei Bekleidung verschiedener Ämter – als Schriftsteller und Historiker wirkte. Die 3bändige *Kirchengeschichte Spaniens* (1862/79) gilt als sein HW, dem er seine *Geschichte* *der Kirche Jesu Christi im 19. Jh., mit bes. Rücksicht auf Deutschland* (3 Bde., 1854/56) vorausgeschickt hatte. Sein Name wird allerdings bis heute vornehmlich mit seiner großen statistischen Arbeit der *Series episcoporum ecclesiae catholicae* (1873, mit 2 Suppl. 1879/86) identifiziert, welche (der «Gams») derzeit eine Neubearbeitung erfährt.

Lit.: NDB 6, S. 58 f.; LThK³ IV, Sp. 286; DBE 3, S. 567. *R. A. M.*

Ganshof, François-Louis (1895–1980). Prom. in Gent in Gesch. unter ↑H. Pirenne im Jahre 1921 und wurde auch Doktor der Rechte im Jahre 1922. Diese doppelte Ausbildung ermöglichte es ihm, zu einem der berühmtesten europäischen Spezialisten der Institutionen und des Rechtes des MAs zu werden und mit großer Autorität diese Fächer an der Univ. Gent von 1923 bis 1961 zu lehren. In seinem Œuvre behandelte er die institutionellen und juristischen Aspekte der Themen wie Feudalität, Strukturen der ma. Fürstentümer, Politik und intern. Beziehungen im karolingischen Zeitalter vorrangig. Als Schüler Pirennes ordnete er, trotz dieser unverkennbaren Präferenz, diese Analysen immer in den Rahmen der allg. Entwicklung, der hist. Geographie, der Entwicklung der Städte und der städtischen und agrarischen Wirtschaft ein. Karl dem Großen und dessen Zeit hat er unzählige erhellende Artikel und Bücher gewidmet, zu einer fundamentalen Synthese in diesem Bereich ist es jedoch nicht gekommen.

Lit.: R. C. van Caenegem, In memoriam F. L. G., in: Jaarboek Kon. Ac. v. Wet. Lett. Sch. K. v. België, 1980, 231–51; A. Verhulst, F. L. G., in: Le Moyen Age 86, 1980, 523–38. *W. P.*

Gardiner, Samuel Rawson (1829–1902). Der Verf. einer monumentalen Geschichte Englands im 17. Jh. *(History of England from the Accession of James I to the Outbreak of the Civil War,* 10 Bde., Lo 1863–84; *History of the Great Civil War,* 3 Bde., Lo 1886–91; *History of the Commonwealth and Protectorate,* 3 Bde., Lo 1894–1903) war ein hochprofessioneller «historian's historian» mit umfassender Quellenkenntnis. Seine Ereignisschilderung gilt weithin noch heute; seine «Whig»-Deutung (anti-Stuart, pro-Parlament mit teleolog. Hinführung zu 1688) ist erst durch die marxist. Kritik der 1940er Jahre angefochten worden.

Lit.: J. Kenyon, The History Men, Lo 1983; P. Wende, Probleme der Engl. Revolution, Da 1980. J. O.

Gatterer, Johann Christoph (1727–1799). Geb. in der nürnberg. Festung Lichtenau bei Ansbach als Sohn eines ungebildeten u. bildungsfeindlichen Soldaten, brachte sich G. autodidaktisch das Lesen bei u., seit dem 9. Lebensjahr in Nürnberg, finanzierte er seine eigene Schulausbildung an den städt. Lateinschulen, indem er jüngeren Mitschülern Unterricht erteilte. Seit 1747 studierte er an der Univ. Altdorf ev. Theologie, oriental. Sprachen sowie philos. Wissenschaften, u. a. auch Gesch.; seit 1749 als Hofmeister und Privatbibliothekar im Hause seines Lehrers J. Heumann, erlangte er 1751 den Magistergrad. 1752 habilitierte er sich als Priv.doz., aber noch im selben Jahr nahm er die sichere Position eines Gymnasiallehrers in Nürnberg an, wo er seit 1756 zugleich als Prof. der Reichshistorie u. Diplomatik am angesehenen Auditorium Aegidianum lehrte. Bereits 1755 hatte er durch seine Familiengesch. der Holzschuher sich als hervorragend qualifizierter Historiker für weitere Aufgaben empfohlen, so daß er 1759 schließlich den ehrenvollen Ruf an die damals führende Univ. Deutschlands, nach Göttingen, als Nachfolger des verstorbenen J. D. Köhler erhielt. Hier hielt er Vorlesungen über fast alle Gebiete der Gesch., insbesondere über Universalhistorie, die einzelnen hist. Hilfswissenschaften sowie die ‹Historische Enzyclopädie›.

G. war der erste und lange Zeit einzige Historiker, der regelmäßig eine umfassende Enzyklopädie der hist. Haupt- u. Hilfswiss. gelesen hat. In seinen ersten Vorträgen über ‹Hist. Enzyclopädie› in den frühen 1760er Jahren bemühte er sich, eine enzyklopäd.-vollständige Lit.-Übersicht zu geben. Danach wandte er sich zunächst ganz der Beschäftigung mit einzelnen Hilfswissenschaften zu. Deren Inhalte u. method. Verfahren legte er in zahlreichen programmatischen Abhandlungen dar, u. er hat über ihren Stoff später auch klassisch gewordene Handbücher verfaßt. Ab 1787 hat er dann wiederum jedes Semester über ‹Hist. Enzyclopädie› gelesen, daneben aber auch weiterhin Spezialvorlesungen über Diplomatik u. Geographie gehalten. G.s Historik- bzw. Enzyklopädie-Vorlesung scheint zunächst dadurch charakterisiert gewesen zu sein, daß er nacheinander die einzelnen Auxiliarwiss. abgehandelt, auf eine systemat. Vermittlung der einzelnen Teile aber verzichtet hat. Diese Vorlesung kündigt allerdings den Übergang von der materialen zur theoret. Enzyklopädie an; zwitterhaft verbindet sie die traditionellen Elemente der materialen Enzyklopädie (in der eine kurzgefaßte Übersicht über das bekannte hist. Wissen gegeben wurde) mit dem Versuch einer theoret. Fundierung der Gesch. als Fachwissenschaft.

Hauptwerke G.s sind seine Handbücher u. seine gesch.theoretischen Aufsätze. Er hat nicht weniger als vier grundlegend verschiedene Versuche zur Universalgesch. vorgelegt (1761; 1771; 1785 bzw. 1792) u. über sämtl. hist. Hilfswissenschaften Handbücher publiziert: über die Chronologie (1777) u. Geographie (1775; 1788) ebenso wie über die Diplomatik (1765; 1798; 1799), Genealogie (1788), Heraldik (1773; 1791) u. Numismatik (1772), schließlich auch über die «Statistik» (1773). Darüber hinaus verdienen die beiden Fachzeitschriften, die er hrsg. hat, besondere Erwähnung: *Allgemeine hist. Bibliothek* (1767–71); *Hist. Journal* (1772–81). Mit seinem Hist. Institut (1765) ist er auch als Wissenschaftsorganisator tätig gewesen.

Lit.: H. Wesendonck: Die Begründung der neueren dt. Gesch.schreibung durch G. u. Schlözer, L 1876, 58 ff.; E. Schaumkell: Gesch. der dt. Kulturgesch.schr., L 1905, 53–61; I. Salzbrunn: Studien zum dt. hist. Zeitschriftenwesen, Diss. Münster 1967, 21–65, 462–69; N. Hammerstein: Jus u. Historie, Gö 1972, 356–74; P. H. Reill: History and Hermeneutics in the Spätaufklärung, in: Journal of Modern History 45 (1973), 24–51; ders., in: H.-U. Wehler (Hg.): Dt. Historiker, Bd. 6, Gö 1980, 7–22. *H. W. B.*

Gebhardt, Bruno (1858–1905). G., der 1884 in Breslau bei J. Caro mit der Diss. *Die gravamina der deutschen Nation gegen den röm. Hof* promovierte, wurde später Gymnasiallehrer in Berlin und erhielt 1899 den Prof.titel. Als Historiogr. verfaßte G. u. a. die Arbeiten *Gesch.werk und Kunstwerk* (1885), *Dt. Kaisersaal. Gesch. d. dt. Kaiser in Biogrr.* (1894) und *Wilhelm v. Humboldt als Staatsmann* (1896/99). Berühmtheit erlangte sein 1891 erstmals, dann 1901 in 2. Aufl. mit anderen Mitarbeitern hg. *Handbuch der deutschen Geschichte* (2 Bde.), das vielfache Neuaufl. erfuhr (9. Aufl. 1970 ff. durch ↑H. Grundmann; 10. Aufl., 2001 ff., 24 Bde.) und als «der Gebhardt» firmiert.

Lit.: NDB 6, 120 f.; DBE 3, 594. *R. A. M.*

Gelzer, Matthias (1886–1974), prom. 1909 mit *Studien zur byzant. Verwaltung Ägyptens* bei ↑U. Wilcken, habil. sich 1912 mit der bahnbrechenden Arbeit *Die Nobilität der röm. Republik,* wurde 1915 Prof. für Alte Gesch. in Leipzig, 1918 in Straßburg, 1919 in Frankfurt a. M. G.s Hauptinteresse galt der mittleren und späten röm. Republik, deren Eigenart u. ‹polit. Grammatik› er mit Hilfe seiner prosopograph. u. soziopolit. Fragestellung erst wirklich erschloß. Neben der *Nobilität* haben v. a. seine Biographien zu Caesar (1919, [6]1960), Pompeius ([3]1959), Cicero (1939, [2]1969), Cato Uticensis (1934) sowie (in der RE) zu Caligula, Tiberius, Brutus, Crassus, Lucullus, Cato Censorius u. a. das moderne Geschichtsbild geprägt, ferner viele Aufsätze zur röm. Gesch., in denen G. auch wichtige historiogr. Fragen zu ↑Polybios, ↑Livius, Cicero u. a. klärte. Seine nüchterne, kritische, große Gelehrsamkeit befähigte den Schweizer u. a. auch, die umstrittene welthist. Bedeutung ↑Caesars gerecht einzuschätzen.

WW: M. Gelzer, Kleine Schriften, 3 Bde. Wie 1962/64 (mit WV I 3–14; III 396).
Lit.: H. Strasburger, in: Gnomon 47, 1975, 817–824; J. Bleicken, C. Meier, H. Strasburger, Matthias Gelzer und die röm. Gesch., Kallmünz 1977. *H. W.*

Geoffrey von Monmouth (ca. 1100–1154). Der Archidiakon und Leiter der Schule von Llandaff, später dann Bischof von St. Asaph, verfaßte die populäre und oft zitierte *Historia Regum Britanniae*. Der Bretone, der auch einige Zeit in Oxford wirkte, schuf eine phantasievolle Chronik, die er, laut eigener Aussage, aus einer alten keltischen Schrift weitgehend übernahm. Der hist. Gehalt stimmt nur bedingt mit der Realität überein, doch tat dies der Wertschätzung des Werkes keinen Abbruch. Im Gegenteil, die von G. eingearbeiteten Legenden u. a. von König Arthur und König Lear wurden in der späteren Literatur häufig verwendet. Mit seiner These von der gemeinsamen Abstammung der Briten, Sachsen und Normannen von den Trojanern (er lokalisiert das «Neue Troja» in der Nähe von London, gegründet von Brutus, einem Urenkel des Aeneas) trug G. wesentlich zur Heranbildung des brit. Nationalbewußtseins bei.

Ausg.: Historia Regum Britanniae, hg. v. N. Wright, 1986; engl. Übers. v. L. Thorpe, 1966.
Lit.: W. L. Jones, G. of M., 1899; Cannon 154/155; LMA 4, Sp. 1263 f. M. J. Curley, G. of M. New York 1994. *R. A. M.*

Geoffroi von Villeharduin (ca. 1150–ca. 1215). Der aus einem Adelsgeschlecht der Champagne stammende G. nahm möglicherweise am 3. Kreuzzug teil; beim 4. Kreuzzug (1202–1204), der durch den Dogen von Venedig zur Errichtung des Lat. Kaisertums in Byzanz führte, war G. verantwortlich in der Leitung tätig. Er übernahm schließlich das Kanzleramt in Byzanz, wo er bis zu seinem Tode verblieb. Hier verfaßte er auch seine Schilderung *La Conquête de Constantinople* (Eroberung von Konstantinopel; beendet 1207), die erste bedeutende hist. Darstellung in französ. Sprache. Seine Arbeit ist geprägt von großer Genauigkeit, aber auch von Feindschaft gegenüber den Mohammedanern. Als Apologet des Kreuzzugs sieht er in diesem Gottes Werk.

Ausg.: E. Faral, 1938; engl. Übers. v. M. R. B. Shaw: Joinville and Villehardouin: Chronicles of the Crusades, 1963.
Lit.: J. M. A. Beer: V.: Epic Historian, 1968; J. Longnon: Recherches sur la vie de G. de V., 1939; LMA 8, Sp. 1687 f. *R. A. M.*

Gervinus, Georg Gottfried (1805–1871), entstammte einer Darmstädter Handwerkerfamilie; nach Lehre und Tätigkeit als Kaufmann studierte er vornehmlich in Heidelberg bei ↑F. Chr. Schlosser Gesch. 1830 wurde er Priv. Doz., 1835 a. o. Prof. in Heidelberg; der 1. Bd. seiner meth. neuartigen *Geschich-*

te der poetischen National-Literatur der Deutschen (5 Bde., [1]1835–1842) brachte ihm 1836 die Berufung zum o. Prof. für Gesch. und Literaturgesch. in Göttingen. Allerdings wurde er nach dem Staatsstreich des hannov. Königs als einer der «Göttinger Sieben» bereits 1837 entlassen. Als Honorarprof. wieder in Heidelberg, machten ihn seine vielbeachteten Vorlesungen *Politik auf geschichtlicher Grundlage* und vor allem seine polit. Publizistik zu einem der führenden liberal-konstitutionellen Gelehrtenpolitiker in Vormärz und Revolution. Er erhielt die Chefredaktion der im Juli 1847 gegründeten *Dt. Zeitung*, war Mitglied im 17er Ausschuß wie in der Frankfurter Nationalversammlung (rechtes Zentrum). 1853 trug ihm die *Einleitung in die Geschichte des 19. Jh.*, in der er «Volksbewegungen» als entscheidende Triebkräfte politisch-sozialen Wandels darstellte, einen Hochverratsprozeß und den Entzug der Lehrbefugnis ein. Nach 1866 wurde G. zu einem der schärfsten Bismarckkritiker und entwarf gegen dessen Machtstaatspolitik die föderalistische Utopie eines europäischen «Kleinstaatengürtels von Skandinavien bis Sizilien».

In G. mischen sich Elemente von Aufklärung und frühliberalem Historismus. Er hat weniger durch quellenkritische Verfahren als durch neue Fragestellungen und Interpretationsmuster im Grenzbereich von Gesch.philosophie, hist. Empirie und Politikwiss. gewirkt. Er begründete die Disziplin der «Lit.-Gesch.» als eine Kultur- und Sozialgeschichte und reflektierte sein Vorgehen, in Anlehnung an ↑W. v. Humboldt die «leitende Idee» einer Epoche herauszuarbeiten, in *Grundzüge der Historik* (1837). In seiner *Geschichte des 19. Jh. seit den Wiener Verträgen* (8 Bde., [1]1855–66) beschrieb er den europ. Zivilisationsprozeß als Völker- statt Herrschergeschichte und bezog erstmalig auch Südamerika, den Export der frz. Revolution, mit ein.

Lit.: G. G. G. Leben. Von ihm selbst. 1860, hg. v. J. Keller, L 1893. – G. Hübinger, G. G. G. Hist. Urteil und polit. Kritik, Gö 1984 (WV). *G. H.*

Geyl, Pieter (1887–1966). Nach einem Start als Korrespondent einer niederl. Zeitung in London (1914–19) wurde er an der Univ. ebenda Dozent für niederl. Geschichte (1919–36) und Prof. der Neueren Gesch. in Utrecht von 1936–1958. Seine polit. und ideol. Überzeugungen haben, trotz seines kritisch-objektivierenden Ansatzes, sein Werk grundlegend beeinflußt. Sein aktives Engagement in der flämischen Bewegung, wobei er für die Vereinigung Flanderns und der Niederlande plädierte, liegt seiner *Geschiedenis van de Nederlandsche Stam* (1930–59) sicherlich zugrunde. In diesem Werk setzt er die Sprache als nationbildenden Faktor voraus, indem er nur den niederländischsprachigen Teil Belgiens im Zusammenhang mit dem Norden behandelt. Er kritisierte die Thesen ↑H. Pirennes und P. Bloks, die behaupten, daß die heutigen belg. und niederl. Grenzen schon in ferner Vergangenheit vorherzusehen waren, setzte aber einen neuen Anachronismus an ihre Stelle, indem er nämlich die Sprachgrenze im Süden eine polit. Grenze nannte in einer Periode, als sie das noch nicht war. Im wesentlichen war er ein polit. Historiker, mit kritischen Einschätzungen über den allzu zahmen Patriotismus der Oranje-Dynastie und mit einer Rehabilitierung des Regentenregimes und der Patriotenbewegung. Daß die Niederlande nach 1585 eine völlig vom Protestantismus dominierte Nation sein würden, war für ihn ein Mythos. In einer Polemik gegen ↑Toynbee brachte G. vor, daß in dessen Modellen das Einzigartige verlorengehe.

Lit.: H. Rowen, The Historical Work of P. G., in: The Journal of Modern History 37, 1965, 35–55; P. van Hees, P. G., in: A. Huussen, Historici van de 20ste eeuw, Ut 1981, 144–61; H. W. von der Dunk, P. G., in: Clio's Mirror, Zutphen 1985; J. Tollebeek, De toga van Fruin, 1988, 271–325; H. W. von der Dunk, Twee historici in brun tijd. P. G. en Gerhard Ritter, 1999. *W. P.*

Giannone, Pietro (1676–1748), stammte aus einer Mittelstandsfamilie in Capitanata (Foggia). 1694 schrieb er sich an der jur. Fakultät in Neapel ein, was ihn aber nicht befriedigte. Vielmehr vertiefte er sich leidenschaftlich in das Studium der Vergangenheit und entwarf eine Gesch.forsch., die die notwendigen Mittel zum Verständnis der jur. und pol. Realität seiner Zeit liefern sollte. 1702 begann er so mit der Niederschrift seines Hauptwerks *Istoria civile del Regno di Napoli,* veröffentlicht 1723. Darin rekapituliert G. die Gesch. Neapels vom MA an in konstanter Polemik gegen die Kirche. Seine Ideen erregten den Zorn der Geistlichen, und während man die Exkommunizierung vorbereitete, emigrierte G. nach Wien. Doch 1734 ließ die Unterstützung durch den Kaiser nach, und er war gezwungen, in die Heimat zurückzukehren. Verfolgt von den Jesuiten und den Klerikalen, suchte er Unterschlupf in Venedig, Modena, Mailand und Genf. Schließlich wurde er von den Piemontesen gefangengenommen und ins Gefängnis gesteckt, wo er bis zu seinem Tod blieb.

Neben der *Istoria civile* verfaßte er einige andere Werke, in denen seine Theorien zur staatlichen Rechtsaufsicht über die Kirche wiederkehren. Darunter vor allem das *Triregno,* beendet in Genf, aber erst 1895 in Rom veröff.; die *Discorsi storici e politici sopra gli Annali di Tito Livio,* publ. Tn 1852, und die *Autobiografia,* R 1890.

Lit.: F. Nicolini, Gli scritti e la fortuna di P. Giannone, Bari 1913; L. Marini, P. Giannone e il giannonismo a Napoli nel Settecento, Bari 1950; B. Vigezzi, P. Giannone riformatore e storico, Mi 1961; G. Ricuperati, L'esperienza politica e religiosa di P. Giannone, Mi-Na 1970; P. Giannone e il suo tempo: Atti del Convegno di studi nel tricentenario della nascita, a cura di R. Ajello, 2 vols., Na 1980. *M. R. D. S.*

Gibbon, Edward (1737–1794), konnte in relativer finanzieller Unabhängigkeit, zeitweise als Offizier der Miliz von Hampshire (1760/62), Parlamentsabgeordneter (1774/83) u. Inhaber einer Sinecure (1779/82), i. w. als Privatgelehrter teils in London, teils (bes. 1783/88 u. 1789/93) in Lausanne leben. Seine Ausbildung hatte er 1752/53 in Oxford u. 1753/58 in Lausanne erhalten u. dabei die frz. u. antike Literatur kennengelernt. 1763 reiste er nach Paris, 1764 nach Rom. Seit dem 12. Lebensjahr hist. stark interessiert, entschied er sich, nach verschiedenen anderen Plänen, nach 1764 für die Behandlung des Untergangs Roms. Sein Werk *The Decline and Fall of the Roman Empire* hatte sogleich großen Erfolg (Bd. 1: 1776, Bd. 2 u. 3: 1781, Bd. 4–6: 1788), sorgte wegen seiner Kritik am Christentum aber auch für Aufregung (1779 G.s Verteidigungsschrift: *A Vindication of Some Passages in the Fifteenth and Sixteenth Chapters of the Decline and Fall of the Roman Empire;* 1783 Indizierung). In den Bden 1–3 beschrieb G. die Gesch. des Reiches von der Mitte des 2. Jhs. bis zum Ende des weström. Kaisertums um 480, in Bd. 4–6 führte er die röm. u. byzant. Gesch. fort bis zur Eroberung Konstantinopels (1453). G. kannte zwar recht gut die antike u. zeitgenöss. Lit., aus der er kompilierte, war aber quellenkritisch naiv; heute hat die Darstellung nur mehr wiss.- u. lit.-hist. Bedeutung. Die große Wirkung von G.s Werk bis in die Gegenwart erklärt sich aus den hohen stilistischen u. erzählerischen Qualitäten, der ebenso bedeutsamen wie ansprechenden Thematik, der Verbindung von Common sense, aufgeklärter Gesch.-philosophie, hist. Gelehrsamkeit u. der Nähe vieler Probleme zum Zeitgeist des 18. bis 20. Jh.s (wie z.B. die Kritik am Christentum oder die Bedeutung persönlicher Tüchtigkeit).

Lit.: K. Christ, Von Gibbon zu Rostovtzeff, Da 1972, 8–25; P. B. Cradcock, Edward Gibbon, A Reference Guide, Boston 1987 (Bibliographie); D. Womersley, The Transformation of ‹The Decline and Fall of the Roman Empire›, C 1988; J. G. A. Pocock, Barbarism and Religion, vol. I, 1999. *H. W.*

Gierke, Otto (seit 1911: von G.) (1841–1921), o. Prof. der Rechtswiss. in Breslau (1871), Heidelberg (1884) und Berlin (1887), war der letzte bedeutende Vertreter der Historischen Schule germanist. Richtung. G.s rechtshist. Interesse richtete sich insbesondere auf den hist.-organischen Aufbau der Gesellschaft als komplexes Gefüge von Gruppenbildungen (*Das Wesen der menschlichen Verbände,* 1902). Sein Hauptwerk, die *Rechtsgeschichte der dt. Genossenschaft,* schildert auf breiter Quellengrundlage die Entwicklung vom germanischen Patriarchalismus bis zum Konstitutionalismus des 19. Jhs. im Spannungsfeld von genossenschaftl. und herrschaftl. Prinzip (= 1. Bd. des *Dt. Genossenschaftsrechts,* 1868, 2.–4. Bd. 1873–1913).

Lit.: O. G. Oexle, O. v. G.s «Rechtsgesch. der dt. Genossenschaft», in: N. Hammerstein (Hg.), Dt. Gesch.wiss. um 1900, Wie 1988, S. 193–218. – H. Boldt, O. v. G., in: Dt. Hist., hg. v. H.-U. Wehler, Gö 1982, VIII, S. 7–23. *G. H.*

Giesebrecht, Wilhelm (seit 1865: von G.) (1814–1889). Der im Vergleich zu anderen Hist. seiner Zeit eher unpolit., luth. und preuß.-dt.-patriotisch geprägte G. entstammte einer mecklenburg. Familie. In Berlin studierte er seit 1833 v. a. bei ↑Ranke und arbeitete an den «Jbb. der Dt. Gesch.» mit. Er gab die *Jbb. Ottos II.* heraus (B 1840). Lehrer am Joachimsthalschen Gymnasium, gelang ihm die Rekonstruktion der *Ann. Altahenses,* einer Qschr. zur Gesch. des 11. Jhs. aus Frgm. und Exzerpten (B 1841). Eine Stipendienreise führte ihn nach It., als deren Ergebnis legte er Arbeiten zur ma. Papstgesch. und seine Schr. *De litterarum studiis apud Italos primis medii aevi saeculis* vor (B 1845). 1848 wirkte er führend im Patriotischen Ver. mit, wurde 1851 Prof. in Berlin und veröff. eine Übers. von ↑Gregor v. Tours' Zehn Büchern Fränkischer Gesch. (L ^{4}1911–13). Nachdem 1855 der 1. Bd. seiner *Gesch. der Dt. Kaiserzeit* erschienen war, wurde er 1857 Prof. der Gesch. in Königsberg. 1858 Mitgl. der Hist. Komm. bei der Bayer. Akad. der Wiss., nahm er in Nachfolge ↑Sybels 1861 einen 2. Ruf nach München an, wohin er Rankes Krit. Schule übertrug, wo er das Hist. Seminar leitete und viele künftige Gymnasiallehrer prägte. Sekretär der Hist. Komm. war er von 1862–89, 1873 wurde er als Nachfolger ↑Döllingers Sekretär der Hist. Kl. der Akad. Er starb 1889 in München. Sein größtes Werk, die *Gesch. der Dt. Kaiserzeit* (von den Sachsenkaisern bis zu Heinrich d. Löwen), 5 Bde., Brau 1855–80, teilw. in mehrf. Aufl., zeugt von großer krit. und darstellerischer Begabung. Es verwandte bereits Editionen der MGH. In seiner Begeisterung für Dt.s Einigkeit und Stärke suchte G. nach dem ma. Vorbild. In päd. Absicht sollte diese zugleich wiss. und volkstümliche, erste zus.fassende dt. Gesch. des HochMA gemäß Volksgeistglaube und christlich-dt. Staatsidee vaterländisch erziehen. Sie überschätzt aber das ma. Kaisertum und trug mit zur Unschärfe des nationalen Bewußtseins bei.

Lit.: H. Bresslau, Gesch. der MGH, Han 1921; W. Goetz, Die bair. Gesch.forsch. im 19. Jh. (HZ 138, 1928, 255–314); NDB 6, 379–382. *C. v. M.*

Gilbert, Felix (1905–1991), gehört zu den jüngeren Schülern ↑Fr. Meineckes, die nach der NS-Machtübernahme in die USA emigrierten. Dort avancierte er neben ↑H. Holborn zum wohl wichtigsten Repräsentanten dt. historiographischer Traditionen. Insbesondere spielte er als Renaissanceforscher eine führende Rolle.

Mütterlicherseits Urenkel des Komponisten Felix Mendelssohn-Bartholdy und verwandt mit den Oppenheims wuchs der als Sohn einer deutschen Mutter und eines englischen Vaters in Baden-Baden geborene G. im großbürgerlichen Milieu in Berlin auf. Nach dem Abitur 1923 studierte er in Heidelberg, München und Berlin, unterbrochen durch zweijährige Mitarbeit bei der Herausgabe der diplomatischen Akten der Vorkriegszeit, der «Großen Politik», durch das Auswärtige Amt. 1930 promovierte G. bei Fr. Meinecke mit einer Arbeit über ↑J. G. Droysen und die preußisch-deutsche Frage (erschienen als HZ-Beih. 1931). In der Folgezeit wandte er sich vorrangig der Renaissance-Forschung zu.

1933 ging G., der ein der Sozialdemokratie nahestehender Anhänger der Weimarer Republik war, nach London, 1936 emigrierte er in die USA, wo er zunächst am Scripps College in Vermont/California, danach 1939–42 am Institute for Advanced Study in Princeton tätig war. 1943–46 arbeitete er im Office of Strategic Services als Deutschland-Sachverständiger, zunächst in Washington, ab Februar 1945 in London, schließlich seit Frühjahr 1945 in Paris. Danach beobachtete er für die amerikanische Besatzungsmacht den Wiederbeginn des politischen, kulturellen und akademischen Lebens in Deutschland. 1946–1962 lehrte er am Bryn Mawr College in Philadelphia, 1962–1975 wirkte er am Institute for Advanced Study in Princeton. Als Gastprofessor lehrte er seit den 50er Jahren an verschiedenen amerikanischen Universitäten sowie in Köln. Er engagierte sich für die Kooperation zwischen deutschen und amerikanischen Universitäten.

G. wandte sich nach seiner Emigration nur partiell der amerikanischen Geschichte zu, etwa der frühen amerikanischen Außenpolitik in *To the Farewell Adress. Ideas of Early American Foreign Policy* (1961). Sein wichtigstes Forschungsgebiet war die Zeit der Renaissance in Italien, dazu veröffentlichte er 1965 *Machiavelli and Guicciardini. Politics and History in Sixteenth-Century Florence.* Doch arbeitete er auch über die europäische politische Geschichte des 19. und 20. Jhs.: *The End of European Era: 1890 to the Present* (1970). Zu seinen weiteren Arbeitsgebieten gehörte die Geschichte der Historiographie, er behandelte u. a. den Prozeß der Professionalisierung, die Entwicklung von europäischer und amerikanischer Historiographie in vergleichender Perspektive, den Konflikt von Politik- und Kulturgeschichte sowie neuere Entwicklungstendenzen.

An Editionsarbeiten zu nennen sind *The Historical Thoughts of Otto Hintze* (1975), eine Sammlung von wichtigen Aufsätzen dieses Historikers, der damit dem englischsprachigen Fachpublikum bekannt gemacht wurde, sowie die unter dem Titel *Bankiers, Künstler und Gelehrte* (1975) publizierten Briefe der Familie Mendelssohn aus dem 19. Jh.

Der historisch vielseitig interessierte G. trug zusammen mit H. Holborn zur Weiterentwicklung der Ideengeschichte Fr. Meineckes zur modernen intellectual history bei. Zugleich wirkte er als führender Renaissanceforscher und Historiker der neueren politischen Geschichte, nicht zuletzt aber als Mittler zwischen der dt. und der amerikanischen Geschichtswissenschaft.

Lit.: F. Gilbert, Lehrjahre im alten Europa. Erinnerungen 1905–1945, Berlin 1989; H. Lehmann/J. J. Sheehan (Ed.), An Interrupted Past. German-Speaking Refugee Historians in the United States after 1933, Washington 1991; H. Lehmann (Ed.), Felix Gilbert as Scholar and Teacher. Washington 1992; F. L. Ford, Introduction to Felix Gilbert: History, Choice and Commtment, Harvard 1977; H. R. Guggisberg, Felix Gilbert: Werk und Wirkung, in: F. Gilbert, Guicciardini, Machiavelli und die Geschichtsschreibung der italienischen Renaissance. Berlin 1991, S. 7–13. *B. F.*

Giraldus Cambrensis (ca. 1146–1223). Dem aus adeliger Waliser Familie stammenden G. gelang trotz Studium in Paris keine Bischofskarriere; er brachte es nur zum Kanoniker von Lincoln. Auch eine Laufbahn am Königshof endete abrupt, so daß er sich ganz seinen literar. Ambitionen widmen konnte. Er verfaßte Landeskunden und Regionalgesch. von Wales und Irland *(Itinerarium Cambriae; Descriptio Cambriae; Expugnatio Hibernica; Topographia Hibernica),* originelle geographische und histor. Arbeiten sowie neben einer fragment. erhaltenen Autobiographie *(De rebus se gestis)* auch diverse theolog. und hagiograph. Werke und einen Fürstenspiegel *(De principis instructione liber),* in welchem er das Haus Plantagenet heftig kritisierte. Sein Œuvre zeugt von großer Vielseitigkeit, aber auch von Egozentrik.

Ausg.: Giraldi Cambrensi Opera, ed. J. S. Brewer u. a., Rolls Series (1861/91).

Lit.: M. Richter, G. C., The growth of the Welsh Nation, 1978; B. F. Roberts, Gerald of Wales, 1982; LMA 4, Sp. 1459 f.; Cannon 160 f.; Th. O'Laughlin, An early thirteenth century map in Dublin: a window into the world of G. C. In: Imago mundi ‹London›/International Society for the History of Cartography. London 51 (1999), S. 24–39. *R. A. M.*

Görres, Johann Joseph (seit 1839: von G.) (1776–1848). G. entstammt einer rhein.-moselländ. Familie. Geprägt vom Geist der Aufklärung am Koblenzer Jesuitengymnasium, begeisterten ihn die Ideen der Franz. Revolution. In Frkr. sah er das ideale Vaterland u. trat als Redner wie Publizist, insbes. als Hrsg. der Dekadenschr. *Das rothe Bl.* u. *Der Rübezahl* für eine «Cisrhenan. Republik» unter Frkr.s Schirmherrschaft ein. Es entstand s. erste selbst. Veröff. *Der allg. Frieden, ein Ideal* (1798). Um die Jh.wende ging er als Vertreter s. Mitbürger nach Paris; enttäuscht von den Ereignissen des «Brumaire» legte er *Resultate meiner Sendung nach Paris* (1800) vor. Nun Lehrer der Physik in Koblenz, beschäftigten ihn Lit. u. Musik, u. er arbeitete an der *Jenaischen Allg. Lit.-Ztg.* mit. Durch Vermittlung C. Brentanos zog er 1806, ohne ordentl. Lehrstuhl, an die Univ. Heidelberg, wo er Physiol., Psychologie, Phil., Kosmologie, Hygiene, Ästhetik u. Altdt. Lit. lehrte. Der dilettierende Autodidakt beeindruckte s. Hörer, zu denen auch J. v. Eichendorff gehörte. Die «romant.» Epoche s. Lebens, die Begegnung mit Schellings Naturphil. u. mit dem poet. Erbe des MA bewirkten s. Abwendung von der Aufklärung u. s. Hinwendung zum organism. Denken, das s. Gesch.-bild wie s. Gesellsch.lehre prägte. Danach ist jede Nation für sich unvollkommen, zugleich aber eine «besondere Seite des göttl. Ebenbildes» u. erfüllt erst durch ihre Teilhabe am Menschheitsorganismus ihre Aufgabe. In diese Zeit fiel s. Mitarb. an den *Heidelberger Jbb.* u. an Perthes' *Vaterländ. Mus.*

1808 an das Koblenzer Gymnasium zurückgekehrt, wurde er zu einem Mittelpunkt f. Gelehrte u. Publizisten, trieb mythengesch. Stud. u. veröffentlichte kritische Aufs. zum Zeitgeschehen, voller Heftigkeit u. Kompromißlosigkeit. Der Direktor d. öffentl. Unterrichts am Mittelrhein (1814/15) gründete, nachdem das Rheinland an Pr. gefallen war, den *Rhein. Merkur*, der bald große Bedeutung u. Einfluß erlangte, «das 1. Beispiel der Gesinnungspresse in Dt.», von Napoleon die «Fünfte Großmacht» genannt. Mit Frh. v. Stein, E.M. Arndt u. a. wurde das Bl. zum Organ der dt. Verfassungsbewegung, für ein einiges Dt. Reich in föderalist. Gliederung. 1816 wurde es verboten. Wegen s. Kritik an Bürokratie u. Reaktion in s. Schrift *Teuschland u. die Revolut.* (1819) mit Verhaftung bedroht, floh G. nach Straßburg, wo er die polit. Bücher *Europa u. die Revolut.* (1821) u. *Die Hl. Allianz u. die Völker auf dem Congresse v. Verona* (1822) veröff. Er fand zurück zur kath. Kirche, nicht zuletzt durch die von Frkr. ausgehende demokrat.-kath. Bewegung, für die er bis 1827 publizist. in der kirchenpolit. Zs. *Der Katholik* arbeitete.

Gegen manchen Widerstand ging er 1827 als Prof. «der allg. u. Litterärgesch.» an die Univ. München. Hier entfaltete er eine große Wirksamkeit u. machte sein Haus durch den «Görres-Kreis» zum Mittelpunkt des neu inspirierten Katholizismus. In der Zs. *Eos* u. den nach dem pr.-köln. Kirchenstreit gegr. *Hist.-polit. Bll. f. d. Kath. Dtl.* beteiligte sich der pathetische Polemiker an den Auseinandersetzungen seiner Zeit «gegen die Feinde der positiven göttl. Offenbarung, sowie gegen jede unhist. Pol. u. den Liberalismus», blieb aber konstitutionell gesinnt. Er forderte die Freiheit der kath. Kirche im Staat, nicht die Trennung vom Staat. Der Kirchenstreit war Anlaß des *Athanasius* (1838), auch innerkath. nicht unumstrittenes Manifest der kath. Bewegung in Dtl. 1836/43 legte G. die *Christliche Mystik* in 4 Bdn. vor. Er starb 1848 in München.

Lit.: NDB 6, 532–536 (WV u. Sek.lit); G. Mann, in: Die Großen Deutschen, Bd. 2 (1966), 518–531; DBE 4, 59 f.; Görres-Studien: FS zum 150. Todesjahr v. J. v. G., hrsg. v. H. Dickerhof (1999); D. Weiß, J. v. G. (1776–1848), in: Pol. Theorien d. 19. Jhs., 1. (1999). *C. v. M.*

Goetz, Walter (1867–1958), ist eng mit der Renaissanceforschung, mit der dtn. Kulturgesch.schreibung u. mit der Universalhistorie verbunden. G. war zudem ein bedeutender Organisator u. Anreger der dtn. Geschichtswiss.

Der Sohn eines Leipziger Arztes promovierte 1890 bei W. Maurenbecher mit einer Diss. über *Maximilians II. Wahl zum römischen Könige 1562* in Leipzig, wo zu dieser Zeit ↑K. Lamprecht, ↑E. Marcks u. ↑G. Seeliger Lehrstühle innehatten. Seit 1892 war er Mitarbeiter, seit 1904 a. o. u. seit 1913 o. Mitgl. der Histor. Komm. bei der Bayer. Akad. der Wiss., für die er Akten u. Briefe zum 16. u. 17. Jh. edierte. Daneben wurden das ausgehende MA u. insbes. die Renaissance zum Hauptarbeitsgebiet von G., dessen zahlreiche Reisen nach Italien ihren Niederschlag u. a. in Monographien über Assisi u. Ravenna fanden. G., der seit 1907 die *Beiträge zur Kulturgesch. des MAs u. der Renaissance* u. seit 1912 – zus. mit ↑G. Steinhausen – das *Archiv f. Kulturgesch.* herausgab, wurde 1905 als Nachfolger ↑G. v. Belows nach Tübingen, 1913 als Nachfolger K. Lamprechts nach Leipzig berufen, wo er dessen Inst. f. Kultur- u. Universalgesch. mit veränderten Schwerpunkten unter Beibehaltung der Verbindung von Kultur- u. Universalgesch. weiterführte.

Politisch von ↑L. Brentano u. mehr noch von F. Naumann beeinflußt, setzte sich G. während des 1. Weltkrieges wie andere «gemäßigte» Historiker für einen Verständigungsfrieden ein. Da aus seiner Sicht «Dtl.s Verhängnis zu einem nicht geringen Teil auf der Mißachtung der Demokratie» beruhte, engagierte er sich für die Weimarer Republik. Von 1919 bis 1928 war er DDP-Reichstagsabgeordneter und wandte sich auch als Historiker verstärkt der Gesch. der neuesten Zeit zu. 1920 wurde er Mitgl. der Histor. Reichskomm., 1927 Vors. der Dante-Ges. Dem Weimarer Kreis verfassungstreuer Hochschullehrer angehörend (Vorsitzender in den frühen dreißiger Jahren), wurde G. 1933 pensioniert. Nach 1945 wurde G. noch einmal Präs. der Histor. Komm. in München u. interimistischer Leiter der MGH, übernahm die Leitung der NDB u. lehrte bis 1951 an der Univ. München.

Von seinen Werken sind zunächst die 4 Bde. *Polit. Korrespondenz Maximilians I. von Baiern u. seiner Verbündeten während des Dreißigjährigen Krieges* (1907–1948) zu nennen, dann Studien über F. v. Assisi, die Entwicklung der ma. Religiosität, über Dante u. über die *Wiederaufnahme der Antike im MA u. in der Renaissance;* 1942 erschien das zusammenfassende Werk *Italien im MA,* 1958 die Samml. seiner Dante-Studien. Im Bereich der neuesten Gesch. trat G. mit einer Ed. des Briefwechsels Kaiser Wilhelms I. und Zar Nikolaus II. bis zum Beginn des Weltkrieges (1920) hervor; seine Biogr. Wilhelms II. blieb unvollendet. 1929–1933 erschien unter G.s Leitung die Propyläen-Weltgesch. «Der Werdegang der Menschheit in Ges., Staat, Wirtschaft u. Geistesleben», zu der G. selbst *Dtl. v. 13.–16. Jh.* (Bd. 4), *Die Gegenreformation in Dtl.* (Bd. 5), *Die geistige Bewegung im 19. Jh.* (Bd. 8) u. *Die geistige Bewegung um die Jh.wende* (Bd. 10) sowie die Einleitungen zu den verschiedenen Bänden beisteuerte. Die G.sche Weltgesch. zielt eine Synthese von Kulturgesch. u. polit. Gesch., von europ. u. außereurop. Kulturgesch. an; nach G. verlangt alles geschichtl. Leben eine Darstellung auf geistesgesch. Grundlage.

G., der die Historiker seiner Zeit vielfach portraitiert hat (gesammelt in *Historiker in meiner Zeit,* 1957), hat als Nachfolger Lamprechts nur sehr bedingt dessen Gesch.konzeption fortgeführt u. durch die Definition von Kulturgesch. als Geistesgesch. den Lamprechtschen Gegensatz zum Hauptstrom der dtn. Historiogr. aufgelöst. Diese die Geistesgesch. in das Zentrum des histor. Interesses rückende Anschauung war in der dtn. Historiogr. d. ersten Hälfte des 20. Jh.s verbreitet, nicht aber G.s polit. Position.

Lit.: W. Goetz: Aus dem Leben eines dtn. Historikers. In: Ders., Historiker in meiner Zeit. Kö, Graz 1957, S. 1–87; H. Grundmann/F. Wagner: W. G. In: AKG 40, 1958, S. 271–274; H. Grundmann: W. G. In: HZ 187, 1959, S. 731 f.; W. V. Weigand: Walter Wilhelm Goetz, 1992. *B. F.*

Goldast, Melchior, gen. von Haimisfeld (1578–1635?). In Espen bei Bischofszell (Schweiz) als Abkomme einer adligen, aber verarmten Familie geb. Er stud. in dieser Zeit scharfer konfess. Gegensätze im jesuit. Ingolstadt, dem luther. Altdorf und im calvin. Genf. Immer in Geldnot, war er auf tatkräftige Hilfe von Gönnern angewiesen, was ihn nach St. Gallen (Schobiner), Heidelberg und in Dienste weiterer Fürsten führte. Dem konfessions-polemisch aufgeladenen Zeitgeist entsprechend, hatte er durch Editionen von Urkunden, QQ, hist. Zeugnissen und Gesetzessammlungen die «Praetensionen» seiner fürstlichen Auftraggeber abzusichern. Als glänzender Schüler humanist. Jurisprudenz, versuchte er ab 1606 in Frankfurt a. M. als selbständiger Editor und Gelehrter seinen Lebensunterhalt zu verdienen. 1615 folgte er einem Angebot des Grafen Ernst von Schaumburg als jurist. Berater. Chronischer Geldmangel dieses unternehmenden Grafen – G. hatte u. a. die Privilegien für die neuerrichtete Univ. Rinteln beim Kaiser zu erwirken – und der frühe Tod Ernsts ließen auch diese gut dotierte Anstellung eine nur vorübergehende Phase bleiben. Ob G. schließlich noch in Hessisch-Darmstädtische Dienste trat und gar Kanzler der Univ. Gießen war, ist zweifelhaft, sein Tod in Gießen 1635 aber wahrscheinlich.

Viel benutzt waren seine räsonierenden Sammlungen und Editionen wie: *Statuta et rescripta Imperialia,* Frankfurt 1607; *Imperialis recessus constitutiones et ordinationes* (ebd.); die Herausgabe der Werke Willibald Pirckheimers, Frankfurt 1610, war ihm zu danken wie auch die Thuanus' 1609–1613; *Politica Imperialia,* Frankfurt 1614, und vieles weitere mehr.

Nicht eigentlich Historiker, schuf G. durch seine Editionstätigkeit, seine Sammlungen und hist. Abhandlungen wichtige und langandauernde Voraussetzungen für die pragmatische, im Zeichen der Konfessionalisierung zunehmend kontroverse Gesch.schr.

Lit.: ADB 9, 327–330; NDB 6, 601 f.; M. Stolleis, Geschichte des öffentlichen Rechts I, 1988; G. Schormann, Academia Ernestina, Marburg 1982. *N. H.*

Gothein, Eberhard (1853–1923), wurde am 19.10.1853 in Neumarkt bei Breslau als Sohn eines Arztes geboren. Stud. der Gesch. und Nat.ökon. in Breslau und Heidelberg schloß er 1875 mit der Diss. und 1878 der Habil. ab. Obgleich Historiker, besetzte G. stets Lehrstühle f. Nationalökon. (1884–1890 TH Karlsruhe, 1890–1905 Bonn, dort mit Lehrauftrag auch f. Kulturgesch., 1905 bis zur Emeritierung Heidelberg), was der deutl. Unterordnung von polit. Gesch. unter die übergreifend verstandene Kulturgesch. durch G. (Streit mit ↑D. Schäfer um *Das eigentliche Arbeitsgebiet der Gesch.* 1888–1890) zuzuschreiben ist. Seine wiss. Arbeiten wurden von der Fachhistorie entsprechend zurückhaltend aufgenommen, von der zeitgenöss. Schule der Nat.ökon. dagegen begrüßt. G.s Forsch. kreisen um drei Themen: 1. Die Gesch. von Reformation und Gegenreformation; hierher gehören neben seiner Habil.schr. 1885 und 1895 erschienene Arbeiten zu I. v. Loyola. 2. Die Gesch. der Renaissance in Süditalien, der die 1886 erschienene Monographie *Culturentwicklung Süditaliens in Einzeldarstellungen* gewidmet ist, und 3. Die regionale Wirtsch.gesch. des Ober- und Niederrheins (u. a. eine 1892 erschienene Wirtsch.gesch. des Schwarzwalds und die 1916 veröff. Studie zur Verf.- und Wirtsch.gesch. der Stadt Köln im 19. Jh.). G. war über die akad. Tätigkeit hinaus engagiert in der Fortbildung volkswirtsch. Praktiker und an der Gründung zweier Handelshochschulen in Köln und Mannheim beteiligt. Mit ↑M. Weber verbanden ihn gemeinsame religionssoziologische Interessen; erst während des 1. Weltkrieges wandte er sich auch dessen polit. Haltung eines Vernunftrepublikanismus zu und vertrat von 1919–21 die DDP im verfassungsgebenden Landtag Badens.

Lit.: Marie-Luise Gothein, E. G., St 1931 (vollst. WV); NDB 6, S. 654–656; P. Alter, F. G., in: H.-U. Wehler (Hg.), Dt. Historiker, Bd. 8, Gö 1982, S. 40–55 (Sek.lit.); S. Haas, Historische Kulturforschung in Deutschland 1880–1930, Köln/Weimar/Wien 1994. *L. S. S.*

Gottfried von Viterbo (ca. 1125–ca. 1190). Die Herkunft des Dichters und Chronisten ist unklar (dt.-it.), doch gilt es als sicher, daß er an der Bamberger Domschule seine Studien absolvierte. Konrad III. nahm ihn in die Hofkapelle auf, der er auch unter dessen Nachfolgern angehörte. Als Kaplan Friedrichs I. schrieb er für den jungen König Heinrich (VII.) die Gedichte *Speculum Regum* und *Gesta Friderici,* die er dann auch in seine anekdotenhafte Gesch.-erzählung *Memoria saeculorum* aufnahm. Sein Hauptwerk ist das dreiteilige *Pantheon*, eine ebenfalls anekdotische Weltgesch. mit mancherlei Fabeln, die zwei Päpsten sowie Heinrich VI. in ihren verschiedenen Fassungen gewidmet ist. Da G. recht unkritisch arbeitete, vielfach auch zu Konfusion neigte, haben seine historiograph. Arbeiten nur bedingten Wert.

Ausg.: MGH SS XXII.
Lit.: H. Ulmann, Gotfrid v. V., 1863; LMA 4, Sp. 1607 f.; LThK IV, Sp. 1140 f.; M. E. Dorninger, G. v. V.: ein Autor in der Umgebung der frühen Staufer. 1997; F. Boockmann, Studien zum Pantheon des G. v. V.: Teil 1. 1992. *R. A. M.*

Grabmann, Martin (1875–1949). *5. Jan. 1875 als Landwirtssohn in Winterzhofen/Oberpfalz, absolvierte G. nach dem humanistischen Gymnasium in Eichstätt das Theol.-Studium am dortigen Bischöfl. Lyceum. Nach Priesterweihe 1898 und Seelsorgepraxis schloß er das Studium der thomistischen Phil. und Theol. am röm. Thomaskolleg der Dominikaner ab mit Promotionen 1901/02, in Rom gefördert und auf sein künftiges Arbeitsfeld verwiesen durch ↑H. Denifle und F. Ehrle. Herbst 1906 zum Prof. für Dogmatik am Lyceum Eichstätt, 1913 für Christliche Phil. an die Univ. Wien, 1918 auf den Lehrstuhl für Dogmatik nach München berufen, wirkte er dort bis zur Schließung der Theol. Fak. durch das NS-Regime Febr. 1939, was G. zum Antrag auf Entpflichtung veranlaßte. G.s Umzug 1943 nach Eichstätt rettete auch seine wertvolle Bibl. vor Luftangriffen.

G. war einer der profiliertesten Erforscher des ma. Geisteslebens. Auf der Grundlage intensiven Handschriftenstudiums, begleitet von glücklichen Funden, hat G. in grundlegender Weise die Rezeptionsgesch. der ma. Phil. und Theol., bes. Schrifttum und Schule des Thomas von Aquin sowie das ma. Aristoteles-Studium einschließlich des Averroismus erschlossen, sich aber auch mit Mystik befaßt. Sein Hauptwerk, *Die Geschichte der scholastischen Methode* (2 Bde. 1909/10), gilt als Standardwerk für jeden geistes- und wissenschaftsgesch. orientierten Mediaevisten, ebenso seine ges. Abh. in *Mittelalterliches Geistesleben* (3 Bde. Mn 1926–1956, Bd. 3 hg. von L. Ott mit autobiographischen Notizen und Bibliogr. 1–35). G. erfuhr zahlreiche Ehrungen. Er war Mitglied der Bayer. Akad. d. Wiss. (seit 1920) u. korresp. Mitglied mehrerer in- u. ausländischer Akad., Ehrendoktor der Univ. Löwen, Innsbruck, Mailand, Budapest. 1941 ernannte ihn Papst Pius XII. zum Apostolischen Protonotar. G.s Bibl. bildete den Grundstock des von seinem Nachfolger M. Schmaus 1954 begr. Grabmann-Instituts zur Erforschung der mittelalterlichen Theologie und Philosophie, worin die Theol. Fak. der Univ. München die Tradition der Scholastik-Forschung weiterpflegt.

Lit.: NDB 6, 699–700 (L. Ott); M. Schmaus, Zur 100. Wiederkehr des Geburtstags von M. G., in: Münchener Theol. Zeitschrift 26 (1975), 1–16; H. Köstler – L. Ott, M. G. Nachlaß und Schrifttum, Pa-Mn 1980; zum 50. Todestag Aufsätze in: Münchener Theol. Zeitschrift 50 (1999); Th. Prügl (Hg.), Credo ut intelligam: M. G. zum 50. Todestag, St. Ottilien 1999. *L. B.*

Grauert, Hermann (seit 1914: von G.) (1850–1924), als Sohn eines Kaufmanns in Pritzwalk geboren, wurde 1876 durch ↑G. Waitz in Göttingen prom. und trat 1877 als Archivpraktikant in den bayer. Staatsdienst ein. 1883 habil. er sich in München und wurde 1885 o. Prof. ebd. 1920 wurde G. Präsident der Görres-Ges. 1915/16 war er Rektor der Univ. München. Seine Forsch.gebiete waren die dt. Verf.gesch. des MAs und die ma. Kirchengesch. einerseits, die Gesch. des 19. Jh.s und die Univ.gesch. andererseits. G. gehörte zu jener Gruppe kathol. Historiker, die nach der Kulturkampfisolation die Integration des Katholizismus in das Dt. Reich anstrebten, ohne die kathol. Identität aufzugeben. Von dieser Position aus beurteilte er z.B. die Position der kathol. Luther-Forsch. als zu schroff im Ton, aber zutreffend in der Sache.

Lit.: DBE 4, S. 142; H. Günter, H.v.G., in: HJb 44/1924, S. 169–196; K.Wenck, H.v.G., in: HZ 131/1925, S. 263–267; K.A.v.Müller, H.v.G., in: ders., 12 Historikerprofile, 1935, S. 80–87. *L.S.S.*

Graus, František (1921–1989), hat als Mediävist ein Werk von großer thematischer Weite, analytischer Schärfe und kritisch-innovativer Kraft hinterlassen, dessen untergründige Intensität sich aus persönlicher Leiderfahrung in totalitären Terrorsystemen des 20. Jhs. speiste.

In Brünn geb. und zweisprachig aufgewachsen, wurde G., aus jüdischer Familie stammend, 1941 mit Mutter und Bruder nach Theresienstadt deportiert, überlebte die KZ Auschwitz und Buchenwald. Studium in Prag, Prom. 1948 (mit einer Untersuchung zur Stadtarmut in vorhussitischer Zeit), Habil. u. Prof. 1951, 1953–1969 Hg. v. Československý časopis historický, weitere Studien zur Sozial- u. Wirtschaftsgesch. des böhmischen Spätmittelalters, als Mitglied der KPČ seit 1954 Abt.-Leiter am Hist. Inst. der Tschech. Akad. d. Wiss. Früh begann G. die intensive Auseinandersetzung mit Kontinuitätskonstruktionen der deutschen Mediävistik (*Über die sogenannte germanische Treue*, 1959; *Geschichtsschreibung und Nationalsozialismus*, 1969; *Verfassungsgeschichte des Mittelalters* – HZ 243, 1986), Genese u. Gefahren nationaler Geschichtsbilder (*Deutsche und slawische Verfassungsgeschichte?* – HZ 197, 1963), Prozessen ma. Staats- und Nationenbildung (zusammenfassend: *Die Nationenbildung der Westslawen im Mittelalter*, 1980), Funktionen frühma. Hagiographie (*Volk, Herrscher und Heiliger im Reich der Merowinger*, 1965) u. sozialgeschichtl. Aspekten religiöser Bewegungen; dabei wuchs die Distanz zur orthodox-marxist. Feudalismuslehre, Gastdozenturen in Gießen (dort 1968 Dr. h.c.), Konstanz, Paris weiteten den Blick. Nach Niederschlagung des ‹Prager Frühlings› sah sich G. zum Verlassen seiner Heimat gezwungen und lehrte als o. Prof. an den Univ. Gießen (1970) und Basel (seit 1972). Seit 1983 Mitherausgeber der HZ, wiederholt Referent auf den Reichenau-Tagungen des Konstanzer Arbeitskreises und vielfältig eingebunden in die europäische Mittelalterforschung, blieb G. gleichwohl – nach Herkunft, Selbst- u. Wissenschaftsverständnis – ein Einzelgänger «‹zwischen allen Fronten›» (1980).

Aus den Anfängen des Werks entwickelten sich bruchlos weitere Themenkomplexe: große Studien galten Geschichtsmythen, ihrer Instrumentalisierung und epochenübergreifenden Wirksamkeit (*Lebendige Vergangenheit. Überlieferung im Mittelalter und in den Vorstellungen vom Mittelalter*, 1975), den Funktionen der Historiographie im MA wie im 19. u. 20. Jh., der Erforschung mittelalterlicher Mentalitäten (*Mentalitäten im Mittelalter*, 1987), dem Schicksal von Randgruppen in der Gesellschaft des Spätmittelalters, damit verbunden bes. auch den ma. Wurzeln des Antisemitismus. Der Einordnung ma. Judenverfolgungen in das Szenario des europäischen Spätmittelalters als «Krisenzeit» widmete G. seine letzte große Monographie (*Pest – Geißler – Judenmorde*, 1987) – gleich weit entfernt von «Trivialpositivismus» u. «Theoriesucht» (1980), von kleinteiliger Segmentierung wie überzogener Synthese. So verbinden sich in G.s Arbeiten Methodenreflexion u. pointierte Detailkritik, die Überzeugung v. subjekt. Grundimpuls aller Beschäftigung mit Geschichte u. die Forderung nach dem Gegenwartsbezug mediävist. Forschung.

G.s vehementes Plädoyer für *Die Einheit der Geschichte* (HZ 231, 1980) läßt die tieferen Grundlagen seines Werks erkennen: den «intellektuellen Wagemut» u. die Skepsis dessen, der aus fremden wie eigenen «Fehlern u. Irrtümern» gelernt hat, den Konstruktionen, der Sinndeutung der Gesch.wissenschaft zu mißtrauen.

WV in: Spannungen u. Widersprüche. Gedenkschrift für F. G., Sigmaringen 1992, S. 315–324.
Lit.: P. Moraw, Heimat u. Methode. Zur Erinnerung an F. G., in: HZ 251, 1990, S. 283–290; J. Le Goff, F. G. et la crise du XIVe siècle, in: Spannungen, 1992, S. 13–20. *H. C.*

Gravina, Gian Vincenzo (1664–1718), wurde in Roggiano (Cosenza) als Sohn einer adeligen und wohlhabenden Familie geb. und wuchs in Neapel in einer nationalistischen und antikurialen Umgebung auf. Humanistisch gebildet, führte G. nach anfänglichen Schwierigkeiten das belebende Element Gesch. in die Rechtswiss. ein. 1689 ging er nach Rom, wo er mit den gebildeten Kreisen Kontakt aufnahm. In ersten Veröff. über Fragen der Moral und der Theol. wandte er sich gegen scholastische und barocke Lehren. Er gehörte zu den Gründern der lit. Akad. Arcadia, deren Richtlinien er 1696 ausarbeitete. 1699 erhielt er den Lehrstuhl für Zivilrecht und einige Jahre später den für kanonisches Recht an der «Sapienza» in Rom. Seine Lehre orientierte sich an den neuen Methoden, mit denen er wegen ihres innovativen Charakters wenig Erfolg bei Kollegen und Studenten hatte. Als seine wichtigsten gesch.wiss. Werke gelten: *Specimen prisci iuris,* wo er seine rationalistischen und naturrechtl. Vorstellungen in einer hist. Vision darlegt; *Origines iuris civilis* (erste Entwicklungen des röm. Rechts) und *De romano imperio liber singularis,* in dem er die Grundlagen und den Verlauf der Ausdehnung des Röm. Reiches untersucht.

Lit.: C. Ghisalberti, Gian Vincenzo Gravina giurista e storico, Mi 1962; A. Quondam, Cultura e ideologia di Gianvincenzo Gravina, Mi 1968; M. Stolleis (Hg.), Juristen, 1995, 252 f. *M. R. D. S.*

Gregor von Tours (538–594). Georgius Florentinus, geb. 30. Nov. in Arvernum (Clermont-Ferrand) aus galloromanischem Senatorenadel, nannte sich wohl nach dem Großvater seiner Mutter, Bischof Gregor v. Langres. Nach solider Ausbildung, deren Maß Vergil und die Patristik waren, und geistlicher Laufbahn wurde G. 573 Bischof von Tours; im letzten Kap. seines hist. Werks reiht er sich stolz (als 19.) in die Bischofsliste ein, deren bedeutendster Name der von ihm als charismatische Leitfigur verehrte Hl. Martin war. Unter den Königen Chilperich I. und Childebert II. von großem kirchlichem und polit. Einfluß, starb G. wohl am 17. Nov. 594.

G. zählt selbst die Werke auf, die er während der Amtszeit verfaßt hat: *10 Libri Historiarum, 7 Libri Miraculorum, De vita Patrum,* einen Psalmenkommentar (nur fragmentarisch überliefert) und *De cursibus ecclesiasticis,* ein liturgisches Hilfsbuch zur Zeitbestimmung des nächtlichen Offiziums aus dem Stand der Sterne, also mit astronomischen Kenntnissen. Das Schwergewicht liegt im hagiographischen und historiographischen Bereich. G.s Werk ist getragen von pastoraler Zielsetzung, redlicher Frömmigkeit, naivem Wunderglauben und betonter Rechtgläubigkeit in Abgrenzung gegen den im Germanentum verbreiteten Arianismus, weshalb er u. a. die Westgoten verurteilte. Die hagiographischen Schriften sind von kulturhist. Interesse für den religiösen Horizont bes. im Umkreis von Clermont und Tours; z. B. fand die orientalische Siebenschläferlegende über G. Eingang ins Abendland. Die *Historiae* von der Weltschöpfung bis 593 zeigen G.s Bemühen um ein universales Geschichtsbild, das sich jedoch mit dem 4. Buch (ab 548) auf Zeitgesch. der führenden Schichten im Raum Galliens verengt, großenteils auf eigener Erinnerung und mündl. Überlieferung beruhend. Sie sind nur bedingt der lit. Gattung der Volks- oder Stammesgeschichten in der Tradition von ↑Cassiodors und Isidors v. Sevilla Gotengeschichten zuzuordnen, wie sie im 8. Jh. von ↑Beda und ↑Paulus Diaconus fortgeführt wird. G. bietet vielmehr fränkische Reichsgesch.; aber der Titel «Frankengeschichte» stammt nicht von G. Für sein Heimatgefühl sind die Franken seit der Taufe Chlodwigs ein heilsgeschichtl. erwähltes Volk, in dem Romanen und Germanen verschmolzen sind. Obwohl G.s volkstümlicher Stil – den er selbst, ähnlich wie sein Zeitgenosse Papst Gregor I., für ein christl. Publikum vom spätrömischen Rhetoriker-Latein abgrenzen wollte – von der Forschung gerne als Musterbeispiel des verwilderten Merowingerlateins kritisiert wird, erwies G. starkes Erzähltalent in der lebendigen Gestaltung einer bunten Fülle von Episoden und Szenen realen oder auch legendären Charakters, ähnlich wie seine *Heiligenviten* Kabinettstücke geistlicher Novellistik darstellen, darin Vorgänger der «Legenda aurea» ↑Jacobs de Voragine. Der Quellenwert der Werke G.s für die Geschichte des Merowingerreichs sowie für anti-arianische fränkisch-christliche Religiosität im 6. Jh. erhielt neue Beleuchtung durch Forschungen im Umkreis des Jubiläums der Taufe Chlodwigs in Reims (498/1998).

Ausg.: G. v. T., Zehn Bücher Geschichten (Ausgew. Quellen zur dt. Gesch. d. MA, hg. von R. Buchner, Bde. 1 u. 3), bearb. von R. Buchner, 2 Bde. Da ^{6}1986 (Einl. u. Text).

Lit.: F. Brunhölzl, Geschichte der lateinischen Literatur des Mittelalters I, Mn 1975, S. 128–140; M. Heinzelmann, Gregor v. Tours (538–594). «Zehn Bücher Geschichte». Historiographie u. Gesellschaftskonzept im 6. Jh., Darmstadt 1994; N. Gauthier/H. Galinié, Hg., Grégoire international, Tours, 3–5 Nov. 1994, Tours 1997; M. Rouche, Hg., Clovis, histoire et mémoire. Le baptême de Clovis, son écho à travers l'histoire, Paris 1997; J. Führer, Gregor v. Tours: Christliche u. pagane Tradition, in: G. Thonne/U. Holzhausen, Hg., Es hat sich viel ereignet, Gutes wie Böses. Lateinische Geschichtsschreibung der Spät- und Nachantike, Mn-Lpz 2001, S. 105–126. *L. B.*

Gregorovius, Ferdinand (1821–1891). Der Juristensohn studierte an der Univ. Königsberg Theologie und Philosophie und prom. zum Dr. phil. mit der Dissertation *Plotini de pulcro doctrina* (1843). Da er sich für das Amt eines evang. Pfarrers nicht für geeignet hielt, arbeitete er zunächst als Hauslehrer und Redakteur. Diese Tätigkeit hielt ihn nicht ab, zwischen 1848 und 1851 drei Bücher zu publizieren *(Die Idee des Polenthum's; Göthe's Wilhelm Meister in seinen socialistischen Elementen entwickelt; Geschichte des röm. Kaisers Hadrian und seiner Zeit)*. 1852 ging G. nach Italien. In Rom arbeitete er an seinem Buch über *Corsica* (2 Bde., 1854) und verfaßte zwischen 1856 und 1877 eine histor. Landschaftsschilderung der Apenninhalbinsel *Wanderjahre in Italien* (5 Bde., mehrfach aufgelegt und übers.). Seine Meisterleistung schließlich aber wurde die *Geschichte der Stadt Rom im MA* (8 Bde., 1859–72; vielfache Auflagen und Übersetzungen), die nicht nur die Stadtgesch., sondern auch die Papst- und Kaisergesch. zum Gegenstand hat. G.s reichhaltige Quellenkenntnisse verbanden sich darin mit einem klass. Darstellungsstil und ließen die Kombination aus Ideenhistorie mit Realgesch. zu einem Meisterwerk der

Gesch.schreibung werden; 1874 erschien von G. eine Lebensgesch. der *Lucrezia Borgia,* 1889 die dreibändige *Geschichte der Stadt Athen im MA.* Von seinen vielfältigen Werken verdienen desgleichen u. a. seine Arbeit über die *Grabmäler der römischen Päpste* (1857 u. ö.), *Athenais, Geschichte einer byz. Kaiserin* (1882) besondere Erwähnung; darüber hinaus verfaßte G. auch künstlerische Abhandlungen. Rufe nach Weimar und München lehnte G. jeweils ab, um seine Unabhängigkeit bewahren zu können. Ab 1874 lebte er in München, reiste von dort aus aber immer wieder nach Rom. Die Kurienstadt sollte für ihn die Hauptstadt der «Vereinigten Staaten Europas» werden, einer Vereinigung von Nationalstaaten, die – seiner Ansicht nach – nur so dem slavischen Despotenreich widerstehen könnten. G., Mitglied mehrerer Akademien, verstarb hochgeehrt in München.

Lit.: ADB 49, S. 524 ff.; J. Hönig, F. G., 1943; NDB 7, S. 25 ff.; H.-W. Kruft, Der Historiker als Dichter: zum 100. Todestag von F. G., München 1992; A. Esch/J. Petersen (Hgg.), F. G. und Italien, Tübingen 1993. *R. A. M.*

Grote, George (1794–1871), erwarb sich mit seiner *History of Greece* (12 Bde., 1846–55; ^{6}1888; dt. ^{2}1881–83), auch über die Fachwelt hinaus internat. Ruhm. Man hat ihn den ↑Niebuhr der griech. Gesch. genannt. Niebuhrs Art, Gesch. zu betrachten, entsprach G.s Vorstellungen. Wie jener war G. Bankier u. Politiker, freilich der entgegengesetzten Richtung. G. saß als «Radikaler» 1832–41 im engl. Unterhaus. 1868 wurde G. Vice Chancellor der Londoner Univ. Er gehörte der Royal Society an, der ältesten engl. Akademie.

G. fand in der griech. Gesch. des 8.–4. Jhs. v. C. alles, was ein Liberaler in der Gesch. suchte. Seine praktischen Erfahrungen und seine Beobachtungen in der Schweiz (1847) erlaubten ihm, die polit. Wirklichkeit in den griech. Stadtstaaten ganz neu nachzuvollziehen und zu verstehen. Seine gewissenhafte und krit. Betrachtung der Quellengrundlage schied die legendäre griech. Frühzeit scharf von der hist. Zeit. Engagement, Kundigkeit und methodische Strenge verdrängten rasch die konkurrierenden Darstellungen von W. Mitford und C. Thirlwall. Einseitigkeiten seines Parteistandpunktes ließen ihn freilich gleichsam als Advokaten des attischen Demos erscheinen.

Lit.: H. Grote, The Personal Life of G. G. (1873; dt. 1874); A. Momigliano, G. G. and the study of Greek history, in: Contrib. alla storia degli studi class. 1 (1955), 213–31; K. Christ, Hellas. Griech. Gesch. und dt. Gesch.wiss. (1999) 23–25 (m. Lit.). *H. B.*

Grotefend, Hermann (1845–1931). Der Schüler von ↑Waitz und ↑Jaffé prom. in Göttingen mit einer Diss. über ↑Otto von Freising. Die Archivarslaufbahn führte ihn über Frankfurt, wo er als Stadtarchivar das erste deutsche Archivinventar musterhaft edierte, nach Schwerin, wo er Leiter des Geheimen und Hauptstaatsarchivs wurde und wo er auch verstarb. Seine Archivartätigkeit wird überstrahlt von seinem wiss. Œuvre: 1872 erschien sein *Handbuch der Historischen Chronologie,* 1898 sein *Taschenbuch der Zeitrechnung des deutschen Mittelalters und der Neuzeit.* Letzteres gehört, nunmehr in seiner 13. Auflage (1991), zum Handwerkszeug jedes Historikers.

Lit.: NDB 7, S. 165 f.; DBE 4, S. 201. *R. A. M.*

Groulx, Abbé Lionel (1878–1967). Im Gegensatz zu (Sir) Thomas Chapais (1858–1946), der in seinem Werk *Cours d'histoire du Canada* (8 Bde., Quebec

1919–1934) die Kooperation zwischen dem engl. u. franz. Kanada betonte (Bonne-Entente-These), schrieb G., der an der U. Lavalle (Montreal Campus) Gesch. lehrte, seine *Histoire du Canada français depuis la découverte* (4 Bde., Montreal 1950–52), um den franz. Kanadiern durch die Akzentuierung der franz. Tradition u. der kath. Kirche eine schärfere Profilierung zu geben.

Lit.: C. Berger, The Writing of Canadian History, Tor. 1976, 180–186. *E. B.*

Grundmann, Herbert (1902–1970). Nach dem Schulbesuch in Chemnitz studierte G. an den Univ. Leipzig, Heidelberg und München. 1926 erfolgte die Prom. bei ↑Goetz mit der Dissertation *Studien über Joachim von Fiore* und 1928 beim gleichen akad. Lehrer die Habilitation mit der Arbeit *Religiöse Bewegungen im MA.*

1939 folgte G. einem Ruf an die Univ. Königsberg, 1944/46 einem an die Univ. Münster, wo er bis zur Übernahme der Präsidentschaft der MGH im Jahre 1959 lehrte. Neben seinem Hauptinteressengebiet, der ma. Ketzergesch., der er eine Vielzahl von Publikationen widmete, befaßte er sich auch mit der ma. Bildungsgesch., zu der er zwei grundlegende Arbeiten beitrug, *Litteratus-illitteratus* (1958) und die Leipziger Akademieabhandlung *Über den Ursprung der Universität im MA* (1957). Darüber hinaus verfaßte G. eine größere Zahl von Handbuchartikeln und übernahm die 8. Auflage von ↑Gebhardts «Handbuch der Deutschen Geschichte» (1954ff.). Er war Mitglied u. a. der Akademien von Göttingen, Leipzig und München, der Österr. Akad. d. Wiss., der Accademia dei Lincei in Rom und weiterer wiss. Gesellschaften.

Lit.: HZ 211 (1970), S. 781–786; AKG 52 (1970), S. 1–3; DA 26 (1970), S. 327–353 (WV: 354–367); Weber 189; DBE 4, S. 224; H. Fuhrmann, «Sind eben alles Menschen gewesen»: Gelehrtenleben im 19. und 20. Jh. Dargestellt am Beispiel der Monumenta Germaniae Historica, München 1996, S. 64–67. *R. A. M.*

Guibert von Nogent (1053/1064–um 1125). Das von ↑Mabillon errechnete Geb.-Datum 1053 wurde jüngst angezweifelt (Benton). Geb. in Clermont-en-Beauvaisis als Jüngster aus adeliger Familie – der Vater Evrard fiel im Kampf geg. die Normannen –, war G.s Kindheit durch Liebe zur Mutter geprägt, nach deren Rückzug zu frommer Lebensform in die Einsamkeit G. 13jährig ins Kloster St.-Germer-de-Fly eintrat. Der durch Privatunterricht gut vorgebildete Novize ergab sich heimlich der Lektüre und poetischen Nachahmung antiker Autoren. Unter dem Eindruck Anselms (v. Canterbury), damals noch Prior des Nachbarklosters Bec, vollzog G. eine «conversio» zum Studium Augustins und Gregors d. Gr.; seine erste theol. Schrift, ein Genesiskommentar, entstand vor 1084. Nach eigenem Zeugnis hat G. mehrmals simonistischen Pfründen- bzw. Karriereaufstieg durch Verwandtenprotektion ausgeschlagen. Die Wahl zum Abt der kleinen Benediktinerabtei Nogent-sous-Coucy/Diöz. Laon 1104 schrieb er selbst seinem lit. Ruhm zu.

Durch sein theol. Schrifttum (bes. zur Bibelexegese, auch zu dogmatischen Fragen wie Eucharistielehre, Jungfräulichkeit u. a. m.) ist G. der Frühscholastik Anselmscher Prägung zuzuordnen. Mit stark moralisierender, geschichts- und zeitkritischer Tendenz, die bei exegetischen Arbeiten im bevorzugten tropologischen Schriftsinn Niederschlag fand, erwies G. sich als reformoffener Konservativer, der Mystik Bernhards v. Clairvaux näherstehend als dem Rationalismus Abaelards. Umfassende Bildung, Versiertheit in Rhetorik und Allegorese, lit. Selbstbewußtsein, wache

Beobachtungsgabe und psychologische Charakterisierungskunst aus subjektiver Erfahrung kennzeichnen seine hist. Hauptwerke: Die Gesch. des ersten Kreuzzuges, *Gesta Dei per Francos* (um 1108), die sich bes. auf die anonymen *Gesta Francorum* und die erste Redaktion der «Historia Hierosolymita» ↑Fulchers v. Chartres sowie Augenzeugen stützt, nimmt durch das Niveau von Stil und theoretischer Reflexion einen Sonderrang in der Kreuzzugshistoriographie ein. Der eigens begründete Werktitel bringt G. s. heilsgeschichtliche Deutung des Kreuzzugs als «historia spiritualis» sowie Frankreichstolz zum Ausdruck. G. s. Werk *De vita sua sive Monodiarum libri tres* (1115) – fast zeitgleich mit Abaelards selbstbiographischem Briefroman und dem Abts-Bericht Sugers v. St. Denis – gilt als erste umfassende Autobiographie des MAs. Buch I berichtet in den Spuren von Augustins *Confessiones* über die Kindheit, erfüllt von Spannungen zwischen aristokratischer und geistlicher Lebensform sowie von Visionen der Mutter, Buch II zur Gesch. der Abtei Nogent, Buch III erweitert sich zu Memoiren von originalem Quellenwert über Zeitgeschehen in Stadt und Diözese Laon, u. a. zur kommunalen Bewegung, Bischofswahl, mit plastischen Personenschilderungen, bes. Anselms v. Laon. G.s letzte Schrift, *De pignoribus sanctorum,* eine kritische Auseinandersetzung mit Auswüchsen des Reliquienkultes, reiht sich als Zeugnis ma. Aufklärung in die Vorgeschichte des Reliquientraktats von J. Calvin (1543). Trotz der geringen Verbreitung seiner Werke darf G. als Repräsentant gelten für die Verflechtung von Theologie und humanistischer Bildung in der «Renaissance des 12. Jahrhunderts».

Lit.: B. Monod, Le moine Guibert et son temps, P 1905; L. Boehm, Studien zur Geschichtsschreibung des ersten Kreuzzugs: G. v. N., Diss. phil. München (masch.) 1954; G. Misch, Gesch. d. Autobiographie, Bd. III, F 1959, S. 108–162; K. Guth, G. v. N. und die hochmittelalterliche Kritik an der Reliquienverehrung, Ottobeuren 1970 (= StMOSB Erg. Bd. 21); J. F. Benton (Ed.), Self and Society in Medieval France. The Memoirs of Abbot G. of N., Tor 1984. R. Kaiser, Verbrechen u. Strafe in Nordfrankreich um 1100. Zwei Wundererzählungen der Äbte G. v. N. (†um 1125) u. Herm. v. Tournai (†1147/48), in: Ecclesia et regnum, FS für F. J. Schmale, hg. v. D. Berg, H.-W. Goetz, Bochum 1989, S. 89–109; R. B. Huygens, La tradition manuscrite de G. de N., Steenbrugis 1991; allg.: M. Menzel, Predigt u. Geschichte, Köln u. a. 1998. *L. B.*

Guicciardini, Francesco (1483–1540). Angehöriger einer der ersten Florentiner Familien, stud. G. nach humanistischer Bildung in Florenz, Ferrara u. Padua Jura (1505 Dr.) u. wurde Advokat. Nach einer spanischen Gesandtschaft (1512/13) eröffnete ihm das Vertrauen der Medici eine Ämterlaufbahn im Kirchenstaat (1515 ff.). Nach dem Scheitern der antispanischen Politik – für die G. als Rat Clemens VII. Verantwortung trug – im Sacco di Roma 1527 kaltgestellt, wirkte er an der Medici-Restauration in Florenz (1530) mit; nach der Machtergreifung durch Cosimo de' Medici 1537 zog sich G. resigniert von der Politik zurück.

Praktischer Politiker, der in Relationen u. Gutachten die Ereignisse reflektierte, glaubte G. nicht an ein Regelwerk der Politik; in *Considerazioni intorno ai discorsi del Machiavelli* (1529) u. *Ricordi* (letzte Fassung 1530) distanzierte er sich von dem Freund: Politik ist nur aus dem Spiel der Interessen, Situationen u. Charaktere zu verstehen und durch «savi e prudenti» rational zu gestalten. G. ging traditionell – in frühen *Storie fiorentine* (1509) und unvollendeten *Cose fiorentine* (1528/34), die beide unbekannt blieben – von der Gesch. eines Staates aus. In seiner späten

Storia d' Italia hat er – über ↑F. Blondus, M. Sabellicus u. P. Jovius hinausführend – erstmals «die Gesch. aus der Verbindung mit einem bestimmten Staate» gelöst (↑E. Fueter) und die Interdependenz der italienischen u. fremden Mächte dargestellt. Das Spätwerk, das anders als die Florentiner Gesch. dem humanistischen Formenkanon folgt, basiert auf eigener Erfahrung, Stadtgesch., Relationen sowie den Florentiner Akten. Es schildert den Einbruch des Auslands seit 1494 in ein goldenes Zeitalter bis hin zur spanischen Dominanz, die die Bürger Italiens demoralisiert; wie ↑Machiavelli weist auch G. dem Papsttum Schuld an dieser Dekadenzgesch. zu, beide treffen sich in der Lehre einer moralfreien Realpolitik. Seit dem Druck 1561 als Meisterwerk bewundert, fand die *Storia d' Italia* europäische Verbreitung (dt. 1574) als Modell der Staatengesch. u. als Fundgrube für den Politiker.

Lit.: E. Fueter, Geschichte der neueren Historiographie, [3]1936; E. Cochrane, Historians and Historiography in the Italian Renaissance, 1981; F. G. 1483–1983, 1984; E. Hassinger, Empirisch-rationaler Historismus [...], 1994; V. De Caprariis, F. G. Dalla politica alla storia, 1950/1993. Übersetzung der Ricordi: F. G., Das politische Erbe der Renaissance, [2]1946. *H. D.*

Guizot, François (1787–1874), frz. Historiker und Staatsmann (in dt. Lit. auch unter dem Vornamen Guillaume). Polit. war G., ein Anhänger der konstitutionellen Monarchie, der Repräsentant des juste-milieu, eines gegen Absolutismus und gegen Demokratie gerichteten liberalen Konservativismus. Als Hist. trat G. sowohl als Prof. der Gesch. und Autor bedeutender Werke wie als Gründer wichtiger Institutionen der frz. Gesch.wiss. hervor. Diese Rollen seines Lebens überschnitten sich mehrfach.

G., geb. in Nîmes, Protestant, 1812 als Stellvertreter des Lehrstuhlinhabers an die Sorbonne berufen, zählte zu den sog. Doktrinären, die Ludwig XVIII. zum Erlaß einer Verfassung bewogen. 1822 wegen der polit. Brisanz seiner Vorlesungen vom Lehramt entbunden, begann er bedeutende Quelleneditionen zur ma. Gesch. Fkr.s, *Collection des mémoires relatifs à l'histoire de France* [...] (30 Bde., P 1823–35), und zur Gesch. der engl. Revolution, über die er auch ein Werk verf.: *Histoire de la Révolution d'Angleterre* (2 Bde. P 1826–27 u. ö., dt. L 1850) bzw. *Collection de mémoires relatifs à l'* [...] (25 Bde., P 1823–25).

Als G. 1828 seine Lehrtätigkeit wieder aufnehmen konnte, hielt er an der Sorbonne eindrucksvolle Vorlesungen über die kulturelle Entwicklung Europas und Fkr.s, die seinen Ruhm als Hist. begründeten, veröff. unter dem Titel *L'Histoire de la civilisation en France* (5 Bde., P 1829–32, [14]1886) und *Histoire générale de la civilisation en Europe* (P 1829).

Nach der Julirevolution von 1830 wurde G. zunächst Innen-, 1832 Unterrichts-, 1840 Außenminister als Nachfolger ↑Thiers' und 1847 Ministerpräsident. In diesen Ämtern, bes. als Unterrichtsminister, reorganisierte G. ältere Institutionen hist. Forsch., schuf eine Reihe neuer Lehrstühle für Gesch. und gründete wichtige Einrichtungen der frz. Gesch.wiss., u. a. die Société de l'histoire de France (1834) und das Comité des travaux historiques et scientifiques (1835), das die Publikationsreihe *Documents inédits relatifs à l'histoire de France* herausgab. Seit 1836 Mitglied der Ac. franç., war G. auch Mitgl. der Ac. des Inscriptions et Belles-Lettres und der Ac. des Sciences morales et politiques. Die Februarrevolution von 1848, mitveranlaßt durch seine Weigerung, das Zensuswahlrecht zu ändern, beendete seine polit. Laufbahn.

G., für einige Zeit im Exil, wirkte nun wieder als Hist., veröff. u. a. ein weiteres Werk zur Gesch. Englands, *Histoire de la république d'Angleterre et d'Oliver Cromwell* (2 Bde., P 1854, dt. L 1868) sowie seine *Mémoires pour servir à l'histoire de mon temps* (8 Bde., P 1858–65) und übernahm 1866 den Vorsitz der einst von ihm gegr. Ges. für die Gesch. Fkr.s.

Mit dem editor. und organisat. Teil seines Wirkens als Hist. kam G. dem aus der Franz. Rev. erwachsenen Verlangen nach, die Gesch. der frz. Nation zu erforschen und zu dokumentieren. Auch in seinen eigenen Werken bildet die Franz. Rev., obgleich nicht das Thema, den Bezugspunkt: die engl. Revolution fungiert als positives Gegenbild. G.s Interpretation der Gesch. als gesellschaftl. Prozeß und Klassenkampf hat u.a. ↑Karl Marx beeinflußt.

Abh.: Cat. Gen. BN. – Dict. Sc. Hist. (P. Rosanvallon – Lit.).
Lit.: L. Theis, G. et les institutions de mémoire, in: P. Nora (Hrsg.), Lieux de mémoire – La Nation II, P 1986, S. 569–592 (Lit.); dt.: G. P. Gooch, Gesch. und Gesch.-schreiber im 19. Jh., F 1964; P. Stadler, Gesch.schr. und hist. Denken in Fkr. 1789–1871, Z 1958; H.-P. Jaeck, Marx und G., in: ZfG 36 (1988) S. 483–497 (Lit.). *B. G. B.*

Gu Jiegang (1893–1980). Anders als viele seiner chin. Generationsgenossen studierte G. nie im Ausland oder bei ausl. Lehrern. Dennoch meisterte er (wie ↑Wang Guowei) neben den chin. auch die westl. Forschungstraditionen. G. war der wichtigste Pionier einer quellenkrit. Gesch.wiss. im China des 20. Jhs., ein Mann von schärfstem Methodenbewußtsein und umfassender, unprätentiöser Gelehrsamkeit. An den marxist. inspirierten Gesch.debatten vor und nach 1949 beteiligte er sich (anders als ↑Guo Moruo) nicht. Gesch.theorien aller Art begegnete er mit Skepsis. In den 1920er Jahren begann er mit seinem lebenslang verfolgten Projekt einer Reinigung des hist. Erbes, bes. der alten Gesch., von fiktiven Überlieferungen und ideolog. Verzerrungen. Seine Forsch. behandelten Themen von der Frühgesch. bis zur Ggw. Bedeutendes leistete er auch in Volkskunde und Hist. Geographie. Vor 1949 führte G. ein akad. Wanderleben, 1954–80 war er Leiter der hist. Abt. d. Akad. d. Wiss. in Beijing; während der «Kulturrevolution» (1966–76) wurde er (wie alle seriösen chin. Hist.) verfolgt. Sein Werk hat großen Einfluß auf die westl. und jap. Sinologie.

Lit.: L. A. Schneider, Ku Chieh-kang and China's New History, Berkeley 1971; U. Richter, Zweifel am Altertum, Stuttgart 1992. *J. O.*

Gundling, Nicolaus Hieronymus (1661–1729). 1661 im Nürnberg. als Sohn einer alten Pastoren- u. Beamtenfamilie geb., stud. er zunächst Theologie in Altdorf, Jena und Leipzig. Kurze Zeit als Prediger in Nürnberg tätig, kommt er als Praeceptor junger Nürnberger Adliger nach Halle und nimmt seinerseits das Studium der Jurisprudenz bei Thomasius und Stryck auf, das er 1703 mit der Prom. zum Dr. jur. beschließt. Über ein Extra-Ordinariat der Phil. Fak. (1705) gelangt er in die jur. Fak. und nimmt – wohl ab 1709 – die wichtige Prof. des Natur- und Völkerrechts wahr. Mehrfach Dekan seiner Fak. und Pro-Rektor d. Univ., starb er überraschend 1729.

Eine Vielzahl von Werken aus nahezu allen Gebieten der Jurisprudenz, insbes. d. Reichs-Historie, der Reichs-Publicistik, des Natur- und Völkerrechts, der Litterär-Gesch., der aufklärenden Erbauungslit. stammt von ihm. Seine grundl. und vielbeachteten Vorlesungen wurden von verschiedenen Schülern im nachhinein publiziert.

G. war ein enger Schüler Thomasius', hat dessen method. und wiss. Neuerungen – insbes. auf den Gebieten des «Staatsrechts», des «Jus publicum Romano-Germanicum» und der «Reichs-Historie» verbindlich und stilbildend umgesetzt. Die Gesch. war ihm mit Thomasius das «eine Auge der Weisheit» und zwar in allen Disziplinen. Mit seinem Hallenser Kollegen und Gegner ↑Ludewig war er einer der Gelehrten, die diesen methodischen Ansatz für das 18. Jh. verbindlich gemacht hatten. Anders als Ludewig galten seine Arbeiten und Thesen als dauerhaft und richtungweisend; nicht zuletzt die Univ. Göttingen folgte ihm.

WW: Vollstdge. Historie der Gelahrtheit, 4 Bde., Frankf./M, L 1734/36; Discurs über den jetzigen Zustand der Europ. Staaten, 2 Bde., Frankf./M, L 1733/34; Discurs [...] über die Reichs-Historie, Frankf./M, L 1732; Discurs über den Westf. Frieden, F, L 1736. Eine gute Bibliographie in: C.F. Hempel, Gundling, Umständliches Leben und Schriften [...], F, L 1736.

Lit.: N. Hammerstein, Jus und Historie, 1972, 205–265; ders., Reichs-Historie, in: H. E. Bödeker u. a. (Hg.), Aufklärung und Geschichte, 1986, 82–104. *N. H.*

Guo Moruo (1892–1978). Vielseitiger Literat (u.a. Übers. v. «Werther» u. «Faust»), Wissenschaftler und kommunist. Kulturpolitiker, 1949–78 Präs. d. Akad. d. Wiss. in Beijing. G. war einer der maßgebenden Teilnehmer an der «Debatte um chin. Sozialgesch.», mit der 1930–37 die marxist. Gesch.schr. in China begann. K. übertrug Kategorien des hist. Materialismus auf die chin. Gesch. Bes. bemühte er sich (trotz avancierter Forschungsmethoden nicht schlüssig) um den Nachweis eines «Sklavenhalter»-Stadiums vor dem 3. Jh. v. Chr.

Lit.: A. Dirlik, Revolution and History, Berkeley 1978; D. Roy, Kuo Mo-jo: The Early Years, C, Mass. 1971. *J. O.*

Haffner, Sebastian (1907–1999), Raimund Pretzel, Sohn eines Berliner Reformpädagogen, wich nach Jurastudium und Referendariat seit 1933 in den Journalismus aus, floh 1938 nach England, wo er den Namen S. H. annahm. H. arbeitete seit 1942 als polit. Redakteur des *Observer*, 1954–61 als dessen Dtld.-Korrespondent. Er wurde 1948 brit., 1972 bundesdt. Staatsbürger. Ein dichtes Zeitbild bieten seine – entgegen mancher Kritik – bereits 1938 verfaßten Erinnerungen 1914–1944, postum 2000 als *Gesch. eines Dt.* publiziert; hellsichtig warnte 1940 die aus dem Dt. übers. Analyse *Germany: Jekyll and Hyde* (dt. Ausg. 1990). Bis zur Spiegelaffäre 1962 arbeitete H. für *Die Welt* und *Christ und Welt*, danach für den *Stern* und für *konkret*. Als glänzender Erzähler und brillanter Analytiker entfaltete H. eine umfangreiche hist. Publizistik mit Schwerpunkt auf der dt. Gesch. von Bismarck bis Hitler (*Die sieben Todsünden des dt. Reiches*, 1965; *Die verratene Revolution. Dtld. 1918/19*, 1969; *Preußen ohne Legende*, 1981; *Von Bismarck zu Hitler*, 1987). Nachhaltigen öffentlichen Durchbruch bewirkten seit 1978 die *Anmerkungen zu Hitler* als krit. Interpretation, die auf der Höhe des zeitgen. Forschungsstandes, aber mit unvergleichlicher Breitenwirkung und Prägnanz Vorprägungen, Strukturelemente und Wirkungsmechanismen der NS-Herrschaft entfalteten.

Lit.: H. Möller, Exilpublizistik in Großbritannien, in: G. A. Ritter/P. Wende (Hrsg.), Rivalität und Partnerschaft, FS für A. J. Nicholls (1999), S. 267–284; H. Mommsen, Jekyll & Hyde, in: ebd., S. 285–296; R. Stöber, Das Netzwerk des Exils, in: Dt. Publizistik im Exil 1933–1945 (2000), S. 211–222; U. Soukup, Ich bin nun mal Deutscher. S. H. Eine Biographie (2001). *R. v. B.*

Halbwachs, Maurice (1877–1945), geb. in Reims. Zunächst im höheren Schuldienst tätig, bevor er Rechts- u. Sozialwiss. u. Mathematik studierte. H. arbeitete als Lektor an der Univ. Göttingen u. war Mitglied der dt.-franz. Kommission für die Herausgabe der Werke von ↑Leibniz. H. lehrte 1918 in Caen, seit 1919 auf der ersten Prof. für Soziol. in Straßburg u. ab 1935 an der Sorbonne. 1930 erhielt H. eine Gastdoz. in Chicago. Er war Mitgl. der «Académie des Sciences morales et politiques» u. des «Institut international de Statistique». Er arbeitete beim Int. Arbeitsamt in Genf u. dem Völkerbundausschuß für Fragen der Arbeiterernährung mit, war seit 1938 Präs. des «Institut Français de Sociologie», Vizepräs. der «Société de Psychologie» u. hatte von 1944 bis zu seiner Deportation eine Professur für Kollektivpsychologie am Collège de France inne. Im Juli 1944 wurde H. als Jude, Sozialist u. wegen der Widerstandstätigkeit seines Sohnes von der Gestapo verhaftet u. am 16. März 1945 im KZ Buchenwald ermordet.

H. war krit. Schüler des Philosophen Henri Bergson (1859–1941) u. neben Marcel Mauss (1872–1950) eines der bekanntesten Mitgl. der soziolog. Schule Emile Durkheims (1858–1917), des Begründers der französischen Soziologie. H. führte die religions- u. klassensoziolog. Studien Durkheims zunächst fort u. betonte in Anlehnung an Durkheims Konzept der «sozialen Morphologie», daß soziale Wirklichkeit von dynam. u. zuweilen ambivalenten Prozessen geprägt sei. Mit dem sozialpsycholog. Ansatz des «kollektiven Gedächtnisses» (im Gegensatz zum individuellen u. in Abgrenzung zum historischen Gedächtnis) entwickelte H. einen kulturtheoret. Zugriff auf soziale Normierungen u. wissenssoziolog. Rahmungen, die Glauben, soziales Verhalten u. Erinnern des einzelnen Individuums sowie sozialer Kollektive beeinflussen. Urteilsspezifisches Handeln u. historisches Denken sind für H. abhängig von der jeweiligen sozialen Gruppenzugehörigkeit u. deren unmittelbaren sozialen Bedingungen. Die Rekonstruktion von Vergangenheit u. die Setzung von Traditionen u. Werten als kollektive Repräsentationen bilden demnach einen variablen Prozeß, der durch vielfältige Erfahrungen u. Erinnerungen der Mitgl. des jeweiligen Kollektivs charakterisiert ist. Dies setzt einen heterogenen Zeitbegriff voraus, der nicht ablösbar erscheint vom Standpunkt der zu untersuchenden sozialen Akteure. Zeit u. ihre Periodisierung sind sozial konstruiert, je nach Rahmung des kollektiven Gedächtnisses. Gesch. ist also nicht nur Vergangenheit, sondern auch Gegenwart; ein ständiger Prozeß des Erinnerns u. Vergessens, des Verschwindens u. Fortlebens, der kulturellen Aneignung u. Ablehnung. H. pflegte nicht zuletzt wegen dieses kulturhist. Verständnisses enge Beziehungen zur *nouvelle histoire* der Annales-Schule um ↑L. Febvre, ↑G. Lefebvre u. ↑M. Bloch.

HW: Leibniz, 1907; Les Cadres sociaux de la mémoire, 1925 (dt. 1966); Les origines du sentiment religieux d'après Durkheim, 1925; Les causes de suicide, 1930; La mémoire collective, 1950 (dt. 1967); Esquisse d'une psychologie des classes sociales, 1964; Classes sociales et morphologie, 1972 (WV); M. H. in der édition discours, 7 Bde., 2001 f.

Lit.: L. Niethammer, Kollektive Identität, 2000; F. Schultheis/St. Egger, M. H. – Leben u. Werk, ersch. 2002; C. de Montlibер (Hrsg.), M. H. 1877–1945, 1997; G. Friedmann, M. H. 1877–1977, in: KZfSS 20 (1979), 200–205; H. L. Krämer, Die Durkheimianer, in: D. Kaesler (Hrsg.), Klassiker der Soziologie, Bd. 1, 2. Aufl., 2000, 252–277 (WV). *B. H.*

Hallam, Henry (1777–1859), war ein umfassend belesener und jurist. ausgebildeter, aber nicht wie sein Zeitgenosse ↑Niebuhr syst. forschender «Gentleman historian» in ↑Gibbonischer Tradition. Sein *View of the State of Europe during the Middle Ages* (2 Bde., Lo 1818) machte, noch überwiegend in rationalist. Ablehnung, erstmals das kontinent. MA zum Thema brit. Gesch.schr. Die *Constitutional History of England from the Accession of Henry VII to the Death of George II* (2 Bde., Lo 1827) formulierte gegen ↑Humes Tory-Standpunkt mit der Verurteilung des Tudor- u. Stuart-Despotismus u. der Verherrlichung der Prinzipien von 1688 die Whig-Interpretation der neueren engl. Gesch. H. war der bedeutendste engl. Hist. zw. ↑Gibbon u. ↑Macaulay.

Lit.: T. P. Peardon, The Transition in Engl. Hist. Writing 1760–1830, NY 1933; G. P. Gooch, Geschichte u. Geschichtsschreiber im 19. Jh., F 1964; R. J. Smith, The Gothic Bequest, C 1987. *J. O.*

Haller, Johannes (1865–1947), aus dem Baltikum stammender Historiker der ma. u. neueren Gesch., der zw. den Weltkriegen weit über die Historiker-Zunft hinaus bekannt war.

In Keinis/Estland als Sohn des Stadtsuperintendenten geb., studierte H. in Dorpat und Heidelberg, wo er 1891 promovierte. 1892–97 arbeitete er am Preuß. Histor. Institut in Rom; 1897 habilitierte er sich in Basel und lehrte hier als Priv.Doz. 1901–02 erneut in Rom tätig, wurde er 1902 a. o. Prof. in Marburg, 1904 Ordinarius in Gießen und 1913 in Tübingen, wo er als eindrucksvoller akademischer Lehrer bis 1932 tätig war. 1947 ist er in Tübingen gestorben.

Das wichtigste Arbeitsgebiet H.s war die Geschichte der Kirche im MA. 1903 erschien seine Darstellung des avignonesischen Papsttums *Papsttum und Kirchenreform,* 1896–1903 sein 4bändiges Werk *Concilium Basiliense,* das Quellened. u. krit. Studien vereinigte. Seine Gesamtdarstellung der Gesch. des Papsttums *Das Papsttum. Idee und Wirklichkeit* blieb unvollendet (3 Bde. 1934–45) – sie wurde insbesondere von kath. Seite kritisiert und ist heute überholt. – Weitere Arbeiten zur ma. und frühneuzeitlichen Geschichte: *Urkundenbuch der Stadt Basel* (1900), *Der Sturz Heinrichs des Löwen* (1911), *Die Ursachen der Reformation* (1917) und das Buch *Die Anfänge der Univ. Tübingen* (1927), das einen Beitrag zur vorreformator. Univ.gesch. darstellt.

Unter dem Eindruck des Krieges und des Zusammenbruchs des Kaiserreichs wandte sich H. zeitgeschichtl. Themen aus nat.-kons. Perspektive zu. In *Die Ära Bülow* (1922) kritisierte er Ausmaß und Tempo der industriestaatl. Entwicklung in der Wilhelmin. Zeit, die polit.-gesellschaftl. Strukturen aufgelöst und das Reich zu einer Kopie Englands mit der negativen Konsequenz der Demokratisierung gemacht habe. Er gab Erinnerungen, Tagebücher und Briefe aus dem Nachlaß des Fürsten Philipp Eulenburg heraus.

1930 veröffentlichte er mit nationaler Tendenz *Tausend Jahre dt.-frz. Beziehungen.* Sein bekanntestes und einflußreichstes Werk waren *Die Epochen der deutschen Geschichte,* erstmals 1923, die bis 1940 8 Aufl. erlebten. In dem gut geschriebenen Buch, in dem der Zweifrontendruck und der dte. Volkscharakter als Konstanten deutscher Geschichte erscheinen, fungiert der nat., unitar. Machtstaat als Wertungsmaßstab für die histor. Entwicklung vom MA bis in die neueste Zeit. Im Dritten Reich begrüßte H. die Gleichsetzung von Nationalismus und Sozialismus und den Wiederaufstieg dt. Macht. Das groß-dte. Reich erschien ihm als Rückkehr zu den ruhmreichen Zeiten des ma. Kaisertums.

Lit.: F. Ernst: J. H. Gedächtnisrede. Bibliographie. T 1949; R. Wittram: Erinnerung an J. H. In: Die Welt als Geschichte 10, 1959, S. 67–70; J. Haller: Lebenserinnerungen: Gesehenes – Gehörtes – Gedachtes. St 1960; H. Müller, Der bewunderte Erbfeind. In: HZ 252, 1991, S. 265–317; H. E. Volkmann: Von J. H. zu Reinhard Wittram. Dt.baltische Historiker u. der NS. In: ZfG 45, 1997, S. 21–46. *B. F.*

Hammond, John Lawrence Le Breton (1872–1949) und **Barbara** (1873–1961). Aus dem Radikalliberalismus der Jh.wende kommend (L. T. Hobhouse, J. A. Hobson, G. Wallas u. a.) und vom aktuellen Problem massenhafter Armut am Ende des Jhs. bewegt, studierten die Hammonds (bes. Barbara) ein umfangreiches Archivmaterial zur Vorbereitung ihrer beiden Bücher *The Village Labourer 1760–1832* (Lo 1911) und *The Town Labourer 1760–1832* (Lo 1917). Bes. der erste der beiden Bände ist ein wegweisender Klassiker der Gesch.schr. «von unten», eine leidenschaftl. Schilderung des Untergangs des vorindust. Dorfes und eine nüchterne (das ideologiekrit. Moment und mögl. Alternativen betonende) Analyse der Politik von Regierung und Grundherrenklasse in den Jahrzehnten vor der Reform Bill.

Lit.: P. Clarke, Liberals and Social Democrats, C 1978. *J. O.*

Hampe, Karl (1869–1936). Der Sohn eines Bremer Buch- und Musikalienhändlers absolvierte sein Gesch.studium an der Univ. Berlin und prom. dort mit der Diss. *Gesch. Konradins von Hohenstaufen* (1894, ND 1940). Nach seiner Zeit als Mitarbeiter an den MGH, wo er sich mit den Briefen der Karolinger befaßte, und seiner 1898 an der Univ. Bonn erfolgten Habil. übernahm er 1903 die o. Professur für Gesch. in Heidelberg, wo er bis zu seinem Lebensende wirkte. Seine großen Werke *Deutsche Kaisergesch. in der Zeit der Salier und Staufer* (1908, vielfach neuaufgelegt), *Herrschergestalten des deutschen MAs* (1927 u. ö.) und *Das HochMA. Geschichte des Abendlandes von 900 bis 1250* (1932 u. ö.) machten ihn zu einem der bedeutendsten deutschen Gesch.schreiber. Seine meisterhafte Darstellungsweise wie auch sein Renommee als Forscher führten dazu, daß sein Werk nicht nur in der Fachwiss., sondern auch bei einem breiten Bildungspublikum große Beachtung und Aufnahme fand.

Lit.: AKG 27 (1937), S. 1–32 (WV); HZ 154 (1936), S. 438 f.; NDB 7, S. 599; Autobiographie, hrsg. v. H. Diener, 1969; Badische Biographien, N. F., Bd. 3, 1990, S. 115–118. *R. A. M.*

Hantsch, Hugo (1895–1972), **OSB**, geb. in Teplitz, Priesterweihe 1918, danach Stud. der Gesch. u. Kunstgesch. in Innsbruck als Schüler v. H. Steinacker (Prom. 1921), Archivausbildung, Habil. 1930 in Wien bei ↑H. v. Srbik. Seit 1935 a. o. Prof. für österr. Gesch. in Graz, polit. Profilierung (*Das gesamtdeutsche Problem*, 1936), 1938 verhaftet (KZ Buchenwald), mit Publikationsverbot belegt, 1939–1945 Pfarrer in Niederösterr. Rückkehr nach Graz (o. Prof. 1945), 1946 Wechsel nach Wien als Nachfolger v. Srbiks. In seinem Werk, bes. in der *Geschichte Österreichs* bis 1918/19 (2 Bde., zuerst 1937; 1950), vertrat H. den gesamtstaatlichen, kathol.-konservativen Standpunkt einer dt. Kulturmission im Habsburgerreich u. betonte die völkerverbindende Sendung der Dynastie bis zu ihrem Untergang (*Die Kaiseridee Karls V.*, 1958; *Leopold Graf Berchtold*, 2 Bde., 1963). Auf Initiative H.s, der früh für eine vergleichende europäische Gesch.forschung warb (*Zur Methodik der neueren Gesch.schreibung*, 1952), geht das

Sammelwerk der Österr. Akad. d. Wiss. *Die Habsburgermonarchie 1848–1918* zurück (1973 ff.).

WV: Almanach ÖAdW 123 (1973), S. 358–367.
Lit.: CEH 5 (1972), S. 284–289; Almanach ÖAdW 123 (1973), S. 338–358; H. Lutz, In memoriam H. H., in: MIÖG 81 (1973), S. 231–240; G. Fellner, L. M. Hartmann u. die österr. Gesch.wiss., 1985, S. 357–362. *W. S.*

Harnack, Adolf (seit 1914: von H.) (1851–1930). Der vielseitig begabte, ungewöhnlich produktive und einflußreiche Gelehrte erlaubt keine eindeutige Zuordnung. Als führender Kopf der liberalen Theologie sicherte er sich mit seinem *Lehrbuch der Dogmengeschichte* (3 Bde., 1886/90), seiner histor. Relativierung des Apostolicum (1892) und dem «Bestseller» *Das Wesen des Christentums* (1900, bis 1927 14 Aufl., in 14 Sprachen übers.) eine nach wie vor diskutierte Stellung in der mod. prot. Frömmigkeitsgesch.; als Wiss.organisator und -politiker leitete er die Kgl. Bibliothek (neues Katalogsystem), blieb er bis zu seinem Tod Präsident der von ihm mitkonzipierten, 1911 gegr. Kaiser-Wilhelm-Gesellschaft zur Förderung der Wissenschaften (Nachfolgerin: Max-Planck-Gesellschaft); als Sozialreformer stand er 1903–11 dem von ihm 1890 mitbegr. Ev.-Soz. Kongreß vor. Hohes Ansehen erwarb er aber auch als Historiker, der nicht nur als Kirchenhistoriker (*Gesch. d. altchristl. Lit. bis Eusebius,* 2 Bde., 1893/1904, Vors. d. Kirchenväterkommission) die Patristik auf eine neue quellenkritische Grundlage stellte, sondern mit seiner Gesch. der Berliner Akademie d. Wiss. zu ihrem 200. Jubiläum (3 Bde., 1900) eine Meisterleistung vorlegte, die gleichrangig neben der Berliner Univ.gesch. des führenden Fachhistorikers ↑Lenz (4 Bde., 1910/18) steht. H. verstand sich als Theologe und Historiker zugleich, wie er anläßlich des von ihm in Verbindung mit Reichskanzler v. Bülow vorbereiteten Int. Historikerkongresses 1908 in Berlin bekannte. Politisch liberal-kons., auch in enger Verbindung mit Ks. Wilhelm II., gehörte H. im Ersten Weltkrieg zu den Gemäßigten und innenpol. Reformern. Beeinflußt von nahestehenden Historikern wie ↑Meinecke, ↑Troeltsch und seinem Schwager ↑Delbrück, akzeptierte er den Übergang zur Weimarer Republik, den frühere Anhänger als «Verrat» auslegten. Der wiss.-pol. weiterhin einflußreiche H. schien als Theologe durch den Siegeszug der dialekt. Theol. nach 1918 ausgemustert zu sein, doch begünstigt in jüngster Zeit sein histor. quellenkr.-methodengenauer Ansatz und sein umfassend verankerter humanist. Kulturprot. eine lebhafte H.-Renaissance, fasziniert seine analytische «Vermittlung zwischen Religionskultur und Wissenschaftskultur» (T. Rendtorff).

WW: A. v. H. als Zeitgenosse, Reden und Schriften aus den Jahren des Kaiserreichs und der Weimarer Republik, 2 Bde., hg. von K. Nowak (1996); A. v. H.: Wissensch.pol. Reden und Aufsätze, hg. von B. Fabian (2001).
Lit.: F. Smend, WV 1927, Erg. 1931; A. v. Zahn-H., A. v. H., [2]1951; NDB 7, 1966, 688–690; D. F. Tobler, Scholar between worlds. A. v. H. and the Weimar Republic, in: ZRGG 28, 1976, 193–222; K. H. Neufeld, in: H.-U. Wehler (Hg.), Dt. Historiker, Bd. 7, 24–38; L. Burchardt, A. v. H., in: W. Treue, K. Gründer (Hg.), Wiss.pol. in Berlin, B 1987, 215–233; K. Nowak, Bürgerl. Bildungsreligion?, in: ZKG 99, 1988, 326–353. K. Nowak, Hist. Einführung, in: ders. (Hg.) A. v. H. als Zeitgenosse (1996); J. Jantsch, Der Briefwechsel zwischen A. v. H. und Martin Rade (1996); S. Rebenich, Theodor Mommsen und A. H. (1997); K. Nowak, Sozialpol. als Kulturauftrag. A. v. H. und der Ev.-Soz. Kongreß, in: J.-C. Kaiser, W. Loth (Hg.), Soz. Reform im Kaiserreich 1997, S. 79–93; ders., Wege in

die Politik. Friedrich Naumann und A. v. H., in: R. vom Bruch (Hg.), Friedrich Naumann in seiner Zeit (2000), S. 27–48; K. Nowak, O. G. Oexle (Hg.), A. v. H. Theologe, Historiker, Wissensch.politiker (2001). *R. v. B.*

Hartmann, Ludo Moritz (1865–1924). Der Sohn des radikaldemokrat. Politikers u. Schriftstellers Moritz H. stud. in Wien, Berlin u. Straßburg u. a. bei ↑W. Wattenbach, ↑L. Brentano u. ↑Th. v. Sickel, bes. aber bei O. Hirschfeld u. ↑Th. Mommsen, der 1887 H.s Diss. betreute und dessen erste (Kurz-) Biographie H. schrieb (1905). Auf die Habil. in Wien 1889 (*Untersuchungen zur Geschichte der byzantinischen Verwaltung in Italien, 540–750*) folgten für den konfessionslosen Soz.demokraten H. Jahrzehnte als «ewiger Privatdozent» (E. Stein), erst nach dem Ende der Doppelmonarchie 1918 wurde die Ernennung zum a. o. Prof., 1924 zum o. Prof. möglich. 1918–1920 kämpfte H. als Gesandter der Republik Deutschösterreich in Berlin für den Anschluß an Dtld. (Dr. h. c. Bonn 1919, Heidelberg 1922). Große Verdienste erwarb er sich als führender Kopf des österr. Volksbildungswesens, dem er sich auch als Historiker verpflichtet fühlte (Hg., Mit-Autor: *Weltgeschichte in gemeinverständlicher Darstellung*, 1919–1924).

In H.s wiss. Werk verschmolzen Forschungen zur antiken u. zur ma. Gesch., unter Einbeziehung des oströmisch-byzantin. Geschichtsraumes u. mit bes. Ausrichtung auf wirtschafts- u. sozialgeschichtliche Aspekte (*Geschichte Italiens im Mittelalter*, 6 Bde., unvollendet, 1897–1915), auf Vergleich u. Typisierung (*Ein Kapitel vom spätantiken u. frühmittelalterlichen Staate*, 1913). Als Geschichtstheoretiker stand der Freund ↑M. Webers u. Kritiker ↑K. Lamprechts im Bann evolutionistischer u. biologistischer Denkmodelle, wollte die Gesch.-wiss. als «Teilgebiet der organischen Entwickelungslehre» verstanden wissen u. sie als «historische Soziologie» für die Analyse von Gesetzmäßigkeiten des Geschichtsverlaufs nutzbar machen (*Über historische Entwickelung*, 1905). Erfolgreicher als bei der Durchsetzung dieses Programms war H. in der Rolle des Zeitschriftengründers: 1893–1900 gab er die *Zeitschrift für Social- u. Wirtschaftsgeschichte* heraus, seit 1903 gemeinsam mit ↑G. v. Below die *VSWG*.

WV: VSWG 18 (1925), S. 329–332.
Lit.: VSWG 18 (1925), S. 312–339; G. Fellner, L. M. H. u. die österr. Gesch.-wiss., 1985; W. Filla/M. Judy/U. Knittler-Lux (Hgg.), Aufklärer u. Organisator. Der Wissenschaftler, Volksbildner u. Politiker L. M. H., 1993; V. Herholt, L. M. H. Alte Geschichte zwischen Darwin, Marx u. Mommsen, 1999. *H. C.*

Hartung, Fritz (1883–1967), führender dtr. Verfassungshistoriker in der 1. Hälfte des 20. Jh.s mit Arbeiten zur dtn. u. europ. Verfassungsgesch., zur pr. Verwaltungsgesch. sowie zur allgem. polit. Gesch. der Neuzeit.

Der in Saargmünd geb. H. stammte aus einer pr. Beamtenfamilie. Seine eigentl. akad. Lehrer waren ↑G. Schmoller und vor allem ↑O. Hintze, bei dem er 1905 promovierte. 1910 habilitierte er sich bei R. Fester in Halle, wo er 1915 zum nichtbeamteten a. o. Professor ernannt wurde. 1922 als o. Prof. nach Kiel berufen, wurde er 1923 in Berlin Nachfolger Hintzes auf dessen Lehrstuhl für Verfassungs-, Verwaltungs- und Wirtschaftsgesch., 1949 ließ sich H. angesichts der tiefgreifenden polit.-wiss. Veränderungen vorzeitig emeritieren.

H., der seit 1925 die *Jahresberichte für dte. Gesch.* herausgab, nahm nach 1918 eine sehr kritische Haltung gegenüber der Weimarer Republik und ihrem «westl.» parl. System ein. Im Dritten Reich verteidigte er zwar die Wiss.freiheit, doch war seine Haltung gegenüber dem NS letztlich durch Anpassung gekennzeichnet. Nach dem Zweiten Weltkrieg versuchte er längere Zeit als Brükke zwischen den sich auseinanderentwickelnden Gesch.wiss. in Dtl.-Ost und -West zu fungieren, um schließlich zu resignieren. Allerdings arbeitete er noch jahrelang in der Akad. der Wiss.

In seiner Diss. über *Hardenberg und die preußische Verwaltung in Ansbach-Bayreuth von 1792 bis 1806* (1906) behandelte H. die Gesch. des süddtn. Besitzes Pr.s unter innenpolit.-administrativen Gesichtspunkten. Der fränkischen Gesch. ging H. auch in seiner *Gesch. des fränkischen Kreises von 1521–1559* (1910) nach, in der er von hier aus die Reichsreform und ihre Motive beleuchtete. – Im gleichen historischen Kontext hat sich H. auch mit seinem als Habilschr. verfaßten Buch *Karl V. u. die dtn. Reichsstände von 1546–1555* (1910) bewegt.

Sein wohl bekanntestes Werk *Dte. Verfassungsgesch. in der Neuzeit* (1914) wurde achtmal – immer wieder überarbeitet und ergänzt – neuaufgelegt. Sie zielt – wie er 1939 formulierte – «die Gesamtheit der den Bau eines Staatskörpers ausmachenden und sein Leben ermöglichenden Kräfte und die Ordnung ihres gegenseitigen Verhältnisses» an, wobei freilich der staatliche Apparat und seine Funktionen im Vordergrund stehen.

1920 erschien H.s zweites ebenfalls vielfach aufgelegtes «Hauptwerk», die *Dte. Gesch. v. 1871 bis 1919*, von konserv. Position aus mit dem polit.-pädagog. Ziel geschrieben, die Verbindung mit der Vergangenheit zu pflegen u. zur Konsensbildung beizutragen.

In der Folgezeit hat H. die konstitutionelle Monarchie in Pr. und Dtl. (u. a. in *Verantwortl. Regierung, Kabinette und Nebenregierungen im konstitutionellen Preußen 1848–1918*, 1932) behandelt, diesen Typus u. a. gegen Carl Schmitt verteidigt u. als eigenständigen «dualistischen» dem «monistischen» Konstitutionalismus gegenübergestellt. Ein weiteres zentrales Thema seiner Arbeit war die Gesch. der absoluten Monarchie (u. a. *Die Epochen der absoluten Monarchie in der neueren Gesch.*, *1932*; *L'État ç'est moi*, 1949). – Sein Ziel einer allgemeinen vergleichenden Verfassungsgesch. hat H. freilich ebenso wenig erreicht wie sein Lehrer O. Hintze.

Grundlegend waren H.s *Studien zur Gesch. der pr. Verwaltung* (1942–48), in der erstmals die Gesch. des pr. Beamtentums unter Einbeziehung personal- und sozialgeschichtlicher Aspekte dargestellt wird.

Im Unterschied zu Hintze lehnte H. eine allzu starke Akzentuierung des Allg. in sehr umfassender Typenbildung ab. H. sah die Verfassungsgesch. von «oben» her, die sozialen Voraussetzungen und Funktionen von Staat u. Verfassung blieben daher partiell unterbelichtet. H. hat staatl. Gesch., orientiert an den realpolit. Prozessen, gestützt auf Aktenbestände, nüchtern dargestellt, wobei er eine ideengesch. Betrachtungsweise ebenso ablehnte wie theoretische Konstruktionen und weitgehende Systematisierungen.

Lit.: Bibliogr. F. H. v. Schochow in: Jb. f. die Gesch. Mittel- und Ostdtl.s 3, 1954, S. 211–240; 1. Nachtrag in: Forschungen zu Staat und Verfassung. Festgabe für F. H. 1958, S. 531 f.; 2. Nachtrag in: Ereignisse und Probleme der europäischen Geschichte, 1969. – Literatur über H.: W. Schochow: Ein Historiker in der Zeit. Versuch über F. H. (1883–1967). In: JbGMO 32, 1983, S. 219–250; G. Oestreich: F. H. als Verfassungshistoriker (1883–1967). In: Der Staat 7, 1968, S. 447–469; C. Hinrichs: Festansprache zum 75. Geburtstag von F. H. am 12. 1. 1958. In: JbGMO 6, 1957, S. 8–20; R. Dietrich: Nachruf F. H. In: HZ 206, 1968, S. 525–528. *B. F.*

Hauck, Albert (1845–1918), prot. Kirchenhistoriker. Sohn eines Advokaten aus Franken, seit 1874 Stud. in Erlangen u. Berlin (u.a. bei ↑Ranke), nach Jahren im Pfarramt 1878 a.o., 1882 o. Prof. für Kirchengesch. u. Christl. Archäologie in Erlangen, seit 1889 in Leipzig; die Berufung auf den Berliner Lehrstuhl für ma. Gesch. lehnte H. 1902 ab. 1889 erschien Bd. I seiner *Kirchengeschichte Deutschlands im Mittelalter*, ein «klass. Werk» (Heimpel), das problemorientierte Quellenerschließung u. -kritik mit ausgreifend-narrativer Epochendarstellung verband u., mehr an Übergängen als an scharfen Kontrasten interessiert, die negativ bestimmte (Spät-)MA-Deutung des dt. Prot. relativierte. H. betonte zwar das Eigenprofil der Kirchengesch. als Wiss.disziplin, integrierte aber politik-, rechts-, verfassungsgeschichtl., in Grenzen auch kulturgeschichtl. Aspekte des Themas in sein Werk (5 Bde., unvollendet, bis 1437). Frei von allzu markanten kirchenpolit.-theolog. Lagerbindungen gab H. die 3. Aufl. der *Realenzyklopädie für prot. Theologie u. Kirche* heraus (24 Bde., 1896–1913; mehrere hundert eig. Beiträge).

WV: ZKG 54 (1935), S. 565–575.
Lit.: NDB 8, S. 75 f.; TRE 14, S. 472–474; RGG[4] 3, Sp. 1471; H.-D. Loock, Offenbarung u. Geschichte. Unters. am Werk A. H.s, 1964; K. Nowak, A. H., in: Herbergen d. Christenheit 19 (1995), S. 27–44.

H. C.

Hauptmann, Ljudmil (1884–1968). Sohn eines Gymnasiallehrers, studierte in Graz hauptsächlich bei Karl Uhlirz, bei dem er 1908 promovierte. Nach der Lehramtsprüfung bis 1919 im Schuldienst in Graz, Fürstenfeld und Wien. Seit 1919 in Ljubljana zunächst im Gymnasium, dann an der Univ. als Prof. für allg. u. slowenische Gesch. tätig. 1926 erhielt er einen Ruf nach Zagreb für allg. ma. Gesch. Aus polit. Gründen wurde er 1948 pensioniert.

H. erforschte die Gesch. der Alpenslawen, sowie die Sozial- und Rechtsgesch. der Alpenländer. Er ist der Schöpfer der sog. Kroatentheorie, nach der eine nichtslawische Schicht, die «Weißkroaten», im früheren MA bei den Kroaten zum staatsbildenden Element wurde, wobei ein Teil sich loslöste und später als «Edlinger» das Herzogtum Karantanien mitgestaltete. H. forschte vor allem auch über die slawisch-awarische Symbiose. Daneben schrieb er eine Reihe von Gesamtdarstellungen über slowenische, kroatische und österreichisch-ungarische Gesch.

Ausg.: Prihod Hrvatov, Bulćev zbornik. Zagreb, Split 1924; Kartanska Hrvatska, Zbornik kralja Tomisiava. Zagreb 1925; Slovenacke pokrajine, Slovenci, in: Narodna Enciklopedija SHS, Band 4, Zagreb 1929, S. 210–232; Die Frühzeit der West- und Südslawen, in: Historia Mundi, Bd. 6: Frühes MA, Mn 1956.
Lit.: K. Torggler: Die Arbeiten Ludmil Hauptmanns und ihre Bedeutung für Kärnten besonders in der Edlingerfrage, in: Carinthia I 128 (1938) S. 24–47; B. Grafenauer: Ljudmil Hauptmann, in: Letopis Slovenske Akademije Znanosti in Umetnosti v Ljubljani 19 (1968) S. 51–68; B. Saria: Univ. Prof. Dr. Ludmil Hauptmann zum Gedenken, in: Blätter für Heimatkunde 43 (1968) S. 2–4; Biographisches Lex. z. Gesch. Südosteuropas. Hrsg. v. M. Bernath. Mn 1976, Bd. 2, S. 130–131. *H. G.*

Häusser, Ludwig (1818–1867), Schüler ↑F. Chr. Schlossers, war führender Vertreter der Heidelberger liberal-konstitutionellen Gesch.schr. Er wurde dort 1845 a.o., 1849 o. Gesch.prof. Seine erste bedeutende Arbeit war die archivalisch gut abgestützte *Geschichte der rheinischen Pfalz nach ihren politischen, kirchlichen und literarischen Verhältnissen* (2 Bde, 1845), in der er diese Gesch.landschaft in den frühneuzeitl. Prozeß der dt. Nationsbildung einbettete. H. war reger Publizist, u. a. mit ↑Gervinus Hg. der *Dt. Zeitung;* er war Wortführer der liberalen Gothaer im Erfurter Reichstag 1850, zugleich Mitglied der 2. badischen Kammer. Sein Hauptwerk, die *Deutsche Geschichte vom Tode Friedrichs d. Gr. bis zur Gründung des deutschen Bundes* (4 Bde., 1854–57; jeweils erweitert [2]1859–60 und [3]1862–63) erfaßt zum ersten Mal auf breiter Quellenbasis diese politische Umbruchzeit. H. verkörpert besonders stark den für die Reichsgründungszeit typischen borussianisch-kleindeutschen, kulturprotestantischen Historiker mit dem Leitbild des nationalen Rechts- und Verfassungsstaats.

WW: GS (2 Bde.) Hei 1869/70.
Lit.: NDB 7, 456–459; A. Kaltenbach, L. H. Historien et Patriote, P 1965 (WV).
G. H.

Heeren, Arnold Hermann Ludwig (1760–1842), der letzte große Histor. der sog. jüngeren Göttinger hist. Schule. Geb. in Arbergen bei Bremen als Sohn eines Pfarrers, verbrachte er die ersten 15 Jahre in seinem Geburtsort (wo er Privatunterricht erhielt); seit 1776 besuchte er dann die Bremer Domschule. Seit Herbst 1779 studierte er in Göttingen zunächst Theol., aber schon bald bei Chr. G. Heyne u. ↑Spittler vornehmlich Philologie u. Gesch.; 1784 erwarb er den phil. Doktorgrad u. damit zugleich das Recht, in Göttingen Vorlesungen zu halten. Zunächst ging er auf eine zweijährige Archiv- u. Bildungsreise (v. a. nach Italien). Nach seiner Rückkehr (1787) wurde er zum a. o. Prof. der Philos. Fak. ernannt; 1794 – der I. Band seiner *Ideen* war inzwischen erschienen erhielt er ein Ordinariat (noch ohne Bezeichnung des Nominalfaches), 1801 schließlich – nach dem Tode ↑Gatterers – dann das Ordinariat für Gesch., das er bis zu seinem Tod innehatte.

Die ersten zehn Jahre seiner Göttinger Lehrtätigkeit hielt H. sowohl philolog. als auch hist. Vorlesungen; erst allmählich bildete sich ein kanonischer Vorlesungszyklus heraus: Seine wichtigste u. am häufigsten, nämlich insgesamt 89mal angebotene Vorlesung ist die über die Staatengesch. des Altertums, die teilweise auch unter dem Titel einer Universalgesch. angekündigt wurde. Aus dieser Vorlesung, die zum ersten Mal im WS 1788/89 gehalten wurde, erwuchs ein eigenes Handbuch, das zuerst 1799 u. zuletzt 1828 in der 5. Aufl. erschien u. das, wie alle größeren Werke H.s, in zahlreiche europ. Sprachen übersetzt wurde. Daneben las H. ab 1800 jeden Sommer über die *Geschichte des europ. Staatensystems u. seiner Kolonien vom 16. Jh. an* (als Handbuch Gö 1809; [5]1830 in 2 Bdn.) sowie als Pendant dazu im Winter über die «Gesch. der vorzüglichsten europ. Staaten von der Völkerwanderung bis zur Gegenwart», von 1805 an auch sporadisch über die Gesch. des Mittelalters u. der Kreuzzüge. Eine Vorlesung über allgemeine Geographie u. Ethnographie, die sich v. a. auf Reisebeschreibungen stützte, hat H. zwischen 1802 u. 1839 insgesamt 35 Male angeboten. Diese sowie die zuerst genannte universalhist. Vorlesung steht in unmittelbarem Zusammenhang mit seinem Hauptwerk, den *Ideen über die Politik, den Verkehr u. den Handel der vornehmsten Völker der alten Welt* (Gö 1793/96 in 2 Bdn.; [4]1824–26 in 6 Bdn.). Nach dem Tode ↑Schlözers hat er auch regelmäßig «Statistik»-Vorlesungen gehalten.

Im Mittelpunkt seines Interesses standen v. a. Fragen der Gesch. der Wirtschaft u. der gesellschaftl. u. polit. Verfassungen; er knüpfte z. T. an die Arbeiten von Montesquieu und A. Smith an. Seine großen Gesch.werke zeichnen sich durch eine Literarizität aus, die ansonsten der Aufklärungshistorie fremd ist. Neben seiner Historiographie hat er eine

Fülle von quellenkrit. Untersuchungen sowie einige polit. Schriften vorgelegt. Er war auch als Wissenschaftsorganisator bedeutend.

H. war im 1. Drittel des 19. Jh.s der wohl bekannteste dt. Historiker; unbestreitbar ist er der erste dt. Historiker von Weltruf. Diese Reputation führte letztlich dazu, daß er zur Zielscheibe mehrerer massiver Angriffe gemacht wurde; namentlich ↑Niebuhr u. ↑Gervinus haben ihn als Paradigma einer veralteten Wissenschaftskonzeption kritisiert (und so einen Beitrag zur theoret. Begründung des Historismus geleistet).

Ausg.: Hist. Werke, 15 Bde., Gö 1821–26/ ND: F 1987.
Lit.: H. Seier, in: Dt. Historiker, hg. v. H.-U. Wehler, Bd. 9, Gö 1982, 61–82; H. W. Blanke: Verfassungen, die nicht rechtlich, aber wirklich sind, in: BerWiss-Gesch 6 (1983), 143–64; Chr. Becker-Schaum: A. H. L. H. Ein Beitrag zur Geschichte der Geschichtswissenschaft zwischen Aufklärung und Historismus, Frankfurt a. M. 1993. *H. W. B.*

Heigel, Karl Theodor (seit 1897: von H.) (1842–1915). Münchner Historiker (1883 Prof. an der Techn. Hochschule, seit 1885 an der Univ.), der in breit angelegten Studien u. glänzenden Essays wesentliche, von der protest.-preuß. geprägten Historikerzunft des dt. Kaiserreichs anerkannte Beiträge zur Erforschung der bayer. Gesch. des 19. Jh.s leistete; 1904–15 Präs. der Bayer. AdW.

WW: Ludwig der Erste, König von Bayern (L 1872); Quellen und Abhandlungen zur neueren Geschichte Bayerns (Mn 1884); Essays aus neuerer Geschichte (Mn 1892); Deutsche Geschichte vom Tode Friedrichs des Großen bis zur Auflösung des Alten Reiches, 2 Bde. (St 1898/1911).
Lit.: NDB 8, 255; Jb. d. Bayer. Akad. d. Wiss. 1916, 149–158 (Bibl.); Biobibliographisches Lexikon der Ludw.-Max.-Univ. München II (Berlin 2002). *W. W.*

Heimpel, Hermann (1901–1988), war als akad. Lehrer, Wissenschaftsorganisator u. glänzender, vielbeachteter Redner u. Essayist einer der einflußreichsten Historiker in den ersten Nachkriegsjahrzehnten der Bundesrepublik.

Der Sohn eines Ingenieurs studierte an der Univ. seiner Geburtsstadt München, bes. bei S. Hellmann, seit 1922 in Freiburg. Dort prägte ihn die Freundschaft mit A. Berney u. ↑R. Stadelmann, betreute ↑G. v. Below H.s Diss. (*Das Gewerbe der Stadt Regensburg im Mittelalter*, 1924; gedr. 1926) u. gewann ihn ↑H. Finke für die Edition der *Acta Concilii Constanciensis* – die Vergegenwärtigung spätma. Denk- u. Lebenswelten blieb von nun an für H. Zentrum seines Gelehrtenlebens. Nach der Habil. (*Kg. Sigismund u. das Reich*, 1927; ungedr.) lehrte H. als o. Prof. in Freiburg (1931) u. Leipzig (1934), als Nachfolger des 1933 entlassenen Hellmann (von diesem zur Annahme des Rufes ermutigt; Hellmann wurde 1942 in Theresienstadt zu Tode gebracht – H.s Nachruf in: HZ 174, 1952, 737–739). 1941 folgte der Wechsel an die «Reichsuniversität Straßburg», auf einen Vorposten nat.soz. Hochschulpolitik. In Göttingen nahm H. seine wirkungsmächtige, wenngleich nicht unmittelbar schulbildende Lehrtätigkeit wieder auf (1946 ao. Prof., 1947 o. Prof., 1953 Rektor, 1966 emerit.) u. wurde 1956 zum Gründungsdirektor des MPI für Geschichte berufen (bis 1971), von hier aus gestaltete er, mehrfach als Nachfolger für Bundespräs. Heuss im Gespräch, die Wissenschaftspolitik der frühen Bundesrepublik maßgeblich mit (1953 Präs. der Westdeutschen Rektorenkonferenz, Vizepräs. der DFG, Mitgl. der Zentraldirektion der MGH u. a.).

Kennzeichnend für H.s immer wieder über das MA hinausgreifendes, zumeist auf Problemlagen des Reichs bezogenes Werk ist das früh begonnene, einander bedingende und bereichernde Wechselspiel von methodenstrenger, virtuos gehandhabter Quelleninterpretation (u. Quellenedition) u. weitgespannter, auf Epochenumriß u. Zeitsignatur zielender, dabei stets reflektiert gegenwartsbezogener Synthese (*Deutschland im späten Mittelalter*, in: Hdb. d. dts. Gesch., 1938; *Das Wesen des deutschen Spätmittelalters*, 1953; *Das deutsche fünfzehnte Jahrhundert in Krise und Beharrung*, 1965).

Bes. drei Aspekte prägen vor diesem Hintergrund H.s Historikerprofil: Thematische Kontinuität, so die Konzentration auf *Studien zur Kirchen- u. Reichsreform d. 15. Jahrhunderts* (1929; 1974), oft biographisch akzentuiert (*Dietrich von Niem*, 1932), gipfelnd im monumentalen Alterswerk *Die Vener von Gmünd und Straßburg 1162–1447* (3 Bde., 1982); dann der Blick für das noch nicht Gesehene, für die Welt im Detail: für Wasserrecht u. Fischrecht am Vorabend der Reformation (*Die Federschnur*, 1963), für Inquisitionsakten als hist. Quelle (*Drei Inquisitions-Verfahren aus dem Jahre 1425*, 1969); schließlich, seit 1945, die bewußt getragene Last eigener Schuld: Auch H. hat 1933 der Versuchung nachgegeben, das eigene Reden u. Schreiben zumindest zeitweilig u. situativ in den Dienst nat.soz. Geschichtspolitik zu stellen. *Deutschlands Mittelalter – Deutschlands Schicksal*, zwei M. Heidegger gewidmete Freiburger Reden, arbeiten mit hohem Pathos an der Kontinuitätsstiftung zwischen dem Ersten u. dem Dritten Reich, in Vorreden zu Vorlesungen schlug die Affinität des Historikers zum Themenfeld von Reich, Nation, Staat um in rhetorische Waffenhilfe im «nationalen Entscheidungskampf». Auch spätere Studien (*Hauptstädte Großdeutschlands*, 1939, gedr. 1941 in: *Deutsches MA*), zumal aus den Straßburger Jahren, kultivierten Feindbilder u. konnten als gelehrt-affirmative Absicherung des Regimes verstanden werden – ohne indes bei Ambivalenzen u. Zwischentöne beachtender Lektüre auf diese eine Dimension reduziert werden zu können. H. forderte, im Einklang mit der sog. dts. ‹Westforschung›, *Die Erforschung des deutschen Mittelalters im deutschen Elsaß* (1941), blieb jedoch im Einzelfall kritikfähig gegenüber genuin nat.soz. Geschichtsklitterungen (‹germanisches Mittelalter›). Im Gegensatz zu vielen seiner Kollegen hat H. nach 1945 öffentlich sehr früh u. sehr deutlich deutsche Verbrechen benannt u. ganz persönliche Schuld bekannt. Für den Verehrer ↑J. Burckhardts blieb Geschichte «ein Stück Humanität» (1959), blieb sie – wie zumal die an ein fachfernes Publikum adressierten Essaysammlungen (*Der Mensch in seiner Gegenwart*, 1954/1957; *Kapitulation vor der Geschichte?*, 1956) vorführen – Bildungsmacht, doch: «Alle diese Bildung nützt nichts, wenn der eigene Irrtum und die eigene Schuld vergessen werden» (1953). Arbeit an der Wiedergewinnung der Vergangenheit verband H. mit der Warnung vor einer ‹Selbstberuhigung› des deutschen Geschichtsbildes (1953) – die von ihm entworfene, auf Gedächtnisorte hin konzentrierte ‹Deutsche Geschichte› gewann aber nur als Vorlesung Gestalt. Die publizierten Fragmente belegen, wie nahezu alle Arbeiten H.s, sein hohes Formbewußtsein, seine stilistische Meisterschaft: H.s atmosphärisch dichte Jugenderinnerungen (*Die halbe Violine*, zuerst 1949) weisen ihn als Erzähler von Rang aus, die Deutsche Akad. für Sprache u. Dichtung verlieh ihm 1985 den Sigmund-Freud-Preis für wissenschaftl. Prosa.

H.s bleibendes Verdienst ist die für den deutschen Wissenschaftsraum entscheidend forcierte Erschließung u. Etablierung des Spätmittelalters als Forschungsfeld eigener Dignität. Dem liberalen Protestanten H. lag konfessionelle Verengung der Erkenntnisperspektive ebenso fern wie die Pflege tradierter Niedergangsdeutungen oder disziplinäres Lagerdenken: Politik-, Kultur- u. Geistesgeschichte, Kirchengeschichte, bereits früh auch Wirtschafts- u. Sozialgeschichte waren für ihn alle, mit Burckhardt, ausgerichtet auf den ‹Menschen in seiner Gegenwart› u. trugen im Zusammenspiel zu einer belebend-komplexen Sicht u. Neubewertung des Zeitalters bei.

WV: H. H., Aspekte. Alte u. neue Texte. Hrsg. v. S. Krüger. Gö 1995, S. 423–450.
Lit.: H. H. zum 80. Geb. Gö 1981; In memoriam H. H. Göttinger Univ.reden 87, 1989; H. Boockmann, Der Historiker H. H. Gö 1990; M. Matthiesen, Verlorene Identität. Der Historiker A. Berney u. seine Freiburger Kollegen 1923–1938, Gö 1998; E. Schulin, H. H. u. die dts. Nationalgeschichtsschreibung. Hd 1998; P. Racine, H. H. à Strasbourg, in: W. Schulze/O. G. Oexle (Hgg.), Dts. Historiker im Nat.soz. Ffm 1999, S. 142–156 (mit Kommentar v. A. Esch: Über H. H., ebd. 159 f.); H. Fuhrmann, Geschichte als Fest: H. H., in: ders., Menschen u. Meriten. München 2001, S. 272–284. *H. C.*

Hekataios von Milet (vor 545 v. C. – viell. erst nach 480/79), aus altem Adel, ist einer der ältesten Zeugen ionischen Forschergeistes. Er reiste viel, u. a. nach Ägypten, ins griech. Mutterland u. bis in den NO des Perserreiches. Er besaß außergewöhnlich gute Kenntnisse vom Perserreich, die er den Ioniern bei ihrem Aufstand (500/499–94) anbot, allerdings vergeblich.

Von seiner Erdkarte *(Periodos)*, seiner Erdbeschreibung *(Periegesis)* u. seiner meist *Genealogiai* gen. Schrift, sind nur wenige Frgmte erh. Parallel zur Orientierung im Raum fügte H. mit den *Genealogiai* erstmals eine systematische Neuorientierung in der Zeit hinzu. Er ordnete das gesamte vermeintliche Wissen um die entfernte Vergangenheit, die Heroenzeit, nach Genealogien u. Synchronismen mit Herakles als Bezugspunkt. Dafür übertrug er die Genealogienrechnung von Hesiods Theogonie auf die menschliche Geschichte.

Ebenfalls erstmals unterwarf H. die Sage einer selbstbewußten rationalist. Kritik, mit der er alles ausschied, was er nicht für wahr hielt, eine hist. Methode, aber am untauglichen Objekt. Zur Rechtfertigung suchte er die Entscheidung der Unglaubwürdigkeiten meist psycholog. zu erklären.

↑Herodot betrachtete H. als seinen einzigen ernstzunehmenden Vorgänger.

Ausg.: F. Jacoby, Die Frgmte der Griech. Hist. I A.a, Lei [2]1957, Nr. 1 (m. Komm.).
Lit.: K. v. Fritz, Die griech. Gesch.schr. I, 2 Bde., B 1967; K. Meister, Die griech. Gesch.schr., St 1990, 20–23 (Lit.); O. Lendle, Einführung in die griechische Geschichtsschreibung, Darmstadt 1992, 10–18. *H. B.*

Helbok, Adolf (1883–1968), Beamtensohn aus Hittisau (Vorarlberg), gehörte zu jenem Historikerkreis, der sich seit den 20er Jahren des 20. Jh.s in Dtl. wie in Österr. der inhaltlichen Vertiefung und Institutionalisierung der hist. Landeskunde/Landesgesch. widmete. Ausgehend von der Heimat-, Siedlungs- und Bevölkerungsgesch. Österr. entwickelte H. seit der Mitte der 20er Jahre das Konzept einer «gesamtdt. Volksgesch.», deren Aufgabe die Erforsch. des dt. Lebensraumes und dessen rassischer Komponenten sein sollte. Mit diesem Ansatz fand er innerhalb der dt. Landesgesch.-schreibung ein geteiltes Echo, wurde aber durch die nationalsozial. Hochschulpolitik nachhaltig gefördert. Von 1924–34 Prof. f. Gesch. und Wirtsch.-gesch. in Innsbruck, wurde H. 1934 nach Berlin auf einen eigens f. ihn errichteten Lehrstuhl berufen; 1936–38 war er Nachfolger von ↑R. Kötzschke in Leipzig, 1938–45 lehrte er wiederum in Innsbruck. 1945 wurde er aus dem Hochschuldienst entlassen.

Lit.: A. Garschagen, Univ.-Prof. A. H., in: Jb. des Vorarlberger Landesmuseumsvereins 100/1957, S. 360–74 (WV); W. Oberkrome, Volksgeschichte. Methodische Innovation und völkische Ideologisierung in der deutschen Geschichtswissenschaft 1918–1945, Göttingen 1993. *L. S. S.*

Hellanikos von Lesbos (5. Jh. v. C.), wohl jünger als ↑Herodot, aber älter als ↑Thukydides, war der erste sophistische Polyhistor.

Er veröff. etwa ab 440 eine Unzahl Schr., von denen nur Frgmte erh. sind: Genealogisch-chronol. Schr., um alle überl. Sagen systematisch zu ordnen, ethnogr.-geogr. Schr. aufgrund lokaler Trad., ferner Schr. über Namen, Gründungen u. Bräuche u. drei Chroniken, darunter die beiden HW, eine *Atthis,* die erste Lokalgesch. Athens, geordnet nach Königen u. Archonten (bis mind. 407/6), u. eine Universalchronik von ganz Grld. *(Hiereiai),* nach Amtsj. der argivischen Herapriesterinnen, von der Urzeit bis 423. Damit begründete H. die griech. Chronographie.

H. erkannte als erster das wiss. Bedürfnis nach einem bequemen, mit Zahlen operierenden, überregion. Datierungsmittel, nach dem Vorbild der Regierungszeiten der oriental. Könige. Aber die zwangsläufig willkürliche Ausdehnung auf die mythische u. die unkrit. Zuordnung von Ereignissen in hist. Zeit reduzierten seine Leistung auf eine formale Überbrückung der Kluft zwischen Heroenzeit u. Gegenwart.

Für die späteren Atthidographen von Kleidemos über Androtion bis Philochoros hat H. den chronolog. Rahmen geschaffen, ohne mit deren lokalpatriotischer u. kultgesch. Tendenz etwas gemein zu haben.

Ausg.: F. Jacoby, Die Frgmte der Griech. Hist. I A.a, Lei ²1957, Nr. 4.

Lit.: K. v. Fritz, Die griech. Gesch.schr. 1, 2 Bde., B 1967; K. Meister, Die griech. Gesch.schr., St 1990, 41 f. (Lit.); O. Lendle, Einführung in die griechische Geschichtsschreibung, Darmstadt 1992, 63–69; J. H. Schreiner, Hellanikos, Thucydides and the Era of Kimon, 1997. *H. B.*

Helmold von Bosau (ca. 1120–1177). Seit 1157 Pfarrer von Bosau (Holstein), verfaßte H. in den Jahren 1172–1176 seine *Chronica Slavorum,* die in ihrem Hauptteil die Christianis. der Westslaven von Karl dem Großen bis 1171 beschreibt; besondere Aufmerksamkeit schenkt der Chronist den Tätigkeiten Heinrichs des Löwen. Obwohl z. T. fehlerhaft und sprachlich schlicht, auch parteiisch, stellt die Chronik eine der bedeutendsten QQ des HochMAs dar.

Ausg.: MGH SS rer. Germ., 3. Aufl. 1937; GDV 56 V, Sp. 224.
Lit.: LThK V, Sp. 224; LMA 4, Sp. 2124 f.; VL 3, Sp. 976–979. *R. A. M.*

Herder, Johann Gottfried (seit 1801: **von H.**) (1744–1803), Theologe, Philosoph, Lit.theoretiker u. Dichter zugleich, war zweifellos einer der bedeutendsten Denker des 18. Jh.s; er hat wesentlich als Anreger auf andere gewirkt, nicht zuletzt deshalb, weil viele seiner Werke lediglich Entwürfe darstellen oder unvollendet geblieben sind, wie auch sein wohl wichtigstes Werk, die *Ideen zur Philosophie der Geschichte der Menschheit* (4 Bde., Riga 1784–91). Wesentliche Impulse hat H. der sich konstituierenden Bibelwissenschaft vermittelt, indem er immer wieder auf die Bedeutung des hist. Kontextes für die Interpretation der hl. Schrift verwiesen hat. Aber nirgends deutlicher als in seiner Sicht des Geschichtlichen tritt die so häufig bei H. feststellbare Wandlung seiner Vorstellungen zutage: Werden etwa in seinem *Journal meiner Reise im Jahr 1769* auf großartige Weise die Leitideen der Aufklärungshistorie entwickelt, u.

verweist dann sein intellektuelles Schaffen der Bückeburger Zeit (1771 ff.) auf den Historismus mit seinen bedeutenden Kategorien der Entwicklung u. der Individualität vor *(Auch eine Philosophie der Geschichte zur Bildung der Menschheit*, 1774), so wird sein Schaffen in Weimar (1776 ff.) wieder stärker von aufklärerischem Gedankengut bestimmt: Gesch. ist für ihn eine fortschreitende Entwicklung zur Humanität.

Ausg.: Sämmtl. Werke, hg. v. B. Suphan, 33 Bde., B 1877–1913/ND: Hildesheim 1967/1968.
Lit.: R. Haym: H., 2 Bde., B 1877/1885; F. Meinecke: Die Entstehung des Historismus, Mn ^{4}1965, 355–444; K. Breysig: Die Meister der entwickelnden Gesch.-forschung, B 1936, 192–267; W. Förster, J. G. H.: Weltgesch. u. Humanität, in: H. E. Bödeker u. a. (Hg.), Aufklärung u. Gesch., 1986, 363–387.
Bibliographie: G. Günther u. a.: Herder-Bibliographie, Wr 1978. *H. W. B.*

Hermann von Niederaltaich (ca. 1200–1275). Der Mönch und spätere Abt des niederbayer. Benediktinerklosters Niederaltaich legte seine Lebenserfahrungen in einer Autobiographie *(De rebus suis gestis)* nieder und beschrieb auch seine Amtstätigkeiten im Kloster *(De institutione monasterii Altahensis)*. Von großem historiogr. Wert sind seine von 1137 bis 1273 reichenden *Annales,* die wichtige und zuverlässige Kenntnisse zur bayer., böhm. und österr. Landesgesch. dieser Zeit vermitteln.

Ausg.: MGH SS XVII; GDV 52.
Lit.: P. Kehr, H. v. N. und seine Fortsetzer, 1883; LThK^3 IV, Sp. 1444; LMA 4, Sp. 2167; VL 3, Sp. 1076–1080. *R. A. M.*

Herodianos (ca. 180 – nach 240) stand in untergeordneterem kaiserl. Dienst. Seine *Gesch. des Kaisertums nach Marcus* umgreift in 8 B. die Jahre 180–238. Das 3. Jh. schildert er zunehmend aus eigenem Erleben (ungenau 1, 2, 5). Er neigt zwar dazu, dem Hofklatsch zu glauben, gilt aber als kritisch zu benutzende, sehr wichtige Ergänzung zu ↑Cassius Dio u. zur ↑Historia Augusta.

Ausg.: TA: K. Stavenhagen, Herodiani ab excessu divi Marci libri VIII, L 1922. – *Übers.:* R. Whittaker, H., Historiae, 2 Bde., C/Mass. 1969/70.
Lit.: G. Alföldy, Zeitgesch. u. Krisenempfindung bei H., in: Hermes 99, 1971, 429–449. *H. W.*

Herodot(os) aus Halikarnaß (um 490/84–430/25 v. C.), stammte aus adliger, griech.-karischer Familie. Opposition zum Tyrannen Lygdamis zwang H. früh ins Exil nach Samos, von wo er vor 454 zum Sturz der Tyrannis zurückkehrte. Danach reiste er wahrsch., u. a. ans Schwarze Meer, nach Ägypten u. Mesopotamien; Mitte der 40er J. hielt er sich zu Vorträgen in Athen auf, wo er Zugang zum Kreis um Perikles fand u. mit Sophokles befreundet war. Viell. schon bei der Gründung 444/3 Bürger der Kolonie Thurioi in Unteritalien geworden, starb er in den ersten J. des Peloponnesischen Krieges (430/425), so daß seine Parteinahme für Athen gegen die damalige Polemik in sein Werk noch einging.

H.s *Historien* («Erkundungen», 9 Bücher), Ursprung unseres Gattungsbegriffes, abgeleitet von historein «mit eigenen Augen erkunden» u. von H. unspezifisch bes. für seine ethnogr. Forsch. gebraucht, wollten die großen Werke u. Taten der Griechen u. Barbaren vor der Vergessenheit bewahren u. die Gründe erzählen, warum die beiden Krieg miteinander führten. Mit diesen in niemandes Auftrag gestellten Fragen an eine durch Augenzeugen noch nachprüfbare Vergangenheit u. nach von Menschen zu verantwortender Gesch. steht H. am Anfang der abendländischen Gesch.schr. («pater historiae» [Cicero]).

Die unendlich bunte Stoffülle von seinen Reisen aus persönl. Beobachtungen, Untersuchungen, Befragungen von Augenzeugen oder Dritten, auch von urkundl. QQ, überraschend methodisch, legte er mit epischer Erzählfreude in einer Unzahl von teils sich verselbständigenden Exkursen dar, die es schwer machen, den roten Faden des Werkes zu finden. Nach der Lydergesch. diente H. die Gesch. der Perser als Leitfaden für die Gesch., Ethnogr. u. Geogr. der anderen, von den Persern bekriegten Völker, bis zur Zusammenfassung der verschiedenen hist. Stränge im großen Freiheitskrieg der Griechen gegen die Perser, bis zur Einnahme von Sestos 479/8.

Die Eigenart des Schlusses, innere Widersprüche, zerrissene Zshg.e, ungleichmäßige Ausarbeitungen u. problematische Verhältnisse von Exkursen zur Haupthandlung lassen das Werk unvollendet bzw. das Material nicht ausschließlich unter dem vorliegenden Gesichtspunkt gesammelt erscheinen. Durch die Erkenntnis der fundamentalen Gegensätzlichkeit von Europa u. Asien auf geistigem u. materiellem Gebiet u. durch seine persönliche metaphysische Interpretation aus einer Mischung verwandter populärer, philos. u. vor allem relig. Vorstellungen fand das Ganze eine verbindende Klammer. Die Ausdeutung geschah bes. in Reden u. Gesprächen, aber auch durch H.s Erzählkunst mit ihrem Sinn für das Wichtige, freilich gelegentlich auch entgegen der Sachkritik. Sein Ruf als Fabelschreiber rührte teilweise daher, vielfach aber auch zu Unrecht, wie bes. die moderne Orientalistik hat nachweisen können.

Überhaupt war H. im Vergleich zur radikalen Kritik des ↑Hekataios vorsichtiger mit der Überlieferung, aber auch oberflächlicher und weniger systematisch. Seiner, manchmal durchaus berechtigten, Unsicherheit der Tradition gegenüber begegnete er mit Verweisen auf seine Gewährsleute oder im unentschiedenen Vorlegen verschiedener Versionen, was unbeabsichtigt uns Einblick in die geistige Atmosphäre seiner Zeit gewährt.

In der Chronologie bemühte sich H. um eine solide Grundlage durch ein Generationsschema, das mit Herakles als Bezugspunkt den Orient miteinbezog.

H.s zunehmende Hinwendung zu aktuellen polit. Problemen und zu Verfassungsfragen, unter spürbarem sophist. Einfluß, führte zur ersten Analyse eines Krieges, haupts. mit Hilfe ethnogr. und verfassungsrechtl. Beobachtungen. H. wandte damit erstmals das wechselseitige Aufeinanderwirken von Sitten, Institutionen und Kriegen konsequent zur Erklärung von Gesch. an, was die Regel der Gesch.forsch. blieb. H. bewegte sich dabei auf der Ebene des konkreten individuellen, seltener kollektiven Menschlichen und kaum der abstrakten macht-polit. bzw. milit.-strategischen Diskussion. Neben ↑Thukydides diente H. der antiken Gesch.schr. als Vorbild.

Ausg.: T.: J. Feix (Hrsg. u. Übs.), 2 Bde., Mn 1963; Komm.: W. W. How – J. Wells, 2 Bde., O [2]1928; A. B. Lloyd, 2 Bde. Lei 1975–6 (nur zu II 1–98); H. B. Rosen, 2 Bde. (Teubner) 1987. 1997.
Bibliogr.: Fr. Bubel, Herodot-Bibliographie 1980–1988, 1991
Lit.: F. Jacoby, in: RE Suppl. 2, 1913, 205–520; K. v. Fritz, Die griech. Gesch.-schr. I, 2 Bde., B 1967; W. Marg (Hrsg.), H., Da [2]1965 (WdF 26); K. Meister, Die griech. Gesch.schr., St 1990, 25–41 (Lit.); O. Lendle, Einführung in die griech. Gesch.schr., Darmstadt 1992, 36–63; H. Erbse, Studien zum Verständnis Herodots, 1992; J. Gould, Herodotus and Religion, in: S. Hornblower (Hg.), Greek Historiography, Oxford 1994, 91–106; E. Badian, Herodotus on Alexander I of Macedon, ebd., 107–130; T. J. Luce, The Greek Historians, 1997. *H. B.*

Herrgott, Marquard (1694–1762), **OSB.** Geb. in Freiburg im Br., studierte H. in Straßburg, hielt sich längere Zeit als Hofmeister in Paris auf u. trat 1715 in die Benediktinerabtei St. Blasien ein. Der

Abt seines Klosters schickte ihn nach St.-Germain-des-Prés, um ihn am dortigen Zentralsitz der von ↑Mabillon gegründeten Schule in der Diplomatik ausbilden zu lassen. Nach St. Blasien zurückgekehrt, gab H., von Karl VI. zum kaiserl. Rat u. Historiogr. ernannt, 1737 eine *Genealogia diplomatica Augustae gentis Habsburgicae* (3 Bde.) heraus. 1750 erschien der erste, die Wappen und Siegel betr. Tl. einer *Monumenta Augustae Domus Austriacae* (2 Bde.), deren zweiter u. dritter Tl. (zw. 1752 u. 1760 in 4 Bdn. erschienen) der Münzgesch. u. bildlichen Darstellung österr. Herrscher gewidmet ist. Der vierte Tl., die sog. *Taphographia Principum Austriae*, erschien 1772 posthum. H. verbindet in diesen – z. T. noch heute wegen des Verlusts von Originalen unersetzlichen – Werken barocke, der Verherrlichung v. Herrscherdynastien dienende Gesch.-schr. mit den methodischen Prinzipien maurinischer QQkritik.

Lit.: A. Coreth, Österr. Gesch.schr. in der Barockzeit (1620–1740). W 1950, S. 44 ff.; J. P. Ortner, M. H. (1694–1762), sein Leben und Wirken als Historiker und Diplomat, W u. a. 1972. *H. Z.*

Herzfeld, Hans (1892–1982), war einer der führenden Historiker u. Wiss.organisatoren in der Bundesrepublik während der 50er und 60er Jahre.

In Halle a. d. S. als Arztsohn einem liberalen Elternhaus entstammend, studierte H. seit 1911, legte nach Kriegsdienst u. Gefangenschaft 1920 sein Staatsex. ab, promovierte 1921 in Halle u. habilitierte sich dort 1923 bei R. Fester. 1929 wurde H. «nichtbeamteter a. o. Prof. für Mittlere und Neuere Gesch., polit. und soziolog. Probleme der Gesch.wiss.». Nach der NS-Machtübernahme war H. als hochdekorierter Frontoffizier zunächst geschützt, doch wurden ihm 1938 als «Vierteljuden» die venia legendi entzogen und der Prof.-titel aberkannt. 1946 in Freiburg zum a. o. Prof. berufen, lehrte er seit 1950 als Ordinarius der neueren Gesch. an der Freien Universität Berlin. H., bei dem zahlreiche Schüler promovierten u. habilitierten, hatte entscheidenden Anteil am Aufbau des Friedrich-Meinecke-Instituts der FU, an der Entwicklung der Berliner Lehr- und Forschungsinstitute für polit. Wiss.n, des kommunalwiss. Forschungszentrums sowie der Forschungsstelle «Berliner Landesgeschichte»; auch war er einer der Gründungsväter der Histor. Komm., die sich unter seinem Vorsitz 1959–1978 zu einer wichtigen histor. Forschungseinrichtung entwickelte. An Fragen des Geschichtsunterrichts interessiert, engagierte er sich seit 1950 für die internat. Schulbuchreform. Zugleich knüpfte er Kontakte zu den Historikern in Westeuropa, Nordamerika und Polen.

Nach dem Ersten Weltkrieg gehörte H. zur nationalen Opposition gegen die Weimarer Republik. Nach dem Zweiten Weltkrieg hat H. nicht nur seine früheren nationalistischen Positionen revidiert, sondern sich westl.-demokratischem Denken geöffnet, ohne freilich das Ziel der Wiederherstellung der nationalen Einheit aufgeben zu wollen.

In seiner Diss. *Die dt.-frz. Kriegsgefahr von 1875* (1922) versucht er die dte. Regierung von dem Vorwurf zu entlasten, einen Präventivkrieg geplant zu haben. Die Studie *Dtl. u. das geschlagene Frkr. 1871–1873. Friedensschluß, Kriegsentschädigung, Besatzungszeit* (1924) läßt die dte. Behandlung des geschlagenen Frkr. als großzügig gegenüber der frz. Politik nach dem Ersten Weltkrieg erscheinen. Den Ursachen der Niederlage geht H. nach in *Die dte. Rüstungspolitik vor dem Weltkrieg* (1923) sowie in *Die dte. Sozialdemokratie u. die Auflösung der nationalen Einheitsfront im Weltkriege* (1928), wobei er den Motiven weder der Mehrheitssozialdemokraten noch der Unabhängigen gerecht wird. Ein positives Gegenbild entwirft er in seiner Skizze *Paul Lensch – Eine Entwicklung vom Marxismus zum nationalen Sozialisten* (1927).

H.s 2bändige, 1938 erschienene Biogr. *Johannes von Miquel* zeichnet auf dem Hintergrund der polit., soz. u. ökonom. Entwicklungen die Wandlung M.s vom Marxismus zum nationalen Liberalismus der Reichsgründung nach.

Nach 1945 hat H. die Aufgabe der Geschichtsschreibung vor allem in Auseinandersetzung mit ↑Ranke und dann auch mit ↑F. Meinecke, dessen Werke er mitherausgab, neu zu bestimmen versucht, wobei es ihm auf eine Überwindung nat. Begrenztheit u. ein Aufgreifen der Impulse der Zeit ankam. Konsequenz der Neuorientierung war H.s 2bändiges, handbuchartiges Werk *Die moderne Welt* (zuerst 1952, dann immer wieder aufgelegt), die «erste dte. wiss. Bewältigung» des 19. u. 20. Jh.s nach 1945. Publiziert hat H. außerdem u.a. eine Gesch. des Ersten Weltkrieges (1968), in der dieser als «erste Phase der Gesch. der Revolution des 20. Jh.s» gesehen wurde. H. versuchte, eine moderne Kommunalgesch.schr. in Dtl. zu begründen, u.a. durch eine Reihe von Beiträgen zur Gesch. Berlins u. sein Alterswerk *Berlin in der Weltpolitik 1945–1970* (1973). Die Berlinfrage erschien ihm als «Knotenpunkt für den Stand der dtn. Frage wie der allgemeinen Kräfte der Weltpolitik».

Neben dem von H. herausgegebenen 4bändigen biogr. Lexikon *Geschichte in Gestalten* (1963) ist schließlich auch noch H.s umfangreiche Rez.tätigkeit zu nennen.

«Bei kaum einem anderen Historiker seiner Generation hat sich das Erleben, oft auch das Erleiden der eigenen Zeit so intensiv in seiner Geschichtsschreibung und öffentlichen Wirksamkeit niedergeschlagen wie bei Herzfeld» (G. A. Ritter).

Lit.: Bibliogr. H. H. in: Ders.: Ausgewählte Aufsätze, B 1962, S. 417–60; O. Büsch (Hrsg.): H. H. Persönlichkeit u. Werk. B 1983, S. 109–116; G. A. Ritter: H. H. Persönlichkeit u. Werk. In: O. Büsch (Hrsg.), a.a.O., S. 13–85; H. Herzfeld: Aus den Lebenserinnerungen, hrsg. v. W. Real, Berlin, New York 1992. *B. F.*

Heuß, Alfred (1909–1995), geb. in Gautzsch bei Leipzig, studierte klass. Philol., Gesch. und Philos. 1928 in Tübingen, dann in Leipzig mit einer einsemestrigen Unterbrechung in Wien. H. promovierte 1932/3 über die völkerrechtl. Grundlagen der röm. Außenpolitik in republikan. Zeit (Klio Beih. 31, 1933). 1936 promovierte H. auch zum Dr. jur. mit zwei Arbeiten zur damaligen Debatte um das Völkerrecht (GS III, 2475–2565). Noch im selben J. habilitierte er sich für Alte Gesch. mit einer Arbeit über *Stadt und Herrscher des Hellenismus in ihren staats- und völkerrechtl. Beziehungen* (1937). Von 1938 bis 1941 vertrat H. den althistor. Lehrstuhl in Königsberg und wurde 1941 nach Breslau berufen. H. war 1944/5 Soldat. Von 1945 bis 1948 vertrat er die Lehrstühle in Kiel und darauf in Köln, wurde 1948 nach Kiel und 1954 nach Göttingen berufen, wo er bis zur Emeritierung 1977 lehrte. Als erster Historiker wurde H. 1983 mit dem Preis des Histor. Kollegs in München ausgezeichnet, wodurch sich H. bestätigt fühlen konnte; denn H., der immer wieder über sich (GS I, 767–827), über seine Tätigkeit als Bürger und Hochschullehrer (*Ideologiekritik*, 1975 und GS III, 2621–2667), über die Gesch. im allgemeinen, in Vergangenheit und Gegenwart (*Versagen und Verhängnis. Vom Ruin deutscher Gesch. und ihres Verständnisses*, 1984 und GS III, 1608–2474), im Leben jedes Einzelnen und als Wiss. (*Verlust der Gesch.*, 1959) kritisch reflektierte, sah sich «*der* Gesch. als einer tekton. Einheit» verpflichtet und sein

Spezialgebiet, die Alte Gesch., nur als deren Anfang. So verlor er das Ganze, die Weltgesch., nie aus dem Auge (*Zur Theorie der Weltgesch.*, 1968 und GS I, 581–727). Auch method. verließ er allzu enge althistor. Gewohnheiten und öffnete sich dem Einfluß ↑M. Webers (GS III, 1835–1890) oder setzte sich mit den anthropolog. Versuchen Arnold Gehlens auseinander (GS III, 2367–2474).

Wenn sein vornehml. Interesse der röm. Gesch. und hier besonders der Entstehung und Struktur des röm. Reiches galt (GS II), so war für ihn das Phänomen Rom nur eine Phase im Kontinuum der Gesch. Im Gegensatz zu ↑Th. Mommsen suchte er den röm. Staat weniger von der Systematik als vielmehr aus der pragmat. Bewältigung anstehender Probleme aufgrund des jeweiligen Erfahrungshorizontes zu verstehen. Deshalb gehört es zu den Grundlagen seiner Arbeitsweise, sich anhand intensiver QQinterpretation, wie er sie v.a. bei dem jungen ↑H. Berve in Leipzig und bei dem Epigraphiker Adolf Wilhelm in Wien gelernt hatte, in die jeweilige antike Situation zu vertiefen und diese sich vergegenwärtigend zu analysieren und rational zu durchdringen. So sind H.' Darstellungen der Griech. Gesch. in der Propyläen Weltgesch. (1961 ff.) und seine *Römische Geschichte* (1960, 7. Aufl., 2000) von einem echten Erkenntnisinteresse und dem Wunsche getragen, «das unmittelbare Erfassen der wesentl. Sachzusammenhänge» an ein Publikum mit «geschultem bzw. zu schulendem geschichtl. Apperzeptionsvermögen» zu vermitteln. In der Historiographie sah H. letztl. die eigentl. Aufgabe des Historikers, wobei der Aussagewert der jeweiligen Einzelheiten den Maßstab für ihre Relevanz abgab, nicht ein eventueller antiquar. Selbstwert.

Als Gegner jeder «esoter. Selbstgenügsamkeit» engagierte sich H. bildungs- und hochschulpolit. zugunsten einer fundierten histor. Ausbildung an Schule und Universität (GS III, 2621–2667), um der Gesch. ihren «Platz im Leben» der heutigen Gesellschaft zu retten. Der Vergewisserung der eigenen wissenschaftsgeschichtl. Position dienten letztl. auch seine Forsch. v.a. zu Th. Mommsen (*Th. M. und das 19. Jhd.*, 1956 und GS III, 1699–1802) und besonders zu ↑B. G. Niebuhr (*B. G. N.s wissenschaftl. Anfänge*, 1981, und GS III, 1608–1716). Diesen beiden Größen der Alten Gesch. wie auch ↑E. Meyer wird H. heute selbst bedeutungsmäßig an die Seite gestellt.

WW: Gesammelte Schriften in 3 Bänden (= GS). I: 1. Griech. Geschichte, 2. Griech. und röm. Geschichte, 3. Weltgeschichte. II: Röm. Geschichte. III: 1. Wissenschaftsgeschichte und -theorie, Völkerrecht, 2. Universitäts- und Schulreform, Stuttgart 1995 (WV III 2669 ff.).
Lit.: J. Bleicken, in: HZ 262, 1996, 337–356; H.-J. Gehrke, in: Gnomon 69, 1997, 276–287; K. Christ, Röm. Geschichte und deutsche Geschichtswissenschaft, München 1982, 275–281; H.-J. Gehrke (Hg.), Alfred Heuß – Ansichten seines Lebenswerkes, 1998; K. Christ, Hellas, 1999, 324–334; St. Rebenich, Alfred Heuß. Ansichten eines Lebenswerkes. Mit einem Anhang: Alfred Heuß im Dritten Reich, in: HZ 271, 2000, 661–673. *H. B.*

Hieronymos aus Kardia (um 360–um 256 v. C.) schrieb eine Gesch. der Diadochen, wahrsch. nicht über den Tod des Pyrrhos 272 hinaus. Er war Vertrauter u. viell. Verwandter des Diadochen Eumenes. Nach dessen Tod 316 wurde H. von dessen Gegner Antigonos Monophthalmos (†301) für die gleiche Vertrauensstellung gewonnen, die er dann noch bei dessen Sohn Demetrios Poliorketes (†283) u. Enkel Antigonos Gonatas, Kg. v. Maked. 276–39, innehatte.

Angeblich wurde er bei körperlicher u. geistiger Frische 104 J. alt. Seine *Geschichte der Diadochen* scheint ein Alterswerk gewesen zu sein, viell. provoziert durch ↑Duris' Gesch. Er mag frühere Aufzeichnungen gehabt haben, da er bereits ein *Enkomion* auf Eumenes verfaßt hatte. Die wenigen erh., namentlich zugeschriebenen Frgmte erwecken trotz ihrer Dürftigkeit den Eindruck einer weitgehend auf Autopsie beruhenden, ausführlichen, auf Genauigkeit angelegten u. mit Urkunden ausgestatteten Gesch.schr. Weil Charakter u. Inhalt der Frgmte u. Zeugnisse sowie die Lebensumstände von H. zu den Grundzügen der nicht-sizilischen Gesch. von 323–02 in ↑Diodors B. 18–20 passen, wird heute meist H.' Werk als Grundlage für Diodor angesehen u. gilt als maßgebliche Darst. der 50 J. nach Alexander.

Nach dem Bild bei Diodor orientierte sich H. bei der Konzentration auf das Politische oder bei der Ursachenforschung an ↑Thukydides. Trotz seiner Beschränkung auf die Gesch. des Eumenes u. der Antigoniden kam H. zu der noch heute anerkannten Einschätzung der Diadochenkriege als grundsätz. Konflikts zwischen Reichsidee u. territorialer Souveränität.

Die Parteilichkeit für Antigonos (wahrsch. Gonatas), die H. bereits in der Antike vorgeworfen wurde, mag in dieser Beschränkung u. in der Konsequenz der Abhängigkeit von einem Monarchen, einer neuen Situation in der griech. Gesch.schr., begründet sein. Die Beurteilung von Antigonos Monophthalmos wirkt dagegen ausgewogen. Aus der neuen Lage erklären sich wohl auch die Betonung von Treue u. Gehorsam u. das Unverständnis gegenüber griech. Freiheitsstreben. Für Eumenes u. dessen Politik, die eine besondere Treue zur Familie Alexanders auszeichnete, ist eine apologetische u. idealisierende Tendenz zu beobachten.

Sein Werk war wohl mehr für eine qualifizierte Lesergruppe am maked. Königshof gedacht, für ein breites Publikum war es anscheinend zu nüchtern.

Ausg.: F. Jacoby, Die Frgmte der Griech. Hist., II B.BD, Lei 1929–30, Nr. 154 (m. Komm.).

Lit.: J. Hornblower, H. of Cardia, O 1981; K. Meister, Die griech. Gesch.schr., St 1990, 124–6 (Lit.); O. Lendle, Einführung in die griechische Geschichtsschreibung, Darmstadt 1992, 190–192. *H. B.*

Hillgruber, Andreas (1925–1989). Nach Stud. der Gesch., Germanistik u. Pädagogik promovierte der gebürtige Ostpreuße 1953 in Göttingen bei ↑P. E. Schramm mit einer Arbeit über die dt.-rumän. Beziehungen im Zweiten Weltkrieg. Von 1954 bis 1964 war H. im höheren Schuldienst, verfaßte aber zeitgleich eine bahnbrechende Habil.schr. über *Hitlers Strategie. Pol. u. Kriegführung 1940–41*, die 1965 als Buch erschien. In Marburg, wo H. sich habilitierte, erhielt er 1967 seinen ersten Ruf, aber bereits im Folgejahr ging er nach Freiburg i. Br. Neben seiner Professur war er dort zugleich Leitender Hist. des Militärgeschichtl. Forschungsamtes. 1972 wechselte er nach Köln, wo er bis zu seinem Tod im Frühjahr 1989 lehrte. Der konservativ geprägte H., dessen Œuvre wesentl. von seinen Erfahrungen als dt. Soldat zwischen 1943 u. 1945 beeinflußt wurde, war einer der besten Kenner der NS-Außen- u. Kriegspol.

Mit seiner Habil.schr. legte H. ein neues Interpretationsschema der nat.-soz. Außenpol. vor: Danach war Hitler kein opportunist. Machtpolitiker, sondern ein Programmatiker, der einen seit den 1920er J. festgelegten «Stufenplan» zur Eroberung der Weltherrschaft verfolgte. H.s intentionalist. Interpretation zufolge nahm Hitler die zentrale Stellung in der Herrschaftsstruktur des NS ein. Vergleichsweise früh charakterisierte H., der der ersten Generation von Nachkriegshist. angehörte, den Zweiten Weltkrieg als rassenideolog. Vernichtungskrieg (in: VfZ 20, 1972, S. 133–153). Insgesamt betonte H., der eine klassische Pol.gesch. schrieb, die Eigenständigkeit der Außenpol. Er widersprach damit der dt. Soz.gesch.schreibung, die seit den 1970er J. an Einfluß gewann u. in Anlehnung an ↑E. Kehr den «Primat der Innenpol.» postulierte. In mehreren Arbeiten widmete sich H. den internat. Beziehungen seit dem ausgehenden 19. Jh. Im Zentrum seiner Stud. stand die Frage nach Kontinuitäten u. Brüchen in der Gesch. des preuß.-dt. Nationalstaats, dessen positive Seiten er hervorhob. Dementsprechend erklärte er auch in der 1980 erschienenen Gesamtdarstellung *Die gescheiterte Großmacht. Eine Skizze des Deutschen Reiches 1871–1945* die Niederlage des NS nicht aus dessen Innen-, sondern aus einer verfehlten Außenpol. Zum Standardwerk wurde *Der Zweite Weltkrieg 1939–1945*. In der 1982 erstmals publizierten Studie legte H. keine Militärgeschichte vor, sondern konzentrierte sich auf die Kriegsziele sowie die polit. Strategien der großen Mächte.

Bes. umstritten war H.s *Zweierlei Untergang*, das zwei Essays umfaßte: Der erste handelte von der «Zerschlagung des Deutschen Reiches», dargestellt am Zusammenbruch der dt. Ostfront 1944/45 aus der Perspektive der Zivilbevölkerung. Dem Text wurde primär vorgeworfen, daß er die Ereignisse bei Kriegsende isoliert darstelle, ohne die nat.-soz. Aggressionspol. als deren Hauptursache angemessen miteinzubeziehen. Der zweite Art. widmete sich dem «Ende des europ. Judentums». Kritisiert wurde auch die Kombination der beiden Art., die laut H. zwei «nationale Katastrophen» zum Inhalt hatten. Der Band erschien außerdem im Sommer 1986, kurze Zeit nachdem Ernst Nolte in der FAZ (6.6.1986) eine Neubewertung des NS gefordert hatte. An den Äußerungen entzündete sich der ‹Historikerstreit› (1986/87). In der Diskussion, die insgesamt um den Umgang mit der nat.-soz. Vergangenheit u. um die Vergleichbarkeit der Verbrechen des NS mit denen der stalinist. SU kreiste, wurde H. dem Lager der konservativen Revisionisten zugerechnet. Die Debatte erlangte besondere Bedeutung, da hier zwar über histor. Fragen, v.a. aber über das polit. Selbstverständnis der BRD gestritten wurde.

Lit.: K. Hildebrand / R. Pommerin, Vorwort, in: Dies. (Hrsg.), Dt. Frage u. europ. Gleichgewicht. FS für A. H. zum 60. Geb., 1985, S. VII–IX; E. Jäckel, Vom Kampf des Urteils gegen das Vorurteil. A. H. zu Ehren, in: J. Dülffer / B. Martin / G. Wollstein (Hrsg.), Dtl. in Europa. Gedenkschrift für A. H., 1990, S. 11–17 (S. 389–415, *WV* A. H.); K. Hildebrand, A. H. 1925–1989, in: HZ 250, 1990, S. 190–197; «Historikerstreit». Die Dokumentation der Kontroverse um die Einzigartigkeit der nat.-soz. Judenvernichtung, 1987; M.-L. Recker, Die Außenpol. des Dritten Reiches, 1990; EHHW 1, S. 533 f.; I. Kershaw, Der NS-Staat. Gesch. Interpretationen u. Kontroversen im Überblick, 2. Aufl. 2001. *K. K. P.*

Hintze, Hedwig (1884–1942). Eine der ersten Frauen, die sich in Dtl. im Fach Gesch. habilitierten. Die Historikerin der Frz. Revolution war unter den Historikern ihrer Zeit in dreifacher Hinsicht eine Außenseiterin: als Frau, als Jüdin und als entschiedene Anhängerin der Weimarer Republik.

H., geb. Guggenheimer, entstammte einer großbürgerlichen jüdischen Familie Münchens. Ihre akad. Karriere spiegelt die Schwierigkeiten, mit denen Frauen ihrer Generation im gesellschaftlichen und akademischen Raum zu kämpfen hatten. 1901 legte sie das bayer. Examen für Lehrerinnen der frz. Sprache ab. 1904 immatrikulierte sie sich an der Univ. München als Gasthörerin, 1910 legte sie in Berlin ihr Abitur ab. Dort begann sie 1910 mit dem Studium der germanischen Phil., Gesch. u. Nat.ökon. 1912 heiratete sie den 23 Jahre älteren ↑O. Hintze, einen der führenden Berliner Historiker. 1923 promovierte sie in Berlin mit einer Arbeit über das Problem des Föderalismus in der Frühzeit der Frz. Revolution. H., die in der Weimarer Zeit eine rege publizistische u. Vortragstätigkeit entfaltete, habilitierte sich 1928 und führte seit 1929 als unbesoldete Privatdoz.in Lehrveranstaltungen an der Berliner Univ. durch. Im Sept. 1933 wurde sie entlassen. In der Folgezeit lebte sie meist getrennt von ihrem Mann in Paris, 1939 emigrierte sie endgültig in die Niederlande. 1941 erhielt sie einen Ruf als Associate Prof. of History an die New School for Social Research in New York, doch gelang es ihr nicht mehr, Europa zu verlassen; 1942 beging sie Selbstmord in einer Nervenklinik.

Ihr wichtigstes Werk *Staatseinheit u. Föderalismus im alten Frankreich und in der Revolution* (1928) ist sowohl ein Beitrag zur frz. Verfassungsgesch. als auch zur Gesch. der Frz. Revolution, zu der sie auch eine ganze Reihe von – teilweise publizistischen – Aufsätzen veröffentlichte. Sie schrieb die Einleitung zur dtn. Ausgabe von ↑A. Aulards «Polit. Gesch. der Frz. Revolution» (1924), in der ihre polit. Sympathie zu den Auffassungen Aulards manifest wurde. In ihrer Antrittsvorlesung handelte sie über «Epochen der französ. Revolutionsgeschichtsschreibung (↑Taine – Aulard – ↑Jaurès – ↑Mathiez)», 1929 unter dem Titel *Bürgerliche und sozialistische Geschichtsschreiber der frz. Revolution* veröffentlicht. Sie wollte zwar sozial- und wirtschaftsgeschichtl. Faktoren in die Geschichtsschreibung der Revolution mit einbeziehen, warnte zugleich aber vor deren Überschätzung.

H., die sich zur Weimarer Republik u. ihrer Verfassung nachdrücklich bekannte u. sich für eine paneurop. Zusammenarbeit einsetzte, gab 1927 H. Preuß' Werk «Verfassungspolit. Entwicklungen in Dtl. u. Westeuropa. Histor. Grundlegung zu einem Staatsrecht der Republik» aus dem Preußschen Nachlaß heraus. In ihrer Einl. suchte sie die Verwurzelung der Weimarer Verfassung in den demokratischen Traditionen der dtn. Gesch. nachzuweisen. H. näherte sich zunehmend Ideen eines humanistischen demokratischen Sozialismus an. – Die in der Emigration begonnenen Forschungen hat H. nicht mehr abschließen können. H. ist innerhalb der dtn. Gesch.-wiss. der Zwischen-Weltkriegszeit eine ungewöhnliche Gestalt – als eine der ersten Frauen in der Historiker-Zunft, als Historikerin der Frz. Revolution und als linksliberale Republikanerin.

Lit.: H. Schleier: H. H. In: Ders.: Die bürgerliche dte. Geschichtsschreibung der Weimarer Zeit. Kö 1975, S. 272–302; B. Oestreich: H. u. O. H. Eine biograph. Skizze. In: GG 11, 1985, S. 397–419; B. Faulenbach: H. Hintze-Guggenheimer (1884–1942). In: B. Hahn (Hrsg.): Frauen in den Kulturwiss. Mn 1994, S. 136–151.

B. F.

Hintze, Otto (1861–1940), als Sohn eines mittleren Beamten in Pyritz/Pommern geb., schloß sein Studium der Gesch. und Philos. mit Prom. (1884) und Habil. (1895 bei ↑Treitschke und ↑Schmoller) ab, wurde 1899 a. o. Prof. und 1902 o. Prof. für Verf.-, Wirtsch.-, Verwaltungsgesch. und Politik in Berlin. Seit 1887 arbeitete er an den «Acta Borussica» mit; in diesem Rahmen entstand 1892 die *Geschichte der preuß. Seidenindustrie im 18. Jh.* sowie 1901 eine Gesamtdarst. zur preuß. Behördenorg. (1740–56). Beide Arbeiten eröffneten ihm sowohl den Zugang zur zeitgenöss. hist. Nat.ökon. als auch zu der für

H. spezifisch werdenden Auffassung von der Rolle der Verwaltung in der Gesch., die die moderne Staatsbildung entscheidend geprägt habe. H. stellte die Verw.gesch. sowohl in ihrer Struktur als auch in ihrer tief in wirtsch.-soziale Bedingungen eingreifenden Funktion dar; damit hatte er den Bogen zur Sozial- und Wirtsch.gesch. geschlagen und betrat gesch.wiss. Neuland. H.s Ziel war es, eine «allgemeine Verf.- und Verwaltungsgesch. der neueren Staatenwelt» zu schreiben, Preußen diente dabei als Modell. Als Historiker Preußens ließ sich H. ungern charakterisieren, was ihn nicht hinderte, 1915 eine bis heute anerkannte Darstellung zur Entwicklung Brandenburg-Preußens zu verfassen (*Die Hohenzollern und ihr Werk*). Im Zentrum der spezifisch verwaltungsgesch. Arbeiten H.s stand der Prozeß der Staatsbildung, den er unter dem Blickwinkel der Wechselwirkung von Innen- und Außenpolitik und damit unter Einbezug sozial- und wirtsch.gesch. Komponenten hist. Entwicklung ebenso zu analysieren versuchte wie unter Beachtung der internationalen Beziehungen der Staatenwelt. Am Ende seiner Forsch. standen bedeutende Abh. zum Wesen des Feudalismus, zur Typologie ständischer Verf. und zum Wesen des modernen Staates (*Ges. Abhandlungen*, hrsg. v. ↑G. Oestreich, 3 Bde., 1962–1967). Seine inhaltlich begründete Integration von Staaten-, Verwaltungs- und Sozialgesch. befähigte H. seit der Jh.wende, angeregt nicht zuletzt durch seine Stellungnahme im sog. Methodenstreit (1897), zu methodisch neuen Ansätzen innerhalb der Gesch.wiss. Es gelang ihm, hermeneut. Sinnverstehen zu verbinden mit analytisch-kausaler Sichtweise der als überindivid. akzeptierten Strukturen und Prozesse. Die fruchtbare Rezeption der Arbeiten ↑M. Webers führte ihn zur Entwicklung einer hist. Typenlehre, die die «anschauliche Abstraktion» des Historikers der rational-abstrakten Reduktion der Wirklichkeit durch den Sozialwiss. gegenüberstellt. Polit. zum gemäßigt liberal-konserv. Lager im Kaiserreich zählend, stellte er sich nach 1918 zwar nicht gegen den neuen Staat, setzte sich aber auch nicht für ihn ein.

Lit.: DBE 5, S. 56f.; NDB 9, S. 194–196 (WV und Sek.lit,); W. Schulze, O. H. und die Gesch.wiss. um 1900, in: N. Hammerstein (Hg.), Dt. Gesch.wiss. um 1900, Wie 1988, S. 323–339; M. Erbe (Hg.), O. H.: 1861–1940, Hamburg/Berlin 1987; M. Ressing, Zur Methodologie und Geschichtsschreibung des preußischen Historikers O. H., Frankfurt/M. u. a. 1996; W. Neugebauer, Die wiss. Anfänge O. H.s, in: ZRG GA 115/1998, S. 540–551.

L. S. S.

Historia Augusta (oder, heute veraltet, **Scriptores Historiae Augustae**) ist die seit dem 17. Jh. übliche, künstliche Benennung einer Sammlung von 30 erhaltenen Biographien röm. Kaiser bzw. erfolgloser Usurpatoren (Augusti u. Caesares) von Hadrian bis Carus u. Carinus (117–284/5 n. C.). Die einzelnen Viten sind, bunt gestreut, insgesamt 6 Autoren zugeschrieben, die unter Diocletian u. Konstantin d. Gr. gelebt haben sollen; nach Überzeugung der modernen Forschung stammt das Werk jedoch von einem Verfasser, der es um 400 (die genaue Datierung ist umstritten) in heidnisch-senat. Tendenz verfertigte. In der überlief. Fassung, die auf eine einzige Handschrift des 9. Jhs. zurückgeht, fehlen die Viten von Philippus Arabs bis zu den Anfängen Valerians (244–253); möglicherweise ist auch wenigstens Nerva u. Traian mit dem Prooemium verloren, so daß der unbekannte Autor an ↑Sueton angeknüpft hätte. Mehrere Viten gelten zwei oder mehr Personen, bes. Vater u. Sohn (die Maximini, Gallieni, Gordiani u. a.), sowie Sammelbiographien (z. B. tyranni triginta).

Obgleich der Verf. wiederholt seinen

historischen Ernst u. sein Wahrheitsstreben betont sowie bloße Rhetorik ablehnt u. Nebensächliches beiseite lassen will, hielt er sich keineswegs an so hehre Maximen. Er scheute weder vor Wundergeschichten, Klatsch oder übler Nachrede noch vor Erfindungen u. Fälschungen zurück, dies bes. bei den weniger bekannten Kaisern/Usurpatoren des 3. Jhs. Von den zahlreich eingestreuten Briefen u.a. Urkunden ist kaum eine echt. Gleichwohl bietet er auch gute Informationen, bes. bei Kaisern des 2. Jhs. (z.B. Hadrian, Pius, Marcus, Severus). Die benutzten QQ sind allerdings kaum zu rekonstruieren, zumal der Verf. wiederholt fälschlich zitierte: Seine Gelehrsamkeit stellte er ebenso gern zur Schau wie seine Erfindungsgabe. Den Stoff ordnete er innerhalb der Viten weniger streng als Sueton, dem, neben anderen, er nachzueifern vorgab (v. Maximi et Balb. 4,5; v. Probi 2,7), teils chronol., teils zu Sachgruppen. Der Zweck des Machwerks, das trotz aller Unzuverlässigkeit, sofern man es kritisch benutzt, eine wichtige Quelle darstellt, bleibt unklar, da sich eine deutliche Tendenz nicht feststellen läßt, wohl jedoch eine gewisse Neigung zu heidnischer Apologetik.

Ausg.: TA: E. Hohl, Scriptores Historiae Augustae, 2 vol. L 2/3 1965. – *Übers.:* E. Hohl, E. Merten u. A. Rösger, H. A., Röm. Herrschergestalten, 2 Bde. Mn-Z 1976/85. – *Komm.:* H. W. Benario, A Commentary on the Vita Hadriani in the Historia Augusta, Ann Arbor 1980.
Lit.: Bonner H.-A.-Colloquium 1963 ff., Bo 1964 ff.; K.-P. Johne, Kaiserbiographie u. Senatsaristokratie, B 1976; A. Lippold, Komm. z. vita Maximini duo d. H. A., 1991. *H. W.*

Hoetzsch, Otto (1876–1946), einer der führenden Repräsentanten der sich seit der Jh.wende herausbildenden dtn. Osteuropa-Historiogr.

Der Sohn eines Leipziger Handwerkers promovierte 1900 bei ↑K. Lamprecht mit einer Arbeit über die ländliche Bevölkerung in Kursachsen in der 2. Hälfte des 19. Jh.s; 1906 habilitierte er sich in Berlin, von ↑Schmoller, ↑O. Hintze u. ↑Breysig beeinflußt, mit einer Arbeit über *Stände u. Verwaltung in Cleve u. Mark in der Zeit v. 1666 bis 1697*. H., der sich frühzeitig der osteurop. Gesch. zugewandt hatte, lehrte seit 1906 als Prof. f. Gesch. an der Kgl. Akad. in Posen, wurde 1913 a.o. Prof. in Berlin, erhielt hier 1920 ein persönl. Ordinariat u. 1928 das Ordinariat f. osteurop. Gesch. 1935 vorzeitig emeritiert, wurde er 1945 in sein Amt wieder eingesetzt.

Seit seinem Studium polit.-publizist. tätig, 1910 Mitglied der Dt.-Konserv. Partei, befürwortete er eine Ostorientierung der Außenpolitik des Reiches mit antiengl. Stoßrichtung u. trat im Ersten Weltkrieg entschieden f. eine Verständigung zw. Dtl. u. Rußland ein. H. hat in der Weimarer Zeit – in seiner Sympathie für Rußland durch die Oktoberrevolution unbeeinflußt – für eine Verständigung zw. Dtl. u. der SU, die er häufig bereiste, gearbeitet, was mit einer ausgesprochenen Distanz zu Polen verbunden war. Im Berlin der 20er Jahre war er, Wiss. u. Politik verknüpfend, eine zentrale Figur der dt.-russ. Kommunikation, die die russische Emigration ebenso umfaßte wie die Vertreter des Sowjetsystems.

Seit 1919 war H. Mitglied der DNVP, seit 1929 der Volkskonservativen, wobei er für einen dtn. Tory-Konservatismus eintrat. Zugleich entfaltete H. eine rege publizist. Tätigkeit. 1935 wurde er von den neuen Machthabern vorzeitig in den Ruhestand versetzt u. als «Kulturbolschewist» attackiert. 1945/46 näherte er sich demokratisch-marx. Positionen u. wurde deshalb in der späteren DDR entsprechend gewürdigt.

H. hat wesentlich zur Entwicklung u. Organisation der Osteuropaforschung in Dtl. beigetragen. Er war Mitbegründer u. Vorstandsmitglied der Dtn. Ges. zum Studium Osteuropas, 1911–14 u. 1931–35 Hrsg. der *Zeitschr. für osteurop. Gesch.* u. 1925–35 der Zeitschr. *Osteuropa*. Als Hrsg. fungierte er auch bei den *Osteurop. Forschungen* (1914, N.F. 1927 ff.).

Abgesehen von einigen Veröffentlichungen über die USA lag sein wiss. Arbeitsgebiet in der Osteuropaforschung, in deren Mittelpunkt für ihn die Gesch. Rußlands u. der SU stand. An von H. besorgten Editionen ist der polit. u. private Briefwechsel Peter v. Meyendorffs 1826–1863, *Die auswärtige Politik Pr.s 1858–1871* (1932–34) u. die von ihm betreute dte. Ausgabe der 16 bändigen sowjet. Aktenpublikation zur Vorgesch. des Ersten Weltkrieges zu nennen. 1913 erschien *Rußland. Eine Einführung auf Grund s. Gesch. 1904 bis 1913*. H., der anders als die nächste Generation der Ostforscher vom Staat u. nicht von Volk u. Volkstum ausging, versuchte in bemerkenswerten Aufsätzen Kategorien ↑O. Hintzes auf den europ. Osten zu übertragen. Posthum erschienen *Grundzüge der Gesch. Rußlands* (1949) u. *Rußland u. Asien* (1966). Anders als Th. Schiemann sah er Rußland als Teil der europ. Geschichte. Bemerkenswert war seine Aufgeschlossenheit für die sowjet. Gesch.forschung.

Lit.: F.T. Epstein: O.H. u. «sein» Osteuropa. In: Osteuropa 25, 1975, S. 541–554; F. Kuebart: O.H. – Historiker, Publizist, Politiker. In: ebd., S. 603–621; G. Voigt: O.H. 1876–1946. Wiss. u. Politik im Leben eines dtn. Historikers. B 1976; U. Liszkowski: Osteuropaforschung u. Politik, B 1988; K. Schlögel: Von der Vergeblichkeit eines Professorenlebens. In: Ders.: Berlin Ostbahnhof Europas, Bln 1998, S. 308–324. *B. F.*

Hofstadter, Richard (1916–1970). H. studierte an der U. of Buffalo, NY u. der Columbia U. (Ph. D. 1942), wurde Prof. an der U. of Maryland (1942–46) u. dann Columbia U. (1946–70). Schon in seinem Werk *Social Darwinism in American Thought, 1860–1915* (Boston 1944) zeigte sich eine Spannung zwischen polit. Engagement (radikal sozialkritisch) u. wiss. Distanz, z.B. in seiner Sicht von Ideen als reine Funktionen von Interessen und Bedingungen einerseits, u. als autonome Kräfte andererseits. H. setzte sich von der progressiven Gesch.auffassung durch eine starke Betonung der psycholog. Kräfte u. durch seine Weigerung, nur konservative Ideen als zeitgebunden anzusehen, ab. In *The Age of Reform: From Bryan to F. D. Roosevelt* (NY 1955) sah H., daß auch liberale Ideen als Mythen fortschrittshemmend sein könnten. Die Gesch. war ein komplexes Resultat von Klasseninteressen, mat. Gegebenheiten, psych. Faktoren u. Mythen. *Anti-Intellectualism in American Life* (NY 1963) vergrößerte H.s Abstand von der progressiven Gesch.vorstellung mit ihrem einfachen Zentralkonflikt zwischen konservativen u. progressiven Kräften u. zeigte ein Mißtrauen gegenüber den Massen. Auch der Sinn für das Tragische u. die Ironie (schlechte Konsequenzen von guten Taten) trat hier in die amer. Gesch.schr. ein. *The Progressive Historians: Turner, Beard, and Parrington* (NY 1968) stellte die Relativität aller Gesch.interpretationen heraus. Sein letztes Werk *America at 1750: A Social Portrait* (NY 1971) blieb unvollendet.

Seine Zurechnung zu einer bestimmten Richtung ist umstritten, besonders die zu den «Consensus Historians», die in konstanten, meist unreflektierten Lebensüberzeugungen den Kern der nationalen Einheit u. des amer. Gesch.bewußtseins sahen.

Lit.: The H. Aegis: A Memorial, hrsg. v. S. Elkins/E. McKitrick, NY 1974; A. Schlesinger, jr.: «R. H.» in Pastmasters, hrsg. v. M. Cunliffe/R. W. Winks, NY 1969. *E. B.*

Holberg, Ludvig (seit 1747: Baron von H.) (1684–1754), wurde als Jüngster von zwölf Geschwistern in Bergen (Westnorwegen) geb. und wurde früh Vollwaise. Nach dem Theologiestudium an der Univ. Kopenhagen machte er eine Studienreise u. a. nach Frankreich und Italien und übernahm 1717 die Prof. für Metaphysik und Logik an der Univ. Kopenhagen, 1720 wechselte er auf die Prof. für Latein und ab 1730 auf die der Gesch.

H. ist der bedeutendste skandin. Hist. der Aufklärungszeit, der vom schwed. Reichshistoriographen in Stockholm, dem Sachsen ↑S. Pufendorf, stark beeinflußt wurde. Seine wichtigsten hist. Arbeiten sind eine dän. Reichsgesch. – *Danmarks Riges Historie,* eine Kirchengesch. bis Luther (Kop. 1738–40), eine jüd. (Kop. 1742) und eine röm. Gesch. (Kop. 1746). Darüber hinaus stellte er theoretische Überlegungen zum Wesen und Nutzen der Gesch. an. Schon vor ↑Voltaire formulierte er einen kulturhist. und universalhist. Anspruch an die Gesch.schr.

H.s Werk umfaßt drei verschiedene Schaffensphasen: einmal die poetische Phase, in der seine Komödien entstanden, dann die Periode seiner hist. Arbeiten und schließlich die philosoph. Phase. Die beste Einführung in das Gesamtwerk bietet seine Untersuchung über Natur- und Volksrecht, *Introduction til Natur- og Folke-rettens Kundskab* (Kop. 1716). Das naturrechtliche System, das H. besonders von Pufendorf übernahm, drückt seine Auffassung von der Menschennatur und der Gesellschaftsordnung aus, die man in allen seinen hist., philosoph. und poet. Schriften wiederfindet. Über Pufendorf kam H. auch mit der Lehre Th. Hobbes' (1588–1679) in Berührung, die einen starken Herrscher postuliert, der notwendig sei, um die Menschen voreinander zu schützen. H. genoß in seinem Jh. intern. Ansehen. So wurden alle seine Schriften ins Deutsche übersetzt.

Ausg.: GS: C. S. Petersen (Hrsg.), Samlede skrifter, I–XIII, Kop 1913–63
Lit.: F. Bull, L. H. som historiker, Kristiania (Oslo) 1913; S. Host, Om H.s historikske skrifter, Bergen 1913; H. Ehrencron-Müller, Forfatterlexikon, I–XII, Kop 1933–35 (Bibl. zu H.s Schriften). *H. S.*

Holborn, Hajo (1902–1969). Neuzeit-Historiker, der die amerikan. Historiogr. zur dtn. Gesch. in der Nachkriegszeit erheblich beeinflußt hat.

Der Sohn des Dir. der Physikal.-Techn. Reichsanstalt wuchs in Berlin auf u. promovierte 1924 bei ↑F. Meinecke. 1926 in Heidelberg habilitiert, erhielt er 1931 einen Lehrstuhl für Gesch. u. internat. Beziehungen an der Berliner Hochschule für Politik; zugl. lehrte er an der Univ. Berlin. Der der Sozialdemokratie nahestehende H. emigrierte 1933 – wohl auch mit Rücksicht auf seine jüd. Frau. Nach einem Zwischenaufenthalt in Engl. wurde er 1934 in Yale Gastprof., später ständiger Prof. 1942–1945 arbeitete er – wie andere emigrierte Wissenschaftler – im Office of Strategic Services, in dem die Verhältnisse in Dtl. analysiert u. die amerikan. Besatzungspolitik geplant wurde. H., der 1960 Dir. des American Council in Germany wurde, starb 1969 in Bonn.

Mit *Bismarcks europ. Politik u. die Mission Radowitz* (1925) u. *Dtl. u. die Türkei 1878–1890* (1926) untersuchte er Aspekte v. Bismarcks europ. Politik. Kritisch setzte sich H. mit der Fixierung auf die Kriegsschuldfrage auseinander (1929) u. versuchte den Versailler Kriegsschuldartikel zu historisieren (1932).

In seiner Biogr. U. v. Huttens (1929) arbeitete er die komplexe Verflechtung v. Humanismus, frühem Nat.bewußtsein u. Protestantismus bei Hutten auf dem Hintergrund der polit.-soz. Problematik des Rittertums heraus; in dem nach s. Emigration verfaßten Aufsatz «The Social Basis of the German Reformation» (1936) akzentuierte er die fundamentalen Unterschiede der Reformationszeit zur neuesten Gesch.

Die eigenen Zeiterfahrungen verarbeitend, hat H. in *The Political Collapse of Europe* (1951; dt. 1954) die Entwicklung des europ. Staatensystems im 19. u. 20. Jh. aus der Perspektive seines Untergangs u. der Erschütterung der Machtstellung Europas behandelt. Wesentl. Faktoren dieses Prozesses waren für H. der Kampf der Mächte im Zeitalter des Nationalismus u. Imperialismus, der Aufstieg der Flügelmächte sowie das Übergreifen des westl. Nationalismus auf den Orient u. auf Asien. In einer ganzen Reihe von Aufsätzen (*Germany and Europe,* 1970) hat H. versucht, die Erfahrungen des Scheiterns einer Friedensordnung nach dem Ersten Weltkrieg für die Gegenwart nach dem Zweiten Weltkrieg fruchtbar zu machen.

Die eigentl. zentrale Frage H.s wurde zunehmend die nach der besonderen dtn. Entwicklung. In seinem Aufsatz «Der dte. Idealismus in sozialgesch. Beleuchtung» (1952) untersuchte er kritisch die soz. Implikationen u. Folgen des dtn. Idealismus, die er in der Ausbildung einer Kultur der Innerlichkeit sah, die keine tiefere soz. Bindekraft entwikkelte, mit der Konsequenz einer Idealisierung des Beamten- u. Militärstaats auf der einen Seite u. soz. Desintegration auf der anderen Seite. Die Frage nach der besonderen dtn. Entwicklung ist auch leitend für H.s vom «Mut zur Synthese» getragene 3bändige *Dte. Gesch. in der Neuzeit* (engl. 1959, 1964 u. 1965, dt. 1970 u. 1971), die die dte. Entwicklung in implizit vergleichender Sicht zur westl. Entwicklung in kritischer Absicht darstellt. H. warnte davor, die dte. Entwicklung als unausweichlich u. sinnvoll zu betrachten.

H. hat sich in seinen methodologischen Beiträgen, u.a. in Auseinandersetzung mit ↑Dilthey (1949), um eine theoretische Fundierung von Gesch. als Geistesgesch. bemüht, schließlich aber die Grenzen dieses Ansatzes betont.

H., der im Laufe der Jahre zahlreiche Schüler ausbildete, hat zeitlebens als eminent polit. Historiker versucht, Gesch. mit den drängenden Fragen s. Zeit zu verknüpfen. Darin u. in dem Versuch, dts. historiogr. Denken in die amerikan. Geschichtswiss. zu induzieren u. dabei weiterzuentwickeln, liegt H.s eigentliche Leistung.

Lit.: In Memory of H.H. In: CEH 3, 1970, H. 1/2. (mit Aufsätzen v. F. Gilbert, D. Gerhard, J.H. Snell u. L. Krieger sowie einem Schriftenverz. v. H.); B. Faulenbach: H.H. In: H.-U. Wehler (Hrsg.): Dte. Historiker. Bd. IX. Gö 1982, S. 114–132; O. Pflanze: The Americanization of H.H. In: H. Lehmann/J.J. Sheehan (Ed.): An Interrupted Past. German-Speaking Refugee Historians in the United States, New York 1991, S. 170–179. *B.F.*

Holl, Karl (1866–1926), prot. Kirchenhistoriker mit nachhaltig prägender Wirkung bes. für die Luther-Deutung im 20. Jh.

Der Lehrerssohn besuchte die Seminare in Maulbronn u. Blaubeuren, stud. Theol. u. Phil. an der Univ. seiner Geburtsstadt Tübingen (Dr. phil. 1889; Lic. theol. 1890), in Berlin, Gießen u. Marburg, war 1891–1894 Stiftsrepetent in Tübingen, bevor ihn ↑A. Harnack als wiss. Hilfsarbeiter bei der Kirchenväterkomm. an die Preuß. Akad. d. Wiss. nach Berlin holte. 1896 habil., wurde H. 1900 a.o. Prof. in Tübingen, kehrte 1906 als o. Prof. nach Berlin zurück, wo er als Kirchenhist. lange im Schatten Harnacks stand, war 1923/24 Rektor der Univ. u. seit 1925 Vors. der Luthergesellschaft.

H.s Forschungsfeld umfaßte die ges. Kirchengesch., von der Alten Kirche, bes. des griech. Ostens (*Enthusiasmus und Bußgewalt beim griechischen Mönchtum*, 1898), bis zu Fragen der kirchlichen Zeitgeschichte. Philolog. Brillanz u. hist.-krit. Methodenstrenge führte H. in maßstabsetzenden Editionen vor (Epiphanius v. Salamis), den Blick für die Aussagekraft entlegenen Quellenmaterials verband er mit dem Sinn für die Darstellung weitgespannter hist.-theolog. Zusammenhänge. Sein 1921 erschienener *Luther*, eine auch in der Breitenwirkung überaus erfolgreiche Aufsatzsammlung, bildete «in der Gesch. der Lutherforschung des 20. Jhs. den entscheidenden Markstein» (J. Wallmann): H. lenkte den Blick entschieden auf die Frühzeit des Reformators, suchte dessen Werk in religiösem Gehalt wie Kulturbedeutung für die nicht allein theolog. Standortbestimmung der Nachkriegsgegenwart nutzbar zu machen u. betonte gegen ↑E. Troeltsch die ‹Neuzeitlichkeit› Luthers. Dabei vermied H., der sich dem liberalen Prot. endgültig erst im Ersten Weltkrieg entfremdet hatte, jede Annäherung an ein deutschnationales Luther-Zerrbild, beeinflußte aber über seine Schüler stark die nationalprotestantische Gegenwartskritik der Zeit nach 1920.

WV: K. H., Ges. Aufsätze zur Kirchengesch., Bd. III, 1928, S. 578–584.
Lit.: TRE 15, S. 514–518; J. Wallmann, K. H. u. seine Schule, in: Tübinger Theologie im 20. Jh., 1978, S. 1–33; D. Korsch, Luth.-nationale Gewissensreligion. K. H. (1866–1926), in: F. W. Graf (Hg.), Profile des neuzeitl. Prot., Bd. 2, 1993, S. 336–353; H. Assel, Der andere Aufbruch. Die Lutherrenaissance – Ursprünge, Aporien, Wege, 1994. *H. C.*

Holtzmann, Robert (1873–1946). Nach Schulbesuch und Studium in Straßburg wurde H. 1897 Mitarbeiter bei den MGH. Der Habilitation und Dozententätigkeit an der Straßburger Univ. folgte 1913 Übernahme eines Lehrstuhls für ma. Gesch. in Gießen; Prof. 1916 in Breslau, 1923 in Halle und 1930 in Berlin schlossen sich an; in Berlin wurde H. auch 1939 emeritiert.

Verdienste erwarb sich H. u. a. durch die Neuherausgabe von ↑Gebhardts «Handbuch der Deutschen Geschichte» (7. Aufl. 1930) und ↑Wattenbachs «Deutschlands Geschichtsquellen im MA». Von seinen Werken erzielten vor allem seine *Französische Verfassungsgeschichte* (1910) und die *Geschichte der sächsischen Kaiserzeit* (1941) große Resonanz.

Lit.: DA 8 (1950) S. 256 f.; NDB 9, S. 562; DBE 5, S. 157. *R. A. M.*

Hóman, Bálint (1885–1951). Nach dem Besuch des Gymnasiums und der Univ. in Budapest wurde er 1915 zunächst z. Direktor der Budapester Univ.Bibl., 1922 der Ung. Nationalbibl. Széchenyi, 1923 z. Generaldirektor des Ung. Nationalmus. u. 1925 z. Prof. für ma. ung. Gesch. an der Univ. Budapest berufen. 1932 war er als Kultusminister in der Regierung Gömbös tätig. Er trat zur Revision des Friedensvertrages von Trianon für eine nach Dtl. orientierte Außenpolitik ein. 1938 schied er, nachdem er kurze Zeit Propagandaminister war, zunächst aus der Regierung aus, übernahm aber von 1939–1942 nochmals das Kultusministerium. Von 1933–1945 war er Präsident der Ung. Hist. Ges. und von 1941–1945 Leiter des Ung. Gesch.wiss. Inst. (Inst. Pál Teleki). Beim Einmarsch der Roten Armee floh er nach Österr., wurde aber von den US-Truppen nach Ung. ausgeliefert, dort zu lebenslanger Haft verurteilt und starb schließlich im Gefängnis zu Waitzen.

WW: A magyar városok az Árpádok korában (Die ungarischen Städte zur Zeit der Arpaden). Budapest 1908. Magyar pénztörténet 1000–1325 (Ungarische Münzgeschichte 1000–1325). Budapest 1916. Magyar kiralyság pénzügyei és gazda-

ságpolitikája Károly Róbert korában (Die Finanzen und Wirtschaftspolitik des ungarischen Königtums zur Zeit Karl Roberts). Budapest 1921. Geschichtliches im Nibelungenlied. B 1924. A Szent László-kori Gesta Ungarorum és a XII–XIII. századi lezármazói (Die Gesta Ungarorum aus der Zeit Ladislaus' des Heiligen u. ihre Ableitungen im 12. und 13. Jh.). Budapest 1925. A magyar hun-hagyomány és hun-monda (Die ungarische Hunnenüberlieferung und Hunnensage). Budapest 1925. Geschichte des ungarischen Mittelalters Bd. 1–2. B 1940/1943.
Lit.: L. Tóth: Hóman Bálint a történetíró. Budapest 1939; F. Glatz: Hóman Bálint és a nemzeti socialisták összeütközése, in: Fehérmegyei Történeti Évkönyv 4 (1970), S. 181–202; Biogr. Lex. z. Gesch. Südosteuropas, hrsg. v. M. Bernath, Mn 1976, Bd. 2, S. 176–79. *H. G.*

Homer (8. Jh. v. C.), wahrsch. aus dem östl. Ioniertum der ägäischen Inseln u. Kleinasiens, steht als Name für den oder die Verfasser von *Ilias* u. *Odyssee.* Die *Ilias* erzählt vom Zorn Achills während des Trojan. Krieges, die *Odyssee,* die auf einer späteren Entwicklungsstufe steht, von der Heimkehr des Odysseus u. seinen Irrfahrten.

H. war zweifellos Dichter u. kein Hist., aber wie ein Hist. für die Vergangenheit zuständig. Wie er den Griechen das erste Stück ihrer Vergangenheit ordnete u. ihnen einen ersten gemeinsamen Identifikationspunkt schuf, entsprach es wohl weitgehend dem Bedürfnis seiner aristokrat. Auftraggeber u. Zuhörer nach Trad. u. Legitimation ihres Selbstverständnisses.

Diese Darstellung war freilich allein mythisch, durch Berufung auf die göttl. Musen legitimiert, wie später auch bei Hesiod. Sie beruhte wahrsch. einzig auf den mündlich von einem Rhapsoden auf den anderen weitergegebenen Mythen. ↑Hekataios wagte an Einzelheiten der Sage rational Kritik zu üben, aber die Realität des Troj. Krieges galt als chronolog. Fixpunkt für die ganze antike Zeitrechnung. Die moderne homerische Archäologie kann zwar nachweisen, daß den Epen H.s Erinnerungen auch aus mykenischer Zeit zugrunde liegen, aber den hist. Kern innerhalb der dichterischen Phantasie vermag auch sie nicht mit Sicherheit zu bestimmen.

H., an der Grenze von mündl. Improvisationsdichtung u. schriftl. Werkkonzeption, formte bereits geschichtl. Sehen u. Denken vor: die Kraft zur Synthese zu einem einheitlichen Geschehensablauf, dessen ursächliche Verknüpfung, der konkrete geogr. Raum, die klare zeitliche u. qualitative Distanz zur Vergangenheit u. Unterscheidung verschiedener Vergangenheitsstufen mit genauer Generationenzählung u. schließlich auch Ansätze zur Selbstverantwortung des Menschen, deren Ausmaß freilich neben dem dominierenden Eingreifen der Götter, die wiederum anthropomorph sind u. rational handeln, umstritten ist.

Ausg.: GW: D. B. Monro – Th. W. Allen (edd.), 5 Bde., O ³1920. Übs.: W. Schadewaldt, H. Ilias, F 1975; Odyssee, Z-St 1966. Komm.: s. Übersicht bei P. E. Easterling – B. M. W. Knox, The Cambr. Hist. of Class. Lit. I, C u. a. 1985, 722.
Lit.: K. Meister, Die griech. Gesch.schr., St 1990, 13 f. (Lit.); J. Latacz (Hg.), Zweihundert Jahre Homer-Forschung, 1991; O. Lendle, Einführung in die griechische Geschichtsschreibung, Darmstadt 1992, 3–9; J. Latacz, Homer, 3. Aufl. 1997; I. Morris, B. Powell (Hgg.), A New Companion to Homer, 1997; J. Latacz u.a. Homer, Ilias. Ein Gesamtkommentar I 2, 1999. *H. B.*

Hruševs'kyj, Mychajlo Sergeevič (1866–1934), geb. am 17./29. September 1866 in Cholm. Er entstammte einer alteingesessenen geistlichen Familie aus dem Bezirk Čyhyryn. Der Vater war als Pädagoge tätig, zuletzt als Volksschuldirektor im Kaukasus. H. besuchte 1880–1886 das Gymnasium in Tiflis. Seit 1886 studierte er an der Kiever Universität, wo ihn sein akademischer Lehrer und Förderer V. Antonovyč (1843–1912), der Begründer der modernen ukrainischen Geschichtsschreibung, zur wissenschaftlichen Beschäftigung mit der Geschichte der Ukraine anregte. Nach dem erfolgreichen Studienabschluß 1890 konnte er als Professor-Stipendiat am Lehrstuhl der russische Geschichte bleiben. 1894 wurde er auf den neuerrichteten Lehrstuhl für Weltgeschichte unter Berücksichtigung der Geschichte Osteuropas in Lemberg berufen, den er bis zum Kriegsausbruch 1914 leitete. Die freiere Atmosphäre in Galizien unter habsburgischer Herrschaft nutzte er zu vielfältigen wissenschaftlichen und politischen Aktivitäten im Dienste der ukrainischen Sache. 1897 übernahm er die Präsidentschaft in der renommierten Sevčenko-Ges., 1899 wurde er zum Mitbegründer der National-demokratischen Partei in Galizien, einem Zusammenschluß liberal-bürgerlicher Patrioten der ukrainischen Intelligenz, deren pro-österreichische Orientierung er aber nicht teilte. Während der ersten russischen Revolution 1905 setzte er sich für eine ukrainische Autonomie ein und warb für einen föderativen Umbau des zaristischen Vielvölkerstaates. 1914 ließ ihn die Regierung verhaften und in Simbirsk internieren. Die Revolution von 1917 ermöglichte ihm die Rückkehr in seine Heimat und die aktive Beteiligung an den revolutionären Entwicklungen in der Ukraine. H. trat als Vorsitzender an die Spitze einer bürgerlich-nationalen ukrainischen Regierungskoalition (sog. Zentralrada). Nach deren Scheitern 1918 zog er sich aus dem politischen Leben zurück und begab sich 1919 ins westliche Exil. Er ließ sich zunächst für kurze Zeit in Wien nieder und siedelte dann nach Prag um, wo er u. a. das Ukrainische Soziologische Institut gründete. Im Jahre 1924 kehrte er überraschend in die Sowjetunion zurück und beteiligte sich als Mitgl. der Ukrainischen Akademie der Wissenschaften aktiv am Aufbau einer sowjetukrainischen Geschichtswissenschaft. 1930 trug ihm der Vorwurf, einen ukrainischen Nationalismus zu fördern, die Verbannung nach Moskau ein. Er verstarb in Kislovodsk im Kaukasus.

H. war ein sehr fruchtbarer Historiker, politischer Schriftsteller und Wissenschaftsorganisator. Er darf zu den eigentlichen Gründungsvätern der modernen Ukrainekunde gerechnet werden. Seine beiden monumentalen Gesamtdarstellungen, die zehnbändige Geschichte der Ukraine-Rus', und die fünfbändige Geschichte der ukrainischen Literatur, zählen bis heute zu den Standardwerken der Ukraineforschung. H.s historiographische Bedeutung ist vor allem darin zu sehen, daß er die gängige großrussischen Geschichtskonzeption, die von der zielgerichteten Einförmigkeit der historischen Prozesse auf ostslavischem Boden ausging, radikal bestritt und ihr eine eigene Geschichte der im Zarenreich vereinigten Völkerschaften entgegenstellte. Den ersten Band seines Lebenswerkes, einer Gesamtdarstellung der ukrainischen Geschichte, hatte er schon in den Jahren 1897–98 niedergeschrieben. Die wissenschaftliche Begründung dieser nationalukrainischen Geschichtskonzeption ist in dem Aufsatz «Das allgemeine Schema der «russischen Geschichte» und die Frage eines rationalen Aufbaus der Geschichte des Ostslaventums» niedergelegt, den er im Jahre 1904 auf Aufforderung der Russischen Akadademie der Wissenschaften in St. Petersburg verfaßte. In der Ukraine hat erst der Zusammenbruch des Sowjetimperiums die Voraussetzungen für eine ungehinderte Rezeption seines monumentalen Lebenswerkes (mit über 2000 Titeln) geschaffen.

WW: Istorija Ukrainy-Rusy. 10 Bde. in 13 Büchern. Lemberg, Kiev 1910–1937 (ND

1991–1998); dts. Übs. des 1. Bandes: Hruschewskyj, Gesch. der Ukraine. L 1906. Neue engl. Übs.: History of Ukraine-Rus'. Bisher erschienen Vol. 1: From Prehistory to the Eleventh Century. Edmonton 1997 und vol. 7. The Cossack Age to 1625. Edmonton 2000.
Lit.: H. Neubauer, Mychailo Hruševʼskyi im historiographischen Zeithorizont, in: Jb. der Ukrainekunde 22 (1985), S. 97–108; J. Bidlo, Michal Hruševsky. Prag 1934; Prof. Michael Hruschevsky. Sein Leben und Wirken (1866–1934). Berlin 1935. – L. Wynar, Die Autobiographie von Mychajlo Hruševs'kyj aus den Jahren 1906 und 1926 als Quelle zur Erforschung seines Lebens und Schaffens, in: Jb. der Ukrainekunde 20 (1983), S. 7–52 (mit Bibl.). – Ders., Ukrainian-Russian Confrontation in Historiography. Toronto 1988. – Ders. Mykhajlo Hruševs'kyj. Bibliographische Quelle; 1866–1934. München 1984. – F. Krüger, Mychajlo Hruševs'kyj. Ukrainischer Patriot und Historiker. Diss. Münster 1985. – Th. M. Prymak, Mykhaila Hruševs'kyj. The politics of national culture. Toronto 1987. – O. Pritsak, Istoriosofija ta istoriohrafija Mychajla Hruševs'koho. Kiev 1991. – O. L. Kopylenko, «Ukraïns'kaja ideja» M. Hruševskoho: istorija i sučastnist'. Kiev 1991. – J. J. Hrycak (red.) Mychajlo Hruševs'kyj i L'vivs'ka istoryčna škola. New York 1995. – A. Žukovs'kyj, Mykhailo Hrouchevskyi: Sa vie et son oeuvre. Paris 1997. – H. M. Burlaka, L. R. Vynar, Lystuvannja Mychajla Hruševs'koho. Kiev 1997. – R. Ja. Pyrih, B. S. Adamovyč, Mychajlo Hruševs'kyj: Miž istorijeju ta politykoju (1920–1930-ti roky). Zbirnik dokumentiv i materialiv. Kiev 1997. *E. H.*

Huamán Poma de Ayala, Felipe (ca. 1532–1615). Über die exakten Lebensdaten des indianischen Autors, der aus Huamanga, einem Verwaltungszentrum des Inkareiches stammte, ist nur wenig bekannt. H.P., dessen Familie nach seinen eigenen Angaben zum indianischen Adel gehört hatte, war in den Dienst der span. Kolonialherren getreten, hatte Span. und Schreiben gelernt, war auch Christ geworden. Als Schreiber und Übersetzer in der span. Verwaltung im Vizekönigreich Peru erlangte er nicht nur Einblick in die span. Kolonialpraxis, d. h. das oft rigorose Vorgehen der span. Beamten und Missionare gegenüber den Indios, sondern erlebte auch an sich selbst den Verlust der indian. Identität. Aus dieser Spannung schrieb H.P. als indian. Augenzeuge eine mehr als tausend Seiten umfassende, mit über 400 Federzeichnungen illustrierte Gesch. der inkaischen Vergangenheit und der kulturellen Begegnung zwischen Span. und Indios: *Nuéva Corónica y Buen Gobierno* (Paris 1936). Über 30 Jahre hatte er an der ca. 1615 abgeschlossenen Gesch. geschrieben, die aus der Sicht der Besiegten das span. Verhalten gegenüber einer fremden Kultur anklagt und so eine Gegenposition zu den sonst aus span. Sicht verfaßten und die Konquista verherrlichenden Chroniken darstellt.

H.P.s Chronik, als offener Brief an den span. König Philipp III. konzipiert, ist damals nicht an die Öffentlichkeit gelangt. Erst 1936 wurde sie zum ersten Mal veröffentlicht, nachdem der deutsche Hist. Richard Pietschmann 1908 ein handschriftliches Exemplar in der Königl. Bibliothek in Kopenhagen gefunden hatte.

Neuere Ausgaben: Franklin Pease. 2 vols. Caracas 1980. – John V. Murra, Rolena Adorno y Jorge L. Urioste. Madrid 1987 (Crónicas de América Nr. 29).
Lit.: M. Alisky: Historical Dictionary of Peru. Metuchen, N. J. 1979, S. 45. – J. R. Thomas, S. 208 f.; R. Zapata: Guamán Poma – indigenismo y estética de la dependencia en la cultura peruana. Minneapolis 1989. *H. J. K.*

Hugo von Fleury (gest. nach 1114). Das Kloster Fleury (oder Saint-Benoît) an der Loire war im 10. und im 11. Jh. eines der großen geistigen Zentren in Europa sowie Ort einer umfassenden historiograph. Produktion, in der der Mönch

H. einer der bedeutendsten Autoren war (neben ihm sind auch noch Aimoin und André v. Fleury zu nennen). H. schrieb im Jahre 1110 eine *Historia ecclesiastica,* die die Gesch. des Abendlands bis zum Tod Ludwigs des Frommen erzählt. Sie existiert in einer ersten, kurzen Fassung und in einer zweiten, längeren, die H. verfaßte, nachdem er die Gesch. von Anastasius dem Bibliothekar gelesen hatte. Die Chronik zeitigte ziemlich großen Erfolg, besonders in England, dank der Gräfin Adele von Blois, der Tochter Wilhelms des Eroberers und der Mutter des Kg.s Stephan (1135–1154), der H. seine Chronik gewidmet hatte. Einige Jahre später schrieb H. darüber hinaus eine *Historia Moderna,* die von der Gesch. der Kg.e von Frankreich zw. dem Tod Ludwigs des Frommen und der Thronbesteigung Ludwigs VI. handelt. Dieser, der Kaiserin Mathilde gewidmeten Chronik, war kaum Erfolg beschieden.

Lit.: LMA 5, Sp. 171; H. Jedin, Zur Widmungsepistel der «Historia ecclesiastica» H. v. F., in: Speculum historiale. FS für J. Spörl, 1965, S. 559–566. *J. M. M.*

Huizinga, Johan (1872–1945). Prom. in Groningen im Jahre 1897 über indisches Theater. Kulturhist. Konfrontationen des Ostens mit dem ma. Westen brachten ihm bald eine Professur der allg. Gesch. in Groningen (1905–1915) und vor allem in Leiden (1915–1945). Sein berühmtestes Werk, *Herbst des Mittelalters* (1919), nimmt an, daß die franz.-niederl. Kultur des SpätMAs mehr die Endphase der früheren Ritterkultur ist als die Ankündigung der ital. Renaissance. Seine Inspirationsquelle war ↑J. Burckhardt. Deshalb auch der romantische Ansatz, der aus der Tatsache hervorgeht, daß er literar. und künstlerische QQ den sozialwirtschaftl. QQ, die im Positivismus und im Marxismus überwogen, vorzog. Zugleich ist H. durch den Nachdruck, mit dem er die ethischen, ästhetischen und psychol. Elemente als Triebfeder des menschlichen Handelns hervorhebt, ein direkter, aber erst nach dem Zweiten Weltkrieg als solcher erkannter Vorläufer der Mentalitätsgesch., die durch die «Annales» verkündet wird. Im Bereich der Theorie der histor. Wiss. stand er der Einführung naturwiss. Techniken zögernd gegenüber und blieb beim intuitiven und sogar schöpferisch-ästhetisierenden Ansatz, wodurch sein Œuvre ein hohes literar. Niveau erlangte. Sein kulturhistor. Interesse erweiterte sich später auf das Goldene Zeitalter Hollands, auf das 19. und 20. Jh. in den USA, und, unter dem Einfluß der Anthropologie, auf das kulturphilos. Thema der Funktion des Spiels in der Gesellschaft (*Homo Ludens,* 1938). Vieles in seinem Œuvre kann als Eskapismus eines laudator temporis acti betrachtet werden, der aus vielen Gründen in Unfrieden mit der eigenen Zeit lebte, in der er eine Abweichung des klassischen europ. kulturellen Musters bemerkte. Sosehr er Stubengelehrter war, so klar erhob er seine prophetische Stimme für heftige Warnungen gegen den drohenden Weltkrieg und gegen den Totalitarismus, den er im Nationalsozialismus erkannte *(Im Schatten von morgen,* 1935), und gegen den sozialen Nivellierungsprozeß, der seine elitäre Anschauung erschütterte. Nach Protest gegen Maßnahmen der dt. Besatzungsmacht wurde H. 1942 für Monate in Geiselhaft genommen und mit Amtsenthebung, Publ.verbot und der Verbannung aus Leiden bestraft.

GW: Verzamelde werken, 9 T., 1948–53. – A. van der Lem, Inventaris van het archief van J. H. Bibliografie, 1998.
Lit.: H. A. Enno van Gelder, J. H., 1947; W. Koops u. a., J. H., 's Gravenhage, 1973; W. Krul, J. H., in: A. Huussen, Historici van de 20ste eeuw, Ut 1981, 94–109; J. Tollebeek, De toga van Fruin, 1990,

197–257; E. Peters/W. P. Simons, The New H. and the Old Middle Ages, in: Speculum 74, 1999, 587–620; L. Hanssen, Huizinga en de troost van de geschiedenis, Amsterdam 1996; C. Strupp, J. H., Göttingen 2000. *W. P.*

Humboldt, Wilhelm von (1767–1835), Gelehrter u. Politiker, ist v. a. wegen seiner Berliner Akademierede *Über die Aufgabe des Geschichtschreibers* (1821), die als Programmschrift des Historismus gelten kann, für die dt. Fachhistorie bedeutsam: Hier entwickelt H. die Historische Ideenlehre, die ein Kernstück des historist. Wissenschaftsparadigmas bildet u. die infolgedessen während des ↑Lamprecht-Streites kontrovers diskutiert wurde.

Lit.: R. Haym: W. v. H., B 1856, 465 ff.; J. Wach: Das Verstehen, Bd. 1, T 1926, 249 ff.; E. Kessel: W. v. H.s Abhandlung [...], in: Studium generale 2 (1949), 285–95; J. Goldfriedrich: Die hist. Ideenlehre in Dtld., B 1902, 107–63. *H. W. B.*

Hume, David (1711–1776), der schottische Philosoph, begann mit der Arbeit an seiner *History of England from the Invasion of Julius Caesar to the Revolution in 1688* (6 Bde., Lo 1754–62; ND d. Ausg. Lo 1778: Indianapolis 1983) im J. 1752, nachdem er zum Keeper of the Advocates' Library in Edinburgh berufen worden war. Seine philos. Hauptschriften waren zu dieser Zeit bereits erschienen: *Treatise of Human Nature* (1739), *Essays Moral and Political* (1741–42), *Enquiry Concerning Human Understanding* (1748). Die *History* machte H. bekannt und wohlhabend und war auch auf dem Kontinent im 18. Jh. das am breitesten und beifälligsten rezipierte seiner Werke. Länger als ein Jh. galt sie in Großbr. als Standarddarstellung. H. schrieb bewußt für ein breites Publikum und bemühte sich sorgfältig um literar. Ausarbeitung. Anders als gleichzeitig ↑Robertson legte er wenig Gewicht auf QQstudium, auch wenn er die älteren Gesch.schreiber, auf die er sich v. a. stützte, kritisch studierte. H. ging es um die Vorgesch. der Gegenwart, und er schrieb und veröff. zuerst die beiden chronolog. spätesten Bände über die Stuart-Zeit, die meist als die besten des Werkes beurteilt werden. Er bemühte sich um Überwindung der Parteienstandpunkte von Whigs und Tories, doch trug ihm bes. seine relativ milde Beurteilung des von den Whigs verdammten Charles I. das Etikett eines Tory-Historikers ein, obwohl er sich von der Stuart-Verklärung eines ↑Clarendon fernhielt. Als «skeptischer Whig» schrieb er «establishment history» (D. Forbes) von der verfassungspolit. Position von 1688 aus. Den relig. Radikalismus der puritan. Revolutionäre lehnte er ab. H. sah seine Gesch.schr. als Teil seines philos. Projekts einer «science of man». Seine historiogr. Prinzipien hat er nie syst. entwickelt; eine materiale Gesch.philos. war seinem empirist.-skept. Denken ohnehin fremd. H.s *History* ist im Kern polit. Gesch., damit aber zugleich auch eine Gesch. der «Zivilisation», worunter H., enger als etwa ↑Voltaire, v. a. die Entwicklung von «law and liberty» und nur sekundär die der Künste und des gesamten Lebens verstand. Wichtige Bemerkungen zur Gesch. finden sich auch in seinen *Essays*.

Lit.: E. C. Mossner, The Life of David Hume, 2nd ed., O 1980; N. Phillipson, H., Lo 1989; V. G. Wechsler, D. H. and the ‹History of England›, Philadelphia 1979; G. Streminger, David Hume sein Leben und sein Werk, Paderborn [3]1995. *J. O.*

Ibn Arabschah (= Abu l'Abbas Ali ben Mohammed Ali Ibn Arabschah Schihabaddin ad-Dimasqui al-Hanafi) (1392–1450). Geb. in Damaskus, 1400 von Tamerlan (= Timur, 1365–1405) bei der Eroberung von Damaskus in dessen Hauptstadt Samarkand verschleppt, studierte dort Pers., Türk., Mongol., Theol., Philol. Begab sich 1408 in die Mongolei, dann zum Studium der Tradition des Propheten nach Chwarezm u. Astrachan, weilte beim Krim-Khan u. in der damaligen osman. Hauptstadt Adrianopel (Edirne), wurde zum Vertrauten des Sultans Mohammed I., führte dessen Korrespondenz in Pers. 1421 starb der Sultan, Ibn A. kehrte 1422 nach Damaskus zurück. 1436 übersiedelte er nach Kairo und starb dort 1450.

Sein Hauptwerk neben einem Fürstenspiegel in arab. Kunstprosa ist *Adjaib al-Makdur fi Nawaib Timur* (= Biographie Tamerlans [= Timur]), des türk. Emirs von Transoxanien, der als angebl. Abkömmling Dschingis Khans Asien von der Ägäis bis zum Pandschab, von Damaskus bis nach Sibirien eroberte. Breitere Darst. erst ab ca. 1400 (Osmanen-Feldzüge), als Timur in den Gesichtskreis des Vorderen Orients trat. In blumiger Sprache wird Timurs unerhörte Grausamkeit anklagend geschildert – insofern ist das Werk als orientalische Quelle für Timur einmalig. Erst im umfangreichen Schlußkap. werden die positiven Eigenschaften Timurs gewürdigt. Wertvolle Schilderungen aus Samarkand und dessen Gelehrtenwelt dürften autobiograph. Elemente verwerten, aus Ibn A.s naher Verwandtschaft stammt wohl die überaus lebendige Beschr. der Unterhaltung Timurs mit den Geisteskoryphäen Syriens und mit ↑Ibn Khaldun.

Ausg.: Engl. Übs. v. J.H.Sanders, Lo 1936; s. ferner K.Brockelmann, Gesch. d. arab. Lit. Lei 1949, Bd. 2, S. 36f. *B.R.*

Ibn Khaldun, Abd-al Rahman (1332–1406). Geb. in Tunis, Universalgelehrter: Grammatik, Sprache, Recht, Religion, Logik, Poesie. Wechselvolle Karriere: 1353 war er Schreiber der Ulema (= Gelehrten) am Hof von Tunis, 1354 nach Fez zum Sultan von Marokko berufen, 1356/58 Ungnade u. Haft, 1359 nach Thronwechsel Sekretär u. Oberkadi, 1361/62 nach Granada an den Hof der Nasriden, 1364 Kammerherr am Hafsiden-Hof in Bougie, 1365ff., je nach polit. Konjunktur, nach Biskra, Tlemcen, Granada, zurück nach Tlemcen, 1372–78 in Klausur in Taughzut verfaßt er *Kitab al Ibar* (entspr. einer Weltgesch.), 1382 nach Kairo, dort 1384 zum Oberkadi ernannt, 1387 nach Mekka, 1399 erneut Oberkadi in Kairo, mit dem Sultan auf Feldzug gegen Timur nach Damaskus (↑Ibn Arabschah), stirbt in Kairo.

Sein Werk, praktisch eine Gesch. des maghrebin. MA, verwertet die persönl. Erfahrungen des teilweise recht opportunistischen Politikers u. Gelehrten an den div. Höfen u. wirkt dadurch bes. realistisch. Bes. Freude am rationalist. Demontieren von pietätvollen Traditionen. Einmalig im islam. Kulturbereich die umfangreiche, schwungvolle, klare u. urteilssichere Einführung (= *Al Muquadima)* mit weitestgehend untheologischer Gesch.theorie: Das Göttl. ist außerhalb der Welt u. tritt in sie nur ausnahmsweise ein, z.B. durch die Propheten. Auch die vier ersten Kalifen nach Mohammed waren Herrscher eines noch bes. inspirierten Zeitalters, anschl. ist das Göttl. nicht mehr im polit. Leben, sondern nur noch individuell erfahrbar. Der Mensch ist immer auch Tier u. muß daher beständig geführt werden. Nicht nur Propheten können u. müssen seine Führer sein. Das soziale Leben des Menschen läuft entweder in der Wüste oder der Stadt ab; welche Gemeinschaft es besser organisieren kann, die ist der anderen überlegen. Die Gemeinschaft braucht einen Führer. Dieser, wenn siegreich, hat die Tendenz zur Gründung einer Dyn. Dyn. brauchen Städte als Residenzen und damit Zivilisation oberhalb blanker Subsistenz. Dies führt zum Luxus, Luxus zur Degeneration, die die

Dyn. nach drei Generationen zugrunde richtet. Obwohl damit einer neuen Dyn. vorzugsweise von der Wüste in die Stadt der Weg gewiesen ist, erhält sich inmitten des ständig wiederholten Machtkampfes die Zivilisation, vermittelt durch Kultur und Erziehung. Daher kein Zivilisationsverfall – diese wird statisch gesehen, die Politik als dynamisch, nicht auf ideeller oder institutioneller, sondern auf menschlicher Grundlage der «asabiyah» (= Zusammengehörigkeitsgefühl). Wegen seines Rationalismus war dem Werk jedoch keine tiefere Wirkung auf die islam. Historiographie beschieden.

Ausg.: Al Muquadima, Editions Sindbad, P 1980, weitere Angaben in: K. Brockelmann, Gesch. d. arab. Lit., 2. Aufl., Lei 1949, Bd. 2, S. 316f.
Lit.: Encyclopaedia of Islam, New Edition, Bd. III, Lei 1971, S. 831; A. Al-Azmeh, Ibn Khaldun in Modern Scholarship. London 1981; F. Baali, Social Institutions. Ibn Khaldun's Social Thought, New York 1992. *B. R.*

Innis, Harold Adams (1894–1952), ein historisch orientierter Nationalökonom, lehrte an der U. of Toronto (1920–52). Im Gegensatz zur damals vorwiegenden verfassungsgesch. Erklärung der kan. Staatswerdung formulierte er in *The Fur Trade in Canada* (New Haven 1930) die sogenannte «staple theory», die die kan. Entwicklung durch den Export von Rohmaterialien in die industrialisierten Länder strukturiert sah. Die Suche nach u. die Ausbeutung dieser Materialien (staples wie Pelze u. Mineralien) war durch Kanadas 4 Flußgebiete u. den Kan. Schild vorgezeichnet u. trieb die Menschen entlang geogr. bedingter Routen immer weiter nach dem Westen und Norden. Diese Dynamik verband alle Perioden der kan. Gesch. miteinander u. resultierte in der Einheit Kanadas, auf Kosten einer Abhängigkeit zuerst von Europa und dann von den USA. Später interessierte I. sich für die Kommunikationstheorie, die für ihn den Lebenslauf von Zivilisationen erklärte. Die westl. Zivilisation war durch die von den modernen Kommunikationsmitteln geforderte Vergangenheitsfeindlichkeit bedroht (*Empire and Communication*, Tor. 1950).

Lit.: D. G. Creighton, Harold Adams Innis: Portrait of a Scholar. Tor. 1957. *E. B.*

Iorga, Nicolae (1871–1940). Er war der Sohn eines rumän. Rechtsanwaltes, besuchte das Gymn. in Botoşani, absolvierte 1889 nach einem Jahr Studium der Fächer Philol. u. Gesch. die Univ. Jassy mit dem Staatsexamen. Nach einer kurzen Tätigkeit als Lateinlehrer am Gymn. in Ploeşti trat er ein vierjähriges Auslandsstudium an, bei dem er sich endgültig der Gesch. zuwandte. Nach der Absolvierung der École Pratique des Hautes Études in Paris mit einer Promotion über *Philippe de Mézières (1327–1405)*, ging er an die Univ. Berlin u. promovierte anschließend an der Univ. Leipzig über *Thomas III. Marquis des Saluces*. Auf Anregung ↑Lamprechts, dem er freundschaftlich verbunden blieb, verfaßte er eine zweibändige *Geschichte des rumänischen Volkes* (Gotha 1905) und eine fünfbändige *Geschichte des Osmanischen Reiches* (Gotha 1908–1913). Nach seiner Leipziger Promotion arbeitete er an verschiedenen europ. Arch., schrieb mehrere Abh. für wiss. Fachzs. u. für die franz. Encycl. Im J. 1893 erschien sein erster Gedichtband. 1894 berief ihn die Univ. Bukarest zum stv. Prof. für Universalgesch., und im folg. J. ernannte sie ihn zum o. Prof. 1897 wählte ihn die Rumänische Akad. der Wiss. zum korresp. u. 1911 zum ord. Mitglied. Bis zu seinem Tod legte er der Akad. Hunderte von Forschungsberichten vor und veröff. zahlreiche Monogr. Insgesamt umfaßten seine WW neben vielen mehrbändigen Monogr. 25000

Abhh. u. mehr als 40 Dramen. Er hielt Tausende von Vorträgen, allein 1936 über 180, u. war an mehreren Univ. als akad. Lehrer tätig. I. war nicht nur mit der polit., sondern auch mit der Kultur- u. Kunst- sowie mit der Wirtschafts- und Sozialgesch. vertraut. In dieser Fülle und Vielfalt seiner Forsch. ließen sich Fehlinterpretationen und Oberflächlichkeiten nicht vermeiden. Seine Bücher erlebten oft mehrere Aufl., die er selbst überarbeitete und die in mehrere Sprachen übersetzt wurden.

Eine seiner bedeutenden Thesen war, daß die geschichtl. Entwicklung der einheitlichen Lebensweise in Südosteuropa auf den gemeinsamen «thrakischen Fundus» u. den integrierenden «lat. Faktor» zurückzuführen sei, der nach der Assimilierung des Hellenismus sich im südosteurop. Raum z. «Ostromania» entwickelte, die sich auf röm. Gesetz und die christl. Ostkirche stützte. Die «Ostromania» fand ihre Fortsetzung im «Byzance après Byzance», das während der osman. Herrschaft in Südosteuropa fortlebte.

I. wurde Mitgl. zahlreicher ausländischer Akad. u. erhielt die Ehrendoktorwürde von mehreren Univ. u. gab zahlreiche wiss. Zs. heraus. Weniger glücklich war sein Wirken in der Politik. 1907 wurde er zum ersten Mal in das rumänische Parlament gewählt. 1910 gründete er mit Alexandru Cuza eine stark nationalistische, aber unbedeutende «Nationaldemokratische Partei», aus der er bald wieder ausschied. Als Ministerpräsident und Kultusminister konnte er 1931 u. 1932 seine politischen Vorstellungen nicht verwirklichen. Im Mai 1938 wurde er Mitglied des Kronrates u. setzte sein wiss. Prestige für das Regime von König Karl II. ein u. wurde schließlich 1940 von Mitgl. der «Eisernen Garde» ermordet.

HW: Eine umfassende Bibliogr. seiner WW, die aber weder systematisch noch vollständig ist, findet sich bei L. Predescus, Encycl. Cugetaea. Bukarest 1938; Notes et extraits pour servir à l'histoire des croisades Bd. 1–3. P, Bukarest 1899–1902; Gesch. des rumän. Volkes. Bd. 1–2. Gotha 1905; Gesch. des Osman. Reiches. Bd. 1–5 Gotha 1908–1913; Byzance après Byzance Bukarest 1935; Histoire des Roumains er de la Romanité orientale. Bd. 1–10. Bukarest 1937–1945;

Lit.: B. Theodorescu: Nicolae Iorga. Bucureşti 1968. – Nicolas Iorga. L'homme et l'Œuvre à l'occasion du centième anniversaire de sa naissance. Hrsg. v. D. M. Pippidi. Bucarest 1972. Biograph. Lex. z. Gesch. Südosteuropas. Hrsg. v. M. Bernath. Mn 1976. S. 229–31. *H. G.*

Iselin, Isaak (1728–1782), Schweizer Gesch.philosoph u. sozialpolit. Publizist, ist unzweifelhaft eine der markantesten Figuren der Schweizer Spätaufklärung; seine *Ephemeriden der Menschheit* (1776 ff.) waren neben den Unternehmungen ↑Schlözers, F. Nicolais u. Chr. M. Wielands eine der wichtigsten dt.sprachigen Zeitschriften. Seine *Philosophische Muthmaßungen über die Geschichte der Menschheit* (F 1764; Ba [7]1791) sind eine zentrale gesch.philosophische Programmschrift der Aufklärung, die den Entwürfen I. Kants, ↑Herders u. J. D. Wegelins (*Sur la philosophie de l'histoire,* 1770–76; *Briefe über den Werth der Gesch.,* 1783) zur Seite gestellt werden können.

Lit.: DBE 5, 261; NDB 10, 188 f.; U. Im Hof: I. I., 2 Bde., Ba 1947; ders.: I. I. u. die Spätaufklärung, Bern 1967. *H. W. B.*

Ishimoda Shô (1912–1986). Jap. Historiker mit Forschungsschwerpunkt Gesch. des jap. Altertums und MA. Prof. an der Hôsei-Univ. (1948–81). Versetzte sich in den Standpunkt des Marxismus. Seine konkreten Beweise und kühnen Ideen beruhten auf historischen Quellen. Da er dynamisches Geschichtsverständnis mit glänzenden Schilderungen verband, hatte er als Historiker großen Einfluß. Seit Ende der 30er Jahre veröffentlichte er hervorragende Abhandlungen über Familie, Dorf und Sklaven in der alten Gesellschaft; 1944, vor der Niederlage im Pazifischen Krieg, verfaßte er sein Werk *Chûseiteki Sekai no Keisei* [Die Bildung der mittelalterlichen Welt]: Während es der Geschichte eines Shôen nachgeht, diskutiert es den Umwandlungsprozeß Japans vom Altertum zum MA. Als dieses Buch 1946 in Tôkyô veröffentlicht wurde, nahm es einen richtungweisenden Standpunkt für die akademische Welt ein. Später veröffentlichte er nicht nur viele Werke und Aufsätze zur Sozialgeschichte des Altertums und des Mittelalters, zur politischen Geschichte, nationalen Geschichte, Rechtsgeschichte und Literaturgeschichte, sondern war in seinen Werken, in denen er nach Leitbildern der geschichtswissenschaftlichen Methodik und der wissenschaftlichen Forschung fragte, auch sozial engagiert.

Nihon no Kodai Kokka [Der japanische Staat des Altertums] (Tôkyô, 1971), das einen theoretischen Rahmen für die nach dem Krieg wieder aktiv gewordene Altertumsforschung bot, ist ein typisches Alterswerk.

WW: [Ishimoda Shô Chosakushû]; Chosakushu: Ishimoda sho Chosakushu (Zen jurokkan, 1988 – mokka Kanko-chu); Werke: Ishimoda Sho (16 Bände, seit 1988). *S. I.*

Jacobus de (a) Voragine (Varagine) (1228/30–1298). Geb. in Varazze, trat J. 1244 in den Dominikanerorden ein, war wohl Lektor der Theol. – erst Druckausgaben der Werke bedenken ihn mit den Ehrentiteln magister und doctor –, wirkte jedenfalls um 1260 als Prediger in Genua u. a. Städten, war 1267–78 und 1281–85/86 Ordensprovinzial der Lombardei, 1283–85 Verwalter des vakanten Generalats. 1286 wurde er zum Erzbischof von Genua gewählt, ließ sich jedoch erst 1292 auf päpstlichen Befehl weihen. Als Teilnehmer des Konzils von Lyon und mehrerer Provinzialsynoden setzte sich J. für Klerusreformen und im politischen Bereich für Frieden zwischen den Parteien der Guelfen und Ghibellinen ein. Er starb am 14. Juli 1298 in seiner Bischofsstadt. Die kirchliche Seligsprechung 1816 ehrte den Friedensstifter.

In seiner *Chronica Januensis,* einer für seine engere Umwelt aufschlußreichen Gesch. von Genua bis 1297, nennt J. seine Werke. Vier Reihen von *Sermones* zeigen ihn als Vertreter der in seiner Zeit modernen scholastischen thematischen Predigtform. Größte Popularität verdankte J. seinem Erstlings- und Hauptwerk, den *Legenda Sanctorum,* bald schon *Legenda aurea* genannt, das inspiriert war von den Mirakel-Kompendien der Dominikaner Jean de Mailly und Bartholomäus von Trient. Obwohl das Werk wegen seines scheinbar lit. anspruchslosen unkritischen Kompilationsstils schon vor dem Humanismus Kritik fand, u. a. durch den Dominikaner-Inquisitor und Kirchenhistoriker ↑Bernardus Guidonis sowie Nikolaus von Kues, erlebte es schon seit Lebzeiten J.s eine so beispiellos rasche, weite und nachhaltige Verbreitung bzw. so zahllose Bearbeitungen, daß die bis in jüngste Zeit intensive Überlieferungs-Forschung vom «ma. Bestseller» spricht. Mehr als 1000 Handschriften sind bekannt; die Zahl der Wiegendrucke im 15. Jh. übertrifft die der Bibel-Inkunabeln. Die Wirkungsgesch. der *Legenda aurea* ist heute noch unübersehbar. Das Ziel J.s war nicht «Historiographie» – Geschichtsschreibung über Heilige –, sondern Hagiographie, d. h. durch Reduzierung der Taten und Wunder auf das metahistorisch Wesentliche, Heiligmäßige, eine Enzyklopädie christl. Heilswege zur moralischen Belehrung und rel. Erbauung zu schreiben. Als jüngste

Heilige aus dem 13. Jh. wurden Petrus Martyr v. Verona, Dominikus, Franz v. Assisi und Elisabeth v. Thüringen behandelt, auffallenderweise nicht der Franziskaner Antonius v. Padua. Die *Goldene Legende* repräsentiert in singulärer Weise die aus Seelsorge- und Predigtaufgaben der Bettelorden gewachsene spätma. Tradition von Beispiel-Sammlungen (Exempla), deren Modell die «Dialogi» Papst Gregors d. Gr. (†604) waren. Das Werk ist dennoch auch hervorragende hist. Quelle nicht nur wegen eines Exkurses zur «Historia lombardica» (von Papst Pelagius bis zu Friedrich II.) und mancher Dokumentationen (z.B. aus Kanonisationsbullen), sondern auch für Mentalitäts-, Liturgie-, Patrozinien-, lit. Motivgesch., für das ma. Rechtsdenken u.a. m. Durch Benutzung unzähliger Quellen, neuartige psychologische und popularisierende Erzählkunst sowie scholastische Textstruktur erwies sich J. als hochgebildete Persönlichkeit.

Ausg.: Jacobi a Voragine Legenda aurea, ed. T. Graesse, Br. ³1890, ND Osnabrück 1969.

Lit.: H. Hattenhauer, Das Recht der Heiligen, B 1976; VL 4, Sp. 448–466; B. Dunn-Lardeau, Hg., Sept Siècles de diffusion. Actes du Colloque International sur la Legenda aurea, 1986; Dies., Legenda aurea – la légende dorée, Montreal 1993; B. Fleith, Studien zur Überlieferungsgeschichte der lat. Legenda aurea, Brüssel 1991. *L. B.*

Jaffé, Philipp (1819–1870). Nach dem Besuch des Gymnasiums in Posen trat J. zunächst in ein Bank- und Getreidegeschäft in Berlin ein, wandte sich bald aber seiner eigentlichen Profession, der Gesch. zu und studierte vornehmlich bei ↑Ranke. 1843 publizierte er als Preisschrift der Philos. Fakultät der Univ. Berlin die Arbeit *Gesch. des Deutschen Reiches unter Lothar von Sachsen.* Ohne sein Gesch.studium mit einer Prom. abgeschlossen zu haben, führte er die Erstlingsarbeit fort (*Gesch. des Deutschen Reiches unter Conrad dem Dritten,* 1845); unter der Förderung von ↑Pertz erschienen 1851 seine *Regesta pontificum Romanorum* (nach dem Muster von ↑Böhmers Kaiserregesten), die er bis zum Jahre 1198 fortführte. Da er als Jude keine akad.-wiss. Laufbahnmöglichkeit im Fach Gesch. zu haben glaubte, studierte J. 1850/53 in Berlin und Wien Medizin und promovierte zum Dr. med. mit der Diss. *De arte medica saeculi XIII.* Von 1854 bis 1862 wirkte er als Mitarbeiter bei den MGH, wurde dann jedoch als erster Jude in Preußen a.o. Prof. für Gesch. Da er die MGH im Konflikt mit Pertz verlassen hatte, betrieben diese eine Publikation seiner Editionen nicht. So kam seine *Bibliotheca rerum Germanicum* (6 Bde., 1864–73) als selbständiges Werk heraus. 1868 konvertierte er zur Lutherischen Konfession; 1870 beging J. Selbstmord.

Lit.: ADB 13, S. 636ff.; NDB 10, S. 292f.; DBE 5, S. 288f.; H. Fuhrmann, «Sind eben alles Menschen gewesen», 1996. *R. A. M.*

Jameson, J(ohn) Franklin (1859–1937). Sohn eines Bostoner Schuldirektors, studierte am Amherst College u. an der Johns Hopkins U. (Ph.D., 1882). Er lehrte dort bis 1888, an der Brown U. bis 1901 u. der U. of Chicago bis 1905, bevor er Direktor des Department of Historical Research of the Carnegie Institution (bis 1928) u. dann, bis zu seinem Tod, Direktor der Handschriftensammlung der Kongreßbibliothek wurde. Außer einigen Aufsätzen u. einer *History of Historical Writing in America* (Boston 1891) schrieb J. nur ein hist. Werk, *The American Revolution Considered as a Social Movement* (Princeton 1926). Im Sinne der «Progressive History» sah er in der amer. Revolution nicht nur ein polit., sondern auch ein die soz. u. kult.

Struktur Amerikas veränderndes Ereignis. Den größten Einfluß übte er aber durch seine organisatorische Arbeit aus: Mitgründer der American Historical Association (1884), richtungweisender Herausgeber der *American Historical Review* (1895–1901 u. 1905–1928) u. eine Schlüsselfigur in der Sammlung u. Veröff. amer. hist. Quellen sowie in der Verwissenschaftlichung der amer. Gesch.schr. J. war auch hauptverantwortlich für die Gründung des amer. Nationalarchivs, der National Historical Publication Commission u. des «Dictionary of American Biography».

Lit.: R. A. Fisher/W. L. Fox, J. F. J.: A Tribute, Wash. D. C. 1965; D. D. Van Tassel «J. F. J.», in: Keepers of the Past, hrsg. v. C. L. Lord, Chapel Hill 1965. *E. B.*

Janssen, Johannes (1829–1891), Sohn eines Korbmachers aus Xanten, studierte nach einer abgebrochenen Lehre als Kupferschmied (1843/44) seit 1849 in Münster, Löwen und Bonn zunächst Theol., dann Gesch.wiss. 1853 wurde er in Bonn prom., habil. sich 1854 in Münster und wurde im September desselben Jahres als Prof. f. Gesch. an das Gymnasium nach Frankf./M. berufen. Seinen kath. Glauben hat J. stets mit einer preußenfreundlichen Haltung verbunden; der Bismarckschen Reichsgründung stand er positiv gegenüber. Erst der Ausbruch des Kulturkampfes veranlaßte ihn zum polit. Engagement f. die Rechte des Katholizismus. 1875 ließ er sich, nunmehr Mitglied des Zentrums, in das Preuß. Abgeordnetenhaus wählen. J.s wiss. Ruf beruhte auf seiner seit 1876 in 8 Bänden erschienenen *Geschichte des deutschen Volkes seit Ausgang des MA* (1876–1894), deren erste 3 Bde. bis 1917 20 Aufl. erlebten und ihn zum einflußreichsten kath. Historiker im Dt. Reich werden ließen. J. schrieb von bewußt konfessionellem Standpunkt, was ihm spätestens seit dem Erscheinen des 3. Bandes, der die Folgen der kirchl.-relig. Umwälzung des 16. Jh.s f. die soziale und polit. Einheit des Alten Reiches realistisch, also negativ zeichnete, heftigste Kritik von seiten der prot.-preuß. Gesch.schreibung eintrug. J. antwortete mit zwei Verteidigungsschr. (1882, 1883). Diese konfessionspolit. Polemik verhinderte die ernsthafte Auseinandersetzung mit einer Darstellung, die method. und inhaltl. neue Wege ging, insofern sie im Unterschied zur vorherrschenden polit. Gesch.schreibung eine Skizze der sozial-wirtsch. und geistig-kulturellen Situation des Alten Reiches im 16. Jh. gab. Neben seiner Dt. Gesch. trat J. mit Quellenpublikationen sowie mit zahlreichen biograph. Darstellungen hervor.

Lit.: ADB 50, 733–741 (L. Pastor); NDB 10, 343 f. (H. Jedin); Rhein. Lebensbilder 17, 1997, 121–140 (K. Elm). *L. S. S.*

Jastrow, Ignaz (1856–1937), Sohn eines Getreidehändlers aus Nakel (Prov. Posen), gelangte durch Stud. bei K. W. Nitzsch und ↑L. v. Ranke (dessen letzter Assistent er war) zur Verbindung von Gesch. und Nat.ökon. bzw. Staatswiss. 1885 in Berlin f. Gesch. habilitiert, veröff. er u. a. Arbeiten zur Bevölkerungsgesch. der ma. Städte und zum polit. Denken der FNZ. Seit Beginn der 90er Jahre des 19. Jh.s wandte J. sich ausschließlich der Volkswirtschaftslehre und der (auch praktischen) Sozialpolitik zu (1892 Habil. f. Staatswiss.). Wichtige Veröff. aus dieser Zeit legten den Grund f. die moderne Konjunkturberichterstattung. Dem Sozialliberalismus nahestehend, engagierte sich J. praktisch polit.; seine Ernennung zum o. Prof. erfolgte deshalb erst 1920. Von entscheidender Bedeutung war sein Anteil an der Gründung der «Handelshochschule Berlin», deren Rektor er von 1906–09 war.

Lit.: NDB 10, 366f. (WV, Sek.Lit.). *L. S. S.*

Jaurès, Jean (1859–1914). Der frz. Sozialistenführer – und Philos.prof. – J. war nur in einer Nebenrolle seines vielseitigen Lebens Hist., hat mit seiner Gesch.schr. aber der Gesch.wiss. wichtige Impulse gegeben. In der Absicht, die Arbeiter mit der Gesch. vertraut zu machen, gab J. eine *Histoire socialiste, 1789–1900* (12 Bde., P 1901–1909) heraus, zu der er selbst die ersten Bde., *La Constituante, La Législative, La Convention* und den 11. Bd., *La guerre franco-allemande,* schrieb. Die mitten im Alltagstrubel polit. und journalistischer Arbeit, teils in der Eisenbahn, an Cafétischen etc. verf., umfangreichen Bände über die Gesch. der Franz. Rev. hatten keinen wiss. Apparat, ja nicht einmal eine Gliederung in Kapitel. Erst ↑Mathiez gab als Hrsg. der ersten Neuaufl. dem Werk Titel und Einteilung wie seither zit.: *Histoire socialiste de la Révolution française* (8 Bde., P 1922–24, ³1988). Jedoch fand bereits die Urfassung wegen ihres außergewöhnlichen Gedankenreichtums weit über den avisierten Adressatenkreis hinaus Beachtung. Indem J. die wirtschaftl. und sozialen Aspekte der Franz. Rev. ins Blickfeld rückte, gab er den intellektuellen Anstoß zur wirtschafts- und sozialhist. Forsch. in Fkr. (↑Lefebvre, ↑Labrousse). – In den 70er J. unseres Jh.s fanden auch J.s Gesch. des dt.-frz. Krieges und die ursprünglich in lat. Sprache verf. Nebenthese des jungen J. über *Die Ursprünge des Sozialismus in Deutschland* (F 1974) bei Luther, Kant, Fichte und Hegel (lat. Toulouse 1891) neue Beachtung.

Abh.: Cat. Gen. BN.
Lit.: U. Brummert (Hrsg.), J. J., T 1989 (Lit.); zu J.s G. S. auch: B. Gödde-Baumanns, Dt. Gesch. in frz. Sicht, Wie 1971. *B. G. B.*

Jedin, Hubert (1900–1980), kath. Kirchenhistoriker. Der geb. Oberschlesier, Sohn eines Volksschullehrers, stud. in Breslau bei ↑F. X. Seppelt, in München u. Freiburg. Priesterweihe 1924, Dr. phil. in Breslau 1925, wo J. sich auch, nach Jahren in Rom (Campo Santo Teutonico, 1926–1930), 1930 habilitierte. Nach Entzug der venia legendi 1933 (J.s Mutter war Konvertitin aus jüd. Familie) u. erneutem Rom-Aufenthalt arbeitete J. 1936–1939 als erzbischöfl. Archivar in Breslau u. rettete sich, im Nov. 1938 bereits kurz verhaftet, vor weiterer Verfolgung 1939 ins Exil nach Rom. Rückkehr nach Dtld. 1949, a. o. Prof. f. Kirchengesch. an der Univ. Bonn (1951 o. Prof.). J. nahm als Sachverständiger 1962–1965 am II. Vatikan. Konzil teil u. zählte 1972 zu den Mitbegründern des Istituto storico italo-germanico in Trient, als dessen Präs. er bis 1979 amtierte. J.s Name ist auch mit dem *Handbuch der Kirchengeschichte* (7 Bde., 1962–1979) verknüpft, das er herausgab u. zu dem er zentrale Beiträge beisteuerte.

Weltruf erlangte J. als Gesch.schreiber des Trienter Konzils: Erst seine aus intensiver editorischer Quellenerschließung erwachsene, monumentale *Geschichte des Konzils von Trient* (4 Bde., 1949–1975) legte die ganze kirchen- wie allgemeingeschichtl. Bedeutungsdimension des Tridentinums für das Jh. der Reformation im europäischen Kontext frei. Hier wie in seinem Werk überhaupt richtete sich J.s Interesse zuerst auf differenzierende u. unparteiische Vergegenwärtigung des ‹Tatsächlichen›, auf Begriffsschärfung («katholische Reform» u. «Gegenreformation») u. Synthese, nicht auf method.-theoret. Innovation. Kirchengesch. verstand J. als «theolog. Disziplin», die von einer ›Gesch. des Christentums‹ zu unterscheiden sei. Weite Verbreitung fand seine *Kleine Konziliengeschichte* (zuerst 1959). Postum erschien 1984 J.s *Lebensbericht.*

WV: Annali dell'Istituto storico italo-germanico in Trento 6 (1980), S. 287–367.

Lit.: HJb 101 (1981), S. 325–340; HZ 233 (1981), S. 252–255; Simposio H.J., in: Annali dell'Istituto [...] 6 (1980), S. 25–255; K. Repgen, Der Gesch.schreiber des Trienter Konzils: H.J. (1900–1980), in: ZRG KA 101 (1984), S. 356–393; TRE 16, S. 550–553; Rhein. Lebensbilder 15 (1995), S. 205–222. *W. S.*

Joachimsen, Paul (1867–1930), war ein Außenseiter der dtn. Historiker-Zunft, dessen profiliertes Werk um Humanismus u. Reformation u. deren Bedeutung für die dte. Gesch. kreist.

Der 1867 in Danzig als Sohn eines Holzgroßhändlers geb. J., der jüd. Herkunft war u. sich zum ev. Glauben bekannte, war nach der Promotion als Gymnasiallehrer tätig. 1908 habilitierte er sich an der Univ. München, wurde hier 1916 zum Honorarprof. mit einem Lehrauftrag f. Geschichtsdidaktik ernannt, blieb aber daneben bis 1925 Gymnasiallehrer, um sich danach ganz seiner akad.-wiss. Arbeit zu widmen. 1926 wurde er Mitgl. der Histor. Komm. bei der Bayer. Akad. der Wiss. u. übernahm die Leitung der Ed. der Reichstagsakten unter Maximilian I. Zugleich wurde J., dem 1928 die Ehrendoktorwürde der theolog. Fakultät in Gießen verliehen wurde, in die Histor. Sektion der Dtn. Akademie berufen.

Wie die 1970 von N. Hammerstein hrsg. *Ges. Aufsätze* J.s zeigen, beeindruckt J.s Werk durch eine «seltene Konsistenz u. Geschlossenheit» (Muhlack).

Mit seinem 1911 erschienenen Buch *Geschichtsauffassung und Gesch.-schreibung in Dtl. unter d. Einfluß des Humanismus* stieß er zu einer Gesamtinterpretation der humanist. Bewegung vor.

In *Vom dtn. Volk zum dtn. Staat. Eine Gesch. des dtn. Nationalbewußtseins* (1916, 2. Aufl. 1920) versuchte er, unter dem Eindruck des Weltkrieges Spezifika der dtn. Entwicklung herauszuarbeiten, vertieft dann in der Quellensamml. *Der dte. Staatsgedanke von seinen Anfängen bis auf Leibniz u. Friedr. den Gr.* (1921), vor allem aber in dem großen Aufsatz *Zur histor. Psychologie des dtn. Staatsgedankens* (1922). Er kam zu dem Ergebnis, daß im Westen der Staat unter dem Einfluß von Renaissance, Humanismus u. Aufklärung eine Ges. aus sich entließ, die sich diesen unterwarf, während in Dtl. die Reformation eine analoge Entwicklung verhindert habe, indem sie eine spezif. Persönlichkeitskultur u. einen besonderen Staatsgedanken entwickelte.

Wiederholt hat J. in der Weimarer Zeit die Reformation als die große Epochenwende der dtn. Gesch. ausgeleuchtet, in der sich der dte. religiöse Individualismus u. Subjektivismus herausbildete u. die dte. Idee des Staates als Träger sittlicher Autonomie ihren Ursprung hatte. Diese Interpretation schloß für J. eine Neubewertung des dtn. Humanismus ebenso ein wie einen Vergl. von Reformation u. Humanismus in Dtl. mit Renaissance u. Humanismus in Italien, so in seiner Darstellung des Zeitalters der Reformation in der von ↑W. Goetz hrsg. Propyläen-Weltgesch. (Bd. V, 1930), die in ungekürzter Form 1951 von O. Schottenloher aus dem Nachlaß hrsg. wurde.

Lit.: U. Muhlack: «Dte. Neuzeit». Zur Historiogr. P.J.s. In: ZHF 1, 1974, S. 88–115; E. Marcks: P.J. In: HZ 142, 1930, S. 220f. *B. F.*

Johannes von Viktring (ca. 1250–ca. 1350). Der Abt des österr. Zisterzienserklosters Viktring ist der Verf. einer sorgfältig gearbeiteten Chronik, deren Autograph erhalten blieb und ihn als hervorragenden Stilisten und Kenner der österr.-kärnt. Landesgesch. ausweist. Das unvollendete, die Zeit von 1217 bis 1342 behandelnde Werk erschien in 3 Kompilationen, u.a. als Fortsetzung der «Flores Temporum». Das *Liber certa-*

rum historiarum oder auch *Chronica Carintiae* genannte Geschichtsopus weitet sich an vielen Stellen zur allg. Chronik aus und gilt als wertvolle Quelle für die 1. Hälfte des 14. Jhs.

Ausg.: MGH SS. rer. Austr. I; MGH Fontes rer. Germ. I; GDV 86.
Lit.: LThK V, Sp. 1095; LMA 5, Sp. 519 f.; VL 4, Sp. 789–793; M. Roscher, Gesch. der Cisterzienserabtei Viktring, 1954; U. Bassi, Studien zur Geschichtsschreibung J. v. V., Klagenfurt 1997. *R. A. M.*

Johnson, Samuel (1846–1901), nigerian. Reverend u. Lehrer, gehört zur kleinen Schar von afrikan. «Amateurhistorikern», i. d. R. Missionszöglinge, die im späten 19. Jh. begannen, das mündl. tradierte Wissen von der Vergangenheit zu sammeln u. zu notieren. Seine monumentale *History of the Yorubas* (1897 fertiggestellt, erst 1921 im Verlag der Christian Missionary Society in Lagos publiziert) verknüpfte widerstreitende lokale Überlieferungen u. islam. Trad. mit bibl. Gesch.bildern u. brachte sie in ein einziges, christl. unterlegtes *grand récit* ein, das zyklische Zeit in eine lineare Zeitvorstellung überführte.

Lit.: T. Falola (Hrsg.), Pioneer, Patriot and Patriarch. Samuel Johnson and the Yoruba People, 1993. *A. E.*

Jones, Arnold Hugh Martin (1904–1970), war 1926/46 u. a. Fellow of All Souls College in Oxford, 1946/51 Prof. für Alte Gesch. in London u. seit 1951 am Jesus College in Cambridge. Sein wiss. Interesse galt bes. der Institutionengesch., wozu zählen: *The Cities of the Eastern Roman Provinces* (1937; ²1971), *The Greek City from Alexander to Justinian* (1940), *Athenian Democracy* (1957), *Studies in Roman Government and Law* (1960), *Sparta* (1966) u. das bedeutende Hauptwerk *The Later Roman Empire* (1964). Außerdem beschäftigte J. sich intensiv mit der antiken Wirtschaftsgesch.: *Ancient Economic History* (1948) u. *The Roman Economy. Studies in Ancient Economy and Administrative History* (1974); er förderte entscheidend die *Prosopography of the Later Roman Empire* (I 1971). J. besaß erstaunliche Kenntnisse selbst entlegenster lit. QQ u. pflegte eine konkret informierende, faktenreiche, zum Antiquarischen neigende Darstellung. Archäol. QQ beachtete er allerdings kaum.

Lit.: R. Meiggs, in: Journ. of Rom. Studies 60, 1970, 186 f.; J. Crook, Proceedings of the British Academy 57, 1971, 425–438. *H. W.*

Jordanes (Jordanis; 6. Jh.). Nach seiner «conversio» 551 schrieb der kathol. Gote, vermutlich von Beruf Notar, eine als zweitrangig eingestufte röm. Gesch. *(De summa temporum vel origine actibusque gentis).* Er legte seinen Ausführungen größtenteils Florus zugrunde. Sein Hauptwerk bildet die Gotengesch. *(De origine actibusque Getarum),* die z. T. die verlorengegangene Gotengesch. ↑Cassiodors zitiert und diese bis 551 fortführt. Das in Vulgärlat. verf. Werk steht unter dem Leitmotiv der friedlichen Eingliederung des Gotenstammes in das Imperium Romanum.

Ausg.: MGH Auct.ant. V/1; GDV 5.
Lit.: LMA 5, Sp. 626 f.; F. Giunta, J. e la cultura dell' alto medioevo, 1952; LThK³ V, Sp. 992; B. Tönnies, Die Amalertradition in den Quellen zur Geschichte der Ostgoten: Untersuchungen zu Cassiodor, Jordanes, Ennodius und den Excerpta Valesiana, Hildesheim 1989; W. Goffart, The narrators of barbarian history: AD 550–800, Princeton, NJ 1988. *R. A. M.*

Kaegi, Werner (1901–1979). Der Pfarrerssohn aus Oetwil a. S. studierte an den Univ. Zürich, Florenz, Leipzig u. Basel; Prom. 1924 bei ↑W. Goetz u. E. Brandenburg (*Hutten u. Erasmus. Ihre Freundschaft u. ihr Streit*), danach Gymnasiallehrer, 1933 Habil. (Basel;

Michelet u. Deutschland; gedr. 1936), 1935–1971 o. Prof. an der Univ. Basel. Sein Lebenswerk widmete K. der Biographie ↑J. Burckhardts (7 Bde., 1947–1982), die sich zu einer «Gesamtschau über die europäische Geistesgeschichte» ausweitete u. hohe Anerkennung gefunden hat. Daneben galten seine Forsch. der ital. Renaissance (Dr. h. c. Univ. Florenz, Turin) sowie Erasmus v. Rotterdam (Übersetzer von ↑J. Huizinga; Dr. h. c. Univ. Leiden). Auch seine kleineren Schriften (*Historische Meditationen*, 2 Bde., 1942/1946; Bd. 3 aus dem Nachlaß: 1994) weisen ihn als glänzenden Stilisten aus u. zeugen von der universalgesch. Weite seines Blicks.

WV: Praemium Erasmianum – Werner Kaegi als universeel historicus, 1977, S. 210–231.
Lit.: HZ 231 (1980), S. 782–784; SchwZG 30 (1980), S. 96–98; Jb. d. Bayer. AdW 1980, S. 215–219; E. Bonjour, W. K., in: ders., Die Schweiz u. Europa VI, 1979, S. 281–287; C. Reedijk, Johan Huizinga, W. K. u. Erasmus, in: Liber amicorum Herman Liebaers, 1984, S. 317–334; ders., Festina lente. Noch einmal: J. H., W. K. u. ihr *Erasmus*, in: Liber amicorum H. D. L. Vervliet, 1988, S. 319–354; R. Teuteberg, W. K. – Versuch einer Biographie, in: W. K., Hist. Meditationen, 1994, S. 9–21 (S. 23–34: Das Werk). W. S.

Kaehler, Siegfried August (1885–1963). Der in der pr.-protest. Tradition verwurzelte K. ist durch sein Humboldt-Buch bekannt geworden, in das Erfahrungen seiner Generation eingegangen sind.

Der in Halle als Sohn eines führenden Theologen geb. K. promovierte 1914 bei ↑F. Meinecke mit *Beiträgen z. Würdigung v. W. v. Humboldts Entwurf einer ständischen Verfassung f. Pr. v. Jahre 1819* und habilitierte sich 1921 in Marburg bei W. Busch mit Aufsätzen über ↑Humboldt. Nach Arbeit im Reichsarchiv lehrte er als Priv.-Doz. in Marburg, wo er 1927 a. o. Prof. wurde. 1928 nach Breslau berufen, ging er 1932 nach Halle, 1935 wurde er nach Jena zwangsversetzt, 1936 nahm er einen Ruf nach Göttingen an, wo er bis zu seiner Emeritierung 1953 lehrte.

Der in seinem Kern pr. u. konservativ geprägte K. trat in der Endphase der Republik für Brüning ein. Auch nach 1933 lehnte er die NS-Politik ab, die er in Gegensatz zu Bismarcks verantwortungsvoller Politik sah. Nach dem II. Weltkrieg sprach K. v. «Verhängnischarakter der Gesch.»; er forderte, «durch wiss. Besinnung die wahren u. unvergänglichen Werte dtn. Wesens zurückzugewinnen».

K. hat seine Wirkung vorrangig im Gespräch, durch seine Briefe u. als akad. Lehrer entfaltet. In seinem nicht sehr umfangreichen Werk hat besonderen Rang sein 1927 erschienenes Buch *W. v. Humboldt u. der Staat*. Im Gegensatz zu s. Lehrer Meinecke sah K. Humboldt kritisch als prototypischen Vertreter eines Idealismus, der unfähig zur Anerkennung der harten Tatsachen d. polit. Wirklichkeit u. zum polit. Handeln war. Mit s. Interpretation kritisierte er ebenso die idealistische Gesch.sicht der Vorkriegsepoche wie Meineckes Konzeption der Ideengesch., wobei eine antiliberale u. antiindividualistische Stoßrichtung nicht zu übersehen ist.

Die in K.s *Studien zur dtn. Gesch. des 19. u. 20. Jh.s* (1961) in Auswahl gesammelten Aufsätze kreisen wesentlich um Bismarck, der für ihn zeitlebens der «größte Staatsmann war, der Dtl. bisher geschenkt wurde». 1936 veröffentlichte K. in den «Großen Dtn.» seine biograph. Skizze Adolf Stöckers. Weitere Themen s. Studien waren das Kriegsende 1918, die Vorgeschichte des II. Weltkriegs u. der 20. Juli 1944. Im Auftrag der Univ. Marburg verfaßte er die Gesch. dieser Univ. vom 17. bis zum 19. Jh. (*Die Univ. Marburg v. 1653–1866. 5 Kapitel aus ihrer Gesch.*, 1927).

K. war Repräsentant einer um Realismus bemühten Gesch.schreibung, die an pr. Traditionen orientiert, mit dem antilib. Denken der Zwischenweltkriegszeit konvergierte, ohne nazistisch zu sein, u. nach dem II. Weltkrieg um eine Selbstbesinnung der Dtn. auf tragfähige Traditionen bemüht war.

Lit.: W. Bußmann: S. A. K. In: HZ 198, 1964, S. 346–360; H. Grebing: Zwischen Kaiserreich u. Diktatur. In: H. Boockmann/H. Wellenreuther (Hrsg.): Gesch.-wiss. in Gö. 1987, S. 204–238; W. Bußmann/G. Grünthal (Hrsg.): S. A. K.: Briefe 1900–1963, 1993. Bibliogr. in S. A. K.: Studien z. dtn. Gesch. des 19. u. 20. Jh.s, Gö 1961, S. 412–415. *B. F.*

Kallisthenes aus Olynth (um 370–327 v. C.) kam mit seinem Lehrer u. Onkel ↑Aristoteles 343/2 zum Maked.-Kg. Philipp II (359–336) nach Pella. Er hatte bereits einige Schr. direkt u. indirekt zur Gesch. abgefaßt, darunter eine *Geschichte des Hl. Krieges* (356–346), u. sein erstes HW, die *Hellenika,* eine Gesch. Grld.s vom Königsfrieden (387) bis zur Besetzung Delphis durch die Phoker (357), als Alexander ihn 334 als Hofhist. auf seinen Feldzug gegen Persien mitnahm. In seinen *Taten Alexanders (Alexandrou Praxeis),* wie sich in den nur 16 erhaltenen, namentlich K. zugeschriebenen Frgmtn abzeichnet, hob er mit allen Kunstmitteln Alexander zu einem homer. Heros, nach dem Ägyptenaufenthalt zu einem Halbgott empor. Trotzdem kam es zum tiefgreifenden Zerwürfnis, das mit seiner Hinrichtung endete (327). Die genauen Gründe sind unklar, viell. war es der zunehmende Widerspruch, in den die Tendenz seiner Gesch.schr. mit der Verschmelzungspolitik geriet; denn K. ließ Alexander als Vorkämpfer der Griechen u. als Vollstrecker griech. Rache an den Barbaren für die Zerstörungen in den Perserkriegen 480/79 erscheinen.

K.' Werk, das bis nach Gaugamela (331) reichte und die erste Gestaltung des Stoffes war, wenn auch in Richtung auf eine enkomiastische Biogr., steht dennoch modellhaft am Beginn der hellenist. Gesch.schr., deren neue Tendenzen, wie die propagandistische Ausnutzung der Zeitgesch., in ihm bereits sich abzeichnen.

Unter K.' Namen geht auch der sog. *Alexanderroman,* eine phantastisch-romanhafte Erzählung des Alexanderzuges. Er entstand wahrscheinlich in Ägypten aus Quellenmaterial, das mit der «Vulgata» (↑Kleitarch) verwandt ist, aus Samml.n fiktiver Briefe des 3./2. Jhs. v. C. u. aus der Nektaneboslegende. Mindestens 5 verschiedene griech. Versionen lassen sich unterscheiden. In ca. 35 Sprachen wurde er übersetzt u. vermischte sich ständig mit Mythen dieser Völker. Das messiashafte Alexanderbild wirkte auf das ma. Weltgefühl, relig. Denken u. die Herrschermystik ein. Erst die Humanisten entdeckten den hist. Alexander wieder.

Ausg.: F. Jacoby, Die Frgmte der Griech. Hist., IIB.BD, Lei 1929–30, Nr. 124 (m. Komm.). Zum Alexanderroman: H. van Thiel, Leben u. Taten Alex. d. Gr. v. Mak., Da 1974.
Lit.: P. Pedech, Historiens compagnons d'Alexandre, P 1984; K. Meister, Die griech. Gesch.schr., St 1990, 104–07 (Lit., auch z. Alexanderroman); O. Lendle, Einführung in die griechische Geschichtsschreibung, Da 1992, 151–160. *H. B.*

Kantorowicz, Ernst Hartwig (1895–1963). Der in Posen geb. K., Sohn eines Spirituosenfabrikanten, stud. in Berlin, München und Heidelberg Nationalök. und Kameralistik. Er prom. 1921 bei ↑E. Gothein über *Das Wesen der muslim. Handwerkerverbände.* Mitglied des George-Kreises. K. erlangte durch seine Monographie *Kaiser Friedrich der Zweite* (1927 u. ö.) rasch Berühmtheit.

Seit 1932 o. Prof. für ma. u. neuzeitl. Gesch. in Frankfurt/Main, erfolgte seine Emeritierung aufgrund seiner jüd. Abstammung 1934. 1938 emigrierte er nach Oxford, von dort ging er als Dozent nach Berkeley. 1945 Übernahme einer Prof., doch 1951 Entlassung, da er aus grunds. Erwägungen heraus nicht den antikommun. Loyalitätseid leistete. Im gleichen Jahr Ruf nach Princeton an das Inst. for Advanced Study, wo er bis zu seinem Lebensende forschte.

Neben den Grundlagen des ma. Herrschertums und dessen Ausdrucksformen *(Laudes Regiae,* 1946; *The King's Two Bodies,* 1957) widmete K. sich grundsätzl. Problemen der Mediaevistik, der er nicht zuletzt aufgrund der von ihm vertretenen geistesgesch. Ausrichtung und seines faszinierenden Stils wegen in den USA zu großer Popularität verhalf.

WW: Selected Studies, 1965; Götter in Uniform. Studien zur Entwicklung des abendländ. Königtums. Hrsg. v. E. Grünewald/U. Raulff, 1998.
WV: Selected Studies, 1965, S. XI–XIV; DA 21 (1965), S. 14–17; 662.
Lit.: NDB 11, S. 126f.; F. Baethgen, E.K. in: DA 21 (1965), S. 1–17; R.L. Benson/J. Fried (Hgg.), E.K., 1997; W. Ernst/C. Vismann (Hgg.); Geschichtskörper. Zur Aktualität von E.H.K., 1998; K. Schiller, Gelehrte Gegenwelten, 2000; J. Strzelczyk (Hg.), E.K. (1895–1963), 2. Aufl. 2000.

R. A. M.

Karamzin, Nikolaj Michajlovič (1766–1826), geb. 1./12. Dezember 1766 als Sohn eines Landadeligen in Michajlovka in der Provinz Simbirsk (Gouv. Kazan). Er fand über die Privatschule des Prof. J. M. Schaden in Moskau, die er 1775–1781 besuchte, und über freimaurerische Kreise Zugang zur westeuropäischen Kultur, mit der er auf einer ausgedehnten Bildungsreise durch Deutschland, die Schweiz, Frankreich und England in den Jahren 1789–1790 näher vertraut wurde. Er reüssierte zunächst als sentimentaler Erzähler, Journalist und politischer Schriftsteller. In seinen gesellschaftskritischen und historischen Studien profilierte er sich nach dem Ausbruch der Französischen Revolution als Verteidiger der alten monarchischen Ordnung. 1803 setzte ihm Zar Alexander I. eine Pension aus und beauftragte ihn mit der Abfassung einer vaterländischen Geschichte. Sein Lebenswerk, die zwölfbändige «Geschichte des russischen Staates» (Istorija gosudarstva Rossijskogo) begann seit 1816 im Druck zu erscheinen, der letzte Band ist erst posthum im Jahre 1829 veröffentlicht worden. Die Darstellung bricht mit dem Jahre 1611 ab. Karamzin verarbeitete sämtliche, ihm verfügbaren russischen und ausländischen Quellen zu einer geschlossenen Selbstdarstellung des russischen Zarismus im patriotischen Geiste der nachrevolutionären Epoche. Als eindrucksvolles Dokument eines stolzen Reichsbewußtseins hat das Werk einen nachhaltigen Einfluß auf die Herausbildung eines nationalrussischen Geschichtsbildes ausgeübt. Karamzin verstarb am 22. Mai/3. Juni 1826 in St. Petersburg.

WW: Istorija gosudarstva Rossijskogo. 5. Aufl., 12 Bde. St. Petersburg 1842–1843 (Reprint Moskau 1988–1989, Neuausgabe Moskau 1989 ff.); Zeitgenössische dt.sprachige Ausgabe: Geschichte des Russischen Reiches. Übs. von F. von Hauenschild und C.R. Goldhammer. 11 Bände Riga 1820–1833. – N.M. Karamsin, Briefe eines reisenden Russen. Übs. von J. Richter. Wien u.a. 1922. – Karamzin's Memoir on Ancient and Modern Russia. Transl. and ed. by R. Pipes. Cambridge, Mass. 1959. A.A. Liberman, Nikolaj Michajlovič Karamzin: ukazatel' trudov, literatury o žizni i tvorčestve, 1883–1993. Moskau 1999.
Lit.: R. Bächtold, Karamzins Weg zur Gesch. Basel 1946 (= Baseler Beiträge zur Geschichte 23). – E. Bryner, N.M. Karamzin, eine kirchen- und frömmigkeitsgeschichtliche Stud. Erlangen 1974 (= Oiko-

nomia. Quellen und Studien zur orthodoxen Theologie 3). – H. Rothe, Karamzins europäische Reise. Der Beginn des russischen Romans. Bad Homburg, Berlin, Zürich 1968 (= Bausteine zur Geschichte der Literatur bei den Slawen 1). – J. L. Black, Nicholas Karamzin and Russian Society in the Nineteenth Century: A Study in Russian Political and Historical Thought. Toronto 1975. – J. L. Black, Essays on Karamzin: Russian Man-of-Letters, Political Thinker 1766–1826. The Hague, P 1975. – N. Ja. Ejdel'man, Poslednij letopisec. Moskau 1983. – V. P. Kozlov, «Istorija gosudarstva Rossijskogo» N. M. Karamzina v ocenkach sovremennikov. Moskau 1989. – L. S. Marzari, Die Entwicklung des historiographischen Stils im Vergleich zum literarischen bei Lomonosov, Karamzin und Puškin. München 1999. – U. Brinkjost, Geschichte und Geschichten. Ästhetischer und historiographischer Diskurs bei N. M. Karamzin. München 2000. *E. H.*

Kehr, Eckart (1902–1933). Der früh verstorbene K. ging von einem Primat innenpolit. u. wirtschaftl. Interessen im histor. Prozeß aus; er hat die kritische Sozialgeschichte der ausgehenden 60er und 70er Jahre in der Bundesrepublik beeinflußt.

Der Sohn des Dir. eines Landjunkergymnasiums und Neffe des Mediävisten ↑P. Kehr studierte nach seinem Abitur 1921 an der Univ. Berlin insbes. bei ↑H. Rothfels u. ↑F. Meinecke, bei dem er 1927 promovierte. Nach dem Urteil des nur wenig jüngeren ↑F. Gilbert galt er vielen Altersgenossen «als der geborene Führer einer neuen Generation von Historikern». Ab 1929/30 lehrte K. an der Dtn. Hochschule f. Politik. Sein Versuch, sich in Königsberg zu habilitieren, scheiterte. In der Historiker-Zunft umstritten, publizierte K. in der sozialdemokratischen Ztschr. «Die Gesellschaft» eine Reihe von Aufsätzen; politisch stand er der SPD nahe. 1931 übernahm er im Auftrag des Geheim. Staatsarchivs eine größere Aktenedition zur pr. Finanzpolitik, von deren geplanten 4 Bdn. er bis Ende 1932 zwei fast fertigstellte. Im Januar 1933 reiste K. in die USA u. starb im Mai in Washington an einem durch ständige Überarbeitung verschärften Herzleiden.

K. hat innerhalb weniger Jahre ein erstaunlich umfangreiches, allerdings teilweise verschollenes Werk geschaffen, in dem er dem «Primat der Außenpolitik» den «Primat der Innenpolitik» entgegensetzt, ohne freilich das komplizierte Verhältnis von Innen- und Außenpolitik theoretisch zu klären.

K.s Hauptwerk ist das aus seiner Dissertation hervorgegangene Buch *Schlachtflottenbau und Parteipolitik. Versuch eines Querschnitts durch die innenpolit., soz. u. ideolog. Voraussetzungen des dtn. Imperialismus* (1930), in dem auf umfangreicher Quellenbasis die Verflechtung bzw. das Ineinandergreifen von ökonomischen u. sozialen Interessen, Innen- u. Außenpolitik sowie polit. Ideologie im Hinblick auf den Flottenbau u. die imperialistische Politik der Wilhelm. Zeit untersucht werden. Das den Einfluß von ↑M. Weber u. ↑K. Marx verratende, als radikal empfundene Werk fand in der Zunft ein sehr geteiltes Echo. – K. hat zum gleichen Themenkomplex eine Reihe von Aufsätzen, u. a. «Klassenkämpfe u. Rüstungspolitik im kaiserlichen Dtl.» (1932), veröffentlicht.

Die von H.-U. Wehler unter dem Titel *Der Primat der Innenpolitik* 1965 veröffentlichten gesammelten Aufsätze K.s behandeln Themen der pr.-dtn. Sozialgesch. des 19. u. 20. Jhs. Der Aufsatz «Zur Genesis der pr. Bürokratie und des Rechtsstaats» (1932) stellt die Auseinandersetzung der Bürokratie mit dem Bürgertum einerseits u. dem Rittergutsadel andererseits angesichts der finanzpolit. Schwierigkeiten 1806/07 dar. «Zur Genesis des Kgl. Pr. Reserveoffiziers» (1928) behandelt einen wichtigen Aspekt des Militarismusproblems.

In seinem Chikagoer Vortrag «Neuere deutsche Geschichtsschreibung» (1933) plädierte K. für eine Historie, die die sozial- u. wirtschaftsgeschichtl. Dimension des geschichtl. Prozesses einbezieht.

Die Fragen des von Wehler wiederentdeckten K. sind seit den 60er Jahren in die westdte. sozialgeschichtl. Forschungsdiskussion eingegangen. K. wurde zunehmend zum Vorläufer der kritischen Sozialgeschichte erhoben. Eine ganze Reihe von Sozialhistorikern, die sich insbes. mit dem Kaiserreich beschäftigten, haben sich auf K. berufen u. sind deshalb als «Kehrites» bezeichnet worden. Zweifellos gehört K. zu den anregendsten dtn. Historikern der Zwischenweltkriegszeit.

Lit.: H.-U. Wehler: E. K. In: Ders. (Hrsg.): Dte. Historiker. Bd. 1, Gö 1971, S. 100–113; Ders.: Eckart Kehr. In: H.-U. Wehler: Historische Sozialwissenschaft u. Geschichtsschreibung, Göttingen 1980, S. 227–248, 377–386; H. Schleier: E. K. In: Ders.: Die bürgerliche dte. Geschichtsschreibung der Weimarer Republik. B 1975, S. 482–530. *B. F.*

Kehr, Paul Fridolin (1860–1944), war der große Organisator außeruniv. hist. Forsch. und ma. Urkundeneditionen des ausgehenden 19. und der ersten Jahrzehnte des 20. Jhs. Die darstellende Gesch.schreibung war weniger seine Begabung als die Institutional. der Edition päpstl. Urkunden und Briefe und deren Einbindung in das von ihm seit 1903 geleitete Preuß. Hist. Inst. in Rom. Seine entscheidende wiss. Prägung erfuhr K. nach der Prom. in Göttingen (1883) an dem von ↑Th. Sickel geleiteten Inst. f. Österr. Gesch.forsch. in Wien (1884–1885). 1889 habil. er sich in Marburg, wurde dort 1893 a. o. Prof. f. Hilfswiss. und 1895 o. Prof. in Göttingen. K.s Wirken im Röm. Inst., das er zu einer Forsch.- und Ausbildungsstätte nach dem Vorbild des Wiener Inst. ausbaute, wurde 1915 durch den 1. Weltkrieg unterbrochen. Noch im gleichen Jahr wurde er zum Generaldirektor der preuß. Staatsarchive in Berlin berufen (bis 1929), übernahm wenige Jahre später die Leitung des neuerrichteten Kaiser-Wilhelm-Inst. f. dt. Gesch. und begann in diesem Rahmen die Bearbeitung einer neuen Editionsreihe, die *Germania Sacra.* Das 1924 wiedereröffnete Hist. Inst. in Rom leitete er nebenamtlich (bis 1936) und konnte durch seine guten Kontakte zum Vatikan die Arbeiten an den Papstregesten wiederbeleben. K. hat die Diplomatik durch seine Editionsgrundsätze entscheidend weitergeführt und verfeinert.

Lit.: NDB 11, 396–398; SB d. Preuß. Ak. d. Wiss. 1934, Nr. 16 (fast vollst. WV); DHI Rom (Hg.), Paul F. Kehr: Zugänge und Beiträge zu seinem Wirken und zu seiner Biographie, Rom 1996. *L. S. S.*

Kellenbenz, Hermann (1913–1990). Der bei Göppingen/Württ. geb. Gastwirtssohn stud. Gesch. u. Kunstgesch. in Tübingen, dann München u. Kiel, wo er mit einer Diss. zur frühneuzeitl. Landesgesch. Holstein-Gottorfs 1938 promoviert wurde. Zunächst in München, dann in einem kleinen Ort in Oberbayern ansässig, wandte er sich ab 1940 d. Erforsch. der Gesch. der hamburg.-holstein. jüd. Kaufleute in der FNZ zu, zeitweilig gefördert im Rahmen des Judenreferats am nat.-soz. Reichsinst. für Gesch. des neuen Dtls. ↑W. Franks, mit dem Ergebnis der Habilit. für Neuere Gesch. noch vor Kriegsende in Würzburg. Nach der 1950 erfolgten Bestätigung dieser Habilitation konnte K., der 1948 seine akadem. Tätigkeit als Lehrbeauftragter der Kathol.-Philos.-Theolog. HS in Regensburg wieder aufgenommen hatte, ein renommiertes USA-Stipendium (Harvard), dann ein Stipendium für die École Pratique des Hautes Études in Paris erringen. Die auf dieser Grundlage erarbeiteten Publikationen ermöglichten die weitere Karriere: 1957 Übernahme der Prof. für Gesch. an der noch städt. HS für Wirtsch.- u. Sozialwiss. in Nürnberg, 1960 Berufung auf den Lehrst. für Wirtsch.- u. Soz.Gesch. an der Univ. Köln, 1970 Rückkehr an die jetzt der Univ. als Wirtsch.- u. Sozialwiss. Fakultät angegliederte Nürnberger Wirkungsstätte. K.s weit überdurchschnittl. umfangreiches Werk erschloß der frühneuzeitl. Wirtsch.- u. Soz. Gesch. archival. bis dahin kaum untersuchte Bereiche, so v. a. den frühen Spanien-, Portugal- u. Lateinamerikahandel dt. Unternehmer wie der Fugger. Die stets quellennahe Perspektive ließ es trotz seiner spröden Sprachlichkeit zu einer schier unerschöpfl. histor.-empir. Fundgrube werden. K. zählte außerdem zu den am häufigsten u. höchsten mit dt. u. ausländ. akadem. Ehren bedachten dt. Hist. u. konnte über hohe Ämter seines Faches beträchtl. Einfluß ausüben.

HW: Sephardim an der unteren Elbe. Ihre wirtsch. u. polit. Bedeutung vom Ende des 16. bis zum Beginn des 18. Jh.s, Wiesbaden 1958; Die Fuggersche Maestrazgopacht, Tü 1967; Dt. Wirtschaftsgeschichte, 2 Bde., Mü 1977; Die Fugger in Spanien u. Portugal bis 1560, Mü 1985; Kleine Schriften, 5 Bde., Stuttgart 1991; Anton Fugger, Weißenhorn 1986; Lateinamerika-Studien Bd. I–[IV], Mü 1976–[2002].
Lit.: J. Schneider (Hg.): Wirtschaftskräfte u. Wirtschaftswege: FS für H. K., 5 Bde., St 1978–1981; VSWG 78 (1991), 1–5.

W. W.

Kemal Pascha-Zadeh oder **Ibn l-Kemal** oder **Schams ad-Din Ahmad Ben Süleyman Ben Kemal Pascha** (1469–1534), war zuerst sipahi (= berittener Soldat), begann ab ca. 1492 in Edirne zu studieren, wurde Sultan Bayezid II. (1481–1512) als Hist. der osman. Vergangenheit empfohlen. 1514 ernannte Sultan Selim (1512–1520) ihn zum Kadi von Edirne. 1516 Kadiasker (= Heeresrichter u. Gerichtsinspizient) von Anatolien; soll Selim im Auftrag des Heeres zum Rückzug aus Ägypten (1518 – dessen Eroberung und die Übernahme des unter der Kontrolle der Mameluken stehenden Kalifates fand schon 1517 statt) gebeten haben; 1519 zurückgetreten, 1526 «Scheich al-Islam» (= allgemeiner Ehrentitel für einen theol. u. jurist. anerkannten Mufti = Gelehrter in beiden Disziplinen), Mufti von Konstantinopel (entspricht ab Sultan Süleyman «dem Prächtigen», 1520–1566, mit seiner Autorität über Ulema u. Richter, auf islam. Seite dem griech. Patriarchen).

Schrieb Türkisch, Arabisch u. Persisch, seine *Geschichte der Osmanen*, ab 1502 verfaßt auf türk., umfaßt 8 Bücher, deren Einteilung: jeder Sultan ab Osman I. (1300–1326) bis Bayezid II. beherrscht ein Buch. 9. Buch (1510–1514) unvollendet; 10. Buch (1514–1526) bis Süleymans Rückkehr vom endgültigen Sieg über die Ungarn bei Mohács. Werk erschien in versch. Ausg. unter versch. Titeln. Gilt als größter aller osman. Hist. mit vorbildlichem Stil, verdankt aber sehr viel Material der Chronik des *Urudsch*. Diese ist, geführt bis 1467 mit Hauptakzent auf Mehmed II. (1451–1481), die älteste erhaltene Prosagesch. der Osmanen, die er ausschreibt.

Ausg.: F. Babinger: Die Geschichtsschreiber der Osmanen u. ihre Werke, L 1927.
Lit.: The Encyclopaedia of Islam, New Edition, Bd. IV, Lei 1978, S. 879 ff.; B. Lewis/P. M. Holt: Historians of the Middle East, Lo 1962, S. 152 ff., 168 ff.

B. R.

Kern, Fritz (1884–1950), war Mediävist u. Universalhistoriker, zugleich polit. engagierter Publizist.

Der als Sohn des späteren württ. Staatsrates u. Präs. des Verwaltungsgerichtshofes geb., im prot. Bildungsbürgertum aufgewachsene K. promovierte

1906 bei M. Tangl und habilitierte sich 1909 in Kiel mit einem Teil seiner Arbeit über die *Anfänge der frz. Ausdehnungspolitik bis zum Jahre 1308.* 1913 in Kiel zum Prof. ernannt, wurde er 1914 zum o. Prof. für Mittl. u. Neuere Gesch. nach Frankfurt berufen. K. hat sich nach 1918 der jüngsten Gesch. zugewandt, u. a. half er Tirpitz bei der Abfassung seiner Erinnerungen und entfaltete für die nationale Rechte eine rege publizistische Tätigkeit. 1922 wurde er Nachfolger F. v. Bezolds auf dem Lehrstuhl f. Mittl. u. Neuere Gesch., Universalgesch. u. Geschichtsphilos. in Bonn, wo er zahlreiche Diss. zur neuesten dtn. Gesch. betreute. K. wandte sich in dieser Zeit verstärkt «rassengeschichtl.» Themen u. vor allem der Universalhistorie zu. In der Endphase der Weimarer Zeit propagierte K. das Konzept einer engeren dt.-frz. Zusammenarbeit.

K. stand dem NS-Regime ablehnend gegenüber u. unterstützte eine kommunistische Studentengruppe um ↑W. Markov. 1937 wurde er kurzzeitig verhaftet, schließl. wegen Krankheit von Lehrverpflichtungen suspendiert. K., der Verbindung zu militär. Widerstandsgruppen hatte, floh im April 1945 in die Schweiz, um nach Kriegsende erhebl. Schwierigkeiten bei der Rückkehr nach Dtl. zu erleben. K. setzte sich in dieser Zeit u. a. mit der spätma. Frömmigkeit auseinander. Vor allem aber bemühte sich der 1947 emeritierte K. um die Herausgabe der «Historia Mundi» u. entwickelte den Plan eines Instituts f. europ. Gesch. in Mainz mit einer universalgeschichtl. u. einer religionsgeschichtl. Abteilung. 1949 trat K. zum kath. Glauben über.

Herausragend unter K.s mediävist. Arbeiten ist sein Buch *Gottesgnadentum u. Widerstandsrecht im frühen MA. Zur Entwicklungsgesch. der Monarchie* (1914), das verfassungs- u. rechtsgeschichtl. Fragen verknüpfte. Neben Veröffentlichungen über Dante (1914) sind außerdem die Aufsätze «Recht u. Verfassung im MA» (1917/18) u. «Der dte. Staat u. die Politik des Römerzugs» (1928), mit der K. die alte Kontroverse zw. ↑Sybel u. ↑Ficker wieder aufgriff, zu erwähnen. Problematisch aus heutiger Sicht erscheint sein Buch *Stammbaum u. Artbild der Dtn.* (1927), in dem er Fragen der Vor-, Sprach-, Stammes- u. Rassengesch. der Dtn. einem Wiss.trend der Zeit folgend thematisierte.

Vom fachwiss. Positivismus ausgehend, hat K. diesen zunehmend als ungenügend betrachtet u. sich um Synthesen bemüht. Die von K. begonnene 10bändige *Historia Mundi* versuchte, Universalgesch. durch die Darstellung u. den Vergleich der Kulturstufen auf dem Hintergrund einer christl.-abendländ. Sicht mit einer deutl. Stoßrichtung gegen evolutionistische, biologistische u. marxistische Interpretationen zu betrachten. Die gesch.philos. Arbeiten K.s, in denen er eine universale, Materie, Leben u. Geist umfassende Konzeption v. Wirklichkeit u. Wirklichkeitserfahrung anzielte, blieben weitgehend Fragment.

Lit.: H. Hallmann: F. K. 1884–1950. In: Bonner Gelehrte. Gesch.wiss. Bo 1968, S. 351–375; L. Kern: F. K. 1884–1950. Universalhistoriker u. Philosoph. Bo 1980. *B. F.*

Keyser, Erich (1893–1968), Kaufmannssohn aus Danzig, gehörte zu dem Kreis der Historiker, die sich seit den 20er Jahren des 20. Jh.s der intens. Förderung der gesch. Landeskunde/Landesgesch. widmeten. Er tat dies sowohl als Praktiker (Staats- und Stadtarchivar in Danzig 1920–45 und Leiter des Staatl. Landesmuseums für Danzig 1927–45) als auch als Wiss. (a. o. Prof. an der TH Danzig 1931–45). Neben dem Versuch der methodologischen Integration der Landesgesch. in die allg. Gesch.wiss. (*Gesch.wiss. Aufbau und Aufgaben*,

1931) widmete sich K. deren inhaltlicher Vertiefung auf den Gebieten der Bevölkerungsgesch. und der hist. Städteforsch. Das seit 1939 von ihm bearbeitete «Deutsche Städtebuch» hat die in den Auseinandersetzungen zwischen Polen und Deutschen der Zwischenkriegszeit entstandenen, scharf nationalpolit. gefärbten Arbeiten als wiss. fundierte Leistung überdauert.

Lit.: E. Bahr (Hg.), Studien zur Gesch. des Preußenlandes. FS f. E. K. zu seinem 70. Geb., Marburg 1963 (WV); C. Haase, Nachruf E. K., in: Hans. Gesch.bll. 87/ 1969, S. 10–12; W. Oberkrome, Volksgeschichte. Methodische Innovation und völkische Ideologisierung in der deutschen Geschichtswissenschaft 1918–1945, Göttingen 1993. *L. S. S.*

Kleitarch (Ende 4./Anfang 3. Jh. v. C.), verfaßte die bis in die röm. Ks.zeit hinein populärste *Geschichte Alexanders d. Gr.* (336–323).

Trotzdem gingen ihre mehr als 12 B. bis auf wenige Frgmte verloren. Meist für den Ausgangspunkt der sog. Vulgata-Trad. gehalten, scheint K. für ↑Diodor am ehesten, wenn auch stark verkürzt, die Grundlage zu bilden, ähnlich auch für ↑Pompeius Trogus und ↑Curtius, freilich stärker verändert.

K. scheint nirgends Anspruch auf Autopsie erhoben zu haben. Wahrscheinlich glückte ihm am Ende des 4. Jh.s oder wenige Jahrzehnte später aus den vorliegenden Primärquellen zu Alexander, wie ↑Kallisthenes, Nearchos, Onesikritos und vielleicht auch ↑Aristobul und ↑Ptolemaios, eine hellenisch empfundene, proptolemäische Synthese, die genau den Geschmack des breiten Publikums traf. Dies erklärt sich viell. aus seinem Stil, dem aufkommenden Asianismus, mit viel Pathos, künstlicher Rhetorik und freier Szenengestaltung.

Zwar von seinem Vater Dinon, der selbst eine persische Gesch. verfaßt hatte, und von Alexandria in Ägypten, seinem Studienort, her mit den besten Voraussetzungen ausgestattet, scheint sich K. dennoch weniger für die Pedanterie hist. Wahrheitsfindung als vielmehr für gefühlvolle und phantastische Effekte interessiert zu haben. Von einer hist. Deutung Alexanders sind kaum Spuren auszumachen.

Ausg.: F. Jacoby, Die Fragmente der Griech. Hist., IIB.BD, Lei 1929–30, Nr. 137 (m. Komm.).

Lit.: J. Seibert, Alex. d. Gr., EdF 10, Da 1972; K. Meister, Die griech. Gesch.schr., St 1990, 118–22 (Lit.); O. Lendle, Einführung in die griechische Geschichtsschreibung, Darmstadt 1992, 168–171. *H. B.*

Ključevskij, Vasilij Osipovič (1841–1911), geb. am 16./28. Januar 1841 in Vozkresenskoe im Gouv. Penza in der Familie eines Dorfgeistlichen. Er besuchte 1856–60 das Geistliche Seminar in Penza und absolvierte seine historischen Studien an der Universität Moskau, wo er seit 1879 als Dozent und seit 1882 als Nachfolger seines akademischen Lehrers Solov'ev russische Geschichte lehrte. Die Themen seiner wissenschaftlichen Arbeiten waren weit gestreut. Neben hilfswissenschaftlichen und quellenkundlichen Untersuchungen widmete er sich in besonderem Maße wirtschafts- und sozialgeschichtlichen Problemen der älteren russischen Geschichte. Die Magisterarbeit befaßte sich mit den Heiligenviten als Geschichtsquelle, die Dissertation mit der Bojarenduma im alten Rußland.

Aus seiner Vorlesungstätigkeit erwachsen ist eine fünfbändige Gesamtdarstellung der russischen Geschichte («Kurs der russischen Geschichte»), die bis heute seinen Ruhm als Geschichtsschreiber begründet. Es ist der anspruchsvolle Versuch, die verwirrende Vielfalt der historischen Entwicklungen auf russischem Boden einem stimmigen

Gesamtkonzept zuzuordnen und die Geschichte aus dem Zusammenwirken von Mensch, Gesellschaft und Raum zu verstehen. Am russischen Beispiel sah er daher die Geschichte eines Landes, das sich in einem ständigen Kolonisationsvorgang befindet und dessen wirtschaftliche, soziale und politischen Besonderheiten sich folgerichtig aus dem wechselnden geographischen Milieu, der Schwerpunktsverlagerung von Kiev über Moskau nach St. Petersburg, ableiten lassen. Die von ihm vorgeschlagene Periodisierung der russischen Geschichte orientiert sich an den Hauptmomenten der «Kolonisation», die vom Dnepr zur oberen Wolga und schließlich in die Weiten Eurasiens führte und einen riesigen Landozean von der polnischen Ostgrenze bis an den Pazifik erschloß.

Als akademischer Lehrer hat Ključevskij eine ganze Generation von Rußlandhistoriker geprägt. Seine Aufgeschlossenheit für sozialökonomische Fragestellungen und Forschungsmethoden sicherte ihm auch in der sowjetmarxistischen Geschichtswissenschaft Beachtung und Respekt. Die renommiertesten marxistischen Historiker der 20er Jahre (u.a. Pokrovskij) zählten noch zu seinem Schülerkreis. Ključevskij verstarb am 12./25. Mai 1911 in Moskau.

WW: Sočinenij v vos'mi tomach. 8 Bände Moskau 1956–1959. – Sočinenija. 9 Bände, Moskau 1989–1990. – Geschichte Rußlands. 4 Bände Stuttgart, Leipzig 1925–1926. – Neopublikovannye proizvedenija. Moskau 1983.
Lit.: R. A. Kireeva, V. O. Ključevskij kak istorik russkoj istoričeskoj nauki. Moskau 1966; F. G. Čumačenko, V. O. Ključevskij – istočnikoved. Moskau 1970; M. V. Nečkina, Vasilij Osipovič Ključevskij. Istorija žizni i tvorčestva. Moskau 1974; – S. O. Šmidt (ed), V. O. Ključevskij i sovremennost'. Penza 1991. – J. T. Sanders, The past in the service of the future: Russian historians and Russian society, 1880–1930. Diss. Stanford 1991. – R. F. Byrnes, V. O. Kliuchevskii, historian of Russia. Bloomington 1995. – Ključevskij. Sb. materialov. Vyp. 1. Penza 1995. *Ed. H.*

Klopp, Onno (1822–1903), Sohn eines Kaufmanns aus Leer/Ostfr., wurde nach Stud. u. a. der Gesch. und ev. Theol. in Bonn, Berlin und Göttingen 1845 in Jena prom.; bis 1858 war er als Gymnasiallehrer in Osnabrück tätig. Auf eigenen Wunsch entlassen, widmete sich K. in Hannover Archivstudien und wurde 1861 von König Georg V. von Hannover mit der Herausgabe der Werke von ↑G. W. Leibniz beauftragt. K.s *Geschichte Ostfrieslands* (3 Bände, 1854–58) fand beim König aufgrund ihrer antipreuß. Tendenz positive Resonanz. Seine Ernennung zum Kgl. Archivrat 1865 war Ergebnis einer wachsenden Vertrauensstellung beim König. Nach der Annexion Hannovers durch Preußen folgte K. Georg V. ins Exil nach Wien. Sein umfangreiches Werk war gekennzeichnet durch scharfe Opposition gegen die vorherrschende kleindt.-protest. Gesch. schreibung (↑H. v. Sybel, ↑J. G. Droysen). Nicht anders als diese war auch K. «polit. Historiker», insofern er hist. Forsch. aus engagiertem Gegenwartsinteresse betrieb. Als Vertreter eines großdt. Föderalismus und schon vor seiner Konversion Antiprotestant betrachtete er das Alte Reich in MA und FNZ im Unterschied zu v. Sybel und Droysen, aber der kathol. Gesch.schreibung (↑J. Ficker und ↑J. Janssen) vergleichbar, als hist. relevante Größe, das als Vorbild f. den Streit um eine großdt. oder kleindt. Lösung der Verf.frage in den 1850er und 60er Jahren dienen sollte. K.s ausgeprägte Preußenkritik war Konsequenz dieser Haltung, die ihn zu z. T. hist. weitsichtigeren und zutreffenderen Urteilen führte als es die «kleindt. Geschichtsbaumeister» vermochten.

Lit.: NDB 12, 115 f. (WV und Sek.lit.); W. D. Mohrmann, O.K., in: Osn. Mitt. 85/

1979, S. 152–200; H. Schmidt, O. K. und die kleindt. Geschichtsbaumeister, in: Kirche, Staat und kathol. Wiss. in der Neuzeit. FS f. Heribert Raab, hg. v. A. Portmann-Tinguely, Pa. 1988; L. Matzinger, O. K. (1822–1903), Leben und Werk, Aurich 1993. *L. S. S.*

Kluit, Adriaan (1735–1807). Stud. Philologie in Utrecht, wonach er ab 1760 Lehrer an Lateinschulen war und 1778 auf einen neuen Lehrstuhl für niederl. Gesch. in Leiden berufen wurde. Dadurch, daß er einen kritischen (Historia critica) und unparteilichen Ansatz befürwortete, die Wichtigkeit des Gebrauchs der Urkunden neben Chroniken einsah und deshalb Diplomatik und Chronologie in seinen Unterricht einführte und kritische Editionen besorgte, kann man K. als den ersten niederl. wiss. Mediävisten betrachten. Dennoch ist er technisch ein Traditionalist, der den Thesen ↑Mabillons nichts hinzufügte. Seine Arbeit enthält übrigens auch eine deutliche Stellungnahme zugunsten der souveränen Rechte der Statthalter und gegen die Lehre der Volkssouveränität. Es kostete ihn während der Batavischen Revolution eine zeitweilige Enthebung seines Amtes von 1795 bis 1802.

Lit.: G. Boutelje, Bijdr. tot de kennis van A. K.'s opvattingen, Groningen 1920; F. Hugenholtz, A. K., in: Forum der Letteren 6, 1966, 142–60. *W. P.*

Kluke, Paul (1908–1990). Seit seiner von ↑H. Oncken betreuten Diss. über engl. Militärpol. vor dem Ersten Weltkrieg (1931) blieb K. der brit. Reichspolitik, den dt.-engl. Beziehungen und der dt. Außenpolitik seit dem Kaiserreich verbunden. Während der NS-Zeit fand er Unterschlupf im Reichsarchiv und der preuß. Archivverwaltung; nach 1945 arbeitete er als Lehrer und Archivar, ab 1949 als Lehrbeauftragter an der FU Berlin. Er habilitierte sich dort unter Betreuung von ↑H. Herzfeld über die rhein. Autonomiebewegung 1918–19, wirkte ab 1953 als Generalsekretär am neuen IfZ in München und übernahm 1958/59 eine Professur an der Univ. Frankfurt/M. mit einem weiteren Forschungsschwerpunkt auf der NS-Gesch. Eng verwurzelt in der Tradition der dt. Univ. legte K. 1972 eine Monographie über *Die Stiftungsuniv. Frankfurt a. M. 1914–1932* vor. Das Gründungsdirektorat am DHI in London stand am Ende seines Lebenswerkes als dt.-engl. Vermittler.

HW: Selbstbestimmung. Vom Wege einer Idee in der Gesch. (1963), Unser Jhd. im Bild (Mitverf., 1964), Neuere Gesch. (1969), Außenpol. und Zeitgesch. Ausgew. Aufsätze, hg. von D. Rebentisch und H. Seier (1974)

Lit.: H. Seier, in: Ausgew. Aufsätze von P. K. (1974), 1–9; Studien zur Gesch. Englands und der dt.-brit. Beziehungen. FS für P. K., hg. von L. Kettenacker/M. Schlenke/H. Seier (1981) *R. v. B*

Kötzschke, Rudolf (1867–1949), Sohn eines Kammermusikers aus Dresden, schloß seine Stud. (Leipzig und Tübingen) mit Staatsexamen und Prom. in Leipzig ab und arbeitete seit 1894 in ↑K. Lamprechts Auftrag an der Herausgabe der rhein. Gesch.-quellen. 1899 habil. sich K. f. ma. und neuere Gesch. und war seitdem Ass. am hist.-geogr. Seminar, zugleich Leiter der Zentralstelle f. Grundkarten. 1906 wurde er zum a. o. Prof. am Seminar f. Landesgesch. und Siedlungskunde der Univ. Leipzig berufen, von 1930 bis zu seiner Emeritierung 1935 lehrte K. als o. Prof. K.s Forsch.schwerpunkt war die wiss. Landesgesch./hist. Landeskunde, auf die ihn Lamprechts und Ratzels Anregungen hinführten und zu deren inhaltlicher Differenzierung und method. Verfeinerung er wesentlich beitrug. In der Verbindung von städt. und ländl. Siedlungsgesch. mit Rechts-, Verf.-, Sozial- u. Wirtsch.gesch. sowie hist. Geogr. sah K. die Voraussetzung f. eine Kulturgesch.-schreibung, die sich auf die Erforsch. hist. Landschaften als «Kulturräume» und die von ihnen ausgehenden «Kulturströme» konzentrierte. Seine wiss. Arbeiten wirkten im Dtl. der Zwischenkriegszeit schulbildend. Davon zeugt das in Zusammenarbeit mit Th. Frings herausgegebene Werk *Kulturräume und Kulturströmungen im mitteldt. Osten* (1936), das der kulturmorph. Zielsetzung ↑H. Aubins nahestand. Neben frühen hist.-geogr. Arbeiten sind K.s Monogr. zur sächs. Landesgesch. und zur Gesch. der ostdt. Kolonisation sowie zur Wirtsch.- und Verf.gesch. von Bedeutung. Sein Verdienst um die Entwicklung der landesgesch. Forsch. muß eingeordnet werden in die heimatgesch. Bewegung der Zwischenkriegszeit, durch deren Wirkung die Landesgesch.schreibung generell völkisch-nationalem Denken nahestand, ohne nationalsozialistisch zu sein.

Lit.: NDB 12, 415 f. (WV und Sek.lit.); G. Heitz, R. K. Ein Beitrag zur Pflege der Siedlungs- und Wirtsch.gesch. in Leipzig, in: Karl-Marx-Univ. Leipzig 1409–1959, Beiträge zur Univ.gesch., Bd. 2, L 1959; K.-H. Blaschke, Die landesgesch. Arbeit in Sachsen, in: Jb. des ital.-dt. hist. Inst. in Trient 7, 1981, 155–197; W. Held/U. Schirmer (Hgg.), R. K. und das Seminar für Landesgeschichte und Siedlungskunde an der Univ. Leipzig: Heimstatt sächsischer Landeskunde, Beucha 1999; W. Oberkrome, Volksgeschichte. Methodische Innovation und völkische Ideologisierung in der deutschen Geschichtswissenschaft 1918–1945, Göttingen 1993; S. Haas, Historische Kulturforschung in Deutschland 1880–1930, Köln/Weimar/Wien 1994. *L. S. S.*

Koht, Halvdan (1873–1965), wurde als Sohn eines Oberlehrers in Tromsö (Nordnorwegen) geb. Nachdem er sein hist.-philol. Studium 1896 mit «laudabilis prae ceteris» beendet hatte, habilitierte er sich 1908 mit der Abhandlung «Die Stellung Norwegens und Schwedens im deutsch-dänischen Konflikt». Nach einer Stipendienreise 1908/09 nach England und in die USA lehrte er 1910–1938 als Prof. an der Univ. Oslo. In den Jahren 1935–1941 war er norw. Außenminister.

K. ist der letzte Polyhistor unter den norw. Hist. Als erster wandte er moderne QQkritik auf die Sagatexte an, wobei er sich besonders mit der Entstehungssituation der Sagas beschäftigte. Er negierte die Tendenz der Sagas, wonach der König seine Macht auf die Unterstützung des Volkes baute und mit Klerus und Adel im Streit lag. Als Anhänger der marxistischen Theorie formulierte er die These, daß die drei staatstragenden Gruppen gemeinsame Interessen gegen die Bauern vertraten. Er betonte den Klassenkampf als einen entscheidenden Faktor in der nat. pol. Entwicklung, wobei ihn allerdings mehr die psycholog. als die ökon. Seite dieses Kampfes interessierte. In der gesamten norw. Gesch. fand er soziale Massenerhebungen, die auch nat. Ziele hatten, weil sie gegen eine Fremdherrschaft gerichtet waren. Gleiche Phänomene machte er auch in der amerik. und dt. Gesch. aus.

K. spielte eine bedeutende Rolle in der intern. Forschungsgesellschaft und Forschungsorganisation. 1926–1933 war er Präsident des Comité intern. des sciences historiques, leitete 1928 die intern. Historikertagung in Oslo. 1919–1949 war er Mitglied des Komitees für die Erteilung des Friedensnobelpreises. Als Außenminister arbeitete er stark für die Erhöhung der Autorität des Völkerverbundes. Seine Außenpolitik vor und während des Zweiten Weltkriegs ist umstritten.

Lit.: S. Steen, in: Norsk biografisk leksikon, Bd. 7, Oslo 1936; O. Dahl, Historisk materialisme, Oslo 1952; S. Skard, Menesket H.K., Oslo 1982; Bibl.: K. Haukaas, H.K. Ein bibliografi, Oslo 1963; H. Skard, H.K. Ein bibliografi II, Oslo 1974. *H.S.*

Konetzke, Richard (1897–1980). Der in Hangelsberg (Spree) 1897 geb. K. war Schüler ↑F. Meineckes und wurde vor allem durch dessen Vorstellung vom Staatsgedanken geprägt. Auf Anregung M.s beschäftigte sich K. zwischen den Weltkriegen besonders mit der span. Gesch.; daraus entstanden neben zahlreichen Aufsätzen so wichtige Arbeiten wie *Die Politik des Grafen Aranda. Ein Beitrag zur Gesch. des span.-engl. Weltgegensatzes im 18.Jh.* (Berlin 1929) oder das Standardwerk *Gesch. des span. und port. Volkes* (Leipzig 1939. Die große Weltgesch. Bd. 8) oder *Das span. Weltreich. Grundlagen u. Entstehung* (München 1943). Seit seiner Forschungstätigkeit im Archivo General de Indias (AGI) in Sevilla (1944–1952) und an der Duke University in Durham, North Carolina, (1952–1954) konzentrierte sich K. auf die hispanoamerikan. Kolonialgesch. Zu diesem Komplex erschien bald, gestützt auf umfangreiches Quellenmaterial aus dem AGI, neben bahnbrechenden Aufsätzen zu sozialgesch. Aspekten der Kolonialzeit u. a. die bedeutende Quellensammlung *Colección de Documentos para la Historia de la Formación Social de Hispanoamérica, 1493–1810*, 3 vols., Madrid 1953–1962.

Ab 1954 lehrte K. bis zu seiner Emeritierung 1965 span., port. und lateinamerikan. Gesch. an der Univ. Köln, wo er 1961 einen entsprechenden Lehrstuhl erhielt und zum Direktor der Iberisch. und Lateinamerik. Abteilung des Hist. Seminars ernannt wurde. K. baute diese Abteilung zu einem wichtigen Zentrum der Lateinamerikanistik aus, das auch zahlreiche Schüler hervorbrachte und die Beschäftigung mit der Iber. Halbinsel und Lateinamerika beeinflußte. 1964 gründete er mit ↑H. Kellenbenz die bald international renommierte Zeitschrift *Jahrbuch für Geschichte von Staat, Wirtschaft und Gesellschaft Lateinamerikas.* Zu den wichtigen Werken K.s gehören u. a. noch die Arbeit *Entdecker und Eroberer Amerikas. Von Christoph Kolumbus bis Hernán Cortés* (Frankfurt/Main 1963) sowie der Überblick über die Kolonialgesch. für die Fischer Weltgesch. *Süd- und Mittelamerika I. Die Indianerkulturen Altamerikas und die span.-port. Kolonialherrschaft* (Frankfurt/Main 1965), wenngleich hier die kolonisatorische Wirkung Spaniens überbetont wird. Auch nach seiner Emeritierung veröffentlichte K. zahlreiche Aufsätze. Die von K. verfaßten Literatur- und Forschungsberichte zu Span., Port. und Lateinamerika sind wertvolle Zeugnisse für die Beschäftigung mit den genannten Regionen in Deutschland. K. starb im Alter von 83 Jahren in Gemünd, Eifel.

WW: Lateinamerika. Entdeckung, Eroberung, Kolonisation. Ges. Aufsätze von R. Konetzke. Hrsg. von G. Kahle/ H. Pietschmann. Kö, W 1983 (Bibl.).
Lit.: H. Kellenbenz, R. Konetzke zum 70. Geburtstag, in: Jb. f. Gesch. von Staat, Wirtschaft und Gesellsch. Lateinamerikas 4 (1967), XV–XXVI; G. Kahle, R. Konetzke (1897–1980), in: HZ 231 (1980), 518–520. *H.J.K.*

Kos, Milko (1892–1972). Er studierte an der Univ. Wien, am IÖG, an der École des Chartes in Paris u. an der Univ. München. 1924 Univ.doz. in Belgrad f. hist. Hilfswiss., 1925/26 lehrte er an der Univ. Zagreb, 1934–1967 als Prof. für allg. u. ma. Gesch. an der Univ. Ljubljana. 1941–1945 leitete er als Rektor die Univ. Ljubljana und von 1941–1951 war er Vorstand des Hist. Inst. Ab 1938 war er o. Mitgl. der Slowenischen Akad. der Wiss. u. zahlreicher anderer ausländ. Akad.

K. versucht in seinen WW große Synthesen mit möglichst wenig Polemik aus vielen Details. Von seinen WW sind vor allem seine QQsamml. von großer Bedeutung: *Gradivo za zgodovino Slovencev v srednjem veku* (Materialien zur Geschichte der Slowenen im Mittelalter), Ljubljana 1928; *Conversio Bagoariorum et Carantanorum,* Ljubljana 1936. Ferner veröffentlichte er ma. Urbare: *Srednjeveški urbarij za Slovenijo. 1. Urbarji salzburške nadškofije, 2. Urbarji Slovenskega Primorja* (Die ma. Urbare Sloweniens. 1. Urbare des Bistums Salzburg. 2. Urbare des slowen. Küstenlandes), Ljubljana 1939–1954. Der slowen. Siedlungsgesch. widmete er sich in *Zgodovina Slovencev od naselitve do reformacije,* der: Gesch. der Slowenen von ihrer Ansiedlung bis zur Reformation, (Ljubljana 1954[2]). Wichtig ist noch sein Beitr. im ersten Bd. einer Wirtschafts- u. Sozialgesch. der Slowenen: *Gospodarska in družbena zgodovina Slovencev I. Zgodovina agrarnih panog. 1. Agrarno gospodarstvo* (Wirtschafts- und Sozialgesch. der Slowenen. I. Gesch. der Agrarzweige. 1. die Agrarwirtschaft), Ljubljana 1970.

Lit.: B. Grafenauer: Znanstveno delo Milka Kosa, in: Zgodovinski Časopis 6/7 (1952/53), S. 9–29 (mit WV von 1911–1952). Ders.: Ob sedemdesetletnici Milka Kosa, in: ebd. 16 (1962), S. 171–175; F. Gestrin/B. Grafenauer: In memoriam akademiku in professorju Dr. Milko Kosu (1892–1972), in: ebd. 26 (1972), S. 5–12 (mit WV 1963–1972); J. Žontar: Milko Kos (1892–1972), in: Südostforschungen 31 (1972), S. 344–349; Biogr. Lex. z. Gesch. Südosteuropas. Hrsg. v. M. Bernath. Mn 1976, Bd. 2, S. 484–85. *H. G.*

Koser, Reinhold (1852–1914), Pastorensohn aus Schmarsow (Uckermark), nahm als erfolgreicher Wiss.organisator des Kaiserreichs ebenso wie als bedeutender Biograph Friedrichs d. Gr. einen gewichtigen Platz in der Gesch.wiss. des ausgehenden 19. und beginnenden 20. Jh.s ein. Nach Stud. in Berlin und Halle wurde K. 1874 prom. und war seit 1874 an der Preuß. Akad. d. Wiss. mit der Herausgabe der Staatsschr. Friedrichs d. Gr. betraut. 1879–83 veröff. er die Edition der ersten 10 Bände der *Polit. Korrespondenz Friedrichs d. Gr.* Seit 1880 Privatdozent, 1882–84 auch Geh. Staatsarchivar in Berlin, wurde K. 1884 dort zum a.o. Prof. ernannt, 1891–1896 lehrte er als o. Prof. in Bonn und wurde 1896 Direktor des Geh. Staatsarchivs in Berlin, was er bis zu seinem Tode blieb. K. hat in diesem Amt das preuß. Archivwesen reorganisiert und erweitert und war als Koordinator wichtiger Publikationsreihen zur preuß. Gesch. tätig. Für seine Friedrich-Biographie wurde er 1898 zum «Historiographen des preuß. Staates» ernannt. 1904 erhielt er f. deren 2. Bd. den Verdunpreis. K.s *Gesch. Friedrichs d. Gr.* ist bis heute eine wiss. Biographie von Rang geblieben, maßgeblich in Gründlichkeit, Materialbasis und Quellenkritik. K.s deutliche Distanz zur preuß. Gesch.legende seines Lehrers ↑Droysen machte seine wiss. Arbeiten zum Ausgangspunkt f. deren Überwindung. Seine auf drei Bände geplante *Geschichte der brandenburg-preuß. Politik* (Bd. 1, 1913) blieb unvollendet.

Lit.: NDB 12, 613–615 (Sek.lit.); M. Klinkenborg, R. K., in: FBPG 28/1915, 285–310 (WV). *L. S. S.*

Krausnick, Helmut (1905–1990). Stud. der Gesch., Staatswiss. u. Philos. an den Univ. Breslau, Heidelberg u. Berlin. 1938 folgte die Promotion bei ↑F. Hartung, zunächst von ↑O. Hoetzsch angeregt u. 1942 als traditionelle Außenpolitikstudie zu F. v. Holstein veröffentlicht. K. war von 1938 bis 1944 Mitarb. der «Zentralstelle der Nachkriegszeit» in Berlin (1932 als Forschungsstelle für Nachkriegsgeschichte gegründet) u.

wurde 1940 in die Archivkomm. des Auswärtigen Amtes berufen. Bereits 1932 in die NSDAP eingetreten, sah er sich jedoch nicht als überzeugten Nationalsozialisten. Von 1947 bis 1951 war er Mitarb. des Internat. Schulbuchinst. in Braunschweig, seit 1951 Mitarbeiter am IfZ in München u. von 1959 bis 1972 dessen Direktor. 1968 wurde ihm eine Honorarprof. in München übertragen.

K. verfaßte das wichtige Gutachten zur «Judenverfolgung» für den Frankfurter Auschwitz-Prozeß von 1963 bis 1965, das in dem Standardwerk *Anatomie des SS-Staates* zusammen mit den anderen vier Gutachten veröffentlicht wurde u. den wissenschaftl. «Kenntnisstand über die NS-Vernichtungspol. über Jahrzehnte markiert u. mitbestimmt» hat (U. Herbert). K. betonte darin die elementare Bedeutung des Antisemitismus für die radikale Weltanschauung u. terrorist. Herrschaftspraxis des NS. Der Antisemitismus war demnach die ideolog. Voraussetzung für die kompromißlose Ausgrenzung der Juden als fremd konstruiertes Gegenkollektiv zur propagierten «Volksgemeinschaft» u. für die radikalisierte Vernichtungspol. im Zweiten Weltkrieg, die auf der narrativen Kombination von rassischen u. antibolschewist. Feindbildern beruhte. Innerhalb der breit geführten Debatte um die nat.-soz. Vernichtungspol. ist auch die Vermutung K.s, daß es einen geh. mündl. Befehl Hitlers zur «Endlösung» der sog. «Judenfrage» spätestens im März 1941 im Zusammenhang mit der Anweisung zur Erschießung der polit. Kommissare u. der milit. Führungselite der Roten Armee bei Kriegsgefangenschaft gegeben haben soll, weiterhin umstritten. Neben wichtigen Artikeln u. Dokumentationen in den VfZ zur nat.-soz. Kriegspol. im Osten u. dem «Kommissarbefehl» hat K. in dem 1981 zus. mit Hans-Heinrich Wilhelm verfaßten bahnbrechenden Hauptwerk *Die Truppe des Weltanschauungskrieges* das Verhältnis der Einsatzgruppen zur Wehrmacht untersucht. Er verstärkte hier den wichtigen Befund, daß die Wehrmacht im Zweiten Weltkrieg mit umfangreicher organisator. Unterstützung u. eigenen Vernichtungsaktionen von Juden u. Zivilisten ein institutioneller Bestandteil des Systems zur Herrschaftssicherung in den besetzten Gebieten u. somit ein unentbehrl. Funktionselement bei der prakt. Durchführung der radikalen Vernichtungspol. in Osteuropa war.

HW: Neue Bismarck-Gespräche (Hrsg.), 1940; Holsteins Geheimpol. in der Ära Bismarck 1886–1890, 1942; Dt. Gesch. der jüngsten Vergangenheit 1933–1945 (zus. m. H. Mau), 1956; «Judenverfolgung», in: Anatomie des SS-Staates, Bd. 2 (zus. m. M. Broszat/H. Buchheim/H.-A. Jacobsen), 1969; Helmuth Groscurth. Tagebücher eines Abwehroffiziers 1938–1940 (hrsg. zus. m. H. C. Deutsch), 1970; Die Truppe des Weltanschauungskrieges. Die Einsatzgruppen der Sicherheitspolizei u. des SD 1938–1942 (zus. m. H.-H. Wilhelm), 1981.

Lit.: W. Benz (Hrsg.), Miscellanea. FS für H. K., 1980 (WV); H. Möller/U. Wengst (Hrsg.), 50 Jahre IfZ, 1999; U. Herbert, Vernichtungspol. Neue Antworten u. Fragen zur Gesch. des «Holocaust», in: Ders. (Hrsg.), Nat.-soz. Vernichtungspol. 1939–1945, 1998, 9–66. *B. H.*

Kuczynski, Jürgen (1904–1997), war der bekannteste Wirtschaftshistoriker der DDR, der – obgleich zeitweilig Revisionismusvorwürfen ausgesetzt – letztlich stets der kommunistischen Sache verpflichtet war.

Der in Elberfeld geborene K. stammte aus einem bürgerlichen jüdisch-assimilierten Elternhaus, sein Vater war Statistiker; er wuchs in Berlin auf, wo er das Gymnasium besuchte. Seit 1922 studierte er Philosophie, Finanzwirtschaft und Statistik in Berlin, Erlangen und Heidelberg. 1925 promovierte er mit einer Arbeit über den ökonomischen Wert in

Erlangen. Von 1926–29 hielt er sich in den USA auf, ging zunächst Postgraduate Studies an der Brooking School in Washington nach und leitete 1927–28 die Forschungsabteilung der American Federation of Labor. Nach seiner Rückkehr war er 1929–34 Mitherausgeber der Finanzpolitischen Korrespondenz.

1930 trat K. der KPD bei, war 1930–33 als Wirtschaftsredakteur der «Roten Fahne» tätig, lehrte an der MASCH und war Leiter der Abteilung Information in der Reichsleitung der RGO. 1933–36 arbeitete er illegal in der KPD-Reichsleitung, emigrierte dann nach England, wo er Mitglied der dortigen KPD-Leitung war. 1936–39 leitete er die Gruppe deutscher Kommunisten. 1936–44 war er Mitarbeiter des Labour Monthly und des Deutschen Freiheitssenders 29, 8. 1939 gründete er mit anderen den Freien Deutschen Kulturbund. Während des Krieges (1944–45) arbeitete K. als Wissenschaftlicher Mitarbeiter des United Strategic Bombing Survey im Rang eines Oberst der US-Army.

Kurzzeitig fungierte K. 1945 als Präsident der Zentralverwaltung für Finanzen. 1945–56 war er o. Prof. an der Univ. Berlin und leitete das von ihm gegründete Institut für Wirtschaftsgeschichte, 1956–68 die Abteilung Wirtschaftsgeschichte des Instituts für Wirtschaftsgeschichte der Akademie der Wissenschaften der DDR. Unter K.s Leitung konnte am Institut relativ frei geforscht werden. 1968 wurde er emeritiert.

K. engagierte sich seit 1946 in der SED, war 1947–50 Präsident der Gesellschaft zum Studium der Kultur der SU, von 1949–56 Abgeordneter der Volkskammer; 1957–59 wurde er wegen der von ihm in einem Aufsatz erhobenen Forderung, die marxistische Geschichtswissenschaft habe die Methoden historisch-kritischer Forschung anzuwenden, auch wegen eines dann eingestampften Buches über die Sozialdemokratie heftig von Partei und Kollegen als Revisionist kritisiert. K.s Loyalität gegenüber der Partei stand jedoch trotz K.s Kritik an wissenschaftlichen Entwicklungen in der DDR niemals in Zweifel. 1965–79 war er Vorsitzender des Nationalkomitees der Wirtschaftshistoriker und zeitweilig Mitglied des Exekutivkomitees der Internationalen Economic Historial Association. K. beriet zeitweilig Erich Honecker, wobei seine Kompetenz in der Beurteilung der kapitalistischen Länder lag; daß er es versäumte, sich kritisch mit der Wirtschaftsentwicklung der DDR auseinanderzusetzen, hat er zuletzt freimütig eingeräumt. Nach der «Wende» war K. Mitglied des Ältestenrates der PDS.

Das Œuvre K.s ist außerordentlich umfangreich und umfaßt neben wissenschaftlichen Arbeiten zahlreiche publizistische Veröffentlichungen. Unter seinen Werken ragen die 40 Bde. *Die Geschichte der Lage der Arbeiter unter dem Kapitalismus* sowie die 6-bändige *Geschichte des Alltags des deutschen Volkes* (1981/82) hervor, in denen riesige Mengen von Materialien zur Geschichte der breiteren Bevölkerungsschichten zusammengetragen sind. Mit der Alltagsgeschichte reagierte die DDR-Historiographie auf die sozialgeschichtliche Forschung im Westen. K.s Geschichtsschreibung wurde durch marxistische Kategorien geprägt, die ihn etwa im Hinblick auf die Erklärung des Holocausts zu der lange für die DDR maßgeblichen Interpretation gelangen ließ, daß der Kapitalismus in bestimmter Konstellation eben zur Barbarei führe.

In seinen letzten Lebensjahren hat sich K. in einer ganze Reihe von autobiographischen Schriften mit seinen lebensgeschichtlichen Erfahrungen auseinandergesetzt: *Kurze Bilanz eines langen Lebens*, Bln 1991; *«Ein linientreuer*

Dissident», Bln-Weimar 1992; *Nicht ohne Einfluß,* Köln 1993; *Ein Leben in der Wissenschaft der DDR,* Münster 1994; *Ein treuer Rebell,* Bln 1998.

Lit.: M. Keßler, Exilerfahrung in Wissenschaft und Politik. Remigrierte Historiker in der frühen DDR. Weimar/Wien 2001, S. 91–145; J. K., in: T. Grimm, Was von den Träumen blieb. Eine Bilanz der sozialistischen Utopie, Bln 1993, S. 91–110. *B. F.*

Labrousse, Ernest (1895–1988). In Barbézieux (Saintonge, Frankreich) geb. Durch den Sozialismus von ↑J. Jaurès angeregt, studierte er zuerst Volkswirtschaft und wandte sich später der Wirtschaftsgesch. zu, für die er von 1945 bis 1967 Prof. an der Sorbonne war. L. wurde von seinem Lehrer, dem Soziologen und Volkswirtschaftler François Simiand (1873–1935), der Durkheims Lehre auf die Gesch. anwenden wollte, um aus ihr eine Wiss. des Wiederholbaren und der Regelmäßigkeiten, und nicht des Zufälligen und Einmaligen, zu machen, sehr stark beeinflußt. 1933 veröffentlichte L. *L'esquisse du mouvement des prix et des revenus en France au XVIIIe siècle;* von einer sorgfältig aufgestellten und überprüften statist. Dokumentation ausgehend, schuf, verglich und korrelierte er Serien von Preisen der Hauptprodukte der Landwirtschaft und der Industrie, von Agrareinkünften und von Löhnen; über den engen Rahmen der Wirtschaftsgesch. hinausgehend, um den Boden der sozialen Gesch. zu betreten, betrachtete er die sozialen Gruppen, denen diese Entwicklungen über kurz oder lang entweder nutzten oder schadeten; das war ein neuer Blick auf den Entwicklungsprozeß der Gesell. und vermochte letztlich das Ereignis bzw. Frakturen (z. B. die Revolte oder Revolution) besser zu erklären. 1944 veröffentlichte L. *La Crise de l'économie française à la fin de l'Ancien régime et au début de la Révolution;* er definierte hier sein Modell, wonach es zweierlei Krisen gibt: die Krise des Alten Regimes, durch den zyklischen Ausfall der Ernte bewirkt und charakteristisch für alle Wirtschaftssysteme, die durch die Landwirtschaft beherrscht sind, und andererseits die industrielle Krise, durch die Überproduktion und die Übersättigung der Märkte verursacht, die nach 1850 vorherrscht.

Von 1945 an übte L., neben ↑F. Braudel, aber auch neben J. Meuvret (gest. 1971), der eine weniger profilierte Figur als der glänzende Redner L. war, jedoch in Frankreich die histor. Demographie gründete, einen starken Einfluß auf die Generation der jüngeren Historiker aus, die sich für die wirtschaftl. und die soziale Gesch. interessieren.

Lit.: Conjoncture économique; structures sociales. Hommages à E. L., 1974; Art. L. In: Dictionnaire de la nouvelle histoire (J. Le Goff, Hg., 1978); Art. L. In: Dictionnaire des sciences historiques (A. Burguière, Hg., 1986). *J. M. M.*

Lampert von Hersfeld (ca. 1025–ca. 1085). Der Benediktinermönch von Hersfeld wurde 1058 zum Priester geweiht und machte sogleich, ohne Wissen seines Abtes, eine Pilgerfahrt in das Heilige Land. Reuig ins Kloster zurückgekehrt, verließ er es bis 1077 kaum noch. Der Konflikt mit König Heinrich IV. bewog ihn, nach Hasungen überzuwechseln, wo er Abt wurde. L. war strenger Cluniazenser. Mit seinen *Annales,* die er wohl 1079 vollendete, erwies er sich als Meister der polit. Gesch.schr. In elegantem sallustianischem Stil und mit klarer Konzeption stellen die *Annalen* die Weltgesch. vom Urbeginn bis 1077 dar, ab 1040 mit erweitertem Quellenmaterial und ab 1069 in chronograph. Form.

Ausg.: MGH SS rer. Germ.; GDV 43 (1912).
Lit.: LThK[3] VI, Sp. 624 f.; LMA 5, Sp. 1632 f.; VL 5, Sp. 513–520. *R. A. M.*

Lamprecht, Karl (1856–1915), Pastorensohn aus Jessen bei Wittenberg, war in den Jahrzehnten um die Jh.wende einer der umstrittensten dt. Historiker. Sein Versuch, der Grundlagenkrise der Geistes-, insbesondere der Gesch.wiss. angesichts der Herausforderung durch die Naturwiss. mit der Annahme hist. Regelmäßigkeiten zu begegnen, die er in Anlehnung an die Psychologie als sozialpsych. Gesetzmäßigkeiten in der Gesch. formulieren zu können glaubte, führte zu dem seit 1891 erbittert geführten Methodenstreit in der dt. Gesch.-wiss. («Lamprechtstreit»). Seinen method. Neuansatz, der vom engl. und franz. Positivismus entscheidend geprägt war, verband L. mit dem Versuch einer Neubestimmung auch des Gegenstandsbereiches hist. Forsch.; gegen die traditionelle Gesch.schreibung setzte L. seine Auffassung von Kulturgesch., die die Totalität sozialer, wirtsch., polit. und geistiger Erscheinungen erfassen sollte. Damit stand L. in einer durchaus vorhandenen Tradition dt. Gesch.-schreibung, die bis auf ↑Herder zurückreichte, auf den er sich wiederholt berief. L.s Hinwendung zu einer Wirtsch.- und Sozialgesch. («Culturgesch.») war u. a. seiner Prägung durch ↑W. Roscher zu verdanken. – Nach Stud. in Bonn, Leipzig und München wurde L. 1878 in Leipzig prom., habil. sich 1883 in Bonn und veröff. bereits 1885 den 1. Bd. seines durch G. Mevissen, den rhein. Industriellen, geförderten Werkes *Deutsches Wirtschaftsleben im MA.* 1885 zum a. o. Prof. in Bonn ernannt, wurde L. 1890 nach Marburg und 1891 nach Leipzig berufen, wo er bis zu seinem Tode 1915 lehrte. An den ersten Bänden seiner seit 1891 erscheinenden 12 bändigen *Deutschen Geschichte* entzündete sich der Methodenstreit, angeführt von ↑G. v. Below, der wie ↑F. Meinecke und F. Rachfahl L. den Vorwurf des hist. Materialismus machte. Innerhalb der dt. Gesch.wiss. wurde L. seit der Jh.wende immer mehr zum Außenseiter, während er im Ausland hohe Anerkennung genoß und durch seine vielfältigen hochschul- und kulturpolit. Aktivitäten auch im Dt. Reich eine beachtete und einflußr. Persönlichkeit blieb. Polit. den Nationalliberalen nahestehend, näherte L. sich seit der Jh.wende imperialistischem und Machtstaatsdenken bei gleichzeitig wachsender Distanz zu den Alldeutschen einerseits, Annäherung an den westeurop. Pazifismus andererseits. L.s wiss. Prägung wirkte in der sozialgesch. arbeitenden Landesgesch. bzw. hist. Landeskunde fort (↑R. Kötzschke u. a.).

Lit.: NDB 13, 467–472 (WV); L. Schorn-Schütte, K. L. Wegbereiter einer hist. Sozialwiss.?, in: N. Hammerstein (Hg.), Dt. Gesch.wiss. um 1900, Wiesbaden 1988, S. 153–191; H. W. Blanke (Hg.), Transformation des Historismus: Wissenschaftsorganisation und Bildungspolitik vor dem Ersten Weltkrieg; Interpretationen und Dokumente, Waltrop 1994; R. Chickering, Karl Lamprecht: A German Academic Life (1856–1915), Atlantic Highlands 1993; S. Haas, Historische Kulturforschung in Deutschland 1880–1930, Köln u. a. 1994. *L. S. S.*

Las Casas, Bartolomé de (1474–1566). Über die Jugendzeit des in Sevilla geb. Las Casas ist sehr wenig bekannt. 1502 reiste er als «Konquistador» nach Santo Domingo, wo er anscheinend 1506 seine Priesterweihe erhielt. Seit der berühmten Adventspredigt des Fray Antonio de Montesinos 1511 gegen die Grausamkeiten der Spanier gegenüber den Indios änderte Las Casas sein Verhalten und setzte sich für eine gerechte Behandlung der Indios mit Worten und mit verschiedenen Kolonisierungsversuchen ein. 1522 trat er in den Dominikanerorden ein. Von 1544 bis 1550 war er Bischof von Chiapas, Guatemala.

Neben theologischen Fragen über Art und Weise der Missionierung beschäftigte sich Las Casas mit der Geschichte der Indios, ihren Sitten und Gebräuchen sowie mit der Beziehung zwischen Spaniern und Indios. 1552 veröffentlichte er seinen *Kurzgefaßten Bericht von der Verwüstung der Westindischen Länder,* den er im Zuge seiner nimmermüden Bemühungen um eine gerechte Behandlung der Indios anläßlich der Überlegungen zu einer neuen Indianerschutzgesetzgebung als offizielle Information für den spanischen Hof schon 1541/42 verfaßt hatte: *Brevisima Relación de la Destrucción de Indias* (Sevilla 1552). In diesem Bericht hat Las Casas einerseits die Friedfertigkeit der Indios und andererseits die Greueltaten der Spanier überzeichnet, so daß er damit die sog. Leyenda Negra über die bösen Span. begründete. Seine beiden anderen umfangreicheren und differenzierteren historischen Werke blieben im 16. Jh. unveröffentlicht. Es handelt sich um die schon 1527 begonnene *Historia de las Indias,* die zum ersten Mal im 19. Jh. (Madrid 1865–1876) erschien (neuere Ausgabe: 3 vols. México 1951, 1981), und die *Apologética historia sumaria,* die erst 1909 (Madrid) veröffentlicht wurde (neuere Ausgabe: 2 vols. México 1967). Besonders in diesem Werk gibt Las Casas eine differenzierte Darstellung der indianischen Gesellschaften und Kulturen mit einem komparatistischen Ansatz, ohne allerdings dabei die eigenen europäischen Kategorien in Frage zu stellen.

Lit.: L. Hanke: Bartolomé de las Casas, Historian. Gainesville 1952; J. Friede/B. Keen: Bartolomé de las Casas in History. DeKalb, Ill. 1971; B. M. Biermann: Las Casas und seine Sendung. Mainz 1968; J. R. Thomas, S. 227–229; H.-J. König: B. de L. C. der Historiker, in: M. Delgado (Hg.): B. de L. C. Werkauswahl. II. Paderborn 1995, S. 15–24. *H. J. K.*

Lavisse, Ernest (1842–1922), in mehreren Bereichen sehr einflußreicher frz. Hist. L. stammte aus einer kleinbürgerl. Familie Nordfkr.s, absolvierte die ENS, wurde 1868 als Erzieher des kaiserl. Prinzen bestellt, ging nach dem Krieg von 1870/71 zur weiteren wiss. Ausbildung nach Berlin und trat zu Beginn seiner Univ.laufbahn als Spezialist für die Gesch. Preußens hervor. Auf die 1875 an der Sorbonne verteidigte Haupt- und Nebenthese über die frühe Gesch. der Mark Brandenburg und des Deutschen Ordens folgten für ein größeres Publikum die *Études sur l'histoire de Prusse* (P 1879 u. ö.). Damit setzte L. den Anfang der frz. wiss. Gesch.schr. über Preußen und prägte deren interpretatorisches Grundmuster. Nach einem vielbeachteten 2bändigen Werk über die Jugendzeit Friedrichs d. Gr. (1891–93) überließ L. das Arbeitsfeld preußische Gesch. mehreren Schülern, unter denen sich bes. Georges Pagès (1867–1939) und Albert Waddington (1861–1926) einen Namen machten.

L., der an der Sorbonne und der ENS lehrte, konzentrierte sich nun auf die Reform der Univ., bes. des Gesch.-Stud., und auf die selbstgestellte Aufgabe, das hist. Fundament eines patriotisch-republik. Nationalbewußtseins zu schaffen. Er gewann großen Einfluß in der Univ. und in der Öffentlichkeit. Seit 1888 hatte er an der Sorbonne den Lehrstuhl für Neuere Gesch. inne, von 1904 bis 1918 die Leitung der in die Univ. eingegliederten ENS; seit 1892 war er Mitgl. der Ac. franç., von 1894 bis zu seinem Tod Chefredakteur der «Revue de Paris». – Zum Gebrauch an der Univ. und für das gebildete Publikum gab L. bedeutende Reihenwerke heraus: Gemeinsam mit dem Spezialisten für russ. Gesch. Alfred Rambaud (1842–1905), der an der Sorbonne den Lehrstuhl für Neuere Gesch. innehatte, zunächst ein Hb. der

Universal-Gesch., *Histoire générale du IVe siècle à nos jours* (12 Bde., P 1893–1900), sog. *Lavisse/Rambaud;* sodann eine Gesch. Fkr.s, für die er aus dem großen Kreis seiner Schüler Mitarbeiter gewann und selbst die Bde. über das Zeitalter Ludwigs XIV. schrieb: *Histoire de France depuis les origines jusqu'à la Rèvolution* (9 in 18 Bden, P 1903–11).

Ebenso wichtig war es L., eine Reihe von Schulbüchern für den Gesch.-Unterricht der 7- bis 14jährigen zu schreiben, die in der III. Republik an den staatl. Schulen große Verbreitung fanden und das kollektive Gesch.-Bewußtsein in Fkr. tief geprägt haben (sog. Kleiner Lavisse).

Das Bestreben, auf breiter Ebene zu wirken, kennzeichnete auch L.s Aktivitäten während des Ersten Weltkrieges, die von patriotischem Zuspruch an die Volksschullehrer bis zur Beratung der Regierung betr. Kriegsziele reichten. In den Nachkriegsjahren vollendete L. sein Werk hist. Bewußtseinsbildung im Geiste republikanischen Patriotismus, indem er eine umfangreiche Gesch. Fkr.s seit der Franz. Rev. hrsg., *Histoire de France contemporaine depuis la Révolution jusqu'à la paix de 1919 (10* Bde., P 1921–22).

Abb.: Cat. Gen. BN – Dict. Sc. Hist. (J. Glénisson – Lit.).
Lit.: P. Nora, L., instituteur national, in: ders. (Hrsg.), Les lieux de mémoire – I. La République, P 1984. – Dt. a) zur Rolle von L. – und Rambaud – im frz. Univ.wesen: Chr. Simon, Staat und Gesch.wiss. in Dtl. und Fkr. 1871–1914, Bern 1988; b) zur Gesch.schr. von L. – und seinen Schülern – über Preußen sowie zu L.s Schr. aus den J. 1914–18: B. Gödde-Baumanns, Dt. Gesch. in frz. Sicht, Wie 1971. *B. G. B.*

Lefebvre, Georges (1874–1959), 3. Inhaber des Lehrstuhles für Gesch. der Franz. Rev. an der Sorbonne. – Die prorevolutionäre Tradition von ↑Michelet, ↑Jaurès, ↑Mathiez aufnehmend, gab L. der wiss. Gesch.schr. über die Franz. Rev. eine neue, sozial- und wirtschaftshist. Dimension. Als erster untersuchte L. Lage, Rolle und Mentalität der revolutionären Landbevölkerung. Unter seinen Schriften zu diesem Themenkomplex ragen seine Thèse *Les Paysans du Nord pendant la Révolution française* (P 1924, [2]1972) und seine Studie über die große Angst der Bauern, *La Grande Peur de 1789* (P 1932, [2]1970), hervor. Im Bewußtsein seiner Herkunft «aus dem Volk» vertrat L. das Konzept der Gesch.schr. aus der Sicht «von unten»; er hielt diesen Ansatz in der Sozialgesch. für unerläßlich; den Begründern der «Annales» (↑Bloch, ↑Febvre) stand er freundschaftlich und wiss. nahe. Neben Detailforsch. und Lehrtätigkeit, von 1937 bis 1945 als Inhaber des Revolutions-Lehrstuhles (s. o.), schrieb L. zwei große Darstellungen für das Reihenwerk *Peuples et Civilisations: La Révolution française* (P 1930 u. ö.) und *Napoléon* (P 1936 u. ö., dt. St. 1989).

Lit.: Dict. Sc. Hist. (J.-P. Hirsch, Lit.); dt.: Cl. Mazauric, Vorwort zu: G. L., 1789 – Das Jahr der Revolution, Mn 1989.
B. G. B.

Lehmann, Christoph (1570–1638) wurde in Finsterwalde, Niederlausitz, geb., stud. ab 1588 in Leipzig. Nach seinem M. A. 1591 kam er durch Bekanntschaft mit einem Reichs-Kammergerichts-Prokurator nach Speyer an die dortige Rats-Schule. 1595 wurde er Konrektor und 1599 Zweiter, 1604 Erster Stadtschreiber der Freien Reichsstadt. Die Reichsstädte der Rhein. Städtebank übertrugen 1606 L. wegen seiner auf Reichstagen und Gesandtschaften vielfach bewiesenen Kompetenz Aufsicht und Leitung des gemeinsamen Archivs. L. übernahm weiterhin gelegentlich Missionen, selbst für auswärtige Stände, galt als einer der besten Kenner reichsstädt. Privilegien und Probleme. 1629 trat er in den Dienst des Speyerer Bischofs und alsbaldigen Kurfürsten von Trier, Philipp Christoph von Södern über, aus dem er jedoch 1637 als Protestant auszuscheiden hatte. Bevor er sein neues Amt als Syndicus der ev. Reichsstadt Heilbronn antreten konnte, verstarb er dort Anfang 1638.

Sein berühmtes und bis ins 18.Jh. hochgeschätztes Gesch.werk war in deutscher Sprache abgefaßt, *Chronica der Freien Reichsstadt Speyer,* Frankfurt a.M. 1612, ein umfänglicher Folio-Band. Daneben edierte L. eine Reihe von Reichstags-Beschlüssen und -akten, die insbesondere für konfessionspol. Auseinandersetzungen in der Reichspolitik höchst bedeutsam waren.

L. war unter den ersten, die auf eine eigene, spezifische, vom Römischen Recht relativ unbeeinflußte Reichsrechtsordnung hinwiesen. Die Stellung und Gesch. der Reichsstädte innerhalb der zugleich geschilderten allgemeinen Reichsgesch. erfuhr in seiner Chronik auf lange hinaus verbindliche Analyse. Geschult an Bodin und den Humanisten im Umkreis des Mos Gallicus, nutzte er deren Methoden für seine bemerkenswerten Arbeiten.

Lit.: ADB 18, 132–138; N. Hammerstein, Jus Publicum, in: ders., Res publica litteraria, Berlin 2000, 111 ff. *N. H.*

Lehmann, Max (1845–1929), entschieden luth. geprägter Vertreter der «Ranke-Renaissance», zugleich kritischer Einzelgänger im nationalistischen Klima des Kaiserreichs. Geprägt durch ↑Droysen, ↑Ranke und ↑Jaffé, gefördert durch ↑Sybel und durch seine militärgesch. Studien zu den Kriegen 1866 und 1870 in engem Kontakt mit ↑Treitschke, entstand 1886/87 die Scharnhorst-Biographie als wiss. Durchbruch. Neben den preuß. Reformen (u. a. 1902/05 die mehrfach aufgelegte dreibändige Biographie des Freiherrn vom Stein) standen im Zentrum Forschungen zu Luther, vor allem seine unter dem Motto «Apologie der Wahrheit» verfochtene, heftig befehdete Revision borussianischer Geschichtsbilder bzw. eines «deutschen Berufs» der Hohenzollern. So relativierte er die Reformkraft von Friedrich Wilhelm I. und III., wies er den Beginn des Siebenjährigen Krieges als einen von Friedrich II. inszenierten Offensivkrieg nach. Politisch bekämpfte er scharf chauvinistische Tendenzen in Dtl. Trotz dieser Kontroversen blieb er ein vielfach geehrter, anerkannter Vertreter der «Zunft», nach der frühen Gymnasiallehrerzeit und Lehrtätigkeit in Berlin übernahm er Ordinariate in Marburg, Leipzig und Göttingen. Die mit altliberalen Ideen verknüpfte fanatische Wahrheitssuche ließ den kantig-schroffen L. gleichwohl zu einem Außenseiter werden, der einerseits ein prot. Kulturkämpfer blieb, andererseits mit zunehmend pazifistischer Tendenz entschieden für die parl. Demokratie der Weimarer Republik eintrat, obschon ursprünglich ein «konserv. Heißsporn» (↑F. Meinecke).

Lit.: NDB 14, 88–90 (WV und Sek.lit.) *R. v. B.*

Lehmann, Paul (1884–1964). Geb. 13. Juli 1884 in Braunschweig aus einer Kaufmannsfamilie, gest. 14.Jan. 1964 in München. L. erfuhr nach einem Göttinger Semester bei ↑K. Brandi die Anstöße für sein wiss. Profil in München bei dem Mitbegründer der Lat. Philologie des MAs, Ludwig Traube, der das Fach als Brücke zwischen klass. Philologie und ma. Lit.-Gesch. verselbständigte. Nach dessen Tod 1907 machte L. sich die Pflege von dessen wiss. Erbe in den Forschungsgebieten Schriftkunde (Paläographie), Sprache, Überlieferungsgesch., lat. Lit. und Dichtung zur Lebensaufgabe. Die noch von Traube angeregte Prom. 1908 führte über die Habil. 1911 zur Nachfolge auf dem 1921 als Extraordinariat wiedererrichteten Lehrstuhl seines Lehrers, auf dem L. 1926 zum o. Prof. ernannt wurde. Schon L.s wiss. Anfänge setzten Zeichen für die bleibenden zentralen Forschungsbereiche, so die in einer Seminararbeit wurzelnden ↑*Cassiodorstudien* (1912/18), die Diss. über die Erschließung ma. Büchersammlungen durch Franciscus Modius im 16. Jh., die Habil.-Schrift über Johannes Sichardus und die von ihm benutzten Bibl.en. Durch Herausgabe von Bd. 2 der Vorlesungen und Abh. Traubes mit dessen *Einleitung in die lateinische Philologie des Mittelalters* (1911) machte L. die Ziele des Faches bekannt, denen er sich selbst in einem gegenüber Traubes Früh-MA-Studien erweiterten Umfang verpflichtet fühlte: In mehr als 300 bibliogr. Nrr., darunter den Editionen der Bibl.-Kataloge der Diözesen Konstanz und Chur und der Stadt Erfurt sowie mehreren Büchern, durchmaß L. alle Zweige der Mittellat. Philologie für das ganze MA. Manche Themen erschloß er erstmals, wie die ma. Parodie oder den Anteil Skandinaviens an der Motivgesch. in Lit. und Wiss. L. machte seine Disziplin unentbehrlich auch für den Fachhistoriker. Da 1944 mit L.s Heim der Großteil seiner Mss. einem Bombenangriff zum Opfer fiel, konnte er nur noch einige von jahrzehntelang verfolgten Vorhaben abschließen wie die *Gesch. der Fuggerbibl.en* (2 Bde., 1956/59). Um so wertvoller ist als Vermächtnis die von ihm selbst besorgte Aufsatzsammlung *Erforschung des Mittelalters* (5 Bde., 1941/1962). Hochschätzung gelehrter Kollegen und Freunde wie W. M. Lindsay, F. Ehrle, ↑M. Grabmann, die Heranziehung zu monumentalen Wiss.-Unternehmungen wie zum Thesaurus Linguae Latinae, zu den MGH, zu Akad.-Projekten etc. sowie zahlreiche Ehrungen begleiteten sein Werk.

Lit.: NDB 14, 92; B. Bischoff, P. L., in: Jahres-Chronik der Ludwig-Max.-Univ. München 1963/64, 26–28; ders., P. L., in: HJb 83, 1964, 509–511; F. Brunhölzl, P. L., in: HZ 199, 1964, 788–791; Forscher-Erinnerungen. Skizzen aus dem Nachlaß, St. Ottilien (ca. 1964). *L. B.*

Leibniz, Gottfried Wilhelm (1646–1716), stud. in seiner Vaterstadt Leipzig und in Jena – hier auch bei Erhard Weigel – Philosophie, Mathematik und Jurisprudenz. 1667 Dr. jur. in Altdorf, 1668–72 in Diensten des Mainzer Kurfürsten, danach vier Jahre in Paris, ab 1677 in Diensten der Welfen in Hannover. Häufige Reisen und Missionen, Gründung der Preuß. Akad. der Wiss. 1700, Aufenthalte am Kgl. Preuß. Hof und 1712–14 am Kaiserl. in Wien, gestorben 1716 in Hannover. Kaum ein Gebiet des Wissens und der Wiss. seiner Zeit – außer Medizin – in dem L. als letzter bedeutender Universalgelehrter nicht tätig gewesen wäre, Neuerungen entwickelt und grundlegende Einsichten beigetragen hätte. Ab 1685 hatte er den offiziellen Auftrag, die Gesch. des Welfenhauses zu bearbeiten, was ihn hinfort zunehmend auch als Historiographen wirken ließ. Freilich hat er bereits zuvor sich in seinen Gutachten zur Reichspolitik, zur Reichsverbesserung, zur europ. Politik wie auch in seinen Akademieplänen auf eine hist.-publicistische Methode stützen können, die ihn in die Nähe sowohl der Mauriner wie aber auch der späteren Halleschen Schule eines Thomasius rückt.

In einer Mischung aus späthumanistischen Vorstellungen – Gesch. als stellvertretende Erfahrung, als Norm der Politik –, humanist. Jurisprudenz, Naturrechtsdenken und antiqu. Gesch.forschung, wie sie die Mauriner, die Bollandisten und ↑Muratori zur Perfektion entwickelt hatten, begriff L. die Historie als eine sichere Möglichkeit, Ursprünge, Motive und Gesetzmäßigkeiten der Gemeinwesen, der Dynastien, der Menschen wahrscheinlich zu machen und zureichend zu erklären. Penible historisch-hilfswiss. Methode garantiere sichere Ergebnisse, geprüfte und gereinigte QQ – L. betätigte sich selbst als Editor – überzeugende Ableitungen und Erkenntnisse.

WW: Nova methodus discendae docendaeque jurisprudentiae, 1667; Caesarini Fuerstenerii De jure Suprematus ac Legationis Principum Germaniae, 1677; Annales imperii occidentis Brunsvicenses (unvollendet, aus d. NL hg. v. G.H.Pertz). Scriptores Rerum Brunsvicensium, 3 Bde., 1707–11; Codex juris gentium diplomaticus, 1693. Insges. auch O.Klopp (Hg.), Die Werke von Leibniz I, Reihe histor.-polit. u. staatswiss. Schriften, Bd. 1–11, Han 1864–89.
Lit.: G.Scheel, Leibniz als Historiker des Welfen-Hauses, in: W.Totok/C.Haase, Leibniz, 1966, 227 ff.; H.-P. Schneider, Gottfried Wilhelm Leibniz, in: M.Stolleis (Hg.), Staatsdenker im 17. und 18.Jahrhundert, 1987², 197 ff.; N. Hammerstein, Historie und Jus Publicum bei Leibniz, in: Leibniz als Geschichtsforscher, hg. v. A.Heinekamp, 1982, 142 ff. *N.H.*

Lelewel, Joachim (1786–1861), war der Begründer d. kritischen poln. Gesch.schr. Er entstammte einem alten preuß. Adelsgeschl. von Lölhöffel, wurde 1818 Prof. in Warschau und 1821 in Wilna, verlor aber 1824, da politisch verdächtig, seine Stellung. 1830/31 ließ er sich ins poln. Parlament wählen, und als Mitgl. d. poln. Nationalregierung war er einer d. Führer des poln. Novemberaufstandes. Nach der Erhebung lebte er als Emigrant in Brüssel u. in Paris, wo er versuchte, die demokrat. Kräfte des poln. Exils zu einen. 1847 war er mit ↑Marx u. Engels zusammen Vizepräses der «Demokrat. Ges.».

Ausg.: Von seinen zahlreichen Werken ist v.a. bemerkenswert wegen seiner ausgezeichneten Quellenkritik seine 20 bändige (von der nur 18 erschienen) Polska, dzieje i rzeczy jej 1829 (dt. 1846). Zu seinen weiteren Werken gehören u.a.: Gesch. Polens unter Stanislaus August 1831 (dt. 1831). Geschichte Litauens und Kleinrußlands bis zur Union mit Polen (1839). Die Wiedergeburt Polens (1843, franz. 2 Bde 1844). Außerdem schrieb L. in franz. Sprache: La Pologne au moyen-âge, Bd. 1–3. P (1846–1851); Numismatique du Moyen-âge depuis sa naissance jusqu' à l'apparition du gros argent, P (1835). Hinzuweisen ist auf eine Abhandlung über die Notwendigkeit des Geschichtsstudiums: O potrzebie gruntownej znajomości historji (1818), und über die Anforderungen der modernen Geschichtsschr. an den Historiker: Jakim ma być historik (1818).
Lit.: H.Ludat: Die poln. Gesch.wiss., in: Grenzmärkische Heimatbll. 15 (1939), 11–53; L.-Studien, in: Kwartalnik Historyczny 68 (1961). *H.G.*

Lenz, Max (1850–1932), aufgewachsen in streng lutherisch-orthodoxer Umgebung, nach frühen Arbeiten zur spätma. Konzilsgeschichte führender Vertreter einer kleindt.-prot., methodisch wieder auf ↑Ranke zurückführenden Gesch.wiss., der sog. Ranke-Renaissance, geleitet vom Ideal der Objektivität und dem Modell der «großen Mächte». Aus intensiven Studien zur Reformationsgesch. seit 1875 in Marburg erwuchs u.a. im Jubiläumsjahr 1883 seine Luther-Biographie, die durch bildkräftige Sprachkunst zu einem Volksbuch wurde. Obschon oder gerade weil L. strenge wiss. Sachlichkeit proklamierte, erwuchs er mit seinem prot. Kämpfertum und seiner wiss. abgeleiteten Begründung deutscher «Weltpolitik» zu einem Chefideologen der wilhelmin. Epoche, in enger Verbindung mit seinen

Freunden ↑Marcks und ↑Delbrück. 1876 in Marburg habilitiert, wurde er dort 1881 ao., 1885 o. Prof., 1890 folgte der «Methodiker» einem Ruf nach Berlin, wo er sich nur allmählich neben ↑Treitschke zu behaupten vermochte. Seine Forschungen galten vor allem Gustav Adolf und Wallenstein, der Franz. Revolution und der Bismarckzeit mit bedeutenden Biographien zu Napoleon und Bismarck und einer programmatischen Aufsatzsammlung *Von Luther zu Bismarck*. 1900 suchte er mit dem Essay *Die großen Mächte* eine weltpolit. Erweiterung der vormaligen europ. Gleichgewichtskonzeption zu begründen, getragen von dem als sittliche Potenz verabsolutierten dt. Nationalstaat als Maßstab für Spannungen zwischen Kultur- und Machtstaat. So bekämpfte er die polit. Gesch.wiss. eines Treitschke, entschiedener aber ↑Lamprechts Kulturgesch. Gleichwohl legte er selbst eine umfassende Geistes- und Kulturgesch. des 19. Jhs. bis 1860 in seiner Gesch. der Berliner Univ. (4 Bde., 1910/18) vor. 1914 nahm L. einen Ruf an das Hamburger Kolonialinstitut an. Vom Weltkrieg erhoffte er sich einen Sieg der prot. Staatsidee. Dessen Ausgang verschärfte seine nationalkons. Verhärtung mit stärkerer Anlehnung an den einst befehdeten «Tendenzhistoriker» Treitschke.

Lit.: J. L. Herkless, Idealism and the Study of History. The development of the historiography of Max Lenz (1977); NDB 14, 231–233 (1985) (WV und Sek.lit.).

R. v. B.

Leo, Heinrich (1799–1878). Der Pfarrerssohn wurde in Rudolstadt geb. Er stud. ab 1816 in Breslau, Jena, Göttingen und Erlangen klass. Philologie, Philos., Theol. u. Gesch., habilitierte sich 1822 in Erlangen, nach einer Arch.reise nach It. 1824 auch in Berlin. Hier erhielt er 1825 ein Extraordinariat und wurde 1826 Sekretär der «Jbb. für wiss. Kritik». 1828 ging er nach Halle, wo er 1830 o. Prof. wurde. Seit 1832 entschiedener Konservativer und Pietist mit katholisier. Neigungen, machte er sich einen Namen durch seine rege publizist. Aktivität in den einschlägigen Organen des polit. Konservatismus und der kirchl. Orthodoxie und durch seine Streitlust (Junghegelianer). Als Gegner der Revolution, der für ständische Ordnungen, die Krone und die preuß. Interessen eintrat, erhielt er Zugang am Hof und verfaßte 1848 die *Denkschrift betr. Übernahme der Kaiserkrone.* Von 1854–56 war er Rektor, seit 1863 Mitglied des Herrenhauses. 1866 wurde der Altkonservative zum Bismarckianer. Er starb 1878 in Halle. In seinen aus eklektischem QQ- und Lit.studium rasch entstandenen WW wird das MA gefeiert; für die neuere Gesch. mit ihren Verfallserscheinungen hatte er kaum Interesse.

L.s Parteilichkeit und Vorurteile verursachten in seinem Werk viele Einseitigkeiten und Verkürzungen. Trotz origineller Ansätze bildete er keine Schule und verschloß sich der Spezialisierung in der Forsch.

WW: Entwicklung der Verfassung der lombardischen Städte bis zur Ankunft Kaiser Friedrichs I. in Italien, H 1824; Vorlesungen über die Gesch. des Jüdischen Staates, B 1828; Gesch. von It., 5 Bde., H 1829–32; Lehrbuch der Gesch. des MA, 2 Bde., Hl 1830; Zwölf Bücher niederländ. Gesch., 2 Bde., Hl 1832–35; Studien und Skizzen zu einer Naturlehre des Staates, Hl 1833 (eine Staatsphysiologie, die das Ideal des organisch-systematischen Staates lediglich andeutet); Lehrbuch der Universalgesch., 6 Bde., Hl 1835, ^{3}1849; Nominalistische Gedankenspäne, Reden und Aufsätze, Hl 1864.

Lit.: C. v. Maltzahn, H. L. (1799–1878). Ein polit. Gelehrtenleben zw. romantischem Konservatismus und Realpolitik, Gö 1979; NDB 14, 243–245. *C. v. M.*

Les Grandes Chroniques de France (Große französische Chroniken). Dieser Titel bezeichnet eine frz. Chronik der Kg.e v. Frankreich, die 1274 dem frz. Kg. Philipp III. dem Kühnen von einem Mönch von Saint-Denis, Primat, verehrt wurde und bis zum Ende des 15. Jh.s mehrmals fortgesetzt wurde. Das Kloster Saint-Denis, die Grabstätte der frz. Kg.e, war seit dem Ausgang des 11. Jh.s der bedeutendste Ort geworden, an dem die Gesch. der Kg.e v. Frankreich in latein. Sprache geschrieben wurde (bezügl. des histor. Werks des Abtes Suger in der 1. Hälfte des 12. Jh.s und des von Rigord um 1200). Primats Arbeit im Jahre 1274 bestand in der Bearbeitung dieser Gesch. der Kg.e von Frankreich seit den Anfängen bis zum Tod des Kg.s Philipp II. (1223) und in ihrer Übersetzung ins Franz. Die Chronik verherrlicht die Reihe der Kapetinger Kg.e von Frkr., die sie mit den Karolingern und den Merowingern verbindet; sie behauptet den trojan. Ursprung der Einwohner des Kgr. und betont den besonderen Schutz, den Gott dem franz. Kgr. und seinen Einwohnern gewährt. Primats Chronik wurde auf unterschiedliche Weise fortgesetzt. In der Abtei Saint-Denis selbst fügte ihr Guillaume de Nangis am Ende des 13. Jh.s hauptsächlich die Gesch. des Lebens des Kg.s Ludwig des Hl. bei. Dann führte der Mönch Richard Lescot um 1350 das Werk bis zu dem Tod des Kg.s Philipp VI. fort. Kg. Karl V. (1363–1379) ließ die Erzählung der Regierung seines Vaters Johann des Guten und seiner eigenen Herrschaftszeit hinzufügen und betraute hiermit seinen Kanzler Pierre d'Orgemont. Kurz nach dem Tod Karls V. wurde das Werk dann noch bis 1380 fortgeführt. In dieser Fassung wurde das Werk sehr beliebt; in Paris und nördlich der Loire, namentlich in den Kreisen der Fürsten und ihrer reichen adeligen Beamten, die sich illuminierte Handschriften anfertigen ließen, fand es große Resonanz. 1477 wurde das Werk von Pasquier Bonhomme in Paris gedruckt.

Das Werk von 1380 ist durch die Chronik von Jean Jouvenel des Ursins für die Jahre 1380–1402, die Chronik von Gilles le Bouvier, genannt Heraut Berry, für die Jahre 1402–1422 und die Geschichte der Regierung Karls VII. (1422–1461) von Jean Chartier, einem Mönch von Saint-Denis, ergänzt worden. 1493 druckte Antoine Vérard dieses historische Werk zum zweitenmal in Paris unter dem Titel *Grandes Chroniques de France,* den die spätere Zeit beibehalten hat. Nach dem ersten Viertel des 16. Jhs. gerieten die Großen frz. Chroniken, mit denen andere Werke (die frz. Geschichte von Richard Gaguin, die frz. Annalen und Chroniken von Nicole Gilles) im Wettstreit standen, in Vergessenheit.

HW: Les Grandes Chroniques de France (J. Viard, Hg.), 10 Bde., Paris 1920–1953. *Lit.:* G. M. Spiegel, The Chronicle Tradition of Saint-Denis: A Survey, Brookline u. a. 1978; B. Guenée, Les Grandes Chroniques de France, le roman aux roys (1274–1518), in: P. Nora, Les lieux de Mémoire, Bd. II/1, S. 189–214; A. D. Hedeman, The Royal Image – illustrations of the Grandes Chroniques de France 1274–1422, Berkeley, Los Angeles, Oxford, 1991. *J. M. M.*

Leturía, Pedro de (1891–1955). Der in Zumárraga, Span., geb. und mit 15 Jahren in den Jesuitenorden eingetretene L. prom. nach Schulbesuch und Studium in Orduña, Span., und Bogotá 1914 an der Univ. München, wo er eine ausgezeichnete hist. Ausbildung erhielt. Er lehrte in Bogotá, 1915–1918, baute das Hist. Inst. der Jesuiten in Rom mit auf, rief die internat. Zeitschrift *Archivum historicum, S. J.* ins Leben und gründete die Hist. Abt. der Gregoriana in Rom, 1929, wo er auch als Prof. und Leiter der Abt.

von 1929–1950 lehrte. In seinen hist. Studien widmete sich L. besonders der Sichtung und Veröffentlichung von Qmaterial aus span. Archiven (Indienarchiv in Sevilla, Simancas), den Archiven des Vatikans und kolumbianischen Sammlungen. Diese sorgfältig edierten und kommentierten Forschungsarbeiten geben wertvolle Einblicke in die polit.-religiösen Beziehungen zwischen Span., Rom und Spanischamerika und bilden immer noch die Grundlage für Studien anderer Hist.

WW: El ocaso del Patronato Real en la América española, la acción diplomática de Bolívar ante Pio VII (Ma 1923), dt.: Der Heilige Stuhl und das spanische Patronat in Amerika (Mn 1926); Las grandes bulas misionales de Alejandro VI (Barcelona 1930); Bolívar y León XII (Caracas 1931); Gregorio XVI y la emancipación de la América española (Mexiko 1948); Ideales políticos religiosos del «pre cursor» Miranda (Ma 1951); Relaciones entre la Santa Sede e Hispanoamérica, 1493–1835. 3 Vols. (Caracas 1959–1960), gleichsam das zusammenfassende Ergebnis seiner Studien.
Lit.: Instituto Panamericano de Geografía e Historia: Guía de personas que cultivan la historia de América (Mexiko 1951), S. 236–37; «Obituaries», in: HAHR 35 (1955), S. 441–442; J. R. Thomas, S. 232. *H. J. K.*

Leut(h)ner (Leitner), Cölestin (1695–1759), OSB. In Traunstein (Obb.) geb., stud. L. am Münchner Jesuitengymnasium u. an der Benediktineruniv. in Salzburg. Nach Eintritt in das Benediktinerkloster Wessobrunn war er seit 1723 als Lateinlehrer u. «poeta» am bisch. Lyceum in Freising, v. 1733–38 als Prof. für Rhetorik an der Univ. Salzburg, danach als Klosterhistoriograph in Wessobrunn tätig. L.s *Historia Monasterii Wessofontani* (1752) repräsentiert den Typ benedikt. Gesch.schr. im Dtl. des 18. Jh.s: L. legte seiner Gesch. Wessobrunns die Prinzipien der v. den Bollandisten u. Maurinern entwickelten, quellenkrit. Methode zugrunde, wenngleich er sie «nicht mit allen Konsequenzen nachzuvollziehen vermochte» (A. Kraus).

Lit.: NDB 14, 387 (mit Werk- u. Lit.-verz.); BBKL 4, Sp. 1561–1564; A. Holl, Leben und Werk P. C. L.s, des Chronisten des Klosters Wessobrunn, in: Jahresschrift Wessofontanum, Wessobrunn 1996, 6–26. *H. Z.*

Levene, Ricardo (1885–1959), in Buenos Aires geb., 1906 in Rechtsgesch. mit einer Diss. über Las Leyes sociales prom., bis 1911 Gesch.lehrer an einem Gymnasium in Buenos Aires, wurde schon 1912 Prof. für Rechtsgesch. an der jur. Fakultät der Univ. Buenos Aires, bald darauf Prof. an der Phil. Fak., zugleich Prof. an der Geistesw. Fak. der Univ. La Plata. Im Laufe seiner akad. Tätigkeit als Hochschullehrer für Gesch. nahm L. zahlreiche wichtige Posten ein; er war Präsident der Nat. Akademie für Gesch., Präsident der Kommission für Museen und Denkmäler; er gründete und leitete das Institut für Rechtsgesch. und errichtete das Archivo Histórico der Provinz von Buenos Aires. L. wurde mit seinen Aktivitäten zu einer herausragenden Person innerhalb des argent. Erziehungswesens und der Professionalisierung von Historikern. Durch seine Lehrtätigkeit und seine anregenden Forschungen war er in Argent. und in Lateinamerika angesehen. Anfangs hatte er sich wie zahlreiche Historiker des 19.Jh.s besonders mit der Periode der Unabhängigkeit Argent.s beschäftigt und dazu auf der Grundlage sorgfältiger Quellenforschung wichtige Arbeiten vorgelegt. Mit seinen Arbeiten zur Rechtsgesch. Argent.s gab er Anstöße zur weiteren Beschäftigung mit Fragen des für Amerika geltenden speziellen spanischen Rechts (Derecho Indiano). Die von L. empfohlene vergleichende Gesch.betrachtung bedeutete ebenfalls einen Neuansatz. L., der Argent. selten verlassen hatte, starb 1959 in Buenos Aires.

HW: Lecciones de Historia Argentina. 2 vols. Buenos Aires 1913; Ensayo histórico sobre la Revolución de Mayo y Mariano Moreno. B. A. 1920–21; Introducción a la historia del derecho indiano. B.A. 1924; Investigaciónes acerca de la historia económica del Virreinato del Plata. 2 vols. La Plata 1928; Historia de la nación argentina. 10 vols. B.A. 1936–42 (Hg.); Historia del derecho argentino. 11 vols. B.A. 1945–1958.
Lit.: J.M. Mariluz Urquijo, Ricardo Levene (1885–1959), in: HAHR 39 (1959), S. 643–646; I. S. Wright/L. M. Nekhom, Historical Dictionary of Argentina. Metuchen, N.J. 1978, S. 496 f.; J.R.Thomas, S. 233 f. *H.J.K.*

Levison, Wilhelm (1876–1947). Der in Düsseldorf geb. L. (Vater Textilkaufmann) prom. 1898 in Bonn bei H. Nissen in Alter Gesch. mit der Diss. *Die Beurkundung des Civilstandes im Altertum.* Nach Mitarbeiterschaft bei den MGH, wo er die Edition frühma. Heiligenviten übernahm (SS. rer. Mer. IV–VII, 1902/20), erfolgte 1903 die Habilitation an der Univ. Bonn bei ↑Moriz Ritter und ↑Aloys Schulte für Histor. Hilfswiss. Er vertrat dieses Fach von 1903 an in Bonn und stieg 1912 zum a.o. Prof., 1920 zum Ordinarius auf. 1925 wurde er in die Zentraldirektion der MGH kooptiert. Obwohl der ‹Arierparagraph› gegen ihn nicht in Anwendung gebracht wurde, erfolgte 1935 die Versetzung in den Ruhestand. 1939 emigrierte L. nach Durham, wo er als Honorary Fellow der Univ., die ihm schon 1925 den Ehrendoktortitel verliehen hatte, weiter wirken konnte. Neben der Neubearbeitung des ↑Dahlmann-Waitz (Quellenkunde) machte er sich einen Namen als Mitautor an den großen histor. Standardwerken (↑Gebhardts «Handbuch d. deutschen Gesch.»; «Gesch. der Rheinlande») sowie als Verfasser von Abhandlungen über die Konstant. Schenkung und die Silvesterlegende (1924) und über das Werden der Ursula-Legende (1927). 1946 erschien sein hochgelehrtes Buch *England and the Continent in the Eigth Century.* L. verstarb in Durham.

Lit.: NDB 14, S. 401; Th. Schieffer/H. Fuhrmann, u. a., In Memoriam W. L., 1977; Rhein. Lebensbilder, Bd. 7, 1977, S. 227–252; IBDCEE II/2, S. 716 f. *R. A. M.*

Leyser, Karl Josef (1920–1992). Dem in Düsseldorf geb. Sohn eines Fabrikanten jüd. Herkunft gelang 1937 die Emigration. Nach Kriegsdienst als Offz. eines schottischen Eliteregiments Stud. in Oxford, dort 1948–1984 Fellow des Magdalen College, 1984–1988 Chichele Prof. of Medieval History u. Fellow des All Souls College, mit zunehmender Intensivierung der Kontakte auch zum deutschen Wiss.betrieb (u. a. Konstanzer Arbeitskreis, 1979 Korresp. Mitgl. der Zentraldirektion der MGH, 1991 Th.-Schieder-Gedächtnisvorlesung).

L. galt in der angelsächs. Welt lange schon als Autorität für die frühe Geschichte des ma. römisch-deutschen Reiches – ein Mediävist für Mediävisten u., wie sein Erfolg als akad. Lehrer bewies, für Studenten. Sein zu Lebzeiten vorgelegtes Werk blieb eher schmal: Es konzentrierte sich zeitlich stark auf die Jahrhunderte zwischen Otto I. und Friedrich Barbarossa, thematisch auf Probleme u. Strukturen von Herrschaft u. Gesellschaftsordnung unter den Bedingungen einer fragilen Machtbalance zwischen – sakral überhöhtem, gleichwohl konsensbedürftigem – Königtum u. Adel (*Rule and Conflict in an Early Medieval Society: Ottonian Saxony*, 1979; dts. Üb. 1984), die L. in vergleichender europäischer Perspektive analysierte (*Medieval Germany and Its Neighbours,*

900–1250, 1982; *The Ascent of Latin Europe*, 1986), mit hohem Gespür für Gefährdung u. Krisenpotential (*The Crisis of Medieval Germany*, 1983; *Am Vorabend der ersten europäischen Revolution. Das 11. Jh. als Umbruchszeit*, 1991/1993) u. früh interessiert an der anthropolog. Dimension polit. Gesch., an Verhaltensmustern u. Ritualen ma. Eliten (zuletzt: *Ritual, Ceremony, and Gesture: Ottonian Germany*, als Vortrag 1990), doch ebenso an Fragen ma. Militär- u. Historiographiegesch. L.s bevorzugte Publikationsformen waren Aufsatz u. Rezension, u. nicht primär Theorieerprobung o. Syntheseanspruch, sondern Originalität u. Intensität der Quellenbefragung erklären die Wirkung seiner Schriften.

WV/WW: T. Reuter (Ed.), Warriors and Churchmen in the High Middle Ages: Essays presented to K. L. London 1992, S. XVII–XXI; K. L., Communications and Power in Medieval Europe, 2 vols. (Ed.: T. Reuter). London 1994 [Ges. Aufsätze].
Lit.: Speculum 68, 1993, S. 938–940; G. Harriss, K. L. as a Teacher, in: T. Reuter (Ed.), Warriors, S. IX–XV; T. Reuter, K. L. the Historian, in: K. L., Communications, vol. II, S. IX–XVI; H. Fuhrmann, Der Oxfordianer Karl Leyser, in: ders., Menschen und Meriten. München 2001, S. 237–240.
H. C.

Lhotsky, Alphons (1903–1968). Der in Wien geb. Offizierssohn stud. in seiner Heimatstadt u. a. bei ↑A. Dopsch u. ↑O. Redlich, wurde 1925 promov. u. absolvierte den Kurs des IÖG, fand aber erst 1938 eine feste Anstellung als Kustos am Kunsthist. Museum Wien. Nach der Habil. 1945 lehrte L., ein «resignierender Altösterreicher» (E. Zöllner) u. Bewunderer ↑J. Burckhardts, seit 1946 als a. o., seit 1951 als o. Prof. f. österr. Gesch. an der Univ. Wien.

L.s Hauptarbeitsgebiet war die Gesch. des SpätMA, sein Bild der Epoche facettenreich, geprägt von geistes- u. kulturgesch. Interessen u. dem im Museumsdienst geschulten Sinn für die Ikonographie wie die ‹Realien› der Vergangenheit: Bedeutende Studien u. Editionen galten u. a. der Wiederentdeckung des Gesch.-schreibers *Thomas Ebendorfer* (1957; Ed. von E.s *Chronica Austriae* für die MGH, 1967) u. einer neufundierten Würdigung Ks. Friedrichs III., der Wissenschafts- u. Historiographiegesch. in MA u. Neuzeit (*Geschichte des Instituts f. Österr. Geschichtsforschung*, 1954; *Österr. Historiographie*, 1962; *Quellenkunde zur ma. Gesch. Österreichs*, 1963; *Die Wiener Artistenfakultät*, 1965) sowie der Gesch. von Bibliotheken u. Kunstsammlungen (*Festschrift des Kunsthistorischen Museums* [...], 1941–1945: Bau- u. Sammlungsgesch.).

WW: Aufsätze u. Vorträge, 5 Bde., 1970–1976; WV in: Aufsätze u. Vorträge, Bd. 5, 1976, S. 313–329.
Lit.: NÖB 21, S. 150–155; NDB 14, S. 439 f.; MIÖG 76 (1968), S. 505–514; Almanach der ÖAdW 118 (1968), S. 286–300; E. Zöllner, Zur Wissenschaftsauffassung A. L.s, in: Beiträge zur neueren Gesch. Österreichs, 1974, S. 536–549.
H. C.

Lipsius, Justus [eigentl. Joest Lips] (1547–1606). In Isque bei Brüssel geb., stud. in Köln und Löwen Artes und Jurisprudenz. Sein eigentliches Interesse richtete sich jedoch schon früh auf die Humaniora, die er als einer der führenden Späthumanisten in einer Art auszubilden und zu vermitteln wußte, die stilbildend und mit seinem Namen als Lipsianismus belegt wurde. Als Sekretär Kardinal Granvelles lebte er ab 1568 für zwei Jahre in Rom. Danach auf peregrinationes im Reich, nahm er 1572 mit einer Professur für Gesch. und Rhetorik in Jena die luther. Konfession an. Nach eineinhalb Jahren gab er diese Stelle und die neue Konfession auf, kehrte nach Löwen zurück, nahm 1578 jedoch eine Professur im calv. Leiden an. Nicht zuletzt dank seiner dortigen Tätigkeit wurde Leiden zu einem Zentrum der philol. Forschung. Nach zwölf Jahren mußte er – erneut wegen konfess. Schwierigkeiten – von dort flüchten und nahm statt vieler anderer ehrender Angebote kathol. Fürsten erneut eine Professur in Löwen an. Hier starb er 1606.

Eigentlich kein Historiker, hat L. durch seine philol. Souveränität und die Verkündung stoischer Ideale erheblich dazu beigetragen, Kenntnis römisch-antiker Vorstellungen – in Politik, Ethik, Militärwesen – dem in Konfessionskriegen zerrütteten Europa zu vermitteln. Der «Lipsianismus» hat nicht nur viele spätere historisch-polit. und historisch-jurist. Arbeiten und Denkschulen vorbereitet, er hat insgesamt eine innerweltlich orientierte, auf die römisch-taciteischen Ideale bezogene Geisteshaltung durchgesetzt, die u. a. im europäischen «Barock-Zeitalter» zu einer gemeinverbindlichen Kunst- und Lebensauffassung führte.

WW: C. C. Taciti, Historiarum et Annalium libri qui extant, 1574; De Constantia, 1584; Politicorum sive Civilis doctrinae libri VI, 1589; Opera Omnia, 4 Bde., 1637 (unvollständig).
Lit.: NDB 14, 676–680; G. Oestreich, Geist und Gestalt des frühmodernen Staates, 1969; C. Wiedemann, Fortification des Geistes, in: N. Hammerstein/G. Walther (Hg.), Späthumanismus, 2000, 183–207.
N. H.

Liudprand von Cremona (ca. 920–970/73). Aus adeliger langobard. Familie kam L. schon als Kind an den Hof des italischen Königs Hugo in Pavia und erwarb dort eine profunde Ausbildung, die ihn zum ausgezeichneten Kenner der klass. und patristischen Literatur werden ließ. Als Diakon in Pavia übernahm ihn der Verdränger Hugos, Berengar von Ivrea, in seine Dienste und sandte ihn, der des Griech. mächtig war, 949 in dipl. Auftrag nach Byzanz. Später bei Berengar in Ungnade gefallen, wandte sich L. in den fünfziger Jahren mit Erfolg an Otto I., der ihm nach einer Zeit im dt. Exil 961 das Bistum Cremona verlieh. Das weitere Leben war von einer regen, die Interessen des sächs. Hofes wahrenden Beteiligung an den polit. Geschehnissen in Italien bestimmt; im Jahre 968 zog er als Brautwerber Ottos II. nochmals nach Byzanz. Seine lit. Arbeiten sind von dieser tiefen Verstrickung in die Politik geprägt und stellen im Grunde nur Memoiren dar, die sein Handeln und das seiner otton. Partei in meist sehr aggressivem und polemischem Ton verteidigen und rechtfertigen wollten. Das Hauptwerk trägt den bezeichnenden Titel *Antapodosis* (Vergeltung), da es der Aufdeckung der Berengarschen Schandtaten dienen sollte: vornehmlich aber schildert es die Gesch. Italiens, Deutschlands, Burgunds und Byzanz' von den Jahren 888 bis 962 in sehr subjektiver Auswahl und Beurteilung des Stoffes. Wohl im Auftrag Ottos I. und sich auf Synodalakten stützend, legt L. in seinem *Liber de rebus gestis Ottonis* die Italienpolitik seines Kaisers bis 964 in apologetisch einseitiger Weise dar. Das Scheitern seiner zweiten Gesandtschaftsreise nach Byzanz versucht er mittels einer *Relatio de legatione Constantinopolitana* zu beschönigen, indem er schmähend die Schuld den griech. Intrigen zuweist. – Gewiß durch solche Parteilichkeit die Gesch. allzuoft verfälschend, zeichnen sich seine Werke dennoch durch ihre lebendige Schilderung von sonst nicht überlieferten Einzelheiten aus und erlauben einen außerordentlichen Einblick in die polit. Positionen ihrer Zeit.

Ausg.: Liudprands von Cremona Werke, hg. von A. Bauer/R. Rau. Darmstadt 1977², 233–589.
Lit.: M. Lintzel, Studien über Liudprand von Cremona. 1933; J.N. Sutherland, L. of C., Bishop, Diplomat and Historian.

1988; P. C. van der Eerden, L. van C., in: M. Mostert u. a. (Hgg.), Middeleeuwse cultur. 1994, 45–58. *G. M.*

Livius (Titus L., 59 v.–17 n.C. oder 64 v.–12 n.C.) entstammte einer begüterten Familie aus Patavium (Padua), bekleidete aber kein Staatsamt (war also ohne eigene militär. u. polit. Erfahrung) und lebte, nach gründlicher rhetorisch-philos. Ausbildung, zumeist in oder bei Rom. Er war u. a. mit Augustus befreundet.

Hauptwerk des L. ist sein annalistisches Gesch.werk *Ab urbe condita libii CXXXXII* (Von der Stadtgründung 142 Bücher), das er zwischen 27 u. 25 v. C. begann. Jedes Jahr hat er durchschnittlich wohl 3– 4 Bücher verfaßt, die er abschnittweise, anfangs zu Pentaden oder Dekaden zusammengefaßt, veröffentlichte; die B. 121–142 (43 v. C. [Osten] bis zum Tod des Drusus 9 v. C.) wurden wohl erst nach dem Tode des Augustus ediert (per. 121). Erhalten blieben die B. 1–10 u. 21–45, ab B. 41 jedoch lückenhaft (753–293 u. 218–167 v. C.). Von dem Inhalt der übrigen Bücher geben spätantike Kurzfassungen (v. a. die periochae, ohne B. 136/7), Auszüge (bes. des Iulius Obsequens über die Prodigien von 190–11 v. C.) und Verwertungen als Quelle (bes. ↑Orosius) Kenntnis.

Wie die meisten antiken Hist. war L. Literat u. Künstler, kein Wissenschaftler oder Forscher; insofern vertraute er naiv seinen QQ, soweit sie sich nicht widersprachen, selbst wenn er allgemeine Zweifel hegte (z. B. Praef. 6 ff.). Für die Frühzeit Roms, die bis zum Beginn des 4. Jhs. weitgehend aus Sagen u. späten Erfindungen konstruiert war, verließ er sich auf die ↑Annalisten, bes. Fabius Pictor, Calpurnius Piso, Licinius Macer, Valerius Antias u. Q. Aelius Tubero; später trat noch Claudius Quadrigarius hinzu. In der dritten bis fünften Dekade berief er sich mit wechselnden Schwerpunkten auf L. Coelius Antipater, Valerius Antias u. zunehmend bes. ↑Polybios, den weitaus zuverlässigsten Autor. – Gewöhnlich scheint er eine Hauptquelle zugrunde gelegt u. sie an einer oder mehreren anderen QQ kontrolliert zu haben, wobei er Abweichungen oder Zusatzinformationen oft mit dem Autorennamen anmerkte. Die volle Breite der Parallelüberlieferung hat er nicht, wie ↑Dionysios, vorführen wollen: So bietet er nur eine Fassung (die Fabische) der Gründungslegende (1,1–16). Auch Dubletten hat er wiederholt nicht vermieden, erkannte sie aber gelegentlich (vgl. 4,29,6). Dokumente sah er nicht selbständig ein, dies auch dann nicht, wenn der Sachverhalt unsicher war, wie bei der hochpolitischen Frage der spolia opima des A. Cornelius Cossus (cos. 428; 4, 20, 5 ff.); ebensowenig zog er die antiquarische Lit. heran oder fand er zu einer klaren Chronologie. Bei divergierender Tradition blieben ihm i. d. R. nur Plausibilitätsargumente, sofern er sich entschied.

Ziel des L. war nicht der praktische Nutzen für den Feldherrn u. Staatsmann oder polit. Parteinahme u. Wirkung, sondern die anschauliche, dramatische, erfreuende Schilderung: das delectare. Dem ordnete er oft auch die Exaktheit der Darstell. unter. In der Sache fühlte er sich als Künder altröm. virtus in verderbter Zeit (Praef. 9–13): Die guten u. schlechten exempla sollen den Leser zum richtigen Handeln anleiten. Indem er indirekt, z. B. mit Hilfe von vorgeblichen Urteilen von Zeitgenossen, Stellung nahm, vermied er den ‹moralischen Zeigefinger›. Im Stil nicht nur der eingestreuten Reden war L. bewußt Ciceronianer und strebte beständig nach Nuancenreichtum u. Vervollkommnung seines klass. Wortgebrauchs u. Satzbaus, wiewohl seine Perioden Ciceros Klarheit oft nicht erreichten. Er lehnte den archaisierenden Stil ↑Sallusts ebenso ab wie die augusteische Rhetorik. Auch wenn uns die reifsten Bücher verloren sind, gilt L. bis heute zu Recht als herausragender Erzähler und Sprachkünstler.

Als Hist. formte L. bis zum 19. Jh. das maßgebliche Bild von Roms Frühzeit und mittlerer Republik. Die historische Quellenkritik hat ihn zwar weitgehend entzaubert und vieles als irrig oder ungenau erwiesen, dennoch bleibt sein Werk eine maßgebliche Quelle (auch indirekt für die Zeit des Augustus) und ein bedeutendes Kunstwerk.

Ausg.: TA (mit *Komm.*): W. Weissenborn u. H. J. Müller, Titi Livi ab Urbe condita libri, 10 Bde. B [13-15]1969/79. – *Übers.:* J. Feix u. H. J. Hillen, L., Römische Geschichte (lateinisch-deutsch), 11 Bde. Mn 1974 ff.
Lit.: A. Klotz, in: RE 13, 816–852; E. Burck, Wege zu L., WdF 132, Da [2]1977; W. Kissel, L. 1933–1978: Eine Gesamtbibliographie, in: ANRW II 30, 2, B 1982, 899–997. *H. W.*

Lortz, Joseph (1887–1975), kath. Kirchenhist. Der geb. Luxemburger L. studierte in Rom (Dr. phil. 1910), Fribourg (1911–1913) u. Bonn (Dr. theol 1920), wurde 1913 zum Priester geweiht u. habilitierte sich 1923 bei S. Merkle in Würzburg; Mitarbeit am Corpus Catholicorum. Seit 1929 lehrte er als o. Prof. an der Akad. in Braunsberg, seit 1935 in Münster Kirchengesch. des MA u. der NZ. L. setzte sich 1933 mit Nachdruck für ein Bündnis von Kathol. u. Nat.-soz. ein (*Katholischer Zugang zum Nationalsozialismus*, 1934) u. trat der NSDAP bei, ging aber, beeinflußt u. a. von Bischof Graf v. Galen, seit 1937 erkennbar auf Distanz zum Regime. 1945 wurde ihm zunächst die Lehrerlaubnis entzogen. Seit 1950 war L. a.o. Prof. f. abendländische Religionsgesch. in Mainz u. gründete dort zs. mit ↑F. Kern das Inst. f. Europäische Gesch., dem er 1950–1975 als Direktor vorstand.

1930 erschien unter dem Leitgedanken «Kirchengesch. ist Theologie» seine vielgelesene *Geschichte der Kirche in ideengeschichtlicher Betrachtung* (23. Aufl. 1965). Bahnbrechend für ein neues Verständnis Luthers u. der Glaubensspaltung wirkte im Katholizismus u. darüber hinaus L.s *Die Reformation in Deutschland* (2 Bde., 1939/40; 6. Aufl. 1982), die Luthers religiös-theologisches Anliegen würdigte u. damit das ökumenische Gespräch zw. den Konfessionen ermöglichte u. vertiefte. L., einer der Protagonisten der Una-Sancta-Bewegung in Dtld., deutete die Ref. als «kath. Angelegenheit» im Sinn «kath. Mitverursachung» u. verband damit ein inzwischen vielfach revidiertes Bild des SpätMA als eines Zeitalters der ‹Zersetzung›.

WW/WV: J. L., Erneuerung u. Einheit. Aufsätze zur Theologie- u. Kirchengesch. Hrsg. v. P. Manns, 1987.
WV: G. Lautenschläger, J. L., 1987, S. 518–525.
Lit.: NDB 15, S. 188 f.; TRE 21, S. 466–468; G. Lautenschläger, J. L., 1987; R. Decot/R. Vinke (Hgg.), Zum Gedenken an Joseph Lortz (1887–1975), 1989; V. Conzemius, J. L., in: Gesch. u. Gegenwart 9 (1990), S. 247–278. *W. S.*

Lower, Arthur (1889–1988). L. war Prof. am Wesley College, Winnipeg (1929–47) u. an der Queen's U., Kingston (1947–59). Als kontinental orientierter Denker sah er in der frühen kan. Entwicklung Parallelen zur amer. Pionierzeit (↑F. J. Turner) u. erklärte sie durch eine Variante der «staple theory» (↑H. A. Innis), indem er dem Bedarf der amer. u. europ. Städte nach Forstprodukten eine treibende Kraft zuschrieb («metropolitanism»). In seinem Hauptwerk, *Colony to Nation* (Tor. 1946), versuchte L. auch andere staatsformende Kräfte aufzuzeigen. So sah er in der kan. Gesch. einen permanenten Gegensatz zwischen amer. demokratischen und engl. hierarchischen Idealen und Einflüssen.

Lit.: His Own Man: Essays in Honor of Arthur Reginald Marsden Lower, hrsg. v. W. H. Heick, R. Graham, Montreal 1974.

E. B.

Luden, Heinrich (1778–1847) wurde 1810 o. Prof. in Jena und wandte sich von der Universalgesch. mehr und mehr der Nationalgesch. zu, die er mit systematischer Politik verband *(Hb. der Staatsweisheitslehre oder der Politik,* 1811). L. kombinierte eine aristotelische Begrifflichkeit mit den zeitgenössischen Volksgeistlehren. In der politischen Umbruchzeit 1814–18 war er Hg. und Autor der *Nemesis, Zeitschrift für Politik und Gesch.;* 1814–22 erschien seine *Allgemeine Gesch. der Völker und Staaten,* (3 Bde.), 1825–37 die *Geschichte des Theutschen Volkes* (12 Bde.).

Lit.: H. L., Rückblicke in mein Leben. Aus seinem Nachlasse, Je 1847; R. Marks, Die Entwicklung nationaler Geschichtsschreibung. L. und seine Zeit, F 1987 (WV).

G. H.

Ludewig, Johann Peter (seit 1719: von L.) (1668–1743). In Schwäbisch-Hall geb., Stud. der Theologie in Tübingen und Wittenberg, kam L. hier in den Umkreis der Juristen Schurzfleisch und vor allem Sam. Stryck. Mit Stryck wechselte er an die neugegründete Univ. Halle und rückte über Professuren in der Artisten-Fakultät 1705 in die Jur. Fak. auf. Bis zu seinem Tod 1743 wirkte er dort, war ab 1704 Brandenb.-Preußischer Hof-Historiograph, Univ.-Kanzler und Kanzler der Magdeburger Regierung. 1719 wurde ihm vom Kaiser der erbl. Adelstitel verliehen. 1697 hatte er an Friedensverhandlungen als Begleiter des Erbprinzen von Schwarzenberg teilgenommen.

Ohne direkt Schüler des Thomasius zu sein, teilte L. mit ihm – und dessen von ihm eher aus persönlichen Gründen bekämpften Schüler ↑Gundling – die Grundüberzeugung: Die Wissenschaften müßten von ihrer theol. Bevormundung befreit werden und erschlössen sich erst in hist. Ableitung. Anders als beide war er ein engagierter Vertreter des Brandenb.-Preuß. Kurfürstentums, überhaupt ein überzeugter «Kurfürstenerianer», der die Bedeutung des Kaisertums zu Gunsten der Reichs-Territorien (histor. unzutreffend) einzuschränken suchte. Methodol. freilich hielt er unbeirrt an der grunds. Notwendigkeit histor. – und insoweit rel. aktivierend-aufklärerischer – Ableitung fest und stärkte seinerseits nicht unerheblich die Tendenz einer «Früh-Historisierung» der Wissenschaften im 18. Jhd.

WW: zur Reichs-Historie, zur Staaten-Historie, zur Publizistik und Jurisprudenz u. a.: Germania Princeps, Halle 1706, Vollständige. Erläuterungen der Güldenen Bulle, 2 Bde., Frankfurt/M 1716/19; Consilia Hallensium Jureconsultorum, 2 Bde., Halle 1733/34; Gelehrte Anzeigen, 3 Bde., Halle 1743/45.
Lit.: N. Hammerstein, Jus und Historie, 1972; ders., Reichs-Historie, in: H. E. Bödeker u. a. (Hg.), Aufklärung und Historie, 1986, 82–104; NDB 15, 293–295.

N. H.

Ludolf, Hiob (1624–1704), als Sohn einer Kaufmannsfamilie in Erfurt geb., stud. an der Univ. seiner Vaterstadt Medizin und Jurisprudenz. 1645 zum Dr. jur. promoviert, besuchte er aufgrund seiner philolog. Interessen die damals führende Univ. Leiden. Auf peregrinationes academicae kam er nach Frankreich, England und Italien. In Rom fand er 1649 Zutritt zum Collegium Aethiopicum. Die dortigen Priester-Mönche vermittelten ihm eine erste Bekanntschaft mit dem Stoff, der ihn hinfort hauptsächlich beschäftigen sollte:

Gesch. und Sprache Äthiopiens. Ab 1641 in herzogl. Sachsen-Gothaischen Diensten ging er neben Gesandtschaften und üblichen Verwaltungstätigkeiten auch weiterhin seinen Studien nach, 1678 siedelte er nach Frankfurt a. Main über, nachdem er im Interesse seiner Studien aus Gotha. Diensten ausgeschieden war. Gelegentlich übernahm er diplom. Auftragsmissionen, lebte ansonsten aber in Frankfurt seinen Forschungen bis zu seinem Tod 1704.

L. war von der niederld. Philologie und späthumanist. Gesch.schr. geprägt, die ihre Aufgabe u. a. auch in der Erschließung vergessener, unbekannter Kulturen sah. Antiquarisches, nicht unmittelbar polit. Interesse bestimmten ihn und befähigten ihn zur ersten, aber bis ins 19. Jh. verbindlichen Erschließung äthiopischer Gesch. und Sprache.

WW: Lexicon Aethiopico-Latinum, 1661; Historia Aethiopica, 1681; Schau-Bühne, 2 Bde., 1699/1701.
Lit.: NDB 15, 303 f. *N. H.*

Lütge, Friedrich (1901–1968), Wirtschaftshistoriker. Geb. in Wernigerode, Stud. in Freiburg (bei ↑G. v. Below), Marburg u. Jena; dort 1924 Dr. rer. pol., 1928 Dr. phil., 1937 Habil. für VWL u. Wirtschaftsgesch., 1940 a.o., 1943 o. Prof. an der Handelshochschule Leipzig, seit 1947 an der Univ. München. Forschungen zur Gesch. der Agrarverfassung u. ma. Grundherrschaft (*Geschichte der deutschen Agrarverfassung*, 1963; *Mitteldeutsche Grundherrschaft*, 1934). Seine *Deutsche Sozial- u. Wirtschaftsgeschichte* (zuerst 1952) galt als Standardwerk. Hg. der Jbb. für Nationalökon. u. Statistik, Begründer u. Vors. der Gesellschaft für Sozial- u. Wirtschaftsgesch. in Dtld.

WV: Wirtschaft, Geschichte u. Wirtschaftsgesch. FS F. L., 1966, S. 431–437.
Lit.: K. Borchardt, F. L., in: FS F. L., 1966, S. 1–7; W. Zorn, F. L. als Sozial- u. Wirtschaftshist., in: VSWG 55 (1968), S. 427–432; HZ 208 (1969), S. 772–774; JbbNÖS 184 (1970), S. 1–8; NDB 15, S. 476 f. *W. S.*

Lutz, Heinrich (1922–1986), geb. in Wolfratshausen als Sohn eines Dipl.-Ing., stud. in München Gesch. u. klass. Phil. u. wurde bei ↑F. Schnabel 1952 promov. (*Conrad Peutinger*, 1958); bis 1960 am DHI Rom (*Nuntiaturberichte aus Deutschland*, 1552–1556, 3 Bde.: 1959, 1971, 1981), Habil. 1961 in München, o. Prof. in Passau (1962), Saarbrücken (1963) u. als Nachfolger von ↑H. Hantsch in Wien (1966). Seit 1985 Präs. der Hist. Komm. bei der Bayer. Akad. der Wissenschaften.

Die Forschungsarbeit des engagierten Kath. L. umfaßte in großen, glänzend geschriebenen Überblicksdarstellungen wie in Detailstudien u. Editionen die gesamte Neuzeit. Schwerpunkte bildeten das Zeitalter des Humanismus, Karls V. u. der Glaubensspaltung (*Reformation u. Gegenreformation*, zuerst 1979; *Das Ringen um deutsche Einheit u. kirchliche Erneuerung* [1490–1648], 1983), die Geschichte Österr.-Ungarns im 19. Jh. (*Österr.-Ungarn u. die Gründung des Deutschen Reiches*, 1979; *Zwischen Habsburg u. Preußen. Deutschland 1815–1866*, 1985) sowie im Spannungsfeld von *Kultur, Kulturgeschichte und «Gesamtgeschichte»* (1981) die Theorie u. Methodik der Gesch.wiss. in der Gegenwart.

WV: A. Kohler/G. Stourzh (Hgg.), Die Einheit der Neuzeit. Zum historiograph. Werk von H. L., 1989, S. 239–253.
Lit.: NDB 15, S. 567 f.; HZ 244 (1987), S. 487–493; Almanach ÖAdW 137 (1987), S. 325–337; A. Kohler/G. Stourzh (Hgg.), Die Einheit der Neuzeit, 1989. *W. S.*

Mabillon, Jean (1632–1707), geb. 23. Nov. 1632 im Dorf St. Pierremont, Diöz. Reims aus einfacher Familie. Dank der Förderung durch einen Dompropst in

Reims konnte der früh dem Bücherstudium hingegebene Knabe 1644–53 an der Univ. Reims studieren. 1652 erwarb M. den Grad des magister artium, um die Studien am Kathedralseminar fortzusetzen. 1653 trat er in die der Mauriner-Reform angeschlossene Abtei St. Remy ein (1654 Profeß). Wegen eines bald auftretenden Kopfleidens wurde M. zur Verrichtung leichter, niederer Aufgaben mit Verbot intellektueller Studien nach Nogent-sous-Coucy versetzt, 1658 nach Corbie, wo er u. a. als Cellerar wirkte und 1660 die Priesterweihe empfing. 1663 versah er in St. Denis das Amt des Klosterschatzmeisters und verfaßte Predigten. Schicksalhaft wurde seine Berufung 1664 in die Kongregations-Zentrale St.-Germain-des-Prés zu Paris als Assistent des Bibliothekars Dom Jean-Luc d'Achery zur Vollendung des «Spicilegium» alter Autoren, vor allem aber zur Edition der Werke Bernhards v. Clairvaux. Von nun an deckte sich die Biographie M.s mit der Gelehrsamkeitsgeschichte der Mauriner-Kongregation. Im Auftrag des Ordens und auch des Königs unternahm M. 1672–85 Bibliotheksreisen zur Handschriften-Erkundung durch Klöster Fkr.s und anderer europäischer Länder, u. a. zusammen mit seinem Schüler Dom Thierry Ruinart und mit Dom Ursin Durand. Anläßlich der Umwandlung der von J. B. Colbert gegr. Sozietät zur kgl. Académie des Inscriptions ernannte König Ludwig XIV. M. neben dem Jesuitenpater und Hofbeichtvater François de la Chaise (Namenspatron des Pariser Friedhofs) zum Ehrenmitglied: eine ungewöhnliche Auszeichnung. Anf. Dez. 1707 unterwegs zur Abtei von Chelles erkrankte M. schmerzhaft (Ruinart: «suspension d'urine») und starb am 27. Dez. in St.-Germain-des-Prés. Die 1618/21 königlich und päpstlich bestätigte Reformkongregation von St. Maur, deren Studienprogramm Generalabt Dom Grégoire Tarisse (†1648) grundgelegt hatte und die um 1675 rd. 3000 Mönche in 178 Häusern zählte, erreichte einen Höhepunkt wiss. Ruhms durch die Wirksamkeit M.s, den der Hofbeichtvater M. Le Tellier SJ (†1719) als «größten Gelehrten Frankreichs» bezeichnete.

Mit seinen historiograph. und editorischen Leistungen, die auf immenser Sammelarbeit von handschriftlichen Texten und deren Druck-Bereitung beruhte, wurde M. Wegbereiter für die Modernisierung der hist. Methode. In Kontroverse mit ↑D. Papenbroeck SJ und den «Bollandisten» um die Echtheit von Merowingerurkunden erwuchs die Urkundenkritik als wiss. Disziplin, grundgelegt in *De re diplomatica* (6 Bde., 1601 ff.). Angeregt durch das Vorbild der von ↑J. Bolland hrsg. «Acta Sanctorum» (1. Bd. 1643), edierte M. die *Acta Sanctorum Ordinis S. Benedicti* (1668 ff.) und die *Annales* seines Ordens (1703 ff.). Dadurch hat M. quellenkritische Techniken zur Daten- und Fakten-Ermittlung auch auf bisher hagiograph. Themata angewandt. Seine quellenkrit. Methode wurde nach ihm weiterentfaltet in monumentalen Editionsreihen zur nationalen Gesch. Fkr.s, wie der «Gallia christiana» (1715 ff.) und dem von M. Bouquet begründeten «Recueil des historiens des Gaules et de la France» (1737 ff.), für Italien durch ↑L. A. Muratoris Quellenwerke, im österr.-dt. Raum durch die Brüder ↑B. und ↑H. Pez. M.s *Traité des Études monastiques* (1692), worin er gegenüber dem Rigorismus des Begründers der Cistercienser-Observanz von La Trappe, A.-J. de Rancé, gelehrte Arbeit im Sinne des opus divinum als Aufgabenfeld geistl. Orden rechtfertigte, belebte allg. das benediktinische Studienwesen der Neuzeit. M.s dt. Bibliotheksreise 1683, beschrieben im *Iter Germanicum* (Analecta IV, 1685), zeitigte nachhaltige

Wirkungen auf die Klosterstudien und die Akademiebewegung in Bayern, wo der Andechser Benediktiner und Naturforscher U. Staudigl den *Traité* für die Ordensbrüder ins Lat. übertrug.

Zwar Wegbereiter moderner Quellenkritik, blieb M. – persönlich ein Mann von tiefer Frömmigkeit und Bescheidenheit – zugleich bedeutendster Repräsentant der abendländischen Tradition monastisch-humanist. Geisteskultur.

Lit.: L. Deries, Un Moine et un Savant: Dom J. M., Liguge 1932 (mit Nekrolog von Th. Ruinart); J. Leclercq, Dom M., 2 Bde., P 1953/57; M. Weitlauff, Die Mauriner und ihr historisch-kritisches Werk, in: Historische Kritik in der Theologie. Beiträge zu ihrer Geschichte, hg. v. G. Schwaiger, Gö 1980, 153–209; L. Boehm, Meditation – Wissenschaft – Arbeit. Zu einer Kontroverse um das Verhältnis von Wissenschaft und monastischer Lebensform, in: FS für Abt Odilo Lechner OSB, hg. v. A. Bilgri – M. Langner, Rb 1989, 28–49; B. Barret-Kriegel, La querelle Mabillon-Rancé, Paris 1992.

L. B.

Macaulay, Thomas Babington (1800–1859), machte sich seit 1825 einen Namen als glänzender Essayist in den Organen der Whig-Partei. Schriftstell. Begabung, Redetalent und Linientreue öffneten ihm eine polit. Laufbahn. 1830–56 war er mit Unterbrechungen Member of Parliament, 1834–38 Mitglied der Kolonialregierung Indiens, 1839–41 Minister in Lord Melbournes Kabinett. 1857 trat er ins House of Lords ein. In einer Serie großer Essays über Politik, Geschichte und Literatur (der letzte, über Lord Chatham, erschien 1844) profilierte er sich als einer der einflußreichsten liberalen Intellektuellen Englands. 1848 erschienen die ersten beiden Bände seiner *History of England from the Accession of James II*, auf deren Ausarbeitung M. sich fortan ganz konzentrierte (Bde. 3–4 1855, Bd. 5 posthum 1861). Die *History* sollte die 1. Hälfte d. 18. Jhs. umfassen, doch gelangte M. über die Jahre 1685–1702 nicht hinaus. Sie werden minutiös, auf breiter, freilich nicht immer methodisch kritisierter QQbasis und mit beispielloser, vor allem an ↑W. Scott geschulter Darstellungskunst geschildert. M. war der narrative Historiker par excellence. Die *History*, im englischsprachigen Bereich im 19. Jh. kaum weniger verbreitet als die Bibel und Shakespeare, hat als eines der großen literar. Kunstwerke des 19. Jhs. überdauert. Umstritten ist ihr wiss. Rang. Zwar war sie mehr als bloße Parteigesch.schreibung, doch brachte M. immer wieder einen nie bezweifelten Whig-Standpunkt mit geradezu richterlicher Entschiedenheit zur Geltung: Gesch. war Gesch. materiellen Fortschritts; sie mußte vom Blickpunkt der glorreichen engl. Gegenwart beurteilt werden. Von ↑Hume und den Aufklärern trennte M. der Verzicht auf philos. Reflexion, vom kontinentalen Historismus seine Ablehnung einer Eigenwertigkeit der Vergangenheit. Er war insular orientiert: Außereurop. Kulturen und das kathol. Europa waren ihm fremd. M.s Stärken sind sein Stil, seine außerordentl. Faktenkenntnis u. seine Erfahrung in prakt. Politik. Am besten gelangen ihm Analysen polit. Konstellationen.

Ausg.: The Works of Lord Macaulay, 8 Bde., Lo 1866; T. Pinney (Hrsg.), The Letters of. T. B. M., 6 Bde., C 1974–81 (mustergültig kommentierte Edition);
Lit.: J. Clive, M.: The Shaping of the Historian, NY 1973; J. Millgate, M., Lo 1973; O. D. Edwards, M., Lo 1988; P. Gosh, M. and the Heritage of the Enlightenment, in: EHR 112 (1997), S. 358–95. *J. O.*

Machiavelli, Niccolò (1469–1528). Nach dem Sturz der Medici während des Italienzugs König Karls VIII. v. Frankreich (1494) – er machte das Land zum Kampfplatz der europäischen Mächte –

wurde der Florentiner Patrizier 1498, zu Ende von G. Savonarolas OP Gottesregiment, Sekretär und Leiter der 2. Kanzlei der Republik Florenz. Die Restauration der Medici 1512 trieb den leidenschaftlichen Politiker aus dem Amt. 1513 wegen Hochverrats belangt, dann amnestiert, gelang M. eine Annäherung an den Regenten Kardinal Giulio de' Medici (1523 Papst Clemens VII.): Die 1527 – im Jahr des Sacco di Roma – erneuerte Republik verzichtete so auf seine Dienste.

Durch seine polit. Schriften *Il Principe* (1513), *Discorsi sopra la prima deca di T. Livio* (1513/17) u. *Dell' Arte della querra* (1519/20), die nach der Kaltstellung entstanden, aber vielfach Gedanken seiner amtlichen Gutachten aufgreifen, erlangte M. Berühmtheit; die Rezeption hat – vom *Principe* ausgehend – Machiavellismus zum Schlagwort für skrupellose Machtpolitik gemacht. Tatsächlich geht M. von einem pessimistischen Menschenbild aus in seinen Überlegungen, wie die Degeneration der ital. Staaten – der Kirchenstaat hat ihre Einigung verhindert – durch eine breit fundierte Republik oder eine Monarchie umgekehrt werden könne im Ringen der politischen Energie (virtù), die voraussetzungslos auf Machterwerb und -erhalt zielt, mit der fortuna. Politik, auf Erfahrung u. Gesch. gegründet, ist bei M. von einer Gesch.schr. nicht zu trennen, die in humanistischer Tradition nach Lehren der Vergangenheit für die Gegenwart fragt (historia magistra vitae). In *La vita di C. Castracani* (1520) durchdringen sich «Dichtung und Wahrheit [...] in der Absicht, ein exemplarisches Bild des Stadtherrn von Lucca» zu entwerfen. Die *Istorie Fiorentine*, im Auftrag G. de' Medici 1520/24 geschrieben, beruhen wie andere humanistische WW auch auf schmaler QQbasis, raffen und dramatisieren, präsentieren die Parteien in erfundenen Reden. Anders als seine Vorgänger ↑L. Bruni und P. Bracciolini will M. nicht bloß Regierungs- und Kriegsgesch., sondern eine innere Gesch. der Spaltungen der Stadt schreiben, die – anders als das alte Rom – daraus nicht Integrationskraft zog, sondern, geschwächt, patria und libertà verlor: der Zeitrahmen – von der Völkerwanderung bis zum Einfall der Barbaren 1494 – verdeutlicht den Gegenwartsbezug dieser Gesch.schr.

Ausg.: Opere complete, ed. S. Bertelli, H. Gaeta, 8 Bde. 1960/65; dt.: Sämtl. Werke, 5 Bde., hrsg. v. H. Floerke, 1925.
Lit.: A. Buck, Machiavelli, 1985 (mit WW- u. Lit.-Verzeichnis); H. Münkler, N. M. In: H. Maier/H. Denzer (Hg.), Klassiker des polit. Denkens, 2001; D. Hoeges, N. M., 2000. *H. D.*

Maitland, Frederic William (1850–1906). M. besuchte Eton und Trinity College, Cambridge, und absolvierte in London eine jurist. Ausbildung. 1876 erhielt er seine Zulassung als Anwalt (barrister). Von 1888 bis zu seinem Tode war er Downing Prof. of the Laws of England in Cambridge. Die Nachfolge Lord ↑Actons auf dem Regius Chair of Modern History schlug er 1902 aus. M. war vor allem Rechtshistoriker des engl. MAs. Sein HW ist die *History of English Law before the Time of Edward I* (2 Bde., C 1895, Neuausg. C 1968), zu der F. Pollock ein Kapitel beitrug. 1897 folgte *Domesday Book and Beyond*, 1898 *Roman Canon Law in the Church of England*. M.s letztes Werk war eine Biographie seines Freundes ↑L. Stephen (*The Life and Letters of Leslie Stephen*, 1906). Posthum erschien 1908 eine Vorlesung von 1887–88: *The Constitutional History of England*, die von der normann. Zeit bis zur Gegenwart reicht. 3 Bde. seiner *Collected Papers* wurden 1911 veröff. M. war ein bedeutender QQeditor. Er leitete die rechtshist. Editionsarbeit der von ihm 1887 mitgegründeten Selden Society.

Die einflußreichste unter seinen zahlreichen eigenen Editionen war *Memoranda de Parliamento* (C 1893), die Dokumente des Parlaments von 1305. Gegen ↑Stubbs vermochte M. hier zu zeigen, daß das ma. Parlament keine Ständeversammlung, sondern ein königl. Gerichtshof war. M.s einzigartige QQkenntnis, die Präzision seiner jurist. geschliffenen, oft bis heute gültigen Analysen und eine Darstellungskunst, die unter Verzicht auf Rhetorik, narrative Techniken und personalist. Gesch.schr. strukturgeschichtliche Zusammenhänge plastisch macht, qualifizierten ihn zum «Schutzheiligen» (Elton) der wiss. Gesch.forschung. M. war ein großer Pionier und Anreger. Kein brit. Hist. des 19. Jhs. hat sich bis heute eine ähnlich hohe Reputation bewahrt. Viele seiner Werke gelten als «the latest, even the last, word» (Elton).

Lit.: C.H.S. Fifoot, F.W.M.: A Life, C, Mass. 1971; G.R. Elton, F.W.M., NHLO 1985; J. Hudson (Hrsg.), The History of English Law: Centenary Essays on Pollock and Maitland, Oxford 1996. *J. O.*

Manitius, Max (1858–1933). Der Philologe und Historiker arbeitete von 1882 bis 1884 bei den MGH, folgte dann als Privatgelehrter seinen eigenen Interessen. Unter diesen dominierte die Suche nach dem Fortleben der antiken Literatur im MA. Sein Hauptwerk, die *Gesch. der latein. Literatur des MAs* (3 Bde., 1911–31; ND 1959), wurde zu einem weitgehend unüberholten Standardwerk.

Lit.: LThK VI, Sp. 1357; NDB 16, 36f. *R. A. M.*

Mann, Golo (1909–1994), geb. in München als Sohn des Schriftstellers Thomas M. 1933 emigrierte M. nach dem Studium in München, Berlin und Heidelberg in die Schweiz, 1935 nach Frankreich. Noch 1932 promovierte er über Hegel bei Karl Jaspers in Heidelberg. 1940 ging er schließlich in die USA und arbeitete nach Lehrtätigkeit als Geschichtsdozent 1943–46 für den Nachrichtendienst der US-Army in Europa, bis 1958 am Claremont Men's College. Danach nahm M. Professuren in Münster und Stuttgart wahr. Der Büchner-Preisträger von 1968 beeinflußte als Historiker und polit. Kommentator in konservativ-aufklärerischer Gesinnung Teile der jüngeren Generation mit dem Ziel, ‹zu erziehen, zu warnen und zu wirken›, blieb jedoch zugleich im aufgewühlten intellektuellen Klima um und nach 1968 heftig umstritten.

HW: Friedrich v. Gentz (1947), Vom Geist Amerikas (1954), Deutsche Geschichte im 19. und 20. Jh. (1958), Geschichte und Geschichten (1962), Propyläen Weltgeschichte, 10 Bde. (Mithrsg.; 1968 ff.), Wallenstein (1971); Zeiten u. Figuren, 1979; Erinnerungen und Gedanken. Eine Jugend in Deutschland, 1986; Lehrjahre in Frankreich, 1999.

Lit.: J. Koch, G.M. und die deutsche Geschichte (1998); J. Fest, Wege zur Geschichte (1992), S. 115–140. *R. v. B.*

Mansi, Giovanni Domenico (1692–1769). Geb. in Lucca und ebd. verst. Als kathol. Theologe an der Univ. Neapel lehrend, 1764 Erzb. von Lucca. Dort Begründer einer Akad. für Kirchen- und Liturgiegesch. Umfängliche Editionstätigkeit, Herausgeber u.a. der Werke des ↑Baronius und Natalis Alexander. Von großer Bedeutung für die Gesch.wiss. ist nach wie vor seine *Sacrorum conciliorum nova et amplissima collectio* (31 Bde., 1759/98; ND Graz 1960/61), die bis zum Jahre 1440 reicht.

Lit.: LThK[3] VI, Sp. 1284f.; H. Quentin, J.-D. Mansi et les grandes collections conciliaires, P 1900. *R. A. M.*

Marcks, Erich (1861–1938), gehörte zur Gruppe der Neurankeaner, die seit den 90er Jahren des 19. Jhs. eine Rückkehr zur Objektivität und Universalität des Geschichtsdenkens ↑Rankes anstrebte, tatsächlich jedoch in ihrer Perspektivik und Wertorientierung am Kaiserreich orientiert blieb und dessen Politik historiogr. legitimierte.

Der 1861 in Magdeburg als Sohn eines Architekten geb. M. promovierte in Berlin 1871 in der Alten Geschichte bei Heinrich Nissen und habilitierte sich 1887 bei ↑H. v. Treitschke. Nach seiner Priv.-Doz.-Zeit 1887–92 in Berlin, wurde er 1892 nach Freiburg berufen. Nach verschiedenen Stationen wurde er 1922 nach Berlin berufen, 1928 emeritiert. Das Mitgl. diverser akademischer Gremien wurde während des Dritten Reiches Ehrenmitgl. in ↑W. Franks Reichsinstitut für Gesch. des neuen Deutschlands.

Der in seinem Kern unpolit. M. hat das Eintreten Dtl.s in die Weltpolitik nachdrücklich bejaht. Während des Ersten Weltkrieges alldt.-annexion. Positionen vertretend, empfand er Niederlage und Zusammenbruch als tiefen Absturz der dtn. Entwicklung. Emotional zur Bismarckzeit als «leuchtender Höhe im Auf- und Niedergang des deutschen Schicksals» zurückstrebend, bemühte er sich um eine Bewahrung des pr.-dtn. histor. Erbes. Das Dritte Reich sah er als dtn. Wiederaufstieg.

Das Hauptarbeitsgebiet von M. lag zunächst im Zeitalter der Glaubenskämpfe in Westeuropa. So beschäftigte er sich mit dem frz. Protestantismus, vor allem mit der Biographie Gaspard de Colignys (Bd. I, 1892), daneben auch mit der engl. u. span. Gesch. dieser Zeit. 1897 erschien sein Buch *Die Königin Elisabeth von England u. ihre Zeit*. Für die Propyläen-Weltgesch. (Bd. V, 1930) schrieb M. den Teil über *Die Gegenreformation in Westeuropa*.

Sein eigentlicher Schwerpunkt war die Bismarckzeit, insbesondere die Biogr. Bismarcks. 1897 erschien *Kaiser Wilhelm I.* (bis 1943 9 Aufl.), 1899 sein von tiefer Verehrung getragener Versuch einer Würdigung von Bismarcks «Gedanken und Erinnerungen», 1909 der I. Band seiner großen Bismarck-Biogr., die die Gesch. Bismarcks bis 1848 mit der Liebe zum biographischen Detail darstellt und die Grundlagen der B.schen Politik in dessen individueller Entwicklung, nicht zuletzt in seiner Religion sucht. Der nach M.' Tod (1938) veröffentlichte II. Band handelt über *Bismarck und die deutsche Revolution 1848–51*. Eine kleinere, kurzgefaßte Bismarck-Biographie, verfaßt zum Bismarck-Jubiläum 1915, erreichte bis 1935 28 Auflagen. Das Alterswerk *Der Aufstieg des Reiches. Deutsche Geschichte von 1807 bis 1870/1* (1936) interpretiert das Bismarckreich und das Dritte Reich als «zwei Stufen ein und derselben geschichtlichen Entwicklung».

M. galt als Meister der biogr. Essayistik, für die seine 1911 erschienene, dann immer wieder veränderte und erweiterte Samml. *Männer und Zeiten* (7. Aufl. 1941) charakteristisch ist. Mit ↑K. A. v. Müller gab er die *Meister der Politik* (1922) heraus. «Auf- und Niedergang» in der dtn. Gesch. war das Thema seiner histor.-polit. Reden *Gesch. und Gegenwart* (1925).

M. gehörte einer Historiker-Generation an, die ihre eigentliche polit.-kulturelle Prägung durch die Bismarcksche Reichsgründung erhielt und von hier aus die Bedeutung der «großen Männer» in der Gesch. hervorhob. Von einer Synthese von Macht und Geist im Kaiserreich ausgehend, geriet das Denken dieser Historiker nach dem Ersten Weltkrieg in eine tiefe Krise, die sie anfällig machte für den NS. M.' Historiogr. zeigt auf exempl. Weise die Problematik einer unpolitischen, ästhetisierenden, auf das «heroische» Individuum konzentrierten Gesch.schreibung.

Lit.: H.-H. Krill: Die Rankerenaissance. Max Lenz u. Erich Marcks. B 1962; C. Weisz: Geschichtsauffassung u. polit. Denken Münchener Historiker in der Weimarer Zeit. B 1970; K. Stählin: E. M. z. Gedächtnis. In: HZ 160, 1939, S. 496–533. *B. F.*

Mariana, Juan de (1536–1624). Nach philos. Studien trat M. 1554 dem Jesuitenorden bei und lehrte ab 1561 an der Ordensuniv., dem Collegium Romanum. Nach einem Aufenthalt in Paris (1569/74) wirkte er schließlich in Toledo. Bekannt wurde der span. Jesuit durch seinen Fürstenspiegel (*De Rege et Regis institutione,* 1599), in dem er u. a. den Tyrannenmord rechtfertigte, sowie durch seine Kritik an der steten Münzverschlechterung *(De mutatione monetae).* Letztere Schrift brachte dem religiös intoleranten M. auch eine längere Kerkerhaft ein.

Der auch als «spanischer Livius» bezeichnete M. gilt als der bedeutendste Historiker seines Landes im 16. Jh. und als Begründer der modernen span. Nationalgesch.schr. Seine umfängliche *Historia de rebus Hispaniae libri XXV,* 1592, wurde von ihm selber 1602 auch in der Landessprache publiziert.

Lit.: LThK[3] VI, Sp. 1356 f.; M. Ballestros-Gaibrois, El padre J. d. M., Barcelona 1944; G. Lewy, A study of the polit. philos. of J. d. M., G 1960; P. Jiménez Guijarro, J. d. M. (1535–1624), Madrid 1997; D. Ferraro, Tradizione e ragione in J. d. M., Milano 1989. *R. A. M.*

Markov, Walter (1909–1993). Nach dem Urteil Fritz Kleins war M. der «bedeutendste Historiker der DDR»; er schrieb von einem undogmatischen marxistischen Standpunkt aus Geschichte revolutionärer Prozesse in universalhistorischer Perspektive.

Geb. in Graz als Sohn einer Wienerin und eines Vaters slowenischer Nationalität aus der Untersteiermark wuchs M. in Graz, Ljubljana, Belgrad und Susa (Rijeka) auf, wo er 1927 sein Abitur machte. Er studierte dann in Köln, Berlin (wo er insbesondere bei ↑A. Rosenberg hörte), Hamburg und Bonn Geschichte, Kirchengeschichte, Geographie, Orientalistik und Slawistik. 1934 promovierte er in Bonn bei ↑F. Kern mit einer Arbeit über *Serbien zwischen Österreich und Rußland 1897 bis 1908.* In dieser Zeit trat er der illegalen KPD bei, in der er eine besonders konsequente Gegnerin des Nationalsozialismus sah, und gründete eine Widerstandsgruppe, die 1935 aufflog, mit der Folge, daß M. 1936 zu zwölf Jahren Zuchthaus verurteilt wurde, die er in der Folgezeit im Zuchthaus Siegburg bis April 1945, als er sich zusammen mit anderen Häftlingen befreien konnte, absaß.

1946 ging er nach Leipzig, wo er sich 1947 mit einer Arbeit über *Grundzüge der Balkandiplomatie* habilitierte; in den folgenden Jahren lehrte er in Halle. 1949 wurde er zum Prof. und zum Direktor des einst von ↑K. Lamprecht gegründeten Instituts für Kultur- und Universalgeschichte in Leipzig berufen, das 1951 in Institut für Allgemeine Geschichte umbenannt wurde, in dem jedoch M. weiterhin universalhistorischen Fragen nachging. 1951 wurde er unter dem Vorwurf des Titoismus aus der SED ausgeschlossen; auch wurde ihm der Status eines Verfolgten des Naziregimes aberkannt. Zu M.s Freundeskreis in Leipzig zählten während der 1950er Jahre u. a. Werner Krauss, Hans Mayer, Ernst Bloch. 1961 wurde er Mitglied der Akad. der Wiss. der DDR in Berlin. Seit 1962 nahm er verschiedene Gastprofessuren in Afrika, Nord- und Südamerika, in Asien und Westeuropa wahr. 1974 wurde er emeritiert.

Kurz vor seinem Tode konstatierte er, daß der Sozialismus in einer Sackgasse geendet hatte, wobei er am Geburtsfehler des «Traums von einer kommunistischen Gesellschaft» gelitten habe, «welche zugleich die gerechtere und die effektivere Lebensform sein wollte: Der Widerspruch zwischen Ethik und Ökonomie, zwischen Gerechtigkeit, Gleichheit, Brüderlichkeit und wirtschaftlichem Erfolg war im Realsozialismus noch schlechter auszubalancieren als im westlichen Kapitalismus».

Schwerpunkte seines umfangreichen Werkes bilden die Geschichte der Französischen Revolution, doch auch die Geschichte Ost- und Südosteuropas, die afrikanische und die lateinamerikanische Geschichte sowie die Geschichtstheorie.

HW: Jacques Roux, Bln. 4 Bde. 1966–70; Die Große Revolution der Franzosen (zus. mit A. Soboul), Bln. 1973; Geschichte der Türken (mit E. Werner), Bln. 1978; Weltgeschichte im Revolutionsquadrat, Bln. 1979; Revolution im Zeugenstand, Leipzig 1982; Grand Empire, Leipzig 1984; Zwiesprache mit dem Jahrhundert. Autobiographie, Bln. 1989.
Lit.: W. M., in: T. Grimm, Was von den Träumen blieb. Eine Bilanz der sozialistischen Utopie, Bln. 1993, S. 69–89. *B. F.*

Martinus Polonus [Oppaviensis; von Troppau] (gest. 1278). Mährischer Herkunft, Dominikaner (zunächst zum Konvent St. Clemens in Prag gehörend), seit Clemens IV. (1265–68) päpstl. Kaplan und Pönitentiar, wurde M. im Juni 1278 zum Erzb. von Gnesen ernannt, starb jedoch auf der Reise zum Amtsantritt; begraben in Bologna. M. war Autor außergewöhnlich verbreiteter, im Lehrstil der Scholastik abgefaßter Handbücher: einer Sammlung von Predigten und Exempla *(Sermones de Tempore et de Sanctis),* eines alphabet. Tafelwerks zum *Decretum Gratiani (Margarita Decreti)* und einer Chronik *(Chronicon pontificum et imperatorum Romanorum).* Das Gesch.werk lieferte eine inhaltlich dürre, doch aus einem breiten QQfundus kompilierte, synoptische Gegenüberstellung der Papst- und Kaisergesch. (zu der in der 3. Redaktion noch ein Abriß der Gesch. und Topographie Roms hinzutrat), die als ein ergänzendes annalist. Hilfsmittel zum Bibel-Hb. des Petrus Comestor und zum *Decretum Gratiani* sowie zum *Liber Extra* gedacht war. Vielfach fortgesetzt, nachgeahmt und als grundlegende Quelle ausgeschöpft, gewann diese Chronik im SpätMA einen prägenden Einfluß auf die Historiogr., der sie unter der Gattungsbezeichnung «Chronica Martiniana» einen neuen, nun ganz auf die rohe, aber bequeme Materialbereitstellung ausgerichteten Darstellungstyp lieferte.

Ausg.: Chronicon pontificum et imperatorum Romanorum, hg. v. L. Weiland, MG SS 22 (1868), 377–475.
Lit.: A.-D. v. den Brincken, Martin von Troppau, in: Geschichtsschreibung und Geschichtsbewußtsein im späten Mittelalter, hg. v. H. Patze, Sigmaringen 1987, 155–193; VL 6, Sp. 158–166. *G. M.*

Marx, Karl (1818–1883), verfaßte nach rechtswissenschaftl. Studium und philosoph. Prom. aus linkshegelianischer Sicht eine eindringliche Kritik der Hegelschen Rechts- und Staatsphilosophie. Seine anschließenden Studien der Klassiker der politischen Ökonomie bündelte er, auch unter dem Einfluß von F. Engels, im *Manifest der Kommunistischen Partei* (1848), der ersten geschlossenen Darstellung seiner materialist. Gesch.-auffassung. Die zeitgesch. Auseinandersetzung mit den gescheiterten Revolutionen 1848/49 führte ihn, besonders im *Achtzehnten Brumaire des Louis Bonaparte* (1852), zu neuen Zurechnungen gesch.theoret. Kategorien auf die tatsächl. Ereignisse, insbesondere zu einer impliziten Theorie bonapart. Herrschaftsformen. In seinem Hauptwerk *Das Kapital* (1. Bd. 1867, 3. Bd. postum 1884) konzentrierte er sich dagegen wieder ganz auf die «Sphäre der materiellen Produktion». Innovativ für die hist. und sozialwiss. Forschung wurde Marx v. a. durch seine strukturelle Differenzierung der ökon. Trägerschichten pol.-soz. Wandels sowie durch seine vergleichende Analyse der Industrialisierungsprozesse Europas, die sich von der Nationalgesch.schreibung des traditionellen Historismus abhob. Methodisch läßt sich sein Werk durchaus als eine Variante des objektivist. Historismus im 19. Jh. verstehen.

WW: K. M. und F. Engels, Gesamtausgabe (MEGA), B 1975 ff. – dies., Werke (MEW), 41 Bde., B 1965–68 u. ö.
Lit.: D. McLellan, K. M. Leben und Werk, Mn 1974. – G. Kluchert, Gesch.schr. und Revolution. Die hist. Schriften von K. M. und F. Engels 1846–52, St 1985; W. Schieder, Karl Marx als Politiker, Mü 1991.

G. H.

Mason, Timothy Wright (1940–1990), war einer der wichtigsten brit. Experten der Gesch. des NS in der 2. Hälfte des 20. Jh.s.

Das Werk des Sozialhist., der sich bereits als Student um die institutionelle Etablierung der Soz.Gesch. als Gesch. «von unten» in Großbritannien bemühte, kreiste um die Lage der «Arbeiterklasse» u. um die Wirtschaftspol. des NS. Der unorthodoxe Marxist M. ging davon aus, daß der NS mehr als nur eine Begleiterscheinung des Kapitalismus gewesen sei u. spezif. Antriebskräfte gehabt habe. 1966 stellte er in dem Art. *Der Primat der Politik. Politik u. Wirtschaft im NS* (in: Das Argument 8, 1966, S. 473–494) die Interpretation westl. Hist. ebenso in Frage wie die orthodox marxist. Deutung des Regimes als Diktatur des Finanzkapitals. M. zufolge konnte Hitler vielmehr ab 1936 den «Primat der Pol.» gegenüber den Interessen der Wirtsch. durchsetzen. Diese These wurde von einer Reihe von Historikern übernommen u. löste eine breite Diskussion aus.

M.s 1971 am St. Anthony's College in Oxford abgeschlossene Diss., die von der nat.-soz. Pol. gegenüber der dt. Arbeiterschaft zwischen 1925 u. 1939 (unpubliziert) handelte, bildete die Vorstudie zu seinem 1975 erschienenen Hauptwerk *Arbeiterklasse u. Volksgemeinschaft* (Opladen 1975). M. verband darin eine quasi-monograph. Einleitung (überarbeitet u. eigenst. publiziert als *Sozialpol. im Dritten Reich*, Opladen 1977) mit einer umfassenden QQedition zum Thema. Die als polit. Soz.-gesch. angelegte Studie war eine der wichtigsten Arbeiten zum NS der 1970er u. 1980er J. Sie brachte mehrere Thesen in die Diskussion ein: M. ging von einem andauernden Widerstand der dt. Arbeiter gg. den NS aus. Außerdem widersprach er der damals gängigen These, daß dem Regime die Beseitigung der Klassengegensätze gelungen sei u. es die «Volksgemeinschaft» verwirklicht habe. Daneben betonte er den Einfluß der innenpol. Lage auf die nat.-soz. Außenpol. Er vertrat die These, daß das Regime 1939 nicht zuletzt durch eine innere Krise zum Krieg gezwungen worden sei. Deren Ursache sei die Selbstüberforderung des NS durch die massive Aufrüstung gewesen. Da Hitler aus Furcht vor einer Revolution der Arbeiterschaft gleichzeitig den Lebensstandard der Bevölkerung auf einem hohen Niveau zu halten versuchte, seien die Ressourcen immer knapper geworden. Gelöst habe das Regime das Problem durch die «Flucht nach vorn» in den Krieg.

M.s provokante Thesen wurden kontrovers diskutiert u. zum Ausgangspunkt vieler weiterer Forschungen. An seinem frühen Lebensende mußte er einige seiner Interpretationen relativieren; zus.fassend reagierte er auf seine Kritiker in dem posthum veröffentlichten Art. *The Domestic Dynamics of Nazi Conquests,* in: T. Childers / J. Caplan

(Hrsg.), Reevaluating the Third Reich, NY 1993, S. 161–189. M. wurde, nach kurzen Lehrtätigkeiten in York, Berlin u. an verschiedenen Colleges in Oxford, 1971 Fellow am Oxforder Peter's College. 1984 wanderte er nach Italien aus; zeitweise lehrte er dort an der Univ. Trient. In den letzten sechs J. seines Lebens, die durch eine Depression zunehmend belastet waren, publizierte der zuvor äußerst produktive M. nur noch kleinere Arbeiten. Inhaltl. wandte er sich bis zu seinem frühen Freitod neben der dt. Gesch. auch Problemen des ital. Faschismus u. vergleichenden Fragen zu.

M. leistete nicht nur durch seine eigenen Arbeiten einen wesentl. Beitrag zur NS-Historiographie. Er verstand es auch, Interpretationsansätze auf Kernideen u. Schlagworte zu kondensieren u. zuzuspitzen – wie das vom «Primat der Pol.». Im Streit um Hitlers Stellung im NS-Regime stellte er außerdem die beiden rivalisierenden Lager einander pointiert als «Intentionalisten» u. «Funktionalisten» gegenüber. (in: G. Hirschfeld/L. Kettenacker [Hrsg.], Der «Führerstaat». Mythos u. Realität, Stuttgart 1981, S. 23–42). Damit strukturierte u. prägte er die Debatten der 1960er bis 1980er J. wesentl. Allerdings hat sich die neuere Forsch. von diesen polarisierenden Begriffen gelöst u. eher synthetisierenden Erklärungsversuchen zugewandt.

Lit.: Div. Beiträge in: History Workshop Journal 30, 1990, S. 129–184; Ch. S. Maier, Nachruf auf T. W. M., in: GG 17, 1991, S. 399–402; D. Blackbourn, T. M., in: Past & Present 128, 1990, S. 3–6; J. Caplan, Introduction, in: Dies. (Hrsg.), T. M., Nazism, Fascism and the Working Class, Cambridge 1995, S. 1–32 (mit *WV* T. M., S. 332–335); EHHW 2, S. 780f.; I. Kershaw, Der NS-Staat. Gesch.interpretationen u. Kontroversen im Überblick, 2. Aufl. 2001. *K. K. P.*

Masur, Gerhard (1901–1975). Schwerpunkt der Historiographie M.s war die dte. u. europ. Geistesgesch. Der 1901 geb. M. promovierte bei ↑F. Meinecke, als dessen Schüler er sich zeitlebens sah. Von 1930–35 lehrte M. an der Univ. Berlin. Nach seiner Emigration hielt er sich 10 Jahre in Kolumbien auf, 1945 siedelte er in die USA über, wo er als Prof. für Geschichte und Dekan der Historischen Fakultät des Sweet Briar College in Virginia wirkte. 1965/66 nahm M. eine Gastprofessur in Berlin wahr.

M. promovierte über *Rankes Begriff der Weltgeschichte.* Seine Biographie über den konservativen Staatsrechtler F. J. Stahl blieb unvollendet (*Geschichte seines Lebens. Aufstieg und Entfaltung 1802–1840,* 1930). Ergebnis seiner Arbeit in Kolumbien war die lange Zeit grundlegende Biographie Simón Bolívars, des *Befreiers Südamerikas* (Albuquerque 1948; dt. Konstanz 1949, 2. Aufl. 1969). Stark beachtet wurde auch M.s Werk *Prophets of Yesterday: Studies in European Culture. 1890–1914* (New York 1961; dt.: *Propheten von Gestern. Zur europäischen Kultur 1890–1914,* 1965), in dem M. die neuen Strömungen in Philosophie, Kunst und Literatur mit ihrem Subjektivismus, Anti-Rationalismus und Ästhetizismus als Ausdruck der im Ersten Weltkrieg gipfelnden Krise des europ. Bewußtseins interpretierte. 1971 erschien *Das kaiserliche Berlin* (*Imperial Berlin,* New York 1971), das die Wandlung von einer Residenz- und Garnisonsstadt zu einem der großen urbanen Zentren Europas nachzeichnete. – Der 1971 publizierte Bd. *Geschehen und Geschichte* enthält zwischen 1928 und 1968 entstandene Beiträge zur Theorie der Geschichte, zur europäischen Geschichte u. zur Geschichte der Geschichtsschreibung.

M. hielt an Meineckes Konzept der Ideengeschichte fest: «Die Interessen der

Gesellschaft [...] sind zwar die großen Schienen, auf denen sich die Menschheit fortbewegt, aber die Weichen werden von den Ideen gestellt.»

Lit.: W. Bußmann: G. M. (1901–1975). In: HZ 223, 1976, S. 523 f. Bibliographie M.s in G. M.: Das ungewisse Herz. Berichte aus Berlin, über die Suche nach dem Freien, Holyoke, Mass. 1978. *B. F.*

Mathiez, Albert (1874–1932). Erster, professionell ausgebildeter frz. Revolutionshist., schrieb M. seine Thèses über Religionspolit. in der Franz. Rev. Politisch den Sozialisten nahestehend, bekämpfte M. die Gesch.interpretation seines radikal-republik. Lehrers ↑Aulard, indem er Danton als den Paradefall parl. Korruption schilderte und Robespierre als Leitbild einer wahrhaft demokr. und sozialen Republik herausstellte. Als wiss. Forum für seine Interpretation gründete M. die Zschr. *Annales révolutionnaires,* ab 1924 *Annales historiques de la Révolution française,* und eine wiss. Ges., Société des études robespierristes. 1917 feierte M. die Russ. als Fortsetzung der Franz. Rev. und Lenin als den Erben Robespierres *(Bolchevisme et jacobinisme,* P 1917). Doch wandte er sich von der kommunistischen Partei, der er beitrat, bald wieder enttäuscht ab. Ein Prof., der seine Zuhörer zu begeistern verstand, lehrte M. an den Univ. Caën, Dijon, Besançon, später auch an der Sorbonne, aber die Nachfolge auf den Lehrstuhl Aulards blieb ihm versagt. Unter seinen Werken – darunter eine Gesamtdarstellung der Franz. Rev. (3 Bde. P 1922–27, dt. Z 1940–50) – gilt *La vie chère et le mouvement social sous la Terreur* (2 Bde., P 1927) als sein originellster Beitrag zur Gesch.wiss.

Abh.: Cat. Gen. BN. – A. Gérard, A. M., in: M. Christadler (Hrsg.), Die geteilte Utopie, Opladen 1985, S. 173–182 (Lit.). *B. G. B.*

Matthäus Parisiensis (ca. 1200 – ca. 1259). Der der Abtei St. Albans angehörende Benediktiner stand dem engl. Königshause nahe und war über seine Zeitgesch. bestens informiert. Aus diesem Grunde ist seine *Chronica major,* die von der Schöpfung bis 1259 reicht, vornehmlich in den letzten beiden Dezennien originell, ansonsten aber eine Überarbeitung der «Flores Historiarum» des ↑Roger von Wendower. Seine *Historia* minor umfaßt den Zeitraum von 1067 bis 1253.

WW.: Hg. v. R. Luard (7 Bde., Lo 1872/83).
Lit.: LMA 6, Sp. 399; Cannon, S. 364; R. Vaughan, M. P., 1958; S. Lewis, The art of M. P. in the Chronica majora. Berkeley u. a. 1987. *R. A. M.*

Mayer, Gustav (1871–1948), war – abgesehen von ↑F. Mehring – der erste bedeutende Historiker der Arbeiterbewegung in Dtl.

Der Sohn eines wohlhabenden jüdischen Kaufmanns in Prenzlau in der Uckermark promovierte 1893 bei Georg Adler mit einer Arbeit über *Lassalle als Nationalökonom.* Nach Tätigkeit bei der Frankfurter Zeitung als Auslandskorrespondent ihres Handels- u. Börsenteils heiratete er 1905 die begüterte Flora Wolff u. arbeitete fortan als Privatgelehrter über die Gesch. u. Vorgesch. der dtn. Arbeiterbewegung. Sein Versuch, sich 1916 an der Univ. Berlin zu habilitieren, scheiterte am Widerstand der alldtn. Prof. Nach der Novemberrevolution erhielt er einen Lehrauftrag an dieser Univ., 1921 eine a. o. Professur mit dem Schwerpunkt Gesch. der politischen Parteien. Im Wiss.betrieb blieb er ein Außenseiter. 1933 wurde M. in den Ruhestand versetzt. 1934 emigrierte er nach Engl., wo einige Wissenschaftler halfen, durch die London School of Economics u. andere Einrichtungen M.s Existenz zu sichern

u. seine wiss. Weiterarbeit zu ermöglichen. Persönlich tief verletzt schrieb er seine *Erinnerungen;* 1948 starb er vereinsamt in London.

Für M.s Entwicklung bedeutsam waren seine Begegnung mit ↑Schmollers Kathedersozialismus u. die Jahre in Westeuropa. Hier wurde er zum Anhänger der westl. polit. Kultur u. kam in Kontakt mit führenden Repräsentanten der westeurop. Arbeiterbewegung. «Revisionistischen» Positionen nahestehend, plädierte M. für einen sozialdemokrat. Reformismus, der im Bündnis mit Teilen des Bürgertums eine Demokratisierung des Reiches anzielen sollte. 1917 sondierte er in offiziöser Mission über die internationale Arbeiterbewegung Friedensmöglichkeiten.

M. hat mit seinen Arbeiten die Parteiengeschichtsschreibung, insbes. die der Sozialdemokratie wesentlich vorangebracht. Ihm gelang die Auffindung des Nachlasses von Lassalle, dessen Briefe u. Schriften M. in 6 Bdn. (1921–25) herausgab, u. die Rekonstruktion der Kontakte zwischen Bismarck u. Lassalle (*Bismarck u. Lassalle,* 1928). Bedeutende Beiträge waren seine Forschungen über den vormärzlichen Radikalismus (1913), über die in Dtl. besonders frühe Ablösung der Arbeiterbewegung von der bürgerlichen Demokratie (1912), sein Buch über Lassalles Nachfolger J. B. v. Schweitzer (1909) u. vor allem seine große 2 bändige Engels-Biographie (1919 u. 1934), eine der «drei oder vier wichtigsten Biographien, die die dte. Geschichtswiss. im 20. Jh. hervorgebracht hat» (H.-U. Wehler). Kleinere Aufsätze sind gesammelt in: *Arbeiterbewegung u. Obrigkeitsstaat,* 1972.

1918 forderte M. eine die Zeiterfahrungen berücksichtigende Synthese von «↑Ranke und ↑Marx», die die Diskrepanz zwischen den eigentlichen Trägern des geschichtlichen Lebens, vor allem des Staates, u. den elementaren Gewalten, den Massen, sozialen Revolutionen usw. überwinden sollte. Neue Wege ging M. methodisch, indem er in großem Stil die Presse als Geschichtsquelle nutzte. Die Arbeiten dieses sozialdemokratischen Außenseiters der Historiker-Zunft sind auch in der gegenwärtigen Auseinandersetzung mit der Gesch. der Arbeiterbewegung noch von Interesse.

Lit.: G. M.: Erinnerungen. Vom Journalisten zum Historiker der deutschen Arbeiterbewegung. Mn 1949, Neuaufl. Hildesheim 1993; B. Faulenbach: G. M. Zw. Historiker-Zunft u. Arbeiterbewegung. In: M. Christadler: Die geteilte Utopie. Opladen 1985, S. 183–195; H. Schleier: Zu G. M.s Wirken und Geschichtsauffassung: Klassenkampf-Sozialreform-Revolution. In: Evolution und Revolution in der Weltgeschichte. Hrsg. v. H. Bartel u. a. B 1976, S. 301–326; H.-U. Wehler: Gustav Mayer. In: Dte. Historiker, Bd. II, Gö 1971, S. 120–132; G. Niedhart: G. M. als Historiker der deutschen Arbeiterbewegung. In: L. Heid/A. Paucker (Hrsg.): Juden u. dte. Arbeiterbewegung bis 1933, Tübingen 1992, S. 133–146; J. Prellwitz: Jüd. Erbe, sozialliberales Ethos, dte. Nation. G. M. im Kaiserreich u. in der Weimarer Rep., Mannheim 1998. *B. F.*

Mayer, Theodor (1883–1972), war die prägende Gestalt der dt.-österr. Mediävistik seit der Zwischenkriegszeit. Angeregt durch seinen Lehrer ↑A. Dopsch und das IÖG in Wien, versuchte M. in der fruchtbaren Verbindung von landesgesch. und verf.gesch. Forsch. ein neues MAbild zu erarbeiten. Verf.gesch. verstand er in einem weiten Sinn als Gesch. verfaßter menschlicher Ordnung, so daß Sozial-, Wirtsch.- und Geistesgesch. miteinbegriffen waren. Dieser Forsch.-ansatz verband M. mit Historikern wie ↑Aubin, ↑Schlesinger, ↑Steinbach, ↑Kötzschke u. a. 1927 Prof. in Prag, 1930 in Gießen, 1934 in Freiburg/Br. und 1938 als Nachfolger E. E. Stengels in Marburg wurde M. aufgrund seines großdt. angelegten, auf Volks- und Reichsgesch. konzentrierten Gesch.verständnisses von der nationalsozialistischen Wiss.politik gefördert und 1942 Präsident der MGH. Nach 1945 kehrte er nicht mehr in das akad. Lehramt zurück, schuf aber 1951 mit der Gründung des «Konstanzer Arbeitskreises f. ma. Gesch.» ein Diskussionsforum der Mediävistik, das internationalen Rang besitzt.

Lit.: Th. Mayer, Ma. Studien. Ges. Aufs., 1958 (WV); H. Beumann, Th. M., in: HZ 218/1974, S. 778–781; J. Fried (Hg.), 40 J. Konst. Arbeitskreis [...], 1991. *L. S. S.*

Mazzarino, Santo (1916–1987), wurde in Catania geb. und studierte an der dortigen Univ. unter der Anleitung von Guido Pareti, dessen Nachfolge am Lehrstuhl für Alte Gesch. er 1948 antrat. 1963 wechselte er an den Lehrstuhl für röm. Gesch. an der Univ. Rom und wurde einige Jahre später Mitglied der Accademia dei Lincei. Seine Interessen konzentrierten sich zunächst auf die Bildung der griech.-röm. Kultur, verlagerten sich dann auf die Zeit des Zerfalls des Reiches. In seiner großangelegten Vision der Alten Gesch. paart sich das Bewußtsein für die Probleme der Kultur und der Pol. mit der Sensibilität für die wirtschaftlichen und sozialen Aspekte der behandelten Gesch.

HW: Stilicone, R 1952; Fra oriente e Occidente: Ricerche di storia greca arcaica, Fi 1947; Aspetti sociali del quarto secolo. Ricerche di storia tardo-romana, R 1951; La fine del mondo antico, Mi 1959; Il pensiero storico classico, 3 vols., Bari 1966; Vico, l'annalistica e il diritto, Na 1971; Antico, tardoantico ed era costantiniana, 2 vols., Bari 1974–1980.
Lit.: Dizionario generale degli autori italiani contemporanei, 1974 vol. II, 814; Enciclopedia italiana, IV Appendice, R 1979, 421; L. Canfora, Santo Mazzarino, in: Quaderni di storia 13, 1987, 185 ff.
M. R. D. S.

Mehring, Franz (1846–1919), geb. in Schlawe (Pommern), profiliertester marxist. Gesch.schreiber des wilhelmin. Kaiserreichs, fand seinen Weg zur Sozialdemokratie erst in den 90er Jahren des 19. Jh.s, nachdem er sich zunächst (nach Studien der Philol.) als Journalist in liberal-demokrat. Sinne, dem Kathedersozialismus nahestehend, engagiert hatte. Mit der 1891/92 erschienenen *Lessing-Legende* versuchte M. erstmals die Darstellung der preuß.-dt. Gesch. seit 1848, wie sie die trad. Gesch.-schreibung des Kaiserreichs bot, mit Hilfe einer sich als marxist. verstehenden Ideologiekritik als Legende von der nationalen und sozialen Sendung der Hohenzollern zu charakterisieren. Die Tatsache, daß er damit das eine Wertesystem durch ein anderes, nämlich das marxistische, als Bezugspunkt historiograph. Arbeitens ersetzte, war M. durchaus bewußt, als «klassen-päd.» Aufgabe f. den sozialist. Wiss. sogar gewollt. Wertneutrale wiss. Objektivität konnte es für M. nicht geben, Parteilichkeit bei der hist. Analyse war ihm vielmehr unumgänglich. M. verstand allerdings darunter nicht den einer polit. Partei untergeordneten Standpunkt; der hist. Materialismus war f. ihn in erster Linie eine Methode zur Erforsch. vergangener und gegenwärtiger Gesch., aus der allerdings Weltanschauung werden konnte. Trotz seiner grundsätzlichen Kritik an einer borussisch einseitigen, von ihm als «bürgerlich» charakterisierten Gesch.schreibung anerkannte M. die wachsende Differenzierung innerhalb der Historiographie des Kaiserreichs, was sich in einer skeptisch-positiven Beurteilung der ersten Bände von ↑K. Lamprechts «Dt. Gesch.» ausdrückte. Neben Darstellungen der Gesch. der Sozialdemokratie und der Arbeiterbewegung verfaßte M. eine Biographie von ↑K. Marx. Sein Werk wird in der marxist. Gesch.schreibung aufgrund seines Verständnisses des Marxismus als Methode kontrovers beurteilt, während eine Auseinandersetzung auf seiten der nicht marxistischen Historiogr. wegen des Vorwurfs der Parteilichkeit noch kaum begonnen hat.

WW: Th. Höhle (Hg.), F. M. Ges. Schr., Ost-B 1960f.
Lit.: H. Grebing/M. Kramme, F. M., in: H.-U. Wehler (Hg.), Dt. Historiker, Bd. V, Gö 1972, S. 73–94; G. Salmo, Franz Mehring, Rom 1994. *L. S. S.*

Meichelbeck, Karl (1669–1734), **OSB.** Der in Marktoberdorf (Allgäu) geb. M. besuchte das Münchner Wilhelmsgymnasium u. legte 1688 die Profeß im Kloster Benediktbeuern ab. Von 1692–95 stud. er Theol. an der Benediktineruniv. Salzburg, war dann in der Seelsorge u. ab 1696 als Bibliothekar seines Klosters tätig. Seit diesem Zeitpunkt beschäftigte er sich – angeregt durch die Forsch. u. Veröff. ↑Mabillons u. der Kongregation v. St. Maur – intensiv mit ma. Handschriften, auch zur Verteidigung rechtlicher Ansprüche seines Klosters. Daneben lehrte M. an verschiedenen Instituten seines Ordens u. a. Griech. u. Theol. Seit 1708 war er Archivar v. Benediktbeuern u. Historiograph der Bayer. Benediktinerkongregation. Zw. 1722 u. 1727 verfaßte er im Auftrag der Kongregation eine Gesch. des Bist. Freising (*Historia Frisingensis*, 1724/29 gedruckt). In dieser «ersten krit. Bistumsgesch. des deutschen Südens» (A. Kraus) verwertete er das gesamte ihm vorliegende QQmaterial, das er zuvor nach den Methoden maurinischer QQkritik aufbereitet u. beurteilt hatte. Ein nicht minder bedeutsames Dokument der neuen krit. Gesch.forsch. ist M.s (posthum hrsg.) Edition von Urkunden seines Klosters (*Chronicon Benedictoburanum*, 1751/52).

Lit.: FS zum 300. Geburtstag v. K. M., in: StMBO 80 (1969) I–II (dort ältere Lit. u. WV); BBKL 5, Sp. 1561–1564; LThK³ VII, Sp. 67; NDB 16, S. 634–637 (Werk- u. Lit.verz.). *H. Z.*

Meinecke, Friedrich (1862–1954), gilt als Begründer der polit. Ideengesch. u. als wichtiger Vertreter der Geistesgesch. Sein Œuvre reflektiert die Brüche der dtn. Gesch. vom 19. Jh. bis in die Zeit nach dem Zweiten Weltkrieg.

Der Sohn eines Postbeamten in Salzwedel studierte in Berlin und Bonn, u. a. bei ↑Droysen, ↑Sybel, ↑Treitschke u. ↑Bresslau. 1886 promovierte er bei ↑Koser mit der Arbeit *Das sog. Stralendorffsche Gutachten und der Jülicher Erbfolgestreit von 1609.* 1887 trat er in den Archivdienst ein, 1896 habilitierte er sich bei Sybel in Berlin. 1901 wurde er Prof. in Straßburg, 1906 in Freiburg, 1914 in Berlin. Seit 1893 die HZ herausgebend, begründete M. seinen Ruf vor allem durch das Werk *Weltbürgertum u. Nationalstaat* (1907). Pol. setzte sich M. in den Jahren vor dem 1. Weltkrieg für die Ideen Naumanns ein. Im Krieg trat M. für einen Verständigungsfrieden u. innere Reformen ein; 1918/19 stellte er sich – obgleich «Herzensmonarchist» – auf den Boden der Republik – wurde Vernunftrepublikaner, versuchte aber ein Höchstmaß an Kontinuität zur bisherigen Staatsentwicklung zu erhalten. Mit der *Idee der Staatsräson in der neueren Geschichte* publizierte M. 1924 sein zweites großes ideengeschichtliches Werk. Wie schon in der Vorkriegszeit war M. auch in den 20er Jahren ein erfolgreicher akadem. Lehrer mit einem ungewöhnlichen Schülerkreis. Zus. mit ↑Oncken gab er die «Klassiker der Politik» u. mit ↑Below das «Handbuch der mittl. u. neueren Geschichte» heraus. 1928 wurde er Vorsitzender der neugeschaffenen Histor. Reichskomm. In der Endphase der Weimarer Zeit stritt M. gegen die NS-Bewegung. Nach der NS-Machtübernahme verlor er 1934 den Vorsitz der Reichskommission u. 1935 die Schriftleitung der HZ; ein Teil seiner Schüler emigrierte. 1936 erschien *Die Entstehung des Historismus*. Unter dem Eindruck des Ausgangs des Zweiten Weltkriegs schrieb der inzwischen 83jährige M. 1945 sein meistbeachtetes Buch *Die dte. Katastrophe*, in dem er die neueste dte. Geschichte seit dem 19. Jh. kritisch zu reflektieren suchte. M. wurde 1948 – als «Symbol des besseren dtn. histor.-polit. Denkens» betrachtet – zum ersten Rektor der Freien Universität Berlin gewählt. 1951 benannte man das Histor. Sem. dieser Univ. in Fr.-M.-Institut um.

Das umfangreiche Œuvre M.s liegt in einer seit 1957 erschienenen, bislang 9bändigen Werkausgabe vor. Schwerpunkte sind die Ideengeschichte der Neuzeit, die Epoche der preußischen Reformen und die Theorie und Geschichte der Gesch.schr.

Zu den frühen Werken M.s zählt die 2bändige Biographie über den Heeresreformer v. Boyen (1896/99), 1906 erschien M.s Darstellung des *Zeitalters der deutschen Erhebung* (1795–1815). – In *Weltbürgertum u. Nationalstaat* (1907) stellt M. die dte. Gesch. von der pr. Reformzeit bis zur Bismarckschen Reichsgründung durch Portraits herausragender Staatsmänner und Denker harmonisierend als eine aufsteigende, sinnvolle Entwicklung dar. Im Vorwort zur 2. Aufl. 1911 forderte M. die Geschichtswiss. auf, Fühlung mit den großen Mächten des Staats- u. Kulturlebens zu halten und sich «wieder mutiger in Philosophie u. Politik zu baden». – Mit *Radowitz und die deutsche Revolution* (1913) behandelt M. einen Repräsentanten des konservativen Nat.staatsdenkens mit Sympathie für die «tragische Persönlichkeit». *Preußen u. Dtl. im 19. u. 20. Jh.* (1918) enthält Aufsätze zur preuß.-dtn. Entwicklung.

Die Idee der Staatsräson in der neueren Gesch. (1924) untersucht unter dem Eindruck der Zeiterfahrungen die Bewältigung des Verhältnisses von Krathos u. Ethos, von Machtpolitik u. sittl. Verantwortung von ↑Machiavelli bis zur Gegenwart. M. verteidigt die Staatsräson als Instanz auch gegenüber den ideologischen, technisch-ökonomischen und gesellschaftlichen Tendenzen der neuesten Zeit. – Seine *Geschichte des dt.-engl. Bündnisproblems 1890–1901* (1927) diskutierte die tieferen Ursachen des Ersten Weltkriegs. Danach hatte die dte. Politik die Chance eines dt.-engl. Bündnisses nicht genutzt u. damit die «Einkreisung» ermöglicht.

Mit dem 2bändigen Werk *Die Entstehung des Historismus* (1936) untersuchte M. die Frage nach den der Gesch.schr. und dem gesch. Denken zugrundeliegenden Wertmaßstäben u. Gestaltungsprinzipien, die er als Historismus bezeichnete. M. sah die Entstehung des Historismus, die er als Revolution des abendländischen Denkens betrachtete, im 18. Jh. in der Entdeckung des Individuellen durch ↑Möser, ↑Herder und vor allem Goethe, durch die Erfassung der unendlichen Fülle von Eigengesetzlichkeiten, die das Leben der einzelnen wie der Staaten und Nationen bestimmen. In der zeitgenössischen Rezeption wurde vorrangig das Problem des Wertrelativismus im Historismus diskutiert.

Die dte. Katastrophe (1946) resultiert nach M. vorrangig aus einer spezifischen Überlagerung u. Verwicklung der gemeineuropäischen Phänomene Nationalismus und Sozialismus sowie aus besonderen Komponenten der dtn. Gesch., insbesondere aus der Tradition des preußischen Militarismus, schließlich auch aus einer Häufung von Schwächen und Zufällen 1932/33. M. forderte in der Situation des Jahres 1945 eine

Rückwendung zum Idealismus der Goethezeit.

In seinen histor.-polit. Grundauffassungen war M. in der Weimarer Zeit keineswegs repräsentativ; erst nach dem Zweiten Weltkrieg wurden M.s Anschauungen dominant. M.s ideen- und geistesgeschichtl. Richtung war stets nur eine neben anderen Richtungen. M.s Schüler wandten sich z. T. später sozialgeschichtl. Fragen oder weitgefaßten politikgeschichtl. Ansätzen zu. Einigen Einfluß übten Meinecke-Schüler, die Dtl. in der NS-Zeit verließen, auf die amerik. Geschichtswiss. der Nachkriegszeit u. über diese teilweise wieder auf die westdte. aus. Trotzdem war M. in der Grundlagenkrise der dtn. Geschichtswiss. in den 60er Jahren Gegenstand heftiger Kritik. In neuester Zeit wird er meist als bedeutende Historiker-Persönlichkeit gewürdigt. Trotz aller Zeitbedingtheit und der prinzipiellen Begrenzungen seiner von der Gesellschaftsgesch. abstrahierenden Ideengesch. sind M.s Analysen u. Skizzen noch heute anregend.

Lit.: M. Erbe (Hrsg.): F. M. heute. Bln 1981, darin S. 199 ff. eine F. Meinecke-Bibliographie mit den Schriften M.s, den Festschriften f. M. u. den wichtigsten Arbeiten über M. bis 1979; E. Schulin: F. M., in: H.-U. Wehler (Hrsg.): Deutsche Historiker, Bd. I, Gö 1971, S. 39–57; Ders., F. M., In: N. Hammerstein (Hrsg.): Dte. Gesch.wiss. um 1900. St 1988, S. 313–322; R. A. Pois: F. M. and German Politics in the Twentieth Century. L. A. 1972; I. Geiss: Kritischer Rückblick auf F. M. In: Ders.: Studien über Geschichte und Geschichtswiss., Frankf./M. 1972, S. 89–107; W. Hofer: Geschichtsschreibung und Weltanschauung. Gedanken zum Werk F. M.s, Mn 1950; H. Klueting: «Vernunftrepublikanismus» und «Vertrauensdiktatur»: F. M. in der Weimarer Republik. In: HZ 242, 1986, S. 69–98; St. Meineke: F. M. Persönlichkeit u. polit. Denken bis z. Ende des Ersten Weltkrieges, Bln, New York 1995. *B. F.*

Meiners, Christoph (1747–1810), 1772 a. o. u. 1775 o. Prof. für Philosophie an der Univ. Göttingen, wurde in Warstade bei Otterndorf als Sohn eines Postmeisters geb. Seine Bildung brachte er sich größtenteils autodidaktisch bei. Eine exzessiv betriebene Lektüre, die er auch während seines Studiums (in Göttingen) fortsetzte, legte den Grundstein zu einer enzyklopäd. Belesenheit, die später seinen hist. u. systemat. Schriften zugute kam. Ähnlich umfangreich wie M.' Lektüreleistung ist seine Publikationstätigkeit, die nicht nur alle der von ihm in seinen Vorlesungen behandelten Gegenstände abdeckte, sondern die darüber hinaus weitere Themenbereiche umfaßte: In knappgefaßten Handbüchern, umfangreichen Monographien u. nicht zuletzt in detaillierten, zumeist hist.-antiquarischen Zeitschriftenaufsätzen hat er die Grundfragen der Psychologie, der Ästhetik u. der Ethik ebenso behandelt wie die Gesch. der Philosophie u. die Gesch. der Religion beschrieben; weiterhin hat er Schilderungen seiner gelehrten Reisen, ferner Gelegenheitsschriften über verschiedene aktuelle Themen, schließlich auch pädagog. und propädeut.-didaktische Arbeiten verfaßt. Er fand es wichtig genug, in einer *Anweisung für Jünglinge zu eigenen Arbeiten* (1789) Hinweise zum richtigen Lesen u. Exzerpieren zu geben; sein 2bändiges Werk *Über die Verfassung und Verwaltung teutscher Universitäten* (1801/02) ist eine der wichtigsten Quellen zur Bildungsgesch. des ausgehenden 18. Jhs.

M.' wissenschaftshist. Bedeutung liegt v. a. auf dem Gebiet der sog. Kulturgesch., d. h. der Sittengesch. u. der vergleichenden Anthropologie; er darf als Vorläufer einer modernen Hist. Anthropologie gelten, die z. Z. kontrovers diskutiert wird. Wie viele Aufklärer, so verband auch er hist. u. ausgeprägt systemat.-enzyklopäd. Neigungen. Zwar nicht ganz zu Unrecht als Vielschreiber verrufen, hat er doch eine Reihe durchaus innovativer Arbeiten vorgelegt. Dazu gehört seine *Historische Vergleichung der Sitten und Verfassungen, der Gesetze und Gewerbe, des Handels und der Religion, der Wissenschaften u. Lehranstalten des Mittelalters mit denen unsers Jh.s, in Rücksicht auf die Vortheile u. Nachtheile der Aufklärung* ebenso wie – trotz z. T. erheblicher konzeptioneller Brüche – seine 4bändige *Geschichte des weiblichen Geschlechts* (Hannover 1788–1800) u. sein *Grundriß der Gesch. der Menschheit* (Lemgo 1785, [2]1793; ND: Königstein/Ts. 1981). Politisch war er, wie die meisten Göttinger Univ.professoren, «Reformkonservativer»; sein ehrliches aufklärerisches Engagement wurde allerdings teilweise durch rassist. Gedankengut überdeckt (M. rechtfertigte etwa auch die Negersklaverei). Er ist eine schillernde, in wissenschaftshist. Hinsicht noch unausgeschöpfte Persönlichkeit.

Lit.: E. Schaumkell: Gesch. d. dt. Kulturgesch.schreibung, L 1905, 74ff., 98ff.; A. Ihle: C. M. u. die Völkerkunde, Gö 1931; I. Salzbrunn: Studien zum dt. hist. Zeitschriftenwesen, Diss. Münster 1967, 87–116, 475–480; F. Lotter: C. M. u. die Lehre von der unterschiedlichen Wertigkeit der Menschenrassen, in: Gesch.wissenschaft in Göttingen, hg. v. H. Boockmann/H. Wellenreuther, Gö 1987, 30–75; E. Zeidler-Johnson: Aufteilung der Menschheitsgesch., in: U. A. J. Becher/ J. Rüsen (Hg.): Weiblichkeit in hist. Perspektive, F 1988, 189–216. *H. W. B.*

Melanchthon (Schwartzert), **Philipp** (1497–1560), Reformator, Humanist, Gelehrter. Nach dem Studium in Heidelberg und Tübingen wurde M. 1518 als Prof. des Griechischen an die junge Univ. Wittenberg berufen, die nicht nur Leitbild für alle protest. Univ. werden sollte, sondern gerade in M.s Wissenschaftsauffassung und Gliederung des Wissens eine der grundlegenden Organisationsformen der Gelehrsamkeit und des Wissens herausbildete. Auch die Gesch. hatte darin einen neuen und wichtigen Platz. Neben der Reform Wittenbergs, vieler weiterer Univ. und Latein-Schulen lehrte und wirkte Melanchthon bis zu seinem Tode in Wittenberg. Viele Reisen führten ihn ins Reich, er hatte einen ausgedehnten Briefwechsel und weitgespannten Freundeskreis, bildete bedeutende und nachmals wichtige Schüler heran.

Sein Werk *Chronicum Carionis, latine expositum et auctum* [...] (Wittenberg 1558, viele weitere Aufl., Ergänzungen von Caspar Peucer sowie Übersetzungen) blieb – neben dem ↑Sleidans – eines der meistgenutzten Schulbücher für den Gesch.unterricht bis ins 18. Jh.

Hauptsächlich drei Gesichtspunkte bestimmten M.s Auffassung der Gesch. und ihres unverzichtbaren Nutzens: Sie ist von Gott gemacht, damit die Menschen darin sein Walten und seine Absichten erkennen können. Der Ablauf der Weltgesch. gliedert sich entsprechend der Vision des Propheten Daniel in eine translatio Imperii der vier Weltreiche. Die Gesch. gliedert sich in eine profane und eine kirchliche. Aus den Historien sind Exempel zu ziehen, sie gehören insoweit auch zur Ethik, sie bieten stellvertretende Erfahrung und taugen vorzüglich, junge Gemüter in überzeugender und anschaulicher Weise zu erziehen, da sie auch Vergnügen bereiten können.

Die Bearbeitung der Carionischen Chronik – sie war 1532 vom Kur-Brandenburgischen Hof-Astronom Johannes Carion (1499–1537) in Wittenberg publiziert worden – führt eigentlich die chronologischen Traditionen solcher Weltgesch. fort, wie sie seit der Spätantike und dem MA bekannt waren. In ihrer didaktisch modernen, in Einzelpunkten vom Humanismus inspirierten Art erweist sie sich aber als eine für Unterricht und Gesamtansicht der Weltgesch. zugleich höchst nützliche und brauchbare Kombination.

Lit.: TRE 22, 371–410; E. Menke-Glückert, Die Geschichtsschreibung der Reformation und Gegenreformation, 1912; E. Cl. Scherer, Geschichte und Kirchengeschichte an den deutschen Universitäten, 1927; N. Hammerstein, Imperium Romanum cum omnibus suis qualitatibus ad Germanos est translatum. Das vierte Weltreich in der Lehre der Reichs-Juristen, in: J. Kunisch u. a. (Hg.), Neue Studien zur frühneuzeitlichen Reichsgeschichte, ZHF, Beiheft 3, B 1987, 187ff.; H. Scheible, Melanchthon. Eine Biographie, 1997; J. Schilling (Hg.), M.s bleibende Bedeutung, 1998. *N. H.*

Menéndez Pidal, Ramón (1869–1968), in La Coruña geb., wirkte nach seinem Studium in Madrid vorwiegend als Philologe – er hatte von 1899 bis 1939 den Lehrstuhl für Roman. Philologie an der Univ. Madrid inne – und erst in zweiter Linie als Literaturhistoriker bzw. Autor zur Ideen- und Polit. Geschichte. M. P. war mehrmals Präs. der span. Akademie, Direktor des von ihm und ↑A. Castro gegründeten Centro de Estudios Históricos, er wurde mit zahlreichen akad. Würden und vielen Ehrendoktortiteln als der Welt berühmtester Roman. Philologe bzw. Kenner des span. MAs ausgezeichnet. Parallel zur lit. und philolog. Bearbeitung dieses Zeitraums (der Reconquista) beschäftigte sich M. P. auch mit hist. Fragen; dabei entstanden als sein bedeutendster hist. Beitrag die auf solide Quellenbasis gestützten Arbeiten über Leben und Zeit des Cid *(Crónicas generales de España,* Madrid 1898; *Primera Crónica General de España,* Madrid 1906; *La España del Cid,* 2 Bde. Madrid 1929; dt. *Das Spanien des Cid,* 1936/37). Weniger überzeugend war M. P. mit seinen hist. Arbeiten über den späteren span. Imperialismus (*El imperio hispánico y los cinco reinos,* Madrid 1950) oder über den von ihm kritisierten ↑Las Casas (*El Padre Las Casas. Su doble Personalidad,* Madrid 1963). Unter der Leitung von M. P. entstand auch eine mehrbändige, immer noch wichtige *Historia de España,* an der zahlreiche span. Fachkollegen mitwirkten (Madrid 1950–1968). M. P. starb 1968 in Madrid.

Lit.: C. Smith, Ramón Menéndez Pidal, 1869–1968. Lo 1970. *H. J. K.*

Mennel, Jakob (1460–1526). Geb. in Bregenz, wurde M. nach Studium der Artes und Jura 1496 Stadtschreiber von Freiburg i. Br., 1500 Kanzler des Johanniterordens, 1505 kaiserl. Rat, 1507 Ordinarius für Zivilrecht in Freiburg. In Kaiser Maximilian I. erwuchs ihm ein Mäzen und Anreger seiner lit. Arbeiten, die u. a. Beiträge zur Schachlit. und zur Stillehre, Beschreibungen kirchl. Institutionen des Bodenseegebietes, Schilderungen zeitgesch. Ereignisse und vor allem genealog. Untersuchungen zur Vorfahrenschaft Maximilians und Karls V. (sechsbändiges Hauptwerk, verf. um 1512/17: *Fürstliche Chronik, genannt Kayser Maximilians Geburtsspiegel*) umfaßten. Bei aller Neigung, fabulöse dynast. Abstammungen (Trojasage) als Vorgaben zu akzeptieren, dennoch stets der beweissuchenden jurist. Methode verhaftet, war M. einer der ersten, der bei seinen hist. Recherchen gesch. Überreste systematisch auswertete.

Lit.: VL 6, Sp. 389–395; D. Mertens, Geschichte und Dynastie. Zu Methode und Ziel der «Fürstlichen Chronik» Jakob Mennels, in: Historiographie am Oberrhein im späten Mittelalter und in der frühen Neuzeit, hg. v. K. Andermann, Sigmaringen 1988, 121–153. *G. M.*

Meyer, Arnold Oskar (1877–1944). Neuzeithistoriker mit den Arbeitsschwerpunkten englische Geschichte,

Geschichte des dtn. Nationalbewußtseins u. des dtn. Nationalstaats u. vor allem Bismarck.

Der Sohn eines Univ.prof.s wurde 1900 in Breslau mit einer Diss. über *Die englische Diplomatie in Dtl. zur Zeit Eduards VI. u. Marias* promoviert. Der Schüler ↑D. Schäfers u. ↑E. Marcks' habilitierte sich 1908; 1915 wurde er als Ordinarius nach Kiel, nach weiteren Rufen 1936 nach Berlin berufen, wo er – wie in München – Nachfolger ↑H. Onckens wurde.

An die Diss. schloß sich eine umfangreiche Aktensamml. u. Darstellung über *England u. die kath. Kirche unter Königin Elisabeth u. den Stuarts* an. M. kontrastierte 1929 die Dtn. als d. «Volk ohne Raum» mit den Engländern als dem «Volk mit dem größten Lebensraum, den je ein Volk gewonnen hat, seitdem es Geschichte gibt». 1937 veröffentlichte er s. Aufsatzsamml. *Deutsche u. Engländer. Wesen u. Werden in großer Geschichte.*

1927 erschien *Bismarcks Kampf mit Österreich am Bundestag in Frankfurt 1851–1859,* 1933 *Bismarcks Glaube im Spiegel der Losungen u. Lehrtexte,* 1935 der Aufsatz «Die sittlichen Grundlagen der Politik Bismarcks». Der ebenso konservative wie nationale M. sah in Bismarck den über den Parteien stehenden, das Ganze verkörpernden nationalen Staatsmann. In der NS-Zeit bemühte sich M., Bismarcks Leistungen in die Traditionslinie des Dritten Reiches einzuordnen. 1944 erschien M.s voluminöse Bismarck-Biographie, die insgesamt gesehen durch Verehrung der «polit. und menschlichen Größe Bismarcks» geprägt ist.

Problematisch erscheinen aus heutiger Sicht M.s Beiträge zum dtn. Volkscharakter (1933) u. zur Geschichte des dtn. Nationalgefühls (1934 u. 1937). – Weitere Themen der Historiographie M.s waren die Geschichte Schleswig-Holsteins u. die schlesische Geschichte.

Lit.: W. Goetz: A. O. M. in: Ders.: Historiker in meiner Zeit, Kö / Graz 1957, S. 379–81; H. Grebing: Zw. Kaiserreich u. Diktatur. Göttinger Historiker u. ihr Beitr. z. Interpret. v. Gesch. u. Ges. In: H. Boockmann / H. Wellenreuther (Hrsg.): Gesch.-wiss. in Göttingen, Gö 1987, S. 204–238.

B. F.

Meyer, Eduard (1855–1930), ist eine Ausnahmeerscheinung unter den Althist. Sein Lebenswerk, die *Geschichte des Altertums* (GdA, 8 Tl.-Bde.; Da ⁹1984, hrsg. v. H. E. Stier), ist zwar unvollendet, stellt aber zusammen mit den über 500 Beiträgen zur Fundierung dieses Vorhabens den einmaligen Versuch dar, aufgrund umfassender eigener Detail- und Quellenforsch. nicht nur räumlich und zeitlich, sondern auch von den verschiedenen Aspekten her, eine Universalgesch. d. Altertums zu schreiben. In bahnbrechender Weise arbeitete M. die Gesch. des Alten Orients auf und suchte vor allem die Gesch. der Griechen u. des Christentums in jene zu integrieren und zugleich u. a. durch gezielte Erklärungsmodelle bzw. Begriffe den Standort der Alten Gesch. in der Entwicklungsgesch. der Menschheit zu enthüllen, womit er auf ↑O. Spengler einwirkte.

Sein Vater, ein Philol., und die berühmte Hamburger Gelehrtenschule, das humanist. Gymn. «Johanneum», bes. dessen Leiter J. Classen, ein Verehrer von ↑B. G. Niebuhr, brachten M. schon früh zur Alten Geschichte. Im Streben nach einer umfassenden und einheitlichen Weltanschauung griff er schon damals den universalhistorischen Aspekt auf, den er in B. G. Niebuhrs Vorträgen über Alte Geschichte vorfand. Seine Arbeit über die Geschichte Kleinasiens noch aus der Prima bildete, wie M. selbst sagte, seine spätere Leipziger Habil.schrift *Geschichte des Königreichs Pontos* (1879). Noch in der Schule begann er die antiken und modernen Sprachen des Vorderen Orients zielstrebig zu erlernen. Nach dem Abitur 1872 und einem Semester in Bonn wechselte er im Winter 1872/3 nach Leipzig, das damalige Zentrum der dt. Orientalistik. Bereits im Frühjahr 1875 prom. M. mit einer religionsgesch. Arbeit über die altäg. Gottheit Set-Typhon.

In anderthalb Jahren als Privatlehrer beim engl. Generalkonsul in Konstantinopel und in Engl. lernte er den Orient und das Britische Museum kennen. M. unternahm nur noch drei längere Reisen ins Mittelmeergebiet, als Siebzigjähriger erstmals nach Ägypten, Palästina und Phönikien. Nach der Habil. für Alte Gesch. 1879 in Leipzig entsprach der Wunsch des Cottaschen Verlags nach einer umfassenden Gesch. des Altertums den Plänen M.s. Mit Bd. 1 der *GdA* (1884), der die Gesch. des Orients bis zur Gründung des Perserreiches enthält, begann M.s Ruhm: 1885 Ruf auf den althist. Lehrstuhl in Breslau, 1889 nach Halle und Abschluß der 5 Bde. der 1. Aufl. der *GdA,* die bis 350 v.C. reicht, 1900 Ruf nach München, aber abgelehnt, 1902 Berlin, wo er bis zur Emeritierung (1923) und zu seinem Tod (1930) blieb. Einladungen an die Univ. Chicago (1904) und als Austauschprof. nach Harvard (1909/10) ermöglichten ihm, die USA eingehend zu bereisen. Im Ersten Weltkrieg und danach exponierte sich M. als Patriot und Monarchist, u.a. in zwei polemischen Schr. über Engl. und Amerika. Zu dieser Haltung brachten ihn seine persönl. Reiseerfahrungen u. universalhist. Analysen u. Analogien, vor allem mit dem Röm. Reich, um für Dtld. eine führende Position im Wettstreit der Nationen auf staatl. u. kultur. Gebiet zu sichern. Aus Empörung über die entwürdigenden Auslieferungsforderungen der Siegermächte zerriß er öffentlich seine engl. u. amer. Doktordiplome, auch die von Oxford u. Harvard. Im Krisenjahr 1919 zum Rektor gewählt, suchte er die Tradition der Univ. als Stätte qualitätsvoller wiss. Arbeit zu wahren.

Schon seit 1916 fand M. wieder Zeit für wiss. Publikationen, die mit grundlegenden Gegenwartsfragen zusammenhingen, wie z.B. *Caesars Monarchie und das Prinzipat des Pompeius* (1918). *Ursprung und Anfänge des Christentums* (3 Bde., 1921/3), ein Thema, das bis dahin den Theologen vorbehalten schien, fand die fachwiss. Anerkennung durch die Verleihung des Dr. theol. Nach der Emeritierung (1923) fand M. zur Neubearbeitung der *GdA,* jetzt des 2. Bds., zurück. Vor dem Krieg hatte er im 1. Bd. wegen der umwälzenden Neufunde kaum einen Satz stehen lassen können. Der plötzliche Tod verhinderte den Abschluß der Neubearbeitung.

Die Spannweite M.s blieb unerreicht. Sie brauchte die Auseinandersetzung mit den Spezialisten nicht zu scheuen und sicherte seiner bewußten Subjektivität der Fragestellung, der Erfassung des hist. Stoffes und der Lösung der Probleme großmaßstäbliche Bedeutung. Gelegentlich gab es Überzeichnungen aus Opposition, aber in der Substanz waren seine neuen Maßstäbe nicht zu übergehen.

WV: H. Marohl, E. M. Bibliogr., St 1941. *Lit.:* W. M. Calder III/A. Demandt (Hg.), E. M.: Leben u. Leistung eines Universalhist., 1990; K. Christ, Von Gibbon zu Rostovtzeff, [3]1989, 286–333, 370–372, 383 (Lit. u. HW-Verz. m. Übersicht d. zitiert. Aufl. d. GdA); ders., Hellas. Griech. Gesch. und dt. Gesch. (1999) 99–125 (m. Lit.).

H. B.

Meyer von Knonau, Gerold (1843–1931). Der in Zürich geb. M. studierte Gesch. an den Hochschulen Zürich, Bonn, Göttingen und Berlin, u.a. bei ↑Sybel und ↑Waitz. 1865 promovierte er mit der Dissertation *Über [↑] Nithards vier Bücher Geschichten,* 1867 erfolgte – ebenfalls in Zürich – die Habil. mit der Schrift *Die Heiraten der burgundischen Mathilde.* Seine akad. Karriere vollzog sich ausschließlich in Zürich, wo er von 1872 bis zu seiner Emeritierung 1920 lehrte. Zu den Hauptwerken des Schweizer Mediaevisten, der viele Jahrzehnte auch Präsident der Allgemeinen gesch.forschenden Gesellschaft der Schweiz war und sich durch die Herausgabe der *Quellen zur Schweizer Geschichte* sowie des *Jahrbuchs für Schweizerische Geschichte* einen Namen machte, zählen *Die Jahrbücher des Deutschen Reiches unter Heinrich IV. und Heinrich V.* (1890–1909).

Lit.: HZ 144 (1931), 447 f.; Weber 391; Feller/Bonjour II, 763 f.; DBE 7, 112 f.
R. A. M.

Michelet, Jules (1798–1874), einer der bedeutendsten Hist. Fkr.s. Nach dem Studium in seiner Geburtsstadt Paris (Thèses, i. J. 1819) lehrte M., der Sohn eines armen Druckers, von 1827 bis 1837 Philos. und Gesch. an der ENS, wurde 1830 von ↑Guizot zum Leiter der hist. Abt. der Arch. Nationales ernannt und 1838 auf den Lehrstuhl für Gesch. und Moral am Collège de France berufen, wo seine Vorlesungen großen Zulauf fanden. Als engagierter intellektueller Vorkämpfer der Republik nach dem Staatsstreich Louis Napoleons 1851 seiner Ämter enthoben, lebte M. fortan vom Ertrag der zahlreichen Werke, die er schrieb, u. a. über die Liebe, die Frau, das Meer, das Gebirge, den Vogel, das Insekt.

M. begann seine wiss. Laufbahn mit einer sowohl für seine Gesch.philos. wie für die europaweite Rezeption jenes Werkes bedeutsamen Übers. von ↑Vicos «Scienza Nuova». In seinem eigenen hist. Schaffen ging M., der die Gesch. der Menschheit als allmähliche Entwicklung zu freier Humanität deutete, von frühen universalhist. Darstellungen, bes. *Introduction à l'histoire universelle* (P 1831) zur Gesch.schr. über Fkr. allgemein und bes. über die Franz. Rev. über. Im Geiste romantischer Gesch.-Auffassung bestrebt, Vergangenheit in ihrer Totalität wiederauferstehen zu lassen, verband M. das Wissen, das er als Hist. aus den Arch. gewann, mit der kreativen Kunst des begnadeten Schriftstellers zu einer Gesch.schr., die inzwischen wiss. überholt, aber im kollektiven Gedächtnis der frz. Nation lebendig geblieben ist. Teile seiner *Histoire de France* (17 Bde., P 1833–1867), bes. die Einleitung zum 2. Bd., *Tableau de la France,* sowie seine *Histoire de la Révolution française* (7 Bde., P 1847–53, dt. 5 Bde., H 1929–30) gehören als Klassiker der frz. Literatur in Fkr. zum Bildungskanon. – Für die Gesch. der Franz. Rev. stützte M., dessen Vater als Sansculotte dabei gewesen war, sich auf die mündliche Überl. der einfachen Leute und auf reiches Arch.material, von dem ein Teil beim Commune-Aufstand 1871 verbrannt ist. Insofern ist das Werk von bleibendem wiss. Wert. Wie ↑Thiers und Mignet den liberalen, schuf M. den demokratischen Revolutionsmythos: das gute Volk ist der Held des nationalen Epos von der Franz. Rev., die nach M. die Herrschaft des Christentums ablöste, «Ankunft des Gesetzes, Wiederauferstehung des Rechts, Rückwirkung der Gerechtigkeit» war (Vorwort). Von all seinen Werken hat dieses anfangs nur schwer verkäufliche, von national-republikanischem Pathos durchglühte Werk auf Dauer die größte Resonanz gefunden, sowohl in der späteren republikanisch-demokratisch-sozialistisch inspirierten frz. Revolutions-Gesch.schr. (↑Aulard, ↑Jaurès, ↑Mathiez, ↑Lefèbvre, bei letzteren trotz M.s negativem Urteil über Robespierre), wie auch im kollektiven Gesch.bewußtsein. M. sei allgegenwärtig, «der geometrische Ort und der gemeinsame Nenner, die Seele» hist. Erinnerung in Fkr., so ein sachkundiges frz. Urteil 1986. Seit einiger Zeit finden auch M.s in verschiedenen Werken enthaltenen Reflexionen über das Verhältnis von Mensch und Natur Beachtung.

Abh.: Cat.Gen. BN. – Dict. Sc. Hist. (P. Viallaneix, Lit.). Zitat: P. Nora, La nation-mémoire, in: ders. (Hrsg.), Lieux de mémoire – La Nation III, P 1986, S. 649. – Dt.: J. Köhler, Einleitung zu: J. M., G. der Franz. Rev., F 1988, Bd. 1, S. 9–53; P. Viallaneix, M., les travaux et les jours, 1998; A. Mitzman, M. ou la subversion du passé, 1999. *B. G. B.*

Migne, Jacques-Paul (1800–1875). In Saint-Flour geb.; M. trat in das Priesterseminar in Orléans ein und wurde 1824 zum Priester geweiht. Nach einigen Jahren gab er die Tätigkeit im Gemeindedienst auf und kam nach Paris (1833), wo er als Journalist, besonders aber als Drucker und Verleger wirkte. 1838 gründete er mit seinem Bruder die «Ateliers Catholiques» in Montrouge bei Paris, wo er, bis sie am 12. Februar 1868 niederbrannten, eine rege Tätigkeit entfaltete, es erschienen nahezu 1000 Bücher in Quartformat. Er starb 1875. Unter dem Titel *Bibliothèque universelle du clergè et des laïcs instruits* (allgemeine Bibliothek der Geistlichen und gelehrten Laien) veröffentlichte M. mehrere große Sammlungen, u. a. die griechische und die lateinische *Patrologie* (382 Bde.).

M. beabsichtigte in den Patrologien sämtliche christliche Schriftsteller des Altertums und des MA bis einschließlich zum 12. Jh. zu publizieren. Das Publikum, an das er sich wandte, waren die Landgeistlichen, denen M. dank dem sehr niedrigen Preis der Bände alle christl. Autoren zugänglich machen wollte. Die wiss. Leitung wurde zum größten Teil von einem Benediktiner aus Solesmes, Dom Pitra, übernommen. Die Patrologie besteht hauptsächlich aus Neudrucken der im 16.–18. und in der ersten Hälfte des 19. Jh.s erschienenen Ausgaben. Trotz aller Mängel hat sie großen Wert, da sie eine ungeheuere Menge von Schriftgut leicht zugänglich und damit benutzbar gemacht hat. Bis heute bleibt sie ein unentbehrliches Arbeitsinstrument für Theologie und Gesch.wiss.

Lit.: A. Mandouze/J. Fouilheron, Migne et le renouveau des études patristiques, 1985; LThK³, Sp. 247 f. *J. M. M.*

Mill, James (1773–1836). Der Schüler Jeremy Benthams und Kopf der antihistor. Philosophic Radicals begann seine lit. Laufbahn mit der *History of British India* (3 Bde., Lo 1817), dem hist. HW des Utilitarismus und zugleich einem Spätprodukt der schott. Aufklärung. Als Darstellung und «philosoph.» Kritik brit. Indienpolitik verdienstlich, mit ihrer voreingenommenen und ohne Landes- u. QQkenntnis ausgesprochenen Verdammung der ind. Zivilisation verhängnisvoll, war sie eines der einflußreichsten hist. Werke des 19. Jhs. Jahrzehntelang prägte sie die brit. Administratoren Indiens. ↑Macaulay nannte sie 1833 «the greatest historical work which has appeared in our language since that of Gibbon».

Lit.: E. Stokes, The Engl. Utilitarians and India, Oxford 1959; J. Majeed, Ungoverned Imaginings: James Mill's «History of British India» and Orientalism, Oxford 1992. *J. O.*

Miranda, José (1904–1967). Der in Asturien geb. M. schloß das Studium der Jurisprudenz an der Univ. Madrid 1926 ab; er vervollständigte seine Ausbildung in Fkr. und Dtl., kehrte nach

Span. zurück, wo er promovierte. Er ergänzte seine juristischen Studien durch Politikwissenschaft und Geschichte, spez. Wirtschaftsgesch. Am Span. Bürgerkrieg nahm M. auf republik. Seite teil, konnte 1939 nach der Niederlage der Republikaner fliehen und gelangte über die Stationen Fkr. und Chile 1940 nach Mexiko, dessen Staatsbürger er 1944 wurde. Mit seinem Eintritt in die Universidad Nacional Autónoma de México (UNAM) und in die Casa de España, das spätere Colegio de México, begann eine fruchtbare Schaffensperiode, in der M. wie so viele Exilspanier bedeutende Beiträge sowohl zur mexikan. Geschichtsforschung als auch zur Ausbildung mexikan. Historiker lieferte. M.s Arbeiten spiegeln die Breite seiner Ausbildung wider und umfassen auf sorgfältiger QQbasis vielfältige religiöse, politische und wirtschaftliche Aspekte vor allem der Kolonialzeit.

WW: El método de la ciencia política. (México 1945); Las ideas y las instituciones políticas mexicanas. Primera Parte, 1521–1820. (México 1952); Humboldt y México. (México 1962); España y Nueva España en la época de Felipe II. (México 1962).
Lit.: El Exilio español en México, 1939–1982. (México 1983) S. 249–254. *H.J.K.*

Mirbt, Carl (1860–1929). Nach Studien in Halle, Erlangen und Göttingen lehrte M. ab 1889 in Marburg und ab 1912 in Göttingen Kirchengesch. Seine Forschungen und Publikationen galten insbesondere der ma. Kirchengesch., speziell der Papstgesch., aber auch der modernen Kirchengesch. und Missionsgesch. Er verfaßte so wichtige Arbeiten wie *Die Entstehung des Papsttums* (1890), *Die Wahl Gregors VII.* (1892) und *Die Publizistik im Zeitalter Gregors VII.* (1894), die in einem kritisch-protestant. Tenor gehalten sind. Bisher unübertroffen ist seine Sammlung der *Quellen z. Gesch. des Papsttums u. d. röm. Katholizismus* ([5]1934). Von seinen Werken zur neueren Historie verdienen genannt zu werden: *Der deutsche Protestantismus und die Heidenmission im 19. Jh.* (1896), *Evangel. Mission* (1917) und *Geschichte der Kathol. Kirche von der Mitte des 18. Jhs. bis zum Vatik. Konzil* (1913).

Lit.: RGG IV, Sp. 962; BBKL 5, Sp. 1569–1573; DBE 7, S. 151; NDB 17, S. 557. *R.A.M.*

Mitteis, Heinrich (1889–1952). Geb. 26. Nov. 1889 in Prag aus böhmisch-steierischer Familie, Sohn des berühmten Rechts-Romanisten Ludwig M., entschloß er sich trotz künstlerischer Ambitionen 1908 in Leipzig zum Rechtsstudium. Akad. Lehrer waren dort u.a. O. Mayer, R. Sohm, in Berlin 1909/10 H. Brunner u. ↑O. Gierke. 1913 promovierte er in Leipzig zum Dr. jur., um 1913/14 das rechtshist. Studium in Bonn bei ↑U. Stutz und H. Schreuer zu vertiefen. Vier Jahre diente M. an der Front. Auf Anregung von H. Fehr habilitierte er sich 1919 in Halle für Dt. Recht. Die akad. Karriere führte über Köln 1920, Heidelberg 1924 (auf den Lehrstuhl von Fehr), wo M. 1927 (zus. mit L. Wenger) den Dt. Rechtshistorikertag begründete, 1934 nach München als Nachf. von K. Beyerle, und zwar als Wunschkandidat der Fakultät anstelle von K. A. Eckhardt. Seit 1933 durch das NS-Regime bedroht, u.a. wegen Kritik am Umsturz der Univ.-Verfassung, Brennpunkt polit. Polarisierung der Studenten, folgte M. schon 1935 einem Ruf nach Wien, wurde dann nach Suspendierung (1938) 1940 nach Rostock abgeschoben. Nach Kriegsende übernahm er als Haupt der Germanistik die Herausgabe der ZRG germ. Abt., nahm Rufe nach Berlin und 1948 nach München an, wo er – seit

1950 auch Präsident der Bayer. Akad. der Wiss. – während Berufungsverhandlungen mit Zürich durch den Tod am 23. Juli 1952 mitten aus der Arbeit gerissen wurde.

M. repräsentierte die dt. Rechtsgesch. auf neuer Ebene in Abkehr vom Positivismus und vom Rechtsdenken in statischen Kategorien der klassischen Schule durch eine dynamisch-funktionale Betrachtungsweise. «Er hat in der rechtsgeschichtl. Gelehrtenstube die Fenster geöffnet» (A. Erler). Sein Forschungsschwerpunkt galt der ma. Verfassungsgesch. unter Einbeziehung polit. Entwicklungen. M. hat im Lehensrecht, dessen staatsbildende Elemente er herausstellte, die Grundlage für intensive vergleichende Studien zur europäischen Staatenwelt bis hin zu den Kreuzfahrerstaaten gefunden. Seine Bücher *Lehnrecht und Staatsgewalt* (1933) und *Der Staat des hohen Mittelalters* (1940, 4. Aufl. posthum 1953, 11. Aufl. 1986) befestigten als Standardwerke sein internationales Ansehen; sie haben – neben dem Kurzlehrbuch *Deutsche Rechtsgeschichte* (1949, bearb. v. H. Lieberich in 19. Aufl. 1992) und der Monographie über *Die deutsche Königswahl* (1938, 2. Aufl. 1944) – Generationen auch von Fachhistoriker-Studenten als maßgebliche Handbücher gedient. M. hat die hist. Forschung nicht zuletzt belebt durch griffige Begriffsbildungen (wie «Rechtsgesch. und Machtgesch.», Königserhebung als «gestreckter Rechtsakt» u. a.). Nach dem Zusammenbruch 1945 verdichteten sich seine rechtsphilos. Reflexionen über Kontinuität und Lebenswert der Idee des Rechts und der Gerechtigkeit zum Leitmotiv seiner Arbeit. Seinerzeit einer der erfolgreichsten germanistischen Rechtshistoriker, erfährt sein Werk heute manche Relativierung wegen gewisser Einseitigkeiten der mediaevistischen Kategorienbildung, z. B. bezüglich Unterschätzung der Fortwirkung antiker und kanonistischer Elemente. Auch seine Beiträge zum geltenden Privatrecht wirken in der Diskussion weiter (dazu K. Luig beim Symposium 1991). Die deutsche Rechtsgeschichte der ersten Hälfte des 20. Jh.s wird heute hinterfragt nach Ausrichtungen, die der NS-Ideologie dienen konnten (G. Brun). M.s anfänglicher Begrüßung der «Rechtserneuerung» sowie der Berufung 1933 in die Akademie für Deutsches Recht folgten keine diesbezüglichen Aktivitäten; für diskriminierte Kollegen setzte er sich ein. Von Hause aus der deutschnationalen Gesinnung nahestehend, ohne Monarchist oder «Antidemokrat» gewesen zu sein, blieb M. ein eher unpolitischer Mensch, Forscher und akademischer Lehrer von Brillanz, privat zeitlebens der Musik verbunden.

WV: in: Die Rechtsidee in der Gesch. Ges. Abh. u. Vorträge von H. M., hg. von L. Petersen, Wr 1957, 724–731.
Lit.: K. S. Bader, H. M. (Nachruf von 1953), repr. ebd. XIII–XXIX; H. E. Feine, H. M., in: Geist und Gestalt I, Mn 1959, 243–248; A. Erler, in: HRG III, B 1984, 614–617; G. Landwehr, H. M., in: Juristen im Portrait, Mn 1988, 572–583; H. Böhm, Berufung u. Lehre in schwieriger Zeit. H. M., o. Prof. a. d. Univ. München (1934–1935), in: Universität u. Bildung, FS für L. Boehm, hg. v. W. Müller u. a., Mn 1991, 435–447; G. Brun, Leben u. Werk des Rechtshistorikers H. M. unter Berücksichtigung seines Verhältnisses zum Nationalsozialismus, Ffm 1991; P. Landau u. a. (Hg.), H. M. nach hundert Jahren (1889–1989), 1991; G. Brun, Leben u. Werk von H. M., in: H. Nehlsen/G. Brun (Hg.), Münchener rechtshistorische Studien zum Nationalsozialismus, Ffm 1996, 379–409. *L. B.*

Möser, Justus (1720–1794), Jurist u. führender Staatsmann im Bistum Osnabrück (das eine äußerst komplizierte Verfassungsstruktur aufwies), ist v. a. wegen seiner in «einigen Nebenstunden» verfaßten *Osnabrückischen Geschichte* (Osnabrück 1768; 2 Bde., B ^{2}1780), dann auch wegen seiner Sammlung kleiner Aufsätze, den *Patriotischen Phantasien* (4 Bde., B 1774–1786), für die sich verwissenschaftlichende Historie bedeutsam. M.s Denken enthält eine eigentümliche Mischung konservativer u. emanzipatorischer Momente; seine Historiographie schildert staatl., rechtl., wirtschaftl., soziale u. sittl. Zustände u. Einrichtungen. Die *Osnabrück. Gesch.* ist Landesgesch., d. h. Gesch. eines Territoriums, aber geschrieben aus der Perspektive der gesamtdt. Gesch.; sie ist konzipiert als Volks-, nicht als Fürstenhistorie. M.s Darstellung ist auf den dritten Stand bezogen, wobei – das Landeigentum erschien ihm als «wahre Quelle der allgemeinen Glückseligkeit» – der freie Bauer die wichtigste Rolle einnahm; jener steht dem untätigen Hofadel antagonistisch gegenüber. Alle geschichtl. Veränderungen werden von M. als Modifikationen u. Einschränkungen einer ursprüngl. Freiheit u. Ehre geschildert.

Ausg.: Sämtl. Werke, 14 Bde., Oldenburg u. a. 1943 ff.
Lit.: F. Meinecke: Die Entstehung des Historismus, Mn ^{4}1965, 303–54; P. Schmidt: Studien über J. M. als Historiker, Göppingen 1975; V. Sellin, J. M., in: Dt. Historiker, hg. v. H.-U. Wehler, Bd. 9, Gö 1982, 23–41; K. H. L. Welker: Rechtsgeschichte als Rechtspolitik; J. M. als Jurist und Staatsmann, 2 Bde., Osnabrück 1996. *H. W. B.*

Momigliano, Arnaldo Dante (1908–1987), entstammte einer alten jüd. Familie Piemonts, wurde 1932 Prof. in Rom, 1936 in Turin. 1938 aus dem Amt getrieben, fand er in England Zuflucht, wo er 1947/51 Lecturer bzw. Reader für Alte Gesch. in Bristol, 1951–1975 Prof. an der Univ. London war. Dazu hatte er in Turin (1945/64) u. Pisa (ab 1964) eine persönl. Professur, ab 1975 in Chicago eine Gastprofessur inne. Das sehr umfangreiche Œuvre M.s bezieht sich auf die gesamte Antike u. hat einen bes. Schwerpunkt in der antiken u. neuzeitl. Historiogr. zum Altertum, wo M. in vielen Arbeiten zu einzelnen Hist., seltener zu Gattungen (wie der Biographie), meisterhafte Leistungen vollbrachte. Auch sonst widmete M. sich vornehmlich der Geistes- u. Ideengesch., in jüngeren Jahren auch der polit. u. Institutionengesch. Ebenso befaßte er sich intensiv mit dem antiken Judentum.

WV in: Quarto/Sesto/Ottavo Contributo alla storia degli studi classici e del mondo antico, R 1969, 669–715/1980, 845–860/1987, 435–449.
Lit.: K. Christ, in: Gnomon 60, 1988, 571–575; W. Nippel, in: Storia della storiografia 14, 1988, 3–7; Arnaldo Momigliano e la sua opera, in: Riv. Storica Ital. 100, 1988, 281–446; K. Christ, Neue Profile der Alten Geschichte, Da 1990, 248–294. *H. W.*

Mommsen, Theodor (1817–1903), war als Forscher u. Gesch.schreiber der bislang bedeutendste Hist. Roms. Nach seinem Studium der Jurisprudenz, währenddessen O. Jahn ihm die Klassische Philologie nahebrachte, in Kiel (1838/43) legte er 1844/47 in Italien aufgrund eines dän. Reisestipendiums die Grundlagen zu den *Inscriptiones Regni Neapolitani Latinae* (1852), erhielt nach dem polit.-journalist. Zwischenspiel bei der Schleswig-Holsteinischen Zeitung (1848) im Herbst 1848 einen Ruf auf ein Extraordinariat für Röm. Recht nach Leipzig, aus welchem Amt er als aktiver Liberaler 1851 entlassen wurde. 1852 wurde er im selben Fache nach Zürich berufen, 1854 nach Breslau, 1858 als Hrsg. des *Corpus Inscriptionum Latinarum* an die Preußische Akademie der Wiss. in Berlin, wo er 1861 das Ordinariat für Röm. Gesch. erhielt. 1873/95 war er Sekretär der Philosoph. Klasse der Preuß. Akademie. – M. war, als Liberaler, stets ein «animal politicum [...] und wünschte ein Bürger zu sein». 1863/66 und 1873/79 war er Mitglied des Preuß. Abgeordnetenhauses, 1881/84 des Deutschen Reichstages, nicht unumstritten. Aber seine polit. Wirkung blieb, wie er in der berühmten Testamentsklausel von 1899 beklagte, gering. Als Hist. (im umfassendsten Sinne) wurzelte seine Existenz tiefer.

In Schülerschaft zu B. Borghesi wurde M. der Begründer der wiss. (lat.) Epigraphik; in zähem Kampf rang er der Preuß. Akademie das umfassende, die Alte Gesch. auf völlig neue Bahnen lenkende *Corpus Inscriptionum Latinarum* ab, das er bis in die letzten Einzelheiten hinein redigierte u. dessen Bde. I, III, V, IX, X er teilweise oder ganz edierte. Viele wichtige Inschriften kommentierte er maßgeblich; auch die *Res gestae divi Augusti* (Monumentum Ancyranum) verdanken M. die aufklärende Interpretation ([2]1883). Er förderte entscheidend die röm. Numismatik (*Geschichte des röm. Münzwesens* 1860); die Erfassung der Münzen griech. Städte in einem Corpus leitete er ein, wie er auch die Papyrologie u. die provinzialröm. Archäologie (über das Reichslimeswerk) in Deutschland als hist. Hilfswiss. etablierte.

M. war einer der bedeutendsten Philologen des 19. Jhs. Er edierte wichtige spätantike Autoren, bes. ↑Cassiodor, ↑Jordanes, Eugippius, die spätantiken Chroniken (in den MGH), die Digesten, den «Codex Theodosianus» u. a. m. In zahlreichen Aufsätzen u. Miszellen trug er zur Interpretation der Autoren maßgeblich bei (vgl. Ges.Schr. VII).

Das öffentlich bedeutsame röm. Recht blieb M.s Domäne: Abgesehen von den wichtigen Editionen, wozu auch die grundlegenden Rechtsurkunden von den epigraph. erhaltenen rep. Gesetzen bis zu den flavischen Stadtgesetzen gehörten (vgl. Ges. Schr. I), u. von zahllosen Einzelinterpretationen (Ges. Schr. II u. III), offenbarte sich M.s Genie in seinem *Römischen Staatsrecht* ([2/3]1887/88): Er schuf die bisher einzige befriedigende jur.-systemat. Erfassung des röm. Staates von der Königszeit bis Diocletian. Obgleich die spätere Forschung M. etwas unklug die strenge Systematik, die die Könige und Kaiser miterfaßte u. die z. B. die (konstruierte!) Souveränität des Volkes zum Bindeglied der Staatsteile machte, vorwarf, hat bisher niemand sein *Staatsrecht* ersetzen können. Dasselbe gilt für das *Römische Strafrecht* (1899), für das M. ebenfalls erst das System geschaffen hatte. Keiner beherrschte diese Materien wie er.

Als Hist. hat M. nicht nur in Nachfolge von ↑Niebuhr u. A. Schwegler die Gesch. der frühen Republik auf neue, festere Füße gestellt, sondern v. a. auch erst die Kaiserzeit u. die Spätantike recht erschlossen, was ohne sein Inschriftencorpus und seine philol. Editionen nicht möglich gewesen wäre. Aus der Vielzahl an Spezialunters. sei nur *Die Conscriptionsordnung der röm. Kaiserzeit* (1884) hervorgehoben: Wer die ersten 6 Jh.e n. Chr. verstehen will, baut weitgehend auf M.s Forschungen. Selbst die beispielhafte Prosopographie des Imperium Romanum hat M. veranlaßt.

Für M.s allgemeine Wirkung wurde seine *Röm. Geschichte* (1852/54) entscheidend, die in 3 Bden von den Anfängen Roms bis zur Schlacht bei Thapsus (46 v. Chr.) führte, mit der M. das Ende der Republik datierte. Eine Geschichte der röm. Provinzen fügte er 1885 als Bd. 5 hinzu, während die Darstellung der Kaiserzeit unterblieb: Da M. keine bornierte Hofgesch. vorlegen wollte, weil sie das Wesen der Kaiserzeit nicht erschlossen hätte, bedurfte es noch umfangreicher Vorarbeiten, an denen M. selber maßgeblichen Anteil hatte.

Als Gesch.schreiber bemühte M. sich (gleichsam als Dolmetsch der Vergangenheit) um zeitnahe Diktion u. Realismus: «Es gilt doch vor allem die Alten herabsteigen zu machen von dem phantastischen Kothurn, auf dem sie der Masse des Publikums erscheinen, sie in die reale Welt, wo gehaßt und geliebt, gesägt und gehämmert, phantasiert und geschwindelt wird, den Lesern zu versetzen und darum mußte der Konsul ein Bürgermeister werden usw.» (Brief an W. Henzen v. 26.11.1854). Wie alle großen Gesch.schreiber, so brachte auch M. wesentlich seine Person mit ein, so daß seine Fragen, Begriffe u. Sichtweisen nicht immer mehr die unsrigen sein u. von uns oft nur schwer verstanden werden können. Auch ist die Forschung erheblich fortgeschritten. Insofern ist M.s Darstellung veraltet. Sie enthält aber doch auch so zahlreiche kluge Urteile u. Beobachtungen (auch gegen heutige Irrtümer!), daß sie nicht nur der hohen Kunstform, sondern auch ihres Inhaltes wegen weiterhin sehr lesenswert ist. 1902 erhielt M. den Nobelpreis für Literatur.

Lit.: K. Zangemeister/E. Jacobs, T. M. als Schriftsteller. Ein Verzeichnis seiner Schriften, B 1905; L. Wickert, T. M., 4 Bde. F 1959/80; A. Heuß, T. M. u. d. 19. Jh., Kiel 1956; ders., T. M. als Gesch.schreiber, in: N. Hammerstein (Hrsg.), Dt. Geschichtswiss. um 1900, St 1989, 37–95; S. Rebenich, T. M. und Adolf Harnack, Berlin, N. Y. 1997. *H. W.*

Monod, Gabriel (1844–1912). In der frz. Gesch.wiss. hat M. Rang und Namen, obwohl er kein bedeutendes Werk, sondern nur eine Vielzahl kleiner Schr. veröff. hat. Jedoch hat er entscheidend zur Entfaltung der modernen Gesch.-wiss. in Fkr. beigetragen. Nach dem Studium der Gesch. an der ENS Paris und bei ↑Waitz in Göttingen wirkte er als Leiter der IV. Sektion der 1868 gegr. École pratique des Hautes Études und später auch als Prof. am Collège de France entschieden und beharrlich für den Übergang von der romantisch-literarischen Gesch.schr., wie sie der von ihm sehr bewunderte ↑Michelet noch betrieben hatte, zur methodisch-quellenkritischen, akribisch dokumentierenden Gesch.wiss. nach dt. Vorbild. Das war für M., der aus einer protest. Familie stammte und von Jugend auf in Kontakt mit Repräsentanten des dt. Geisteslebens stand, primär ein intellektuelles Anliegen. Nach dem dt.-frz. Krieg kam als zusätzliches Motiv das patriotische Streben hinzu, den damaligen Rückstand Fkr.s auf dem Gebiet der modernen Gesch.wiss. auf- und den dt. Vorsprung einzuholen. In der *Revue historique,* die M. 1876 gründete, um der wiss. Gesch.schr. in Fkr. zum Durchbruch zu verhelfen, hat sein Lebenswerk lebendige Dauer gefunden.

Abh.: Du progrès des études historiques en France depuis le XVIe siècle, in: RH 1 (1876), 5–38, ²RH 518 (1976), 297–329. Sonstige: Cat. Gen. BN; Dict. Sc. Hist., 477 f. (O. Dumoulin, Lit.).
Lit.: G. Quack, G. M. 1844–1912. Studien zu seinem Werk, B 1931. *B. G. B.*

Mosheim, Johann Lorenz von (1694/95–1755). In Lübeck geb., konnte M. dank Unterstützung Holstein. Adliger seit 1716 in Kiel studieren. 1718 erhielt er bereits den Titel eines M. A. und wurde 1719 Assessor der Phil. Fakultät. Daneben studierte er weiterhin Theologie. Durch antideistische Schriften bekanntgeworden, wurde er 1723 auf eine theol. Professur in Helmstedt berufen, mit der Auflage, keinem auswärtigen Ruf zu folgen. Mitglied des Konsistoriums, Inhaber vieler kirchl. Ämter, wie auch Pfründen, wirkte er 24 Jahre an der Academia Julia. 1747 folgte er dem energischen Drängen seines Freundes und Göttinger Kurators von Münchhausen und nahm die eigens für ihn eingerichtete Stelle als Kanzler der Univ. und Prof. honorarius in der Theol. Fak. an. Am 9. September 1755 verstarb er.

M. gilt zu Recht als Vater d. neueren Kirchengesch.schr. In mildem, unorthodoxem und irenischem Geist löste er seinen Gegenstand nicht nur aus dem immer noch konfess.polemisch bestimmten Parteistandpunkt, sondern begriff die Kirche im Sinne der dt. Aufklärung als gesell. Gebilde, als polit. Gemeinwesen eigener Art. Was die Reichspublicisten für die profane Gesch.schr. leisteten, tat M. für die Kirchen- und Dogmengesch.: Er führte sie auf eine «frühhistorische» Stufe, von der aus das 19. Jh. auf- und fortbauen konnte. Diese Gesch. erscheint weniger als Heilsgesch., denn als eine von Menschen mitgestaltete Entwicklung theol. und institutioneller Probleme. M.s geschickte Darstellungsart, sein hist. und didakt. Talent sicherten ihm breite Wirkung und enormes Ansehen, das er nicht zuletzt auch bei der Planung der Univ. Göttingen segensreich einsetzen konnte.

WW: Diss. ad historiam eccles. Pertinentes, 1731–41; Versuch einer unpartheiischen und gründlichen Ketzergeschichte, 1747–48; Institutiones historiae ecclesiasticae antiquioris et recentioris, 1726–55; Übersetzung in 9 Bden 1769 ff.
Lit.: ADB 22, 395–399; P. Meinhold, Gesch. der kirchl. Historiographie, II, 1967; B. Moeller, J. L. v. Mosheim und die Gründung der Göttinger Univ., in: ders. (Hg.), Theologie in Göttingen, 1987, 9 ff.; E. P. Meijering, Die Gesch. der christl. Theologie im Urteil J. L. v. M.s, 1995; M. Mulsow u. a. (Hgg.), J. L. M. (1693–1755), 1997. *N. H.*

Mosse, George Lachmann (1918–1999), geb. in Berlin als Kind der jüdisch-großbürgerlichen Verleger-Familie, mit der er nach der Machtübernahme der Nationalsozialisten 1933 über die Schweiz nach England floh. Bereits während seines Studiums in Cambridge war M. als Mitglied des sozialistischen Clubs aktiv. 1939 ging M. in die USA, lehrte zunächst an der staatl. Univ. Iowa u. von 1955 bis zur Emeritierung als Prof. für Neuere Gesch. an der Univ. Madison/Wisconsin u. ab 1969 zugleich an der Hebräischen Univ. Jerusalem.

Zunächst arbeitete M. zur Frühen Neuzeit Englands. Vor allem seine anregenden Arbeiten zu Nationalismus u. Faschismus waren einflußreich in der Gesch.wiss. M. interessierten die Entstehungsbedingungen u. gesellschaftlichen Zusammenhänge bei der Herausbildung selektiver Wertbezüge u. totalitärer Weltanschauungen, die er vor allem kultur- und ideengeschichtlich deutete. Die Bedeutung von mythischen Narrationen bei der Herausbildung von Gesellschaftsentwürfen sah M. als wesentlich an für die Konstruktion nationaler Kollektividentitäten. Symbolische Interaktion u. soziale Ritualisierung halfen demnach als «polit. Liturgie» bei der sozialen wie emotionalen Festigung von nationalen Identitätsbezügen. Bei dieser *Nationalisierung der Massen*, die M. im Blick auf Dtl. seit den Befreiungskriegen untersuchte, griff M. indirekt auch auf das Konzept des charismatischen Führertums von ↑M. Weber zurück.

Den NS als eine totalitäre Form des Nationalismus führte M. auf die weltanschaulichen Grundlagen der völkischen Ideologie im Anschluß an die Romantik des 19. Jh.s zurück u. zeigte damit bei gleichzeitiger Betonung der Besonderheiten des NS die Kontinuitätslinien der nat.-soz. Ideologie auf. In der Idealisierung u. der Transzendenz des Einheitsideals «Volk» sah M. die Voraussetzung, aber nicht die zwangsläufige Notwendigkeit für die rassisch begründete Vernichtungspol. u. das auf totaler Erfassung und Selektion beruhende Modell sozialer Ordnung des NS. In seinem

Standardwerk zur *Geschichte des Rassismus in Europa* untersucht M. vergleichend die Entstehung und Wirksamkeit von kulturell ausgrenzenden Wertungsmustern und sozialbiologischen Hierarchisierungskategorien. Als säkulare Grundlage rassistischer Stereotypen erkannte M. den modernen Nationalismus im Gefolge des «Verfalls der humanistischen Tradition» nach der Aufklärung. Vor allem die Wissenschaften trugen für M. zur Durchsetzung ethnisch homogenisierter Idealnormen bei, die sich auf die radikale Exklusion von als nicht integrierbar definierten Minderheitengruppen gründeten. M. sah einen kausalen Zusammenhang zwischen Christentum u. Antisemitismus auf der einen, u. der kulturpessimistischen Radikalisierung bürgerlicher Ordnungsvorstellungen in Zeiten rapiden gesellschaftlichen u. industriellen Wandels auf der anderen Seite. In der Ausgrenzungs- u. Vernichtungspol. gegenüber sozialen Minderheiten betonte M. immer wieder die geschlechterspezifische Bedeutung von bürgerlichen Normen, die wesentlich zur konstruierten rassischen Begründung medizinischer Profile der Andersartigkeit beitrugen. Im NS führte dies schließlich auch zur erbitterten Verfolgung Homosexueller u. kam in einem gesteigerten Männlichkeitskult der Herrschaftsausübung zum Ausdruck.

HW: The Reformation, 1953; The Crisis of German Ideology, 1964 (dt. 1979); The Nationalization of Masses, 1975 (dt. 1976); Towards the Final Solution, 1978 (dt. 1978); Der nationalsozialistische Alltag, 1978; Masses and Man, 1980; Nationalism and Sexuality, 1985 (dt. 1985); Fallen Soldiers, 1990 (dt. 1993); Jüdische Intellektuelle in Dtl., 1992; The Image of Man, 1996 (dt. 1997); Confronting History. A Memoir, 2000.
Lit: I. Runge / U. Stelbrink, G. M. «Ich bleibe Emigrant» (1991); IBDCEE II/2, S. 835 f.; St. E. Aschheim, G. M. at 80, in: JCH 34 (1999), S. 295–312; A. G. Rabinbach, G. L. M. 1918–1999, in: TAJB 28 (1999), S. 5–11; EHHW 2, S. 841–842.
B. H.

Müller, Johannes (seit 1791: von M.) (1752–1809), stets auf persönl. Vorteile bedacht, stand im Dienst der Höfe in Kassel, Mainz, Wien, Berlin, zuletzt sogar im Sold Napoleons als Generaldirektor des Unterrichtswesens des Kgr.s Westphalen. Typisch für das Karrieremuster eines Aufklärungshistorikers ist die Wendung von der Theologie zur Gesch. Neben zahlreichen Aufsätzen u. Rezensionen ist M. als Historiker v. a. durch seine *Geschichten der Schweizer* (Boston, d. i. Bern 1780), die später in vollständig überarbeiteter Form unter dem Titel *Geschichten schweizerischer Eidgenossenschaft* (5 Bde., L 1786–1808) erschienen, bekanntgeworden. Seinen Zeitgenossen galt M. damit als der größte dt. Historiker. Tatsächlich verbinden sich in seinem Werk eine beeindruckende Belesenheit mit prägnanter Formulierungskraft; weniger ausgeprägt ist seine Quellenkritik, die an die ↑Schlözers oder ↑Heerens nicht heranreicht. M. hat in seiner Historiographie zahlreiche Denkströmungen der europ. Aufklärung aufgegriffen u. literarisch verarbeitet: u. a. ist sein Werk geprägt durch das Rousseausche Freiheitspathos.

Ausg.: Sämtl. Werke, 27 Bde., T 1810–19.
Lit.: K. Henking: J. M., 2 Bde., St/B 1909/28; P. Requadt: J. v. M. u. der Frühhistorismus, Mn 1929; K. Schib: J. v. M., Schaffhausen 1967; Chr. Jamme / O. Pöggeler: J. v. M. – Gesch.schreiber der Goethezeit, Schaffhausen 1986; M. Pape: J. v. M. Seine geistige u. polit. Umwelt in Wien u. Berlin 1793–1806, Bern-St. 1969. *H. W. B.*

Müller, Karl Alexander von (1882–1964), entstammte dem Münchener höheren Bürgertum. Bei Sigmund v. Riezler 1908 mit einer Arbeit über

Bayern im Jahre 1866 und die Berufung des Fürsten Hohenlohe promoviert, habilitierte er sich 1917 mit einer Arbeit über ↑Görres, wurde noch im gleichen Jahr Syndikus der Bayer. Akad. der Wiss. u. gleichzeitig Hon.-Prof. 1928 erhielt M. das durch den Tod Doeberls freigewordene Ordinariat der Münchener Univ., 1935 zusätzlich das Ordinariat für bayer. Landesgeschichte. Einen Ruf nach Berlin lehnte M. 1933 ab. Seit den 20er Jahren übernahm M. zahlreiche Ehrenämter, 1935 wurde er Ehrenmitgl. in ↑W. Franks Reichsinstitut für Gesch. des neuen Deutschlands und – nomineller – Leiter der Forschungsabt. Judenfrage, 1936 (–44) Präs. der Bayer. Akad. der Wiss. Mit der Schriftleitung der HZ v. 1935 bis 1945 hatte er eine Schlüsselfunktion der dtn. Geschichtswiss. inne.

Der Zeit vor 1914 samt dem monarchischen Gedanken verbunden, lehnte er die Weimarer Republik ab, wandte sich als Nationalkonservativer gegen eine Orientierung am westeuropäischen politischen Denken. M., der in den 20er Jahren im polit. und gesellschaftl. Leben Münchens eine große Rolle spielte, machte früh die Bekanntschaft Hitlers und war der «wohlwollende Mentor vieler junger Nationalsozialisten» (Gollwitzer), Göring u. Heß saßen in seinem Seminar. Er galt schon lange vor 1933 als «nationalsozial. Professor», trat der NSDAP aber erst im Mai 33 bei. In der NS-Zeit sah er sich als Mittler zwischen den Generationen, zwischen der etablierten Historiker-Zunft u. jüngeren NS-orientierten Historikern um W. Frank, der M.s Schüler war. 1945 wurde er aus dem Hochschuldienst entlassen u. verlor alle s. Funktionen.

Aufsätze u. Vorträge der Kriegs- u. Nachkriegszeit enthält der Bd. *Deutsche Geschichte u. dtr. Charakter* (1926), der f. M.s histor.-polit. Auffassungen zum «deutschen Weg» signifikant ist. Um die Interpretation des Kaiserreichs u. des Dritten Reichs kreist die Samml. *Vom alten zum neuen Deutschland. Aufsätze u. Reden 1914–38* (1938). – Von M.s Arbeiten zur bayer. Geschichte zeugt u.a. die Samml. *Unterm weiß-blauen Himmel* (1952). Eine Reihe biogr. Skizzen gilt herausragenden Gestalten der dtn. Gesch. des 19.Jhs.; 1949 erschien s. *Danton.* Zusammen mit ↑E. Marcks gab er das 3 bändige Werk *Meister der Politik* (1922/23) heraus, in dem das Männer-machen-Gesch.-Axiom manifest ist. Aufsätze zur Historiographie sind in *Zwölf Historikerprofile* (1935) vereinigt. – Als «Höhepunkt nicht nur der Altersphase M.s, sondern s. gesamten Schaffens» ist die unvollendete 3 bändige Autobiographie M.s bezeichnet worden; 1951 erschien *Aus Gärten der Vergangenheit (1882–1914), Mars u. Venus* (1914–1919) u. – v. A. O. v. Müller aus dem Nachlaß hrsg. – *Im Wandel einer Welt* (1919–1932).

In M.s Historiographie finden bayer. Konservatismus und völkischer Nationalismus ihren Niederschlag. M.s Verhältnis zu Geschichte u. Politik war nicht zuletzt ästhetisch geprägt.

Lit.: H. Gollwitzer: K. A. v. M. 1882–1964. Ein Nachruf. In: HZ 205, 1967, S. 295–322; Ch. Weisz: Geschichtsauffassung u. polit. Denken Münchener Historiker der Weimarer Zeit. B 1970, insbes. S. 49–55; H. Heiber: Walter Frank u. s. Reichsinstitut f. Geschichte des neuen Dtls. St 1966, bes. S. 575–577. *B. F.*

Muhammad Ibn Ischak (704–767). Sein Großvater Yasar war in Ain al-Tamr von dem Feldherrn Khalid Ibn Walid als Geisel des Perserkönigs für den Kampf gegen die Araber gefangengenommen u. zum Kalifen Abu Bekr (632–634) geschickt worden. Ibn Ischak wuchs in Medina auf, begann dort Geschichten u. Legenden über den Propheten zu sammeln u. wurde daher des Schiismus verdächtigt. Er ging nach Ägypten, ist 737 als Studierender in Alexandria nachgewiesen, ging 749 in den Irak u. starb in Bagdad unter Kalif Al-Mansur.

Sein Werk ist eine Mohammed-Biographie, die dem Verf. den Ehrentitel «amr al muminin der Tradition» (= «Herr der Gläubigen» der T.) eingetragen hat; in großen Auszügen bei ↑Al-Tabari erhalten, in selbständiger Bearb. durch den arab. Grammatiker Ibn Hischam (gest. 834). Hatte ursprünglich 2 Teile: 1. bis zur Hedschra (= Flucht Mohammeds von Mekka nach Medina, 622 n. Chr.); 2. bis Mohammeds Tod (= «Kitab al Maghazi»). Ibn Hischam faßte beide Teile zum *Kitab Sirat Rasul allah* («Buch der Taten des Gottesgesandten») zusammen. Darstellung folgt der in Medina lebendigen Tradition, daher teilweise angezweifelt: Die Hadithe (= authent. Aussprüche des Propheten) seien manchmal unecht (s. oben: Schiimus-Verdacht!), Ibn Ischak habe eingestreute Verse frei erfunden. Diese Verse jedoch beanspr. keine Authentizität, sondern sind Stilmittel.

Ausg.: Nachw. bei K. Brockelmann, Gesch. der arab. Lit., 2. Aufl. Lei 1949, Bd. 1, S. 141. *B. R.*

Muratori, Ludovico Antonio (1672–1750), kam in Vignola (Modena) in einer Mittelstandsfamilie zur Welt. Er besuchte zunächst Jesuitenschulen und dann die Univ. von Modena, wo er 1694 promov. Er war Bibliothekar an der Ambrosiana in Mailand, wo er von 1695 bis 1700 blieb und häufig in den gebildeten Kreisen sowie der Accademia dei Faticosi verkehrte. Auf einen Ruf von Rinaldo I. d'Este kehrte er nach Modena zurück, um das Archiv des Herrscherhauses zu ordnen. Im Streit gegen den Papst über die Domäne Comacchio intervenierte M. zugunsten der Este in einer Reihe von Schr., die aus hist. Sicht die Rechte seines Herrn und die Trennung von Staat und Kirche bestätigen sollten. Mit finanzieller Unterstützung der Società Palatina Mailand und in Zusammenarbeit mit vielen ital. Gelehrten sammelte und ordnete er, eigene Beobachtungen hinzufügend, in *Rerum Italicarum Scriptores,* 28 Bde., Mi 1723–51, eine ungeheure Menge unterschiedlicher Dokumente zur ital. Gesch. vom 6. Jh. an. In der Zwischenzeit vertiefte er seine Kenntnisse über die ma. Gesch., die er in den *Antiquitates Italicae Medii Aevi,* 6 Bde., Mi. 1738–43, veröff. Sie gelten als der höchste Ausdruck ital. Bildung im 18. Jh. In den letzten Lebensjahren schuf er ein weiteres wichtiges Werk, die *Annali d'Italia,* 9 Bde., Mi 1744–49, in dem, chronolog. geordnet, die Geschicke Italiens von der Krise des röm. Reichs bis zum Jahr 1749 dargestellt sind. Neben diesen umfangreichen gesch.wiss. Arbeiten verfaßte er viele andere zu lit., jur. und rel. Themen. In ihnen offenbart er sich als offener und erneuernder Geist und als eine der größten Persönlichkeiten im Italien des 18. Jhs.

Lit.: F. de Carli, L. A. Muratori, La sua vita, la sua opera e la sua epoca, Fi 1955; S. Bertelli, Erudizione e storia in L. A. Muratori, Na 1960; A. Allocati, L'erudizione e la diplomatica nella storiografia avanti il Muratori e l'opera di L. A. Muratori, Na 1962; Atti del convegno internazionale di studi muratoriani, Modena 1972; M. Monaco, La vita, le opere, il pensiero di L. A. Muratori e la sua concezione della pubblica felicità, Lecce 1977; F. Marri/M. Lieber, L. A. M. und Dtld., 1997. *M. R. D. S.*

Mustafa Naima (1655–1716). 1688 Teberdar (= Hellebardier) im Sultanspalast, dann Diwan-Sekretär, 1704 Vorsteher der Rechnungskanzlei von Anatolien, 1709 Zeremonienmeister und offizieller Reichsgeschichtsschreiber, 1715 Teilnahme als Heeresintendant am Feldzug in Morea (= Peloponnes) gegen die

Venezianer, Jan. 1716 gest. in Alt-Patras, sein Grab im Vorhof der Moschee ist zusammen mit der Moschee verschwunden.

Sein Werk, *Rawdat al Husain fi Khulasat Akbar al Khafikain* (= «Himmlischer Garten Hosseins im Zentrum der erhabenen Schöpfung»), umfaßt die Jahre 1519–1659 u. gilt als das beste unter denen der osman. Zeitgenossen u. als hervorragend in der Reihe der Hof-Historiographie. Es ist ohne Schmeichelei u. schlicht abgefaßt, wurde viel beachtet u. viel benutzt.

Ausg.: F. Babinger, Die Geschichtsschreiber der Osmanen und ihre Werke, L 1927, S. 246.
Lit.: Siehe neben Encyclopaedia of Islam auch: M. Th. Houtsma, A. J. Wensinck, W. Heffening, H. A. R. Gibb, E. Lévi-Provençal (Hrsg.): Enzyklopaedie des Islam, Geographisches, ethnographisches u. biographisches Wörterbuch der muhammedanischen Völker, Lei, Lo 1913–1934, 4 Bde. *B. R.*

Namier, Lewis Bernstein (1888–1960). 1952 geadelt. N. war der vermutl. einflußreichste Innovator hist. Forschungsmethoden in Großbritannien in der Generation nach ↑Maitland. Er stammte aus dem wohlhabenden, kathol. assimilierten poln. Judentum u. kam 1908 nach England. 1929 legte er sein epochemachendes HW vor: *The Structure of Politics at the Accession of George III,* 1930 die Forts. *England in the Age of the American Revolution.* 1931–53 war N. Prof. in Manchester. Obwohl am Ende seines Lebens hochgeehrt, blieb N. in mancher Hinsicht ein Außenseiter des brit. akad. Establishment. N.s *Structure* bewirkte eine historiograph. Neubewertung des 18. Jhs., das bis dahin als Auseinandersetzung zwischen den «Parteien» Whigs und Tories, die jeweils für große polit. Prinzipien standen, gedeutet worden war. N., selbst polit. konserv., betonte dagegen den individualisierten Tageskampf um die Macht. Wertüberzeugungen u. Ideologien hielt er nicht (wie die Whig-Historiker) für gesch.prägende Kräfte, sondern bestenfalls für nachträgl. Rationalisierungen von Interessenkalkülen u. instinktiven Antrieben. N. war ein Entmythologisierer, nicht zufällig auch einer der ersten namhaften Hist., der die Psychoanalyse ernst nahm, auch wenn er sie nie syst. erprobte. N. stützte seine Thesen durch Forschungen von größter Präzision u. Gründlichkeit. Seine Handhabung hist.-krit. Methoden stand der besten kontinent. Gesch.wiss. in nichts nach. N.s «structural analysis» war im Kern Prosopographie, angewandt auf polit. Eliten; Sozial- u. Wirtschaftsgesch. «von unten», wie ↑Tawney sie gleichzeitig betrieb, war ihm suspekt. In einer Momentaufnahme wurde ein polit. Syst. in seine individuellen Einzelteile zerlegt und dann wieder «strukturell» zusammengefügt. N. polemisierte gegen die großzügig erzählende Gesch.schr., wie sie gleichzeitig ↑Trevelyan in ↑Macaulayscher Tradition betrieb. Synthese (bis zu der N. selten vordrang) sollte erst nach genauester Analyse gestattet sein. Als detailbesessener Fachmann und Verächter großer Konzepte war N. der extreme Antipode ↑Toynbees.

Lit.: J. Namier, L. N.: A Biography, Lo 1971; J. Cannon (Hrsg.), The Historian at Work, Lo 1980, S. 136–53; L. Colley, L. N., Lo 1989. *J. O.*

Nepos (Cornelius N., ca. 90 – nach 27 v. C.) stammte aus der Transpadana (Ticinum?) und schrieb u. a. als erster Italiker eine nicht erhaltene Darstellung von Synchronismen der griech. u. röm. Gesch. in 3 B. (*Chronici libri,* von der mythischen Zeit ab) u. in mindestens 17 B. eine Biographiensammlung aus der griech. u. röm. Welt *De viris illustribus,* von der uns ein spätantiker Auszug von 25 Viten vornehmlich griech. Feldherrn erhalten blieb. Am bedeutendsten ist davon die Lebensbeschreibung seines Freundes T. Pomponius Atticus, der ebenfalls einen *Liber annalis* (in 1 B.) schrieb. Der Stil ist ebenso einfach wie die Lebensphilosophie, was N. zum Schulautor beförderte. Das Beste von ihm, darunter eine Cicero-Vita in 3 Büchern, ist verloren.

Ausg.: TA: P. K. Marshall, Cornelius Nepos, L 1977; K. Nipperdey / K. Witte, Cornelius Nepos, B [11]1913 (mit Kommentar). – *Übers.:* G. Wirth, C. N., Berühmte Männer, Mn [3]1978.
Lit.: J. Geiger, C. N. and Ancient Political Biography, St 1985. *H. W.*

Niebuhr, Barthold Georg (1776–1831). In Kopenhagen geb., wuchs N. seit 1778 in Meldorf auf, wo sein Vater Dithmarscher Landschreiber war. Sein Studium der klass. Lit. in Kiel von 1794–96 unterbrach er u. wurde Privatsekretär des dän. Finanzministers. 1798–99 unternahm er eine Stud.reise nach Großbritannien u. studierte in Edinburgh Agrar- u. Naturwiss., Botanik u. Mathematik. Nach dem Eintritt in den dän. Staatsdienst 1800 wurde er 1804 Direktor der dän. Staatsbank. 1806 trat er auf Veranlassung des Frhrn v. Stein in preuß. Dienste u. wurde Direktor der Seehandlung. 1810 zum Mitglied der Preuß. Akad. d. Wiss. gewählt u. Historiograph des preuß. Hofes, begann er in Berlin eine sogleich vielbeachtete Vorlesung über *Röm. Gesch.*, die rasch veröff. wurde. Neben seinen wiss. Ambitionen erstrebte er die Verwendung in staatl. Führungsaufgaben u. diplomatischem Dienst. Von 1816–23 war er preuß. Gesandter am Vatikan, 1824 wurde er zum preuß. Staatsrat ernannt, ohne eine polit. oder administrative Verwendung zu finden, u. hielt daher Vorlesungen in Bonn, die ihn ebenfalls z. einem großen Lehrerfolg führten. Er weitete sein Lehrgebiet auf die gesamte Alte Gesch. aus, wobei ihm seine große Sprachbegabung zugute kam. Gemäß seiner Überzeugung, daß alle übrigen Gesch. des Altertums in der Röm. Gesch. endigen, begriff u. lehrte er die Alte Gesch. unter universalhist. Aspekt. Zugleich engagierte er sich in Bonn als Wiss.organisator: mit der Publ. des *Corp. Inscriptionum Graecarum,* als Mitbegr. des «Rheinischen Mus.» u. mit der Agathon-Edition, die den Beginn des Bonner Corp. der Byz. Gesch.schreiber bildet. 1831 ist N. in Bonn gest.

Verwurzelt im dithmarsischen Bauerntum u. erschreckt durch die Maßnahmen der Frz. Revolution, erlangte die Frage nach dem Grundeigentum, zumal im Hinblick auf die Bauernbefreiung in Dänemark und Preußen, für N. existenzielle Bedeutung. Die röm. Agrarstruktur u. ihre Ackergesetze hatten in der Reformdiskussion aktuelle Bedeutung erlangt u. führten N. immer weiter in die Gesch. der Röm. Republik. In dem Interesse an dem Kampf zw. Patriziern u. Plebejern galten seine Sympathien den letzteren u. dem von ihnen erzielten ständischen Ausgleich. Sein Ges.- u. Verfassungsideal war der harmonisch gefügte Ständestaat, wie er überhaupt in seiner *Röm. Gesch.* ganz auf Ständeharmonie bedacht war. Dies führte zu einem idealisierten Bild von den Römern. Sein Ideal bestand in einer durch Gesetze begründeten Freiheit, die Sittlichkeit und Rechtlichkeit gewährleistete. Der besondere Wert der wiederholt von ihm beschriebenen röm. Verfassung lag für ihn in deren allmählicher Ausbildung, ihrem Wachsen u. Reifen.

N. begründete die philolog.-hist. QQkrit., die grundlegend für die dt. Gesch.-wiss. wurde. Sein Werk, von detaillierter, auch schwerfälliger, komplizierter Darstellung u. persönlicher Reflexion, prägte für ein halbes Jh. das Bild von der Röm. Gesch. in Dtld. Vor der eigentlichen Entfaltung des Historismus hat er die Wechselwirkung zw. den Erfahrungen des Hist. mit seiner Gegenwart u. der Bewertung der von ihm erforschten Vergangenheit nicht nur erkannt; er hielt praktische Erfahrungen in Politik u. Verwaltung für den Hist. überhaupt für unentbehrlich.

WW: Röm. Gesch. 1, B 1811, [4]1833, II, B 1812, [2]1830, III, B 1832; Kleine hist. u. philolog. Schr., 2 Bde., Bo 1828, 1843; Vorträge üb. alte Gesch., an der Univ. zu Bonn gehalten, hrsg. v. M. Niebuhr, I, B 1847, II, B 1848, III, B 1851, Gesch. des Zeitalters der Revolution, hrsg. v. M. Niebuhr, 2 Bde., H 1845.
Lit.: K. Christ, B. G. N., in: Dt. Hist., hrsg. v. H.-U. Wehler, Bd. 6, 1980, 23–36, WV.; G. Walther, Niebuhrs Forschung, 1993; NDB 19, 219–221. *C. v. M.*

Nietzsche, Friedrich (1844–1900), geb. als Sohn einer Pfarrersfamilie in Röcken bei Leipzig. N. studierte Theologie u. klass. Philologie in Bonn u. Leipzig. Auf Empfehlung seines akad. Lehrers F. W. Ritschl erhielt N. 1869 eine Prof. für klass. Philologie in Basel. 1870 diente N. als freiwilliger Krankenpfleger im Dt.-Franz. Krieg. Einflußreich waren die Bekanntschaften mit Erwin Rohde, Franz Overbeck u. ↑J. Burckhardt, der sich ebenso wie N. von einer leidenschaftslos empfundenen Gesch.analyse in der Tradition ↑L. v. Rankes absetzen wollte. Neben dem philosoph. Einfluß durch Arthur Schopenhauer war die Auseinandersetzung mit Richard Wagner für die Herausbildung von N.s eigener philosoph. Position entscheidend. Zur ersten freundschaftlichen Begegnung kam es 1868 in Leipzig. N. verehrte Wagners Musikdrama in Verbindung mit der attischen Tragödie als die Vereinigung der beiden Kunsttriebe der Natur, des Apollinischen u. Dionysischen. Seit spätestens 1876 schlug die Beziehung in Ablehnung u. schließlich in Gegnerschaft um. Philosophisch sah N. nun in der gesamten abendländischen Gesch. einen nihilistischen Gültigkeitsverlust der bisherigen übersinnlichen Ideen u. göttlichen Werte. V. a. lehnte er Wagners Antisemitismus ab u. verwarf entschieden dessen mythischen Romantizismus (u. a. *Unzeitgemäße Betrachtungen IV*, 1876; *Der Fall Wagner, Nietzsche contra Wagner*, 1888). Aufgrund seines sich stetig verschlechternden Gesundheitszustandes gab N. 1879 sein Lehramt in Basel unter Fortzahlung des Ruhegehaltes auf. Nach Jahren des unruhigen Ortswechsels zwischen Engadin u. der Riviera u. krisenhafter menschlicher Beziehungen erlitt N. schließlich 1889 in Turin einen psychischen Zusammenbruch. Bis zu seinem Tod lebte N. in geistiger Umnachtung in Naumburg und Weimar.

In seinen vier *Unzeitgemäßen Betrachtungen* (1873–1876) stellte sich N. gegen seine Zeitgenosssen u. wollte kulturkritisch für eine kommende Zeit wirken. In der zweiten Betrachtung *Vom Nutzen und Nachtheil der Historie für das Leben* kritisierte er die heilsgewisse Wissenschafts- u. somit auch Gesch.-gläubigkeit in der Moderne, die sich gegen den eigenen Aufklärungsanspruch wendet u. in einer ersatzreligiös-liberalen Fortschrittsgläubigkeit aufzugehen drohe. Die Gesch.wiss. mit der ihr inhärenten Erinnerungsarbeit müsse sich vielmehr in den Dienst des tätigen Lebens stellen u. sich nicht als säkulare Sinnstiftungsinstanz über die Kraft des Glaubens erheben. N. verwies jedoch gleichzeitig auf die Unmöglichkeit, sich der historischen Bedingtheit zu entledigen. Vielmehr sei Gesch. eine konstitutive Bedingung menschlicher Existenz u. mit ihrer Ordnungs- u. Deutungsfunktion notwendig für die Herstellung kollektiver Erfahrungs- u. Realitätsbezüge. Die Fähigkeit auch zu vergessen, u. die vernünftige Begrenzung, historisch alles rational zu erklären, seien jedoch Voraussetzung für einen emanzipierten Umgang mit der Vergangenheit. Damit bezog N. Position gegen den zeitgemäßen Anspruch der Gesch.wiss., selbst überhistorisch als Kunst u. Religion zu wirken. Doch gerade Kunst u. Religion waren für N. in Anlehnung an das Ideal der griechischen Antike konstitutiv für die vitalen Lebensimpulse, die durch wissenschaftliche Welterklärung u. den Anspruch auf objektivierende Orientierungsleistung in ihren Dynamiken begrenzt werden. Nur als reflektiert gelebte Erfahrung u. lebendiges Wissen erhält Historie einen Sinn jenseits illusionärer Selbsttäuschung. Die Gesch.wiss. müsse letztlich erweitert werden um die Anerkennung der Endlichkeit u. der Entschiedenheit, u. um die Einsicht lebensbedingter Pluralität von Werturteilen, Gesch.bildern und Erinnerungskulturen.

Die Rezeption N.s führte nicht zuletzt aufgrund seiner unsystematischen u. interpretationsbedürftigen Moral- u. Kulturkritik u. seiner emphatischen u. provokativen Kompromißlosigkeit zu sich konträr gegenüberstehenden Interpretationen. So gilt N. einerseits als kritischer u. vorausschauender Warner vor den sozialen Verwerfungen u. destruktiven Erlösungsillusionen der Moderne. Andererseits wurde N. auch zur Referenz für die faschistische Ideologie u. die Massenbewegung des NS. Der bereits zu Lebzeiten einsetzende N.-Kult verherrlichte N.s kraftvolles Postulat für das Heroische, für eine Ästhetik des Starken u. Lebendigen. In der völkischen u. nat.-soz. Weltanschauung wurden N.s Eliteutopien u. sein Ansatz vom «Willen zur Macht» mit rassisch-sozialdarwinistischen Ordnungskonzeptionen zu einer ideologischen Synthese funktional verschmolzen. N.s Forderung nach Individualität als Befreiung von den Zwängen der Gesellschaft wurde hier ausgeblendet, und schließlich elitäres Führertum mit seinem Motiv des «Übermenschen», seiner Kritik der liberalen Demokratie als Ausdruck individueller Passivität u. seiner Ablehnung des Sozialismus als falscher Glaube an die revolutionäre Überwindung der materialistischen Verschärfung der sozialen Gegensätze verbunden.

WW: Werke. Kritische Gesamtausgabe, 9 Abt. ca. 40 Bde, hrsg. von G. Colli/M. Montinari, 1967 ff.; Briefwechsel. Kritische Gesamtausgabe, 3. Abt. ca. 17 Bde., hrsg. v. Dens., 1975 ff; Sämtliche Werke. Kritische Studienausgabe, 15 Bde., hrsg. v. Dens., 1980; J. Salaquarda/D. Borchmeyer (Hrsg.), N. u. Wagner. Stationen einer epochalen Begegnung, 2 Bde., 1994.

Lit.: D. Borchmeyer (Hrsg.), «Vom Nutzen u. Nachteil der Historie für das Leben», 1996; V. Gerhardt, Pathos u. Distanz, 1988; Ders., F. N., 1992; H. Ottmann, Philosophie u. Pol. bei N., 1987; W. Ross, Der ängstliche Adler, 1990; B. H. F. Taureck, N.s Alternativen zum Nihilismus, 1991; St. E. Aschheim, The Nietzsche Legacy in Germany 1890–1990, 1992; G. Figal, N., 1999; F. N. Chronik in Bildern und Texten, hrsg. v. R. J. Benders/St. Oettermann, 2000; R. Safranski, N., 2000.

B. H.

Nipperdey, Thomas (1927–1992). Der in Köln geb. Sohn eines bedeutenden Juristen promovierte mit einer religionsphilosoph. Studie zu Hegel, wandte sich in method. Anlehnung an ↑J. Burckhardt und ↑M. Weber und unter dem Einfluß von ↑Th. Schieder dem mod. polit. Massenmarkt zu mit einer Habil.schr. über *Die Organisation der dt. Parteien vor 1918* (1961). N. nahm Rufe 1963 an die TH Karlsruhe, 1967 an die FU Berlin, 1971 an die Univ. München an. Seit 1970 lehrte und forschte er wiederholt in Oxford und in Princeton. Der polit. strukturkons., um 1968 über eine Politisierung von Univ. und Gesch.wiss. verbitterte, theoretisch brillante und method. innovative N. strebte einen Ausgleich zwischen individualisierenden und generalisierenden Perspektiven an. Er wies auf ambivalente und mehrgleisige Traditionslinien in der Gesch. hin, warnte vor einseitiger, an aktuellen Interessen ausgerichteter Traditionskonstruktion, forderte als ‹Neohistorist› Gerechtigkeit für vergangene Epochen ein und lotete moderne Chancen für Objektivität und Erzählung aus. Früh schon bezog er anthropolog. Perspektiven in die Gesch.wiss. ein. Im Streit mit Hauptvertretern der hist. Sozialwiss. warb N. für eine Verbindung von Struktur-, Sozial- und Ideengesch. und plädierte in seiner Gesch. neuzeitlicher bürgerlicher Hochkultur für eine Verknüpfung von Kulturgesch. und hist. Anthropologie.

Neben frühneuzeitl. Interesse an *Reformation, Revolution, Utopie* (1975) sowie Beiträgen zu Theorie und Methode der Gesch.wiss. konzentrierte sich N. zunehmend auf die dt. Gesch. des 19. Jhs., vorbereitet durch wegweisende Studien zum Vereinswesen und zur Gesch. nat. Denkmäler. Nach einer Zwischenbilanz 1976 (*Gesellschaft, Kultur, Theorie*) folgte das monumentale, zuletzt einer tödlichen Krankheit abgerungene dreibändige Spätwerk zur deutschen Geschichte im (langen) 19. Jh.: zunächst *Bürgerwelt und starker Staat* 1800–1866 (1983); dann zu 1866–1918 *Arbeitswelt und Bürgergeist* (1990); *Machtstaat vor der Demokratie* (1992). Für N. war die Farbe der Gesch. grau, sie erschöpfte sich nicht in einer Gesch. von Siegern oder Besiegten, und sie verwies auf offene Konstellationen. So betonte er eine trotz polit. Verkrustungen faszinierende und modernisierende Dynamik in der dt. Gesellschaft vor 1918.

WV: Th.N. Bibliographie seiner Veröffentlichungen 1953–1992 (1998).

Lit.: In Memoriam Th.N. (1994); W.J. Mommsen, Die vielen Gesichter der Clio, in: GG 19 (1993), S. 408–423; DBE 7, S. 422–423. *R.v.B.*

Nithard (gest. 844), Enkel Karls d. Gr., Laienabt von St. Riquier, war in den Wirren des karolingischen Bruderkriegs nach dem Tode Ludwigs des Frommen treuer Anhänger Karls des Kahlen, von dem er um 841 den Auftrag zu einer Darstellung der zeitgenöss. Ereignisse erhielt. Da er aufgrund seiner Verwandtschaft zum königl. Haus und seiner aktiven Beteiligung an milit. Unternehmungen guten Einblick in die polit. Geschehnisse hatte, vermochte er binnen kurzem ein sachkundiges und detailreiches Geschichtswerk zu liefern (u.a. sind die «Straßburger Eide» im altfranz. und althdt. Wortlaut aufgenommen), das die Nöte der Zeit in einer ungekünstelten Sprache eindringlich vor Augen führt, das aber auch ganz von der Parteinahme für Karl den Kahlen bestimmt ist und vor allem Kaiser Lothar als Hauptgegner scharf angreift. N. setzt als Muster die Regierung Karls d.Gr. und weist anhand dieser Folie den Verfall der öffentl. Ordnung (res publica ist ein Zentralbegriff seiner Darstellung) auf, für die die Herrschenden sich verantwortlich fühlen sollten.

Ausg.: Nithard, Vier Bücher Geschichten, hg. v. R.Rau, Da 1955, 383–461. – Nithard, Histoire des fils de Louis le Pieux, hg. v. Ph. Lauer, P 1964².

Lit.: G.Meyer v. Knonau, Über N.s vier Bücher Geschichten, 1886; W.Wehlen, Gesch.schreibung und Staatsauffassung im Zeitalter Ludwigs des Frommen, 1970, 57–105; J.L. Nelson, Public *Histories* and Private History in the Work of N., in: Speculum 60 (1985), 251–293; LMA 6, Sp. 1201; VL 6, Sp. 1164–1166. *G.M.*

Oberman, Heiko Augustinus (1930–2001), in Utrecht geb., wirkte mit seinem Werk über tradierte Grenzen v.

Disziplinen u. Wissenschaftskulturen hinweg als einer der großen Anreger für Theologie- u. Kirchengeschichte in der zweiten Hälfte des 20. Jhs.

Nach Stud. in Utrecht u. Oxford, theol. Prom. (Utrecht 1957: *Archbishop Thomas Bradwardine, a Fourteenth Century Augustinian. A Study of His Theology in Its Historical Context*) u. Lehrtätigkeit an der Harvard Divinity School (1958–1966) war der aus einem niederl.-reformierten Pfarrhaus stammende, als akad. Lehrer über starke Anziehungskraft verfügende u. auch wiss.organisatorisch erfolgreiche O. seit 1966 o. Prof. in Tübingen (u. Direktor d. Inst. f. SpätMA u. Reformation), seit 1984 an der Univ. of Arizona in Tucson.

Im Zentrum von O.s Werk stand die Erforschung, Deutung u. Darstellung der Reformation als einer vielschichtigen, dialogisch-offenen Entwicklung zwischen etwa 1350 u. 1600: Dabei betonte er die europäische Dimension der reformator. Bewegung (so auch in dem von ihm mithrsg. *Handbook of European History 1400–1600*, 2 vols., 1994/95), ihre unauflösbare Verbindung mit den Denkwelten der Renaissance u. des Humanismus u. erhellte zumal die fundamentale theologie-, frömmigkeits- u. geistesgeschichtliche Bedeutung ihrer spätma. Entstehungsbedingungen in Augustinus-Rezeption u. Nominalismus-Erbe (*The Harvest of Medieval Theology*, 1963; *Forerunners of the Reformation*, 1966; *Werden u. Wertung der Reformation*, 1977). Das «konsequente Zusammendenken» (1977) auseinanderdriftender Fachgebiete, frei von konfessioneller o. nationalkultureller Engführung, diente als Hintergrundimpuls auch für O.s vielbeachtete u. – wie alle seine Beiträge zur Reformationsgeschichte – kontrovers rezipierte Biographie *Luther. Mensch zwischen Gott und Teufel* (zuerst 1982): Sie erschloß die spätma. Prägungen von Selbstdeutung, Gotteserfahrung u. dualistischer Weltsicht des Reformators in neuer Prägnanz für eine größere Leserschaft und konnte so als «möglicherweise originellster Beitrag des 20. Jhs. zum Verständnis» Luthers gewertet werden (P. Blickle). Durch persönlich-familiäre Erfahrung in der Okkupationszeit zeitgeschichtl. sensibilisiert, wandte sich O. mit Nachdruck auch Problemzonen der Reformationsgeschichte zu (*Wurzeln des Antisemitismus*, 1981).

WV: K. Hagen (Ed.), Augustine, the Harvest, and Theology (1300–1650). Leiden u. a. 1990, S. 349–362; R. J. Bast/A. C. Gow (Edd.), Continuity and Change: The Harvest of Late Medieval and Reformation History. Leiden u. a. 2000, S. 431–446.

Lit.: T. A. Brady, Heiko Augustinus Oberman 1930–2001, in: German History 19, 2001, S. 571 f.; B. Hamm, in: HZ 273, 2001, S. 830–834. *H. C.*

Oefele, Andreas Felix (seit 1772: von Oe.) (1706–1780). In München geb., studierte Oe. in Ingolstadt u. Löwen, lernte auf ausgedehnten Reisen berühmte Gelehrte seiner Zeit (u. a. Fontenelle) kennen, war Erzieher u. Berater bayer. Prinzen u. wurde 1746 zum Leiter der kurfürstlichen Hofbibliothek in München berufen, die er neu ordnete u. katalogisierte. 1762 (laut Titelblatt 1763) erschienen die v. ihm hrsg. *Rerum Boicarum Scriptores* (2 Bde.), eine Ausg. bayer. Gesch.QQ des SpätMAs. Sie reiht sich in die große Zahl landesgesch. QQeditionen (u. a. v. J. G. Eckhard, ↑J. D. Schöpflin) des 18. Jh.s ein, die das besondere Interesse an der Erforschung der Territorialgesch. dokumentieren.

Lit.: A. Kraus, Vernunft u. Gesch. Die Bedeutung der dt. Akademien für die Entwicklung der Gesch.wiss. im späten 18. Jh., Fr 1963, S. 121 ff.; NDB 19, S. 426–428 (mit WV u. Lit.verz.). *H. Z.*

Oestreich, Gerhard (1910–1978), Pfarrerssohn aus Zehden (Mark Brandenburg), gehörte zu den Historikern der westdt. Gesch.wiss., die der Teildisziplin der Frühen Neuzeit zur inhaltlichen Ausformung verholfen haben. Nach Stud. in Berlin und Heidelberg wurde er 1935 mit einer für die dt. Verwaltungsgesch.schreibg. der folgenden Jahrzehnte wichtigen Arbeit bei ↑F. Hartung promoviert und habilitierte sich 1954 in Berlin mit einer für die FNZ-Forschung entscheidenden Studie über *Antiker Geist und moderner Staat bei* [↑] *Justus Lipsius* (1547–1606). 1958 wurde er zum apl. Prof., 1960 zum a. o. Prof. und 1961 zum o. Prof. ernannt. Von 1962–66 lehrte er in Hamburg und seitdem bis zur Emeritierung 1975 in Marburg. Oe.s Prägung durch die Traditionen dt. Verf.gesch.schreibg. des ausgehenden 19. Jh.s, vor allem durch die Gestalt ↑O. Hintzes, war unverkennbar. Indem er die gerade bei diesem vorfindlichen Ansätze zu einer Gesch.schreibg. der auch sozial verfaßten Ordnung weiterführte und mit einer Wiederbelebung des Interesses an der Bedeutung des Ständetums für die Entwicklung des «frühmodernen Staates» verband, gab Oe. der FNZ-Forschung neue Impulse. Der von ihm geprägte Begriff der «Sozialdisziplinierung» zur Kennzeichnung der sozialen Tiefendimension des frühneuzeitlichen Verstaatlichungsprozesses wird in der Forschung u. a. auch als Korrektur der ↑Weberschen Charakterisierung des gleichen Prozesses als «Rationalisierung» diskutiert. Oe.s Betonung der Bedeutung des polit. Späthumanismus für den Staatsbildungsprozeß der FNZ verdeutlicht die große Wirkkraft polit. Ideen für macht- und militärpolit. Entwicklungen. Seine Prägung durch O. Hintze führte Oe. in den Theoriediskussionen der 70er Jahre zu einer für die zeitgenössische Wiss.gesch.schr. fruchtbaren Rückbesinnung auf die Wurzeln dt. Sozialgesch.schr. (Hrsg. der Ges. Abhandlungen O. Hintzes, 3 Bde. 1962–67).

Lit.: NDB 19, S. 463 f.; DBE 7, S. 473; B. Oestreich (Hg.), G. Oestreich, Strukturprobleme der Frühen Neuzeit. Ausgew. Aufsätze, B 1980 (vollst. Werkverz.); P. Baumgart, G. Oe. zum Gedächtnis, in: ZHF 5/1978, S. 129–138. *L. S. S.*

O'Gorman, Edmundo (1906–1995), als Sohn einer gutsituierten Familie in Coyacán geb. und in San Angel aufgewachsen (heute zu Mexico-Stadt gehörend), erhielt eine vielseitige, seinen künstler. u. musischen Interessen gemäße Erziehung. Zunächst studierte er bis 1928 Rechtswiss. und war 10 J. als Anwalt tätig. Seine eigentlichen Neigungen galten aber der Lit., Kunst und Gesch. 1937 erschien sein erstes Buch *Historia breve de las divisiones territoriales,* und eine kritische Ausg. der *Historia natural y moral de las Indias* von José de Acosta war in Vorbereitung. O'G. entschied sich 1938 ganz für die Gesch. und nahm den Posten eines Subdir. des Archivo General de la Nación an. Diese Stellung ermöglichte es ihm, sich mit zahlreichen Themen der mexik. Gesch. zu beschäftigen und Aufs. oder Dokumente im *Boletin del Archivo General de la Nación* zu veröffentlichen. Zusätzlich begann er ein Studium der Phil. und Gesch. an der Nationaluniversität, wo er 1948 den Grad eines Magisters und 1951 den eines Doktors erwarb. Schon während dieser Zeit lehrte er Gesch. an der Philos. Fakultät und am Colegio de México, dessen Gründung auf die Initiative von ↑D. Cosío Villegas zurückging. 1952 erhielt er einen Lehrst. für Gesch. an der UNAM, er gab den Posten im Generalarchiv auf und widmete sich vollständig der Lehre und Forschung sowie curricularen Fragen des Geschichtsstudiums. O'G. erhielt zahlreiche nationale Ehrungen und Auszeichnungen, u. a. war er Präs. der Academia Mexicana de la Historia.

O'G. gilt als ein Erneuerer der mexikan. Gesch.schreibung. So unterscheidet man eine mexikan. Gesch.schreibung vor bzw. nach oder seit ihm. O'G. lehrte und praktizierte eine kritische Gesch.-schreibung, die eine unkritische QQ-gläubigkeit und den Glauben an die Objektivität des Hist., wie er ihn bei ↑Ranke zu finden glaubte, ablehnte, vielmehr die subjektiv bedingte Mitwirkung des Hist. bei der Konstruktion von Gesch. unterstrich. Diese Sichtweise, 1947 in seinem gegen Ranke gerichteten Werk *Crisis y porvenir de la ciencia histórica* theoret. dargelegt, ist bes. in seinen Arbeiten und Reflexionen über die Gesch. bzw. Entdeckung Amerikas evident. 1942 erschien das Werk *Fundamentos de la Historia de América*, 1951 die Diss. *La idea del descubrimiento de América. Historia de esa interpretación y crítica a sus fundamentos*. Beide waren gewissermaßen Vorarbeiten zu der Publikation von 1958, die O'G. berühmt machte: *La invención de América: el universalismo de la cultura de occidente*. In ihr zeigt O'G., daß und wie Amerika durch die europ. Kultur gleichsam erfunden wurde. Seit dieser Publikation hat sich die Interpretation der Texte und Chroniken über Entdeckung und Eroberung Amerikas gewandelt; diese werden nun nicht mehr bloß auf ihre «Tatsachenbeschreibung» hin, sondern auf das ihnen zugrundeliegende Konzept vom vierten Kontinent und auf dessen hist. Wirkung untersucht. O'G. widmete sich auch zeitgesch. Fragen, wobei er sich bes. mit den Widersprüchen in der nat. Gesch. Mexikos und der Bedeutung auch der kolonialen Vergangenheit für die Gegenwart auseinandersetzte (u. a. *La supervivencia política novohispana*, México 1967; *México, el trauma de su historia*, México 1977). O'G. starb 1995 in Mexiko-Stadt.

Lit.: A Saborit, El profesor O'Gorman y la metáfora del martillo, in: E. Florescano/ R. Pérez Montfort (Hgg.), Historiadores de México en el siglo XX. México 1995, S. 137–159; J. Z. Vásquez, Presentación. Don Edmundo O'Gorman, 1906–1995, in: Historia Mexicana 46, Nr. 184 (1997), S. 687–694. *H. J. K.*

Oncken, Hermann (1869–1945), aus ev.-luth. oldenburg. Kaufmannsfamilie stammend, wurde O. durch seinen Lehrer ↑Lenz im Geist der «Ranke-Renaissance» erzogen, 1891 Promotion, 1895 Habilitation zur ma. bzw. frühnz. oldenburg. Gesch.; nach Tätigkeit im Archivdienst und an der Berliner Kriegsakademie sowie einer Gastprofessur 1905/06 in Chicago, die dauerhafte Verbindungen und wiss. Interessen für die angelsächs. Welt begründete, übernahm O. 1906 ein Ordinariat für Neuere Gesch. in Gießen, 1907 in Heidelberg, 1923 in München und 1928 in Berlin (Rufe nach Wien, Göttingen und Hamburg lehnte O. ab), bis ein Angriff des NS-Chefhistorikers und früheren O.-Schülers ↑W. Frank 1935 seine Laufbahn beendete.

Nach Art der Neurankeaner lag O.s wiss. Schwerpunkt auf dem hist.-polit. Essay und der polit. Biographie, zugleich öffnete er unter dem Einfluß ↑Schmollers die etablierte dt. Gesch.wiss. auf eine biographisch zentrierte Erforschung von öffentlicher Meinung, Parteien und soz. Bewegungen hin (*F. Lassalle*, 1904; *R. v. Bennigsen*, 2 Bde., 1910), wegweisende Ansätze, die nach dem Weltkrieg mit dem aktuell motivierten Primat der Außenpolitik und Zeitgesch. wieder versandeten (*Das dt. Reich u. d. Vorgesch. d. Weltkrieges*, 2 Teile, 1933). Neben einem reizvollen Ranke-Essay (*Aus Rankes Frühzeit*, 1922) überwogen nun große Editionen (*Die Rheinpolitik Ks. Napoleons III.*, 3 Bde., 1926; *Großhzg. Friedrich I. von Baden*, 2 Bde., 1927;

Vorgesch. u. Begründung d. Zollvereins, 3 Bde., 1934). Nach 1933 trat die brit. Gesch. in den Mittelpunkt (Cromwell, 2. Aufl. 1935; *Die Sicherheit Indiens,* 1937). Quellenkritische Kabinettstükke und meisterhafte Essays enthalten die Sammlungen *Hist.-polit. Aufsätze und Reden,* 2 Bde., 1914, und *Nation u. Gesch.,* 1935.

Gemäß seinem Vorbild Bennigsen verstand sich der nationallib. «Mittelparteiler» O. als Vermittler, dessen von ↑H. Delbrück angeregte polit. Publizistik seit 1912 (Ablehnung einer außenpolit. bedenklichen Flottenvorlage) Aufsehen erregte, dessen historisch geschärfter Patriotismus ihn für nüchterne und realpolit. Mäßigung plädieren ließ, der sich unter dem Eindruck der Kriegsniederlage dann zunehmend auf volkstums- und grenzlandpolit. Fragen konzentrierte.

Im Zentrum des Werks steht die Spannung zwischen «Macht und Idee», zwischen dem «heiligen Egoismus» nationaler Machtpolitik, der sittlichen Kraft wahrhaftiger Erkenntnis und inneren Bewegungskräften, zum anderen das Verhältnis von Gesch.wiss. und Politik als «angewandte Gesch.». Mit der idealfeindlichen Ideologie nach 1933 trat der Politiker O. aber zunehmend hinter dem Wissenschaftler zurück. Methodisch wies er keine neuen Wege, förderte aber den Übergang vom «Primat der Außenpol.» zu einer präzisen Erforschung innerer Entwicklungen.

Lit.: F. Hirsch, Erinnerungen an H. O., in: Mitt. der Univ. Heidelberg XI, Dez. 1959; H. Heiber, W. Frank u. sein Reichsinstitut für Gesch. d. neuen Dtl.s, St 1966; K. Schwabe, in: H.-U. Wehler (Hg.), Dt. Historiker, Bd. 2, Gö 1971, S. 81–97; R. vom Bruch, Wiss., Pol. u. öff. Meinung, Husum 1980; C. Cornelißen, Politische Historiker und deutsche Kultur. In: W. J. Mommsen (Hg.), Kultur und Krieg. München 1996, S. 119–142; C. Studt, «Ein geistiger Luftkurort» für deutsche Historiker. H. O.s. Austauschprofessur in Chicago 1905/06. In: HZ 264 (1997) S. 361–390; NDB, 19, S. 538 f. *R. v. B.*

Ordericus Vitalis (1075–1142). Der Benediktinermönch (seit 1108 Priester; als «Vitalis» 1085 im Kloster St. Evroul in der Normandie eingekleidet) verfaßte in den Jahren 1123 bis 1141 seine 13 Bücher umfassende *Historia ecclesiastica,* die von Christi Geburt bis zur eigenen Zeitgesch. reicht. An sich als Abteigesch. geplant, bringt sie in den ersten Büchern auch die röm. Kaisergesch., die Apostel- und Papstgesch., in den letzten Büchern beschränkt sie sich allerdings geograph. auf den normannischen Raum (England, Normandie, Süditalien, Kreuzfahrerstaaten). O. sieht die Normannen als das für die Bewältigung kirchl. Aufgaben geeignetste Volk (Kreuzzüge, monastische Bewegung). Sein großer Berichtszeitraum, seine Detailgenauigkeit, aber auch seine genetische und lebenswirkliche Darstellungsweise machen O. zu einem der profiliertesten Historiographen des frühen 12. Jhs.

Ausg.: PL 188.
Lit.: LThK[3] VII, Sp. 278; LMA 6, Sp. 1432 f.; H. Wolter, O. V. Ein Beitrag zur kluniazensischen Gesch.schreibung, 1955; M. Chibnall, The world of Orderic Vitalis. Norman Monks and Norman Knights, Woodbridge 1996.

R. A. M.

Orosius, Paulus, ein Presbyter aus Bracara Augusta (Braga) in Galicien, kam in jüngeren Jahren 414 zum hl. Augustinus nach Hippo Regius, weilte in dessen Auftrag 415/6 in Palaestina u. danach wieder in Africa; Geburts- und Todesjahr sind unbekannt.

O.' Hauptwerk, seine *Historiarum adversum paganos libri septem* (7 ist die Zahl der Schöpfungstage!), ist eine Weltgesch., die über 5618 Jahre von der

Schöpfung (hervorgehoben durch einen geograph. Überblick) bis z. J. 417 n. C. reicht und im Sinne Augustins die These der Heiden widerlegen sollte, daß seit der Vernachlässigung der Götterkulte die Übel – bes. sichtbar an der Einnahme Roms durch Alarich i. J. 410 – überhand nähmen: Vielmehr seien seit Christi Geburt Kriege, Seuchen und Naturkatastrophen zurückgegangen. Ohne die bibl. Frühgesch. vor Abraham nachzuzeichnen, führte O. das 1. B. bis zur Gründung Roms und behandelte er im 7. B. die Zeit seit Christi Geburt; ab dem 4. B. steht Roms Gesch. im Vordergrund. O. benutzte bei seiner raschen Kompilation Kurzfassungen wie ↑Eusebios' sog. «Chronik» oder Iustins Auszug aus ↑Pompeius Trogus, aber auch ↑Livius, ↑Sueton oder ↑Tacitus. Sein Werk wurde Vorbild u. Basis der christl. Weltgesch.schr.

Ausg.: TA: C. Zangemeister, Paulus Orosius, historiarum adversum paganos libri VII accedit eiusdem liber apologeticus, CSEL 5, W 1882. – *Übers.:* A. Lippold, P. O., Die antike Weltgeschichte in christl. Sicht, Mn-Z 1985/6.
Lit.: LMA 6, Sp. 1474 f.; B. Altaner/A. Stuiber, Patrologie, Fr [9]1978, 231 f.; 594; D. Koch-Peters, Ansichten des O. zur Geschichte seiner Zeit, F 1984. *H. W.*

Osgood, Herbert Levi (1855–1918). O., ein gebürtiger Neuengländer, studierte am Amherst C., an der Yale U., der U. von Berlin u. an der Columbia U. (Ph. D. 1889), wo er nach 1890 europ. Gesch. unterrichtete. Sein Interesse galt aber der Gesch. der engl. Kolonien in Amerika, die er nicht teleologisch als Triumph des aus der altgerm. Zeit stammenden Freiheitsideals interpretierte (↑Bancroft). O.s Hauptwerke, *The American Colonies in the Seventeenth Century* (3 Bde., NY 1904–07) und *The American Colonies in the Eighteenth Century* (4 Bde., NY 1924–25), integrierten die Entwicklung der Kolonien in die Machtkämpfe zwischen Engl. u. Fkr. u. sahen die Unabhängigkeit Amerikas als das Ergebnis einer institutionellen Sonderentwicklung der Kolonien innerhalb des engl. Weltreiches (daher der Name «imperial school» für diese Interpretation). Die Einteilung der Kolonien nach geograph. Gesichtspunkten ersetzte O. durch eine Unterscheidung in elitäre «proprietory» Kolonien mit autoritären sowie «corporate» Kolonien mit der Demokratie förderlichen Strukturen. Trotz Segmenten über institutionelle u. religiöse Probleme, schrieb O. vor allem über rechtliche u. polit. Entwicklungen. Dieser die neue Sozialgesch. verneinende Akzent u. ein nüchterner Stil brachte seinen Werken weniger Anerkennung, als ihnen gebührt hätte.

Lit.: D. R. Fox, H. L. O. – An American Scholar, NY 1924. *E. B.*

Ostrogorsky, Georg (1902–1976) [Georgije Ostrogorski], Byzantinist. Geb. in St. Petersburg, Sohn eines Lehrers, stud. O. als Emigrant seit 1921 in Heidelberg, u. a. bei A. Weber, E. Salin u. ↑P. E. Schramm, der ihn für die byzantinische Gesch. gewann (Diss.: *Die ländliche Steuergemeinde des byzantinischen Reiches im X. Jh.*, gedr. 1928 in der VSWG). Nach Studien in Paris folgten Habil. (1928) u. Lehrtätigkeit an der Univ. Breslau, 1933 wechselte O. an die Univ. Belgrad. Von 1948–1976 leitete O. zudem, schulbildend u. vielfach ausgezeichnet (u. a. 1966 Orden Pour le Mérite), als Gründungsdirektor das Byzantin. Inst. der Serbischen Akad. d. Wiss. in Belgrad.

Ausgehend von lebenslang umkreisten sozial- u. wirtschaftsgeschichtl. Fragestellungen (*Löhne u. Preise in Byzanz*, 1932), mit von Schramm gewecktem Interesse an Krönungsordnungen u. Herrscherzeremoniell, entwarf O. bereits früh eine Periodisierung (in: HZ

163, 1941) u. Gesamtdarstellung der byzantin. Gesch.: die zuerst 1940 auf deutsch erschienene, vielfach übersetzte u. neuaufgelegte *Geschichte des byzantinischen Staates* setzte als Syntheseleistung Maßstäbe, lenkte den Blick auch auf die wenig beachtete Epoche nach 1204, blieb freilich stark einem institutionengesch., auf Strukturen von Politik, Gesellschaftsordnung u. Verwaltung zentrierten Ansatz verpflichtet. Ideengeschichtl. Interessen aus O.s Frühzeit (*Studien zur Geschichte des byzantinischen Bilderstreites*, 1929) traten in den Hintergrund: Große Themen seiner Belgrader Jahre waren für O. die Fragen des byzant. ‹Feudalismus› (*Pronija*, 1951; übers. in: *Pour l'histoire de la féodalité byzantine*, 1954), der soz. Ordnung (*Staat u. Gesellschaft der frühbyzant. Zeit*, 1956; *Observations on the Aristocracy in Byzantium*, 1970) u. das Verhältnis von Byzanz zur slawischen Welt.

WW: Sabrana dela G. O. [Ges. Werke], 6 Bde., 1969/70; Zur byzant. Geschichte. Ausgewählte kl. Schriften, 1973; Byzanz u. die Welt der Slawen, 1974.
WV (Auswahl): B. Krekić, G. O., S. 308–311.
Lit.: JbbGO 25 (1977), S. 632–636; Speculum 52 (1977), S. 774–776; L. Boia (Ed.), Great Historians of Modern Age, vol. II, 1991, S. 789–791; B. Krekić, George Ostrogorsky, in: H. Damico/J. Zavadil (Edd.), Medieval Scholarship, vol. I, 1995, S. 301–311; EHHW, vol. II, S. 890f. *H. C.*

Otto von Freising (ca. 1112–1158). Als Sohn des Babenbergers Leopold III., Markgrafen von Österreich, zum höchsten Reichsadel gehörend, Halbbruder Kg. Konrads III. und Onkel Fr. Barbarossas, schon früh zum Geistlichen bestimmt und noch im Knabenalter zum Propst von Neuburg (bei Wien) gemacht, trat O. nach Studienjahren in Paris dem Zisterzienserkonvent von Morimond (Lothringen) bei, dessen Abt er 1138 wurde. Im gleichen Jahr zum Bischof von Freising gewählt, zeichnete er sich in dieser Position eines Reichsfürsten fortan als engagierter Parteigänger des staufischen Königtums, aber auch als verdienstvoller Lenker seines Bistums, als Klostergründer und Förderer der Reformkanoniker aus. Er reiste in diplomatischem Auftrag zweimal zur päpstlichen Kurie (1141 und 1145/46) und nahm am 2. Kreuzzug (1147–49) teil. Seine herausrag. Leistung aber lag in der Abfassung zweier Gesch.werke, die zu den philos. und theolog. tiefsinnigsten des MA zählen: Sein *Chronicon seu Historia de duabus civitatibus* ist eine in acht Bücher eingeteilte Universalchronik, die stofflich u. a. auf ↑Orosius, ↑Frutolf von Michelsberg sowie ↑Ekkehard von Aura fußte und die in gedanklicher Weiterverarbeitung der augustin. Zwei-Staaten-Lehre die Weltgesch. zunächst als Gegensatz zwischen «Ecclesia» und «Regnum» verstand, dann aber mit der Anerkennung des Christentums ab der «Konstantinischen Wende» die Erlangung einer Harmonie zwischen geistl. und weltl. Gewalt und – in Abwandlung der Anschauung Augustins – die Verwirklichung der «civitas Dei» bereits auf Erden sah. Heilsgeschichtl. Träger dieser gewonnenen Ordnung war für O. das «Imperium Romanum», das nach einem Wandern der vier Weltreiche von Ost nach West in die eschatolog. Stellung der letzten Universalmacht vor dem Weltende eingerückt war. Angesichts der Zerrüttung jener Harmonie während des Investiturstreits fand O. zu einem pessimist. Weltbild, das aufgrund der sich immer mehr häufenden Umwälzungen im polit. Geschehen das Jüngste Gericht in Kürze erwarten ließ. – Unter dem Eindruck der Regierung Fr. Barbarossas aber gewann O. wieder Hoffnung, der er in seinem zweiten Gesch.werk, den

Gesta Friderici, auch spürbaren Ausdruck verlieh. Über diesem detailreichen und von guter Informiertheit (u. a. auch über kaiserliche Kanzleistücke) zeugenden Werk, das mit Heinrich IV. einsetzte und durchaus als Apologie der stauf. Politik gedacht war, starb er allerdings: Es wurde von ↑Rahewin fortgesetzt. – O. gehörte gewiß zu den größten Denkern im Rahmen des Gesch.symbolismus des 12. Jhs.; sein Nachwirken in der spätma. Historiographie – weil wohl schwer als Steinbruch ausschöpfbar – war jedoch vergleichsweise gering.

Ausg.: Otto von Freising, Chronik oder die Geschichte der zwei Staaten, hg. von W. Lammers. Da 1980⁴. – Otto von Freising und Rahewin, Die Taten Friedrichs, oder richtiger: Cronica, hg. von F.-J. Schmale. Da 1986³.
Lit.: J. Spörl, Die «Civitas Dei» im Gesch.-denken O.s v. F., in: Gesch.denken und Gesch.bild im Mittelalter, hg. von W. Lammers, Da 1961, 298–320; W. Lammers, Weltgesch. und Zeitgesch. bei O. v. F., Wie 1977; H.-W. Goetz, Das Gesch.bild O.s v. F. Kö 1984. – B. Schürmann, Die Rez. der Werke O.s v. F. im 15. und frühen 16. Jh., St 1986; C. Kirchner-Feyerabend, O. v. F. als Diözesan- u. Reichsbischof, Ffm 1990; S. Bagge, Ideas and Narrative in O. of F.'s Gesta Fr., in: J. of Medieval Hist. 22 (1996), 345–377. *G. M.*

Oviedo y Valdés, Gonzalo Fernández de (1478–1557). Der in Madrid geb. und am Hofe der kathol. Könige erzogene O. war von den Berichten über die Entdeckungen der Neuen Welt fasziniert. Schon frühzeitig, sicher seit seinem ersten Aufenthalt in Amerika, 1514/15, als er als Schreiber und Inspektor der Goldschmelze an der von Pedrarias Dávila geleiteten Expedition nach Panamá teilnahm, hatte er begonnen, Material für eine Geschichte der neuentdeckten Gebiete zu sammeln. 1526 veröffentlichte er in Toledo einen ersten *Überblick über die Naturgegebenheiten von Las Indias*. Bei späteren Aufenthalten als Kolonialbeamter in Amerika, wo er insgesamt mit Unterbrechungen über 25 Jahre lebte, setzte er seine Sammlung für eine monumentale Natur- und Humangeschichte Amerikas fort. 1535, drei Jahre nach seiner Ernennung zum offiziellen Chronisten, erschien der erste Teil seiner *Allgemeinen und Naturgeschichte der Indien* mit 20 Büchern. Von den bis 1549 verfaßten zwei weiteren Teilen mit 30 Büchern erschien lediglich das erste Buch des zweiten Teils im Jahr 1557, ein Jahr nach O.s Tod. O. war ein typischer Repräsentant der span. Chronisten des 16. Jhs., die, überzeugt von der Berechtigung der span. Eroberung und Christianisierung Amerikas, die Überlegenheit der Europäer gegenüber der eroberten indianischen Bevölkerung verherrlichten. Allerdings finden sich bei O. auch Ansätze zu einer positiven Beschreibung der indianischen Gebräuche und Fertigkeiten, so daß seine Gesch. wertvolle ethnologische Hinweise enthält.

WW: Sumario de la natural historia de las Indias (Toledo 1526); Edición, introducción y notas de José Miranda (Mixico 1950, 1979); Edición de Manuel Ballesteros (Madrid 1986); La historia general de las Indias (Sevilla 1535); La historia general de las Indias, agora nuevamente impresa, corregida y emendada (Salamanca 1547); Historia General y Natural de Las Indias. Edición y Estudio Preliminar de Juan Pérez de Tudela Bueso. 5 vols. (Madrid 1959).
Lit.: Einleitungen bei Pérez de Tudela, Miranda und Ballesteros; J. R. Thomas, S. 269–270; A. Curtis Wilgus: The Historiography of Latin America: A Guide to Historical Writing, 1500–1800, (Metuchen, N. J. 1975), S. 26–27. *H. J. K.*

Palacký, František (1798–1876) erhielt seine Ausbildung als tschechischer evang. Lehrerssohn am Lyzeum in Preßburg und setzte sich von Jugend auf im Geiste der Romantik für die slawische Erneuerungsbewegung ein. Seit 1826 Sekretär des böhm. Landesmus., schrieb er im Auftrag der böhm. Stände eine *Gesch. Böhmens* in 5 Bdn. (Prag 1836–1867), die er bis 1848 dt. und dann nur tschech. (Dějiny národu českého v čchách a v Moravě dle puåvodních pramenuå, 5 Bde. u. als Neuaufl. in 6 Bdn., Prag 1939) herausgab. Dort schilderte er die Geschichte seines «friedliebenden» tschech. Volkes, zu dem er auch die Slowaken rechnete, als einen Kampf gegen die gewaltsam eingedrungenen Deutschen. Im Revolutionsjahr 1848 wurde er zum Sprecher seines Volkes u. schrieb im gleichen Jahr einen Absagebrief auf die Einladung, an den vorbereitenden Gesprächen zur Frankfurter Nationalvers. teilzunehmen, in dem er die Eigenständigkeit Böhmens gegenüber dem Deutschen Reich betonte und sich für einen engen Zusammenschluß seiner Heimat mit Österr. zum Schutze vor dem übermächtigen Rußl. aussprach. Auf dem Slawenkongreß in Prag zu Pfingsten 1848 forderte er den Zusammenschluß aller unter habsburg. Herrschaft stehenden Slawen als autonome staatliche Einheit. Auf dem österr. Reichstag in Kremsier trat er für die Neugliederung Österr. auf nat. Basis ein. Bei dem Beginn der Verfassungsära in Österr. warnte er Kaiser Franz Joseph vor einer dualistischen Reichsgestaltung (*Österr. Staatsidee, Prag* 1866), erteilte schließlich nach der Enttäuschung über den österr.-ungar. Ausgleich auch Österr. eine Absage (*Politisches Vermächtnis,* Prag 1872) und vollzog eine Umorientierung zum zarist. Rußland, das er demonstrativ an der Spitze einer tschech. Delegation im April 1867 besuchte. In enger Zusammenarbeit mit Rußl. sah er jetzt im Panslawismus die Gewähr für eine gesicherte Zukunft des tschech. u. aller slaw. Völker.

Abh.: Gesch. von Böhmen, 5 Bde., Prag 1836–1867; tschech.: Dějiny národu českého v Čechách a v Moravě dle puwôdních pramenuů, 5 Bde., Prag 1848, 1867; Österr. Staatsidee. Prag 1866; tschech.: Idea státu rakouského. Prag 1907; Politisches Vermächtnis. Prag 1872.
Lit.: E. Lemberg: Die hist. Ideologie von Palacký u. Masaryk u. ihre Bedeutung für die moderne nat. Bewegung, in: HJb 53 (1933), S. 429–457; M. Jetmarová: F. P. Prag 1961; F. Prinz: F. P. und das dt.-tschech. Verhältnis aus der Sicht der tschech. Geschichtswiss. unseres Jhs., in: Bohemia 18 (1977), S. 129–143; Biogr. Lex. z. Gesch. Südosteuropas. Mn 1979, Bd. 3, 1979, S. 382–84. *H. G.*

Panofsky, Erwin (1892–1968). Der geb. Hamburger studierte in Freiburg i. Br., wurde dort 1914 promoviert, habilitierte sich 1921 u. übernahm 1926 eine Prof. in Hamburg, die er 1933 aufzugeben gezwungen wurde. Die Emigration führte ihn zunächst an seine einstige (1931) Gastdozentenuniv. in NY zurück, ab 1935 an das Inst. for Advanced Study in Princeton, welches er 1963 wieder zugunsten der NY-Univ. verließ. Von Anfang an mit kunsttheoret. Problemen befaßt, entwickelte P. unter maßgebl. Einfluß des Hamburger Kreises um ↑A. Warburg eine neuartige, hist. vertiefte Ikonologie sowie method. u. inhaltl. Erkenntnisse zum Fortwirken der Antike seit der Renaissance, die ihn nicht nur zu einem der wichtigsten Kunsthist. des 20. Jh.s werden ließen, sond. auch die Gesch.wiss. erhebl. beeinflußten.

HW: Dürers Kunsttheorie, B 1915; Dürers Melencolia I, Leipzig 1923; Studies in Iconology, NY 1939; Early Netherlandish Painting, 1953 (dt. 2001); Aufsätze zu Grundfragen der Kunstwiss., B 1964, 3. Aufl. 1998 (WV S. 1–16); [mit R. Klibansky u. F. Saxl] Saturn u. Melancholie, NY 1964 (dt. zuletzt Ffm 1998); Dts.-sprachige Aufsätze, 2 Bde., hrsg. v. K. Michels, M. Warnke, 1998; S. Kracauer – E. P. Briefwechsel 1941–1966, B 1996;

E. P. Korrespondenz 1910 bis 1968, hrsg. v. D. Wuttke, 5 Bde., 2001 ff.
Lit.: NDB 20, 36–38; B. Reudenbach (Hg.), E. P., 1994; D. Wuttke, Einstein der Kunstgeschichte. E. P. zum 100. Geb., in: ders., Dazwischen, Bd. 2, 1996, 617–631. W. W.

Paparrigopulos, Konstantinos (1815–1891), Sohn eines griech. Börsenmaklers in Istanbul. Sein Vater wurde beim griech. Aufstand 1821 ermordet. Als griech. Flüchtling und Stipendiat des Zaren besuchte er in Odessa das exklusive Lycée Richelieu. 1830 kehrte er in das befreite Griechl. zurück. Schon 1843 wandte er sich gegen die Theorie von Fallmerayer über die Entgräzisierung Griechls. 1845 von seinem Amt suspendiert, wurde er Gesch.lehrer an einem Athener Gymn. 1851 berief ihn die Univ. Athen zum a.o. Prof. für Gesch. 1853 erschien seine *Istoria tu elliniku ethnus* (Gesch. d. griech. Nation) als Schulbuch und in d. J. 1860–1874 in 5 Bänden. Dadurch wurde er zum offiz. Vertr. d. griech. Nationalgesch.-schr. Im russ.-türk. Krieg (1876–1877) setzte er sich für die nat. Belange der Griechen ein, kämpfte als fahrendes Mitgl. der «Ethniki Amina» (Nationale Abwehr) für die Befreiung der unter türk. Herrschaft stehenden griech. Gebiete und organisierte in Athen u. auf Auslandsreisen griech. «Nationalvereine» zur Koordinierung des nat. Kampfes. Inzwischen fand er auch internat. Anerkennung: 1875 ernannte ihn die russ. Regierung zum Honorarprof. in Odessa, 1881 wählte ihn die Serb. Akad. der Wiss. zum korresp. Mitgl. In seinem letzten Lebensabschnitt bemühte er sich um die Veröffentl. seines Hauptwerkes im Ausland. 1878 erschien u.a. eine franz. Übersetzung unter dem Tit. *Histoire de la civilisation hellénique.*

In der griech. Gesch.schreibung führte P. die wiss. Beschäftigung mit der eigenen Gesch. auf der Grundlage objektiver QQforschung ein. Seine politisch-ideologische Bedeutung besteht darin, daß er sowohl wiss. als auch nat. zu argumentieren versuchte, wobei bei einer Konkurrenzsituation die objekt. Gesichtspunkte hinter den nat. zurücktraten. Seine «nat.» Geschichtsschreibung lieferte die Argumente für eine nat. Politik in Griechl., die zu den Katastrophen von 1897 und 1922 führte.

Lit.: G. Veloudis: Jakob Philipp Fallmerayer und die Entstehung des neugriech. Historismus, in: Südost-Forschungen 29 (1970), S. 43–90; K. Paparrigopulos: Istoria tu elliniku ethnus (i proti morfi). Hrsg. v. K. Th. Dimaras. Athen 1970 (mit Bio-Bibliogr.). Biograph. Lex. z. Gesch. Südosteuropas. Hrsg. v. M. Bernath. Mn 1979, Bd. 3, S. 396–98. *H. G.*

Papenbroeck (Papebrochius), Daniel von (1628–1714). Stud. Theologie in Mecheln; 1658 zum Priester geweiht. 1660 wurde er von ↑Bolland bis 1709 als Mitarbeiter für die «Acta Sanctorum» gewonnen. Während Archivreisen in Deutschland und Italien sammelte P. zahlreiche Urkunden und hagiogr. QQ. Seine kritische Einstellung führte zu einer Verurteilung der «Acta» durch die spanische Inquisition, im Jahre 1700 sogar durch Rom. In der Einführung des bis April (Teil II) reichenden Bandes der «Acta» (1675) hatte P. scharf, aber auf allzu schmaler Grundlage, die Authentizität fast aller merowing. Urkunden bezweifelt. Nach Erscheinen der Replik von Dom ↑J. Mabillon, in dessen «De Re Diplomatica» (1681), mußte er sein übereiltes Urteil erkennen.

Lit.: H. Delehaye, in: Biogr. Nat., 16, 1901, 581–89; P. Peeters, L'œuvre des Bollandistes, Bru 1960, 23–32. *W. P.*

Parkman, Francis (1823–1893). Bostoner Pastorensohn, studierte am Harvard C. Nach dem Rechtsstudium (LL. B. 1846) reiste er entlang des Oregon Trails, um seine durch ein Nervenleiden geschwächte Konstitution zu stärken sowie um die Wildnis u. die Indianer kennenzulernen. Sein Nervenleiden verschlimmerte sich u. machte ihn fast blind. Mit ungemeiner Energie u. Hilfe von Vorlesern, Kopisten u. einem mechanischen Schreibapparat schrieb er *The History of the Conspiracy of Pontiac and the Indian War after the Conquest of Canada* (Boston 1851) u. sein siebenteiliges Werk *France and England in North America* (mit individuellen Titeln; Boston 1865–1892). Diese Bücher beschrieben den Kampf um Amerika zwischen Engl. u. Fkr. u., damit verbunden, einen zwischen Natur (in die P. die Indianer einschloß) u. Zivilisation. Um die Jahrhundertwende begann die Abwertung von P.s populärer, erzählender Gesch. als unwissenschaftlich. P. verblieb aber ein geachteter amer. Historiker.

Lit.: R. L. Gale, F. P., NY 1973; O. A. Pease, Parkman's History, Hamden, Conn. 1968. *E. B.*

Pastor, Ludwig (seit 1908: Edler von P.; seit 1916: Freiherr von Camperfelden) (1854–1928), gehörte zu jener Generation kathol. Historiker, die durch Kulturkampf und die Dominanz eines protest.-preuß. geprägten Gesch.bildes an einer akad. Karriere im Dt. Reich gehindert wurden, mit ihrer bewußt kathol. geprägten und darin teilweise apologetischen Gesch.schreibung aber durchaus zur Erweiterung hist. Kenntnisse beitrugen. Nach Stud. in Köln, Rom, Berlin und Wien 1878 in Graz prom., habil. sich v. P. 1881 in Innsbruck, wurde 1886 a. o. Prof. und 1887 o. Prof. ebd. 1901 wurde er als Direktor des Österr. Hist. Inst. nach Rom berufen. Seine größte wiss. Leistung war die 16 bändige *Geschichte der Päpste seit dem Ausgang des MA* (1886–1933), die v. P. aus den Quellen der vatikanischen Archive erarbeiten konnte, womit er wertvolles Material erschloß. Anerkennung und Kritik für diese Arbeit kam seit den 20er Jahren sowohl von protest. wie kathol. Seite, ein Zeichen für die wachsende wiss. Gemeinschaft beider Lager, zu der v. P.s konfessionsgebundene Sichtweise nicht mehr paßte. Aufgrund seiner engen Beziehungen zum Vatikan übernahm v. P. nach dem Ersten Weltkrieg die Vertretung der jungen österr. Republik in Rom.

Lit.: H. v. Srbik, Geist und Gesch. vom dt. Humanismus bis zur Gegenwart, Bd. 2, Mn-Sa 1951, S. 68 ff.; G. Oberkofler, Die gesch. Fächer an der Phil. Fak. der Univ. Innsbruck 1850–1945, 1969, S. 89 ff.; NDB 20, S. 94–96; DBE 7, 569 f. *L. S. S.*

Paulus Diaconus (ca. 720–799). Der Gesch.schreiber der Langobarden war adeliger Abstammung, Benediktiner und Diakon an der Patriarchalkirche von Aquileja. Er wirkte als Lehrer am Königshof in Pavia und am Herzogshof in Benevent, ging aber wohl bereits 774 nach Monte Cassino. Von 782 bis 786 war er Mitglied des Gelehrtenkreises am Hofe Karls des Großen und wurde als «Poet» ein Vertreter der sog. Karoling. Renaissance. Sein historiogr. HW verfaßte er nach seiner Rückkehr nach Monte Cassino (786 ff.), nämlich die *Historia Langobardorum,* die von den Urzeiten seines Volkes bis zum Tode Liudprants (744) reicht. Unter Beiziehung u. a. der Werke von ↑Gregor von Tours, ↑Beda Venerabilis, Isidor von Sevilla und der «Gesta pontificum Romanorum» integriert seine als «Nationalgeschichte» konzipierte Chronik die Langobardengesch. in einen universalen Kontext. An kleineren historiogr. Werken sind von ihm überliefert die *Historia Romana,* eine Fortsetzung des ↑Eutropius, ferner eine Vita des Hl. Gregor sowie die *Gesta episcoporum Mettensium.* Daneben verfaßte er Gedichte und unterwies vermutlich Karl den Großen durch Erklärung der «Ars Donati» im Lateinischen. Sein *Homiliarium,* eine Sammlung latein. Musterpredigten aus Texten der Kirchenväter, wurde von Karl als Predigthandbuch im Reich für verpflichtend erklärt.

Ausg.: Historia Romana, hg. v. A. Crivellucci, 1914; Historia Langob.: MGH SS rer. Lang.; GDV; Homiliarium: Migne PL 95.
Lit.: LMA 6, Sp. 1825 f.; LThK³ VII, Sp. 1516; P. Chiesa, Paulo Diacono: uno scrittore fra tradizione longobarda e rinnovamento carolingio, 2000. *R. A. M.*

Pertz, Georg Heinrich (1795–1876). P. wurde 1795 in Hannover geb. Sein bedeutendster Lehrer in Göttingen war ↑A. Heeren. 1816 wurde er Archivar in Hannover, wo er 1832–37 die von ihm gegründete Hannoversche Ztg. leitete. Früh machte er sich einen Namen durch eine Studie über das karolingische Hausmeiertum. Ausgedehnte Arch.reisen in Österr. und It., besonders in Rom, verschafften ihm einen Einblick in die QQfülle in Arch. u. Bibl. Seit 1842 war er Oberbibliothekar in Berlin. Bereits 1823 war er Leiter der MGH geworden und blieb dies für 50 Jahre.

Er legte ihre Gliederung in 5 Abt. zur Edition der QQ zur dt. Gesch. und ihre Editionsgrundsätze fest. 1826 und 1829 erschienen die ersten beiden Bde. der Scriptores. P. starb 1876 in München.

In P.s Werken verbindet sich nicht die Wiss. mit der Kunst der Darstellung, sondern wird Wiss. als bloße Forsch. verstanden, weniger als Verarbeitung und Formgestaltung. In seiner schulebildenden krit. Editionsleistung wurden erstmals für die Textgestaltung ma. darstellender Gesch.QQ alle erreichbaren Hilfsmittel zur weitestgehenden Wiederherstellung der ursprünglichen Textform herangezogen.

WW: Das Leben des Ministers Frhr. v. Stein, 6 Bde., B 1849–55; Das Leben des Feldmarsch. Grfn. Neithardt v. Gneisenau, 3 Bde., B 1864–69, Bde. 4–5 hrsg. v. H. Delbrück, B 1880.
Lit.: H. Bresslau, Gesch. der MGH, 1921; H. Grundmann, MGH 1819–1969, 1969; H. Fuhrmann, «Sind eben alles Menschen gewesen», 1996. *C. v. M.*

Peukert, Detlev J. K. (1950–1990), geb. in Gütersloh u. Abitur in Hamm. Abschluß des Studiums der Gesch. u. Germanistik mit dem Staatsexamen 1975. Im gleichen Jahr Erarbeitung einer Ausstellung «Antifaschistischer Widerstand im Ruhrgebiet 1933–1945». Nach der Promotion 1979 an der Ruhr-Univ. Bochum bei Hans Mommsen u. der Habilitation für Neuere Gesch. 1984 war P. seit 1988 wissenschaftlicher Direktor der «Forschungsstelle für die Geschichte des Nationalsozialismus» in Hamburg u. seit 1989 Prof. an der Univ. Essen.

P. galt international als ebenso produktiver wie innovativer Vertreter der bundesdt. Gesch.-wiss. Im Mittelpunkt seiner Arbeiten stand die kritische Reflexion des historischen Modernisierungsprozesses mit dessen ambivalenten gesellschaftlichen Potentialen. Am Beispiel der dt. Jugendfürsorge von 1878 bis 1932 zeigte P. im Anschluß an ↑G. Oestreichs Konzept der «Sozialdisziplinierung» u. Jürgen Habermas' Ansatz der «Kolonialisierung der Lebenswelten», daß die sozialreformerische Fürsorgepädagogik letztlich einem totalen Erziehungs- u. Erfassungsanspruch erlag, der vor allem bei den lebensweltlichen Vorstellungen von Jugendlichen der sozialen Unterschichten an Grenzen stieß. Unter dem Eindruck der Krisen der zwanziger Jahre führte dieses Spannungsverhältnis zur zunehmenden Exklusion der vermeintlich nicht integrierbaren Jugendlichen u. trug somit auch zum praktischen Diskurs über die rassisch begründete «Ausmerzung Minderwertiger» bei.

In seiner dichten Analyse der *Weimarer Republik* gelang P. in vielerlei Hinsicht die von ihm selbst methodisch geforderte Synthese der neuen Alltags- u. Kulturgesch. mit der kritischen Sozial- u. Politikgesch.schreibung. Die Zeit der ersten dt. Demokratie wurde hier als widerspruchsvolle Krisenzeit der klassischen Moderne verstanden, in der die polit. Polarisierung auch Ausdruck verschiedener Generationserfahrungen, Milieumentalitäten u. Zukunftserwartungen war, u. ökonomische Krisen auf diese sozialen und kulturellen Konstellationen zurückwirkten. In skeptischer Einschätzung eines spezifisch «Deutschen Sonderweges» vertrat P. eine «Kontinuitätsperspektive industriegesellschaftlicher Modernität». In der Studie *Volksgenossen und Gemeinschaftsfremde* deutete P. den Aufstieg des NS u. die Eskalation der Vernichtungspol. schließlich als eine mögliche gesellschaftspolit. Entwicklung der Moderne, in der sich die «repressive Seite sozialer Normierungen u. Disziplinierungen» durchsetzte u. in einer vorgelagerten radikal ordnungspolit. u. rassisch begründeten Weltanschauung ihre Fundierung erhielt. Der NS erscheint als praktizierte Konsequenz radikaler Gesellschaftsentwürfe, die mit Antisemitismus, Rassismus u. nationalistischer Ideologie auch Denkfiguren unterschiedlicher Ausprägung in anderen industrialisierten Ländern Europas zu Beginn des 20. Jh.s waren. Entgegen deterministischen Interpretationen maß P. die entscheidende Rolle trotzdem den traditionellen Machteliten im Prozeß der Machtübertragung an Hitler bei, die aus einem polit. Machtvakuum in Kombination mit der «totalen Krise» von 1930 bis 1933 heraus möglich wurde.

In Rückbesinnung auf ↑M. Weber u. dessen kulturkritische «Diagnose der Moderne» ging P. den Rationalisierungsprozessen der Moderne auch theoretisch nach. Angesichts der scheinbar dialektischen Verknüpfung von Erkenntnisfortschritt der Wissenschaften u. bürokratischer Rationalisierung betonte P. die «zweifache Paradoxie der Moderne»: individuelle Vereinsamung u. religiöse Not, die im selektiven «Kollektivsubjekt des Volkskörpers» als NS in Erwartung handlungsorientierender Ordnung zu einer sinnentleerten Zukunftshörigkeit jenseits der Vernunft führen konnte.

HW: Ruhrarbeiter gegen den Faschismus, 1976; Die KPD im Widerstand, 1980, Die Edelweißpiraten (Hrsg., 1980); Volksgenossen u. Gemeinschaftsfremde, 1982; Grenzen der Sozialdisziplinierung. Aufstieg u. Krise der dt. Jugendfürsorge von 1878 bis 1932, 1986; Jugend zwischen Krieg u. Krise. Lebenswelten von Arbeiterjungen in der Weimarer Republik, 1987; Die Weimarer Republik. Krisenjahre der klassischen Moderne, 1987; Max Webers Diagnose der Moderne, 1989; Jahrhundertwende, 2 Bde. (Mithrsg.), 1990.

Lit.: F. Bajohr/W. Johe/U. Lohalm (Hrsg.), Zivilisation u. Barbarei. Die widersprüchlichen Potentiale der Moderne. D. P. zum Gedenken, 1991 (WV); D. Blasius, Nachruf auf D. P., in: GG 17 (1991), 397–398.

B. H.

Pez, Bernhard (1683–1735), **OSB, u. Pez, Hieronymus** (1685–1762), **OSB.** Geb. im niederösterr. Ybbs traten die beiden Brüder früh in das Kloster Melk ein. Nach dem Stud. der Theol. in Wien durchforschten sie – nach dem Vorbild ↑Mabillons – auf ausgedehnten Reisen österr., bayer. u. schwäb. Klöster nach ma. Handschriften. Diese Sammelarbeit war Grundlage mehrerer QQeditionen zur ma. Gesch. Die bedeutendsten sind der v. B. P. hrsg. *Thesaurus anecdotorum novissimus* (1721–1729 in 6 Bdn.) u. die v. H. P. hrsg. *Scriptores rerum austriacarum veteres ac genuini* (1721–1745 in 3 Bdn.). Besonders B. P. propagierte, verteidigte u. praktizierte (gg. Widerstände der Jesuiten, auch aus dem eigenen Orden) unermüdlich die Aufnahme maurinischer hist. Forsch. in Österr. u. Dtl. Mit der Reformkongregation in Fkr. stand er in enger Beziehung.

Lit.. A. Coreth, Österr. G. S. in der Barockzeit (1620–1740), W 1950; L. Hammermayer, Zum ‹dt. Maurinismus› des frühen 18. Jh., Briefe der Benediktiner P. B. P. (Melk) u. P. Anselm Desing (Ensdorf) aus dem Jahr 1709–1725, in: ZBLG 50 (1977) S. 391–444; C. Glassner, Verzeichnis der im Nachlaß der Melker Historiker B. u. H. P. erhaltenen Briefe, in: StMBO 110 (1999) S. 195–243. *H. Z.*

Pflaum, Hans-Georg (1902–1979), mußte noch während seines Zweitstudiums in Berlin 1933 fliehen, studierte in Paris (bei ↑J. Carcopino), wurde 1940/44 erneut gejagt, prom. 1947 u. wurde 1956 Directeur de recherche am CNRS in Paris. – P. war röm. Epigraphiker u. Prosopograph; er hat die neuere frz. u. intern. Forschung wesentlich geprägt. Neben seiner grundlegenden Abhandlung über die ritterl. Procuratoren u. ihre Laufbahnen während der Kaiserzeit und zahlreichen bedeutenden administrationshist., militärhist, sozialgesch., personen- u. namenkundl. Studien edierte u. kommentierte er wichtige Inschriften (u. a. *Inscriptions latines de l'Algérie* u. *L'Année épigraphique* 1966–1978). P. war ein Meister des Details, weniger der hist. Synthese.

Lit.: G. Alföldy, in: Gnomon 52, 1980, 203–206; M. Le Glay, in: Epigraphica 42, 1980, 212–229 (WV). *H. W.*

Phillips, Ulrich Bonnell (1877–1934). Aus LaGrange, Georgia, studierte an der U. of Georgia u. der Columbia U. (Ph. D. 1902) u. lehrte an der U. of Wisconsin (bis 1908), der Tulane U. (1908–11), der U. of Michigan (1911–29) u. der Yale U. bis zu seinem Tode. Seine Herkunft und ↑W. A. Dunnings Einfluß führten zum Entschluß, die Gesch. der Südstaaten zu erforschen, ihre Quellen zu sammeln und ihre Interpretation von nördl. Vorurteilen zu befreien. Seiner Diss. *Georgia and States Rights* (Wash. D. C. 1902) folgten einige Bücher über Aspekte des amer. Südens, u. a. *American Negro Slavery* (NY 1918). Der erste Band einer unvollendeten Gesch. der Südstaaten wurde sein wichtigstes Buch, *Life and Labor in the Old South* (Boston 1929). Er war ein kritischer Apologet des ‹ante-bellum-Südens›, der den negativen Einfluß der Sklaverei betonte. Trotzdem war sein Urteil über die Sklaverei, das Plantagensystem und die Rassendiskriminierung viel zu wohlwollend für das spätere Amerika. Er gilt immer noch als ein Pionier der wiss. Gesch. der Südstaaten.

Lit.: J. H. Roper, U. B. P.: A Southern Mind, Macon 1984. M. L. Dillon, U. B. P., Baton Rouge 1985. *E. B.*

Phylarch (3./viell. noch Anf. 2. Jh. v. C.), wahrsch. in Naukratis (Ägypten) geb., fühlte sich später als Athener. Im Anschluß an ↑Hieronymos' Werk verfaßte er 28 B. *Historien* von Pyrrhos' Tod (272) bis zum Tod von Kleomenes III. (219). Trotz ihrer Parteinahme für alles Spartanische u. Idealisierung der Spartanerkg.e Agis u. Kleomenes galten sie als die maßgebl. Darstellung dieser Zeit, z. T. mit so guten Informationen, daß man Ph. unter den Gefolgsleuten des Kleomenes vermutete. Ihr frgmt. Erhaltungszustand wird dadurch z. T. wieder ausgeglichen, daß sie wahrscheinlich als Grundlage für die B. 25–28 von ↑Pompeius Trogus' u. für ↑Plutarchs Viten dienten.

Ph.s Zuverlässigkeit galt allerdings schon in der Antike als fragwürdig. ↑Polybios kritisierte Ph.s künstlerisch-phantastische u. oberflächliche Arbeits- u. Darstellungsweise u. mangelnde milit. u. polit. Erfahrung. In Nachahmung von ↑Duris' angeblicher tragischer Gesch.schr. zielte Ph. mehr auf das Nacherleben als das Nachdenken ab. Nur die bunte Stoffülle u. Liebe zu Exkursen erinnert an ↑Herodot. Hellenist. ist Ph.s Glaube an die Tyche, die göttliche Fügung, u. sein psychologisierendes, moralisierendes Interesse an Persönlichkeiten, bes. heroischen Frauen.

Von einer histor. Monogr. zu Antiochos (II. oder III.?) u. Eumenes (I. oder II.?) von Pergamon u. von den übrigen Werken Ph.s über Religion, Kultur- u. Sagengesch. ist so gut wie nichts erhalten.

Ausg.: F. Jacoby, Die Frgmte der griech. Hist. II A.C, Lei 1929–30, Nr. 81 (m. Komm.).
Lit.: Th. W. Africa, Phylarchus and the Spartan Revolution, Berkeley-L. A. 1961; K. Meister, Die griech. Gesch.schr., St 1990, 100–102 (Lit.); H.-D. Richter, Unters. zur hellenistischen Historiographie, 1987; O. Lendle, Einführung in die griechische Geschichtsschreibung, Darmstadt 1992, 195–202. *H. B.*

Piccolomini, Enea Silvio (1405–1464), hat nach humanist. und jurist. Studien ab 1432 am Konzil von Basel, zuletzt als Sekretär des Konzilspapstes Felix V., gewirkt; nach dem Wechsel in den Dienst Kg. Friedrichs III. 1442 hat der *poeta laureatus* sich vom Konziliarismus entfernt und zur Aussöhnung des Reichs mit Rom beigetragen. Ab 1445 hat er die geistl. Laufbahn eingeschlagen, die den «Vater des Humanismus in Dtl.» als Bischof von Siena (1450) und als Kardinal (1456) nach Italien zurückführte. 1458 als Pius II. zum Papst gewählt, hat er mit der Bulle Execrabilis (1460) einen Schlußstrich unter das konziliare Zeitalter gesetzt. Sein kurzes Pontifikat war der *reformatio in capite* und v. a. dem Kreuzzug geweiht. In seinen Türkenreden hatte E. S. Europa zum Identifikationsbegriff geformt, der – neu – die Griechen ein-, die Türken aber ausschloß.

E. S. hat ein «gewaltiges Œuvre, das an literar. Vielfalt in seinem Jh. seinesgleichen sucht» (Worstbrock), hinterlassen. Dieses ganze Werk ist schon wegen der Stellung, die sein Autor als aktiver Politiker eingenommen hat, aber auch wegen der Lebendigkeit seiner Wahrnehmung (bes. in den Briefen) eine wichtige hist. Q, bes. für den Konziliarismus, aber auch für eine monarchische Gegenströmung (bes. *De ortu et auctoritate imperii Romani,* 1446). Im engeren Sinne hist. Werke, die Vergangenheit im Hinblick auf die Gegenwart einbeziehen, sind seine *Historia Austrialis* und *Historia Bohemica*, die ein Paradigma für die Bearbeitung fremder Geschichte waren. In Dtl. hat seine *Germania* (1457, bes. Lib. II), die den zivilisator. Aufstieg Dtl.s. durch die röm. Mission gegen die dt. Gravamina aufweisen will, als erste Landeskunde und Zivilisationsgesch. breit nachgewirkt (↑Schedel, ↑Cochlaeus). Denselben Verbund von Geographie und Gesch. zeigen die *Europa* und *Asia* (mit Türkentraktat). Ein Meisterwerk, bieten die *Commentarii*, während des Pontifikats geschrieben, europ. Zeitgesch. aus röm. Zentralperspektive, aus einzigartiger Kenntnis und kultivierter Weltoffenheit, für die das breite Spektrum der Exkurse zeugt. [Die Streichungen in der Edition 1584, die in der Ausgabe von A. van Heck, 1984, gekennzeichnet sind, beleuchten den Mentalitätswandel der Gegenreformation].

WW/Lit.: F.-J. Worstbrock, Piccolomini, in: VL 7, Sp. 634–669; A. van Heck (ed.), De viris illustribus, 1991; U. Muhlack, Geschichtswissenschaft im Humanismus und in der Aufklärung, 1991, bes. S. 199 ff.; E. Cochrane, Historians and Historiography in the Italian Renaissance, 1981, S. 44 ff.; zum Türkenbild: D. Mertens, Europa, id est patria, domus propria, salus nostra, in: F.-R. Erkens (Hg.), Europa und die osmanische Expansion, 1997, S. 39 ff.; J. Helmrath, Pius II. und die

Türken, in: B. Guthmüller / W. Kühlmann (Hg.), Europa und die Türken in der Renaissance, 2000, S. 79 ff.; zur Rezeption: P. Weinig, Aeneam suscipite, Pium recipite, 1998; H. Münkler/H. Grünberger, E. S. P.s Anstösse zur Entdeckung der nationalen Identität der «Deutschen», in: Diess./K. Mayer, Nationenbildung, 1998, S. 163–233. *H. D.*

Piganiol, André (1883–1968), war 1909/19 Gymnasiallehrer, ab 1919 Prof. für röm. Gesch. in Strasbourg, ab 1928 an der Sorbonne u. 1942/54 am Collège de France. Er betrieb die Gesch. Roms sowohl als polit., wie auch als Strukturgesch. So schrieb er nicht nur über Spiele (*Recherches sur les jeux romains* 1923), eine Steuer (*L'impôt de capitation sous le Bas-Empire* 1916) oder ein Kataster (*Les documents cadastraux de la colonie romaine d'Orange* 1962), sondern auch bedeutende zusammenfassende Darstellungen zur röm. Republik (*La conquête romaine* [5]1967) u. zum 4. Jh. n. C. (*L'empire chrétien* [2]1972). Ihn kennzeichnen Breite des hist. Fragens u. Exaktheit.

Lit.: J. Heurgon, Notice sur la vie et les travaux de M. André Piganiol, in: Comptes rendus de l'Acad. des Inscr. et Belles-Lettres 1970, 572–586; Mélanges d'archéologie et d'histoire offerts à André Piganiol, P 1966, 11–26 (WV). *H. W.*

Pirenne, Henri (1862–1935). Da er in einer vermögenden Familie wallonischer Industrieller aufwuchs, hatte P. die Möglichkeit, sich nach seiner Prom. bei G. Kurth in Lüttich bei den damaligen Koryphäen in Paris, Leipzig und Berlin weiterzubilden. Dieser Ausbildung verdankt sich seine kosmopolitische Anschauung, und sie führte ihn zu einer Prof. in Lüttich (1885), aber vor allem in Gent (1886–1930), wo er die Genter Mediävistenschule begründete, deren Alumnen an allen belgischen und vielen ausländischen (u. a. in den USA) Univ. unterrichteten. Außerhalb der Fachkreise basierte sein Ruhm vor allem auf seiner *Histoire de Belgique* in 7 Bänden (1900–32), einer ‹Bibel› des damaligen belg. Establishments, da sie dem Staat vom Jahre 1830 eine Vergangenheit beschrieb, die davon ausging, daß Präfigurationen dieses Staates auf das MA zurückgehen und auf einer gemeinsamen Kultur und Wirtschaft in den südniederl. Fürstentümern beruhen. Sein internat. Ruf basiert auf einem Œuvre, in dem auf der Grundlage seiner hervorragenden Fach- und breiter Sprachkenntnisse (die es u. a. ermöglichten, die Wirkung von Byzanz, Rußland und Skandinavien auf Westeuropa genauer einzuschätzen) zum ersten Mal die soziale und die wirtschaftl. Entwicklung Europas zusammen in einer großen Synthese behandelt wurde (*Histoire économique et sociale du MA,* 1933). Er erneuerte die Stadtgesch. grundlegend, über die Aufmerksamkeit für die Rolle ambulanter Kaufleute im Wiederaufstieg alter Niederlassungen, für die Abwechslung von Wachstumsphasen und Stagnationen und für die Rolle der neuen Kaufleutegenerationen in den dynamischen Perioden (*Les villes au MA,* 1927). Seine These über *Mahomet et Charlemagne* (1922, als Buch postum 1937), die besagte, daß das römische Reich weder durch inneren Verfall, noch durch die Germanen fiel, sondern durch die islamische Eroberung der Südküste des Mittelmeers, und daß dies das polit. und wirtschaftl. Aufkommen des karoling. Reich ermöglichte, stellte sich in vieler Hinsicht als unhaltbar heraus, hatte aber das Verdienst, bedeutende Historiker zu erneuernden Studien herauszufordern.

Lit.: B. Lyon, H. P., Gent, 1974; J. Dhondt, H. P., in: Ann. Fondaz. Ital. Stor. Ammin., 3, 1966, 81–129; A. Havighurst, The Pirenne Thesis, Boston 1958; G. Despy/ A. Verhulst, La fortune historiographique

des thèses de H. P., Bru 1986; C. Violante, Uno storico europeo tra guerra e dopoguera, H. P.: 1914–1923, Bologna 1997.
W. P.

Platina (Sacchi), Bartolomeo (1421–1481). In Piadena/b. Cremona – daher Platina – aus schlichter Familie geb., erhielt P. nach Söldnerdienst in der Schule des V. da Feltre zu Mantua eine humanistische Ausbildung. 1453 Erzieher im Hause der Gonzaga, die ihn protegieren, geht P. nach Griechisch-Stud. in Florenz mit Kardinal F. Gonzaga 1461 nach Rom, wo er unter Papst Pius II. ins Abbreviatorenkolleg einrückt. Gegen die Auflösung der Behörde durch Paul II. (1464–71) appelliert P. gar an ein Konzil u. wird eingekerkert. Eine zweite Gefangenschaft 1468/69 wegen Hochverrat und Häresie (Paganismus) trifft ihn zusammen mit der Accademia Romana des P. Leto; in der Engelsburg führt er mit seinem Wächter eine Disputatio de bello et pace. Nachdem P. in vielen Schriften – u. a. *De principe, De cive* – einen «civic humanism» mit antiklerikalen Tönen vertreten hatte, sollte u. a. *De falso et vero bono* Orthodoxie beweisen u. zur Anstellung verhelfen, die erst unter Sixtus IV. erfolgte (Bibliothekar d. Vatikana).

Durch eine *Historia urbis Mantuae* zum Ruhme der Gonzaga (1469, Druck 1675) ausgewiesen, hat P. in kurzer Zeit 1472/75 mit dem *Liber de vita Christi et omnium Pontificum* (viele Drucke 1479 ff., dt. 1546 u. ö.) ein Standardwerk geschaffen. Es beruht – wenig fleißig u. kritisch – auf dem «Liber pontificalis», einer vom 5. Jh. bis auf Martin V. fortgeführten Serie von Papstviten, auf Ptolemaeus v. Lucca und ↑F. Blondus in der Kurzfassung des ↑E. S. Piccolomini/Pius II. – Eine wertvolle Sammlung der Privilegien der römischen Kirche hat P. erst später zusammengetragen. Ein glänzender Stilist, hat P. in der flexiblen, beliebten Form von Vitae die Päpste ohne Heiligenschein vorgeführt u. auch die politische Gesch. berücksichtigt. Um die Eigenart der Kirche, die an Stelle der Polis Gegenstand seiner Gesch.schr. war, um Theologie und Ekklesiologie, hat sich P. wenig gekümmert, so daß Nähe oder Ferne zum Humanismus zum Beurteilungskriterium der jüngeren Papstgesch. avancierte: Nikolaus V. und Pius II. stellt P. als Goldenes Zeitalter dar, an Paul II. rächt er sich. Der freie Ton des Werkes, das R. Maffei (Volterrano) und später O. Panvinio mit wertvollem kritischen Apparat fortführten, lieferte im konfessionellen Zeitalter Munition gegen die alte Kirche, die in ↑C. Baronius ihren adäquaten Gesch.schr. fand.

Lit.: RIS[2] 20 bzw. 3,1 (mit Vita v. G. Gaita); LMA 7, Sp. 6 f.; E. Cochrane, Historians and Historiography in the Italian Renaissance, 1981; W. Benzinger, Zur Theorie von Krieg u. Frieden in der italienischen Renaissance [...], 1996. *H. D.*

Plutarchos von Chaironeia (Mestrios P., ca. 46/48 – nach 120), stammte aus vornehmer, begüterter Familie, erhielt seine Bildung in Athen u. lebte in Chaironeia, wo er auch polit. Ämter bekleidete. Auf Reisen besuchte er Hellas, Asia, Alexandria, Italien u. Rom; erst spät lernte er gut Latein (Demosth. 2, 2 ff.). In späteren Lebensjahren war er über längere Zeit sogar Apollopriester in Delphi. Er erhielt das Bürgerrecht Roms u. Athens. Bemerkenswert ist sein großer Freundeskreis.

P. war ein sehr fruchtbarer u. vielseitiger philos.-rhetor. Schriftsteller platon. u. anderweitig eklektischer Couleur, der zur sittlichen Lebensführung anleiten wollte. Seinen Ruhm bis in die Gegenwart verdankt er seinen vergleichenden Biographien *(Bíoi parállēloi)* berühmter Griechen u. Römer, die er zumeist als Vorbilder eines moralisch guten Lebens (selten als Schreckbilder) verfaßte; die jeweils in einem Schlußteil (seltener auch in der Einleitung) verglichenen 22 (erhaltenen) Paare (z. B. Solon – Poplicola, Aristeides – Cato maior, Kimon – Lucullus, Perikles – Fabius Maximus, Lysandros – Sulla, Agesilaos – Pompeius, Demosthenes – Cicero, Alexandros – Caesar, Pyrrhos – Marius, Agis/Kleomenes – Ti./C. Gracchus) haben oft wenig Gemeinsamkeiten, jedoch entsprach der Vergleich des Hellenischen mit dem Römischen dem Zeitinteresse. P. schrieb diese Lebensbeschreibungen zu Anfang des 2. Jhs., nachdem er auch schon viele Einzelviten, etwa der Kaiser von Augustus bis Vespasian (erhalten nur Galba u. Otho) sowie des Aratos v. Sikyon oder des Artaxerxes II. u. a. m., verfaßt hatte.

Für seine Biographien benutzte der ungewöhnlich belesene P. zahlreiche QQ; er selber zitiert – direkt oder aus einer Mittelquelle – 220 griech. u. 42 lat. Autoren. Die meisten ihrer Werke sind uns ganz oder teilweise verloren, so daß schon allein deswegen P. wichtige Informationen tradiert, auch wenn deren jeweilige Herkunft oft nicht mehr mit ausreichender Sicherheit bestimmt werden kann. P. ordnete den Stoff nicht nach einem festen Schema, jedoch überwiegend chronol. an; er erstrebte individuelle Vielfalt. Da er nicht am hist. Gegenstand an sich, sondern an eindringlichen Lebensbildern interessiert war, vernachlässigte er zeitbedingte Strukturen u. charakterisierte nicht nur mit Hilfe von Taten u. Aussprüchen, sondern bevorzugte auch unscheinbare Handlungen u. Anekdoten, die ihm die Wesensart seines Helden hervorscheinen ließen. Bekanntes führte er oft weniger detailliert aus. Die Fehler grundsätzlich positiv beurteilter Personen ließ er weniger hervortreten als das Vorbildhafte (Kimon/Lucull. 2, 2 ff.; Aem. Paul. 1): Ihn interessierte nicht die polit.-hist. Analyse, sondern ethisch-moralische Lebenshilfe; er dachte nicht in Institutionen und Strukturen, sondern fragte nach dem ethisch verantwortlich handelnden Menschen. Wenn P. auch kein origineller oder kritischer Denker war, so besticht doch immer wieder seine milde Philanthropie.

Ausg.: TA: K. Ziegler, P. vitae parallelae, 4 Bde. L [2-4]1964/73. – *Übers.: K.* Ziegler, P., Große Griechen und Römer, Z-Mn 1954/65.
Lit.: K. Ziegler, P., in: RE 21, 636–962; B. Scardigli, Die Römerbiographien P.s, Ein Forschungsbericht, Mn 1979; G. J. D. Aalders, P.s Political Thought, A 1982.

H. W.

Pöhlmann, Robert (seit 1909: von P.) (1852–1914), aus Nürnberg, gelang mit seiner *Geschichte der sozialen Frage und des Sozialismus in der antiken Welt* (2 Bde. 1893, 1901; [3]1925; Ndr. 1984) ein «kühner Wurf» ins Neuland der Sozialgesch. der Antike. Er wertete dafür nicht nur erstmals die philos. Staats- und Gesellschaftstheorie und Utopismuslit. der Griechen als Reaktion auf die Wirklichkeit aus, sondern als Schüler und Vertrauter von ↑W. Roscher übertrug er Methoden und Modelle der noch jungen Staats- und Volkswirtschaftslehre auf die Alte Gesch. Er parallelisierte die politisch-soziale Demokratie des 5./4. Jh.s. v. C. mit der Entwicklung des 19. Jh.s, was die traditionelle Althistorie ablehnte. Sein interdisziplinärer Ansatz war aber sowohl im Negativen wie im Positiven für die fundamentale Diskussion über die antike Wirtschaftsform richtungweisend.

So ungewöhnlich wie sein HW, dessen Intensität der Fragestellung von persönl. und allg. existentieller Notwendigkeit geprägt war und insgesamt sein ganzes Lebenswerk kennzeichnete, war auch sein Zugang zur Alten Gesch.: Er war kein «gelernter» Althist. im herkömmlichen Sinn einer vornehmlich altertumswiss. Ausbildung, sondern qualifizierte sich zunächst für ma. Gesch., u.a. mit seiner Diss. bei ↑G. Waitz in Göttingen. Erst mit seiner Habil.schrift *Hellenische Auffassungen über den Zusammenhang zwischen Natur und Geschichte* (1879) kam er in Erlangen zur Alten Gesch., wo er 1884 auch den neu errichteten Lehrst. für Alte Gesch. bekam. 1901 folgte er dem Ruf nach München, war seit 1907 Sekretär in der Bayer. Akad. der Wiss. und wurde 1909 geadelt. P. war kein Sozialist. Die Demokratie war für ihn die «Staatsform des Dilettantismus» und die Herrschaft der Mehrheit eine Gefahr für das Individuum und die geistige Freiheit.

Seine *Griechische Geschichte* (HDAW 3, 4, [5]1914) verstand er als polit. Lesebuch. Diesen sozial-polit. Bildungswert hielt er Ks. Wilhelms II. Kritik am humanist. Gymn. entgegen. P. war und blieb ein unbequemer Außenseiter.

Weitere HW: Die Übervölkerung der antiken Großstädte (1884).
Lit.: K. Christ, Von Gibbon zu Rostovtzeff, [3]1989, 201–247, 368 f. (Lit. m. HW-Verz.); K. Christ, Hellas, 1999, 125–150 (m. Lit.). *H. B.*

Pokrovskij, Michail Nikolaevič (1868–1932), geb. am 17./29. August 1868 in einer Moskauer Beamtenfamilie. Studierte nach einer humanistischen Gymnasialausbildung russische Geschichte und Universalgeschichte an der Univ. Moskau. Zu seinen akad. Lehrern zählten u.a. ↑V. O. Ključevskij und der Mediävist P. G. Vinogradov. Schon früh fand Pokrovskij Zugang zu marxistischen Studentenzirkeln. Er schloß sich zunächst der Richtung der sog. «legalen Marxisten» an und trat 1903 in die Russische Sozialdemokratische Partei ein. 1905 besuchte er Lenin in der Schweiz und stieg in der bolschewistischen Funktionärshierarchie auf. Sein Engagement in der Parteiarbeit brachte ihn mehrfach in Konflikt mit den Behörden, an deren Einspruch eine akademische Karriere scheiterte. Pokrovskij mußte mehrere Jahre in der Emigration verbringen. 1909–1917 lebte er in Paris. In den ausbrechenden Flügelkämpfen innerhalb der bolschewistischen Bewegung bezog er Stellung gegen Lenin und unterstützte die «Linken» unter A. A. Bogdanov (Malinovskij). Er übernahm eine Lehrtätigkeit an der von Bogdanov-Anhängern unter der Leitung von Maxim Gor'kij organisierten Parteischule auf Capri und in Bologna. Während des Weltkrieges stand er auf der Seite des Leningegners Trockij. Im September 1917 kehrte er nach Rußl. zurück und wirkte in vorderster Front (u.a. als Vorsitzender des Moskauer Sowjets) an den Revolutionsvorbereitungen in den Moskauer Parteigremien mit. Die Oktoberrevolution ebnete ihm den Weg zur Univ. und zu den neugeschaffenen Bildungseinrichtungen des bolschewistischen Rußland. Seit Mai 1918 bekleidete er bis zu seinem Tode das Amt des stellvertretenden Volkskommissars für Bildung innerhalb der RSFSR. 1930 wurde er Präsidiumsmitglied der Zentralen Kontrollkomm., der obersten Kontrollinstanz der Partei. Bei den Brest-Litovsker Friedensverhandlungen im Frühjahr 1918 gehörte er der sowjetischen Delegation an und stimmte gemeinsam mit den sog. «Linken Kommunisten» gegen Lenin.

Pokrovskijs Bedeutung in den 20er Jahren ist vornehmlich im wissenschaftsorganis. Bereich zu sehen. Ausgestattet mit umfassenden Vollmachten hat er den radikalen Umbau der gesellschaftswissenschaftlichen Institutionen nach den neuen ideologischen Richtlinien vorangetrieben. Der Aufbau einer linientreuen marxistischen Geschichtswissenschaft und die Eliminierung der noch verbliebenen «bürgerlichen» Elemente ist sein Werk gewesen. Er gehörte u.a. dem Präsidium der 1918 gegründeten Kommunistischen Akademie an und leitete seit 1921 als Rektor das Institut der Roten Professur, das Zentralarchiv (seit 1922) und die 1925 gegründete Gesellschaft der marxistischen Historiker. Innerhalb dieser Institutionen fiel ihm zudem als Hrsg. wichtiger Publikationsorgane eine zusätzliche wesentliche Steuerungsfunktion zu. Die herausragende Rolle Pokrovskijs in den 20er Jahren fand ihren Niederschlag in einem breit gefächerten Schrifttum. Als «Papst» der marxistischen Historiker mußte er zu allen wichtigen Fragen und Themen der Geschichtswissenschaft Stellung beziehen. Schon vor der Oktoberrevolution hatte er sich als Wegbereiter einer streng marxistischen Geschichtsdoktrin und als Überwinder der überholten bürgerlichen Auffassungen in der historischen Forschung verstanden. Die vornehmliche Aufgabe des Historikers war es in seinen Augen, die dem historischen Prozeß inhärenten Gesetzmäßigkeiten aufzudecken, um so in der weiteren Zukunftsperspektive den Lauf der Dinge für den Menschen vorhersehbar und beherrschbar zu machen. Das hohe Lob, das Lenin seiner fünfbändigen Gesamtdarstellung der russischen Geschichte (Moskau 1910–1913) zollte, sicherte ihr in den frühen zwanziger Jahren nahezu kanonische Bedeutung. Die Geschichte Rußlands wurde dem Leser aus streng marxistischer Sicht als Abfolge sozialökonomischer Prozesse dargeboten, die einem eigenverantwortlichen menschlichen Handeln nur wenig Spielraum ließen. Die das bürgerliche Geschichtsbild beherrschenden Fürsten- und Zarengestalten traten bei Pokrovskij völlig in den Hintergrund. Eine derart rigide soziologische und ökonomische Interpretation der russischen Geschichte hatte sich in der Zeit des entwickelten Stalinismus selbst überlebt. Pokrovskij blieb die von Stalin 1934 befohlene radikale Kehrtwendung zu einer patriotischen Geschichtsschreibung erspart, er verstarb nach schwerer Krankheit noch in vollen Ehren am 10. April 1932. Seine posthume Verdammung wie seine spätere Teilrehabilitierung markieren wichtige Meilensteine in der Entwicklung der sowjetmarxistischen Geschichtswissenschaft.

WW: Izbrannye proizvedenija v četyrech knigach. 4 Bde., Moskau 1965–1967; M. Pokrovskij, Russische Geschichte. Von den ältesten Zeiten bis zum Jahre 1917. Berlin 1930. – A. A. Govorkov, Bibliografija opublikovannych prozvedenij akademika M. N. Prokrovskogo. Tomsk 1993.
Lit.: O. D. Sokolov, M. N. Pokrovskij i sovetskaja istoričeskaja nauka. Moskau 1970; K. F. Shteppa, Russian Historians and the Soviet State. New Brunswick, N. J. 1962. – Chr. Friese, M. N. Pokrowskij, der führende sowjetrussische Historiker der zwanziger Jahre zwischen kritischer Wissenschaft, Geschichtstheorie und Parteidoktrin, in: R. Dietrich (Hrsg.), Historische Theorie und Geschichtsforschung der Gegenwart. B 1964, S. 117–149; H. Hecker, Russische Universalgeschichtsschreibung. Von den «Vierziger Jahren» des 19. Jhs. bis zur sowjetischen «Weltgeschichte» (1955–1965). München 1983; G. M. Enteen, The Soviet Scholar-Bureaucrat. M. N. Pokrovskij and the Society of Marxist Historians. London 1979. – A. A. Černobaev, «Professor s pikoj» ili Tri žizni istorika M. N. Prokrovskogo, Moskau 1992. *E. H.*

Poliakov, Léon (1910–1997), wurde als Sohn eines Zeitungsverlegers in St. Petersburg geb. Nach der Oktoberrevolution emigrierte die Familie nach Frkr., lebte von 1921 bis 1923 in Berlin u. ließ sich 1924 endgültig in Paris nieder. Nach Jura-Studium u. Promotion zum Dr. phil. in Paris war P. als Journalist u. Hist. tätig. Ab 1933 arbeitete er bei dem von seinem Vater mitbegründeten, antinat.-soz. «Pariser Tageblatt».

Im Zweiten Weltkrieg geriet er als franz. Soldat in Kriegsgefangenschaft, konnte aber fliehen u. in dem vom Vichy-Regime kontrollierten Teil Frkr.s untertauchen.

1944 war P. einer der Gründer des «Centre de Documentation Juive Contemporaine»; von 1954 bis 1979 arbeitete er am CNRS in Paris. Bereits sein erstes Werk, *Le Bréviaire de la haine* (Paris 1951), in dem P. seine Erfahrungen als franz. Experte bei den Nürnberger Prozessen schilderte, ließ ihn über Fachkreise hinaus bekannt werden.

Nach 1945 war P. einer der Pioniere in der Erforschung des Antisemitismus, unter dem er weit mehr verstand als nur ein Problem der jüd. Gesch. Sein Œuvre kreiste deswegen um die Ursachen u. Erscheinungsformen des Judenhasses. In der frühen BRD wurde er durch mehrere mit J. Wulf herausgegebene Dokumentationen zum NS bekannt, etwa *Das Dritte Reich u. die Juden* (1955); *Das Dritte Reich u. seine Denker* (1959). Sein Hauptwerk ist die *Histoire de l'Antisémitisme* (4 Bde.; dt. *Gesch. des Antisemitismus*, 8 Bde.), an der er mehr als 20 J. arbeitete (1956–1977). In der in Dtl. im Gegensatz zu Frkr. u. den USA lange Zeit wenig wahrgenommenen Studie untersuchte P. die Gesch. des Judenhasses seit der Antike. Er vertrat die These, daß die Vernichtung der europ. Juden durch das NS-Regime ledigl. der Höhepunkt einer langen Gesch. der Unterdrückung u. Erniedrigung gewesen sei. P. sah das Zusammenleben von Juden u. ihrer christl. geprägten Umwelt somit kritischer als viele Forscher seiner Zeit. In *Le Mythe aryen* (Paris 1971; dt. Wien 1977) beschäftigte sich P. mit der Entstehung des Rassegedankens als einem Ursprungsmythos der großen europ. Nationen; dieser prägte die Judenfeindschaft P. zufolge stärker als etwa der christl. Glaube. Auch mit diesem Buch legte P. eine interdisz., internat. ausgerichtete Langzeitstudie vor, die dem Trend der Gesch.schr. des 20. Jh.s zur Spezialisierung widersprach. In späteren J. untersuchte P. in *Les totalitarismes du XXe siècle* (Paris 1987) die totalitären Regime des 20. Jh.s. Insgesamt wurde sein Werk, das von der franz. Annales-Schule geprägt ist, in Dtl. weniger von der Gesch.schr. als von der Religionswiss., der Anthrop., der Psychologie u. der Kulturwiss. rezipiert.

Lit.: L. P., L'auberge des musiciens, Paris 1981 (Memoiren); M. Olender (Hrsg.), Le Racisme. Mythes et Sciences. FS L. P., Brüssel 1981; EHHW 2, 939–941. *K. K. P.*

Pollard, Sidney (1925–1998), einer der führenden Wirtschaftshist. Europ., wurde in Wien als Siegfried Pollack geb. 1938 konnte sich der Sohn eines jüd. Handelsreisenden mit einem Kindertransport nach England retten. 1943 trat er freiwillig in die brit. Armee ein u. anglisierte seinen Namen. Nach Abschluß seines Stud.s an der LSE wechselte P. 1950 an die Univ. Sheffield, wo er 1963 Prof. f. Wirtschaftsgesch. wurde. Von 1980 bis zu seiner Em. 1990 lehrte P. an der Univ. Bielefeld. Seine internat. Reputation gründete auf einer Vielzahl bahnbrechender Publ. In *A History of Labour in Sheffield, 1850–1939* (1959) standen, damals ungewöhnl., nicht Institutionen, sondern das Leben der Arbeiter im Zentrum. Nach einem inzw. in 6. Aufl. vorliegenden Lehrbuch zur Wirtschaftsgesch. GB.s (1962) u. einer preisgekrönten Studie über *The Genesis of Modern Management* (1965) wandte P. sich verstärkt der europ. Gesch. zu. Sein diesbzgl. HW *Peaceful Conquest* (1981) relativierte die Bedeutung des Nationalstaats für die europ. Industrialisierung u. vertrat die These, Nationalstaaten ihrerseits zerstörten durch ihre Rivalität ökon. sinnvolle Strukturen der internat. Arbeitsteilung u. zerschnitten gewachsene Industrieregionen. *Marginal Europe* (1997), das den zeitl. Bogen vom SpätMA bis zur Gegenwart spannte, behandelte europ. Regionen, die nicht an der ökon. Spitze standen u. unterstrich das Paradoxon von spezif. gewerbl. u. industr. Expansionschancen in landwirt. rückständigen Regionen. Weitere Arbeiten P.s widmeten sich der ökon. Krise GB.s. In *The Wasting of the British Economy* (1982) gab er ordnungspolit. Fehlentscheidungen die Hauptschuld am wirtschaftl. Niedergang GB.s nach 1945. In *Britain's Prime and Britain's Decline* (1989) griff er diese Thematik aus der Sicht des 19. Jh.s auf.

Lit.: S. P., In Search of a Social Purpose, in: P. Alter (Hg.), Out of the Third Reich, 1998, S. 195–217; H. Berghoff/D. Ziegler (Hg.), Pionier u. Nachzügler? FS S. P., 1995 (inkl. Biogr. u. Bibl.); dies., S. P., in: VSWG 86 (1999), S. 305–308. *A. E.*

Polybios (ca. 200 – ca. 120 v. C.), aus Megalopolis in Arkadien, Sohn d. Lykortas, eines führenden Politikers des achäischen Bundes, der im Konflikt zwischen Rom u. Maked. um Neutralität bemüht war. Schon früh zur Politik herangezogen, bekleidete P. ebenfalls führende Positionen. Nach der Schl. v. Pydna (168) wurde er mit 1000 anderen Achaiern zur Verurteilung wegen angebl. Romfeindlichkeit nach Italien deportiert.

In Rom bekam er durch die Freundschaft mit Scipio d. J. Zutritt zu den ersten röm. Familien, wurde ein Bewunderer Roms u. gehörte nach der offiziellen Freilassung (150) dem Stabe Scipios im 3. Punischen Krieg (149–146) an. Nach der Zerstörung Karthagos eilte P. nach Griechenland zurück, wo er nach der Zerstörung Korinths durch die Römer (146) bei der Neuordnung der Verhältnisse Härten mildern konnte, was ihm in vielen Städten Ehrenstatuen einbrachte. Wahrsch. nahm er auch noch am Numantin. Krieg teil (133), über den er eine Monogr. verfaßte. Bis zum Tod im Alter v. 82 J. schrieb er in Grld. an seiner Universalgesch., ohne freilich letzte Hand anlegen zu können. In ihr stand Rom erstmals im Zentrum der Gesch.

P. erkannte schon als Zeitgenosse den weltgesch. Umbruch vom griechenland- zum romzentrischen Weltbild. Die Begründung für Roms welthist. Überlegenheit entwickelt P. im VI. B., im Augenblick von Roms größter Niederlage, nach der Schlacht von Cannae (216); Roms geschichtl. gewachsene Verfassung stelle eine ideale Mischung aus den Vorzügen der Monarchie, Aristokratie u. Demokratie dar und sei dadurch dem Verfall durch den Kreislauf der Verfassungen weitgehend entzogen. Andererseits hielt er aber die Verflechtung der bisher getrennten Geschichtsstränge der Mittelmeerwelt zur einen röm. Gesch. auch für ein Werk der Tyche, die er bald als irrationales Element, als kapriziöse Göttin oder als zielgerichtete Macht verstand.

Für die dafür adäquate universalhist. Darstellungsform bot sich ↑Ephoros' Werkökonomik nach Schauplätzen an, die er durch Beschränkung auf eine nach Augenzeugenberichten darstellbare Zeit u. durch eine annalist. Ordnung nach Olympiaden u. eponymen Beamten verbesserte.

Nach einer einleit. Gesch. von 264–220, in der P. an ↑Timaios anschloß, beschrieb er die 53 J. vom Beginn des 2. Punischen Krieges (ab 220 gerechnet) bis zur Schlacht bei Pydna 168, in denen Rom zur Weltmacht aufstieg (I–XXIX). Soweit es der frgmt. Erhaltungszustand des Werkes erlaubt (nur etwa ein Drittel ist erh., davon die ersten 5 B. fast ganz, der Rest nur in Exzerpten), kam P. zu dieser Konzeption wahrsch. bereits in den ersten J. seines röm. Exils. Nach 144 nahm er vor allem die Erweiterung bis 146/4 vor (XXX–XL).

Unausgewogenheiten lassen sich teils als Inkonsequenzen im Denken, teils als Konzeptänderungen und schließlich auch bloß als Einfügungen von urspr. selbständigen Teilen erklären: P. schrieb schon in jungen J. eine Biogr. über sein Idol Philopoimen (253–183) u. später über militärwiss. u. geogr. Themen.

P.' tiefe Verwicklung in die polit. Kämpfe seiner Zeit gefährdete einerseits seine Objektivität, gewährte aber andererseits solche Erfahrungen u. unmittelbare Informationen, daß er sich allen anderen Hist. überlegen fühlen konnte, was er auch mit viel Polemik ausdrückte.

P. betrieb kritische u. sorgfältige Quellenauswertung u. Ursachenforschung u. verlangte vom Hist. polit. u. militär. Erfahrung sowie Ortskenntnisse. Er wollte, wie ↑Thukydides, belehren u. nützen. In der Forderung nach Authentizität der Reden erlaubte er im Gegensatz zu Thukydides keine fingierten. Die häufigen methodischen Betrachtungen zur Gesch.schr. fügen sich bei P. allerdings nicht zu einer geschlossenen Methodik zusammen. P.' Gesch. schr., die er selbst für etwas Neues hielt u. «pragmatisch» nannte, sollte ein milit.-polit. Hb. für Staatsmänner sein.

Erst nach dem Ende des Altertums ging P.s' Werk zum größten Teil verloren. Nach ↑Herodot u. Thukydides ist P. der bedeutendste griech. Hist.

Ausg.: L. Dindorf – Th. Büttner-Wobst (edd.), 5 Bde., L ²1905 ff.; Komm.: F. W. Walbank, A Hist. Comm. on P., 3 Bde., O 1957–67; H. Drexler (Übs.), 2 Bde., Z-Mn ²1978.
Lex.: A. Mauersberger, G. Glockmann, H. Helms, Polybios-Lexikon, Bd. 1, 1–2, 1, 1956–1998.
Lit.: K. Stiewe/N. Holzberg (Hgg.), P. Da 1982 (WDF 347); F. W. Walbank, P., Berkeley u. a. 1972; K. Meister, Die griech. Gesch.schr., St 1990, 153–66 (Lit.); H. Verdin, G. Schepens, F. de Keyser (Hgg.), Purposes of History: Stud. in Greek Historiography from the 4th to the 2nd Century B. C. (Studia Hellenistica 30), 1990, 17–71; 233–312; O. Lendle, Einführung in die griechische Geschichtsschreibung, Darmstadt 1992, 221–234; P. Derow, Historical Explanation: P. and his Predecessors, in: S. Hornblower (Hg.); Greek Historiography, Oxford 1994, 73–90.

H. B.

Pompeius Trogus, ein Vocontier, dessen Großvater 72/71 v. Chr. von Pompeius die civitas Romana erhielt (Iust. 43,5, 11), schrieb wohl in spätaugust.-tiber. Zeit die erste lat. Weltgesch. (nach dem Vorbild ↑Theopomps *Historiarum Philippicarum libri XLIV* genannt), die uns durch knappste Zusammenfassungen (prologi) u. die Epitome des M. Iunianius Iustinus (wohl 3. Jh. n. C.) erhalten blieb. Iustin hat bei seinen Exzerpten anscheinend den Wortlaut des P. T. oft bewahrt u. das Volumen der Verkürzung (9/10) vornehmlich durch Streichungen ganzer Partien erreicht. Ähnlich wie Cato Censorius (↑Annalisten) in seinen *Origines* sparte P. T. die röm. Gesch. im engeren Sinne, die kurz zuvor ↑Livius geschildert hatte (Iust. 38,3, 11), aus. Er begann mit Ninus u. dem Reich der Assyrer u. verfolgte mit der Translation des Imperium auf Meder, Perser u. Makedonen die jeweiligen Regionalgesch., die bei der Berührung des Hauptreiches mit der Region nachgetragen werden, so die Gesch. Ägyptens bei dessen Eroberung durch Kambyses, die Gesch. Athens anläßlich der Perserkriege usw. Im Zentrum steht die griech., bes. die hellenist. Gesch. P. T. verband die mythische Vorzeit fugenlos mit der Historie, bot viele menschlich anrührende, nicht unbedingt wahre Geschichten u. schrieb einen gefälligen nachklass. Stil. In MA u. FNZ wurde die Epitome Iustins viel gelesen; heute ist sie zu Unrecht vernachlässigt.

Ausg.: TA: O. Seel, M. Iuniani Iustini epitoma historiarum Philippicarum Pompei Trogi, St ²1985. – *Übers.:* O. Seel, Weltgeschichte von den Anfängen bis Augustus im Auszug des J., Mn 1972.
Lit.: O. Seel, Eine röm. Weltgesch., Nü 1972. *H. W.*

Poseidonios (**um 135 – um 51/50 v. C.**), aus wohlhabender, wahrsch. griech. Familie in Apameia in Syrien, studierte in Athen bei Panaitios, dem damals greisen Oberhaupt der Stoa. Er gründete in Rhodos eine eigene Schule u. machte dort auch polit. Karriere. 87/6 traf er als rhodischer Gesandter in Rom mit dem todkranken Marius zusammen. 77 kam Cicero zu P. nach Rhodos. 62 erwies Pompeius als triumphaler Sieger über den Osten ihm, der geistigen Koryphäe seiner Zeit, ostentativ Reverenz, P. wiederum widmete wahrsch. Pompeius eine Monogr. P. starb 84 J. alt.

Titel v. 25 Werken sind von ihm überl. Seine Reisen, bes. nach dem Westen bis an die iberische Atlantikküste, nach Südgallien u. Nordafrika u. nach dem Osten bis nach Babylon glichen einer planvollen Welterkundung. Nach ↑Aristoteles war P. der erste, der für seine Philosophie an der Smlg. u. Deutung hist. Materials interessiert war. Überhaupt war P. der einzige große Philosoph der Antike, der noch Zeit fand, *Historien* von wahrscheinlich 52 B. zu schreiben.

P. knüpfte an ↑Polybios zwar nach Art der historia perpetua an, aber die Zerstörung Karthagos 146 gewann bei ihm als Ausgangspunkt der Dekadenz der röm. Republik neue Bedeutung. P. war der erste Historiker des Verfalls. Viell. 60 J. bis zum Ende des 1. Mithridatischen Krieges (86) umfaßten P.' *Historien.* Besonders der Mangel an namentlich gesicherten Frgmten u. Zeugnissen läßt nicht sicher erkennen, wie weit P. am Beispiel einer universalhist. Zeitgesch. die ursächliche Verflechtung der Menschheitsgesch. in ein den ganzen Kosmos durchdringendes, pantheist. Weltgesetz demonstrieren wollte. Dies würde seine gelegentlich als übertrieben empfundene Ursachenforsch. erklären.

Über Polybios hinausgehend, begründete er Roms Weltherrschaft als Werk der göttl. Vorsehung (Pronoia) mit neuen Argumenten aus seiner Klimatheorie. Die innenpolit. Krise der röm. Republik, bes. die Sklavenkriege, u. den Niedergang des Osten verstand er als Konsequenz des Sittenverfalls, der Pervertierung der natürl. Ordnung, in der die Vernunft die Führungsrolle in der Ges. bzw. in den führenden Persönlichkeiten verloren habe.

Das Material für seine Sittengemälde u. exempl. Anekdoten fand P. wohl auf seinen Reisen und durch persönl. Kontakte. Entgegen seinen Prinzipien, um als Hist. an der Besserung der Welt mitzuwirken, ergriff er subjektiv Partei und entstellte, wenn es Gegner betraf oder der gewünschten Interpretation zugute kam.

P.' Interpretationen haben das röm. Gesch.bild entscheidend beeinflußt.

Ausg.: W. Theiler, P., 2 Bde., B-NY. 1982; F. Jacoby, Die Frgmt. der Griech. Hist., IIA.C, Lei 1926, Nr. 87 (m. Komm.).
Lit.: J. Malitz, Die Hist. des P., Mn 1983 (m. Übs. d. Frgmt.); K. Reinhardt, in: RE 22, 1953, 558–826; K. Meister, Die griech. Gesch.schr., St 1990, 166–71 (Lit.); G. Kidd, Poseidonius, Bd. 1–3, 1988–1999; O. Lendle, Einführung in die griechische Geschichtsschreibung, Darmstadt 1992, 235–237. *H. B.*

Potthast, August (1824–1898). Der aus Höxter (Westf.) stammende P. wurde 1868 Kustos an der kgl. Bibliothek von Berlin und war von 1874 bis 1894 Bibliothekar des Reichstages. Seine herausragende Leistung für die Gesch.-wissenschaft ist in der *Bibliotheca historica medii aevi* (1862; 2. Aufl. 1892; ND 1954) zu sehen, einer bis dato unentbehrlichen Quellenkunde für die europ. Gesch., die sich derzeit in Neubearbeitung befindet (*Repertorium fontium historiae medii aevi,* 1962 ff.). Seine *Regesta Pontificum Romanorum* (2 Bde., 1874/75; ND 1957) führen die Papstregesten ↑Jaffés für den Zeitraum von 1198 bis 1304 fort. P. war u.a. Mitarbeiter der MGH.

Lit.: LThK VIII, Sp. 649; NDB 20, 661 f. *R. A. M.*

Prokop von Caesarea (ca. 490–ca. 565). Der in Palästina geb. Gesch.-schreiber studierte in Konstantinopel Jurisprudenz und war Berater Belisars bei den Feldzügen gegen die Vandalen, Perser und Goten. Hieraus resultierte sein historiogr. HW, das *Historikon,* welches in 8 Büchern die Zeit Iustinians (bis 554) und vor allem besagte Feldzüge schildert. Seine Darstellung ist an ↑Herodot und ↑Thukydides ausgerichtet, von klarer Disposition, anschaulichem Stil und reicher Quellenkenntnis. P. verfaßte ferner ein Memoirenwerk, *Anecdota,* oder auch moderner *Historia arcana* genannt, eine aus persönl. Motiven erwachsene an Iustinian geübte Kritik, wie auch an dessen Gattin Theodora und an Belisar. Demgegenüber rühmt er in seiner Schilderung *De aedificiis* die Bautätigkeit des Kaisers.

Ausg.: J. Haury, 3 Bde., 1905/13; dt. Übers. des Historikon von P. F. Kanngießer, 4 Bde., 1827/31.
Lit.: LMA 7, Sp. 246 f., LThK VIII, Sp. 787 f.; G. Greatrex, Procopius and the Persian Wars. Diss. Oxford 1994; A. Cameron, P. and the sixth century. Berkeley u. a. 1985; H.-G. Beck, Kaiserin Theodora und P.: der Historiker und sein Opfer. München u. a. 1986. *R. A. M.*

Ptolemaios (um 367/6–283 v. C.), Sohn d. Lagos aus maked. Adel, begleitete Alexander d. Gr. (336–323) auf allen Feldzügen. Nach dessen Tod war er zunächst Satrap, dann Kg. v. Ägypten (305–283) u. Begr. der Dynastie der Ptolemäer (bis 30 v. C.).

Er brachte mit seiner nach thukyd. Vorbild verfaßten, weithin auf Autopsie u. viell. auf den Tagebüchern (Ephemeriden) beruhenden Alexandergesch. jenes realist. Element in die Alexanderüberl., auf das sich die neuz. Alexanderhist. bes. stützen. Über die 30 namentlich ihm zugeschriebenen Frgmt. hinaus läßt sich P.' Werk nur unsicher aus ↑Arrian rekonstruieren, dem es als Hauptquelle diente. P. verfaßte es wahrsch. erst im Alter, aber auch Daten um 320 u. 305 wären möglich.

Die Tendenz, seine eigene Herrschaft zu legitimieren, zeigt sich in der Dominanz der Maked., unter denen er sich selbst als treuen, aber auch mit Alexander fast ebenbürtigen Gefolgsmann darstellt, in der Herabsetzung seiner Rivalen u. in der Rechtfertigung seines Idols Alexander, die einem pragmatischen Fürstenspiegel nahekommt. Seine Einsichten werden erst tiefer, als er nach Gaugamela (331) mit höchsten militärischen Führungsaufgaben betraut wurde.

Im wesentlichen eine emotionslose Kriegsgesch. in schematisierter Episodentechnik, fand sein Werk in der Antike außer bei Arrian wenig Beachtung.

Ausg.: F. Jacoby, Die Frgmte der Griech. Hist., II B.BD, Lei 1929–30, Nr. 138 (m. Komm.).
Lit.: P. Pedech, Historiens compagnons d'Alexandre, P 1984; J. Seibert, Unters. z. Gesch. P.' I., Mn 1969; K. Meister, Die griech. Gesch.schr., St 1990, 113–6 (Lit.); O. Lendle, Einführung in die griechische Geschichtsschreibung, Darmstadt 1992, 172–175. *H. B.*

Pufendorf, Samuel (seit 1694: Freiherr von P.) (1632–1694), geb. in Dorfchemnitz (Sachsen), besuchte die Fürstenschule in Grimma, studierte Philos., Jur. u. Theol. in Leipzig u. Jena, war dann Hauslehrer beim schwed. Gesandten in Kopenhagen, erster Inhaber des neugegr. Lehrst. für Natur- u. Völkerrecht an der Univ. Heidelberg u. seit 1670 Prof. für Jur. an der schwed. Univ. Lund. P. war einer der führenden Staatstheoretiker seiner Zeit, der, in zahlreiche Sprachen übersetzt, das europ. Naturrechtsdenken des späten 17. u. 18. Jh.s wesentl. prägte. Seine Naturrechtslehre (HW: *De jure naturae et gentium*, 1672; *De officio hominis et civis iuxta legem naturalem*, 1673) ist breit u. differenziert erforscht. P.s Tätigkeit als Hist. steht dagegen im Schatten seiner Leistungen als Staatstheoretiker, obwohl auch sie zeitgenöss. äußerst wirksam war. Ab 1676 war P. in Stockholm Hofhistoriograph des schwed. Königs, ab 1688 in Berlin Hofhistoriograph der Kurfürsten von Brandenburg. In dieser Eigenschaft verfaßte er u. a. eine schwed. Reichsgesch. (*Commentariorum de rebus Suecicis*, 1686), eine Gesch. der Regierung Gustav Adolfs (*De rebus a Carolo Gustavo Sueciae rege gestis commentariorum*, postum 1696) u. eine Biogr. des Großen Kurfürsten (*De rebus gestis Friderici Wilhelmi Magni, Electoris Brandenburgici commentariorum*, postum 1695).

P.s erfolgreichstes histor. Werk ist die (erstmals 1682 publizierte) *Einleitung zu der Historie der Vornehmsten Reiche und Staaten / so itziger Zeit in Europa sich befinden*. Die *Einleitung* ist vor allem eine Staatenkunde u. orientiert sich an den Darstellungsprinzipien u. Zwekken dieses frühneuzeitl. Literaturtyps, der polit. Handeln empir. fundieren sollte. Doch ließ sich das Buch auch als Universalhistorie lesen u. benutzen. Denn P. thematisierte einleitend knapp die traditionelle Universalhistorie, deren histor. Bedeutung er allerdings deutlich relativierte. Die histor. Analyse hat nach P. vom Primat der Neueren Gesch. auszugehen. Gewöhnlich, so seine Kritik an der vorherrschenden histor. Wissensvermittlung, «pflege» man die «alten Historici», an die «Historie der neulichen Zeiten» aber würde «nicht einmahl gedacht». P.s Kritik verdeutlicht die Veränderung des histor. Interesses seit dem 17. Jh. u. die damit einhergehende Aufwertung der Neueren Gesch., die zur Etablierung neuer histor. Gattungen sowie Formen u. Praktiken univers. Wissensvermittlung (Staatenhistorie, Reichshistorie) führte. Die im humanist.-rhetor. Kontext privilegierte antike Historie büßte dadurch ihre beherrschende Stellung ein.

Gemessen am Standard der zeitgenöss. histor.-philolog. Gelehrsamkeit ist P.s *Einleitung* ein schnell zus.geschriebenes Produkt kompilator. Praxis. Doch hatte sie durchschlagenden Erfolg. Ihre Wirkung dokumentieren zahlreiche publizierte Neuaufl., Fortführungen, Übers., Erläuterungen u. Kommentare. Bis weit in das 18.Jh. hinein war die *Einleitung* eines der erfolgreichsten histor. Lehrbücher in ganz Europa. Insges. erschienen weit über 50 vollständige Ausg. (darunter franz., engl., italien., span. u. russ. Übersetzungen). Trotz der weitgehenden Konzentration auf die neuere europ. Staatenhistorie vermittelte sie in Form von Abrissen zum «ältesten Zustand deß menschlichen Geschlechts» u. zu den «alten Reichen» eine Gesamtsicht der Gesch. u. wurde im gelehrten Unterricht auch als universalhistor. Kompendium verwendet. So ersetzte sie an (protest.) Gymn. u. Univ. oft traditionelle Modelle der Universalhistorie (↑Melanchthon, ↑Sleidan). Ihr großer Erfolg als Lehrbuch dokumentiert das wachsende, von jurist. u. polit. Fragestellungen geprägte Interesse an der Neueren, für die Entstehung u. Herausbildung der modernen Staatenwelt in Europa als wesentl. betrachteten Gesch.

Lit.: D. Döring, P.-Studien. Beiträge zur Biographie S. v. P.s u. zu seiner Entwicklung als Historiker u. theolog. Schriftsteller, B 1992 (S. 214–266 umfass. Bibliogr. der Forschungen zu P. v. 17. Jh. bis 1991); B. Geyer/H. Goerlich (Hg.), S. P. und seine Wirkungen bis auf die heutige Zeit, 1996; H. Zedelmaier, Der Anfang der Gesch. Studien zur Ursprungsdebatte im 18. Jh. (im Druck). *H. Z.*

Quidde, Ludwig (1858–1941), Sohn aus begüterter Bremer Kaufmannsfamilie, Promotion 1881 zur spätma. Verf.-gesch., im gleichen Jahr Kampfschrift gegen Antisemitismusagitation mit präziser Analyse des Judenhasses. Langjähriger verantwortl. Hg. der spätma. Reichstagsakten-Edition und Vf. dreier großer Monographien. Ähnlich wie ↑Lamprecht strebte er eine umfassende «Gesellschaftswissenschaft» an. Eine steile Karriere schien sich anzubahnen, zumal Qu. als innovativer Wiss.organisator hervortrat (1890–92 Leiter der Dt. Zs. f. Gesch.wiss., die zeitweilig der HZ den Rang ablief, Mitbegründer des Historikertages 1893 u. d. dt. Historikerverbandes 1895). «Ohne Habilitation und Lehrstuhl» hatte er «eine sehr angesehene Stellung» erlangt, bis er gesellschaftl. Ächtung und beruflicher Kaltstellung verfiel. Seit 1893 führendes Mitglied in der süddt. Demokratischen Volkspartei, polemisierte er scharf gegen den *Militarismus im heutigen Deutschen Reich* (1893), und es gelang ihm mit der gegen Wilhelm II. gerichteten Satire *Caligula* (34 Aufl.) 1894 ein sensationeller Erfolg, der aber seine Karriere abrupt beendete. Fortan prägte der Pazifist Qu. die org. dt. Friedensbewegung, vor allem im Weltkrieg und in der Weimarer Republik. Dem 1927 verliehenen Friedensnobelpreis kontrastierte innenpolit. Bekämpfung und wiss. Negation. 1933 emigrierte der engagierte Pazifist und Demokrat in die Schweiz. Seine herausragende Bedeutung für die dt. Gesch.wiss. und für die dt. polit. Kultur wurde erst vor kurzem angemessen gewürdigt.

Lit.: U.-F. Taube, L. Q., Kallmünz 1963; R. Rürup, in: H.-U. Wehler (Hg.), Dt. Historiker, Bd. 3, Gö 1972, S. 124–147; H.-U. Wehler, (Hg.), L. Quidde, Caligula. Schriften über Militarismus u. Pazifismus, F. 1977; K. Holl (Hg.), Der dt. Pazifismus während des Weltkrieges 1914–1918, Boppard 1979; H. Kloft, Caligula. L. Q. und der Caesarenwahnsinn, in: B. Effe/R. F. Glei (Hgg.), Genie u. Wahnsinn, Trier 2000, S. 179–204; K. Holl, Militarismuskritik in der bürgerlichen Demokratie des Wilhelminischen Reiches. Das Beispiel L. Q., in: W. Wette (Hg.), Militarismus in Deutschland 1871–1945. Münster 1999, S. 115–127; K. Holl/H. Kloft/G. Fesser, Caligula – Wilhelm II. u. der Caesarenwahnsinn, Bremen 2001. *R. v. B.*

Rački, Franjo (1828–1894). Nach Absolvierung des Gymnasiums in Rijeka (Fiume) und Varaždin studierte der Sohn eines Kleinhändlers Philosophie in Senj und Theologie in Wien und wurde 1852 in Senj zum Priester geweiht. Nach der Promotion in Wien Prof. für Kirchengeschichte in Senj und seit 1860 führende Persönlichkeit in der kroatischen Nationalpartei, trat er für die Föderalisierung Österreichs ein. Er forderte eine gemeinsame Literatursprache für alle Südslawen und die völlige Autonomie der Kroaten im Königreich Ungarn. 1864 gehörte er zu den Gründern der Zs. *Književnik* (Der Schriftsteller). Die jugoslawische Akad. der Wiss. wählte ihn zu ihrem ersten Präsidenten.

WW: «Viek i djelovanje sv. Ćirila i Metodija» (Zeitalter und Wirken des hl. Kyrill und Method). Bd. 1–2. Zagreb 1857 u. 1859; «Bogomili i Patereni» (Bogomilen und Paterener), in: Rad (Arbeit), Zagreb 1869/70. Seine Quelleneditionen veröffentlichte er in der von ihm begründeten Buchreihe «Monumenta spectantia historiam Slavorum Meridionalium».

Lit.: V. Zagorsky: F. R. et la renaissance scientifique et politique de la Croatie (1828–1909). P 1909; V. Novak: Franjo Rački (1828–1894). Beograd 1958; V. Koščak (Hrsg.): Josip Stroßmayer-Franjo Rački. Političky spisi. Zagreb 1971. *H. G.*

Radonić, Jovan (1873–1956). Nach dem Besuch des Gymn. in Novi Sad (Neusatz) (1891) studierte er in Wien bei V. Jagić u. K. Jireček, 1897–1898 in St. Petersburg u. Moskau. Nach kurzer Tätigkeit in Istanbul wurde er 1899 Sekretär der «Matica Srpska» in Novi Sad u. ao. Prof. in Belgrad. Auf der Friedenskonferenz 1919 in Paris gehörte er der serbischen Delegation an u. wurde z. o. Prof. für allg. Gesch. in Belgrad ernannt. In d. J. 1937–1944 war er als Generalsekretär der Serb. Akad. d. Wiss. tätig.

Als Hist. beschäftigte er sich kritisch mit den QQ des 14. und 15. Jhs. u. d. histor. Entwicklung des serb. Volkes. Er betonte dabei bes. die Bedeutung d. hist. u. geogr. Faktoren bei der Entwicklung eines Volkes.

WW: «Grof Djordje Branković i njegovo vreme» (Graf Georg Branković u. seine Zeit). Belgrad 1911; «Les Croates et l'Autriche-Hongrie». P 1918; «Histoire Serbes de Hongrie». P 1919; «Dubrovačka akta i povelje»/«Acta et diplomata Ragusinae». Bde. 1–9. Belgrad 1934–1951. Außerdem übersetzte und ergänzte er Jirečeks WW über serb. Gesch.
Lit.: Radovi Jovana Radoniča 1893–1955, in: Istoriski Časopis 5 (1954/55), S. 443–461; N. Radojčić: Jovan Radonića, in: Istoriski Časopis 6 (1956), S. 270–274; Biogr. Lex. z. Gesch. Südosteuropas. Hrsg. v. M. Bernath. Mn 1981, Bd. 4, S. 13–14.
H. G.

Rahewin (um 1120–1170/77), Namensform unsicher. Vielleicht Freisinger Herkunft, in Urkunden Bischof ↑Ottos v. Freising ab 1144 belegt als «cartularius», 1147 als «capellanus» und «notarius», ab 1156 auch als Domkanoniker, war R. zweifellos der maßgebliche Kanzleibeamte des Bischofs, an dessen amtl., wohl auch privaten lit. Arbeiten er als Schreiber beteiligt war und den er auf Reisen begleitete. 1157 überreichte R. Ottos Chronik Ks. Friedrich I., 1158 überbrachte er diesem die Nachricht von Ottos Tod, bei dem R. in Kloster Morimond zugegen gewesen war, nach Italien zur Zeit des Reichstags von Roncaglia. Nach 1160 war R. Propst von St. Veit bei Freising.

Neben Dichtungen, bes. der umfangreichen Hexameter-Bearbeitung der Theophiluslegende, verfaßte R. seit Jahreswende 1158/59 bis Mitte 1160 die Forts. der *Gesta Friderici I.* Ottos v. Freising (Buch III, IV) auf dessen und des Kaisers Wunsch. Nicht phil.-theol. reflexiv wie Ottos Gesten-Teil, geprägt von Erfahrung und naiver Stoff-Freude, bietet R. plastische Portraits von Zeitgenossen (neben Barbarossas u. a. von Heinrich d. Löwen, Welf VI., Otto v. Wittelsbach, den Bischöfen Eberhard von Bamberg und Eberhard von Salzburg, dem kaiserlichen Kanzler Rainald v. Dassel), zeugt von guter lit. Bildung sowie auch von Kenntnissen im Kirchenrecht. Die Gesta enthalten rd. 30 dokumentarische Texte aus Gesetzen, Briefen etc., hinter denen R. das eigene Urteil klug verbirgt, gleichwohl eine prokaiserliche Grundposition wahrend. Über R.s kirchenpolit. Haltung ist die Forsch. daher kontrovers, zumal die Zuweisung des anonym überlieferten, für Papst Alexander III. votierenden *Dialogus de pontificatu* umstritten ist. Neben Ottos Gesten hat R.s Werk eigenständiges Format. Es beansprucht R.s Werk als lit. Genus im Rahmen ma. Herrscher-Gesta seit Thegan über Notker, Hrotswith v. Gandersheim, ↑Wipo, Wilhelm v. Poitiers bis ins 12. Jh. wie auch als hist. Quelle zu wichtigen Ereigniskomplexen (z. B. Reichstag von Besançon 1157) einen beachtlichen Platz. Auch das unvollendete Lehrgedicht *Flosculus* (teils Versifizierung der Sentenzen des Lombardus) erweist R.s Bildung, die ihn aus dem Schatten seines Lehrers Bischof Otto heraushebt.

Ausg.: Die Taten Friedrichs oder richtiger Cronica. Hg. von F.-J. Schmale (Ausgew. Quellen zur dt. Gesch. des MA, hg. von R. Buchner, Bd. 17) Da 1965, 32–48 (Einl.), 392–715 (Text).
Lit.: VL 7, Sp. 976–982; H.-P. Apelt, Rahewins Gesta Friderici I. Imperatoris. Ein Beitrag zur Geschichtsschreibung des 12. Jhs., Diss. München 1971; R. Deutinger, Rahewin v. Freising. Ein Gelehrter des 12. Jhs., 1999. *L. B.*

Ranke, Leopold (seit 1865: von R.) (1795–1886). R. entstammte einer alten luth. geprägten Theologenfamilie u. wurde in Wiehe/Unstrut geb. Nach dem Besuch der Fürstenschule in Schulpforta studierte er 1814–18 Theologie u. Philologie in Leipzig u. Halle u. wurde Gymnasiallehrer in Frankfurt/O., von wo er 1825 als ao. Prof. der Gesch. nach Berlin berufen wurde. 1827–31 unternahm er eine Studienreise nach Wien u. It. Von 1832–36 war er Hrsg. der *Hist.-Polit. Zschr.;* mit ihr wollte er zw. den polit. Strömungen seiner Ggw. vermitteln. Von 1834–71 war er o. Prof. in Berlin, wo er Lehrer vieler namhafter Hist. war. Lenkten seine Übungen die Schüler mit Vorliebe auf das dt. MA, wurden sie doch eine wichtige Schule auch für die Neuhistoriker unter ihnen. Eine von R.s größten organisatorischen Leistungen war die auf seine Anregung durch Kg. Max II. v. Bayern, dem er welthist. Vorträge gehalten hatte, 1858 gegr. Hist. Komm. bei der Bayer. Akad. der Wiss., deren Vorsitz er übernahm u. deren große Unternehmungen seiner Initiative u. Mitarbeit viel zu danken haben. Seit 1871 widmete er sich der Hrsg. seiner *Sämtl. WW* (54 Bde.). Er starb 1886 in Berlin.

Grundlegend für das Werk des «Vaters der Gesch.wiss.» war die Auffassung des Historismus, daß göttliche Idee u. Gesch. eine Einheit seien, war die Anwendung des Individualitätsgedankens auf die polit. Welt. «Wahrheit» ist nur durch das Besondere zu begreifen. In der Beschäftigung mit ihm bemüht sich der Hist. um die unmittelbare Darstellung des Allg., denn das Individuelle ist nur äußerlich ein Besonderes. Den gemeinsamen Nenner aller individuellen Vielfalt findet R. wie die Hist. Schule überhaupt in Gott, der getrennt von der Welt doch allmächtig in ihr ist. Zw. einem bloßen Empirismus u. einer Gesch.-philos., in der das Individuelle, Faktische verschwindet, suchte R. eine Verbindung, durch die die Gesch.wiss. selbst z. Erkenntnis eines objektiv vorhandenen Zshg.s gelangen konnte. Sie lag im intuitiven Verstehen, durch das Gott in aller Gesch. erkannt wird. Die hist. Untersuchung mußte erweisen, «wie es eigentlich gewesen», die Historie war zugleich Kunst u. Wiss., der Hist. wurde z. Organ des allg. Geistes. Über die Gesch.wiss. wollte R. zu einer Theorie v. der Politik gelangen, indem er die dem Staat zugrundeliegenden metaphysischen Realitäten enthüllte. Die hist. Staaten, unter denen die dt. Nation die älteste u. wichtigste ist, sind Konkretionen v. Ideen, sie haben selbst ein geistiges Dasein, sind nicht lediglich Ansammlung v. Macht, u. sie sind Selbstzweck. Da der Staat sich nur in Unabhängigkeit entfalten kann, erhalten Außenpolitik u. Militär Priorität. Der einzelne ist den Erfordernissen des Staates unterworfen, Freiheit u. Gehorsam sind identisch. Obwohl göttlichen Ursprungs, sind nicht alle Staaten gleich gut. R. unterscheidet zw. der Idee des Staates u. ihrer Darstellung. Der gute Staat ist die Monarchie; Maßstab ist die seit Beginn der Neuzeit bis ins 18. Jh. ausgebildete. Gegen Aufklärung, Frz. Revolution u. Liberalismus u. ihre Versuche, anstelle der überlieferten gewachsenen, eine Ordnung nach vernünftigen Grundsätzen aufzubauen, wird Gesch. u. gesch. Wissen als geistig-polit. Macht gestellt. Historie und Politik sind durch gemeinsame Grundlage miteinander verbunden. Die Historie vermittelt dem Politiker das Wissen v. Staat, der Politiker muß es weiter entwickeln u. vollenden, die Historie befreit ihn v. der toten Doktrin. R. sieht die Aufklärung nicht innerhalb des hist. Gesamtprozesses, sondern als gesch.lose Macht. Daher sind die revolutionären Erschütterungen auch nicht Folgen der wirtschaftl. u. soz. Veränderungen, die die Entstehung der bürgerlichen Ges. ermöglichten. Die Bedeutung des beginnenden Industriezeitalters für Modernisierung u. Fortschritt erkannte R. nicht. – Der extreme Optimismus in R.s Gesch.auffassung sieht nicht das Böse im Menschen u. seinen Institutionen. Als Äußerungen göttlichen Willens verkörpern Staaten u. Nationen schlechthin positive Werte. Sie handeln daher stets gut, wenn sie ihren Interessen folgen. Die Gesch. ist sinnvoll, «jede Epoche ist unmittelbar zu Gott». Indem allerdings alle hist. Erscheinungen ihren eigenen Wert erhalten, wird einem ethischen Relativismus Vorschub geleistet. – R. stützte seine Gesch.schreibung vor allem auf offizielle Dokumente u. gelangte dadurch z. Beurteilung v. jeweiligen Regierungsstandpunkt aus. Er beschränkte sich auf diejenigen Mächte, die sich behaupteten; die widerstrebenden kommen nicht in den Blick. Bei aller QQ-nähe sind R.s WW Querschnitte, keine Analysen. Trotzdem liegt R.s große Bedeutung u. Wirkung in der Entwicklung der Krit. Methode z. Erschließung der QQ, in seiner großen literarischen Leistung u. in einem entscheidenden Beitrag bei der Entwicklung der Gesch.-wiss. z. ersten Bildungsmacht in Dt.

WW: Gesch. der roman. u. german. Völker v. 1494–1535, B 1824; Die röm. Päpste, ihre Kirche u. ihr Staat im 16. u. 17. Jh., 3 Bde., B 1834–36, [10]1900: Die röm. Päpste in den letzten 4 Jh.; Dt. Gesch. im Zeitalter der Reformation, 6 Bde., B 1839–47, L [6]1881–82; Neun Bücher preuß. Gesch., 3 Bde., B 1847–48, [2]1878/79; Frz. Gesch., vornehmlich im 16. u. 17. Jh., 5 Bde., St 1852–61, [4]1876/77, 6 Bde.; Über die Epochen der neueren Gesch. (Vorträge vor Kg. Max II., dass. in R.s Weltgesch., 3. Tl., 2. Abt.), L 1888; Engl. Gesch., vornehmlich im 16. u. 17. Jh., 7 Bde., B 1859–68, [4]1877–79, 9 Bde.; Gesch. Wallensteins, L 1869, [4]1880; Die dt. Mächte u. der Fürstenbund. Dt. Gesch. von 1780–90, 2 Bde., L 1871, [2]1876; Abh. u. Versuche, 2 Bde., L 1872–88; Denkwürdigkeiten des Staatskanzlers Fürsten v. Hardenberg, 5 Bde., L 1877; Zur Gesch. Dtl.s u. Frankreichs im 19. Jh., hrsg. v. A. Dove, L 1887; Weltgesch., 16 Bde., L 1881–88; Sämtl. WW, 54 Bde., L 1867–90; Werke. Gesamtausg. der Dt. Akad. hrsg. v. P. Joachimsen u. a., Mn 1926 ff.; (ferner mehrere WW in diversen Neuausg. des 20. Jhs.).

Lit.: H. Berding, L. v. R., in: H.-U. Wehler (Hrsg.), Dt. Hist., Bd. 1, Gö 1971, 7–24; W. J. Mommsen (Hrsg.), L. v. R. u. die moderne Gesch.wiss., St 1988; U. Muhlack, L. v. R., in: N. Hammerstein (Hrsg.), Dt. Gesch.wiss. um 1900, 1988, 11–36; S. Baur, Versuch über die Historik des jungen R., 1998. *C. v. M.*

Ranulf Higden (ca. 1300–1365). Der in der Benediktinerabtei Werburg (Chester) lebende Mönch war Verfasser der komplettesten Universalgesch., die im England des MAs erstellt wurde. Das *Polychronicon* betitelte Werk fand im 14. und 15. Jh. weite Verbreitung und ist auch in engl. Sprache überliefert. Die hohe Wertschätzung, die es gegen Ende des 15. Jhs. genoß, drückt sich darin aus, daß es 1482 als Inkunabeldruck erschien.

Ausg.: Rolls Series, 1865–86;
Lit.: J. Taylor, The Universal Chronicle of R. H., 1966; LThK[3] V, Sp. 97; LMA 5, Sp. 6; M. Jennings, The Ars componendi sermones of R. H., OSB, 1991. *R. A. M.*

Rapant, Daniel (1897–1989), gilt als der Begründer einer eigenständigen slowak. Hist.schule. 1928 Habil., 1933 ao., 1939 o. Prof. an der Univ. Bratislava

(Preßburg). 1945–46 dort Dekan der Phil. Fak. Mußte aus polit. Gründen 1950 die Univ. verlassen. 1968 Mitgl. der Slowak. Akad. der Wiss. Hat sich um die wiss. Organisation der Slowak. Arch. verdient gemacht. Redakteur des «Historický sborník Matice» u. Mitbegr. der Slowak. Histor. Ges. (1946). 1969 mit dem Orden «Rad prace» und einem Staatspreis der Slowak. Soz. Republik, dann noch zu seinem 85. und 90. Geb. mit der silbernen bzw. goldenen Medaille der Slowak. Akad. der Wiss. ausgezeichnet. Den 1.Bd. «Slovenské dejiny» (1961) hat er zwar begrüßt, aber es als verfrüht bezeichnet, eine Synthese der slowak. Gesch. vorzulegen.

HW: Počátký madárizácie (Anfänge der Magyarisation), 3 Bde., 1927–31; Viedenské memorandum Slovákov z roku 1841 (Ein Wiener Memorandum der Slowak. a.d.J. 1841), 1943; Slovenské povstanie 1848–49 (Slowakischer Aufstand 1848–49), 13 Bde., 1937–63.
Lit.: Enzyklopédia Slovenska, Bd. 5, 1981, 35. *H.G.*

Rassow, Peter (1889–1961). Als Sohn eines Gymnasiallehrers in Elberfeld geb., stud. R. an den Univ. Bonn, Heidelberg und Berlin. 1912 erfolgte die Prom. mit der Diss. *Die Kanzlei Bernhards von Clairvaux*. Seine akad. Lehrer waren u.a. ↑H. Delbrück, ↑A. v. Harnack und ↑E. Troeltsch. Nach Kriegsteilnahme und Tätigkeit in der Reichskanzlei habil. er sich an der Univ. Breslau 1927 mit der Edition der *Urkunden Alfons VII. von Spanien* (1928). Seit 1936 wirkte er in Breslau als a.o. Prof. für Gesch., folgte 1940 dann einem Ruf an die Univ. Köln, wo er bis zu seiner Emeritierung 1958 lehrte.

Als Mediaevist und Diplomatiker ausgewiesen, verfaßte R. nicht nur wichtige Arbeiten zur ma. polit. Ideengesch. (*Honor Imperii. Die neue Politik Friedrich Barbarossas,* 1940), sondern auch zur neuzeitl. Gesch. (Neben einer Lutherbiographie, 1943, sind zu nennen seine einschlägigen Arbeiten über Karl V., 1932/42). Militärgesch. Aspekten sowie Fragen des dt. Nationalstaates und seiner Rolle im Europa des 19. und frühen 20. Jhs. waren weitere wichtige Publikationen gewidmet. Als Mitautor von Handbüchern («Das Zeitalter der Staufer»; «Das Zeitalter Luthers und Karls V.»; in: «Dtl. Geschichte im Überblick») und als Biograph machte er sich ebenso einen Namen wie als Gesch.theoretiker. Einem weiten Fachpublikum ist er bekannt als Hg. seiner *Deutschen Geschichte im Überblick* (1953 u.ö.).

Lit.: HZ 195 (1962), 131–146 (K.D. Erdmann); DBE 8, 147. *R.A.M.*

Raumer, Friedrich von (1781–1873), begann als preuß. Verwaltungsbeamter und enger Mitarbeiter Hardenbergs, bekam dann staatswiss. Professuren in Breslau (1811) und Berlin (1819). Er hielt vornehmlich hist. Vorlesungen, und seine *Gesch. der Hohenstaufen und ihrer Zeit* (6 Bde., 1823–25), die stark zur romant. Stilisierung des MA beitrug, machte ihn zum beliebtesten Gesch.schreiber der Zeit. Später schrieb er, ganz im universalhist.-kompilierenden Stil der Aufklärung, auch engl. und amer. Geschichte. R. vertrat eine ständisch-liberale Grundhaltung, publizistisch als Hg. des *Historischen Taschenbuchs* (1830–69) und politisch als Abg. (Zentrum) in der Frankfurter Nationalversammlung 1848.

WW: Gesch. Europas seit dem Ende des 15. Jhs., 8 Bde., L 1832–50; Lebenserinnerungen und Briefwechsel, L 1861.
Lit.: W. Friedrich, F. v. R. als Historiker und Politiker, Taura 1929 (WV). *G.H.*

Redlich, Oswald (1858–1944), in Innsbruck als Sohn eines Unternehmers geb., legte nach Stud. der Gesch. und Geogr. in Innsbruck und Wien 1881 die

Abschlußprüfung am Inst. f. Österr. Gesch.forsch. in Wien ab und wurde einen Monat später in Innsbruck promoviert.

Von 1881–92 war R. Archivar in Innsbruck, 1887 hat er sich dort auch habilitiert und wurde 1893 a.o. Prof., 1897 o. Prof. am Wiener Inst., wo er bis zu seiner Emeritierung 1934 lehrte. 1903 veröff. R. in Wien seine Arbeit über *Rudolf v. Habsburg. Das Deutsche Reich nach dem Untergang des alten Kaiserreichs*, die ihn zum führenden österr. Historiker machte, da er traditionelle polit. Gesch. mit Rechts-, Verf.- und Kulturgesch. zu verbinden wußte. 1911/12 war R. Rektor der Wiener Univ., 1919 wurde er zum Präsidenten der Akad. d. Wiss. in Wien gewählt; sein Anteil am Auf- und Ausbau hist. und archivarischer Ausbildung im Österreich der Zwischenkriegszeit war bedeutend. R. erstrebte eine Verbindung von «hist. Methode» und «geogr. Betrachtungsweise». Seine entsprechenden quellen-, landes-, orts- und siedlungskundlichen Arbeiten sowie seine Forsch. auf dem Gebiete der hist. Kartographie waren grundlegend und machten das Wiener Inst. zu einem der Ausgangspunkte der neuen Disziplin «Hist. Landeskunde», die sich nach dem Ersten Weltkrieg im dt.sprachigen Raum breit entfaltete. Weitere Forsch.arbeiten widmete R. der österr. Gesch. des 17. und 18. Jh.s, und damit der Reichsgesch. Der Politisierung der österr. hist. Forsch. stand R. mit großer Distanz gegenüber.

Lit.: K. Lechner, O. R., in: Große Österreicher, Bd. 13, W 1959, S. 146–53 (mit älterer Lit.); L. Santifaller, O. R., in: MIÖG 56/1948, S. 203–236 (WV). *L. S. S.*

Regino von Prüm (ca. 840–915). Der Kanonist und bekannte Chronist war Abt des Benediktinerklosters Prüm (Eifel) und später Abt von St. Martin in Trier, wo er auch verstarb. Er verfaßte ein vielbenutztes Handbuch der Visitationsgerichtsbarkeit, machte sich aber nicht nur als Kirchenrechtler einen Namen, sondern vor allem auch als Historiograph. Seine *Weltchronik* von Christi Geburt bis zum Jahre 906 stellt eine Kompilation aus älteren Werken dar, deren historiograph. Wert allerdings erst mit der Beschreibung der Zeit einsetzt, die der Autor selbst erlebte.

Ausg.: MGH SS I; PL 132.
Lit.: VL 7, Sp. 1115–1122; LThK VIII, Sp. 1099 f.; P. C. Jacobsen, Der Autor R. v. P. In: Die Erstausgabe der Chronik R. v. P. [...], hrsg. von Eyring von Rotenhan. 1999, S. 141–143. *R. A. M.*

Reineccius (Reyneke), Reiner (1541–1595). R., als Sproß einer Ratsfamilie geb., stud. nach guter Vorbildung an verschiedenen Latein-Schulen in Marburg und Wittenberg. Nach dem M. A. war er mehrere Jahre als Erzieher in Adelshäusern tätig. Daneben ging er seinen genealog.-histor. Neigungen nach, veröffentl. Abhandlungen zur Gesch. der Markgrafschaft Meißen und wurde 1574 vom Sächs. Kurfürsten zum Historiographen ernannt. Im gleichen Jahr begann seine berühmte Gesch. des Altertums – als Familien-Gesch. – zu erscheinen. 1575 trat er die Prof. Historiarum in Frankfurt/Oder an und publizierte Arbeiten zur Gesch. der Brandenburgischen Dynastie. 1582 holte ihn Herzog Julius an die Univ. Helmstedt mit der Auflage, als Gesch.schreiber, nicht als Gesch.lehrer tätig zu sein. Im April 1595 verunglückte und starb er ebendort.

Sowohl die *Syntagma* wie auch die Editionen erweisen R. als fruchtbaren Sammler und Antiquar. Viele Generationen nach ihm schöpften aus seinen soliden Werken, die vor allem geneal. Zusammenhängen nachspürten. Seine Frankfurter Antrittsrede wie auch der Helmstedter *Methodus* zeigen R. als späthum.-antiquarischen Historiker, der in die Vorgesch. barocker Fürsten- und Heldengeschichten gehört.

WW: Syntagma de Familiis quae in Monarchiis tribus prioribus rerum potitae sunt, Bas 1574–78; De historia eiusque dignitate generibus sive partibus, 1580; Annales Witichindi, 1577; Historia Julia, 1594; Methodus legendi cognoscendique historiam sacram et profanam, 1583.
Lit.: ADB 28, 17–19; F. X. von Wegele, Gesch. der Deutschen Historiographie, 1885; O. Herding, Heinrich Meibom und R. R., in: Westfäl. Forschungen 18, 1965, 5–22. *N. H.*

Renouvin, Pierre (1893–1974), Neugestalter der Gesch.schr. über Außenpolit. – R., Sohn eines Pariser Innenarchitekten, stud. mit glänzendem Erfolg Jura und Gesch. Frontoffizier im Ersten Weltkrieg, wurde er zweimal schwer verwundet, ließ sich durch den Verlust des linken Armes und des Daumens der rechten Hand aber nicht in der Verfolgung seiner wiss. Karriere beirren. Der ↑Aulard-Schüler schrieb seine Thèses über Themen aus der Vor-Gesch. der Franz. Rev. und wandte sich dann der Vor-Gesch. des Ersten Weltkrieges zu. Den äußeren Anstoß gab seine Bestellung zum Leiter einer 1920 gegr. Bibliothek, zum Generalsekretär einer wiss. Ges. und zum Chefredakteur einer Zschr. für die Gesch. des Weltkrieges sowie zum Sekretär, später zum Vorsitzenden des Hrsg.-Komitees der Aktenpublikation *Documents diplomatiques français 1871–1914*. Bereits R.s Untersuchung über den Kriegsausbruch 1914, *Les origines immédiates de la guerre* (P 1925, ²1927) fand international Beachtung. Zahlreiche Aufl. erfuhr sein 1934 veröff. Werk *La crise européenne et la Grande Guerre, 1904–1914* (Bd. 19 von «Peuples et Civilisations», P ⁶1974). Neuartig daran war die eingehende Berücksichtigung von kollektiver Psychologie und Wirtschaftsproblemen. Diesen Forschungsansatz entwickelte R. unter dem Einfluß von ↑Braudel und ↑Chabod zum Konzept einer an die Stelle der alten Diplomatie-Gesch. tretenden Gesch. der intern. Beziehungen, die den polit. Aktionen von oben und den Tiefenkräften («les forces profondes») Rechnung trägt. Er skizzierte dieses Konzept und praktizierte es ausgiebig in der von ihm hrsg. *Histoire des relations internationales* (8 Bde., P 1953–58), zu der er selbst die letzten 4 Bde. über den Zeitraum 1815–1945 schrieb. 1964 folgte die ausführliche Darlegung der Theorie in der gemeinsam mit J.-B. Duroselle verf. *Introduction à l'histoire des relations internationales* (P ³1970).

1931 an die Sorbonne berufen, wo er in den langen Jahren seines Wirkens (bis 1964) großen Einfluß gewann, lehrte R. u. a. auch an der École libre, später Fondation Nationale des Sciences Politiques, deren Präsident er von 1959 bis 1972 war. 1946 wurde er in die Ac. des sciences morales et polit. aufgenommen, 1952 übernahm er die Leitung der «Revue historique». Dank weiterer wichtiger Ämter und Funktionen in vielen Gremien herrschte R. in den 50er und 60er Jahren in der frz. Gesch.wiss. wie einst ↑Lavisse, trat anders als dieser aber nicht als «Papst und Marschall der Univ.» auf, sondern nutzte seinen Einfluß diskret, bei der Nachwuchsförderung streng auf hohen wiss. Standard und auf intern. Austausch bedacht. R. bewirkte, daß die Arch.-Sperrfrist von 50 auf 30 J. gesenkt wurde. Er regte die Erforschung der jüngsten relig. Gesch. Fkr.s an.

Lit.: Nekrolog. in: RHMC 22 (1975), 497–507 (J.-P. Duroselle – Lit., Hinweis auf WV); RH 518 (1976), 325–329 (R. Rémond). *B. G. B.*

Restrepo, José Manuel (1781–1863). Der in Envigado, Antioquia/Kolumbien geb. und zum Juristen ausgebildete R.

gehörte zu denjenigen Kreolen Neu-Granadas (heutiges Kol.), die ab 1808/10 an der hispanoamerik. Unabhängigkeitsbewegung aktiv beteiligt waren, kämpfend, schreibend und in Regierungsämtern. Wie zahlreiche andere Intellektuelle in LA war auch R. darum bemüht, die Loslösung von Span. zu rechtfertigen und auch auf den Prozeß der Staatsbildung einzuwirken; seine Tätigkeit als Regierungsmitgl. in versch. Ämtern und seine Kenntnisse der Dokumente boten dem Augenzeugen R. die materiellen Grundlagen für die Beschreibung der Vorgänge, der beteiligten Akteure und ihrer Vorstellungen.

Die Arbeiten R.s sind klar und nüchtern geschrieben und geben einen interessanten Einblick in die damalige Zeitgesch.; sie bemühen sich auf einer umfangreichen Quellengrundlage um Objektivität, ohne den patriotischen Standpunkt zu verleugnen. Gleichzeitig stellen sie ein exemplar. Dok. für die lateinamerikan. Historiographie des 19. Jhs. dar, in dessen Mittelpunkt die Unabhängigkeitsbewegung als wichtigste Zäsur behandelt wurde. R. starb 1863 in Bogotá.

HW: Historia de la Revolución de la República de Colombia. 10 vols. Paris 1827, Besançon 1858, Medellín 1969; Historia de la Nueva Granada. T. I. Bogotá 1952. T. II Bogotá 1963; Diario Político y Militar. 4 vols. Bogotá 1954.
Lit.: R. H. Davis, Historical Dictionary of Colombia. Metuchen, N. J. 1977, S. 192. – J. R. Thomas, S. 301 f. – G. Colmenares, Las Convenciones contra la Cultura. Ensayos sobre la historiografía hispanoamericana del siglo XIX. Bogotá 1987, S. 180 ff. *H. J. K.*

Richer von St. Remi (gest. nach 998). Sohn eines Vasallen des westfränk. Königs Ludwig IV. und Mönch in der Abtei St. Remi in Reims, erhielt R. als Schüler Gerberts von Aurillac, des bedeutendsten Gelehrten jener Zeit und Leiters der Domschule zu Reims, von diesem den Auftrag, eine Gesch. Karls des Einfältigen und Ludwigs IV. abzufassen, woraus dann aber vier Bücher erwuchsen, die bis 995 (mit Notizen bis 998) reichen. Auf guten Kenntnissen der polit. Zusammenhänge fußend, stellen sie trotz zahlreicher fabulöser Einschübe und einseitiger Parteinahme für Gerbert, der sich ab 991 in einer umstrittenen Position als Erzbischof von Reims befand, eine der wichtigsten QQ für die Epoche des Übergangs zu den Kapetingern dar. Besonderen Wert gewinnt die Arbeit R.s, die sich in den Anfangsteilen auf die Annalen Flodoards stützte und mit reichen Anleihen aus ↑Sallust versehen war, aufgrund einer eingehenden Schilderung des Schulbetriebs (näherhin des Curriculums Gerberts) und der naturkundl., insbesondere medizin. Kenntnisse jener Zeit sowie durch ein detailfreudiges Eingehen auf sonst kaum überlief. Formen des Alltagslebens (z. B. die Fährnisse einer Reise von Reims nach Chartres).

Ausg.: Richer, Histoire de France (888–995), hg. v. R. Latouche, 2 Bde., P 1930/37.
Lit.: LMA 7, Sp. 830 f.; W. Giese, «Genus» und «Virtus». Studien zum Geschichtswerk des Richer von St. Remi. Diss. München 1969; H.-H. Kortüm, Richer von Saint-Remi. Studien zu einem Gesch.-schreiber des 10. Jahrhunderts. St 1985.
G. M.

Riehl, Wilhelm Heinrich (seit 1883: von R.) (1823–1897), Sohn eines Tapezierers aus Biebrich/Nassau, wurde von der Mehrheit seiner Zeitgenossen als Kulturforscher und Kulturkritiker hochgeschätzt, von der sich etablierenden wiss. Kulturgesch.schreibung der 2. Hälfte des 19. Jh.s jedoch wenig akzeptiert. Seine Stud. der Theol. und Gesch.-wiss. schloß R. mit dem theolog. Examen ab, wandte sich dann aber der polit. Publizistik zu. Das Erlebnis der Revolution von 1848 machte R. zu einem überzeugten Konservativen, was sein rasch erfolgreiches wiss.-polit. Werk entscheidend prägte. 1851 erschien als zweiter Band seiner vierbändigen *Naturgeschichte des Volkes* die *Bürgerliche Gesellschaft*, R.s bedeutendstes Werk, das dem Interesse an ihm von seiten der volkskundlichen ebenso wie kulturgesch. Forsch. seit den 60er Jahren des 20. Jh.s zu neuer Blüte verhalf. R.s *Naturgeschichte* fand die besondere Aufmerksamkeit des bayer. Königs, der ihn zunächst als Honorarprof., seit 1859 als o. Prof. f. Kulturgesch. nach München berief; als kulturpolit. Berater des Königs entfaltete R. über den Hochschulbereich hinausgehende, weitreichende Wirkungen (u. a. als Leiter des Bayer. Nationalmuseums). Aufgrund seines Werkes ist R. zu den Wegbereitern einer wiss. Kulturgesch.schreibung zu zählen. Sein Ansatz allerdings war kein exakt statistischer, vielmehr ging es ihm um eine Ges.gesch., die das Einmalige und Besondere erfaßte. Insofern zählt R. nicht zu jener Richtung der Kulturgesch.schreibung, die in seiner Zeit als Oppositionswiss. abgewertet wurde. R.s Ziel war es, eine aus Einzelbeobachtungen zusammengefügte Beschreibung von Standesgruppen als sozialpsychologische Erklärung revolutionären Wandels zu liefern mit der Absicht, die Möglichkeit einer Orientierung an vorindustriellen, ständischen Werten aufzuzeigen und damit die Sicherung der bestehenden Sozialverf. garantieren zu helfen. R.s ständisch-konservative Orientierung führte zum völkischen Mißverständnis seiner Arbeiten im Nationalsozialismus, die einer wiss. Auseinandersetzung mit seinem Werk lange Zeit im Wege stand.

Lit.: P. Steinbach, W. H. R., in: H.-U. Wehler (Hg.), Dt. Historiker, Bd. VI, Gö 1980, S. 37–54 (Sek.lit.); ders., Einleitung, in: W. H. R., Die bürgerliche Ges., F 1976, (WV); J. v. Altenbockum, Wilhelm Heinrich Riehl 1823–1897: Sozialwissenschaft zwischen Kulturgeschichte und Ethnographie, Köln u. a. 1994; A. Zinnecker, Romantik, Rock und Kamisol: Volkskunde auf dem Weg ins Dritte Reich – die Riehl-Rezeption, Münster/New York 1996.

L. S. S.

Ritter, Gerhard (1888–1967) war einer der meinungsführenden Historiker Dtl.s in der Zeit nach dem II. Weltkrieg. Schwerpunkte des umfangreichen wissenschaftl. Œuvres R.s sind die Reformationszeit u. die dte. Gesch. seit dem 18. Jh.

Der Sohn eines Pfarrers in Bad Soden wurde 1911 bei ↑H. Oncken mit einer parteigeschichtlichen Arbeit zur Bismarckzeit promoviert. Zunächst Gymnasiallehrer, dann Kriegsteilnehmer, übernahm er 1919 eine Mitarbeiterstelle an der Univ. Heidelberg, 1921 habilitierte er sich mit Studien zur Heidelberger Univ.gesch. 1924 folgte er einem Ruf nach Hamburg, 1925 nach Freiburg, wo er bis zu seiner Emeritierung 1956 lehrte.

Während der 20er Jahre teilweise nationalistische liberal-konservative Positionen vertretend, war R. 1929–31 Mitgl. der DVP. Die Weltanschauung des NS ablehnend, engagierte sich R. im Dritten Reich für die Bekennende Kirche, war aber von den außenpolitischen «Erfolgen» Hitlers beeindruckt. Als Mitwisser der Widerstandsbewegung u. als politischer Freund Goerdelers wurde er nach dem 20. Juli 1944 verhaftet, nach Berlin verbracht, zeitweilig im KZ Ravensbrück inhaftiert, doch nicht mehr angeklagt. In der Nachkriegszeit engagierte er sich in der Frage der Revision des dtn. Geschichtsbildes, wirkte an der Vorbereitung dt.-frz. Vereinbarungen über historische Fragen u. an der Gründung des Instituts f. Zeitgesch. mit. 1949 wurde er zum Vors. des dtn. Historikerverbandes, 1953 auch in den Vorstand des Comité Intern. des Sciences Historiques, dem er zuletzt als Vizepräs. angehörte, gewählt. R. wurde in mehrere in- u. ausländische Akademien aufgenommen. Trotz fortbestehender Orientierung an den dtn. polit.-kulturellen Traditionen stellte sich R. auf den Boden der parlamentarischen Demokratie. In der Kontroverse um ↑F. Fischers Buch «Griff nach der Weltmacht» war er dessen Antipode. R.s histor.-polit. Positionen galten in den 60er Jahren zunehmend als unzeitgemäß.

Einen Schwerpunkt seines Werks bilden Luther u. die Reformation. R.s 1925 erstmals erschienene, dann wiederholt überarbeitete Luther-Biographie stellt das innerlich-persönliche Ringen Luthers in den Vordergrund u. kennzeichnet dieses als Ausdruck des metaphysischen Wesens der Dtn. Im Luthertum gründeten für R. die pr. polit. Kultur, der dte. Idealismus u. die Politik Bismarcks. Die Frage nach der Bedeutung der Reformation hat R. zeitlebens beschäftigt. 1941 erschien sein Buch *Die Weltwirkung der Reformation.*

Auch die 1931 veröffentlichte Stein-Biogr. R.s betont die Besonderheit der dtn. Entwicklung, indem sie St.s Verwurzelung im ständischen Denken des Alten Reiches, seine Unabhängigkeit von frz. Vorbildern u. die Spezifika der bei ihm zu findenden dtn. Freiheitsidee herausarbeitet.

Das 1936 erschienene Buch *Friedrich der Große* stellt diesen als Machtpolitiker, zugleich aber als von sittl. Vernunft geleiteten Staatsmann dar. Auch *Machtstaat u. Utopie* (1940) thematisiert das Verhältnis von Macht u. Moral, indem das Politikverständnis ↑Machiavellis u. Thomas Morus', kontinentales u. insulares polit. Denken kontrastiert wird, wobei die Kritik R.s an ethisch unbegrenzter Machtpolitik erst in der unter dem Titel *Die Dämonie der Macht* veröffentl. 5. Aufl. 1947 unmißverständlich war.

In Geschichte als Bildungsmacht (1946) hat R. für eine Revision und Neuorientierung dtn. geschichtl. Denkens plädiert. In *Europa u. die dte. Frage* (1948) wird demgegenüber eine Distanz zw. dem Luthertum u. dem Preußentum auf der einen Seite u. dem NS auf der anderen Seite betont u. ein Zusammenhang zwischen dem in der Frz. Revolution beginnenden Prozeß der Demokratisierung u. totalitären Massenbewegungen behauptet. – Auch in R.s 4bändigem Spätwerk *Staatskunst und Kriegshandwerk* (1954–68) wird der Militarismus in Dtl., definiert als Dominanz des Militärischen über das Politische in der Staatsführung, als Phänomen der Wilhelm. Zeit und des Ersten Weltkrieges begriffen, während die Politik Friedrichs des Gr. u. Bismarcks als Gegenbilder erscheinen.

Eine der ersten wichtigen Arbeiten über den dtn. Widerstand ist R.s teilweise aus eigenem Erleben schöpfende Biogr. *C. Goerdeler u. die dte. Widerstandsbewegung* (1954). – An weiteren Werken R.s sind zu nennen: seine über den I. Bd. nicht hinausgelangende *Gesch. der Univ. Heidelberg* (1936), die umfangreiche histor.-polit. Essayistik, insbeson. der Band *Lebendige Vergangenheit* (1958) sowie die Ed. von Bismarcks «Gedanken u. Erinnerungen» u. von Hitlers Tischgesprächen.

R. ging von einem Primat des Politischen u. des Staates in der Gesch. aus. Er schrieb Gesch. von oben, das Persönlichkeitselement betonend u. die sozialen Prozesse nur wenig beleuchtend. Im Grunde nahm R. eine Abwehrhaltung gegen die Zeitläufte des 20. Jh.s, vor allem gegen die Massendemokratie ein. Unverkennbar ist sein Bemühen, protest. u. pr. Traditionen gegen die Moderne zu verteidigen. Der nationale Staat besaß für R. zeitlebens einen hohen Rang. R. war der letzte bedeutende Repräsentant der pr.-dtn. Historiogr.

Lit.: K. Schwabe: G. R. In: Ders. u. R. Reichardt (Hrsg.): G. R. Ein polit. Historiker in seinen Briefen. Boppard 1984, S. 1–170; A. Dorpalen: G. R. In: H.-U. Wehler (Hrsg.): Dte. Historiker. Bd. I. Gö 1971, S. 86–99; H.-G. Zmarzlik: Lebendige Vergangenheit. In: HZ 207, 1968, S. 55–74; E. Jäckel: G. R. Historiker in seiner Zeit. In: GWU 18, 1967, S. 705–715; W. H. Maehl: G. R. In: Hans A. Schmitt (Hrsg.): Historians of Modern Europe. Baton Rouge 1971, S. 152–205; M. Matthiesen: G. R. Studien zu Leben u. Werk bis 1933, 2 Bde. Egelsbach, Köln 1993; Chr. Corneließen. G. R., 2001. *B. F.*

Ritter, Moriz (1840–1923), als Sohn eines Univ.prof. in Bonn geboren, schloß sein Studium der Gesch. 1862 mit der Prom. in Bonn und 1867 mit der Habil. in München ab. 1873 wurde er zum a. o. Prof. ernannt und noch im gleichen Jahr auf den an der Univ. Bonn einem kathol. Historiker vorbehaltenen Lehrstuhl berufen. Hier lehrte er bis zu seiner Emeritierung im Jahre 1911. R.s Tätigkeit als Mitarbeiter der Hist. Komm. bei der Bayer. Akad. der Wiss. in München (1908 deren Präsident) bestimmte sein wiss. Lebenswerk. Aus der dort begonnenen Hinwendung zur Gesch. des späten 16. und 17. Jh.s rührte seine noch heute anerkannte dreibändige *Deutsche Geschichte im Zeitalter der Gegenreformation und des 30jährigen Krieges* (1886–1908). Mit diesem Werk legte R. eine von konfess. Polemik freie Darstellung einer der Epochen dt. Gesch. vor, deren Beurteilung aufgrund der hohen Bedeutung der Konfessionskonflikte in diesen Jahrzehnten der Gefahr der Parteilichkeit bes. ausgesetzt war. R. gelang die Bewertung des Kampfes der Konfess. als Streit um Rechtspositionen f. das jeweilige Bekenntnis, eine Interpretation, die die gegenwärtige Forsch. stärker akzeptiert als die zeitgenöss. Kritiker, die R.s Werk Mangel an kulturhist. Reflexion vorhielten. 1919 legte R. sein zweites Hauptwerk vor: *Die Entwicklung der Geschichtswissenschaft, an den führenden Werken betrachtet.* R. stand als Altkatholik zwar in deutlicher Distanz zum zeitgenöss. Ultramontanismus, war aber als kathol. Rheinländer auch dem preuß. Staat gegenüber reserviert.

Lit.: St. Skalweit, M. R., in: 150 Jahre Rhein. Friedrich-Wilhelms-Universität zu Bonn, Bo 1968, S. 209–224. *L. S. S.*

Robertson, William (1721–1793). R. war Geistlicher u. einflußreicher Kirchenpolitiker in Schottland. 1762 wurde er Principal (Rektor) der Univ. Edinburgh, 1763 dazu Königl. Historiograph von Schottland. Neben ↑Hume, Adam Smith, Adam Ferguson u. a. war er eine Zentralfigur der schott. Aufklärung. Seine wichtigsten Werke (gesammelt in *Works,* 12 Bde., Lo 1817) sind: *The History of Scotland* (2 Bde., Lo 1759), *History of the Reign of the Emperor Charles V.* (3 Bde., Lo 1769), *History of America* (2 Bde., Lo 1777). Sein berühmtester u. wichtigster Text («vielleicht der Ausführung nach überhaupt die bedeutendste Leistung der analysierenden Gesch.schr. der Aufklärung», ↑E. Fueter) ist die Einleitung zu *Charles V.: The Progress of Society in Europe* (neu hrsg. v. ↑F. Gilbert, Ch 1972). R. war ein vorzügl., beim Publikum erfolgreicher hist. Schriftsteller (bes. mit der *History of America*), zugleich ein sorgfältiger Forscher, der jeden Antiquarianismus ablehnte und sich um empir. Fundierung bemühte (Archive, Fragebögen an Missionare usw.). Er hielt Distanz zur spekulativen «conjectural history» seiner schott. Zeitgenossen (Ferguson, Millar, Smith), teilte aber deren Fragestellung nach dem stufenweisen Aufstieg der Zivilisation, die er im zeitgenöss. Nordwesteuropa gipfeln sah. Stärker als Hume dachte R. universalhist. (er schrieb auch über Indien); als Interpret des europ. Staatensystems (in *Charles V.*) ging er über den nation. Rahmen hinaus. Weniger deutlich als Hume stellte er die polit. Gesch. in den Mittelpunkt; wie Adam Smith betonte er ökolog. und ökonom. Faktoren, bes. in seinem Amerika-Werk. R. war ein Strukturhistoriker avant la lettre, der Wirtschafts-, Kultur u. Politikgesch. verband. Im Bereich der Gesch.-schr. war er ↑Voltaire ebenbürtig, als dessen Epigonen man ihn lange unterschätzt hat. Auf die weitere Entw. der brit. Gesch.schr. hatte R. wenig Einfluß.

Lit.: M. Schlenke, Anfänge einer wiss. Gesch.schr. in Großbr. im 18. Jh., in: K. Hammer/J. Voss (Hrsg.), Hist. Forschung im 18. Jh., Bo 1976, S. 314–33; St. J. Brown (Hrsg.), W. R. and the Expansion of Empire, Cambridge 1997. *J. O.*

Robinson, James Harvey (1863–1936). In Bloomington, Ill., geb., studierte R. an der Harvard U. u. promovierte in Freiburg bei Hermann von Holst mit einer Arbeit über die amer. Verfassung (1890). In quellenbezogener Forschung verankert, kam er an der U. of Pennsylvania (1891–95) unter den Einfluß der genetisch evolutionären Gesch.auffassung u. später der von der dt. hist. Schule beeinflußten Nationalökonomie u. an der Columbia U. (1895–1919) der evolutionären Anthropologie u. der Assoziationspsychologie. R.s *Introduction to the History of Western Europe* (2 Bde., Boston 1902–03) zeigte schon seine Wendung von einer polit. Geschichte zu einer das intellektuelle u. künstlerische Leben betonenden breiten Kulturgesch.; so auch seine populäre Vorlesung über intellektuelle Gesch., sein Beitrag zu *The Development of Modern Europe* (2 Bde., Boston 1907–08, mit ↑Ch. A. Beard) u. seine Schulreformtätigkeiten. *The New History* (NY 1912) machte R. zum prominenten Vertreter der der franz. Aufklärung verpflichteten, auf den Fortschritt durch wachsende Rationalität vertrauenden, soz.- u. wirtschaftsgesch. orientierten, und auf soz. Reformen abzielenden «Progressive History». Es folgten historisch fundierte Appelle an seine Mitbürger, *The Mind in the Making* (NY 1921) und *The Humanizing of Knowledge* (NY 1923), alle Hindernisse für das Wachstum der Rationalität, besonders die Religion, den Konservatismus, die kommerziellen Interessen u. die Macht der Gewohnheiten, auszuräumen. Seine geplante große Geistesgesch. der westlichen Kultur schrieb R. nie, z. T. wegen seines sozialpol. Engagements, z. T. deswegen nicht, weil in der «Progressive History» Ideen keine autonome Geltung hatten (sie waren nur Lebenswerkzeuge) und deshalb eine solche Geistesgesch. nur als eine schwer zu erfassende Gesamtkulturgesch. hätte geschrieben werden können.

Lit.: L. V. Hendricks, J. H. R., NY 1946; H. E. Barnes, «J. H. R.», in: Am. Masters of Social Science, hrsg. v. H. W. Odum, NY 1927, 321–408. *E. B.*

Robinson, Ronald (1920–1999), war kein sehr produktiver, aber ungemein einflußr. Hist. u. Theoretiker des Imperialismus. Zwei gemeinsam mit John Gallagher (1919–1980) verfaßte Arbeiten – ein Aufs. (*The Imperialism of Free Trade*, in: EHR 1953) und eine Monogr. (*Africa and the Victorians*, 1961) – revolutionierten die Forsch. v. a. zur brit. Imperialgesch. und beeinflussen sie trotz scharfer Einwände bis heute. R. diente während des 2. Weltkriegs als Bomberpilot und arbeitete danach in der African Studies Branch des Kol.Ministeriums, bevor er 1949 seine Lehrtätigkeit in Cambridge begann. Von 1971 bis zu seiner Em. 1988 war er *Beit Professor of the History of the British Commonwealth* in Oxford. Die Stärke von R. u. G.s Publ. lag in der Kombination von soz.wiss. Theoriebildung, analyt. Kohärenz, empir. Dichte u. stilist. Brillanz. Sie prägten entscheidend den Begriff des «Freihandels-» bzw. «informellen Imperialismus» und brachten dies auf die Formel: «Die brit. Pol. folgte dem Prinzip der Ausdehnung informeller Kontrolle, wo immer möglich, und formeller Kontrolle, wo immer nötig.» Des weiteren vertraten sie die These, daß die imperialist. Aktionen der europ. Großmächte im späten 19. Jh. i.d.R. durch krisenhafte Entwickl. in Afrika selbst ausgelöst worden seien. R. hat in einigen Aufsätzen (z.B. *Non-European Foundations of European Imperialism: Sketch for a Theory of Collaboration*, 1972) die Frage nach der Bedeutung «indigener Kollaboration» für Entstehung und Aufrechterhaltung kolon. Herrschaft weiterverfolgt. Seine letzten Arbeiten beschäftigten sich vorw. mit der Dekolonisation und dem «Transfer of Power» in den brit. Territorien.

Lit.: W.R. Louis (Hrsg.), Imperialism. The Robinson and Gallagher Controversy, 1976; A. Porter, R.R., in: JICH 27 (1999). *A.E.*

Rodulf Glaber (um 985–1047/49), wohl von illegitimer aristokratischer Herkunft aus Burgund (Auxerre?). Vom Oheim 12jährig in klösterliche Erziehung gegeben, wurde R. unfreiwillig Mönch. Nach Aufenthalt in verschiedenen Abteien erhielt er vielseitige geistige Prägung in St. Bénigne zu Dijon unter dem profilierten Abt Wilhelm, der ihm naturwiss. wie künstlerische Interessen und Reformdenken vermittelte und ihn auf zwei Italien-Reisen zu diplomatischer Mission sandte bzw. mitnahm. Ab 1035 im Kloster Cluny unter Abt Odilo 1. war R. mit Gesch.unterricht betraut. Dort verfaßte er die *Vita Wilhelms v. Dijon* (†1031) und sammelte Material für die nach 1035 im Kloster St. Germain d'Auxerre abgeschlossenen 5 Bücher *Historiae*. Als «arbiter elegantiarum» oblag ihm dort die Renovierung mehrerer Altäre, was ihm Kritik wegen seines Kunstgeschmacks einbrachte.

Das Urteil der Forschung über R. als Gesch.schreiber ist geteilt, da er volkstümlich-erbaulich, scheinbar unkritisch aus betont relig. symbolistischer und subjektiver Sicht schrieb. Jedoch lebendige Schilderungen und Beobachtungsgabe für Details sind aufschlußreich für die Lokalgesch.; universalistischer Blick für neue kulturelle Kräfte wie Normannen, Kreuzzugsidee, Rittertum, Gottesfriedensbewegung, geistige Strömungen (Dialektiker: «moderni Italici») sowie sein Sinn für Tradition und hierarchische Ordnungen machen seine Schriften zur bedeutsamen Quelle für den intellektuellen Horizont des Cluniazensertums im frühen 11. Jh. (↑Ordericus Vitalis).

Ausg.: R.G. Historicarum libri quinque, ed. et transl. by J. France, Oxford 1989.
Lit.: LMA 7, Sp. 933; M. Vogelgsang, Der cluniacensische Chronist R.G. Ein Beitrag zur cluniacensischen Geschichtsschreibung, in: Stud. Mitt. OSB 67, 1956, 25–38, 277–297; ebd. 71, 1960, 151–185; N. Bulst, in: DA 30, 1974, 450–487 (Vita Guillelmi); E. Ortigues / D. Iogna-Prat, R. G. et l'historiographie clunisienne, in: Studi Medievali 3. série, 26, 1985, 537–572; J. France, R. G. and the Cluniacs, in: The Journal of Ecclesiastical History 39, 1988, 497–508; allg. jetzt: G. Constable u.a. (Hg.), Die Cluniazenser in ihrem politisch-sozialen Umfeld, 1998. *L.B.*

Roger von Wendower (gest. 1236). Der Benediktinermönch der Abtei St. Albans schrieb eine Weltchronik von der Erschaffung der Erde bis zum Jahre 1235, der er den Titel *Flores Historiarum* gab. Für den Hist. von eigentlichem Interesse ist erst die Zeit ab 1202, in der die Darstellung präziser und origineller wird und sich damit als eine vorzügliche Quelle der engl. Gesch. erweist. Dieser Teil der Arbeit wurde auch von ↑Matthäus Parisiensis in seine «Chronica majora» übernommen.

Ausg.: H. O. Coxe, 5 Bde., 1841–1844; Auszüge in MGH SS XXVIII.
Lit.: LMA 7, Sp. 944; H. Galbraith, R. W. and Matthew Paris, 1944; K. Schnith, England in einer sich wandelnden Welt, Studien zu R. W. und Matthäus Paris, 1974. *R. A. M.*

Rolewinck, Werner (1425–1502). In Laer (Westfalen) geb., trat R. nach Studium in Köln dem Karthäuserorden (Konvent St. Barbara in Köln) bei; sein Leben war mit höchster schriftstell. Aktivität erfüllt, die u. a. sowohl adhortative Werke für einzelne Stände *(De regimine rusticorum; De origine nobilitatis),* wie auch eine panegyrische Gesch. seiner Heimat *(De laude veteris Saxonie nunc Westphaliae dictae)* hervorbrachte. Zeitgenöss. Berühmtheit aber erlangt R. vor allem durch seinen *Fasciculus temporum,* der nach einer kurzen, handschriftl. Verbreitung zu einem erfolgreichen Werk in der neuen Medienwelt des gedruckten Buches avancierte (über 35 Inkunabelausgaben, auch in verschiedenen Volkssprachen), obgleich Inhalt (eine Weltchronik im traditionellen Aufbau nach den «sex aetates») und Gestaltungsmittel (Linien und Kreise als Orientierungshilfen) keineswegs eine Innovation darstellten. R. kam jedoch mit seinem geschickt aufgebauten Werk einem Bedürfnis des geschäftsorientierten Buchhandels nach leicht benutzbaren Übersichten, die einen hohen Absatz versprachen, entgegen und vermochte folglich über Generationen hinweg das allgemeine Gesch.wissen – vor allem im dt. Raum – zu prägen.

Lit.: VL 8, Sp. 153–158; K. Schulte-Kemminghausen, W. R., in: Westfäl. Lebensbilder, IV (1933) 48–61; G. Melville, Geschichte in graphischer Gestalt, in: Geschichtsschreibung und Geschichtsbewußtsein im späten MA, hg. v. H. Patze, 1987, 79–82 (mit Abb.); V. Henn, in: Die Kölner Kartause um 1500, 1991, 199–212. *G. M.*

Romein, Jan (1893–1962). Nach einem Jahr des Studiums der Theologie geriet R. an der Univ. Leiden in den Bann ↑J. Huizingas und des Slawisten N. Van Wijk, bei dem er 1924 über Dostojewski prom. Er war von der russ. Revolution beeindruckt und wurde journalistisch in einer kommunist. Zeitung aktiv, was ihn ideologisch von Huizinga entfernte. So geriet er unter den Einfluß der marxistischen Paradigmen in der Gesch.forsch. Dies geht aus seiner Synthese der Gesch. der *Lage Landen bij de zee* (1934) hervor. Sein Interesse erstreckte sich damals auf die Weltgesch. und zeitgenöss. intern. Politik, aber auch auf Studien zur ma. Historiographie. Dieser Arbeitsbereich veranlaßte seine Ernennung zum Dozenten für nationale Gesch. an der Univ. Amsterdam im Jahre 1939. Inzwischen hatte sich sein Interesse allmählich der «theoretischen Gesch.» zugewandt – so lautete der Name des ersten Lehrstuhls in diesem Fachbereich in den Niederlanden, auf den er 1959 berufen wurde. Das Ergebnis dieser Lehrtätigkeit war ein Handbuch über Methoden, Konzepte und Prozesse hist. Forschung, das 1949 unter dem Titel *Apparaat* erschien. R.s Konzeption einer integralen Gesch.-schreibung, die auf die Interaktion von Politik, Kultur und Wirtschaft gründete, ein Konzept, das er auf die Wendephase um 1900 anwandte (*Op het breukvlak van twee eeuwen,* 1967), steht dem Marxismus ferner und ↑Toynbee näher.

Lit.: J. Tollebeek, De toga van Fruin, 1988, 217–270; B. Hageraats, Honderd jaar J. R., 1995; A. Otto, Het ruisen van de tijd. Over de theoretische geschiedenis van J. R., 1998. *W. P.*

Romeo, Rosario (1924–1987), wurde in Giarre (Catania) geb. und studierte in Rom und Catania pol. Wiss. unter ↑G. Volpe und Nino Valeri. Später war er in engem Kontakt mit ↑F. Chabod. 1956 wurde er als Prof. für Gesch. an die Univ. von Messina berufen und ging 1962 an die Univ. Rom. Er lehrte auch am europ. Universitätsinstitut in Florenz und war Rektor an der Luiss (Freie Universität für soziale Studien) in Rom. 1984 wurde er ins europ. Parlament gewählt.

Romeo setzte sich, gerade 26jährig, mit *Il Risorgimento in Sicilia,* Bari 1950, durch. Darin verband er mit der crocianischen Lehre eine Sensibilität für die ökonomischen und sozialen Aspekte, die ihren Ursprung im Gedankengut Volpes hatte.

Es folgten zahlreiche Art. über die Gesch. des modernen Italien, in denen die Polemik gegen die marxistischen Theorien dominiert. Sie sind in folgenden Werken gesammelt: *Risorgimento e capitalismo,* Bari 1959; *Mezzogiorno e Sicilia nel Risorgimento,* Na 1963; *L'Italia moderna tra storia e storiografia,* Fi 1977; *L'Italia unita e la prima guerra mondiale,* R-Bari 1978; *Italia mille anni,* Fi 1981. Das Interesse für die Wirtschaftsgesch. drückt sich am besten in: *Breve Storia della grande industria in Italia,* Bol 1961, aus, seine umfassende Kenntnis der europ. Wirklichkeit offenbart sich dagegen in hohem Maße in: *Cavour e il suo tempo,* 3 Bde., R-Bari 1969–84. Seine weltliche und liberale Staatsauffassung arbeitete er bis zum Ende aus, wie *L'Italia liberale: sviluppo e contraddizioni,* Mi 1987, und *Italia democrazia industriale dal Risorgimento alla Repubblica,* Fi 1987, bezeugen.

Lit.: Dizionario generale degli autori italiani contemporanei, Fi 1974, vol. II, 1158; G. Pescosolido, Rosario Romeo, in: Clio 23, 1987, 533 ff. *M. R. D. S.*

Roscher, Wilhelm (1817–1894), habilitierte sich 1840 in Göttingen für Gesch. und Staatswiss., wurde dort 1844 o. Prof. für Nationalök. und folgte 1848 einem Ruf nach Leipzig. Sein *System der Volkswirtschaft* ([1]1854, erweitert auf 5 Bde. [21]1894) wurde zum Grundwerk der älteren Hist. Schule der dt. Nationalök., die R. zusammen mit Karl Knies führend vertrat. Mit seiner *Politik. Geschichtl. Naturlehre der Monarchie, Aristokratie und Demokratie* (1892), die er über die aristotel. Kategorien hinaus auf den Bonapartismus erweiterte, war er der letzte Vertreter eines aristot. konzipierten Vorlesungstyps «Politik auf geschichtl. Grundlage» in der Tradition von ↑Dahlmann, ↑Gervinus und ↑Waitz.

Lit.: Art. «Roscher» in: Handwb. der Staatswiss. Bd. 7, [3]1911, S. 156–58 (WV). – G. Eisermann, Die Grundlagen von Wilhelm Roschers wissenschaftlichem Werk, Dü 1992. *G. H.*

Rosenberg, Arthur (1889–1943), einer der wenigen marxist. dtn. Historiker in der Zwischenkriegszeit, der zunächst als Althistoriker arbeitete, dann kommunistischer Politiker war u. schließl. Zeithistoriker wurde.

Der als Sohn eines jüd. Kaufmanns in Berlin geb., ev. getaufte R. promovierte bei O. Hirschfeld 1911 mit einer Diss. über die röm. Zenturienverfassung. 1914 habilitierte er sich ebenfalls in Berlin. 1914 zum Heer eingezogen, arbeitete er im Kriegspresseamt, bei den dtn. Besatzungsbehörden in Frkr. u. im Nachrichtendienst. Unmittelbar nach dem Zusammenbruch 1918 schloß sich R. der USPD an, ging nach deren Spaltung mit dem linken Flügel zur KPD u. engagierte sich für einen revolutionären Marxismus. Zeitweilig gehörte R. dem Politbüro sowie dem Exekutivkomitee der Komintern an. 1924–28 war er MdR. 1927 trat R. angesichts der sowjet. Entwicklung u. fehlender Macht-Chancen der Linken aus der KPD aus u. näherte sich dem linken Flügel der SPD an. Ab 1930 lehrte er wieder als a.o. Prof. für Alte Gesch. u. Soziol. an der Berliner Univ. u. war gleichzeitig an einem Gymnasium tätig. 1933 verlor R.s. Lehrbefugnis, fand in Zürich Zuflucht, erhielt 1934 ein Fellowship in Liverpool u. lehrte seit 1938 am Brooklyn-College in New York. In diesen Jahren beschäftigten ihn die Ursachen des Faschismus u. die Zukunft des Sozialismus, die er im demokrat. Sozialismus des Westens sah.

Die althistor. Arbeiten R.s lassen sich bis auf die kleine Schrift *Demokratie und Klassenkampf im Altertum* (1921) nicht als marxist. Gesch.schreibung kennzeichnen; sie bewegen sich innerhalb des gängigen althistor. Rahmens. Zu nennen sind die Habilschr. *Der Staat der alten Italiker. Verfassung der Latiner, Osker u. Etrusker,* die f. ein breites Publikum geschriebene *Gesch. der röm. Republik* (1921) sowie die vielbenutzte *Einl. und Quellenkunde zur Röm. Gesch.* (1921).

Bekannt wurde R. durch s. zeithistor. Arbeiten. Die *Entstehung der Dtn. Republik 1871–1918* (1928), mitangeregt durch die Arbeit im Untersuchungsausschuß des Reichtstags für die Schuldfragen des Ersten Weltkriegs, unterzieht die als Vorgesch. der Rep. betrachtete Entwicklung des Kaiserreiches einer kritischen Untersuchung. Aus R.s Sicht war das Reich «von Anfang an todkrank», da der in der Form des bonapartischen Selbstherrschertums gestaltete Kompromiß zw. militärischer Aristokratie u. Bürgertum letztlich die Machtverhältnisse ungeklärt ließ. In der *Gesch. der Dtn. Republik,* die in der Emigration entstand u. 1935 in Karlsbad erschien, stellt R. die Vorstellung einer zwingenden Alternative bolschewistische Diktatur – parlamentarische Republik 1918/19 in Frage, indem er eine umfassende, auf die gemäßigt sozialistisch-demokratische Arbeiterschaft gestützte demokrat. Umgestaltung als mögl. herausarbeitet, eine These, die die Revolutionsforschung der 60er u. 70er Jahre stark angeregt hat. Aus R.s Sicht hat das Ausbleiben einer solchen Umgestaltung das Scheitern der Republik zur Konsequenz; schon 1930 sieht R. die Republik durch das als Vorspiel zu Hitlers Machtergreifung betrachtete autoritäre Regime Brünings beendet. – Beide Bücher wurden 1955 zu einem Band vereinigt neu hrsg.

R.s 1932 erschienene *Gesch. des Bolschewismus* führt die Parteidiktatur in der SU auf die sozioökonomische Rückständigkeit Rußlands u. die Zerrüttung der russ. Wirtschaft durch den Weltkrieg u. die Revolutionskämpfe zurück, arbeitet jedoch zugl. die Gefahren u. Schattenseiten der Parteidiktatur ohne demokrat. Kontrolle heraus. – Die 1934 publizierte Kampfschrift *Der Faschismus als Massenbewegung* interpretiert den Fasch. als eine moderne Form der bürgerl.-kapitalist. Gegenrevolution. In s. letzten Buch *Demokratie u. Sozialismus,* das 1938 in Amsterdam erschien, hat R. eine Demokratie-Typologie entwickelt und als Ursachen des Scheiterns der sozialist. Demokratie vor allem die Trennung von bürgerl.-liberaler u. proletarischer Demokratie gekennzeichnet.

Unter den Historikern der Weimarer Zeit war R. ein krasser Außenseiter. Seine Arbeiten wurden erst in den 60er Jahren in der BRD rezipiert, als traditionelle historiogr. Positionen zunehmend in Frage gestellt wurden.

Lit.: H. Berding: A. R. In: H.-U. Wehler (Hrsg.): Dte. Historiker. Bd. IV. Gö 1972, S. 81–96; H. Schachenmayer: A. R. als Vertreter des Histor. Materialismus. Wie 1964; H.-U. Wehler: Einl. zu A. R.: Demokratie u. Klassenkampf. Ausgewählte Studien. B 1974, S. 5–16; F. L. Carsten: A. R. Ancient Historian into Leading Communist. In:

JCH 8, 1973, S. 63–75; K. Christ: Röm. Gesch. u. dte. Gesch.wiss. Mn 1982, S. 177–186; L. Riberi: A. R. Democrazia e socialismo tra storia e politica, Milano 2001. *B. F.*

Rosenberg, Hans (1904–1988), beeinflußte die amerikanische Geschichtsschreibung über Mitteleuropa u. wurde zu einem der entscheidenden Anreger der modernen Sozialgesch. in der Bundesrepublik.

Der in Hannover geb., in Köln aufwachsende Sohn eines Kaufmanns jüdischer Herkunft wurde 1927 bei ↑F. Meinecke mit einer Arbeit über *Hayms Jugendgeschichte* promoviert. 1932 habilitierte er sich in Köln bei ↑J. Ziekursch. 1935 wanderte er über Kanada u. Kuba in die USA aus. Von 1938 an lehrte er 21 Jahre lang am Brooklyn College, der heutigen City University in New York. 1959 wurde er nach Berkeley berufen. R., der 1947 die Nachfolge Ziekurschs in Köln abgelehnt hatte, lehrte in den Sommer-Semestern 1949 u. 1950 an der FU Berlin; eine ganze Reihe später erfolgreicher Historiker und Politikwissenschaftler empfing aus seinem Seminar wesentliche Impulse. 1977 kehrte er endgültig nach Dtl. zurück. 1977 wurde ihm die Ehrendoktorwürde der Univ. Bielefeld verliehen, was R. als «symbolhaften Akt der geistigen Wiedergutmachung» empfand. Zum Honorarprof. in Freiburg berufen, verlebte er seinen Lebensabend in Kirchzarten in der Nähe von Freiburg.

Schwerpunkte der Historiographie R.s waren die Gesch. des vormärzl. Liberalismus, die Sozialgesch. Pr.s, insbes. die Gesch. der pr. Führungsschichten, u. der Zusammenhang v. wirtschaftl. u. polit. Entwicklung im 19. Jh. in Dtl.

Angeregt durch Meinecke, hat R. sich zunächst mit der Gesch. des vormärzl. Liberalismus, insbes. mit der Gestalt R. Hayms beschäftigt. Er edierte 1927 Hayms Buch über *Hegel und seine Zeit*, außerdem 1930 dessen Briefwechsel. R.s die Geistesgesch. mit den polit. Wandlungsprozessen verknüpfende Habil.-schr. über *R. Haym u. die Anfänge des klass. Liberalismus* (1933) kreist nicht zuletzt um die Frage der Verschiedenheit des dtn. u. des westeurop. Liberalismus u. die Entfremdung Dtl.s von Westeuropa. In einer Reihe später im Sammelband *Polit. Denkströmungen im dtn. Vormärz* (1972) zusammengetragener Studien hat R. seit Mitte der 20er Jahre die emanzipator. Bestrebungen der Aufklärung u. des Idealismus u. die Ideenwelt des dtn. Frühliberal. untersucht. Dabei erweiterte er zunehmend Meineckes Konzept der Ideengesch. zu einer Sozialgesch. der Ideen, die die Frage nach der Ausbreitung, nach sozialen und polit. Funktionen der Ideen einbezog. – Die breitere Flugschriften- u. Zschr.diskuss. der Reichsgründungsphase hat R. in der kritischen Bibliographie *Die nationalpolit. Publizistik Dtl.s vor Eintritt der neuen Ära in Pr. bis zum Ausbruch des Dtn. Krieges* (1953) aufgearbeitet.

Die Weltwirtschaftskrise der frühen 30er Jahre lenkte R.s Interesse auf die wirtschaftl. Dimension des polit. Prozesses. In seinem Buch Die *Weltwirtschaftskrise von 1857–1859* (1934) beschrieb er die dte. u. nordamerikan. Wirtschaftsentwicklung von 1848 bis 1859 (und ihre Ausläufer in den 60er Jahren), indem er Fragestellungen der Konjunkturtheorie u. der empirisch-analytischen Zyklenforschung aufgriff u. damit meth. neue Wege ging.

Der wichtigste Ertrag der Forschungen R.s zur Sozialgesch. Pr.s war sein Buch *Bureaucracy, Aristocracy and Autocracy. The Prussian Experience 1660–1815* (1958), in dem die Entwicklung der polit. u. soz. Strukturen Pr.s, der Herrschaftstrias des ostdtn. Großbesitzertums, der Staatsbürokratie und des Offizierskorps dargestellt wird. Die Studie ist dabei auf der einen Seite eine «Fallstudie» zum universalgeschichtl. Prozeß der Bürokratisierung, auf der anderen Seite ein Beitrag zur Frage nach den tieferen Ursachen des «deutschen Sonderwegs», der Schwäche der liberaldemokrat. Kräfte im 19. Jh. und des Sieges des NS in Dtl.

In seinem 1967 erschienenen Buch *Große Depression und Bismarckzeit* ging R. erneut dem Zusammenhang von wirtschaftl. Entwicklung, den langen Wellen der Konjunkturentwicklung u. der polit., soz. u. kulturellen Entwicklung nach, wobei es ihm u. a. um die Erklärung des Vordringens illiberalen Denkens ging. Spätere Aufsätze sind in *Machteliten und Wirtschaftskonjunkturen* (1978) gesammelt.

Es waren die Verarbeitung der frühen 30er Jahre, die Emigrationserfahrung und die Fähigkeit, Fragestellungen der Nachbardisziplinen aufzugreifen, die R.s Gesch.schreibung von der Hauptströmung der westdtn. Historiogr. der Nachkriegszeit unterschieden und R. zur Leitfigur einer neuen Generation von Historikern in den 60er Jahren machten.

Lit.: Rückblick auf ein Historikerleben zw. zwei Kulturen. In: Ders.: Machteliten und Wirtschaftskonjunkturen. Gö 1972, S. 11–23; H. A. Winkler: Ein Erneuerer der Gesch.wiss. H. R. 1904–1988. In: HZ 248, 1989, S. 529–555; H.-U. Wehler: Vorwort zu «Sozialgeschichte Heute». Gö 1974, S. 9–21; G. A. Ritter: H. R. 1904–1988. In: GG 15, 1989, S. 282–302; H. Schissler: Explaining H. R. In: H. Lehmann/J. J. Sheehan (Ed.), An Interrupted Past. German-Speaking Refugee Historians in the United States after 1933, New York 1991, S. 180–187; Bibliographie der Schriften in: Sozialgeschichte Heute, S. 652–653. *B. F.*

Rosenstock-Huessy, Eugen (1888–1973), war ursprünglich Rechtshistoriker, später Universalhistoriker u. Soziologe, dessen Œuvre die Grenzen der Fachwissenschaften übersteigt.

Der Sohn eines jüd. Bankiers in Berlin promovierte 1910 in Heidelberg u. habilitierte sich 1912 in Leipzig. Vor 1914 publizierte er Studien zur ma. Rechtsgesch. Nach dem Krieg wandte er sich unter dem Eindruck der Zeitereignisse der Industriesoziologie u. der Arbeiterbildung zu u. wurde erster Leiter der Akad. der Arbeit in Frankfurt. 1923 nahm er einen Ruf auf den Lehrstuhl für Rechtsgesch. an der Univ. Breslau an; zugl. führte er seine um Überwindung der Klassengegensätze in der Idee der Arbeitsgemeinschaft bemühte Erwachsenenbildung weiter. 1931 erschien sein großes Buch *Die europ. Revolutionen.* Nach der NS-Machtübernahme emigrierte R.-H. in die USA, lehrte zunächst in Harvard und kam dann in einem kleinen College in Vermont unter. Obgleich er sein Revolutionsbuch übersetzte u. für die neue Umgebung umschrieb (*Out of Revolution,* 1938), gelang es ihm nicht, ein größeres amerikanisches Publikum für seine Arbeiten zu interessieren. Dagegen fand seine Arbeitslager-Idee bei Roosevelt Resonanz, der ihn mit der Ausbildung von Mitarbeitern des Civilian Conservation Corps beauftragte. Seit 1950 wirkte R.-H. häufig als Gastprof. an verschiedenen dt. Universitäten. Mit seinem «Sprachdenken» u. mit seiner Kritik am lebensfremden Wissenschaftsbetrieb erregte er zwar Aufsehen, auch fand er eine entschiedene Anhängerschaft, blieb aber ein Außenseiter des intellektuellen Lebens.

Unter R.-H.s Arbeiten vor 1914 zur ma. Rechts- u. Verfassungsgesch. zw. dem 9. u. dem 13. Jh. ragen heraus: *Herzogsgewalt u. Friedensschutz,* R.-H.s von ↑O. Gierke hrsg. Diss. (1910); *Ostfalens Rechtsliteratur unter Friedrich II.* (1912), die Habilschr., in der er den Versuch unternahm, einen «Querschnitt» durch die rechtsgeschichtl. Lit.

einer Generation zu liefern; vor allem *Königshaus u. Stämme in Deutschland zw. 911 u. 1250* (1914), ein «systematischer Versuch über das dte. Reichsrecht des latein. MAs», in dem die Transformation des Verfassungsrechts vom Stammesrecht zum Lehnsrecht thematisiert wird. R.-H.s Deutung resultierte nicht ausschließlich aus der Interpretation der Quellen, sondern war zum Teil Ergebnis «einheitlicher Schau», was ihm Kritik der zum Quellenfetischismus neigenden Zunft einbrachte.

R.-H. geriet unter dem Eindruck des Ersten Weltkrieges in Distanz zum traditionellen Wissenschaftsbetrieb. So begrüßte er 1919 ↑Spenglers «Untergang des Abendlandes» als Überwindung des «histor.-idealist. Schulkäfigs». R.-H.s veränderte Sicht der Gesch. fand ihren Niederschlag in *Die europ. Revolutionen. Volkscharaktere und Staatenbildung* (1931), das die europ. Gesch. vom 11. Jh. bis zur Gegenwart als einen einheitl., sinnvollen Prozeß zu interpretieren sucht, der durch Revolutionen, die jeweils in einem anderen Land stattfinden u. untereinander in einem kommunikativen Zusammenhang stehen, vorangetrieben wird. Diese «Revolutionen» laufen alle nach einem stets wiederkehrenden Schema ab. In der Gesamtinterpretation u. vielen Aspekten ist das auf «geschichtlicher Schau» basierende Buch anfechtbar, bleibt aber bis in die Gegenwart anregend.

Das als Bd. II von R.-H.s *Soziologie* erschienene Buch *Die Vollzahl der Zeiten* (1958) hat wegen seines schwer verständlichen Stils und der assoziativen Darstellungsweise kaum eine Wirkung ausgeübt. R.-H. hat sich zunehmend zu einem überaus eigenwilligen Denker entwickelt, dessen die traditionellen Wiss.disziplinen überschreitende Arbeiten histor., theolog., philos., ethnograph., soziolog. u. pädagog. Themen aufgriffen.

Lit.: B. Faulenbach: E. R.-H. In: H.-U. Wehler (Hg.): Dte. Historiker. Bd. IX, Gö 1982, 102–126; M. D. Bryant/Hans R.-Huessy (Ed.); E. R.-H. Studies in His Life and Thought, New York 1986; L. Bossle (Hg); E. R.-H. «Denker und Gestalter, Würzburg 1989. – L. v. d. Molen (Ed.): A Complete Bibliography of the Writings of E. R.-H. Lewiston/NY 1989; F. Böckelmann (Hg.), Eugen M. F. R.-H., 1995. *B. F.*

Rostovtzeff, Michael Iwanowitsch (1870–1952), stammte aus der Nähe von Kiew, studierte in St. Petersburg, wo er nach ausgedehnten wiss. Reisen (1895/98) Latein lehrte u. 1903 Prof. wurde. 1918 floh der überzeugte Liberale vor den Bolschewiki zuerst nach Oxford; 1920 ging er in die USA, wo er seit 1925 in Yale wirkte. Vor allem von seinem archäol. Lehrer N. P. Kondakov u. der dt. Forschung (E. Bormann, ↑U. Wilcken, ↑M. Weber) beeinflußt, widmete er sich in seinen St. Petersburger Jahren bes. hilfswiss. fundierten Forschungen wie der *Gesch. der Staatspacht in der röm. Kaiserzeit bis Diokletian* (1902), den *Röm. Bleitesserae* (1903 u. 1905), *Studien zur Gesch. des röm. Kolonates* (1910) und mehreren, ursprünglich russ. verfaßten Untersuchungen zur iran.-skythisch-griech. Archäologie Südrußlands (u. a. *Skythien und der Bosporus*, dt. 1931). Von Yale aus leitete er die exemplarisch erhellenden Grabungen in Dura Europos am Euphrat, die er auch leitend edierte *(The Excavations at Dura-Europos*, 16 Bde., 1929–1949; *Dura-Europos and its Arts* 1938 u. a.). Die bahnbrechenden Hauptwerke R.s sind *Gesellschaft u. Wirtschaft im röm. Kaiserreich* (1926, dt. 1929) u. bes. seine *Gesellschafts- u. Wirtschaftsgesch. der hellenist. Welt* (1941, dt. 1955), die durch ihre stupende Kenntnis der schriftl. Quellen (einschließlich der Inschriften u. Papyri) u. der archäol. Denkmäler u. Befunde bestechen. R. erfaßte sozialhist. vornehmlich die freien Mittel- u. Unterschichten, weniger die Sklaven; in dieser (nichtprosopograph.) Ausrichtung und im wirtschaftlichen Bereich sind beide Synthesen nicht überholt, obgleich R., bes. zur röm. Kaiserzeit, zu zeitbedingten, eigenwilligen Urteilen (etwa hinsichtlich des [irrigen] Antagonismus von [Bauern-] Heer und Stadt [-Bourgeoisie] im 3. Jh. n.C.) neigte. Ihm fehlte es auch an Einsicht in die Eigenart der Spätantike u. allgemein an theoretischer Fundierung. Die großräumige Berücksichtigung der histor. Archäologie blieb jedoch bislang unübertroffen. R. trat schließlich durch eine *Gesch. der Alten Welt* (1926, dt. 1941/2) hervor.

Lit.: C. B. Welles, Bibl. M. Rostovtzeff, in: Historia 5, 1956, 358–381, u. J. F. Gilliam, in: Historia 36, 1987, 1–8; K. Christ, Von Gibbon zu Rostovtzeff, Da 1972, 334–349; 372 f. *H. W.*

Rothfels, Hans (1891–1976). Der in der NS-Zeit zur Emigration gezwungene R. war in der Nachkriegszeit einer der profiliertesten dtn. Historiker, die über die neueste Gesch. arbeiteten.

Der Sohn eines jüdischen Rechtsanwalts in Kassel trat zur ev. Kirche über. Als Freiwilliger am Ersten Weltkrieg teilnehmend, erlitt er im Nov. 1914 einen Reitunfall mit der Folge einer dauernden Behinderung. 1918 promovierte er in Heidelberg bei ↑H. Oncken. Seit 1920 im Archivdienst tätig, wurde er mit der Ed. von Akten zur Bismarckschen Sozialgesetzgebung betraut. 1923 habilitiert, nahm er 1926 einen Ruf nach Königsberg an, wo er mit beträchtlicher Ausstrahlung über die Fachkreise hinaus – etwa auf die akademisch-bündische Gildenbewegung – lehrte u. dabei insbes. Fragen der Grenz- u. Auslandsdeutschen in der ostmitteleurop. Völkermischzone mit letztlich revisionistischer Tendenz aufgriff. 1934 scheiterten vielfältige Versuche, den als Mann der nationalen Rechten geltenden R. trotz der NS-Herrschaft auf seinem Lehrstuhl zu halten. 1939 gelangte er auf Einladung des St. John's College in Oxford nach Engl. 1940 erhielt er eine Gastprofessur an der Brown University in Providence (USA), seit 1946 lehrte er in Chicago.

1951 nahm er einen Ruf nach Tübingen an, wo er mit großer Resonanz bis 1961 Neuere u. Neueste Gesch. lehrte. Wesentlich trug er zur Etablierung der Zeithistorie bei. Er war Vors. des Beirats des neugegründeten Instituts für Zeitgesch. u. zusammen mit Th. Eschenburg Hrsg. der VfZ. R. gehörte zahlreichen wissenschaftlichen Gremien an. Intensiv arbeitete er in der Komm. zur «Dokumentation der Vertreibung» mit u. war Haupt-Ed. der internat. Hrsg.-komm. für die Veröffentl. der Akten zur dtn. auswärtigen Politik 1918 bis 1945. 1958–62 amtierte R. als Vors. des Verbandes der Historiker Dtl.s. 1961 wurde er in den Orden «Pour le Mérite» aufgenommen. Das von ihm u. seinen Schülern erarbeitete Fischer-Lex. *Geschichte* (1961) läßt Tendenzen der Auflockerung des traditionellen Paradigmas der dtn. Geschichtswiss. erkennen, die dann in den 60er Jahren zum Durchbruch kamen und manche von R.s Fragestellungen obsolet erscheinen ließen.

R.s erstes Buch über *Carl von Clausewitz. Politik u. Krieg* (1920), der er eine Ed. der Polit. Schriften u. Briefe von Clausewitz folgen ließ (1922), verrät mit seinem biogr., bildungs- u. ideengeschichtl. Ansatz den Einfluß ↑Meineckes.

Mit seiner Habilschr. *Bismarcks englische Bündnispolitik* (1924) griff R. in die Diskussion über die tieferen Ursachen des I. Weltkrieges ein, indem er sich gegen den Versuch wandte, Bismarck für die Rechtfertigung der Wilhelm. Politik in Anspruch zu nehmen; er stellte B.s prinzipielle Offenheit gegenüber

Engl. heraus. In der Studie *Theodor Lohmann u. die Kampfjahre der staatl. Sozialpolitik* (1927) skizzierte er die Persönlichkeit des im Luthertum wurzelnden pr. Beamten u. seines Verhältnisses zu Bismarcks Politik; in *Prinzipienfragen der Bismarckschen Sozialpolitik* (1929) hob er hervor, daß B.s Sozialpolitik nicht nur taktisch bedingt war, sondern aus einem pr.-luth. begründeten Verantwortungsbewußtsein resultierte. In der Einl. der von R. unter dem Titel *O.v. Bismarck. Deutscher Staat* zusammengestellten Auswahl von Dokumenten arbeitete er den Vorrang des Staates und Pr.s in B.s Denken u. Handeln heraus. In dem Vortrag «Bismarck u. der Osten» auf dem Historikertag 1932 stellte R. die dem Nationalstaatsprinzip des Westens widersprechende «autonome Ostseite» des Reiches im Hinblick auf die Gegenwartsprobleme der mittelosteurop. Völkermischzone heraus. R. versuchte historische Anknüpfungspunkte für eine transnationale föderativ-korporative Neustrukturierung des europ. Ostens nachzuweisen, die zwar das Nationalstaatsprinzip aufgaben, aber von einer dtn. politisch-kulturellen Hegemonie in diesem Raum ausgingen.

R. hat die in der Weimarer Zeit aufgegriffenen Themen u. Fragestellungen in der Emigration u. in der Bundesrepublik weitergeführt, insbes. das Thema Bismarck. Die Distanz B.s u. der Reichsgründung zum Nationalstaatsprinzip und zum Nationalismus, die R. schon in der Weimarer Zeit herausgestellt hatte, machte nun – wie er in seinem Vortrag auf dem ersten Nachkriegshistorikertag (1949) ausführte – die Aktualität B.s aus.

The German Opposition to Hitler (1948), dt.: *Deutsche Opposition gegen Hitler* (1958), widersprach bestimmten Nationalstereotypen von den Deutschen u. stand im Gegensatz zum Kollektivschuldvorwurf. Das Buch sieht die Nachwirkung der pr. Traditionen im Widerstand, nicht im NS. Wichtig war R. die moralische Bewährung des im 20. Juli gipfelnden Widerstands, in dem er «eine Offenbarung des Menschlichen inmitten aller Unmenschlichkeiten» sah. R.s *Zeitgeschichtliche Betrachtungen* (1959) lassen erkennen, daß es ihm vorrangig um die Klärung der Erfahrungen seiner Zeit ging.

R. hat in allen Phasen seiner Entwicklung histor. Einsicht u. politisches Handeln in einem engeren Zusammenhang gesehen. Nach dem I. Weltkrieg betrachtete er die westl.-demokr. polit. Kultur skeptisch. Doch hat seine sich schon früh entwickelnde Distanz zum traditionellen Nationalismus nach dem Zweiten Weltkrieg die Öffnung seines histor. Denkens im Hinblick auf die neue Konstellation erleichtert, ohne daß er freilich bereit gewesen wäre, die Idee der nationalen Kontinuität aufzugeben. Letztlich leitend für ihn war wohl der preußisch-protestantische Gedanke des Dienstes, den er auf die Nation und ihre Probleme bezog.

Lit.: W. Conze: H. R. In: HZ 237, 1983, S. 311–360; H. Mommsen: Geschichtsschreibung u. Humanität. Zum Gedenken an H. R. In: W. Benz u. H. Graml (Hrsg.): Aspekte deutscher Außenpolitik im 20. Jh. St 1976, S. 22–27; hier auch d. Verzeichnis der Schriften von R., S. 287–304; Ders.: H. R. In: H.-U. Wehler (Hrsg.): Deutsche Historiker. Bd. IX, Gö 1982, S. 127–147; I. Haar: Historiker im Nationalsozialismus. Dte. Gesch.wiss. u. der Volkstumskampf im Osten, Göttingen 2000; H. A. Winkler: H. R. – ein Lobredner Hitlers? In: VfZ 49, 2001, S. 643–652. *B. F.*

Rotteck, Karl von (1775–1840), erhielt nach jur. Examen 1798 eine o. Prof. für allgemeine Weltgesch. in Freiburg, die er dort 1818 gegen einen Lehrstuhl für Staatswiss. und Naturrecht tauschte.

Universalgesch. (*Allg. Gesch., vom Anfang der hist. Kenntnis bis auf unsere Zeiten,* 6 Bde., [1]1813–18; 9 Bde., [13]1838–39) schrieb er zwar mit einer theoret. Einleitung in das «Studium der Gesch. überhaupt», aber ohne methodenkrit. Ambitionen und ganz zur politischen Erziehung im Geist der naturrechtl. frz. Aufklärung und der Moralphilosophie Kants. R. war der Inbegriff des «politischen Professors», 1819–23 Mitgl. der 1., ab 1831 der 2. Bad. Kammer; als Hg. der Tageszeitung *Der Freisinnige* gemeinsam mit C. Th. Welcker 1832 amtsenthoben. Das Staatslexikon, das beide ab 1834 herausgaben, wurde zum wichtigsten Hand- und Bürgerbuch des Frühliberalismus südwestdt. Prägung (*Staats-Lexikon oder Encyklopädie der Staatswiss.,* 19 Bde., [1]1834–48).

WW: Gesammelte und nachgelassene Schriften, hg. v. H. v. Rotteck, 5 Bde., St 1842.

Lit.: H. Ehmke, K. v. R. der «politische Professor», Karlsruhe 1964; U. A. J. Becher, Weltgesch. als Aufklärung: K. v. R., in: Festgabe Heinz Hürten, F 1988, S. 359–73. *G. H.*

Salimbene von Parma (1221 – ca. 1290). S. (d. i. Ognibene de Adam) entstammte einer Ritterfamilie Parmas und trat 1238 in den Franziskanerorden ein. Nach ausgedehnten Reisen durch Italien und Frankreich lebte er in verschiedenen Konventen Mittelitaliens. Seine Reise- und sonstigen Erlebnisse legte er anschaulich nieder in einer *Chronik,* die die Zeitphase von 1160 bis 1287 umspannt, mit vielerlei Fabeln, Anekdoten und Prophezeihungen durchsetzt und mit Exkursen erweitert ist. Mit der negativen Schilderung Kaiser Friedrichs II. sowie der anschaulichen Darstellung des Joachimismus, dem er selber zugehörte, traf er den Zeitgeist in trefflicher Weise.

Ausg.: MGH SS 32 (ND 1963).

Lit.: N. Scivoletto, Fra S. da Parma, 1950; LThK[3] VIII, Sp. 1486; LMA 7, Sp. 1302; J. Paul, S. d. P: testimone e cronista. Roma 1992; O. Guyotjeannin, S. de Adam: un chroniqueur Franciscain. Turnhout 1995. *R. A. M.*

Sallustius (Gaius S. Crispus, 86–34 [?] v. C.), Sohn eines röm. Ritters aus Amiternum, kam früh nach Rom, wo er eine gute Ausbildung genoß, wurde 55 oder 54 Quaestor, trat als Volkstribun 52 für die Bestrafung des Clodius-Mörders Milo ein und wurde 50 aus polit. Gründen aus dem Senat entfernt, in den er als Anhänger Caesars 47 erneut eintrat. 46 begleitete er als Praetor Caesar nach Africa, wo er sich militärisch auszeichnete u. bis 45 die Provinz Africa nova einrichtete. Reich nach Rom zurückgekehrt und von einer Anklage vergeblich bedrängt, zog er sich nach dem 15. 3. 44, vom polit. Kampf angewidert (Jug. 4), zurück: Den Konsulat hätte er nur im Dienste eines der Machthaber erlangen können. Seinen Ruhm verdankt er seiner klugen hist. Reflexion über die Krise des republik. Staates.

1. Ende der 40er Jahre widmete S. sich «wegen der Neuheit von Verbrechen und Gefahr» (Cat. 4.4: «sceleris atque periculi novitate») der Verschwörung des L. Sergius Catilina *(De Catilinae coniuratione).* Die Putschversuche des mehrfach nicht zum Konsulat gelangten Patriciers werden als Symptom des radikalen Verfalls der ‹politischen Kultur› in der nachsullan. Republik verstanden. Aus zeitgenöss. QQ wie Ciceros Reden u. bes. der Befragung von Zeugen entwirft S. ein eigenwilliges, aber folgerichtiges u. fesselndes Bild von den ersten kriminellen Anfängen i. J. 66 bis zur Niederlage Catilinas bei Pistoria (Anf. 62) ohne bes. Rücksicht auf kriminolog. u. chronolog. Exaktheit. Berühmt ist u. a. der Vergleich Caesars mit Cato (Cat. 50–53) oder die krit. Zeitdiagnose in 1–14,1 u. 36,4–39,5.

2. Den *Jugurthinischen Krieg* (111–105 v. C., *Bellum Iugurthinum)* hat S.

ebenfalls nicht nur wegen der Bedeutung des Krieges, sondern auch, «weil damals zum ersten Male dem Hochmut der Nobilität (suberbiae nobilitatis) begegnet wurde» (Jug. 5,1), geschrieben: Dieser Kampf habe zu Bürgerkrieg u. Verwüstung Italiens geführt, womit sowohl die Zeit Sullas wie auch vielleicht die Gegenwart um 40 v. C. gemeint sein können. (Die genaue Abfassungszeit ist unklar.) Nachdem ehrgeizige, korrupte u. unfähige Nobiles (111/10) u. auch der tüchtige Metellus Numidicus (109/08) den verschlagenen u. skrupellosen Numider Jugurtha nicht besiegen konnten, gelang dies erst Marius u. seinem Legaten Sulla, beide später dem Staate verderblich (Jug. 63,6; 95,4). Auch wenn die historische Exaktheit erneut zu wünschen übrig läßt, bietet S. wohl aufgrund spätannalistischer QQ (bes. Sempronius Asellio?), Memoiren (Rutilius Rufus, Sulla) u. a. Zeugnisse eine packende, intellektuell analysierende Schilderung von Politik u. Kriegsgeschehen.

3. Die 5 Bücher der *Historiae* (78–67 v. C.), die die Historien des L. Cornelius Sisenna fortsetzen u. in den 30er Jahren geschrieben sind, blieben nur mit den von S. komponierten Reden u. Briefen sowie in Fragmenten erhalten. Anhand der Kriege gegen Lepidus, Sertorius, die Seeräuber, die Sklaven unter Spartacus, Mithradates VI. u. anhand der inneren Auseinandersetzungen wie des Kampfes um die Wiederherstellung des Volkstribunats zeigte S. offenbar die Dysfunktion der sullanischen Staatsordnung; der Schluß des Werkes ist wohl durch S.s Tod gesetzt.

4. Die beiden Briefe von 50 u. 47 an Caesar, deren Echtheit wohl zu Unrecht bezweifelt wird, sind ein schönes Beispiel für Überlegungen zur Staatsreform in caesarischer Zeit.

S. war kein Parteimann, sondern versuchte, die Gründe der Krise des republikan. Staates, den er in der Mittleren Republik, nach Hist. 1, 11 zwischen 200 u. 146, als idealen Staat begriff, zu erfassen. Er bildete dazu in der ‹Flugschrift› über Catilina (7–13) das Gegensatzpaar der staatstragenden, auf Bewährung u. immaterielle Belohnung zielenden virtus u. der staatszerstörenden materialistischen Eigensucht (avaritia) aus; die Identität von Staat u. Gesellschaft ist dabei vorausgesetzt. S.s Denken ist von starren Polaritäten geprägt, die den hist. Sachverhalt oft vergewaltigen (z. B. Cat. 10; Jug. 41). Er ist der einzige polit. Denker unter den röm. Hist.

Ausg.: TA: A. Kurfess, C. Sallusti Crispi Catilina, Iugurtha, fragmenta ampliora, L [3]1957; ders., Appendix Sallustiana, L 1962; B. Maurenbrecher, C. Sallusti Crispi historiarum reliquiae, 2 Bde. St [2]1967. – *Komm.:* K. Vretska, C. S. C., De Catilinae coniuratione, 2 Bde. Hei 1976; E. Koestermann, C. S. C., Bellum Iugurthinum, Hei 1971; K. Vretska, C. S. C., Invektive und Episteln, 2 Bde. Hei 1961. – *Übers.:* H. Weinstock, Das Jh. der Revolution, Kröner TB 161, St 1955.
Lit.: R. Syme, S., Da 1976; A. Klinz, S. als Gesch.denker, in: Gymnasium 85, 1978, 511–526. *H. W.*

Salvemini, Gaetano (1873–1957), wurde in Molfetta (Bari) geb. und 1902 auf den Lehrstuhl für moderne Gesch. an der Univ. Messina berufen. 1908 verlor er durch das Erdbeben seine Frau und fünf Kinder. Er ging an die Univ. Pisa, dann nach Florenz. Als Kritiker des Sozialismus, doch erbitterter Gegner von Giolitti setzte er sich 1915 für den Kriegsbeitritt Italiens ein. Nachdem er Abg. geworden war, wandte er sich gegen das faschistische Regime, das ihn verhaften ließ. Es gelang ihm, zu fliehen, und er lebte dann in Frankreich, England und den USA. Von 1934 bis 1948 lehrte er Gesch. der ital. Kultur an der Harvard Univ. Nach dem Krieg wurde er am Lehrstuhl in Florenz wieder aufgenommen. Schließlich zog er sich nach

Capo di Sorrento zurück, wo er seine Schr. über Gesch. und Pol. fortsetzte.

HW: La dignità cavalleresca nel comune di Firenze, Fi 1896; Magnati e popolani in Firenze dal 1280 al 1295, Fi 1899; Mazzini, Messina 1905; La rivoluzione francese, Mi 1907 (2 ed.); La politica estera dell'Italia dal 1871 all 1914, Fi 1944; Die Werke Salveminis wurden bei Feltrinelli wiederveröff., Mi 1966 ff.
Lit.: L. Basso, Gaetano Salvemini socialista e meridionalista, Manduria 1959; E. Tagliacozzo, Gaetano Salvemini. Un profilo biografico, R 1963; Atti del convegno su G. Salvemini. 1977; M. Cantarella, Bibliografia salveminiana 1892–1984, R 1986. *M. R. D. S.*

Santifaller, Leo (1890–1974), profilierter Vertreter der Wiener Histor. Schule u. bedeutender Wiss.organisator. Der Südtiroler S., Sohn eines Notars aus Kastelruth, stud. zunächst Mathematik u. Physik, seit 1911 Gesch. in Wien (bei ↑O. Redlich) u. Freiburg (↑G. v. Below, ↑H. Finke). Nach Prom. (Wien 1919) Absolvent des IÖG u. 1921–1927 Gründungsdirektor des Staatsarchivs Bozen; 1927 Mitarbeiter von ↑P. Kehr bei den MGH, 1928 Habil. in Berlin, o. Prof. in Breslau (1929), seit 1943 in Wien (Gesch. des MA u. Hist. Hilfswiss). Nach 1945 große Verdienste um die Reorganisation des österr. Archivwesens, der Akad. d. Wiss., des IÖG (Vorstand 1945–1962) u. des Österr. Kulturinst. in Rom (Dir. 1958–1964), als Initiator von wiss. Zeitschriften u. einer Vielzahl von Editions- u. Publikationsreihen, auch in der Organisation von MGH u. Regesta Imperii. Wie sein Vorbild Kehr war S. als Historiker an Gesch.schreibung kaum interessiert u. konzentrierte sich auf Quellenforschung (Lat. Patriarchat v. Konstantinopel, Domkapitel v. Trient, Brixener Urkunden, Studien z. «Liber Diurnus» u. a.) sowie die Methodik u. Systematik der Hilfswiss. (*Urkundenforschung*, 1937; *Beiträge zur Geschichte der Beschreibstoffe im Mittelalter*, 1953).

WW/WV: Oswald Redlich, in: MIÖG 56 (1948), S. 1–238; Autobiographie, in: Österr. Gesch.wiss. der Gegenwart in Selbstdarstellungen, Bd. II, 1951, S. 163–208; Zur Gesch. des ottonisch-salischen Reichskirchensystems, 1954.
WV: RömHM 12 (1970), S. 23–42.
Lit.: DA 30 (1974), S. 640–642; MIÖG 82 (1974), S. 556–560; RömHM 16 (1974), S. 17–21; Almanach der ÖAdW 125 (1975), S. 478–502. *W. S.*

Sarkar, Jadunath (1870–1958). 1929 geadelt. Prof. f. Engl. und Gesch. in Patna und Kalkutta. S. verband breiteste Kenntnis der QQ in zahlreichen ind. u. europ. Sprachen mit gewissenhafter QQkritik, weiter, bes. (an ↑Braudel erinnernd) die Geographie einschließender Perspektive und großer narrativer Darstellungskunst. Der von Briten beherrschten Gesch.schr. Indiens suchte er eine ind. Perspektive entgegenzusetzen. Seine HW *History of Aurangzib* (5 Bde., Kalkutta 1912–24), *Shivaji and His Times* (Kalkutta 1919) und *Fall of the Mughal Empire* (4 Bde., Kalkutta 1932–50) machten ihn zum bedeutendsten Hist. der ind. «frühen Neuzeit». Er war ein großer Lehrer, Anreger u. Wissenschaftsorganisator, der Begründer der ind. Gesch.wiss.

Lit.: S. P. Sen (Hrsg.), Historians and Historiography in Modern India, 1973, S. 131–145; K. Pawar, Sir J. S.: A Profile in Historiography, 1985. *J. O.*

Sars, Johan Ernst Welhaven (1835–1917), wurde als Sohn eines Pfarrers und späteren Prof. der Zoologie in Kinn (Westnorwegen) geboren. Nachdem er 1855 sein Studium beendet hatte, war er zunächst Assistent im norw. Reichsarchiv und Univ.stip., bevor er 1874 a. o. Prof. an der Univ. Oslo wurde.

Als Hist. veröffentlichte er hauptsächlich Gesamtdarstellungen und Synthesen. Er war stark von der Philosophie seiner Zeit beeinflußt, hier vor allem von A. Comte (1798–1857) und der Entwicklungslehre von C. Darwin (1809–1882) und H. Spencer (1820–1903). Gleichzeitig tendierte er zu romantisch-idealist. Gesch.philos. Als Vorbilder unter den Historikern sind ↑J. Michelet, ↑F. Guizot, ↑H. Taine, ↑H. T. Buckle und ↑T. Carlyle zu nennen. Seine erste Vorlesung hielt er über das Thema: «Über die Entwicklung einer allgemeinen, abstrakten, histor. Wissenschaft». Sein Standpunkt zu nationalen Fragen wurde durch die Bekanntschaft mit den norw. Dichtern B. Björnson (1832–1910) und A. O. Vinje (1818–1870) geprägt. In seinem Hauptwerk *Udsigt over den norske historie,* 4 Bde., Oslo 1883–1891, stellt er seine berühmte These zur Entwicklung Norwegens auf, nach der die Selbständigkeit des Landes im SpätMA verloren gegangen sei, weil die alte Aristokratie immer mehr an Bedeutung eingebüßt hatte. Dadurch sei das norw. Volk während der Aufklärungszeit zu einem demokrat. Bauernvolk geworden, das wiederum die treibende Kraft der neuen polit. und nation. Bewegung im Norwegen des 19. Jh.s darstelle. Politisch gehörte S. zu den linken Radikalen, nicht nur als Theoretiker, sondern auch als aktiver Politiker. Er sah die Auflösung der seit 1814 bestehenden Personalunion – der schwedische König war gleichzeitig auch König von Norwegen – als die einzige wirkliche Lösung des Streits mit Schweden. 1911–1913 erschien eine Werkausgabe von S. in 4 Bänden unter dem Titel *Samlede Vaerker.*

Lit.: H. Koht, in: Norsk biografisk leksikon, Bd. 12, Oslo 1954; T. Raeder, E. S., Oslo 1953; K. Mykland, Grandeur et décadence, Oslo 1955. *H. S.*

Savigny, Friedrich Carl von (1779–1861). Der Begründer der Hist. Rechtsschule wurde in Frankfurt/M. geb. Ab 1795 studierte er Altertumswiss. in Marburg, wo er von 1800–04 röm. Recht lehrte. Nach zwei Jahren in Landshut berief ↑W. v. Humboldt den gefeierten Lehrer nach Berlin, wo er bis 1842 lehrte u. 1812/13 Rektor war. Seit 1819 wurde er zu Gesetzgebungsarbeiten herangezogen. Er war Lehrer des preuß. Kronprinzen, wurde 1842 Minister für Gesetzgebung u. war Präsident des preuß. Staatsrates. Nach 1848 zog er sich aus dem öff. Leben zurück u. starb 1861 in Berlin.

S.s hist.-organismisches Rechtsbewußtsein wandte sich gegen die Lehre vom Staatsvertrag wie gegen die Volkssouveränität, aber auch gegen alle reaktionäre Gewaltsamkeit. Er begriff die Rechtswiss. als hist. u. als philosoph. Wiss., deren eigentliches Ziel die Vereinigung der beiden Elemente in der positiven Jurisprudenz war. Historisch war für diesen großen Sammler u. Diplomatiker, der nur die QQ, insbesondere die des klass. röm. Rechts gelten lassen wollte, die von Gott gewollte Legitimität. Die Gesch. war der einzige Weg z. Erkenntnis unseres Zustandes, nicht indem die Vergangenheit der Gegenwart überlegen war, sondern indem die Eigenständigkeit jeder Epoche u. der lebendige Zshg. zw. Gegenwart u. Vergangenheit geachtet wurde. Das hieß: es gibt kein abstrakt-philosoph., kodifizierbares Naturrecht, sondern jedes Recht ist gemäß der Lehre vom Volksgeist untrennbar mit der gesamten hist. Entwicklung eines Volkes verwoben. Der Rechtswissenschaftler muß die nicht mehr z. lebendigen Gegenwart gehörenden Bestandteile aussondern. Das Recht dient der Sittlichkeit, indem es deren freie Entfaltung sichert. Grundlage von S.s Neubegründung der Rechtswiss. war somit die Vergegenständlichung der abstrakten Rechtsvernunft des Naturrechts im erneuerten röm. Recht u. umgekehrt die Durchdringung der gemeinrechtl. Tradition mit der bisher nur abstrakten Rechtsvernunft. S., für den die Einheit des in ganz Europa angewendeten röm. Rechts unbezweifelbar war, trug zur Wiederherstellung der Idee eines ius commune europaeum jenseits der Grenzen der nationalen Rechte bei. Er legte den Grund des modernen internationalen Privatrechts u. erhielt durch die Erneuerung des röm. Rechts aus dem Geist des Neuhumanismus die europ. Einheit der rechtsgesch. Forsch.

WW: Juristische Methodenlehre, Marburg 1802; Das Recht des Besitzes, Gie 1803, [7]1865; Vom Beruf unserer Zeit für Gesetzgebung u. Rechtswiss., 1814, Hei 1840; Gesch. des röm. Rechts im MA, 6 Bde., B 1815–31, 7 Bde. [2]1834–51, ND 1956; System des heutigen röm. Rechts, 8 Bde., B 1840–49, ND 1971; Obligationenrecht, 2 Bde., B 1851–53, ND 1971; Vermischte Schr., 5 Bde., B 1850, ND 1968.
Lit.: A. Stoll, F. C. v. S. Bild seines Lebens mit e. Smlg. s. Briefe, 3 Bde., B 1927–39; F. Wieacker, Privatrechtsgesch. der Neuzeit, Gö [2]1967; J. Rückert, Idealismus, Jurisprudenz u. Politik bei F. C. v. S., 1984; G. Süchting, Gesch.lichkeit des Rechts bei F. C. v. S., in: Verfassungsstaat, Stabilität u. Variabilität [...], 1996, 365–386.
C. v. M.

Schäfer, Dietrich (1845–1929), Sohn eines Hafenarbeiters aus Bremen, war einer der Hauptvertreter jener «polit. Gesch.schreibung», die unter Bezug auf ↑Treitschke und ↑v. Sybel die seit den 80er Jahren des 19. Jh.s innerhalb der dt. Gesch.wiss. erstarkende Richtung der «Kulturgesch.schreibung» bekämpfte. Die Kontroverse, die Sch. 1888/89 mit ↑E. Gothein um *Das eigentliche Arbeitsgebiet der Gesch.* führte, kann als «Vorgefecht» des ↑Lamprechtschen Methodenstreits bezeichnet werden. Sch. vertrat den Primat der polit. Macht als Gegenstand hist. Erkenntnis, von dem alle anderen Erscheinungen sozialer, wirtsch. oder geistiger Art abhängig seien. Sch.s wiss. Verdienste liegen in der Erforsch. der Hansegesch. sowie in der Erschließung ihrer QQgrundlage (Hanserezesse, Sundzollregister). Nach Stud. in Heidelberg und Göttingen, denen eine Tätigkeit als Volksschullehrer vorausgegangen war, wurde er 1872 in Göttingen prom. und 1877 zum a.o. Prof. in Jena berufen. Es schlossen sich Prof. in Breslau (1885–88), Tübingen (1888–96), Heidelberg (1896–1903) und Berlin (bis 1921) an.

Aus seinem hansegesch. Interessenkreis erwuchsen Darstellungen zur Gesch. Dänemarks, der dt. Hanse sowie zur allg. Kolonialgesch. Als Mitglied u.a. des Alldeutschen Vereins, des Flottenvereins, Kolonialvereins, des Wehrvereins und des Ostmarkenvereins war Sch. exponierter Vertreter des Bildungsbürgertums innerhalb des organisierten völkischen Nationalismus des Kaiserreichs. Während des Ersten Weltkrieges vertrat Sch. ausgreifende Annexionsforderungen, war als Vorsitzender des «Unabhängigen Ausschusses für einen Deutschen Frieden» gegen einen vorzeitigen Friedensschluß und war bei der Gründung der Deutschen Vaterlandspartei 1917 als letzte Sammlungsbemühung gegen einen Verständigungsfrieden ohne Annexionen wesentlich beteiligt. Nach der Revolution von 1918 stand Sch. in Opposition zur Weimarer Republik.

Lit.: K. Jagow (Hg.), D. Sch. und sein Werk, B 1925 (WV); R. vom Bruch, Wiss., Politik und öffentliche Meinung, Husum 1980; K.-L. Ay, D. Sch., in: W. Benz/H. Graml (Hg.), Biograph. Lexikon zur Weimarer Republik, Mü 1988, S. 283–284. *L. S. S.*

Schedel, Hartmann (1440–1514). Unter Leitung seines Vetters Hermann Sch., der zum Augsburger Frühhumanismus gehört, stud. Sch. in Leipzig u. Padua (1466 Dr. med.) u. wirkte in Nördlingen, Amberg u. ab 1484 im heimatlichen

Nürnberg als Stadtphysikus. Der Bibliophile, von dem Kollektaneen und hist. Kompilationen erhalten sind, trug die Hauptlast des *Liber chronicarum* (1493).

Von Sebald Schreyer als Mäzen der Humanisten finanziert, hat diese «Buchhändlerspekulation» (↑E. Fueter) hist. Interessen eines verbreiterten Publikums zu nutzen gesucht – ein Fasciculus temporum von ↑W. Rolewinck erlebte 50 Auflagen! – mit einer Adaption des erfolgreichen Werkes «Supplementum chronicarum» (1483, viele Ed.) des Jacopo Filippo Foresta OESA aus Bergamo. Diese Weltgeschichte, am Rande humanistischer Gesch.schr. angesiedelt, hat Sch. in mittelalterlich-traditionellem Sinne – er folgte den 6 aetates mundi u. schilderte auch das Weltgericht – unter Verwendung des ↑E. S. Piccolomini (Pius II.) bearbeitet. Hist.-geogr. «Exkurse» über wichtige Städte (bes. Oberdtls.), die in Holzschnitten der Werkstätten von M. Wolgemut u. W. Pleydenwurff dargestellt sind, sowie eine kleine, durch Karten illustrierte Länderkunde (von Dr. med. H. Münzer) sollten der Prachtausgabe des Großverlags von A. Koberger, die auch dt. herauskam, zum Erfolg verhelfen, den z. T. billige Raubdrucke einheimsten. Der altmodische Themenvorwurf – ihm folgt auch J. Nauclers Chronik (posthum 1516) – leitet sowohl zum univ.-hist.-heilsgesch. Lehrbuch Carions/↑Melanchthons wie zur Cosmographie des Sebastian Münster über; eine 1493 vereinbarte Revision durch C. Celtis – die nicht zustande kam – war ein Brückenschlag zur Germania illustrata in der ↑Blondus-Tradition.

Lit.: DBE 8, S. 579 f.; LMA 7, Sp. 1444 f.; VL 8, Sp. 609–621; E. Rücker, Die Schedelsche Weltchronik, ²1988; vgl. über den Stadtarzt K. Fischer, H. Schedel in Nördlingen, 1996. *H. D.*

Schieder, Theodor (1908–1984). In einzigartiger Weise prägte der geb. prot. Bayer äußere Gestalt und inneren Weg der dt. Gesch.wiss. in der Bundesrepublik, als akadem. Lehrer, Wiss.organisator und Forscher. Nach Prom. 1933 und Habil. 1939 lehrte Sch. als o. Prof. 1942–44 in Königsberg, 1948–76 in Köln. Beeinflußt von seinen Lehrern ↑K. A. v. Müller und bes. ↑H. Rothfels, fühlte er sich indes zunehmend ↑J. Burckhardt verpflichtet, der Beachtung europ. Traditionen als «Einheit in der Vielfalt». Doch voran ging ein lebensgesch. Bruch. Seit kurzem wird eine Mitwirkung von Sch., der selbst jede Auskunft über seine Tätigkeit vor 1945 ablehnte, als ‹Vordenker der Vernichtung› (G. Aly, S. Heim) kontrovers diskutiert. Seine auch später genutzte bevölkerungswiss. Methodik kulminierte 1939 in einer rassisch selektierenden Umsiedlungsdenkschrift für besetzte Ostgebiete. Spätere direkte genozidale Umsetzungen sind umstritten. Der ungewöhnlich erfolgreiche Lehrer Sch., dessen zahlreiche Doktoranden Professuren von München bis Bielefeld, von Passau bis Bremen erlangten, zeichnete sich nach 1945 durch pluralist. Liberalität aus; die «Sch.-Schule» kennzeichnet kein Programm, sondern persönl. Verbundenheit und methodengenaue Sorgfalt. Als Organisator formte Sch. maßgeblich die dt. Gesch.wiss. mit Schwerpunkten in Köln und München. 1965 entstand die Kölner Forschungsabteilung des Hist. Seminars, zeitweilig war Sch. Rektor der Univ. und Präs. der Rhein.-Westf. Akad. d. Wiss., ferner Mitglied weiterer Akademien sowie des Ordens «Pour le Mérite», 1967–72 Vors. des dt. Historikerverbandes. In München präsidierte er seit 1964 der Hist. Komm. der Bayer. Akad. der Wiss. und war Kuratoriumsvors. des von ihm initiierten Hist. Kollegs. Seit 1957 gab er in der Tradition ↑Meineckes die HZ heraus. Die Spannweite des Forschers, vorgezeichnet mit den frühen Studien zum dt. Nationalstaat und zur dt. Ordnungsmacht in Osteuropa, reichte vom 18. zum 20. Jhs., mit starken Akzenten zur Gesch. des Liberalismus und des Nationalismus, zu Entstehung, Verlauf und Erbe des dt. Nationalstaats bis zur Mitte des 20. Jhs. Behutsam und zugleich konsequent erweiterte der nüchtern-liberale Tory Sch. die Nationalgesch. zu einer vergl. europ. Perspektive, vor allem mit dem von ihm hg. *Hb. der europ. Gesch.* (große eigene Beiträge in Bd. 6, 1968, u. 7, 1979) und mit Bd. 5 der Propyläen Gesch. Europas (*Staatensystem als Vormacht der Welt*, 1977). Diese Öffnung wurde flankiert von einem produktiven Interesse an Methoden- und Theorieproblemen der Gesch.wiss. (*Der Typus in der Gesch.-wiss.*, 1952; *Möglichkeiten und Grenzen vergl. Methoden in der Gesch.wiss.*, 1965; *Gesch. als Wiss.*, Aufs.-Slg. 1965). Methodenprobleme und europ. vergl. Perspektive schlugen sich 1966 meisterhaft in dem HZ-Aufs. «Typologie und Erscheinungsformen des Nationalstaats in Europa» nieder. Mit *Friedrich der Große. Ein Königtum der Widersprüche* fand dieses Forscherleben 1983 seinen Abschluß. Seine Spannweite spiegelt sich in der Gedächtnisschrift *Gesch. und polit. Handeln* (St 1985, hg. von P. Alter, W. J. Mommsen, ↑Th. Nipperdey).

Lit.: H.-U. Wehler, Nachruf auf Th. Sch., in: GG 11, 1985, S. 143–153; L. Gall, Th. Sch., in: HZ 241, 1985, S. 1–25; W. J. Mommsen, Vom Beruf des Historikers in einer Zeit beschleunigten Wandels, in: VfZ 33, 1985, S. 387–405; J. Rüsen, Kontinuität, Innovation und Reflexion im späten Historismus: Th. Sch. In: Ders., Konfigurationen des Historismus, 1993, S. 357–397; A. Ebbinghaus/K.-H. Roth, Vorläufer des «Generalplans Ost». Eine Dokumentation über Th. Sch. Polendenkschrift vom 7. Oktober 1939, in: 1999, 7 (1992), S. 62–94; K. Schönwälder, Historiker und Politik, F/N. Y. 1992; G. Aly, «Daß uns Blut zu Gold werde». Th. Sch., Propagandist des Dritten Reiches, in: Menora 9 (1998), S. 13–27; W. Schulze/O. G. Oexle (Hrsg.), Deutsche Historiker im Nationalsozialismus, F. 1999; R. Hohls/K. H. Jarausch (Hrsg.): Versäumte Fragen, St/M 2000. *R. v. B.*

Schiller, Friedrich (seit 1802: von S.) (1759–1805), geb. in Marbach, 1802 nobilitiert, gestorben in Weimar nach einem Jahrzehnt enger Zusammenarbeit mit Johann Wolfgang von Goethe, gilt S. mit diesem als Zentrum der dt. lit. Klassik, als Dichter und Dramatiker erfüllt von idealistischem Schwung, in Gesch.philosophie und Ästhetik nachhaltig beeinflußt von Immanuel Kant. Demgegenüber trat S. als Historiker in den Hintergrund, wurde beschränkt auf gesch. Prosawerke zwischen 1787 und 1792, vor allem als Prof. in Jena nach seiner *Gesch. des Abfalls der vereinigten Niederlande von der span. Regierung* (1788). Unbestritten war die Bedeutung des Dichters im Prozeß der dt. Aufklärung, doch die Lit.wiss. blendete den Historiker weitgehend aus, für eine Professionsgesch. der Gesch.wiss. erschien S. marginal. Doch schon frühe Dramen wie *Don Karlos* zeigten intensive quellenkritische Studien und Irritationen an und wiesen den Weg zu fachhist. Arbeiten. Aus der gesch.wiss. mittleren Epoche von S. erwuchsen entscheidende Impulse für seine dramatischen Spätwerke wie *Wallenstein* (1896–99), *Maria Stuart* (1800), *Die Jungfrau von Orleans* (1801) und *Wilhelm Tell* (1804). Der Historiker S. als Dichter und der Dichter S. als Historiker wurde jüngst erst gewürdigt.

WW.: Schillers Werke. Nationalausgabe, 43 Bde. (1943 ff.); F. S., Sämtliche Werke, hg. v. G. Fricke/H. G. Göpfert, H. Stubenrauch, Bd. 4: Hist. Schriften (7. Aufl. 1988). *Lit.:* P.-A. Alt, S. Leben, Werk, Zeit. Eine Biographie, 2 Bde. (2000); J. Rüsen, Konfigurationen des Historismus (1993), S. 139–156; R. vom Bruch, Nachwort zu C. Giardini, Don Carlos (1986, 1995), S. 245–284; O. Dann / N. Oellers / E. Osterkamp (Hg.), S. als Historiker (1995). *R. v. B.*

Schlesinger, Arthur Meier (1888–1965). Aus Xenia, Ohio, stud. an der Ohio State U. u. der Columbia U. (Ph. D. 1918) u. lehrte an der Ohio State U. (1912–19), der U. of Iowa (bis 1924) u. der Harvard U. (bis 1954). Schon seine Diss. *The Colonial Merchants and the American Revolution* (NY 1917) zeigte neben ↑H. L. Osgoods Einfluß den der ‹Progressiven Historiker› in der Zurückweisung einer rein polit. Gesch. zugunsten der Sozialgesch. u. der Betonung der soz. Konflikte in der Revolutionszeit. *New Viewpoints in American History* (NY 1922) u. die *History of American Life*-Reihe (12 Bde., hrsg. mit Dixon Ryan Fox) setzten S.s Advokatur einer Sozialgesch. fort, die das Leben des «common man» einschloß. Obwohl vom Fortschrittsgedanken durchwirkt, war die Reihe, zu der S. *The Rise of the City* (NY 1933) beitrug, kritisch beschreibend. Die Entwicklung Amerikas sah S. zyklisch, als von sich gegenseitig ablösenden konservativen u. reformerischen Perioden markiert.

Lit.: Vorwort zu A. Schlesinger jr.: Nothing Stands Still, NY 1969; Autobiographie in: Retrospect: The History of a Historian, NY 1963. *E. B.*

Schlesinger, Walter (1908–1984), Sohn eines Oberstudienrates aus Glauchau/Sachsen, hat der dt. Mediävistik durch seine methodisch wie inhaltlich neuartige Verbindung von Verf.- und Landesgesch.forsch. neue Wege gewiesen. Indem er die stark an den Verf.institutionen der Rechtshist. orientierte systemat. Sichtweise durch die Einbindung der verfaßten Ordnung in hist. Räume und Landschaften dynamisierte, gab er sowohl der Landes- als auch der Verf.-gesch. neue Erkenntnisziele und Methoden. Die ma. Verf.gesch. erweiterte sich aufgrund dieses Zugriffs sowohl zur Sozial- und Strukturgesch. als auch zur Gesch. der polit. Institutionen und der Verwaltungsorgane. Wesentliche Anregungen f. diese Sichtweise erhielt Sch. durch seinen Lehrer ↑R. Kötzschke, als dessen Assistent am Seminar f. Landesgesch. und Siedlungskunde der Universität Leipzig er nach Stud. in Tübingen und Leipzig 1935 prom. wurde. 1940 habil. er sich mit einer Arbeit *Über die Entstehung der Landesherrschaft* (Dresden 1941, ND 1964), die seinen Ruf als führender Verf.historiker begründete. Von 1942–1945 war Sch. a. o. Prof. in Leipzig, von 1954–59 Prof. in Berlin (FU), von 1960–64 in Frankfurt/M. und seitdem bis zur Emeritierung 1974 in Marburg. Neben seinen Forsch. zur Verf.gesch. bestimmten drei weitere Schwerpunkte Sch.s Werk: die Erforschung der dt. Ostbewegung und der dt.-slaw. Beziehungen im MA; Unters. zum Wesen des germ. Königtums und der Entstehung der dt. Nation; Forsch. zur ma. Stadtgesch. Sch.s Forsch. zu den dt.-slaw. Beziehungen belegen, daß die in den späten 60er Jahren formulierte Kritik an seiner polit. Haltung im Dritten Reich ein vielschichtiges Problem stark vereinfachte.

Lit.: H. Patze/F. Schwind (Hg.), Ausgewählte Aufs. von W. S. (1965–79), Sigmaringen 1987 (GesamtWV); H. K. Schulze, W. S., in: ZfO 33/1984, S. 227–243. *L. S. S.*

Schliemann, Heinrich (1822–1890). Durch erfolgreiche Kaufmannstätigkeit finanziell abgesichert u. Reisen in Europa, Asien u. Amerika angeregt, stud. der Mecklenburger Pastorensohn seit 1866 Philologien und Archäologie in Paris, um dann ab 1870 in spektakulären Grabungen an (freilich bereits vermutetem Ort) das nach eigenem Zeugnis schon seit Kindheit erträumte homerische Troja wiederzufinden. Inzwischen nach Athen übergesiedelt, gelangen ihm weitere Ausgrabungserfolge (zuletzt mit facharchäol. Hilfe) in Mykene (1874, 1876), Orchomenos (1880ff.) u. Tiryns (ab 1883). Die Anerkennung durch die Fachwelt erfolgte nur zögernd u. zuerst im Ausland, obwohl Sch. (1869 in absentia von der Univ. Rostock zum Dr. phil. prom.) auch noch heute vorbildliche Grabungsmethoden entwickelte u. seine Sammlungen nach Berlin schenkte.

WW: La Chine et le Japon au temps présent (P 1867; Reisebericht); Ithaka, der Peloponnes und Troja (L 1869, ND Da 1963); Mykenae (L 1878, ND Da 1966); Abenteuer meines Lebens (L 1881 u.ö.); Briefwechsel, hg. v. E. Meyer, 2 Bde. (B 1953/58).
Lit: E. Meyer, H. S. Kaufmann und Forscher (Gö 1969); L. Deuel, H. S. (engl. NY 1977, dt. Mn 1979); H. Döhl, H. S. Mythos und Ärgernis (Mn 1981); G. S. Korres, H. S., ein Leben für die Wissenschaft (B 1990); W. Richter, H. S. Dokumente eines Lebens (Leipzig 1992); J. Cobet, H. S. Archäologe und Abenteurer (Mü 1997).

W. W.

Schlözer, August Ludwig (seit 1803: von S.) (1735–1809), studierte in Wittenberg u. Göttingen zunächst ev. Theologie u. Orientalistik, später Jurisprudenz u. Staatswissenschaften. 1755–59 u. 1761–65 hatte er verschiedene Stellen als Haus- u. Schullehrer sowie als akad. Gehilfe u. Privatsekretär in Stockholm, Upsala, Lübeck u. St. Petersburg inne; zuletzt arbeitete er als Adjunkt an der Petersburger Akad. der Wiss. u. als Lehrer am dortigen Gymnasium. In diese Zeit fällt die Publikation eines *Versuches einer allgemeinen Geschichte der Handlung u. Seefahrt in den ältesten Zeiten* (Rostock 1761) u. die intensive Beschäftigung mit der russ. Gesch. 1769 wurde er zum o. Prof. der Göttinger Philos. Fak. berufen, 1787 wurde ihm dann die Nominalprof. für Politik übertragen. Im Jahre 1803 wurde er von Zar Alexander I. wegen seiner Verdienste um die Erforschung der russischen Geschichte in den erblichen Adelsstand erhoben.

In seinen Göttinger Lehrveranstaltungen, die ein großer Publikumserfolg waren, deckte Sch. die Universalhistorie, die europ. Staatengesch. u. v. a. auch die russ. Gesch. ab; nach dem Tode G. Achenwalls (1772) hielt er regelmäßig «Statistik»-, später auch «Politik»-Vorlesungen (Publikation: *StatsGelartheit,* 2 Bde., Gö 1793/1804). Eine besondere Attraktion waren seine sog. «Reise»- u. «Zeitungs»-Kollegien. Daneben hat er auch die verschiedensten anderen Themenbereiche abgedeckt; im SoSe 1788 z. B. hat er eine Gesch. der Banken gelesen.

In seinen Veröffentlichungen zur Gesch. ist Sch. weniger als großer Gesch.-schreiber (s. seine *Allgemeine Nordische Geschichte,* Hl 1771) denn vielmehr als krit. Forscher u. als Programmatiker, d. h. als Gesch.theoretiker u. -didaktiker, in Erscheinung getreten. Seine Edition der Nestor-Chronik (5 Bde., Gö 1802–09) stellt einen Markstein in der Wissenschaftsgesch. dar. Viele interessante, z. T. noch unausgeschöpfte Beiträge sind Zeitschriftenaufsätze (wie z. B. der über die «Erfindungs-Geschichte des Branntweins»), in denen er die leitenden Gesichtspunkte hist. Forschungsarbeit programmatisch entwickelte. Auch die *Vorstellung seiner Universal-Historie* (2 Bde., Gö 1772/73; ND 1990, 1997) erfüllte eine derartige Funktion: Sie diente Studenten als Orientierungsrahmen für die entsprechenden Vorlesungen; zugleich war sie ein Beitrag zur fachwissenschaftl. Diskussion über die Probleme der Universalgesch.schreibung.

Bekannt geworden u. im öffentl. Bewußtsein geblieben ist Sch. weniger als Historiker (bzw. als bedeutender Gesch.-theoretiker), sondern in erster Linie als aufklärerischer Publizist, nämlich als Hrsg. hist.-polit. Zeitschriften. Diese Organe (*Briefwechsel meist historischen und politischen Inhalts*, 1776–82; *Sta‹a›tsanzeigen*, 1782–93) haben das Verdienst, Politik öffentlich gemacht zu haben. Insofern begleiteten sie den Transformationsprozeß von der ständischen zur bürgerl. Gesellschaft – und letztlich haben sie wohl auch diesen Prozeß dadurch beschleunigt, daß sie die Konzeption der polit. Gesellschaft als aufgeklärte bürgerl. Öffentlichkeit (mit)begründeten.

Seine gesch.theoret. Programmschriften explizieren sowohl historisch als auch systematisch dasjenige Kategoriensystem, das sein Denken maßgeblich bestimmt hat. Eine zentrale Rolle spielt die Kategorie der «Revolution», die die Dynamik hist. Entwicklungsprozesse auf den Punkt bringt. Sch.s Konzeption zufolge ist Gesch., indem sie den Fortschritt des menschl. Geistes schildert, eine anthropolog. Grundwissenschaft; seine Gesch.philosophie, die eine Kritik an der theol.-teleolog. Deutung der Weltgesch. beinhaltet, propagiert die Zukünftigkeit des Menschen u. enthält ein emanzipatorisches Moment: Indem die Gegenwart als Gewordene interpretiert wird, verflüssigt sich diese zu einer Werdenden – und wird damit als kritisierbar u. als grundsätzlich veränderbar erfahrbar.

Sch.s Diskursverhalten spiegelt sein soziales u. polit. Konzept wieder: Im diskursiven Gespräch mit seinen Lesern entwickelt er seine Positionen, stellt er diese bereitwillig zur Disposition; eine Priesterattitüde, wie sie für die historist. Historiker typisch ist, ist ihm ganz fremd.

Lit.: Chr. v. Schlözer: A. L. v. Sch.s öffentl. u. Privatleben, 2 Bde., L 1828; H. Wesendonck: Die Begründung der neueren dt. Gesch.schreibung durch Gatterer u. Sch., L 1876, 58 ff.; F. Fürst: A. L. v. Sch., ein dt. Aufklärer im 18. Jh., Hei 1928; B. Warlich: A. L. v. Sch. zwischen Reform u. Revolution, Diss. Erlangen 1972; G. Mühlpfordt: Völkergesch. statt Fürstenhistorie, in: Jb. für Gesch. 25 (1982), 23–72; U. A. J. Becher, in: Dt. Historiker, hg. v. H.-U. Wehler, Bd. 7, Gö 1980, 7–23; dies.: Analyse eines hist. Diskurses, in: H. E. Bödeker u. a. (Hg.): Aufklärung u. Gesch., Gö 1986, 344–62; H. W. Blanke, Einleitung, in: Schlözer, Vorstellung seiner Universal-Historie (1972/73), Waltrop 1997, *IX*– *XLIV*; DBE 8, Sp. 683. *H. W. B.*

Schlosser, Friedrich Christoph (1776–1861), studierte 1794–1797 Theol., klass. Philol. und Staatswiss. in Göttingen, vor allem unter dem Einfluß ↑Schlözers und ↑Spittlers. 1800–1817 war er als Hauslehrer, Gymnasiallehrer und Bibliothekar in Frankfurt a. M. tätig; 1817 wurde er als Nachfolger F. Willkens o. Prof. für Gesch. in Heidelberg. Sch. hielt vornehmlich universalhist. Vorlesungen zur Politik- und Kulturgesch., mehrfache Reisen nach Frankreich Anfang der 20er Jahre weckten sein zentrales Interesse für Napoleon. Zuerst 1823 in 2 Bden erschien sein wichtigstes Werk, die *Geschichte des achtzehnten Jahrhunderts und des neunzehnten bis zum Sturz des französischen Kaiserreichs* (7 Bde., ^{3}1843–48). Ebenfalls beim bürgerl. Publikum sehr erfolgreich war seine Universalgesch.-schreibung, zuletzt die *Weltgesch. für das deutsche Volk* (unter Mitwirkung des Vf. bearb. v. G. L. Kriegk, 19 Bde., 1843–57). Sch.s Gesamtwerk trägt einen moralisch-utilitaristischen Zug; Zeitgesch. ist für ihn Sittengesch. zur Schärfung des moral. Urteils und der Freisetzung der Bürgertugenden. Sein Konzept der Gesch. als Bildungsmacht ist vor allem von ↑Gervinus und ↑Häusser aufgegriffen worden.

Lit.: G. Gölter, Die Geschichtsauffassung F. C. Sch.s, 1966 (WV). M. Gottlob, Geschichtsschreibung zwischen Aufklärung und Historismus. J. von Müller u. F. C. Sch., 1989. *G. H.*

Schmid, Karl (1923–1993), bereitete in der Nachfolge seines Lehrers ↑G. Tellenbach mit seinem in Fragestellung wie Methodik innovativen Werk der MA-forschung in Dtld. u. darüber hinaus neue Wege.

Geb. in Arlen (Kr. Konstanz), stud. S. in Freiburg, wurde 1951 promov. *(Graf Rudolf von Pfullendorf und Kaiser Friedrich I.)* u. habilitierte sich 1961, ebenfalls in Freiburg (*Geblüt – Herrschaft – Geschlechterbewußtsein*, postum erschienen 1998). 1963–1965 am DHI Rom, lehrte S. von 1965–1972 als o. Prof. an der Univ. Münster, seit 1973 in Freiburg.

Geprägt von Themen u. Diskussionskultur in Tellenbachs ‹Freiburger Arbeitskreis›, weitete S. seine früh begonnene Suche nach Antworten auf «Grundfragen zum Verständnis des Adels im MA» (Untertitel der Habilschr.) zur quellennah systematisierenden, method. reflektierten Verhältnisbestimmung von «Person u. Gemeinschaft» in der ma. Gesellschaft (1966/67) aus. Damit gelang der Übergang von der Personen- zur Gruppenforschung, aufs engste verbunden mit einem weiteren wichtigen Arbeitsfeld S.s, der Memorialforschung. ‹Memoria› als zentrales Phänomen der ma. Gesellschaft u. ihrer Lebenswelten vergegenwärtigt zu haben, ist S.s bes. Verdienst (*Gebetsgedenken und adliges Selbstverständnis im Mittelalter*, 1983; Mit-Hg.: *Memoria. Der geschichtliche Zeugniswert des liturgischen Gedenkens im Mittelalter*, 1984): S. erkannte die Bedeutung lange Zeit unbeachteter Überlieferungsformen u. Quellentypen (Gedenkbücher, Necrologien; 1979 Eröffnung einer neuen MGH-Reihe) für mod. sozialgesch. Fragestellungen (u. a. für die Stiftungsforschung: *Gedächtnis, das Gemeinschaft stiftet*, 1985); Rekonstruktion, Erschließung (mit frühem EDV-Einsatz) u. Deutung adliger Memorialüberlieferung u. monastischer Verbrüderungsbücher (u. a. Corvey, St. Gallen, Reichenau, Remiremont) fanden ihren Niederschlag in großen Editionen (Hg.: *Die Klostergemeinschaft von Fulda im früheren Mittelalter*, 3 Bde., 1978) u. gaben zugleich Impulse für fächerübergreifende Forschungsprogramme (Quellenwerk *Societas et Fraternitas*) u. method. Grundlagenreflexion (*Programmatisches zur Erforschung der mittelalterlichen Personen und Personengruppen*, 1974).

WV: FMSt 28 (1994), S. 424–435; 29 (1995), S. 454 f.
Lit.: DA 49 (1993), S. 811–813; ZGO 142 (1994), S. 461–466; J. Wollasch, Nachruf für K. S., in: FMSt 28 (1994), S. 398–409; O. G. Oexle, Gruppen in der Gesellschaft. Das wiss. Œuvre von K. S., in: FMSt 28 (1994), S. 410–423; D. Mertens/Th. Zotz, Einleitung, in: K. S., Geblüt [...], 1998, S. IX–XXXIII. *H. C.*

Schmidt, Michael Ignaz (1736–1794). Der in Arnstein (Unterfranken) geb. S. stud. Philos. u. Theol. am bisch. Priesterseminar in Würzburg, war danach Hofmeister des Grafen v. Rotenhan u. am Würzburger Adelsseminar tätig. 1773 wurde er Prof. für dt. Reichsgesch. an der Univ. Würzburg (innerhalb der theol. Fak.) u. Mitglied des bisch. Geistl. Rats. In dieser Stellung organisierte er unter Fürstbischof Adam Friedrich von Seinsheim die Schulreform im Hochstift Würzburg. 1780 wurde S. Kaiserl. Hofrat, Direktor des Haus-, Hof- u. Staatsarchivs in Wien u. Mitglied der josephinischen Bücherzensur.

S.s umfangreiches Hauptwerk, das ihn sein ganzes Leben beschäftigte, ist die *Geschichte der Deutschen*. Die ersten 5 Bde. (1778–1783) behandeln den Zeitraum bis 1544, die *Neuere Geschichte der Deutschen* (6 Bde., 1785–1793) reicht bis 1657. Eine Fortsetzung bis zur Gegenwart unternahm nach S.s Tod Joseph Milbiller. Leitende Gesichtspunkte der Darstellung sind «Regententüchtigkeit», «Kulturhöhe» u. «Nationalglückseligkeit» (die S., hierin auf das 19. Jh. vorausweisend, im hohen MA am besten verwirklicht sah). Bei seiner Beurteilung der dt. Könige u. Kaiser ist S. – in dieser Hinsicht ganz Aufklärer – geprägt v. polit.-relig. Positionen seiner Ggw. bzw. Stellung. So beurteilt er etwa die Habsburger Herrscher durchwegs positiv, u. seine Kritik am Papsttum zeigt ihn als Anhänger des Febronianismus. S.s hist. Werk gründet auf den vorausgehenden, insbesondere prot. Darstellungen u. Forsch. zur dt. Reichsgesch. Er wertete sie für seine Deutung dt. Gesch. aus u. benutzte für die Gesch. der NZ auch QQ der Wiener Archive. Das Werk hatte großen Erfolg u. wurde auch v. Protestanten überwiegend positiv beurteilt.

Lit.: G. Degenhard, Das Bild der dt. Gesch. bei M. I. S. (1736–1794), Diss. Gö 1954; P. Baumgart (Hg.), M. I. S. (1736–1794) in seiner Zeit, der aufgeklärte Theologe, Bildungsreformer und «Historiker der Deutschen» aus Franken in neuer Sicht, 1996; A. Kraus, Persönlichkeit und Gesch. Beobachtungen zur «Gesch. der Deutschen» (1778–1783) von M. I. S., in: Forschungen zur bayer. u. fränk. G., hrsg. v. K. Borchardt, 1998, S. 277–293. *H. Z.*

Schmoller, Gustav (seit 1908: von S.) (1838–1917). Kein anderer dt. Gelehrter des 19. Jhs. war so extrem zeitgen. und postumen Beurteilungen unterworfen wie dieser Nationalökonom, Sozialpolitiker, Wissenschaftsorganisator und Historiker aus einem alten württemberg. Beamtengeschlecht. Den Historikern war er zu generalisierend, den Ökonomen zu historisch, doch schuldete er sein Bestes, wie er schrieb, dieser Verbindung, Historiker und Nationalökonom zugleich zu sein. Die von ihm geführte jüngere Hist. Schule der dt. Nationalökonomie monopolisierte um 1900 die akademische Wirtschaftswiss. in Dt.; als Sozialpolitiker leistete er – vor allem als maßgeblicher Kopf des 1872/73 gegr. Vereins für Socialpolitik – einen entscheidenden Beitrag zur Etablierung des auf sozialer Gerechtigkeit gegründeten modernen Wohlfahrts- und Sozialstaats in Dt.; als Historiker begründete er mit wegweisenden Monographien und Aufsätzen sowie mit der von ihm initiierten Edition der *Acta Borussica* die moderne dt. Verwaltungsgeschichte im Kontext von polit., Verfassungs-, Sozial- und Wirtschaftsgesch., entwickelte er ein umfassendes Modell einer «realistischen» hist. Sozialwissenschaft unter Berücksichtigung wertgeleiteter Kulturbedeutung, kollektiver psychol. Wertbeziehungen und materieller Entwicklungsgesetze. Seine empirisch gesättigten, zugleich typologisch ausgreifenden Studien etwa zur ma. Zunftverfassung, zur Gesch. der dt. Kleingewerbe im 19. Jh. und vor allem zum Merkantilsystem des 17./18. Jhs. («Staats- und Volkswirtschaftsbildung zugleich») setzten entscheidende Anstöße für die mod. dt. Gesch.wiss. frei, derer diese sich kaum mehr bewußt ist. In seiner eigentlichen Disziplin, der Ökonomie, galt Sch. bis vor kurzem als «toter Hund», doch bahnt sich auch hier seit 1988 eindrucksvoll eine Neubewertung an. Sowohl für die gegenwärtige, sozialwiss. verankerte hist. Kulturanthropologie als auch für eine mathematisierte, blutleere Ökonomie, die neuerdings nach ethischer Orientierung für wirtschaftliches Handeln in gegebenen institutionellen Rahmenbedingungen fragt, lohnt offenbar der Rückgriff auf Sch.s umfassende hist. Kulturwiss.

HW: Die Straßburger Tucher- und Weberzunft, 1879; Umrisse und Untersuchungen zur Verf.-, Verw.- u. Wirtschaftsgesch., 1898; Grundriß der Allgem. Volkswirtschaftslehre, 1900/04, Neuaufl. 1989; Ausgew. methodolog. Schriften, 1998.

Lit.: A. Spiethoff (Hg.), G. v. S. u. die dt. gesch. Volkswirtschaftslehre, B 1938; WV: HdSW 9, 1956, 136f.; G. Schmölders, G. v. S., in: Die Großen der Weltgesch., 11, Z 1978, 669–681; R. vom Bruch, G. S., in: W. Treue, K. Gründer (Hg.), Berlinische Lebensbildet 3, B 1987, 175–193; ders., G. S., in: N. Hammerstein (Hg.), Dt. Gesch.wiss. um 1900, St 1988, 219–238; J. G. Backhaus (Hg.), G. S. and Adolph Wagner reconsidered (1997); B. Wentzel, Der Methodenstreit (1999); W. Plumpe, G. v. S. und der Institutionalismus, in: GG 25 (1999), S. 252–275; F. Reiniger, G. S.: Grundzüge gouvernementaler Gelehrtenpol. im wilhelmin. Dt. (1999); W. Neugebauer, Die «S.-Conncetion». Acta Borussica, wiss. Großbetrieb im Kaiserreich und das Beziehungsgeflecht G. S.s, in: J. Kloosterhuis (Hg.), Archivarbeit für Preußen (2000), S. 261–301; M. Buss, Von S.s wiss. Denken zu seinem sozialpol. Engagement (2001). *R. v. B.*

Schnabel, Franz (1887–1966), in der Weimarer Zeit ein Außenseiter der Historiker-Zunft und während des Dritten Reiches amtsenthoben, wurde Sch. in der Zeit nach dem Zweiten Weltkrieg einer der herausragenden westdtn. Historiker. Sch.s wiss. Schwerpunkt war das 19. Jh.

Der in Mannheim als Sohn eines Kaufmanns geb., dem süddt.-kath. Bürgertum entstammende Sch. promovierte 1910 bei ↑H. Oncken mit einer Arbeit über den polit. Katholizismus im Jahre 1848; 1911 bis 1922, mit der Unterbrechung von drei Kriegsjahren, war er als Gymnasiallehrer tätig. 1920 habilitierte er sich mit einer Arbeit zur badischen Verfassungsgeschichte im Vormärz und wurde 1922 auf einen Histor. Lehrstuhl an der TH Karlsruhe berufen, 1924–27 war er auch Leiter des badischen Generallandesarchivs. Die Rolle des Historikers als «polit. Erzieher u. geschichtl. Denker» definierend, bejahte er die Weimarer Republik; 1932 wandte er sich scharf gegen die Amtsenthebung der preußischen Regierung durch v. Papen. 1936 wurde Sch. die Fortsetzung seiner akadem. Lehrtätigkeit untersagt; auch konnte seine *Dte. Gesch.* nicht weiter erscheinen. Er lebte in der Folgezeit in innerer Emigration. Nach dem Zweiten Weltkrieg (1945–47) war er Landesdir. des nordbad. Kultus- u. Unterrichtswesens. 1947 folgte er einem Ruf an die Univ. München, wo er bis 1962 – bis zum Alter von 75 Jahren – als erfolgreicher akadem. Lehrer wirkte. Der durch Ehrendoktorate ausgezeichnete Sch. fungierte zudem 1951–59 als Präs. der Hist. Komm. bei der Bayer. Akad. der Wiss., deren Gesch. er 1958 *(Die Idee und die Erscheinung)* würdigte.

Von Sch.s Werken außerhalb seines Hauptarbeitsgebietes sind erwähnenswert die Einführung in *Dtl.s geschichtl. Quellen u. Darstellungen in der Neuzeit,* obgleich sie über den die Zeit von 1500 bis 1550 umfassenden Bd. I (1931) nicht hinausgelangt ist, außerdem die Schrift *Der Buchhandel u. der geistige Aufstieg der abendländ. Völker* (1951). Zur bad. Gesch. des 19. Jh.s zu nennen sind die *Gesch. der Ministerverantwortlichkeit in Baden* (1922) u. die Biographien von S. v. Reitzenstein (1927) u. v. L. Liebenstein (1927).

Einen beträchtl. Erfolg erzielte Sch., der zeitlebens ein Didaktiker blieb, mit seiner als Schulbuch (1923) veröffentlichten, dann häufig selbständig wiederaufgelegten *Gesch. der neuesten Zeit.* – Das Zeitalter Napoleons behandelte er im Bd. VII (1929) der von ↑W. Goetz hrsg. Propyläen-Weltgesch. – Im Stein-Jahr 1931 publizierte Sch. sein Buch über den Freiherrn v. Stein, in dem er diesen als Antizipator des modernen liberaldemokrat. Freiheitsideals charakterisierte.

Den wiss. Ruf Sch.s begründete seine *Dte. Gesch. im 19. Jh.,* von der 1929–37 4 Bde. erschienen. Sch. versuchte in dieser «Gesch.schreibung großen Stils» das Ganze der Epoche in den Blick zu bekommen. Eine engere polit. Gesch.-schreibung übersteigend ist die Geistes- u. Kulturgesch. für dieses Werk zentral. Innovativ ist die Einbeziehung der Entwicklung der Naturwiss. u. Technik, der zus. mit der der Kulturwiss. Bd. III gewidmet ist, auch die Behandlung der Religionsgesch. (Bd. IV); auffällig ist die breite Einbeziehung des europ. Horizonts (Bd. I) bei Verzicht auf nationalistische Kategorien.

Unter dem Eindruck der NS-Zeit gelangte Sch. zu einer überaus skeptischen Beurteilung der Entwicklungstendenzen der europ. Gesch., insbes. des Einströmens der Massen in den polit. Raum, womit er sich der Sicht ↑J. Burckhardts näherte. Sch.s Sicht der neuesten dtn. Gesch. in der Nachkriegszeit fand ihren Niederschlag u. a. in seiner krit. Beurteilung Bismarcks u. dessen Reichsgründung, die im Widerspruch zur Hauptströmung der Historiogr. in der Nachkriegszeit stand.

Sch. hat sich seit den 30er Jahren verstärkt dem humanist. Bildungsideal zugewandt (vgl. *Das humanistische Bildungsgut im Wandel von Staat u. Ges.*, 1956). Die Besinnung auf die humanistische Tradition wurde für ihn das entscheidende Mittel gegenwärtiger Selbstvergewisserung. – Seine Historiogr. zeichnete die «Fähigkeit zu umfassender Synthese» (Schubert) aus. Ausdruck dieser Fähigkeit war es, Elemente kath., liberalen u. humanistischen Denkens zu verbinden.

Lit.: F. Sch. Zu Leben u. Werk (1887–1966). Hrsg. v. der Hist. Komm. bei der Bayer. Akad. d. Wiss., Mn 1988; K.-E. Lönne: F. Sch. In: H.-U. Wehler: Dte. Historiker. Bd. IX. Gö 1982, S. 81–101; F. H. Schubert: F. Schn. u. die dte. Gesch.-wiss. des 20. Jh.s. In: HZ 205, 1967, S. 323–357; H. Lutz: Einl. zu F. Sch.: Abh. n. u. Vorträge. 1914–1965. Mit einer Bibliogr. d. Werke Sch.s, Fr 1970, S. X–XXIV; Th. Hertfelder, F. Sch. u. die dte. Gesch.wiss., 1998. *B. F.*

Schöpflin, Johann Daniel (1694–1771), seit 1720 Prof. der Gesch. u. Rhetorik an der Universität Straßburg. Nach Studien in Basel u. Straßburg, der Publikation kleinerer Arbeiten u. einer ausgedehnten Forschungsreise durch mehrere europ. Länder (1726–1728) wandte sich Sch. ganz der Historie u. der Diplomatik zu. Er unterhielt ungewöhnlich gute Beziehungen zu adligen Kreisen; in privater Initiative baute er in den 1750er Jahren eine Schule für künftige Diplomaten auf. Seine akad. Vorlesungen behandelten das ganze Spektrum der Historie z. Z. der Frühaufklärung: Die Gesch. u. Verfassung einzelner europ. Staaten, die neuzeitl. Friedensverträge u. verwandte staatswissenschaftl. Themen. In seinen historiograph. Schriften befleißigte sich Sch. einer «mathematisch-demonstrativen Methode» im Wolffschen Sinne: Er vermied räsonierende Überlegungen im Stile ↑Voltaires u. wählte eine quellenmäßig-hilfswissenschaftlich-analytische Darstellungsform. Sein Lebenswerk besteht in der Sammlung u. krit. Sichtung der archäolog., archival. u. lit. Quellen zur elsäss. Gesch. sowie ihrer Verarbeitung in einer historiograph. Darstellung, der *Alsatia illustrata* (Colmar 1751/61), auf die die posthume Urkundenpublikation *Alsatia diplomatica* (Mannheim 1772/75) systematisch bezogen ist. 1763 nahm er entscheidenden Anteil an der Gründung einer kurpfälz. Akademie in Mannheim, die sich v. a. der Förderung der Landesgesch. widmete.

Lit.: J. Voss: Universität, Gesch.wissenschaft u. Diplomatie im Zeitalter der Aufklärung, Mn 1979; P. Fuchs: Palatinatus Illustratus, Mannheim 1963. *H. W. B.*

Schramm, Percy Ernst (1894–1970), erschloß der Mediävistik mit der hist. Ikonographie der Herrschaftszeichen ein neues Forschungsfeld u. zählt zu den großen Wegbereitern einer fächerübergreifenden MAforschung im 20. Jh.

Aus dem Hamburger Großbürgertum stammend, nahm S. schon als Gymnasiast Verbindung mit ↑A. Warburg auf, stud. in Hamburg, München u. Heidelberg, wo er 1922 bei ↑K. Hampe promoviert wurde *(Studien zur Gesch. Ottos III.)* u. sich 1924 habilitierte. Freundschaft mit ↑E. Kantorowicz, MGH-Mitarbeit (↑H. Bresslau), Vertiefung der Kontakte zur Kulturwiss. Bibl. Warburg (F. Saxl): Die Habil.schrift widmete sich dem Nachleben der Antike in Kaisertum u. Rom-Erinnerung vom 9.–12. Jh. u. begründete unter dem Titel *Kaiser, Rom und Renovatio* (2 Bde., 1929) S.s internat. Ruhm. Neben die Textinterpretation – u. mit dieser untrennbar verbunden – trat für S. gleichrangig die Deutung der Bildquellen in all ihren Überlieferungsformen (*Das Herrscherbild in der Kunst des frühen Mittelalters*, 1924; *Die deutschen Kaiser u. Könige in Bildern ihrer Zeit, 751–1152*, 2 Bde., 1928; *Denkmale der deutschen Könige u. Kaiser.* […] *768–1250*, 1962). Königsbilder u. Herrschaftszeichen – in Antike u. MA, Byzanz im Blick –, die Herrscherkrönung im Spiegel der Krönungs-Ordines u. die (Symbol-)Geschichte der Monarchie im europäischen Vergleich wurden zu S.s Lebensthemen (*Geschichte des englischen Königtums im Lichte der Krönung*, 1937; *Der König von Frankreich*, 1939; *Herrschaftszeichen u. Staatssymbolik*, 4 Bde., 1954–1956). Bahnbrechend in Methodik u. Systematik, wirkten S.s Studien anregend auch dank ihrer offenen Form: Sie erlaubte S. immer neue Überarbeitungen auf dem Weg zum «Endziel», dem nie geschriebenen «Buch über die ‹Zeichensprache des Mittelalters›» (1968), u. vermittelte stärker als jede Synthese die innovative Unruhe des forschenden Sammelns u. Fragens.

Seit 1929 o. Prof. in Göttingen, lehrte S. 1933 als Gastdozent in Princeton. Nach seiner Rückkehr zollte auch er den Vorgaben nat.soz. Geschichtspolitik zumindest rhetorisch Tribut, wahrte aber zugleich vielfältig bedingte Distanz. Während des Zweiten Weltkriegs avancierte S. als Offz. zum Kriegstagebuchführer des OKW (von S. hrsg.: 7 Bde., 1961–1965) und widmete sich nach 1945 als akad. Lehrer u. Publizist, nicht zuletzt autobiograph. motiviert, auch der deutschen Geschichte in der Neuzeit (*Neun Generationen. 300 Jahre deutscher «Kulturgeschichte» im Lichte der Schicksale einer Hamburger Bürgerfamilie 1648–1948*, 2 Bde. 1963/64) bis hin zur Zeitgeschichte.

WW: Kaiser, Könige u. Päpste. Ges. Aufsätze zur Gesch. des MA, 5 Bde., 1968–1971.
WV: FS Percy E. Schramm, Bd. 2, 1964, S. 291–321 (bis 1963).
Lit.: DA 27 (1971), S. 655–657; HZ 214 (1972), S. 96–108; Viator 4 (1973), S. 33–63; N. Kamp, P. E. S. u. die MAforschung, in: Gesch.wissenschaft in Göttingen. 1987, S. 344–363; J. Grolle, Der Hamburger P. E. S. – ein Historiker auf der Suche nach der Wirklichkeit. 1989; J. Bak, P. E. S., in: H. Damico/J. Zavadil (Edd.), Medieval Scholarship, vol. I. 1995, S. 247–262. *H. C.*

Schubert, Friedrich Hermann (1925–1973), Sohn eines Architekturprof. aus Dresden, formte durch seine Studien zum frühmodernen polit. Denken und zur Gesch. der Reichstage in der FNZ das sich seit dem Zweiten Weltkrieg deutlich verselbständigende Gebiet der Gesch. der FNZ wesentlich mit. Als Schüler von ↑F. Schnabel in München 1952 prom., habil. er sich 1959 mit jener wichtigen Arbeit über *Die deutschen Reichstage in der Staatslehre der Frühen Neuzeit* (1966), die seine wiss. Reputation begründete. Von hier aus entwickelten sich weitere Forsch., die sich der Bedeutung der Volkssouveränität f. die Gesch. des Hl. Röm. Reiches und dessen enger Verzahnung mit dem monarchischen Prinzip in der Vormoderne zuwandten. 1963 folgte Sch. einem Ruf an die Univ. Kiel und 1968 an die Univ. Frankfurt/M.

Lit.: E. Angermann, Ein abgebrochenes Lebenswerk. Zum Tode von F. H. Sch., in: HZ 218/1974, S. 354–363. *L. S. S.*

Schulte, Aloys (1857–1941), Sohn eines Kaufmanns aus Münster/Westf., studierte in seiner Heimatstadt, wo er 1879 prom. wurde, wirkte bis 1883 in Straßburg als Bearbeiter des Urkundenbuches der Stadt, war von 1883–85 Archivsekretär in Donaueschingen und von 1885–92 Archivrat in Karlsruhe. 1892 legte er sein zweibändiges Werk über den Markgrafen Ludwig Wilhelm v. Baden (1693–97) vor und wurde zugleich gegen den Willen der Fak., die einen kathol. Kollegen ablehnte, als o. Prof. nach Freiburg/Br. berufen. 1896–1903 war er Inhaber des f. einen kathol. Historiker vorgesehenen Lehrstuhls an der Univ. Breslau und 1902–03 zugleich Direktor des Preuß. Hist. Inst. in Rom. 1903 nahm er einen Ruf an die Univ. Bonn an, wo er bis zur Emeritierung 1925 lehrte. 1913/14 war S. Rektor der Bonner Univ. und wesentlich an der Gründung des Inst. f. gesch. Landeskunde beteiligt (1921). Seine wiss. Arbeit konzentrierte sich auf drei Felder. Wirtsch.-, insbes. Handelsgesch. des MAs (u. a. *Die Fugger in Rom 1495–1523*, 1905); Sozial- und Verf.gesch. des MAs und der FNZ (u. a. *Der Adel und die dt. Kirche im MA*, 1910) und die Gesch. der Rheinlande sowie deren Verhältnis zu Frankreich. Von der landesgesch. Forsch. ausgehend, hat S. in engem Kontakt mit hist.-geogr. und wirtsch.gesch. arbeitenden Kollegen seine regional übergreifenden Werke erarbeitet in dem Bemühen, landesgesch. Studien auf eine streng wiss. Methode zu gründen und sie damit zum Ausgangspunkt einer alle Aspekte des «Zuständlichen» integrierenden Gesch.schreibung zu machen. S. wurde damit, ↑O. Redlich wie ↑K. Lamprecht vergleichbar, zum Anreger und Förderer einer Wirtsch.- und Kulturgesch.schreibung, die von der sich seit der Jh.wende entfaltenden hist. Landeskunde/Landesgesch.schreibung aufgenommen und weitergeführt wurde. Im Unterschied zur vorhergehenden «Kulturkampfgeneration» gehörte S. zu jenen kathol. Historikern, die um Ausgleich und wiss. Zusammenarbeit bemüht waren. Dem aufziehenden Nationalsozialismus begegnete er, der dem Zentrum nahestand, mit großer Skepsis.

Lit.: M. Braubach, A. S., in: 150 Jahre Rhein. Friedr.-Wilh.-Univ. zu Bonn 1818–1968, Bo 1968, S. 299–310 (Teilwerkverzeichnis und Sek.lit.). *L. S. S.*

Schupfer, Francesco (1833–1925), geb. in Chioggia (Venedig), Schweizer Herkunft, prom. 1854 in Wien zum Rechtsanwalt. 1863 hielt er an der Innsbrukker Univ. den Kurs für Reichsgesch. und Rechtsgesch. ab und wurde 1878 nach Rom an den Lehrstuhl für Gesch. des ital. Rechts berufen. Er begründete die *Rivista italiana per le Scienze giuridiche e sociali* (1886) und die *Riv. it. per le scienze politiche*, war Mitglied zahlreicher kultureller Einrichtungen und wurde 1898 zum Senator ernannt. Seine Lehre ist, stark beeinflußt von der dt. Kultur, wiss. Natur und hat eine objektive Gesch.-wiss. zum Ziel, die frei von ideologischen Vorurteilen und rigoros in der Methode ist.

Er sieht die komplexen jur. Geschicke des ital. MA als Ergebnis der Gegenüberstellung zwischen röm. und germanischem Prinzip, und es gelingt ihm, sei es auch mit der Begrenzung durch ein schematisches Konzept, der Gesch. des ital. Rechts einen neuen Impuls zu geben. Zu den Hauptwerken seiner umfangreichen Gesch.schr. gehören: *Delle istituzioni politiche longobardiche,* Fi 1863; *La famiglia secondo il diritto romano,* Padova 1876; *Manuale di Storia del diritto italiano,* Città di Castello 1892; *Il diritto private dei popoli germanici con particolare riferimento all'Italia,* 4 vol., Città di Castello 1907–1909; *Il diritto delle obbligazioni nell'età del Risorgimento,* 3 vol., 1920.

Lit.: P. de Francisco, In Memoria di Francesco Schupfer, R 1926; F. Brandileone, F. Schupfer, in: Rivista italiana per le scienze giuridiche, N.F. 1, 1926, 3 ff.; G. Fletzer, F. Schupfer storico del diritto, in: Ateneo veneto, N.F. 6, 1968, vol. VI, 59 ff.; E. Capuzzo, Per una rilettura di Francesco Schupfer storico del diritto, in: Clio 22, 1986, 647 ff. *M. R. D. S.*

Schwarz, Ignaz (1690–1763), **SJ**, wurde im schwäb. Dorf Mickhausen bei Schwabmünchen geb., trat 1707 in den Jesuitenorden ein, besuchte 1710–1712 den jesuit. Philos.kurs an der Univ. Ingolstadt u. studierte dann, ebenfalls in Ingolstadt, Theol. 1722–1726 war er Prof. für Philos. u. Gesch. in Freiburg/Br., danach bis 1740 erster Prof. für Gesch. in Ingolstadt. Nach seiner Lehrtätigkeit war S. bis zu seinem Tod Rektor verschiedener Jesuitenkollegien.

S.s hist. Lehrbücher waren geprägt v. der Auseinandersetzung mit der prot. Gesch.auffassung. Deshalb stand – neben päd. Zielen, etwa der Aufbereitung hist. Wissens für Jurastudenten – die Literaturkritik als «Ideologiekritik» prot. Gesch.schr. im Vordergrund des Interesses, doch bezog S. in seine Arbeiten auch Ergebnisse der franz. QQkritik der Bollandisten u. Mauriner mit ein. Er begann seinen Lehrbuchzyklus mit einem Plan, der die traditionelle Universalgesch. nach dem Vier-Monarchien-Schema zum Thema hatte (*Institutiones historicae,* 1728). Mit den *Effigies historiae Bavariae* (1731) behandelte er dann die Landesgesch. in eher dynastie- als verfassungsgesch. Orientierung. S.s umfangreichstes Werk sind die 9 Bde. *Collegia historica* (1734–1737), eine systematisch nach bestimmten Themen geordnete Darstellung der neueren dt. Reichsgesch. in kontrovers-theol. Absicht.

S. war einer der ersten u. zugleich wichtigsten Univ.prof. der Gesch. aus dem Jesuitenorden im kath. Dtl. der ersten Hälfte des 18. Jh.s. Schwerpunkt seiner hist. Arbeit war nicht die QQkritik u. -edition, sondern die krit. Aufnahme u. Auseinandersetzung mit bereits vorliegender hist. Lit. Leitende Gesichtspunkte waren dabei das (gegenwärtige) Interesse an der Verteidigung der Unabhängigkeit u. Eigenständigkeit der kath. Kirche u. ihre Zuordnung zu einem nicht rein säkular verstandenen Staat, Standpunkte, wie sie nicht nur der prot., sondern bald auch der kath. Aufklärung obsolet erschienen, weshalb S. nur geringe Wirkung entfalten konnte.

Lit.: H. Dickerhof, Land, Reich, Kirche im hist. Lehrbetrieb an der Univ. Ingolstadt (I. S. 1690–1763), B 1971 (mit ausführl. Lit.- u. QQverz.). *H. Z.*

Scott, Walter (seit 1820 **Sir W. S.**) (1771–1832). S. ist der Begründer d. hist. Romans, mit einem handlungsorientierten Gesch.begriff, der vom fortgeschrittenen engl. Bürgertum geprägt ist. S. entstammte einem der schott. «Clans», war zunächst Rechtsanwalt, Grafschaftssheriff u. Richter. Bereits im Studium beschäftigte er sich mit dt. Lit. u. übersetzte mehrere Werke, darunter Goethes «Götz», war dann Hrsg. alter schott. u. eigener Balladen u. veröff. epische Versromanzen zumeist zur schott. Gesch. Seit 1810 verfaßte er Prosawerke. In seinem 1812–14 in ma. Stil erbauten Schloß Abbotsford am Tweed ging er hauptsächl. s. schriftsteller. Tätigkeit nach u. legte mit *Waverley* (1814) s. 1. hist. Roman vor. In rascher Folge entstanden die insges. 27 *Waverley novels*, von denen die meisten in Schottland, einige in Engl. u. Frankr. spielen. In den ersten von ihnen wird die unmittelbare heimatl. Vergangenheit dargestellt, so in *Guy Mannering* (1815) oder bleibt in dem hist. Stoff der regionale Hintergrund gegenwärtig. In *The heart of Midlothian* (1818) erhält die schott. Heldin ein solches Eigengewicht, daß sie die hist. Episode übersteigt. In den späteren Romanen geht S. chronolog. weiter zurück u. greift auch geograph. weiter aus, etwa in *Ivanhoe* (1819).

Der von S. verwandte auktoriale Erzähler vermittelt komplizierte Zus.hänge mit romanzenhaften Bestandteilen. In der Überschaubarkeit der regionalen Welt wird ein authent. Bild des gesch. Wandels herzustellen versucht. Der Mensch als Einzelwesen steht im schicksalhaften Zshg. der weiteren gesellsch. Umwelt u. der großen gesch. Prozesse. In den bevorzugten konfliktträchtigen Regionen u. kritischen Epochenübergängen werden i. d. R. an einer fiktiven romant. Hauptfigur die hist. Ereignisse aus der Sicht eines unmittelbar Betroffenen u. bes. Erlebnisfähigen nachvollziehbar gemacht. Während die eigentl. Akteure der Gesch. zu Randfiguren werden, muß sich der Protagonist d. Romans im Spannungsfeld verschiedener gegensätzl. Gruppierungen bewähren u. veranschaulicht so die Einwirkung der soz. Verhältnisse u. hist. Prozesse auf das Privatleben. S. stellt Gesch.bewußtsein u. regionale Identität dar in einer «Mischung von Bildungsanspruch u. Volkstümlichkeit, Tradition u. Erneuerungsbedürfnis, Fiktion u. Authentizität, Realismus u. Romanzenhaftigkeit, nationaler Aktualität u. weltweiter Wirkung» (Kreutzer). S. starb 1832 in Schloß Abbotsford.

WW: Waverley novels: Oxford edition, 24 Bde., 1914; Edinburgh edition, 48 Bde., 1930–34; Romane, dt. v. B. Tschinschwitz, 12 Bde., 1876/77; v. E. Walter, 34 Bde., 1904–09.

Lit.: E. Kreutzer, Die Entstehung d. Romans in England, in: Propyläen Gesch. d. Lit., Bd. 4 (Aufklärung u. Romantik), Berlin 1988, 211–236; H. Steinecke, Der «reichste, gewandteste, berühmteste Erzähler seines Jh.». W. S. u. der Roman in Dt., in: Nat. Grenzen u. internat. Austausch, Tübingen 1995, 109–120; B. Chase, W. S.: a new Historical Paradigm, in: The Expansion of England. London 1996, 92–129; W. Engler, Gesch.roman oder hist. Roman. Überlegungen zur Scottrezeption während der Restauration, in: Frankreich an der FU, Stuttgart 1997, 153–176. *C. v. M.*

Seeley, John Robert (1834–1895). 1894 geadelt. S. ist im Gedächtnis der Nachwelt präsent als Urheber einer Serie von Vorlesungen, die 1883, kurz nach der brit. Besetzung Ägyptens, u. d. T. *The Expansion of England* veröff. wurden. Das Buch wurde weithin als imperialist. Traktat aufgenommen (in den ersten zwei Jahren wurden 80000 Ex. verkauft) und war polit. einflußreicher als jedes andere brit. hist. Werk der 2. Hälfte des 19. Jhs. S. verband mit dem Text freilich anspruchsvollere Ziele: eine Akzentverlagerung von «liberty» auf «empire» als dem Hauptmotiv der mod. brit. Gesch. u. eine neue Art narrativer Gesch.schr., die das Bedeutungspotential und die Konsequenzen von Ereignissen betonte. S., seit 1869 Regius Prof. of Modern History in Cambridge, verabscheute «literarische» Gesch.schr. im Stile ↑Macaulays und verstand eine strenge, mit systemat., gegenwartsbezogener «political science» verschwisterte Gesch.wiss. als «school of statesmanship». Den Freiherrn vom Stein bewunderte er als Verkörperung national., realist. Staatskunst (*The Life and Times of Stein*, 3 Bde., C 1878).

Lit.: D. Wormell, Sir J. S. and the Uses of History, C 1980 (mit WV); S. Collini u. a., That Noble Science of Politics, C 1983. *J. O.*

Seeliger, Gerhard Wolfgang (1860–1921), als Sohn eines Bürgermeisters in Biala/Oberschlesien geboren, war neben ↑G. v. Below entscheidend an den Auseinandersetzungen beteiligt, die die dt. Gesch.wiss. seit dem Ende des 19. Jh.s um den öffentlich-rechtlichen oder privatrechtlichen Charakter der polit. Ordnung des MAs bewegten. Nach Studien in Wien und Berlin wurde er 1884 in Berlin prom. und habil. sich 1887 in München. 1895 wurde S. als o. Prof. nach Leipzig berufen, 1905/06 war S. Rektor der Leipziger Universität, 1907 leitete er den dt. Historikertag in Dresden. Im Meinungsstreit zwischen «hofrechtlicher» und «grundherrlicher» Theorie zur Erklärung des Ursprungs der öffentlichen Ordnung im MA betonte S. zwar stets die Staatlichkeit der dt. Verf. schon im MA, anerkannte aber zugleich die Bedeutung sozialer und wirtsch. Kräfte, die in Gemeinde und Privatherrschaft auf die Ausgestaltung der innerstaatl. Verhältnisse eingewirkt hätten. 1903 erschien sein Werk *Die soziale und polit. Bedeutung der Grundherrschaft im früheren MA.* Seine Grundposition führte ihn zur engagierten Beteiligung an zahlreichen weiteren Kontroversen. Als Kollege ↑Lamprechts in Leipzig bezog er zwar nur einmal öffentlich Stellung im sog. «Methodenstreit»; seine Ablehnung der Hofrechtstheorie setzte ihn aber schon früh in sachlichen Gegensatz zu jenem. Polit. konservativ denkend, schloß er sich 1920 der DNVP an.

Lit.: R. Kötzschke, G. S., in: Hist. Vjbll. 20/1920–21, S. 482–496 (mit fast vollständigem WV). *L. S. S.*

Seignobos, Charles (1854–1942). Repräsentant der von ↑Monod, ↑Lavisse u. a. an den frz. Univ. etablierten Gesch.-wiss., wurde S. zur Zielscheibe heftiger Kritik aus zwei völlig verschiedenen Lagern. Für die nationalistische Rechte war S., der aus einer kalvinistischen Familie stammte, die ENS absolvierte, dann in Dtl. u. a. bei ↑Ranke und ↑Sybel studierte, seine gesamte wiss. Karriere an der Sorbonne durchlief und sich polit. zur laizistischen Republik bekannte, ein Exponent der verhaßten linken Universität. Sein 1897 erstmals veröff. Hauptwerk, dt. *Politische Geschichte des modernen Europa. Entwicklung der Parteien und Staatsformen, 1814–1896* (L 1910), erfuhr in Fkr. zahlreiche Aufl. Einer der ältesten Schüler von Lavisse, schrieb S. für dessen letztes Reihenwerk die Bde. über die Gesch. Fkr.s von 1848 bis 1914. Als Autor einer gemeinsam mit dem Spezialisten für hist. Hilfswiss., Ch.-V. Langlois (1863–1929) verfaßten, erstmals 1898 veröff., für Generationen frz. Gesch.-Studenten maßgeblichen Einführung in die Gesch.wiss. wurde S. später von den Begründern der Annales-Schule, bes. ↑L. Febvre, als Prototyp positivistischer, auf Ereignis-Gesch. fixierter Gesch.schr. angefeindet.

Abb.: Cat. Gen. BN – Dict. Sc. Hist. (J. Glénisson – Lit.). *B. G. B.*

Sen, Surendra Nath (1890–1962). Ausgebildet in Kalkutta und Oxford, wurde S. Prof. in Kalkutta und Delhi und 1931–51 Leiter der indischen Nationalarchive, die er maßgeblich aufbaute. Er war ein Pionier der ind. Verwaltungs- u. Militärgesch. (*Military System of the Marathas,* Kalkutta 1928) und schrieb das ind. Standardwerk zum Sepoy-Aufstand, *Eighteen Fifty-seven* (New Delhi 1958).

Lit.: S. P. Sen (Hrsg.), Historians and Historiography in Modern India, Kalkutta 1973, S. 352–58. *J. O.*

Seppelt, Franz Xaver (1883–1956). Geb. 13. Jan. 1883 in Breslau, gest. 25. Juli 1956 in München, erstreckte sich sein Leben zwischen diesen geogr. Polen. Die ersten Jahrzehnte verbrachte er – mit Ausnahme kurzer Studienaufenthalte in Rom und München – auf der Breslauer Dominsel, seit 1933 und bei Kriegsende politischen Bedrückungen ausgesetzt, bis zur Ausweisung April 1946, die ihn, ähnlich seinem Landsmann und Fachgenossen Berthold Altaner, in Bayern eine neue Heimat finden ließ. Nach der Priesterweihe 1906 folgte 1907 die theol. Prom., 1910 die Habil., 1915 die Ernennung zum ao. und 1920 zum o. Prof. für Mittlere und Neuere Kirchengeschichte. Außerdem seit 1925 Domkapitular, war er bis 1933 auch Mitglied des Breslauer Stadtrats, des schlesischen Provinziallandtags als Vorsitzender der Zentrumsfraktion und ab 1929 des Preuß. Staatsrates. 1946 bis zur Emeritierung 1952 versah er an der Univ. München den kirchengeschichtl. Lehrstuhl.

So kontinuierlich wie die geistliche und akad. Karriere verlief seine wiss. Arbeit. S. pflegte drei Bereiche: einzelne Aspekte der ma. KG, wie u. a. Bettelordengesch., zum anderen schlesische KG, bes. Bistumsgesch. von Breslau; Hauptdomäne aber blieb die *Geschichte der Päpste* (5 Bde., München, 2. Aufl. 1954–59), die ihn bis in die Zeit seiner Erblindung beschäftigte; die Neubearbeitung der Bde. 4 und 5 sowie der einbändigen Gesamtdarstellung «von den Anfängen bis zur Gegenwart» (München 1964) besorgte sein Schüler Georg Schwaiger. S.s quellennahe, pragmatische, urteilssichere und eindrucksvolle biographische Kunst setzte mit manchen Korrekturen das Werk der großen Papsthistoriker ↑L. v. Ranke, ↑L. v. Pastor, ↑J. Haller, E. Caspar fort. Ein stets für neue Fragen aufgeschlossener, gesunder Konservativismus prägte S.s kirchl., polit. und wiss. Lebensarbeit, die kurz vor dem Tode mit dem Großen Bundesverdienstkreuz geehrt wurde.

Lit.: H. Jedin, Zum 70. Geb. von F. X. S., in: Archiv f. schles. Kirchengesch. 10, 1952, 1–9; W. Dürig – B. Panzram, Studien zur hist. Theol., Mn 1953, 213–220; H. Tüchle, F. X. S., in: HJb 76, 1957, 632–633; B. Panzram, F. X. S., in: HZ 186, 1958, 484–485; R. Bendel, F. X. S., «Maßvoller Konservativismus» zwischen Bistumsgeschichte und Papstgeschichte, in: Archiv f. schles. Kirchengesch. 56 (1998), 27–60. *L. B.*

Sickel, Theodor (seit 1884: Ritter von S.) (1826–1908), Urkundenforscher u. Wiss.organisator, geb. in Aken (Sachsen) als Sohn eines Pfarrers, seit 1845 Stud. (Theol., Phil., Gesch.) in Halle u. Berlin (u. a. bei ↑A. Böckh, K. Lachmann), Prom. 1850, danach Archivreisen in Europa u. Studien an der École des Chartes in Paris. Seit 1857 lehrte S. als a. o. Prof. f. Hist. Hilfswissenschaften in Wien, wurde 1867 o. Prof., stand 1869–1891 dem Inst. f. Österr. Gesch.forschung vor u. rief 1880 die MIÖG ins Leben. Als Gründungsdirektor des Österr. Hist. Instituts in Rom (1881–1901) 1884 geadelt, leitete S. die Diplomata-Abt. der MGH (seit 1875; Bearb. DD I–II,2 [Konrad I. – Otto III.], 3 Bde., 1879–1893) u. amtierte 1897–1908 als Präs. der Hist. Komm. bei der Bayer. Akad. d. Wiss. Seine organisat. Energie stellte S. in den Dienst einer methodenstrengen, philolog.-kritischen MAforschung, in deren Zentrum die hist. Hilfswissenschaften, bes. Diplomatik u. Paläographie, standen; mit seinem positivist. Wissenschaftsideal u. technischen Perfektionsanspruch setzte er Maßstäbe für großangelegte Editionsprojekte (u. a. früher Einsatz der Photographie: *Monumenta graphica* [...], 1858–1880) u. wirkte zumal in der österr. Mediävistik für Jahrzehnte schulbildend.

WW: Beiträge zur Diplomatik, 8 Bde., 1861–1882; Acta regum et imperatorum Karolinorum, 2 Bde., 1867; Kaiserurkunden in Abbildungen, 1880–1891; Autobiogr.: Th. S. Denkwürdigkeiten aus der Werdezeit eines dt. Gesch.forschers, 1926; Römische Erinnerungen nebst Briefen u. Aktenstücken. Hrsg. v. L. Santifaller, 1947.
Lit.: NA 33 (1908), S. 773–781; HVjs 11 (1908), S. 333–359; A. Lhotsky, Gesch. des IÖG 1854–1954, 1954; H. Fichtenau, Diplomatiker u. Urkundenforscher, in: MIÖG 100 (1992), S. 9–49; M. Schubert, Meister – Schüler. Th. v. S. und Paul Fridolin Kehr, in: MIÖG 106 (1998), S. 149–166. *H. C.*

Sigebert von Gembloux (um 1030–1112). Die Kenntnisse seiner Biographie entstammen dem letzten Kapitel seines *Catalogus de viris illustribus*. Er wurde Mönch im Kloster Gembloux (Provinz Namur, Belgien), in dem er sehr wahrscheinlich erzogen worden war und dessen Abt Olbert (1012–1048) die Bibliothek beträchtlich bereichert und das Scriptorium gefördert hatte. S. wurde nach Metz geschickt, um an der Domschule zu lehren, kehrte später nach Gembloux zurück. Er starb 1112.

Sein Werk umfaßt Heiligenleben, darunter eine Vita des Gründers von Gembloux, eine Gesch. der Äbte von Gembloux, den *Catalogus de viris illustribus,* mit dem er eine durch den heiligen Hieronymus gepflegte, seit 450 Jahren aber unterbrochene Tradition neu belebte, eine Weltchronik und einen *Liber decennalis,* in dem er seine Fertigkeit in der Berechnung der beweglichen Festtage an den Tag legt. S.s WW über Gembloux – die Gesch. des Gründers und der Katalog der Äbte – beruhen nachweislich auf weitgehenden Fälschungen, die den Interessen und dem Ruhm des Klosters dienen sollten. Sein HW stellt die Weltchronik dar. S. gab 1105 eine erste Fassung heraus, die er später überarbeitete und bis 1111 fortsetzte. Sein Vortitel war die vom heiligen Hieronymus umgearbeitete Chronik des ↑Eusebios. Bis 1023 ist seine Chronik eine geschickte Kompilation zahlreicher anderer Chroniken, ab diesem Zeitpunkt wird sie weitgehend selbständig. S. bemüht sich um eine genaue Chronologie der erzählten Ereignisse und will dem Rahmen der Weltgeschichte treu bleiben. Er ergreift, wie auch in einigen anderen Schriften, mit Maßen Partei gegen Gregor VII. zugunsten Heinrichs IV.

Seine Chronik wurde während des ganzen Mittelalters, namentlich zwischen Seine und Maas und in England, als Nachschlagewerk benutzt.

Lit.: VL 8, Sp. 1214–1231; A. D. v. den Brincken, Studien zur lat. Weltchronistik, Düsseldorf 1957; R. Witte, Catalogus Sigeberti Gemblacensis monachi de viris illustribus, Bern-Frankfurt/M. 1974; J. Beumann, S. v. G. und der Traktat «De investitura episcoporum», Sigmaringen 1976; J. Wiesenbach, Der «Liber decennalis» in der Hs. Rom, Biblioteca Angelica 1413, als Werk S.s v. G., in: DA 33 (1977), 171–181; M. de Waha, S. de G. faussaire?, in: Revue belge de philologie et d'histoire, 55 (1977), 989–1036; M. Chazan, L'Empire et l'histoire universelle de S. de G. à Jean de Saint-Victor, 1999. *J. M. M.*

Sigonius, Carolus (1523–1584). Aus bescheidenen Verhältnissen in Modena geb., hat S. in Bologna u. Pavia stud. u. (ab 1546) in Modena, Venedig, Padua u. Bologna (ab 1563) erst Philologie, zuletzt Gesch. gelehrt: Bischof G. Paleotti v. Bologna u. der Bologneser Papst Gregor XIII. waren Promotoren akademisch – nicht, wie im 15. Jh., in Staatskanzleien – betriebener Gesch.wiss.

S. gelangte von der Philologie – u. a. Edition römischer Konsularfasten 1550 – zur Gesch., die durch voluptas u. utilitas vor der Philosophie rangiere u., über Annales hinaus, die Ereignisse pragmatisch verknüpfe. Nach Studien zur

Gesch. Bolognas u. zur Kirchengesch. – S. führte Arbeiten des Freundes O. Panvinius fort – stieß er zur italienischen Gesch. als Einheit, nicht als Stadtgesch., in einer methodisch modernisierten Fortführung der Dekaden von ↑F. Blondus. Auf Urkunden und Antiquitäten sind die *Historia de Occidentali Imperio* (284–565) von 1577 sowie das «große Meisterwerk der Renaissancehistoriographie» (E. Cochrane) *De regno Italiae* (1574/91) gestützt. S. apostrophierte den römischen Verfall als Voraussetzung des regnum Italiae, das von Barbaren gegründet wurde u. 1268 mit den Staufern kollabierte. Als antiquarius hat S. die Zustände des nachrömischen Italien u. a. in *De antiquo iure Romanorum* (1560) zu fassen gesucht. Die erfolgreiche Italienische Gesch. wurde im 18. Jh. durch ↑L. Muratori neu als Grundlagenwerk aufgegriffen.

Lit.: E. Cochrane, Historians and Historiography in the Italian Renaissance, 1981. *H. D.*

Simonsfeld, Henry (1852–1913). Nach dem Studium an den Univ. München und Göttingen promovierte S. bei ↑Waitz mit der Arbeit *Andreas Dandolo und seine Geschichtswerke* (1876). Nach Tätigkeiten als Gymnasiallehrer und Bibliothekar erfolgte die Habil. unter ↑Giesebrecht im Jahre 1878 an der Universität München. In der Folgezeit lehrte S. vornehmlich Histor. Hilfswiss. und stieg an der Münchner Hochschule bis zum o. Prof. (1912, ad personam) auf. Sein Hauptwerk behandelt den *Fondaco dei Tedeschi in Venedig und die deutsch-venetian. Handelsbeziehungen* (1887); für die «Jahrbücher des deutschen Reiches» verfaßte er den 1. Band über Friedrich I. (1152–1158).

Lit.: Weber 550; H. Dickerhof-Fröhlich, Das histor. Studium an der Univ. München im 19. Jh., 1979. *R. A. M.*

Sismondi, Jean Charles Léonard Simonde de (1773–1842). Der in Genf geb. vielseitige, auch literar. ambitionierte Hist. u. Nationalökonom erhielt Anregungen von ↑J. v. Müller u. schloß sich, nach Jugendjahren im engl. u. ital. Exil, als Gegner Napoleons dem Kreis um Mme de Staël an. Seine historiograph. Arbeiten besaßen eine eminent polit. Intention u. Wirkungsdimension, so seine *Histoire des Républiques italiennes du moyen âge* (16 Bde., 1807–1818): Die Gesch. der ma. ital. Stadtrepubliken, ihrer Föderation u. ihrer Überwindung der Fremdherrschaft, stärkte Idee u. Impulse des Risorgimento. S. verwendete den Begriff ‹Renaissance› hier erstmalig für die Neugeburt der ital. Stadtfreiheit am Ausgang des MA. Als Wirtschaftstheoretiker zunächst Anhänger v. Adam Smith, wandte S., «the first critic of industrial capitalism» (M. Blaug), sich später unter dem Eindruck konkreter Krisenerfahrung in England gegen die Lehren der klass. Nationalökonomie.

WW: De la richesse commerciale, ou principes d'économie politique [...], 2 Bde., 1803; Nouveaux principes d'économie politique, 2 Bde., 1819; Histoire des Français, 31 Bde., 1821–1844; Histoire de la renaissance de la liberté en Italie, de ses progrès, de sa décadence et de sa chute, 1832; Études sur les constitutions des peuples libres, 1836.

Lit.: Feller/Bonjour 2, S. 600 f.; T. Sowell, Sismondi: A Neglected Pioneer, in: History of Political Economy 4 (1972), S. 62–88; H. O. Pappé, Sismondi's System of Liberty, in: Journal of the History of Ideas 40 (1979), S. 251–266; M. Blaug (Ed.), Pioneers of Economics, vol. 13, 1991. *W. S.*

Skylitzes, Johannes (nach 1040–ca. 1110), aus dem Verwaltungsbezirk Thrakesion in Kleinasien Hohe Hofämter, zahlreiche Ehrungen; sein Titel «Kuropalates» war urspr. nur für Angehörige der kais. Familie bestimmt; ca. 1070–1080: *Sýnopsis Historiōn* (Zusammenfassung der Geschichte): Umfaßte die Zeit von Michael I. Rhangabe (811–813) bis Michael IV. (1056–57). Er bot Reichsgesch. als Kaisergesch., für ein breites Publikum. Behandelt Außen- u. Innenpolitik gleichwertig (promakedonisch). Höhepunkt lebendiger Darstellung: «Theophilos» (829–842), Dyn. von Amorion, der den Bilderstreit beendete. Ferner: «Basileios I.» (867–886), Begr. der maked. Dynastie (bis 1056). S. schrieb Vorgänger aus und nützt insofern als Überlieferer der historiogr. Tradition. Er hat wenig Kritik bei der Quellenbenutzung.

WW: J. Thurn, Joannis Scylitzae Synopsis historiarum, Corpus fontium historiae byzantinae (= CFHB), Bd. 5, B-NY 1973. *Lit.:* H. Hunger, Die hochsprachl. profane Lit. der Byzantiner, Bd. 1, Mn 1978; J. Shepard, A suspected source of Skylitzes' Synopsis Historion: the great Catacolon Cecaumenus, in: Byzantine and Modern Greek Studies 16, 1992, 171–181; J. Karayannopulos/G. Weiss, Quellenkunde zur Geschichte von Byzanz (324–1453) II, Wiesbaden 1982. *B. R.*

Sleidan (eigentl. Philippi), Johannes (ca. 1507–1556). In Schleiden (Eifel) geb. – daher sein Name –, stud. in Lüttich, Köln, Loewen. Wie sein Landsmann Joh. Sturm setzte er ab 1533 sein Studium in Paris und vor allem Orléans fort, wo er zum Dr. jur. prom. Durch Sturms Vermittlung trat S. als dessen Nachfolger in Dienste des Pariser Kardinals und Staatsmanns Jean du Bellay. Mehrfache Missionen zu deutschen Protestanten verfolgten die Absicht, eine engere Verbindung zwischen den Neugläubigen und der franz. Krone herbeizuführen, ohne daß S. hierin besonders erfolgreich war. 1542 ging S. nach Deutschland zurück und ließ sich 1544 dauerhaft in Straßburg nieder. Als glühender Anhänger der neuen Lehre widmete er sich ihrer auch lit. Absicherung, nicht zuletzt durch hist. Bericht. Daneben unternahm er verschiedene Reisen im Auftrage der prot. Partei im Reich, die ihn in die Niederlande und nach England führten. Am 31. Oktober 1556 starb er in Straßburg an der Pest.

S.s Kommentare über den Fortgang der Reformation waren bis ins 19. Jh. eine der wichtigsten Samml. zeitgen. QQ. In Chronikform berichtete er in loser, wenig eindringender, aber breit gespannter Weise über die reformat. Entwicklung der Jahre 1517–1555. Das Compendium über die vier großen Monarchien war neben ↑Melanchthons Chronicum Carionis *das* Handbuch der Weltgesch., nicht nur bei den Lutheranern, sondern in der gesamten prot. Welt bis ins späte 17. Jh., und selbst die Jesuiten bedienten sich seiner in «gereinigter Form». Obwohl von der franz. human. Schule mitgeprägt, verbleibt S. weitgehend im zeitüblichen, antiquarisch-erzählenden Bericht historischer Ereignisse. Seine Kunst knapper und charakteristischer Beschreibung erklärt seine Beliebtheit und machte sein immer wieder aufgelegtes und auch erweitertes Compendium der Weltgesch. zu einem nützlichen Arbeitsinstrument.

WW: Commentariis de statu Religionis et rei publicae Carolo V. Caesare, 1555; De quattuor summis imperiis libri tres, 1556. *Lit.:* E. Menke-Glückert, Die Geschichtsschreibung der Reformation und Gegenreformation, 1912; E. Cl. Scherer, Gesch. und Kirchengesch. an den deutschen Univ., 1927; E. Fueter, Gesch. der neueren Historiographie, 1936. *N. H.*

Soboul, Albert (1914–1982), 6. Inhaber des Lehrstuhls für Gesch. der Franz. Rev. an der Sorbonne. – In Algerien als Sohn dorthin ausgewanderter Bauern geb., früh verwaist, in Nîmes bei seiner Tante, einer Lehrerin, aufgewachsen, von Jugend auf Mitglied der Komm. Partei, 1940–44 in der Résistance aktiv, stud. S. in den 30er Jahren in Paris Gesch. und begann seine wiss. Karriere nach dem Zweiten Weltkrieg. Schüler von ↑Lefebvre, forschte S. über die städtischen revolutionären Unterschichten. Er spürte die verstreuten Archivalien über die Pariser Sansculotten auf und schrieb auf dieser Basis seine Thèse, die als sein bedeutendstes Werk gilt: *Les Sans-culottes parisiens en l'an II* (Roche-sur-Yon 1958 u.ö., dt.: *Französische Revolution und Volksbewegung* [...] B 1962, F [3]1989).

1960 Prof. an der Univ. Clermont-Ferrand, erhielt S. 1967 mit dem Ruf auf den Sorbonne-Lehrstuhl (s.o.) weitere einflußreiche wiss. Ämter. So wurde sein Seminar bald ein Zentrum jakobinisch-marxistisch inspirierter Revolutionsforschung, er selbst das Haupt einer wiss. Schule von großer intern. Ausstrahlung. Unter S.s weiteren Werken erfuhr zahlreiche Aufl. und Übers. *Précis de l'histoire de la Révolution française* (P 1962 u.ö., dt.: *Die Große Franz. Rev.,* F 1973, [5]1988). Posthum erschien der wichtigste Teil seiner kulturgeschichtl. Gesamtdarstellung *La Civilisation et la Révolution française* (3 Bde., P 1970–83).

Lit.: Nekrologe in: Ann. Hist. Rev. franç. 54 (1982), 321–328 (U. Godechot, E. Labrousse, A. Saitta, J.-R. Suratteau, M. Agulhon); RH 269 (1983), 241–244 (Y.-M. Bercé); ZfG 31 (1983), 352f. (W. Markov). *B. G. B.*

Solov'ev, Sergej Michajlovič (1820–1879), Geb. am 5./17. Mai 1820 als Sohn eines orthodoxen Priesters und Religionslehrers an der Moskauer Handelsschule. An der Moskauer Univ. fand er den Zugang zur wissenschaftlichen Beschäftigung mit der russischen Geschichte. Als Hauslehrer in der Familie des ehemaligen Innenministers A. G. Stroganov hatte er in den J. 1842–1844 Gelegenheit, Vorlesungen bei den bedeutendsten deutschen und französischen Historikern seiner Zeit zu hören und sich mit den neuesten westlichen Forschungsmethoden vertraut zu machen. Mit seiner Magisterarbeit über die Beziehungen Novgorods zu den Großfürsten, die er im Jahre 1845 erfolgreich verteidigte, begründete er sein Renommee als Rußlandhistoriker und legte den Grundstein für eine steile akademische Karriere an seiner Heimatuniv. Sie führte ihn nach dem Doktorat (1847) als Prof. (seit 1850) und Dekan der Historisch-Philologischen Fakultät (1855–1869) bis zum Rektorat (1871–1877) und bis zum Präsidentenamt in der angesehenen Moskauer Gesellschaft für Geschichte und russische Altertümer. Seine konservativen und slavophilen Neigungen sicherten ihm die Gunst der Zarenfamilie, die ihn zeitweilig mit der historischen Unterrichtung des Thronfolgers beauftragte. 1877 zog er sich aus Enttäuschung über die reaktionäre Bildungspolitik der Regierung in den vorzeitigen Ruhestand zurück. Er verstarb am 4./16. Oktober 1879 in Moskau.

S. war ein ungemein fruchtbarer Forscher und akad. Lehrer. Seinen hohen Rang unter den Historikern Rußlands behauptet er bis heute als Verfasser der wohl umfangreichsten Gesamtdarstellung der russischen Geschichte. Mit diesem Monumentalwerk sind erstmals auf russischem Boden die Grundlagen für eine wissenschaftliche Beschäftigung mit der vaterländischen Geschichte gelegt worden. S.s Darstellung beruht auf den Ergebnissen ausgedehnter eigener Archivstudien. In insgesamt 29 Bänden, die in regelmäßiger Folge seit 1851 erschienen, wird ein Gesamtbild der historischen Abläufe auf russischem Boden von den Anfängen bis in die ersten Regierungsjahre Katharinas II. aus großrussischer Sicht entworfen. Die Geschichtskonzeption S.s ist den Erkenntnissen der Historischen Rechtsschule verpflichtet. Er suchte im Wandel der Zeiten die organische Einheit und die Gesetzmäßigkeiten historischer Prozesse zu erfassen und die genetischen Zusammenhänge innergesellschaftlicher Entwicklungen auf dem Wege von der Gentilverfassung zu staatlichen Organisationsformen zu begreifen. Aus dem Vergleich mit Westeuropa erschlossen sich ihm Gemeinsamkeiten und Besonderheiten einer russischen Geschichte, deren Wesenszug er u.a. mit der Herausbildung der autokratischen Staatsform verbunden sah. Sein materialreiches Werk, dem auch die sowjetmarxistische Geschichtswissenschaft den Respekt nicht versagte, hat auf die nachfolgenden Generationen der Rußlandhistoriker einen nachhaltigen Einfluß ausgeübt.

WW: Istorija Rossii s drevnejšich vremen». Neuausgabe in 15 Bänden. Moskau 1959–1966. – Ders., Izbrannye trudy. Zapiski. Moskau 1983.
Lit.: K.-D. Grothusen, S. M. Solov'ev's Stellung in der russischen Historiographie, in: Forschungen zur osteuropäischen Geschichte 5 (1956) S. 7–102; J. L. Black, The «State School» Interpretation of Russian History: A Re-Appraisal of its Genetic Origins, in: JbbGO 21 (1973) S. 509–530; J. Sternkopf, Sergej und Vladimir Solov'ev. Eine Analyse ihrer geschichtstheoretischen und geschichtsphilosophischen Anschauungen. München 1973. – V. E. Illerickij, Sergej Michajlovič Solov'ev. Moskau 1980; Th. Sanders (Ed.), Historiography of Imperial Russia. The profession and writing of history in a multinational state. New York 1999. *E. H.*

Sombart, Werner (1863–1941), war mit seinem so ambitionierten wie umstrittenen Werk als Nationalökonom, Wirtschafts- u. Kulturhist. u. früher Soziologe einer der großen Anreger u. ‹Meistererzähler› interdisziplinär arbeitender «historischer Sozialwissenschaft» (Begriffsprägung von S., 1916) in Dtld. am Beginn des 20. Jhs.

In Ermsleben geb. als Sohn eines Zukkerindustriellen u. nationallib. Politikers, stud. S. in Pisa, Berlin u. Rom v.a. Rechts- u. Staatswiss., bes. beeinflußt von A. Wagner u. ↑G. Schmoller, als dessen Schüler von «etwas eigentümlicher Spielart» (1892) er sich zeitlebens verstand. Schon seine von Schmoller betreute Diss. *Die römische Campagna. Eine sozialökonomische Studie* (1888) verband nat.ökonom. Methodenbewußtsein mit glänzender kulturhist. Darstellung, eine Kombination, die S.s gesamtes Werk prägte. Von 1888–1890 war S. Syndikus der Bremer Handelskammer, 1890–1906 a.o. Prof. an der Univ. Breslau, 1909 Mitbegründer der Dt. Gesellsch. für Soziologie. Seit 1906 lehrte er an der Berliner Handelshochschule u. erhielt erst 1917, als Nachfolger A. Wagners, ein Ordinariat an der Univ. Berlin. Karrierehindernis war v.a. S.s Ruf als Marxist, den er sich durch sozialpolit. Engagement, mehr noch als breitenwirksamer, sympathiegeleiteter Historiker u. Interpret der sozialist. Bewegung erworben hatte (*Sozialismus u. soziale Bewegung im 19. Jh.*, zuerst 1896); er verlor ihn erst im Lauf seiner lebenslangen intellektuellen Wandlungsprozesse: Auf kulturkritisch motivierte Politikverachtung der Jahre vor 1914 folgte der chauvinistische Exzeß im Weltkrieg (*Händler u. Helden. Patriotische Besinnungen*, 1915); aus Faszination u. Haß gespeiste Marxismuskritik (*Der proletarische Sozialismus [«Marxismus»]*, 2 Bde., 1924) u. antimodernist. Ressentiments führten bereits in der Weimarer Republik zu z.T. verfänglich dichter Annäherung an Positionen der äußersten Rechten. S.s *Deutscher Sozialismus* (1934) konnte dann jedoch bei aller Affinität nicht als schlichte Identifikation mit nat.soz. Positionen gelesen werden.

Im Zentrum von S.s Werk stand – neben den Arbeiten zur Sozialismus-Deutung u. großen Entwürfen zu Geschichte u. Neuorientierung der Nationalökonomie (*Die deutsche Volkswirtschaft im Neunzehnten Jahrhundert*, zuerst 1903; *Die drei Nationalökonomien*, 1930) – die Darstellung u. Deutung des Wesens wie der Genese, Gegenwart u. Zukunft des kapitalist. Wirtschaftssystems: *Der moderne Kapitalismus* (2 Bde., 1902) versuchte im theoriegeleiteten geschichtl. Überblick zugleich die «eigenen Bewegungsgesetze» dieses Systems aufzudecken, wobei S. sich primär auf die Geschichte des Handwerks u. der Handwerker konzentrierte, den Anfängen bürgerlichen Reichtums nachspürte u. eine «Städtetheorie» der mod. Stadt entwickelte. Bes. S.s These von der Kapitalentstehung aus der Akkumulation v. Grundrenten war in ihrer Monokausalität heftiger quellengestützter (Detail-)Kritik ausgesetzt (Hist.tag Heidelberg 1903). In Reaktion darauf u. auf die Studien seines Freundes ↑M. Weber u. ↑E. Troeltschs betonte S. in der Folge stärker die Bedeutung des «Spiritus capitalisticus» (1902) u. erweiterte das Ursachenspektrum für die Entstehung des Kapitalismus zunächst in effektvoll zugespitzten Einzelstudien (*Die Juden u. das Wirtschaftsleben*, 1911; *Der Bourgeois*; *Krieg u. Kapitalismus*; *Luxus u. Kapitalismus*, alle 1913), dann in der völligen Neubearbeitung von *Der moderne Kapitalismus* (6 Bde., 1916–1927). Mit nahezu enzyklopädischem Anspruch, von ↑Marx' Einfluß so gut wie vollständig emanzipiert, suchte S. nun «das Wirtschaftsleben der europäischen Völker von seinen Anfängen an bis zur Gegenwart genetisch-systemat. zur Darstellung zu bringen» (1916), ausgerichtet auf idealtypisch verstandene «Wirtschaftssysteme» u. die sie formende «Wirtschaftsgesinnung».

S.s hier umgesetztes Ideal einer Theorie u. Geschichte, «historische Betrachtungsweise» u. «abstrakt-isolierende Methode» verbindenden «konstruktiven Wirtschaftsgeschichte» (1910) mit ästhetischem Anspruch fand nach dem Verebben der zeitgenössischen Diskussion nur noch vereinzelt explizite Würdigung, so bei ↑F. Braudel, u. blieb in der deutschen Gesch.wiss. ohne nachhaltige Wirkung.

WV: F. Lenger, W. S., 1994, S. 513–523. *Lit.:* DBE 9, S. 367f.; B. vom Brocke (Hg.), Sombarts ‹Moderner Kapitalismus›. Materialien zur Kritik u. Rezeption, 1987; M. Appel, W. S. Historiker u. Theoretiker des mod. Kapitalismus, 1992; F. Lenger, W. S. 1863–1941. Eine Biographie, 1994; W. S. (1863–1941): Social Scientist. Hrsg. v. J. Backhaus, 3 Bde., 1996. *H. C.*

Sorel, Albert (1842–1906). In der Blütezeit der Gesch.wiss. fand S. intern. Anerkennung als Hist., ohne je Gesch. stud. zu haben. Der Sohn eines vermögenden Industriellen aus der nordfrz. Hafenstadt Honfleur hatte Jura stud., war in den auswärtigen Dienst getreten und galt als Anwärter auf eine glänzende diplomatische Karriere, als ihm 1872 der Lehrstuhl für Diplomatie-Gesch. an der neuen privaten Hochschule École libre des Sciences politiques angeboten wurde. Auf den Zuspruch von ↑Taine und ↑Guizot und überzeugt von der wichtigen Rolle der Gesch. für die geistige Erneuerung Fkr.s nach dem Debakel von 1870/71 ging S. auf das Angebot ein. Um seiner bald sehr erfolgreichen Lehrtätigkeit und Forsch.arbeit willen schlug S. später ein Angebot Gambettas, als Direktor der polit. Abt. ins Außenministerium zurückzukehren oder als Botschafter nach Berlin zu gehen, aus, blieb aber als Sekretär der Präsidentschaft des Senats in einem für Gesch.schr. über polit. Entscheidungsprozesse fruchtbaren Kontakt mit prakt. Politik.

Bereits sein hist. Erstlingswerk *Histoire diplomatique de la guerre franco-allemande* (2 Bde., P 1875) fand die Anerkennung der Fachwelt wegen der Qualität der Analyse und seiner – damals außergewöhnlichen – Unparteilichkeit.

Diese imponierte in der Hochphase des Nationalismus auch an seinem Hauptwerk *L'Europe et la Révolution française* (8 Bde., P 1885–1904). Vor allem aber verband S. darin meisterhaft die Anforderungen moderner Gesch.wiss. mit der frz. Tradition literarisch kunstvoller Gesch.schr. Das Werk wurde mehrfach preisgekrönt, gab Anlaß zu S.s Aufnahme in die Ac. franç. (1894) und behauptete in der intern. Gesch.-wiss. jahrzehntelang seinen Rang als Standardwerk über die Beziehungen zw. dem revolution. Fkr. und den europ. Mächten; ↑Sybels «Geschichte der Revolutionszeit» war damit wiss. überholt. S.s Werk erfuhr mehrere Aufl., eine russ. und auszugsweise engl. Übers.

S. weitete ↑Tocquevilles Leitgedanken von der inneren Verbindung zwischen Ancien Régime und Franz. Rev. auf die Außenpolitik aus und stellte die europ. Gesch. zw. 1789 und 1815 als «die natürliche und notwendige Folge» der vorherigen Gesch. Europas dar; die Staaten seien ihren alten Interessen, die Nationen ihrem «génie héréditaire» (heute hieße es Mentalität) gefolgt. – Von Taine, mit dem S. oft in Zusammenhang gebracht wird, unterscheidet er sich in einem fundamentalen Punkt, der prinzipiellen Bejahung der Franz. Rev., von Sybel, mit dessen Werk er sich gründlich auseinandersetzte, durch die gegensätzliche Deutung des Verhältnisses zw. Franz. Rev. und Europa. Nach Sybel hatte die Franz. Rev. die europäische Freiheitsbewegung verhängnisvoll verfälscht, nach S. wurde der Geist der Revolution durch den Zynismus des alten Europa korrumpiert.

Abh.: Cat. Gen. BN –
Lit.: G. P. Gooch, Gesch. und Gesch.schreiber im 19. Jh., F 1964; H.-O. Sieburg, Fkr. und Dtl. in der Gesch.schr. des 19. Jh.s, 2 Bde., Wi 1954/58; B. Gödde-Baumanns, Dt. Gesch. in frz. Sicht, Wie 1971 (Lit.).

B. G. B.

Southern, Richard William (1912–2001), war einer der einflußreichsten Mediävisten seiner Generation im angelsächsischen Wissenschaftsraum. Vielgelesen, vielgeehrt, trug S. maßgeblich dazu bei, die überkommene Fixierung der engl. MAforschung auf verfassungsgesch. Probleme aufzubrechen u. durch weitgefaßte geistes- u. ideengesch. Fragestellungen zu erweitern.

Geb. in Newcastle upon Tyne als Sohn eines Kaufmanns, stud. S. in Oxford (u. a. bei V. Galbraith, M. Powicke), Paris (1933/34) u. München (1935), lehrte in Oxford, 1961–1969 als Chichele Prof. of Medieval History, war 1968–1972 Präs. der Royal Historical Society und wurde 1974 geadelt; 1987 erhielt er den Balzan-Preis (Geschichte Europas im MA).

S.s erfolgreichste Arbeiten (*The Making of the Middle Ages*, zuerst 1953, in 27 Sprachen übersetzt; *Western Society and the Church in the Middle Ages*, 1970) verbanden kirchen-, ideen- u. sozialgeschichtl. Ansätze zu großen Überblicksdarstellungen: Epochenporträt u. kontextbewußte biograph. Vergegenwärtigung (*St Anselm and His Biographer. A Study in Monastic Life and Thought*, 1963; *Robert Grosseteste: The Growth of an English Mind in Medieval Europe*, 1986; *St Anselm: A Portrait in a Landscape*, 1990), europäische Perspektive u. leserorientierte Darstellung, daneben aber auch die Arbeit als Editor (v. a. Anselm v. Canterbury) prägen den Charakter von S.s Werk.

WW: Western Views of Islam in the Middle Ages. Cambridge 1962; Medieval Humanism and Other Studies. New York 1970; Scholastic Humanism and the Unification of Europe, 2 vols. Oxford 1995/2000.
Lit.: The Writing of History in the Middle Ages. Essays presented to R. W. S. Oxford 1981; N. F. Cantor, Inventing the Middle Ages, New York 1991, S. 337–370; Sir

Richard Southern, in: Speculum 76, 2001, S. 859–861. *H. C.*

Spahn, Martin (1875–1945), Historiker der neueren Geschichte u. Politiker, der sich vom Zentrum nach rechts bewegte u. in den 20er u. 30er Jahren ein Repräsentant des Jungkonservativismus war.

Der Sohn des Zentrumspolitikers Peter Spahn habilitierte sich mit 23 Jahren 1898 in Berlin. Er wurde 1901 zum a. o. Prof. in Bonn ernannt und im gleichen Jahr auf eine konfessionell gebundene Professur nach Straßburg berufen, was Aufsehen erregte u. zu Protesten führte («Fall Spahn»). 1918 amtsverdrängt, wurde Sp. 1920 Ordinarius in Köln. – Von 1910–12 Reichstagsabgeordneter des Zentrums, wandte sich Sp. unter dem Eindruck des Krieges nach rechts. Sp. trat 1921 zur DNVP über u. vertrat diese von 1924–33 im Reichstag, er leitete das «Politische Kolleg», das ein Sammelpunkt neukonservativer Kräfte war, und setzte sich in der Weimarer Zeit für eine der Republik entgegengesetzte Reichsidee ein, zu deren Inhalten antiparlamentarische und ständestaatliche Gedanken ebenso gehörten wie die Vorstellung eines geopolitisch begründeten, sehr weit gefaßten mitteleurop. Raumes, der von den Dtn. politisch zu gestalten u. kulturell zu durchdringen war. Wenn Sp. 1933 der NSDAP beitrat, so lag dies in der Logik seiner Entwicklung. Die histor.-polit. Publizistik ist gesammelt in dem 1936 veröffentlichten Bd. *Für den Reichsgedanken. Histor.-polit. Aufsätze 1915–34.* – Die Bedeutung Sp.s liegt in seiner Katholiz., National. u. Jungkonservativ. verbindenden polit. Rolle, nicht in seiner Historiographie, zu deren Themen der Große Kurfürst, Bismarck, die Großmächte, die elsässische Frage u. die Gesch. des Zentrums gehören.

Lit.: Selbstbiogr. in: H. v. Arnim / G. v. Below (Hrsg.), Dtr. Aufstieg. B 1925; G. Clemens, M. Sp. u. der Rechtskatholizismus in der Weimarer Republik, Mainz 1983. – Bibliogr. in: M. Sp., Für den Reichsgedanken. B, Bo 1936, S. 426–459. *B. F.*

Spengler, Oswald (1880–1936). Unter dem Eindruck der Europa an den Rand des Krieges führenden Agadirkrise von 1911 entwarf der Münchener Gymnasiallehrer sein 1918/19 in zwei starken Bänden publiziertes Werk *Der Untergang des Abendlandes. Umrisse einer Morphologie der Weltgesch.*, das in Ablehnung und Zustimmung auf breiteste Resonanz in den dt. Bildungsschichten stieß. Konzipiert als Verknüpfung von J. W. Goethe und Ch. Darwin, wollte S. in seiner ‹Kulturbiologie› (E. Spranger) in Analogie zu botan. und zoolog. Entwicklungsgesetzen die Weltgesch. in acht Kulturkreise von je etwa 1000 Jahren Dauer einteilen und prognostizierte den Untergang westl. Kultur angesichts eines vermeintlichen apokalyptisch geglaubten ‹Ansturms der Slawen aus dem Osten›. S. verstand sich nicht als Historiker, sondern als Geschichtsphilosoph, beeinflußte aber nachhaltig das Gesch.-bewußtsein in der Weimarer Republik, in der welthist. Zyklentheorien hohe Konjunktur besaßen. S. galt als wesentliche Rezeptionsquelle für die völkische Bewegung und für die geistige Strömung der sog. «Konservativen Revolution». Weitere Werke wie *Preußentum und Sozialismus* (1920) thematisierten neue soziale Formationen und die Technisierung von Kultur. In seinem Spätwerk *Jahre der Entscheidung* (1933) prophezeite S. eine vermeintlich ‹cäsaristische› Epoche im weltweiten Machtkampf. Unmittelbar nach Erscheinen des *Untergang* setzte eine heftige Kontroverse ein, dokumentiert in M. Schröter (Hg.): *Der Streit um S.* (1922). Thomas Mann schrieb von einem ‹Defätisten der Humanität›, ↑E. Troeltsch von einer ‹feindseligen Charakteristik› der Moderne.

Lit.: P. C. Ludz (Hg.), O. S. heute, 1980; D. Felken, O. S. Konserv. Denken zwischen Kaiserreich und Diktatur, 1988; K. P. Fischer, History and Prophecy. O. S. and the Decline of the West, 1989; A. Demandt/J. Farrenkopf (Hg.), Der Fall Spengler. Eine kritische Bilanz, 1994; M. Ferrari Zumbini, Untergänge und Morgenröten. Nietzsche, S., Antisemitismus, 1999; F. Boterman, O. S. und sein ‹Untergang des Abendlandes›, 2000; R. von dem Bussche, Konservatismus in der Weimarer Republik, 1998. *R. v. B.*

Spittler, Ludwig Timotheus (1752–1810). Nach Studium der ev. Theol. in Tübingen u. einer Tätigkeit als Repetent im Tübinger Stift erhielt Sp. 1779 einen Ruf an die Göttinger Philos. Fak., wo er zunächst v. a. kirchen- u. dogmengeschichtl. Vorlesungen hielt (Publikation: *Grundriß der Geschichte der christlichen Kirche,* Gö 1782, [4]1806), aber schon bald die polit. Gesch. in ihrem ganzen Umfang, schließlich auch noch die Politik (s. seine *Vorlesungen über Politik,* St 1837) lehrte. In seiner akad. Lehrtätigkeit stellte er seine so erfolgreichen älteren Kollegen ↑Gatterer, ↑Schlözer u. J. S. Pütter noch in den Schatten. Im Jahr 1797 beendete er seine akad. Karriere u. trat in den württemberg. Staatsdienst über.

Literarisch war er äußerst produktiv: In wenigen Jahren hat er neben einer Vielzahl von Aufsätzen u. Rezensionen zwei Landesgesch., eine *Geschichte Württembergs* (Gö 1783) u. eine *Geschichte des Fürstenthums Hannover* (2 Bde., Gö 1786), sowie einen *Entwurf der Geschichte der europäischen Staaten* (2 Bde., B 1793/94) publiziert; mit ↑Meiners gab er das *Hist. Magazin* (1792–94) heraus. Mit seiner *Geschichte der dänischen Revolution im Jahr 1760* (B 1796) verarbeitete er das Erlebnis der Französ. Revolution historiographisch: indem er das bekräftigte, was er als grundlegenden Fortschritt der Revolution ansah (den Kampf gegen illegitime Machtausübung), aber zugleich auch zu zeigen versuchte, daß dieses Ziel auf friedlichem Wege erreicht werden könnte. Wie der Aufklärungshistorie generell ging es Sp. wesentlich darum, einerseits positive Traditionen herauszuarbeiten u. dadurch zu bekräftigen u. andererseits fragwürdig gewordene Traditionen zu kritisieren u. so potentiell einen Raum für die freie menschl. Entfaltung zu schaffen. Sp.s Gesch.schreibung ist konzipiert als dezidiert bürgerl. Unternehmen; seiner Interpretation zufolge war das Bürgertum (dem er ja selbst entstammte u. mit dem er sich zeitlebens identifiziert hat) die eigentl. polit. Kraft.

Ausg.: Sämtl. Werke, 15 Bde., St 1827–37/ND: F 1986.
Lit.: J. Grolle: Landesgesch. in der Zeit der dt. Spätaufklärung, Gö 1963; P. H. Reill, in: Dt. Historiker, hg. v. H.-U. Wehler, Bd. 9, Gö 1982, 42–60. *H. W. B.*

Srbik, Heinrich Ritter von (1878–1951). Der konservative österr. Historiker war Exponent der bis heute umstrittenen gesamtdtn. Geschichtsauffassung.

Der Sohn eines höheren Beamten in Wien promovierte 1902 mit einer Diss. über *Burggraf Friedrich III. v. Nürnberg.* 1907 habilitierte er sich mit einer Arbeit über den staatl. Exporthandel von Leopold I. bis Maria Theresia; mit einer Arbeit über den Staatswissenschaftler W. v. Schröder erweiterte er 1910 s. Venia legendi. 1912 wurde er in Graz a. o. Prof., 1917 Ordinarius f. Neuere Gesch. u. Wirtschaftsgesch. Der Ausgang des Weltkriegs hat die Interessen S.s, der 1922 auf einen Lehrstuhl nach Wien berufen wurde u. hier jahrzehntelang trotz einer Reihe von Rufen anderer Universitäten lehrte, von der Wirtschaftsgesch. des 17. u. 18. Jh.s auf die Gesch. des 19. Jh.s, das Problem der mitteleurop. staatl. Ordnung u. die polit. u. soz. Umwälzungen verschoben.

So versuchte er mit der von ihm mithrsg. 8bändigen Quellened. *Österreich-Ungarns Außenpolitik von der bosnischen Krise 1908 bis zum Kriegsausbruch 1914* zur Klärung der Vorgesch. des Krieges u. der Kriegsschuldfrage beizutragen. S., der 1929–30 Minister f. Unterricht u. Kultur war, entwickelte seit Ende der 20er Jahre die «Gesamtdte. Geschichtsauffassung». S. wurde in den Beirat von ↑W. Franks Reichsinstitut f. die Gesch. des neuen Dtl.s berufen u. trat in eine engere Beziehung zum NS, dessen totalitäre Tendenz er unterschätzte. 1938 zum Präs. der Akad. der Wiss. avancierend, erreichte s. Prestige nach dem Anschluß Österreichs an das Reich einen Höhepunkt, obgleich s. universalistische Sicht des Reiches auch Kritik fand. 1945 verlor S. seine Stellung, lebte nun recht isoliert u. versuchte, s. historiogr. Position im Medium der Gesch. der Gesch.schreibung zu überdenken.

Der Schwerpunkt der frühen Werke S.s lag auf der Wirtschafts- u. Verwaltungsgesch. Nach 1918 erschien s. Buch *Wallensteins Ende* u. 1925 s. große Biogr. *Metternich. Der Staatsmann u. der Mensch,* die s. Ruf als herausragender österr. Historiker begründete.

In dieser Biogr., die geistesgeschichtl., individualpsychologische u. polit. Fragen verknüpfte, versuchte er Metternichs «System» zu rekonstruieren und zugleich das antirevolutionäre Handeln Metternichs ideell zu überhöhen. Bei S. ist M. der im alten Reich wurzelnde konservat. Staatsmann, der die Sprengkraft des Nationalismus u. Liberalismus in Europa realistisch einschätzend, dem westeurop. Nationalstaat eine eigene mitteleurop. Lebensform entgegengestellt u. von hier aus den Frieden gestaltet hat.

Die von S. in programmatischen Aufsätzen geforderte u. in s. Gesch.schr. manifeste gesamtdte. Gesch.auffassung versuchte den alten Gegensatz zw. «großdt.» u. «kleindt.», zw. pr. u. österr. Geschichtssicht zu transzendieren. Unverkennbar griff S. dabei neuere Tendenzen der Historiogr. wie die der Landesgesch. u. der Geopolitik auf.

In seinem 4bändigen Werk *Dte. Einheit. Idee u. Wirklichkeit v. Heiligen Röm. Reich bis Königgrätz* (1935–42), zu dem er parallel die zus. mit O. Schmidt bearbeitete 5bändige Ed. *Quellen zur dtn. Gesch. Österr. 1859–1866* publizierte, fragte S. nach der Idee des Reiches über 1806 hinaus u. untersuchte das komplizierte Verhältnis v. Volk, Raum, Reich u. Staat bei den Dtn.. S. sah den Bruch von 1866 als histor. nicht endgültig an u. glaubte an die histor. Legitimation der Dtn., den Völkern Mitteleuropas eine gerechte Ordnung zu geben. Ziel der von antisemit. Tönen nicht freien Darstellung war ein dts. Gesch.bewußtsein, das die Gegensätze von Religion, Konfession u. Klasse überwand.

S.s Alterswerk *Geist u. Gesch. vom dtn. Humanismus bis zur Gegenwart* (2 Bde., 1950/51) beeindruckt durch stupende Kenntnis der Gesch.schreibung, durch eine Fülle v. biograph. Skizzen und Werkinterpretationen auch heute noch; es läßt keine Überwindung, wohl aber Modifikationen der bisherigen historiograph. Position S.s erkennen. S. bekannte sich nun zu einem «gemäßigten Historismus», der die Absolutheit humanistischer u. christl. Werte, insbes. auch der Individualrechte anerkannte.

S.s gesamtdte. Gesch.auffassung war nicht im engeren Sinne nazistisch, stützte jedoch wie andere nationalkonservat. Ideen die NS-Politik u. wurde von dieser instrumentalisiert. Wichtige Aspekte der österr. u. dtn. Gesch. der 1. Hälfte des 20. Jh.s spiegelnd, ist die Historiogr. S.s, der als einer der herausragenden österr. Historiker der 1. Hälfte des 20. Jh.s gilt, auch heute noch von Interesse.

Lit.: H. Reinalter: H. R. v. S. In: H.-U. Wehler (Hrsg.): Dte. Historiker. Bd. 8. Gö 1982, S. 78–95; Th. Schieder: H. R. v. S. In: GWU 2, 1951, S. 129–132; W. Näf: H. R. v. S. (1878–1951). In: HZ 173, 1952, S. 95–101; A. Wandruszka: H. R. v. S. In: MIÖG 59, 1951, S. 228–236; J. Kämmerer (Hrsg.): H. R. v. S. Die wiss. Korresp. 1912–1945. Boppard 1988. *B. F.*

Stadelmann, Rudolf (1902–1949). Die durch die intellektuellen Strömungen der Zwischenkriegszeit geprägte Historiogr. St.s umfaßt Arbeiten vom Spätmittelalter bis zum 19. Jh., von der Geistesgesch. über die polit. Gesch. bis zur Sozialgesch.

Der Sohn eines württ. Pfarrers promovierte 1924 bei A. Wahl. Er wurde 1928 Lektor für dte. Sprache in Bologna. 1929 habilitierte er sich in Freiburg mit der ihn rasch bekannt machenden Arbeit *Vom Geist des ausgehenden MAs.* 1929 wurde er Prof. in Gießen, 1938 in Tübingen, nahm während des Zweiten Weltkriegs am Westfeldzug teil (u. a. an der sog. Archivkomm. in Paris). 1946 wurde er Mitgl. der Münchener Histor. Komm. 1949 starb St. – erst 47jährig – in Tübingen; verschiedene seiner Arbeiten erschienen posthum.

1933 begrüßte er die NS-Machtübernahme als «dte. Revolution». In der Folgezeit in Distanz zum NS gehend, setzte er offenbar seine polit. Hoffnungen auf die Wehrmacht. In der Nachkriegszeit beschäftigte ihn unter dem Eindruck der «dtn. Katastrophe» in bes. Weise die Frage nach den Ursachen der dtn. «Sonderentwicklung».

Von St.s Arbeiten zur Gesch. des Gesch.denkens sind zu nennen: die Diss. *Der histor. Sinn bei Herder* (1928), in der H. als «bedeutsames Glied» bei der Herausbildung geschichtlichen Denkens gesehen wird, der Aufsatz über ↑H. Taine u. die Gedankenwelt der frz. Rechten (1933), der die Spezifika des frz. Denkens auf der Folie der dtn. Entwicklung untersucht, sowie Beiträge über ↑J. Burckhardt, dessen Kulturkritik u. Skepsis St. wie manche seiner Zeitgenossen als aktuell u. wegweisend empfand.

In seinem Buch *Vom Geist des ausgehenden MAs* (1929), in dem die Weltanschauung von Cusanus bis Franck untersucht wird, interpretiert St. die Krise des Spät-MAs – beeinflußt von der als Zeitenwende betrachteten Gegenwart – als «Selbstauflösung» einer Kultur, wobei sich sein Interesse einseitig auf die Verfallsproblematik konzentriert.

St.s Beschäftigung mit Scharnhorst fand bes. in dem Fragment *Scharnhorst. Schicksal u. geistige Welt* (1952) seinen Niederschlag. Scharnhorst ist für St. der konservative nationale Revolutionär, die Armee wird als Retterin der dtn. Bildungswelt gesehen. Das Verhältnis von Bildungswelt u. pr. Militär ist auch Thema von St.s Arbeiten über Moltke, so seines 1944 abgeschlossenen Buches *Moltke u. der Staat* (1950).

Die Untersuchung *Das Jahr 1865 u. das Problem von Bismarcks dtr. Politik* (1933) betont, daß B. keineswegs bereits 1865 konsequent den Weg kriegerischer Auseinandersetzung mit Österreich verfolgt, vielmehr eine dualistische Lösung der dtn. Frage in Betracht gezogen habe.

Intensiv hat sich St. mit den neuzeitl. Revolutionen beschäftigt, wobei er eine Typologie der Revolutionen angezielt hat. In seinem Aufsatz «Vom geschichtl. Wesen der dtn. Revolution» (1934) betrachtet er die Reformation u. die pr. Erhebung als dte. Rev. Seine erste Vorlesung nach dem Zweiten Weltkrieg hatte die «Gesch. der engl. Rev.» (veröffentl. 1954) zum Gegenstand. Nicht die Zustände führen nach S. zu Rev., sondern Gedanken, Philosophien, Bewußtseinsprozesse. In seinem methodologisch innovativen Buch *Soz. u. polit. Geschichte der Rev. von 1848* (1948) liegt das Schwergewicht zwar auf der Darstellung der soz. Voraussetzungen u. Unterströmungen der 48er Revolution, doch wird an deren bürgerl.-liberal. Charakter festgehalten.

St.s Übergang zu sozialgeschichtl. Fragestellungen fand s. Ausdruck in Forschungen zur Gesch. der Handwerker, die von W. Fischer fortgeführt wurden (*Die Bildungswelt des dtn. Handwerkers um 1800*, 1955). Auch hier suchte St. soz. Wirklichkeit im Bewußtsein der Menschen auf.

In dem 1948 erschienenen Aufsatz «Dtl. u. die westeurop. Revolutionen» vertrat St. die These, daß Dtl. den Dreischritt Engl.s, Frkr.s und der USA im 18. u. 19. Jh. nicht mitvollzogen habe: den Übergang zur demokrat. Repräsentativverfassung, zur Ges. der Gleichheit u. zum staatsbürgerl. Denken; der aufgeklärte Absolutismus habe die dte. von der westeurop., durch Revolutionen bestimmten Entwicklung abgekoppelt; das Scheitern der 48er Rev. war f. St. ein weiteres Moment f. d. dte. Sonderentwickl.

In s. kleinen Schrift *Hegemonie u. Gleichgewicht* (1950) versuchte St. die veränderte weltpolit. Konstellation vor dem Horizont der europ. Gesch. zu würdigen.

St.s Historiogr. läßt Einflüsse von ↑Spengler wie von Heidegger erkennen. Sein großes Thema war «die problemat. gewordene polit. Daseinsform des Bürgertums und die ihm zugeordnete wissenschaftliche Denkweise» (↑Heimpel).

Lit.: E. Spranger: Gedenkrede. In: R. St. zum Gedächtnis. T 1950, S. 14–35, hier S. 40–47 Verz. von St.s Schriften; H. Heimpel: R. Stadelmann u. die dte. Geschichtswiss. In: HZ 172, 1951, S. 285–307. *B. F.*

Stadler, Daniel (1705–1764), **SJ.** Der in Amberg (Opf.) geb. S. trat 1722 dem Jesuitenorden bei, stud. 1725–1728 Philos. u. Mathematik, 1731–1735 Theol. an der Univ. Ingolstadt. Danach lehrte er an verschiedenen Jesuitenkollegien u. war kurzfristig auch Prof. für Philos. an der Univ. Freiburg/Br. 1742 wurde er «Instruktor» u. Beichtvater v. Max Joseph, dem Sohn Kaiser Karls VII. Auch nachdem Max III. Joseph 1745 Kurfürst v. Bayern geworden war, behielt S. die einflußreiche Stellung als Hofbeichtvater bei, geriet aber u. a. wegen seines Eintretens für eine bayer. Hausunion ins Getriebe der kompliziert verflochtenen Politik am Münchner Hof u. wurde 1762 seiner Stellung enthoben.

Im Zusammenhang einer Lehrtätigkeit an der Münchner Kadettenanstalt (1756–1758) veröffentlichte S. (anonym) einen *Kurzen Abriß Bayrischer Geschichten* (1758), der vier Jahre später in erweiterter Fassung unter dem Titel *Bayrische Geschichte zu bequemen Gebrauch verfaßt* (ebenfalls anonym) erschien. Leitmotiv dieser Werke ist die Erziehung zu Tugend u. Gottesfurcht entsprechend dem klass. Gesch.modell «historia magistra vitae», das S. mit der für das 18. Jh. charakteristischen pragmatischen Gesch. zu verbinden suchte. Als Erklärungsfaktoren brachte er dabei v. a. die moralische u. intellektuelle Disposition ‹großer› Persönlichkeiten in Anschlag. S.s Darstellung faßte die wichtigste hist. Lit. zusammen, war Kompendium u. basierte nicht auf QQ-studien. Indem er jedoch verschiedene Argumente einander gegenüberstellte u. seine Urteile begründete, ermöglichte er dem Leser den krit. Nachvollzug der hist. Darstellung. Sein ausgewogenes Urteil erklärt sich auch aus der Stellung u. Situation seines Ordens, der weder mit der päpstlichen noch der weltlichen Autorität in Konflikte geraten konnte u. wollte. S.s Werk wurde von den Zeitgenossen überwiegend positiv aufgenommen, auf die weitere Entwicklung der Gesch.schr. in Dtl. hatte es aber keinen Einfluß.

Lit.: ADB 35, 381; BBKL 16, Sp. 1454 f.; B. Duhr, P. D. S. S. J, ein Hofbeichtvater des 18. Jh.s, in: Studi e Testi 39, Misc. Franz Ehrle III, R 1924, 235–257; A. Kraus, Die bayer. Historiographie zur Zeit der Gründung der Bayer. Akademie der Wiss. (1759), in: Ders., Bayer. G.wiss. in drei Jh., Mn 1979, 167–173. *H. Z.*

Steinbach, Franz (1895–1964), gehörte als Schüler von ↑H. Aubin und erster Assistent an dem von diesem 1921 an der Bonner Univ. begründeten Inst. f. gesch. Landeskunde der Rheinlande zu jenem Historikerkreis, der seit den 20er Jahren des 20. Jh.s an der Weiterentwicklung und Institutional. des «Hist. Landeskunde» wesentlich beteiligt war. 1926 in Bonn habil., wurde er 1928 a. o. Prof. in Bonn und Direktor des Inst. f. gesch. Landesk., 1948 wurde er zum o. Prof. in Bonn ernannt. Seine Forsch.-schwerpunkte waren die westdt. Stammes- und Volksgesch., agrarhist. Unters. zum Ursprung ma. Gruppensiedlungen, Fragen nach den *Hist. Grundlagen der kommunalen Selbstverwaltung* (zus. mit E. Becker, Bonn 1932) sowie in engem Zusammenhang damit Unters. zur Entstehung der Stadtgemeinden. St.s Forsch. zur Stammes- und Volksgesch. führten ihn nicht in Nachbarschaft zum Nationalsozialismus, dessen polit. Rassentheorien er früh verurteilte.

Lit.: W. Schmidt/F. Petri/M. Zender, In memoriam F. S., Bo 1965; U. Lewald, F. S., in: Zs. f. Agrargesch. und Agrarsoziologie 14/1966, S. 90–95; Collectanea F. S. Aufs. und Abh. zur Verf.-, Sozial- und Wirtsch.-gesch. Hrsg. von F. Petri/G. Droege, Bo 1967 (WV). *L. S. S.*

Steinhausen, Georg (1866–1933), Kulturhistoriker, für den Kultur das geistige und gesellschaftliche, nicht aber das staatliche Leben umfaßte. Im Bibliotheksdienst tätig, zunächst in Greifswald u. Jena; später Leiter der Murhardschen Bibliothek in Kassel, Honorarprof. in Heidelberg. 1903–33 gab er (seit 1912 zusammen mit ↑W. Goetz) das *Archiv für Kulturgesch.* heraus.

St. setzte die Kulturgeschichtsschreibung im Stil von ↑Riehl u. Freytag fort. Kulturgesch. fiel für ihn nicht mit Geistesgesch. zusammen. Die meth. ungeklärte Kulturgeschichtsschreibung St.s war eine «Sonderdisziplin innerhalb der Geisteswiss.» (Goetz). Eine kulturkritische bzw. kulturpessimistische Tendenz ist in St.s Bild der Kulturgesch. des Kaiserreiches nicht zu übersehen.

WW: «Gesch. des dtn. Briefes», 2 Bde. 1889/91; Der Wandel des dtn. Gefühlslebens, 1895; «Häusliches u. geselliges Leben im 19. Jh.», 1898; «Gesch. der dtn. Kultur», 1904; «Der Kaufmann in der dtn. Vergangenheit», 1904; «Die dtn. Privatbriefe des MAs», 2 Bde. 1899–1907; «Die dte. Geistes- und Kulturgesch. von 1870 bis zur Gegenwart», 1931.
Lit.: W. Goetz: G. St. In: AKG 24, 1934, 1 f.;. G. Steinhausen: G. St. In: Die Geschichtswiss. der Gegenwart in Selbstdarstellungen, Bd. 1, 1925, S. 1–42. *B. F.*

Stephen, Leslie (1832–1904). 1902 geadelt. S., jüngerer Bruder des Juristen Sir James Fitzjames Stephen u. Vater Virginia Woolfs, war ein «Integrated Intellectual» im Zentrum der Londoner «Intellectual Aristocracy» (Lord Annan), ein ungemein produktiver Amateur u. «man of letters», u. a. Gründer u. Hrsg. der ersten 26 Bde. des *Dictionary of National Biography* (1885 ff). *History of English Thought in the Eighteenth Century* (2 Bde., Lo 1876), immer noch voller Einsichten, trug zur Rehabilitierung des 18. Jhs. nach seiner Ablehnung durch die Romantik bei. S. gehört zu den Pionieren des Alpinismus.

Lit.: N. Annan, L. S.: The Godless Victorian, NY 1984. *J. O.*

Stern, Leo (1901–1982). Sohn eines österr. Kleinbauern (1925 als Arbeiterstudent an d. Wiener Univ. zum Dr. rer. pol. prom.). Stieg als frühes Mitglied d.

Kommunist. Partei nach polit. Verfolgung u. Emigration in die Tschechoslowakei u. die Sowjetunion (ab 1940 Lehrtätigkeit in Deutscher Sprache u. Neuerer Gesch. in Moskau) sowie Teilnahme am Spanischen Bürgerkrieg u. am Zweiten Weltkrieg in d. späteren DDR zu einem d. wichtigsten, hochdekorierten Organisatoren, Propagandisten, Lehrer u. Forscher d. neuen marxist. Gesch.wiss. auf. 1950 Inhaber eines Lehrstuhls f. Neuere Gesch. u. Gesch. d. Arbeiterbewegung an d. Univ. Halle-Wittenberg u. 1953–1959 ebenda Rektor, hatte er auch maßgeblichen Anteil an d. Durchsetzung der sozialist. Hochschulpolitik. Unter seiner Federführung entstanden die ersten marxist. Darstellungen d. Gesch.wiss., und zwar großenteils in stalinist. Prägung.

Lit.: Die Volksmassen, Gestalter der Geschichte (B 1962, Bibl.); L. St. im Dienst der Wiss. u. sozialist. Pol., hg. v. H. Hübner (Hl 1976); Prof. Dr. Dr. h. c. mult. L. Stern (B 1982); C. Grau, L. St. in: Wegbereiter der DDR-Geschichtswiss. (B 1989), S. 318–340. W. W.

Stone, Lawrence (1919–1999). D. Cannadine zufolge publiziert die Mehrzahl der Hist. so wenig, weil sie vollauf damit beschäftigt sind, die Werke jener Kollegen zu lesen, die viel schreiben. S. versorgte die Zunft mit reichlich Lesestoff. Er war nicht nur einer der produktivsten, sondern auch provokantesten u. einflußreichsten brit. Hist. seiner Generation. S. begann seine Karriere 1950 als Fellow des Wadham College in Oxford u. wechselte 1963 an die Univ. Princeton, wo er 1968–90 das renommierte *Shelby Cullom Davis Centre for Historical Studies* leitete. Zudem war er langjährig. Mithrsg. von *Past & Present*. Obgleich S. die engl. Elite gerne als «unsympath. Gruppe überflüssiger Parasiten» zu charakterisieren pflegte, galt ihr sein haupts. wiss. Interesse. In der «Gentry-Kontroverse» zerpflückte H. Trevor-Roper in der EHR Anfang der 50er J. gnadenlos S.s These vom niederen Adel als Aufsteigerschicht. In seiner Monogr. *The Crisis of the Aristocracy, 1558–1641* (1965) diagnostizierte S. den Rückgang an Prestige als Hauptursache für die Krise des Adels. S. schrieb auch eine prägnante Darstellung über die Ursachen der Engl. Revolution (1972). Weitere z. T. voluminöse Darstellungen zur FNZ beschäftigten sich mit Themen wie *The Family, Sex and Marriage in England 1500–1800* (1972); *Uncertain Unions: Marriage in England 1660–1753* (1992) u. *Broken Lives. Marital Separation and Divorce in England 1660–1857* (1993). Wiederholt schaltete sich S., einer der wichtigsten Rezipienten der ‹Annales› in der engl.spr. Welt, in theoret.-method. Debatten ein. Großes Aufsehen erregte sein Plädoyer für die «Rückkehr zur Erzählkunst», die er mit dem Plausibilitätsschwund determinist.-ökon. u. quantifizierender Erklärungsmodelle begründete. S. nahm dezidiert gegen postmoderne Strömungen Stellung u. rief dazu auf, die «neuen intellektuellen Barbaren an den Toren des Faches zurückzuwerfen.» Im Nachruf auf seinen Mentor ↑R. H. Tawney formulierte S. sein Credo: «Die Qualität eines Hist. zeigt sich weniger in der endgültigen Validität seiner Theorie als in der Originalität seines Ansatzes, in seiner Fähigkeit, neue und fruchtbarere Wege für die Erforschung der Vergangenheit zu finden.»

Lit.: J. Berlatsky, L. S. Social Science and History, in: W. L. Arnstein (Hrsg.), Recent Historians of Great Britain, 1990; D. Cannadine, The Pleasures of the Past, 1989, 194–205; J. K. Elliott, L. S., in: Past & Present 164 (1999), 3–5. *A. E.*

Strabon (64/63 **v. Chr.–19/24 n. Chr.**), stoischer Hist. u. Geograph, geb. in Amaseia in Kleinasien, stammte aus einer der vornehmsten Familien des damaligen Kleinasien u. genoß hervorragende Gelehrte seiner Zeit als Lehrer. Um 35 v. Chr. in Rom arbeitete er wahrscheinl. schon an seiner Weltgesch., die er zwischen 27 u. 25 v. Chr. vollendete. Ursprünglich nur als Forts. des ↑Polybios gedacht, beginnen aber die *Historika Hypomnemata* mit einem Überblick über die gesamte griech. Gesch. bis 145/4 v. Chr. in 4 B., erst ab dann wird in wahrscheinl. 43 B. die Geschichte der griech.-röm. Welt nach Polybios bis zum Ende der Bürgerkriege 27 v. Chr. erzählt. Von dieser Weltgesch. sind zwar nur 19 Fragmente als namentl. gekennzeichnete Zitate erhalten, aber dazu kommen viele histor. Teile aus den erhaltenen 17 B. seiner Geographie *(Geographika)*, die er nach seiner Weltgesch. gleichsam als Forts. geschrieben hat. In der Antike waren Geographie u. Gesch.schreibung eng miteinander verbunden. Str. ist für viele histor., v. a. zeitgenöss. Informationen die einzige erhaltene Q. Freilich hat er weitgehend seine zahlreichen QQautoren, meist namentlich, nur exzerpiert, ohne dabei stilist. oder inhaltlich, etwa aufgrund seiner Reisen nach Italien, Ägypten u. vor allem in Kleinasien, eigenständig zu sein. Auch in seinen Methoden war er weder konsequent noch gründlich, was teilweise auch auf verschiedene Bearbeitungsphasen seiner Geographie zurückzuführen ist.

Ausg.: Geschichtswerk: F. Jacoby, Die Fragmente der Griech. Historiker (Nr. 91), Bd. II A, 1925, Text m. Komm. (Bd. IIC). Geographie: ed. LCL (8 Bde., transl. H. L. Jones), 1917; ed. Budé (ed. & trad. G. Aujac/F. Lasserre), 1966 ff.
Lit.: W. Aly, Strabon von Amaseia, 1957; R. Syme, Anatolica. Studies in Strabo, ed. A. Birley, 1995; K. Clarke, Between geography and history. Hellenistic constructions of the Roman world, 1999; J. Engels, Augusteische Oikumenegeographie u. Universalhistorie im Werk Strabons von Amaseia, 1999; D. Dueck, Strabo of Amasia. A Greek man of letters in Augustan Rome, Lo/NY 2000; O. Lendle, Einführung in die griechische Geschichtsschreibung, Darmstadt 1992, S. 237 f.

H. B.

Streisand, Joachim (1920–1980). Sohn eines jüd. Berliner Buchhändlers, wandte sich nach Ausschluß vom Stud. (1942) u. angesichts rassist. Verfolgung nach 1945 d. Kommunismus zu (1948 Mitglied der SED) u. wurde einer d. frühesten autochthonen Vertreter d. marxist. Gesch.wiss. d. DDR (Studium bei A. Meusel u. ↑J. Kuczynski, 1951 Dr. phil. Berlin, 1962 Habil. f. Neuere Dt. Gesch. [Halle-Wittenberg], ab 1963 Prof. [Humboldt-Univ.]). Mitbegr. u. Redakteur der «Zeitschrift für Geschichtswiss.», Sekretär d. Autorenkollektivs d. offiz. Lehrbuchs für Dt. Gesch., Präs. d. Historikergesellsch. d. DDR (seit 1968) u. Autor anregender geschichtstheoret. Aufsätze, trat er nach polit. Kontroversen ab den 1970er J. eher in den Hintergrund.

WW: Geschichtliches Denken von der dt. Frühaufklärung bis zur Klassik (B 1964); Kulturgesch. der DDR, Kö 1981.
Lit.: ZfG 28 (1980); K. Gamsachurdia, Die Geschichtswiss. an der Humboldt-Universität: Traditionen, Leistungen, Wege. J. Str. zum Gedenken, Berlin 1982; H. Schleier, J. Str., in: Wegbereiter der DDR-Geschichtswiss., B 1989, 341–357.

W. W.

Stubbs, William (1829–1901), war der erste wichtige engl. Hist. auf einem Univ.lehrstuhl (Regius Chair of Modern History in Oxford ab 1866). 1883–88 war er Bischof von Chester, dann bis zu seinem Tode Bischof von Oxford. Umgekehrt wie ↑Seeley bestrebt, «scholars, not statesmen» heranzubilden, wurde er zum erfolgreichsten hist. Schulgründer in England. Als QQeditor (bes. *Select Charters and Other Documents Illu-*

strative of English History, Lo 1860) fand S. Anschluß an die Maßstäbe kontinentaler Wiss. Sein HW unter einer Fülle anderer Veröff. ist die das MA behandelnde *Constitutional History of England in Its Origin and Development* (3 Bde., O 1874–78). Obwohl explizit um Wertfreiheit bemüht, ließ S. immer wieder seinen konservat. Tory- und High-Church-Standpunkt erkennen. Das Hauptmotiv seiner Verfassungsgesch. war, von Edmund Burke u. der dt. Hist. Rechtsschule beeinflußt, die langsame Metamorphose der Institutionen.

Lit.: J. W. Burrow, A Liberal Descent, C 1981; R. Soffer, Nation, Duty, Character and Confidence: History at Oxford, 1850–1914, in: Hist. J. 30 (1987), S. 77–104; P. B. M. Blaas, Continuity and Anachronism, Den Haag 1978. *J. O.*

Stutz, Ulrich (1868–1938). Geb. in Zürich aus wiss. aufgeschlossener Familie (Großvater mütterlicherseits war der Jurist J. G. Finsler), befaßte S. sich schon als Gymnasiast mit wiss. Lit. und veröffentlichte 1887/89 Beiträge zur Heraldik und Siegelkunde. Während des Studiums der Rechtswiss. und Gesch. in Zürich und Berlin wurde letztere Univ.Stadt seine wiss. Heimat, bes. im Bannkreis von ↑O. Gierke, H. Brunner, ↑A. Harnack, P. Hinschius; er hörte aber auch bei ↑H. Bresslau und ↑K. Zeumer. Nach der Promotion 1892 zum Dr. jur. utr. verlieh ihm auf Empfehlung durch A. Heusler die Univ. Basel 1893 ohne Habil. die venia legendi, 1895 eine ao. Professur. 1896 folgte die Berufung nach Freiburg i. Br. zum o. Prof. für Dt. Recht und Kirchenrecht, 1904 nach Bonn, wo er mit ↑A. Schulte eng zusammenarbeitete, 1917 nach Berlin. Ansehen und wiss.organisatorische Energie ermöglichten ihm in Bonn die Gründung eines in seiner Art erstmaligen kirchenrechtlichen Instituts (1917 transferiert nach Berlin). Mit Begründung der *Kirchenrechtlichen Abhandlungen* 1902 (ab 1928 Mithg. J. Heckel), die unter S.s Ägide auf 118 Hefte wuchsen, sowie bes. der Begründung der kanonistischen Abteilung der Zeitschrift der ↑Savigny-Stiftung für Rechtsgeschichte 1910, nachdem er schon seit 1897 die germanistische Abteilung leitete, schuf S. hervorragende Foren, um die kirchliche Rechtsgesch. in Dtl. zur eigenständigen Disziplin zu entfalten.

Das Lebenswerk S.s galt der dt. und kirchl. Rechtsgesch. mit stark hist. Ausrichtung. Seit der programmatischen Basler Antrittsvorlesung 1894 *Die Eigenkirche als Element des mittelalterlich-germanischen Kirchenrechts* (ND Darmstadt 1955 mit Lit.-Nachtrag von H. E. Feine) blieb der von ihm geprägte Begriff «Eigenkirche» als Übersetzung von lat. «propria ecclesia» mit seinem Namen verbunden. Die bahnbrechende Erforschung des Eigenkirchenrechts als spezifische Herrschaftsform und des kirchlichen Benefizialwesens, des Germanisierungsprozesses des KR mit den fundamentalen Folgen für Verfassungsgesch., KG und das Verhältnis von geistl. und weltl. Gewalt blieben zeitlebens Zentrum seiner Quellenforschung. S. befaßte sich aber auch mit Gegenwartsfragen des KR, wozu u. a. die Promulgierung des Codex iuris canonici 1918 und die Konkordatsproblematik Anlaß gaben, sowie mit Einzelaspekten des prot. KR. Von kirchenpolitischen Diskussionen hielt er sich jedoch fern. Daneben pflegte er weiterhin Bereiche der Germanistik, so Themen zur dt. und Schweizer Gesch. Das umfangreiche Œuvre des «Pater familias der dt. Rechtsgesch.», als den Fachgenossen ihn verehrten (die Bibliogr. umfaßt 1045 Nrr.), und die intensiv-kritische Rezensionsaktivität brachten ihm zahlreiche Mitgliedschaften in Akademien und Vereinen sowie Ehrungen ein, u. a. 1912/14 Ehrenpromotionen zum Dr. phil. in Freiburg, zum Dr. theol. in Zürich. Als Forscher mit hohem Engagement auch für die akad. Lehre wirkte er schulebildend. Als prot. «gläubiger Christ alten Schlags von gesunder Kirchlichkeit» (so A. Heusler) und souveräner Kenner des kath. KR trug er bei zum konfessionellen Frieden. Als Schweizer Patriot fühlte er sich zugleich als Reichsdeutscher mit Sympathie für die monarchische Staatsform.

Lit.: Schriftenverz. in: ZRG KA 27, 1938, 686–763. – A. Schultze, U. S., in: ZRG KA 28, 1939, IX–LVII; P. Mikat, U. S., in: Staatslexikon Bd. 7, 1962, 821–823; K. S. Bader, U. S. (1868–1938) als Forscher u. Lehrer, Bonn 1969; LThK³ IX, Sp. 1064. *L. B.*

Sudhoff, Karl (1853–1938). Nach ärztlicher Tätigkeit wandte sich S. der Medizingesch. zu, seit 1905 als Prof. in Leipzig, hier begründete er 1906 das erste dt. Institut für Gesch. der Medizin und der Naturwiss. Seine Forschungen konzentrierten sich auf Antike, MA und frühe Neuzeit, insbesondere zu Paracelsus, dessen Sämtl. Werke (1. Abt.) er 1922–1933 in 14 Bde. herausgab. Ferner legte er eine Gesch. der Medizin (1922) sowie der Zahnheilkunde (1921) vor. Im Respekt vor der Vergangenheit suchte S. zeitgen. Denkweisen zu relativieren und zugleich ein breiteres Publikum an die Medizingesch. heranzuführen. Besondere Bedeutung kam ihm in der Institutionalisierung der Wiss.-gesch. zu. 1901 gründete S. als weltweit erste Fachorg. die *Gesellsch. für Gesch. der Med. und der Naturwiss.*, hervorgegangen aus einer 1898 von ihm organisierten Sektion in der Gesellsch. Dt. Naturforscher und Ärzte; seit 1906 gab er als erste einschlägige Fachzs. das *Archiv für Gesch. der Medizin* (später *Sudhoffs Archiv*) heraus.

Lit. A. Thom, K. S., in: W. U. Eckart/ C. Gradmann (Hg.), Ärztelexikon, 1995, S. 346. *R. v. B.*

Suetonius (Gaius S. Tranquillus, um 70/2–nach 121) stammte aus einer ritterl. Familie wohl aus Hippo Regius (bei Annaba/Bône), erhielt die übliche rhetor. Ausbildung, lebte in Rom als Gerichtsredner u. Literat; unter Traian war er für den kaiserl. gelehrten Beraterdienst (a studiis) u. Roms Bibliotheken (a bibliothecis) zuständig, unter Hadrian bekleidete er den hohen Posten eines Vorstehers der kaiserl. Korrespondenz-Kanzlei (ab epistulis, 119–121 n. Chr.). S. war mit dem jüngeren Plinius u. dem Prätorianerpräfekten Septicius Clarus, dem er die *De vita Caesarum libri octo* widmete, befreundet. Sein Todesdatum ist ungewiß.

Neben einer Sammlung von Kurzbiogr. bedeutender Literaten (*De viris illustribus*, teilweise erhalten) u. mehreren verschollenen Werken trat S. mit seinen 12 Kaiserbiogr. hervor (Anfang verloren). In 6 B. werden ausführlich ↑Caesar bis Nero (48 v.–68 n. Chr.), knapper in 2 B. Galba bis Domitian (68–96 n. Chr.) behandelt. Die einzelnen Viten gliedert S. streng in eine chronol. Einleitung bis zum Antritt der Herrschaft (Familie, Geburt, Jugend), einen nach vielen Sachgruppen geordneten Hauptteil, der die Tätigkeiten (res gestae) sowohl hinsichtlich der bekleideten Ämter u. Ehren als auch hinsichtlich der Taten in Ämtern (bes. Gesetze, Rechtsentscheidungen, Reformen, Bauten, Spiele, Kriege, disciplina militaris, Redegabe, Behandlung von Senat u. Volk u. ä.), ferner die private Lebensführung u. bes. Eigenschaften (Körpergestalt, Aberglauben, Enthaltsamkeit, Begierden, Luxus, Sexualverhalten u. ä.) beschreibt, und in den Schluß mit Tod (samt Vorzeichen), Begräbnis u. ggf. Testament. Bei Tiberius, Caligula u. Nero schied er zwischen relativ guten u. den bösen Taten (bes. Cal. 22,1; Nero 19,3). S. versuchte nicht, eine innere Persönlichkeit zu beschreiben, sondern charakterisierte die Kaiser in echt röm. Art mit ihren Taten, Lebensweisen u. Fähigkeiten. Er hat aus vielen heute verlorenen QQ wesentl. Informationen, auch Anekdoten, Klatsch, Zitate aus Briefen oder polit. Wandinschriften gesammelt; er beachtete die Götterzeichen u. auch kritische bis haßerfüllte Urteile, idealisierte also nicht, sondern urteilte nach klaren, von ihm unbezweifelten Kriterien. Den polit., sozialen, wirtschaftl. Zusammenhang der einzelnen Taten u. überhaupt zeitbedingte Strukturen läßt er jedoch nur selten erkennen. Sein Stil ist sachlich, klar, unprätentiös. S. war das Vorbild für die Literaturgattung der Kaiserbiographie bis ins MA (bes. ↑Einhart).

Ausg.: TA: M. Ihm, Suetonius, vol. I de vita Caesarum libri, St 1964. – *Übers.:* A. Lambert, Leben der Caesaren, Mn [4]1983.

Lit.: W. Steidle, S. u. d. antike Biographie, [2]1963; A. Wallace-Hadrill, S., The Scholar and his Caesars, Lo 1983. *H. W.*

Sybel, Heinrich von (1817–1895). Der älteste ↑Ranke-Schüler, zugleich Gelehrter u. Politiker, entstammte dem aufklärerisch-prot. geprägten rhein. Bildungsbürgertum u. wurde als Sohn eines Verwaltungsjuristen in Düsseldorf geb. Nach dem Studium in Berlin wurde er 1844 Dozent für Mediävistik in Bonn, 1846 Prof. in Marburg, 1856 in München, wo er 1857 das erste Hist. Seminar u. 1859 die *Hist. Zschr.* gründete. 1858 erster Sekretär der Hist. Komm. b. der Bayer. Akad. d. Wiss. geworden, fungierte er als Berater Kg. Max II. 1848 war er als Rechtsliberaler im Frankfurter Vorparlament. Er wandte sich jetzt der neuesten Gesch. zu, von 1861–75 als Prof. in Bonn. Das Mitglied des Preuß. Abgeordnetenhauses von 1862–64 u. von 1874–80, zunächst im liberalen linken Zentrum Gegner Bismarcks, wurde zum liberalen Bismarckianer, engagierte sich im Kulturkampf gegen die Ultramontanen u. für das Sozialistengesetz. 1875 wurde er preuß. Arch.direktor, 1886 Präsident der Hist. Komm. Er starb 1895 in Marburg.

S. ging von der Möglichkeit objektiver Erkenntnis in der Gesch. aus. Diese war aber nur verstehbar durch ein bestimmtes Verhältnis zu Politik, Religion u. Nationalität der Gegenwart. Gesch. war ein dem Kausalitätsprinzip folgendes Kontinuum, das sich lückenlos rekonstruieren ließ. Der Wertmaßstab lag im gesch. Erfolg. Durch den dem Weltplan immanenten Fortschritt waren Konflikte zw. Ethik u. Macht ausgeschlossen, der Staat als Schöpfung von oben, als sittliche Potenz war selbst der Fortschritt der sittlichen Idee, Verwirklichung der Freiheit u. hatte somit Gewalt über den einzelnen, dessen Lebensbereiche dem Staat im Interesse der Freiheit nicht verschlossen sein durften, damit die Freiheit als Selbstbestimmung zu Bildung u. Sitte gewährleistet war. Der starke Staat verbot eine weitgehende legislatorische Kontrolle über den Monarchen. Gemäß dieser liberalkonservativen Position stand dem konstitutionellen Nationalstaat die nach innen u. außen unbeschränkte Souveränität zu, deren Legitimation aus dem gesch. Kontinuum begründet werden konnte. – Der Entwicklung der Historie zur ersten Bildungsmacht in Dt. hat S. durch sein wiss.polit. Engagement u. sein Organisationstalent entscheidend Vorschub geleistet. Forsch. sollte der Stützpfeiler polit. Bildung sein. Durch Streitschriften, Vorträge u. gezielte Personalpolitik initiierte u. lenkte er wiss. Kontroversen; hinter derjenigen mit ↑J. Ficker über Charakter u. Aufgabe des ma. Reiches stand letztlich der Streit großdt.-kath./kleindt.-prot. Zu den größeren von S. mit angeregten Unternehmungen gehören die Gründung des Preuß. Hist. Inst. in Rom, die Edition der Dt. Reichstagsakten, die Publikationen aus den Preuß. Staatsarch., Acta Borussica u. die Politische Korrespondenz Friedrichs d. Gr.

WW: Gesch. des 1. Kreuzzugs, D 1841; Die Entstehung des dt. Kg.tums, F 1844; Die Gesch. der Revolutionszeit von 1789–95 (1800), 5 Bde., D 1853–79 (die Interdependenz u. Wechselwirkung von Innen- u. Außenpolitik u. die Bedeutung sozialer Kräfte erkennend); Die Begründung des Dt. Reiches durch Wilhelm I., 7 Bde., Mn 1889–94 (ein aktennahes, aber offiziöses Werk); Kleine Hist. Schr., 3 Bde., Mn 1869–80; Vorträge u. Aufsätze, B 1874; Vorträge u. Abh., hrsg. von C. Varrentrapp, Mn 1897.
Lit.: V. Dotterweich, H. v. S. Gesch.wiss. in polit. Absicht (1817–1861), Gö 1978; H. Seier, H. v. S., in: Dt. Historiker, hrsg. v. H.-U. Wehler, Bd. 2, Gö 1971, 24–38, (WV); U. Haltern, Gesch. u. Bürgertum. Droysen – S. – Treitschke, in: HZ 259, 1994, 59–108. *C. v. M.*

Syme, Ronald (1903–1989), stammte aus Neuseeland, wo er seine erste Ausbildung erhielt; 1925 kam er nach Oxford, wurde hier 1929 Fellow u. Tutor am Trinity College und, nach dem kriegsbedingten Zwischenspiel als (u. a.) Presseattaché in Belgrad u. Istanbul (1940/45), 1949 (bis 1970) Camden Prof. für Alte Geschichte u. Fellow am Brasenose College. Danach gehörte er dem Wolfson College an. 1959 wurde er geadelt.

S. erfaßte die Gesch. der späten Republik u. der Kaiserzeit Roms vornehmlich von den Führungsschichten, insbes. den Senatoren, her. Zu Beginn seines historiograph. Meisterwerkes *The Roman Revolution* (1939), in dem er unter dem Eindruck Hitlers, Stalins u. a. Tyrannen den Aufstieg u. die Herrschaft des «Erben Caesars» (Augustus) zeitnah u. packend beschrieb, faßte er sein Programm so zusammen (S. 7): «In all ages, whatever the form and name of government, be it monarchy, republic, or democracy, an oligarchy lurks behind the façade; and Roman history, Republican or Imperial, is the history of the governing class.» Zu dieser zeit- u. erfahrungsgebundenen Prämisse paßten zwar wirtschaftliche, rechtliche, geographische u. ähnliche strukturelle Betrachtungsweisen sowie die Auswertung nichtschriftl. QQ nur sehr eingeschränkt, jedoch hat S. das politisch-sozialgesch. Geschehen u. die Historiogr. der röm. Kaiserzeit entscheidend erhellt. Sein zweites Meisterwerk, das die Welt u. historiogr. Leistung des ↑*Tacitus* (1958) in nahezu kanonischer Weise darstellt, galt mit denselben personenkundlichen Methoden seinem nicht unerreichten großen stilist. Vorbild, und ähnlich setzte er sich mit ↑*Sallust* (1964), Ovid, ↑Ammianus Marcellinus (1968) sowie der ↑Historia Augusta (1971; 1983) auseinander. Noch 1987 klärte er in einer Monographie wesentliche Aspekte der *Augustan Aristocracy.* Mit seinen zahllosen Aufsätzen u. Rezensionen vor allem zu Prosopogr., Militärgesch., epigraph. und literar. QQ. war S. über eine Generation lang der maßgebliche Erforscher der Epoche zwischen ↑Caesar u. Konstantin. Der hochgebildete, polyglotte, geistreiche Gelehrte zählte (unter vielen hohen Auszeichnungen) auch zum Orden «Pour le Mérite» und zum «Order of Merit».

WW: R. Syme, Roman Papers, hrsg. v. A. Birley, E. Badian, 7 Bde. O 1979–1990; K. Christ, Neue Profile der Alten Geschichte, Da 1990, 188–247. *H. W.*

Szekfü, Gyula (1883–1955), besuchte das Gymn. d. Zisterzienser, anschließend studierte er an der Phil. Fak. d. Univ. Budapest Gesch. u. Lat. Im Jahr 1904 erhielt er eine Anstellung als Archivar am Nationalmus. u. später am

Landesarch. in Budapest. Dann war er als ungar. Beamter am gemeinsamen österr. und ungar. Archiv beim Haus-, Hof- u. StA in Wien tätig, später wurde er Mitgl. d. ungar. Archivdeleg. in Wien bzw. Mitarbeiter am dortigen ungar. Gesch.institut. Inzwischen war er 1916 zum Priv.Doz. an d. Univ. Budapest ernannt worden. Einen Ruf an die gleiche Univ. durch die ungar. Räteregierung lehnte er 1919 ab, nahm ihn aber 1925 von der durch Bethlen geführten Regierung an und wurde als Prof. für zeitgenöss. ungar. Gesch. an der Univ. Budapest zu einem tonangebenden Verteidiger der konservat. ungar. Staatsführung in der Zwischenkriegszeit. Im gleichen Jahr wählte ihn die Ungar. Akad. d. Wiss. zum korresp. u. 1941 zum o. Mitgl. Seit den dreißiger Jahren vertrat er gegenüber den nationalistischen Tendenzen in der ungar. Regierung in histor. Essays u. publizist. Abh. konservat., demokrat. Anschauungen. Nach der dt. Besetzung Ungarns im Jahr 1944 zog er sich aus dem öffentl. Leben zurück u. ging 1945–1948 als ungar. Botschafter nach Moskau. Im kommunist. Ungarn kam er 1953 ins Parlament und wurde 1954 Mitgl. des Präsidialrates. In seinem wichtigsten Werk, von dem er sich nach 1945 distanzierte, *Három nemzedék* (Drei Generationen, 1920), beschrieb er unter dem Eindruck der ungar. kommunist. Revolution von 1919 den Verfall der ungar. Führungsschichten seit der Mitte des 19. Jhs., der zum Zusammenbruch des alten histor. Ungarn führte. Doch hat er sich in seinen folgenden WW immer mehr von dieser Grundhaltung entfernt. Seine Haltung gegenüber dem kommunistisch geführten Ungarn nach dem Zweiten Weltkrieg wurde mehrheitlich opportunistisch eingeschätzt.

Weitere *WW:* A magyar állam életrajza (Biographie des ungarischen Staates, 1917); Széchenyi igéi (Széchenyis Worte, 1921); Bethlen Gábor (1929); Három nemzedék és ami utána következig (Drei Generationen und was danach kommt, 1934); Állam és nemzet (Staat und Nation, 1942); Forradalom után (Nach der Revolution, 1947).

Lit.: Biograph. Lex. z. Gesch. Südeuropas. Hrsg. v. M. Bernath. M 1981, Bd. 4, S. 256–58. *H. G.*

Tacitus (Publius [?] Cornelius T., ca. 56 – um 120 [?]) stammte wahrscheinlich aus einer Familie des röm. Ritterstandes der Provinz Gallia Narbonensis. Von Vespasian erhielt er den latus clavus u. die ersten senator. Ämter, im Jahre 88 war er Praetor, weilte danach für 4 Jahre (vermutlich als Legionskommandeur u. Statthalter) außerhalb Roms u. gelangte 97, wohl noch von Domitian gefördert, zum Suffektkonsulat. Die Krönung der Ämterlaufbahn bildete der Proconsulat in Asia (ca. 112/13). Als XV vir sacris faciundis hatte T. im Jahre 88 an den Saecularfeiern mitgewirkt. In die stadtröm. Tagespolitik griff er wiederholt als Redner vor Gericht und Senat ein.

Seinen Zeitgenossen war T. bis in das 1. Jahrzehnt des 2. Jhs. hinein vornehmlich als sehr begabter Redner bekannt, jedoch ist keine seiner publ. Reden erhalten geblieben. Vornehmlich in diesen Bereich gehört der *Dialogus de oratoribus,* ein im ciceronianischen Stil gehaltener, auf 75 n. Chr. angesetzter, fiktiver Dialog zwischen damals berühmten Rednern über die Unterschiede zwischen der republikan. u. der zeitgenöss. Beredsamkeit, die die meisten Disputanten als Verfall verstehen, für den man vor allem die lebensferne Ausbildung der Redner u. das dem polit. Streit abholde Kaisertum verantwortlich macht. Freilich werden in diesem vermutlich zum Jahr 102 verfaßten, mit einer größeren Lücke tradierten Traktat Republik u. Principat einigermaßen ausgeglichen mit Vorzügen u. Nachteilen charakterisiert.

Das früheste uns erhaltene Werk des T. ist die 98 publizierte Biographie seines Schwiegervaters Cn. Iulius Agricola, eines Parteigängers Vespasians u. Neupatriciers. Mit stark antidomitianischer Tendenz trägt T. das Lob des an Tugenden (virtutes) reichen ‹Altrömers› gegenüber der angeblichen ‹Mißgunst des Tyrannen› vor. Da Agricolas wichtigste staatsfördernde Taten in seine Statthalterschaft fallen, macht die annalistische Schilderung der Vorgänge in Britannien zwischen 77 u. 84 und ein Exkurs über die Gesch. der Provinz den Hauptteil des Lebensabrisses aus, so daß er heute als grundlegende Quelle für die Frühzeit der Provinz gilt. Insofern verbindet der *Agricola* die naturgemäß parteiische Lobrede mit der Gesch.darstellung.

Ebenfalls noch in das Jahr 98, als Traian sich in beiden Germanien aufhielt, gehört wohl *De origine et situ Germanorum,* unsere literarische Hauptquelle über die frühkaiserzeitl. Germanen. Unter den erhaltenen ethnograph. Werken der Antike ist es das einzige, das ausschließlich einer Völkergruppe gilt. Die ‹Schreibtischarbeit› ist aus älteren Berichten über die Germanen geschöpft und behandelt sowohl die ihnen gemeinsamen Eigenheiten als auch die einzelnen Stämme. Die Darstellung geriert sich als Sittenspiegel vom tüchtigen Wilden, der der angeblich verderbten mittelmeerischen Welt vorgehalten wird.

Der Ruhm des T. beruht auf seinen insgesamt 30 Bücher umfassenden Gesch.werken der Historien u. Annalen, die die Zeit zwischen 14 u. 96 n. Chr. beschrieben. Die wohl 14 B. der *Historien* wurden als die polit. aktuellere Zeitgesch. zuerst verfaßt u. zwischen 105 u. 110 publiziert. Erhalten blieb nur der Anfang, der in 4¼ B. (B. 5 zählt nur 26 Kapitel) die Jahre 69 u. 70 umfaßt: d. h. das Ende Galbas, die Taten von, bes. die Bürgerkriege zw. Otho, Vitellius u. Vespasian, ferner den sog. Bataveraufstand im Rheinland u. die Belagerung von Jerusalem (mit einem Exkurs zu den Juden). Wie Otho u. Vitellius, so war wohl auch Domitian sehr negativ dargestellt (vgl. 4,40,1; 85 f.); die Friedensjahre Vespasians u. des Titus wurden gewiß relativ kurz behandelt. Für wenigstens das erste Jahrzehnt benutzte T. als Hauptquellen frühere Gesch.werke (vgl. 2,101), von denen eine Schrift des Vipstanus Messalla u. Plinius' d. Ä. *A fine Aufidii Bassi* bekannt sind; in späterer Zeit hat er auch selber Material gesammelt (Plinius, epist. 6,16; 20). Für Bürgerkriege u. Bataveraufstand hat T. lange das Gesch.bild geprägt.

Von den *Annalen* (ursprünglicher Titel wohl *Ab excessu divi Augusti*), die gegen Ende der Regierung Traians, Anfang derjenigen Hadrians verfaßt wurden, fehlen weite Teile des 5. u. 6., das 7. bis 10. B. sowie der Schluß (vielleicht unvollendet). Sie schildern die Principate von Tiberius bis Nero, wobei die Jahre 29–31, 38–47 u. 66–68 teilweise oder ganz ausfallen. Die Erzählweise ist wie in den Historien i. w. annalistisch; gelegentlich werden für einzelne Regionen zwei oder mehr Jahre zusammengefaßt. Wenn 2 B. am Schluß fehlen, war das Werk in 3 Hexaden (Tiberius, Caligula mit Claudius, Nero) unterteilt. Unter seinen QQ nennt T. u. a. den älteren Plinius u. die Senatsprotokolle; intensiv knüpfte er an die ebenfalls verlorene, den jeweiligen Kaisern feindliche senator. Gesch.schr. an. Einzelheiten der Abhängigkeit sind Gegenstand einer umfangreichen wiss. Diskussion. – Angekündigte Abhandlungen der Zeiten des Nerva u. Traian sowie des Augustus führte T. nicht mehr aus.

Trotz des oft mißverstandenen «sine ira et studio» (ann. 1,1,3: «ohne zornerfüllte Entstellung und eifernde Beschönigung») liebte T. klare, oft grimmig-boshafte u. giftig-scharfe Stellungnahmen bis zu Verleumdungen. Wie ein einstiger Censor wollte er, urröm. Normen u. Vorurteilen folgend, sorgen, «daß mannhafte Tüchtigkeiten (virtutes) nicht verschwiegen werden und daß wegen der Nachwelt u. Ehrlosigkeit Furcht vor schändl. Worten u. Taten herrsche» (ann. 3,65,1). Er wünschte sich als Stoff bedeutende, vor allem milit. Taten wie unter der Republik (ann. 4,32 f.). T.' Interesse lag bei der Schilderung des Handelns einzelner Personen oder Gruppen, deren Antriebe er maliziös ‹entlarvte›. Als eines intellektuellen, moralisch aufgewühlten Menschheitskritikers sind seine Charakteristiken und Urteile zumeist überzeugend formuliert, aber oft ungerecht. Sein Blick ruht auf Rom u. der dortigen Politik, auf den Provinzen bes. als Kriegsschauplätzen u. Annexen stadtröm. Ereignisse. Nur sehr beschränkt fragte T. nach struktur. Voraussetzungen u. gelangte daher nicht zu hist. Analyse u. Erklärung hintergründiger, komplexer Ursachen. Gegenüber seiner historiograph. Tradition verstärkte er oft die vorgefundenen Tendenzen u. ergänzte notfalls, was ihm nach seiner Sicht plausibel zu sein schien (Epektase).

T. war ein glänzender Schriftsteller mit großartigen stilistischen Effekten, derentwegen er die historische Exaktheit zu opfern bereit war. Die Stilgesetze wirken so stark, daß T., wie auch die meisten anderen antiken Hist., kaum Tages- oder Monatsdaten gibt, obwohl er doch mehrere Handlungskreise schilderte u. zu synchronisieren gehabt hätte, um ein Gesamtbild röm. Politik entstehen zu lassen. Sein knapper, in sallustischer Tradition stehender Stil erlaubte ihm so verführerisch einleuchtende Darstellungen, daß erst die moderne Wissenschaft seine vielen, für das ältere Gesch.bild der Kaiserzeit verheerenden Fehlurteile – bes. über Tiberius und Domitian – mühsam korrigieren konnte. Dem ungewöhnlich hohen intellektuellen Anspruch seiner Werke tut dies jedoch keinen Abbruch.

Ausg.: TA: P. Cornelii Taciti libri qui supersunt, ed. E. Koestermann, 3 Bde. L [2]1964–1969. – *Übers.:* R. Till, T., das Leben des Agricola, Da [4]1984; A. Mauersberger, T. Germania, 1980; H. Volkmer, Dialogus de oratoribus, Das Gespräch über den Redner, Mn [2]1976; J. Borst, P. C. T., Historien, Da [5]1984; E. Heller, P. C. T. Annalen, Mn-Z 1982. – *Komm.:* R. M. Ogilvie/I. Richmond, Cornelii Taciti De vita Agricolae, O 1967; R. Much, W. Lange, H. Jankuhn, Die Germania des T., Hei [3]1967; H. Heubner, P. C. T., Die Historien, 5 Bde. Hei 1963–1982; F. Koestermann, C. T., Annalen, 4 Bde. Hei 1963–1968.

Lit.: R. Syme, T., 2 Bde. O 1958 (grundlegend); I. Borszák, in: RE Suppl. 9, 373–512; V. Pöschl, T., WdF 97, Da [2]1986; H. W. Benario, Recent Work on T. 1974–1983, in: Classical World 80, 1986/87, 73–147. *H. W.*

Taine, Hippolyte (1828–1893). Der Kunst- und Literaturphilosoph T. zählte schon zu den Großen des frz. Geisteslebens, hatte seine Theorien über das Zusammenspiel von Rasse, Milieu, Moment und die Analogie von Gesch. und Naturwiss. bereits entwickelt, als er in Reaktion auf 1870/71 seine literarhist. Arbeiten abbrach und sich der polit. Gesch. Fkr.s zuwandte. Er schrieb sein aufsehenerregendes Werk *Les Origines de la France contemporaine* (6 Bde., P 1875–1893, dt. Die Entstehung des modernen Frankreich, L 1877–1894) aufgrund eigenen Quellenstudiums, aber er suchte in den Arch. nur die Bestätigung seiner vorgefaßten Meinung: Fkr.s verderblicher Weg in das Desaster von 1870/71 – Niederlage und Commune-Aufstand – habe 1789 begonnen und seine tiefste Ursache im «esprit classique», der abstrakt-rationalistischen, aus der Zentralisierung im Ancien Régime resultierenden Denkweise der Franzosen. Das glänzend geschriebene Werk von T., der 1878 in die Ac. franç. aufgenommen wurde, war in jeder Hinsicht der Anti-↑Michelet. Das Volk, dort der Held, war für T. eine Bestie; die Revolution, dort Offenbarung, für T. Krankheit und Verderben. T. kam aus dem liberalen Lager, er galt als Materialist, seine Schriften waren von der kath. Kirche indiziert – insofern hat er das zuvor als kath. identifizierte gegenrevolutionäre Denken säkularisiert. Damit war in Fkr. eine ideologische Basis für die neue Rechte (Action franç.) geschaffen. In Dtl. wirkte das Werk als Bestätigung des damals dominierenden Gesch.bildes von der Franz. Rev. (↑Sybel, ↑Treitschke).

Abh.: Cat. Gen. BN. – Dict. Sc. hist. (B. Barret-Kriegel, Lit.). Dt.: G. P. Gooch, Gesch. und Gesch.schreiber im 19. Jh., F 1964. *B. G. B.*

Takahashi Kohachirô (1912–1982). Einer der repräsentativen Historiker für moderne jap. Gesch.wiss. Zunächst war er Assistenzprof., dann Prof. an der Univ. Tôkyô (1949–73). Er studierte, unter dem Einfluß von ↑G. Lefebvre und ↑M. Bloch, die Franz. Revolutionsgesch. und europäische Territorialgeschichte und erwarb sich große Verdienste um die theoretische und positivistische Forschung zum Entstehungsprozeß der modernen Gesellschaft unter dem Aspekt der komparativen Gesch.betrachtung. Die Ergebnisse seiner Forschung sind zusammengefaßt in: *Kindai Shakai Seiritsu Shiron* [Zur Entstehungsgeschichte der modernen Gesellschaft, Tôkyô 1947] und *Shimin Kakumei no Kôzo* [Struktur der bürgerlichen Revolution] (Tôkyô 1950). 1952 ging er nach Frankreich und studierte bei Lefebvre. Er führte vergleichende historische Studien zwischen der Französischen Revolution und der Meiji-Restauration durch. Er nahm auch an der zwischen M. Dobb und P. Sweezy stattfindenden Debatte über den Wandel vom Feudalismus zum Kapitalismus teil. (The Transition from Feudalism to Capitalism: A Symposium, by P. M. Sweezy, M. Dobb, H. K. Takahashi, R. Hilton and C. Hill, 1954). Für die japanische Geschichtswissenschaft erwarb er sich große Verdienste dadurch, daß er die sozialwissenschaftliche Theorie und Methodik in sie einführte. Er war langjähriges Vorstandsmitglied des Internationalen Historikerkongresses und bemühte sich sehr um die intern. Beziehungen der Gesch.wiss. Es gibt folgende Abhandlungen in Französisch: Du féodalisme au capitalisme: problèmes de la transition, 1982. *S. I.*

Tarle, Evgenij Viktorovič (1874–1955), geb. 27. 10./8. 11. 1874 in Kiev in einer jüdischen (karäischen) Angestellten-Familie. Nach dem Besuch des Gymnasiums in Cherson studierte er Geschichte an den Univ. Odessa und Kiev. Dort ist er unter der Anleitung seines akad. Lehrers I. V. Lučickij (1845–1918) in die Tradition der sog. «école russe» hineingewachsen, einer Forschergruppe russischer Universalhistoriker, die mit positivistischen Methoden Themen zur westeuropäischen Sozial- und Wirtschaftsgeschichte behandelten und enge Kontakte insbesondere zur zeitgenössischen französischen Geschichtswissenschaft unterhielten. Die Französische Revolution und das Zeitalter Napoleons standen zunächst auch im Vordergrund der wissenschaftlichen Interessen Tarles. Regelmäßige Archivreisen nach Frkr. haben seither die Materialgrundlage für seine umfassenden Forschungsarbeiten geliefert. Seit 1903 gehörte Tarle als Priv.doz., seit 1917 als Prof. für Allgemeine Geschichte dem Lehrkörper der Univ. St. Petersburg an. In den Jahren 1913–1918 hatte er eine Professur an der Univ. Dorpat. In der Endphase des russischen Zarismus stand er im Lager der bürgerlichen Opposition, deren demokratische und patriotische Ideale er als politischer Schriftsteller und Publizist vehement verteidigte. Nach dem Sieg der Bolschewiki zählte er zu der immer kleiner werdenden Schar bürgerlicher Historiker, die sich während der sog. NEP-Periode trotz erschwerter Arbeitsbedingungen noch in den wissenschaftlichen Institutionen halten konnten. Ende der 20er Jahre fiel Tarle den Säuberungen zum Opfer und wurde 1930 für mehrere Jahre in die Verbannung nach Alma Ata abgeschoben.

Stalins Kehrtwende zur patriotischen Geschichtsschreibung nach 1934 ermöglichte Tarle eine unverhoffte zweite Karriere. Sie ließ ihn bis zu seinem Tode zu einem der prominentesten Sprecher der sowjetischen Geschichtswissenschaft im westlichen Ausland werden. Als einem «Treitschke des Stalinismus» sind ihm aber keine nennenswerten Zugeständnisse an die marxistische Geschichtsdoktrin abverlangt worden. Selbst in der Diss. über die Arbeiterklasse in Frkr. während der Revolutionsepoche (2 Bde. 1909–1911) wird man vergeblich nach Spuren einer bürgerlichen Marx-Rezeption suchen. Sie ist ganz den Traditionen der «école russe» verpflichtet. Spätere Arbeiten, die seinen Ruhm begründeten, u.a. seine Biographien Napoleons und Talleyrands und die zweibändige Quellenstudie über den Krimkrieg, zeugen von einem unabhängigen Historiker, der sich den Blick für die Vielfalt historischer Gegebenheiten bewahrt hat.

WW: E. V. Tarle. Sočinenija v dvenacati tomach. 12 Bde., Moskau 1957–1962; – Iz literaturnogo nasledija akademika. E. V. Tarle. Moskau 1981.

Lit.: E. Hösch, Evgenij Viktorovič Tarle (1875–1955) u. seine Stellung in der sowjetischen Geschichtswissenschaft. Wiesbaden 1964; J. Sherter, The Soviet System and the Historian E. V. Tarle: A Case Study Ph.D. Wayne State Univ. 1966. – E. I. Čapkevič, Evgenij Viktorovič Tarle, Moskau 1977. – S. Wiśniewski, Eugeniusz Tarle, Historyk epoki Napoleonskiej. Warschau 1983 – M. E. Shaw, E. V. Tarle's Krymskaia Voina: Visions and Revisions, in: Canadian-American Slavic Studies 7 (1973) S. 188–208. – E. I. Čapkevič, Poka iz ruk ne vypalo pero ... Žizn' i dejatel'nost' akademika Evenija Viktoroviča Tarle. Orel 1994. – B. S. Kaganovič, Evgenij Viktorovič Tarle i Peterburgskaja škola istorikov. St. Peterburg 1995. *E. H.*

Tatiščev, Vasilij Nikitič (1686–1750), geb. am 19./29. April 1686 bei Pskov als Sohn des dortigen Voevoden. Der Abkömmling eines verarmten alten Adelsgeschlechtes (Zweig der Smolensker Teilfürsten) absolvierte die Moskauer Ingenieur- und Artillerieschule und fand über verwandtschaftliche Beziehungen Zugang zum Azovschen Dragonerregiment und zum Hofe Peters d. Gr., dessen Reformwerk er als Organisator wirtschaftlicher und wissenschaftlicher Unternehmungen mitgetragen hat. 1720–22 und nach einem längeren Studienaufenthalt in Schweden nochmals 1734–37 war er am Aufbau des Uraler Industriegebiets beteiligt. In den Jahren 1741–45 wirkte er als Gouverneur in Astrachan und zog sich schließlich verbittert über mancherlei Anfeindungen auf sein Gut Boldino bei Moskau zurück. Bis zu seinem Tode lebte er ganz seinen wissenschaftlichen Interessen. Sie fanden ihren Niederschlag in zahlreichen geograph., historischen und ökonomischen Studien.

Als Historiker steht T. am Anfang der modernen Geschichtsschreibung in Rußland im Übergang von der mittelalterlichen Chronistik zu einer nationalen Geschichtsbetrachtung in aufklärerischem Geist. Er hat sich als erster um eine Sammlung und systematische Erschließung der erhaltenen Quellen bemüht. Seinen Versuch einer «Russischen Geschichte seit den ältesten Zeiten» (Istorija rossijskaja s samych drevnejšich vremen) mußte er als Torso hinterlassen, die Darstellung bricht Anfang des 17. Jhs. ab. In ihrer äußeren Form besteht sie aus chronologisch geordneten Textauszügen aus alten Chronikhandschriften, die vom Hrsg. mit umfangreichen kritischen Kommentierungen versehen worden sind. Sein an den dynastischen Gegebenheiten orientiertes Gliederungsschema der russischen Geschichte (er unterscheidet die Perioden der Alleinherrschaft, 862–1132, des Zerfalls der Alleinherrschaft, 1132–1462, und der Wiederherstellung der Alleinherrschaft nach 1462) ist von den nachfolgenden Generationen russischer Historiker weitgehend beibehalten worden.

Das Geschichtswerk T.s ist erst nach dem Tod des Verfassers von dem an der Akad. der Wiss. wirkenden deutschen Historiker Gerhard Friedrich Müller 1768 in Druck gegeben worden. Der 5. Bd. erschien erst 1848. T. hat außerdem ein enzyklopädisch angelegtes Nachschlagewerk, «Russisches Lexikon» (Leksikon rossijskoj), unvollendet (bis zum Buchstaben «K») hinterlassen. Es sollte nach Art eines Staatshandbuchs alles Wissenswerte über das russische Reich, vornehmlich über die geographischen Gegebenheiten, zusammenstellen.

WW: V. N. Tatiščev, Istorija rossijskaja. 7 Bde. Leningrad 1962–1968; Ders., Izbrannye proizvedenija. Leningrad 1979.
Lit.: C. Grau, Der Wirtschaftsorganisator, Staatsmann und Wissenschaftler Vasilij N. Tatiščev (1686–1750). B 1963 (= Quellen und Studien zur Geschichte Osteuropas, Band 13). – E. Donnert, Neue Wege im russischen Geschichtsdenken des 18. Jhs. Berlin 1985; I. M. Šakinko, V. N. Tatiščev. Sverdlovsk 1986. – V. S. Astrachanskij, «Istorija Rossijskaja» V. N. Tatiščeva: opyt tekstologičeskich, istoriografičeskich i bibliografičeskich izyskanij. Moskau 1993. *E. H.*

Tawney, Richard Henry (1880–1962). T., der seit 1919 an der London School of Economics lehrte, gehört zu den wichtigsten Begründern der Sozial- u. Wirtschaftsgesch. in Großbrit. Durch sein Engagement in der Arbeiterbildung u. seine Fähigkeit, Spezialprobleme in größere Zshg. einzubetten, gewann er hier ein breites außeruniversit. Publikum. T. war ein Theoretiker eines christlichen Sozialismus (*The Acquisitive Society*, Lo 1921) u. (bes. in den 1920er Jahren) eine programmat. Autorität in der Labour Party. Mit *The Agrarian Problem in the 16th Century* (Lo 1912) fand er sein hist. Hauptthema: den Widerstand sozialer Gruppen gegen den vorrückenden Kapitalismus. Viele seiner Schriften sind gesellschaftskrit.-moralist. Traktate in hist. Gewande. 1941 gab er den Anstoß zur «Gentry-Kontroverse», die bis in die 1960er Jahre die brit. Frühneuzeithistoriker beschäftigte.

Lit.: R. Terrill, R. H. T. and His Times, Lo 1973; J. M. Winter, Tawney the Historian, in: ders. (Hrsg.), History and Society: Essays by R. H. T., Lo 1978, S. 1–40; A. Wright, R. H. T., Manchester 1987; N. Dennis/A. H. Halsey, English Ethical Socialism, O 1988. *J. O.*

Taylor, Alan John Percivale (1906–1990), war ein Hist. der Extreme u. schuf ein enormes Oeuvre, das 32 Bücher, Hunderte v. Aufsätzen u. rd. 1600 Rez. umfaßt. In den 50er u. 60er J. war er der wohl berühmteste brit. Neuzeithist. Dank regelmäßiger Fernsehauftritte u. wöchentl. Zeitungskolumnen erlangte er beträchtl. öffentl. Popularität. Nach Stud. in Oxford u. zweijähr. Forschungsaufenthalt in Wien lehrte T. von 1930–38 in Manchester neben ↑L. Namier, danach in Oxford, erhielt dort zu seiner großen Enttäuschung jedoch nie eine Professur. *Struggle for the Mastery of Europe 1848–1914* (1954), ein bedeutender Beitrag zur Internat. Gesch., der ihm die frühe Wahl zum Fellow der British Academy eintrug, sowie *English History 1914–45* (1965) avancierten zu Standardwerken. Im Verlauf seiner Karriere wechselte T. seine Ansichten mit aufreizender Regelmäßigkeit. Er kultivierte einen abgrundtiefen Haß auf die Deutschen, doch bewunderte Bismarck (*Bismarck. The Man and the Statesman*, 1955) u. schrieb ein Buch, das Hitler von der Alleinschuld am Zweiten Weltkrieg freisprach (*The Origins of the Second World War*, 1961) und einen moral. Feuersturm entfachte. Er bezeichnete Politiker als eigensüchtig u. korrupt, pflegte aber enge Beziehungen zum Zeitungsmagnaten Lord Beaverbrook, einem der eigensüchtigsten u. korruptesten Politiker seiner Zeit, u. widmete ihm eine unkrit. Biogr. (*Beaverbrook*, 1972). T. war ein glänzender Stilist, dessen Prosa oft mit der ↑Macaulays verglichen wurde. Er fand großes Vergnügen daran, seriösere Kollegen zu provozieren, indem er aus winzigen Ursachen gewaltige Ereignisse ableitete. So wurde seiner Meinung nach der Erste Weltkrieg durch Zugfahrpläne verursacht, weil diese den kriegführenden Mächten eine unentrinnbare Abfolge von Truppenmobilisierungen u. Kriegserklärungen aufzwangen (*War by Timetable*, 1976). Kritiker hielten T. vor, er neige zu Vereinfachungen u. opfere histor. Evidenz allzu leicht rhetor. Effekten. T.s Lieblingsbuch, eine Studie über Kritiker brit. Außenpol. seit Cobden, trug den Titel *The Trouble Makers* (1957), ein Etikett, das auch für ihn zutraf.

Lit.: A. Sisman, A. J. P. T. A Biography, 1994; K. Burk, Troublemaker. The Life and History of A. J. P. T., 2000; D. Cannadine, History in Our Time, 2000, 279–87. *A. E.*

Taylor, Lily Ross (1886–1969), prom. 1912 bei T. Frank u. lehrte 1912–27 am Vassar College (Michigan) u. 1927–52 in Bryn Mawr (Pennsylvania). Ihr frühes Interesse an röm. Religionsgesch. (Unters. zu Ostia u. Etrurien) gipfelte in einer Darstellung des röm. Kaiserkultes (*The Divinity of the Roman Emperor* 1931). Mit *Party Politics in the Age of Caesar* (1949) versuchte sie eine Deutung spätrep. Politik, ↑Gelzer nahestehend. Am bedeutsamsten ist ihre Abhandlung über die röm. Tribus, die die polit.-regionale Struktur des röm. Staates aufklärt (*The Voting Districts of the Roman Republic* 1960).

Lit.: T. R. S. Broughton, in: Gnomon 42, 1970, 734 f. *H. W.*

Tellenbach, Gerd (1903–1999), Stud. in Freiburg, Schüler ↑G. v. Belows, 1928–1933 DHI Rom, anschließend Univ.-doz. in Heidelberg; Diss. *Die bischöflich passauischen Eigenklöster und ihre Vogteien* (1926, ersch. 1928), Habil. in Heidelberg mit *Libertas. Kirche und Weltordnung im Zeitalter des Investiturstreites* (1932, Druck 1936, engl. 1940, ND 1996).

Prof. 1938 in Gießen, 1942 Münster, 1944–1962 Freiburg, 1962–1972 Dir. des DHI in Rom, seit 1948 korrespondierendes, seit 1956 o. Mitgl. der Zentraldirektion der MGH; korrespondierendes Mitgl. der Bayer. Akademie der Wiss., zweimal Rektor der Univ. Freiburg, Präs. der Westdt. Rektorenkonferenz, Mitgl. des Wissenschaftsrats. Zentrale Themen seiner Forschungen bildeten die geistesgesch. Grundlagen des Investiturstreites (*Die westliche Kirche vom 10. bis zum frühen 12. Jahrhundert*, 1988, engl. 1993; ferner die einschlägigen Beiträge in «Historia Mundi» 1956 ff. und «Saeculum Weltgeschichte» 1967 ff.), der Transformationsprozeß vom ostfränk. in das dt. Reich (*Kö-*

nigtum und Stämme in der Werdezeit des Deutschen Reiches, 1939) sowie sozialgesch. ausgerichtete Fragestellungen zu Personen und Gruppen im MA. Zentral für den letzten Themenbereich sind die in der MGH erschienenen Editionen von Verbrüderungsbüchern, etwa des *Liber memorialis* von Remiremont aus dem 9./10. Jh. (zus. m. ↑K. Schmid, E. Hlawitschka). Dabei wurden neue Editionsformen in der MGH angeregt (u. a. Faksimilierung). Zur Erfassung des schwierig zu ordnenden Namenmaterials wurde sehr früh EDV eingesetzt.

Der Hauptteil seiner zahlreichen Veröffentlichungen ist in 5 Bänden *Abhandlungen und Aufsätze* (1988–1996) zusammengefaßt. Sein nahezu sieben Jahrzehnte umfassendes Forscherleben läßt er in Lebenserinnerungen (*Aus erinnerter Zeitgeschichte,* 1981) Revue passieren.

Lit.: J. Fleckenstein, G. T. als National- und Universalhist., in: QFIAB 53, 1973, 1–15; H. Keller, Das Werk G. T.s in der Gesch.wiss. unseres Jahrhunderts, in: FMSt 28, 1994, 347–397; R. Schieffer, in: DA 56, 2000, 409–411. H. F.

Theopomp von Chios (ca. 378/6– ca. 300 v. C.) konnte sich in Athen, wahrsch. bei Isokrates, eine exzellente Ausbildung als Redner u. Schriftst. leisten. Mit seinem Vater wegen Spartafreundlichkeit verbannt u. in Grld. weitgereist, hielt er sich auch bei Kg. Philipp II. in Pella auf.

Erfolgreich als Redner, fühlte er sich auch als der beste Hist. seiner Zeit. Nach einer Kurzfassung *(Epitome)* von ↑Herodot schrieb er eine griech. Gesch. *(Hellenika)* als Forts. des ↑Thukydides (ab 411/0) bis zur Schl. bei Knidos (394), in 12 uns verlorengegangenen B., doppelt so ausführlich wie ↑Xenophon. Ob die anonymen, auf Papyrus erhaltenen *Hellenika Oxyrhynchia* daraus stammen, ist umstritten.

Th.s monumentales, aber nur frgmt. erhaltenes HW, die *Philippika,* war keine Biogr., sondern eine Universalgesch. Sie war zwar nur auf die Zeit von Philipps II. Herrschaft (359–336) bezogen, aber in ihren zahlr. Exkursen, die sich nach dem Vorbild Herodots teilweise verselbständigten u. über zwei Drittel der insgesamt 58 B. ausmachten, umfaßte sie die Gesch., Kultur u. Geogr. der gesamten bekannten Welt.

Seine meist drastischen Zustandsbeschreibungen u. leidenschaftl., moralisch vernichtenden Urteile stießen bereits in der Antike, auch wegen ihrer Widersprüchlichkeit, auf heftige Kritik. Dies zeigt auch sein Schicksal: Mit Alexanders d. Gr. (336–323) Hilfe nach Chios zurückgekehrt, wurde er nach dessen Tod erneut vertrieben. Auch bei ↑Ptolemaios I. geriet er rasch wieder in größte Schwierigkeiten.

Für Th. spielte zweifellos die Moral eine entscheidende Rolle u. von ihr sah er viell. sogar alles andere, bes. die Politik, abhängen. Kynische Einfachheit und aristokr. Gesellschaftsordnung schienen es ihm angetan zu haben. Aber ob dies schon der zentrale Bezugspunkt seiner Einzelurteile und -reaktionen auf Menschen und Ereignisse war, ist unsicher. So schwankt die Interpretation seiner Einschätzung von Philipp zwischen dem bewundernswerten «starken Mann» u. der ironischen Symbolfigur für die Verkehrtheit seiner Zeit.

Bei Th. zeichnete sich bereits vieles von der hellenist. Gesch.schr. ab, wie u. a. Personenbezogenheit, Gelehrsamkeit, stilistische Wirksamkeit, philos. Einfluß.

Ausg.: F. Jacoby, Die Frgmt. der Griech. Hist., II B.BD, Lei 1929–30, Nr. 115 (m. Komm.).

Lit.: K. Meister, Die griech. Gesch.schr., St 1990, 90–94 (Lit.); O. Lendle, Einführung in die griechische Geschichtsschreibung, Darmstadt 1992, 129–136. *H. B.*

Thierry, Augustin (1795–1856). Als junger Publizist für den Beruf des Hist. begeistert, faßte T. als einer der ersten die Gesch. Fkr.s seit dem frühen MA als nationale Gesch. auf (*Lettres sur l'histoire de France,* P. 1827 u.ö.; *Dix ans d'études historiques,* P. 1834; hervorgegangen aus einer Artikelserie in den J. 1817–1820). T. deutete die Gesch. der frz. Nation als Kampf zwischen den verschiedenen Volksstämmen («races») und den daraus hervorgegangenen Klassen, die Franz. Rev. als Sieg des Tiers État über die Nachfahren der fränkischen Eroberer. An diese Interpretation knüpfte später ↑K. Marx an. Im erklärten Gegensatz zur abstrahierenden Gesch.schr. der Aufklärung suchte T. im Geist der Romantik Vergangenheit in ihrer bunten Fülle wieder aufleben zu lassen mittels hist. QQ, die er nutzte, ohne sie krit. zu prüfen, vornehmlich auf pittoreskes Kolorit bedacht. Das zeichnet z.B. sein erfolgreiches Werk über die Eroberung Englands durch die Normannen aus.

Lit.: M. Gauchet, Les Lettres sur l'histoire de France d'A. T., in: P. Nora (Hrsg.), Lieux de mémoire – La Nation I, P 1986, S. 247–316 (WW, Lit.); Dict. Sc. Hist., (R. Rosanvallon – Lit.); dt.: G. P. Gooch, Gesch. und Gesch.schreiber im 19. Jh., F. 1964; P. Stadler, Gesch. und hist. Denken in Fkr. 1789–1871, Z 1958. *B. G. B.*

Thiers, Adolphe (1797–1877), Journalist, Politiker, Historiker, Staatsmann – Prototyp für die in Fkr. im 19. Jh. oft enge Verbindung von Gesch.schr. und Politik.

T., geb. in Marseille, wuchs in bescheidenen Verhältnissen auf. Nach Jurastudium und kurzer Tätigkeit als Advokat in Aix-en-Provence ging er 1821 gleich seinem Freund Auguste Mignet (1796–1884) nach Paris. Dort verdienten beide ihren Lebensunterhalt als Journalisten und begannen nebenher, jeder für sich, eine *Histoire de la Révolution française* zu schreiben. Das 2bändige, reflektierend-analytische Werk von Mignet (P 1824, dt. 1825 u.ö., zuletzt F/L 1975) und das 10bändige, vorwiegend narrative Werk von T., der Überlebende aus allen polit. Lagern befragte und gründlich den «Moniteur» auswertete (P 1823–28, dt. 1844/45), trugen entscheidend zur Entstehung des liberalen Revolutionsmythos bei. Neuartig auf seiten der Anhänger der Rev. war ihre sog. fatalistische Interpretation, wonach die Franz. Rev. sich nicht in einen bejahens- und einen verdammenswerten Teil aufspalten lasse, sondern ein Ganzes bilde, da ihr Verlauf die unausweichliche Folge der gegebenen Umstände gewesen sei. Beide Werke haben rasch «ein europäisches Publikum» gefunden («Brockhaus» von 1827), zahlreiche Aufl. erlebt, Übers. in mehrere Sprachen erfahren und zweifellos das geistig-politische Klima für die Julirevolution von 1830 mit vorbereitet.

Dank dieser fand T., ein Anhänger der konstitutionellen Monarchie, Zugang zur Politik. 1830 Abg., 1832 erstmals Minister, 1834 als Hist. in die Ac. franç. gewählt, amtierte T. 1836 und erneut 1840 als Ministerpräsident. In dieser Funktion regte er die Überführung der Gebeine Napoleons nach Paris an. Weiteren Auftrieb gab er dem Napoleonkult mit seinem zweiten Hauptwerk, das er nach der Entlassung wegen seiner konfliktbereiten Politik in der intern. Krise von 1840 (sog. Rheinkrise) in Angriff nahm.

Die 29bändige *Histoire du Consulat et de l'Empire* (P 1845–1862, dt. 24 Bde., 1845–1864) wurde eines der erfolgreichsten Werke des 19. Jh.s; sie brachte T., der 1848 wieder polit. hervortrat, 1851 nach dem Staatsstreich Louis Napoleons aber verhaftet und für kurze Zeit aus Fkr. verbannt wurde, Ruhm und Reichtum ein. T. pries die frühe Politik Napoleons als weise, kritisierte heftig dessen spätere, maßlose Außen- und despotische Innenpolitik, zollte aber dem Napoleon von 1815, der sich zu Frieden und Verfassung bekehrt habe, wieder hohes Lob. So festigte er die liberale Variante des Napoleonkultes.

Nach Vollendung des Werkes kehrte T. auf die politische Bühne zurück. Zunächst Wortführer der liberalen Opposition, führte er 1871 als frz. Regierungschef die Friedensverhandlungen mit Dtl., ließ den Commune-Aufstand niederschlagen und wurde der erste Präsident der III. Republik (1871–1873).

Hochgeehrt, als er i. J. 1877 starb, ist T. posthum sowohl als Politiker und Staatsmann wegen seiner harten Interessenpolitik wie auch als ein Hist. in Mißkredit geraten, dessen Werke den Ansprüchen der Gesch.wiss. nicht genügen. Der vorwiss. Charakter seiner Gesch.-schr. schmälert indes nicht deren Rolle bei der Herausbildung kollektiver Gesch.bilder.

Abh.: Cat. Gen. BN – P. Guiral, A. T., P 1986.
Lit.: Dt. über T. als Historiker (und über Mignet): G. P. Gooch, Gesch. und Gesch.-schreiber im 19. Jh., F 1964; H.-O. Sieburg, Dtl. und Fkr. in der Gesch.schr. des 19. Jh.s, 2 Bde., Wi 1954/58; P. Stadler, Gesch.schr. und hist. Denken in Fkr. 1789–1871, Z 1958. (Lit.). *B. G. B.*

Thietmar von Merseburg (975–1018). Aus gräflicher Familie stammend und mit dem Königshaus verwandt, trat Th. 990 in das Magdeburger Domstift ein und wurde 1004 zum Priester geweiht. Seit 1009 Bischof von Merseburg, setzte er sich entschieden für die Rechte des Bistums ein und spielte eine wichtige Rolle als Mitgestalter der Ostpolitik des Reiches. Seine von der Zeit Heinrichs I. bis zu Heinrich II. reichende Chronik ist Bistums- und Reichsgesch. zugleich, von großer Objektivität und Klarheit, wobei er sich für die Frühzeit auf ↑Widukind und die Quedlinburger Annalen stützt. Das Autograph befindet sich in der Dresdner Bibliothek.

Ausg.: MGH SS rer. Germ. NS IX; dt. Übertr.: F. W. Trillmich, 1957.
Lit.: LThK³ IX, Sp. 1502; LMA 8, Sp. 694–696; VL 9, Sp. 795–801; H. Lippelt, Th. v. M., 1973. *R. A. M.*

Thompson, Edward Palmer (1924–1993), geb. in Oxford. Th. studierte unterbrochen vom Kriegsdienst von 1941–1946 in Cambridge u. schloß mit dem B. A. in Gesch. ab. Danach arbeitete er von 1948–1965 in der Erwachsenenbildung der Univ. Leeds, dann als Leiter des Centre for the Study of Social History an der Univ. Warwick u. seit 1970 als freier Schriftsteller. Gastdozent in Ontario, Canada (1988), Manchester (1988/89) u. an der Rutgers Univ., USA (1989/90).

Das Werk u. Denken Th.s blieb Zeit seines Lebens von der Auseinandersetzung mit der Klassentheorie u. Kapitalismuskritik von ↑K. Marx geprägt. Trotz bzw. gerade aufgrund seines Austritts aus der Komm. Partei Großbritanniens 1956 wegen orthodoxer Tendenzen blieb Th. als Angehöriger der *New Left* einer kritischen sozialistisch-humanistischen Weltanschauung treu. Er war Mitbegründer der im selben Jahr herausgegebenen Zeitschrift *The Reasoner*. Th. war ein streitbarer Vertreter der englischen Linken u. ein engagierter Vertreter der Friedensbewegung. In seiner 1978 erschienen Aufsatzsammlung *The Poverty of Theory* versucht Th. die universale Theorie einer materiellen Logik historischer Prozesse nochmals zusammengefaßt zu dekonstruieren, u. die Notwendigkeit des bei Marx vernachlässigten Kulturbegriffs auch theoretisch zu begründen.

Das 1963 erschienene Hauptwerk *The Making of the English Working Class* wurde in Dtl. erst spät in den achtziger Jahren beachtet u. gilt bis heute als einer der klassischen empirischen Texte zur kulturtheoretisch-historischen Deutung von Mobilisierungsdynamiken sozialer Bewegungen. Am Beispiel der Herausbildung der englischen Arbeiterklasse im 18. u. frühen 19. Jh. zeigt Th., daß in der ersten industriellen Revolution soziale Klassen keine soziologisch objektivierbaren Kategorien darstellen, sondern von den sozialen Akteuren als solche gedacht, interpretiert u. kulturell gedeutet werden mußten. «Proletarische» Klassenzugehörigkeit mußte schließlich zunächst innerhalb einer «plebejischen Öffentlichkeit» institutionalisiert u. auf Dauer sichergestellt werden. Nicht nur polit. Ökonomie, sondern auch polit. Kultur mit den zentralen Kategorien Erfahrung, Werte u. Normen, Bedürfnisse, Moral, Lernprozesse u. symbolisches Handeln begründeten für Th. gemeinsame Klassenidentität, kollektives Handeln u. kulturelle Vergesellschaftung. Th. zeigt, daß die englische Arbeiterklasse nicht als homogenes Fabrikproletariat auftrat, sondern sich aus heterogenen Gruppen von Lohnarbeitern mit differenten Erfahrungszusammenhängen zusammensetzte. Sozialer Protest war darüber hinaus in seinem klassischen Aufsatz von 1971 *Moral Economy of the English Crowd in the 18th Century* kein Aufbegehren gegen die Unregelmäßigkeiten des kapitalistischen Marktzusammenhangs schlechthin, wovon Marx ausgegangen war, sondern vielmehr eine Abwehr unmoralischer Mißbräuche der sozialen Distinktion. Th.s Kulturtheorie «von unten» wollte generell die an rein ökonomischen Kriterien ausgerichteten Strukturbegriffe zugunsten von dynamischen Prozeßbegriffen auflösen.

HW: William Morris. Romantic to Revolutionary, 1955; The Making of the English Working Class, 1963 (dt. 1987, 2 Bde.); Whigs and Hunters. The Origins of the Black Act, 1975; The Poverty of Theory, 1978 (dt. 1980); Plebeische Kultur u. moralische Ökonomie. Aufsätze zur englischen Sozialgeschichte des 18. u. 19. Jh.s, hrsg. v. D. Groh, 1980; Customs and Commons, 1991.

Lit.: H. J. Kaye/K. McClelland (Hrsg.), E. P. Thompson. Critical Perspectives, 1990; B. D. Palmer, E. P. Th. Objections and Oppositions, 1994; E. J. Yeo, E. P. Thompson. Witness against the Beast, in: W. Lamont (Hrsg.), Historical Controversies and Historians, 1993, S. 215–224; EHHW 2, S. 1188–1189; M. Gailus/Th. Lindenberger, Zwanzig Jahre «moral. Ökonomie», in: GG 20 (1994), 469–477.

B. H.

Thukydides (ca. 460/54–400 v. C.), Sohn des Oloros aus Athen, von griech.-thrakischer Abstammung, war verwandt mit den Philaiden, einer der ältesten Aristokratenfamilien. Deren Gegnerschaft zu Perikles hinderte Th. nicht daran, in diesem den nahezu idealen Staatsmann zu sehen. 424/3 zum Strategen gewählt, scheiterte er vor Amphipolis in Thrakien u. wurde verbannt. Durch eigenen Bergwerksbesitz in Thrakien gut versorgt, kehrte er nach 404 nach Athen zurück, wo er sich wahrsch. bis zu seinem Tod seiner *Geschichte des Peloponnesischen Krieges* (431–404) widmete, einer Monogr., die er mit der Größe dieses Krieges begründete. Seine Konzeption u. Darstellung des Krieges bis 411/0 ist bis heute maßgeblich geblieben.

Der abrupte Abbruch des Werkes, die innere Unfertigkeit, etwa des 8. B., wenn skizzenhafte Materialfülle, Urkundenzitate u. Fehlen von Reden als Zeichen dafür gelten dürfen, das Selbstzeugnis, daß er schon bei Ausbruch des Krieges begonnen habe, Material zu sammeln, u. die Notwendigkeit bei den geringen chronolog. Mitteln, das zeitl. Verhältnis der Ereignisketten zueinander schon bei ihrer Erfassung sorgfältig festzuhalten, um sie später in das ebenso einfache wie wirksame Datierungsschema nach Sommern u. Wintern der Kriegsj. einfügen zu können, ferner Widersprüche, wie etwa zwischen theoret. Analysen u. Wirklichkeit, gehören zu den Problemen der «thukydideischen Frage» nach der Entstehung des Werkes.

Th. formte wie kein zweiter die gesamte abendl. Gesch.schr.: Neben ↑Herodot diente er der ganzen antiken Gesch.schr. als Vorbild, u. zu Beginn der modernen Gesch.schr. im 19. Jh. galt er sogar als der vollendete Hist. Auf ihn geht die Beschränkung auf die polit.-milit. Gesch.schr. zurück, meist auf der entindividualisierten Ebene von Kollektiven, ferner die Hinwendung zur Zeitgesch., eine Konsequenz aus Herodots Prinzip, mündliche Aussagen schriftl. Zeugnissen vorzuziehen.

Entsprechend gehörte auch die Forderung der systemat. Augenzeugenbefragung zu der erstmals bei Beginn eines hist. Werkes vorgenommenen Festlegung von Grundsätzen für die Erfassung hist. Gegenstände, in Th.' «Methodenkapitel» (I *22*). Ungewöhnlich ist Th.' Unterscheidung zwischen der Feststellung von Kriegsereignissen u. der Wiedergabe von Reden, ferner das Verfahren bei der Behandlung von direkten Reden selbst. Nach der wahrsch. richtigen Interpretation des sog. Redensatzes u. der Praxis von Th. selbst räumte Th. die Möglichkeit fiktiver Reden ein. Th. nutzte diesen Freiraum in den von der Wahrscheinlichkeit diktierten Grenzen für Reflexionen, seien es eigene, die der redenden Person oder einer Gruppe bzw. der Allgemeinheit, u. setzte die Reden als kompositionelles Element ein. Die direkte Rede machte fast ein Viertel von Th.' Werk aus, eine Folge der entscheidenden Bedeutung der Rhetorik in der attischen Demokratie u. im zwischenstaatlichen Bereich.

Diese Gestaltung der Reden kam der von Th. beachteten persönlichen Zurückhaltung entgegen. Seit Th. ging sie nicht nur in das Ethos des Hist. ein, sondern kennzeichnete z.T. sogar die Historiographie. Diese Zurückhaltung ist für den modernen Betrachter wenig vorteilhaft, wenn nämlich Th.' Tendenz, Reden u. Handlungen für sich sprechen zu lassen, zur Unterdrückung von anderslautenden QQ u. zur gezielten Faktenauswahl führte.

Ein grundlegend neues Instrumentarium in der Ursachenforsch. schuf Th. mit der Unterscheidung von äußeren Anlässen u. tieferen Ursachen. Dies führte zur Aufdeckung der zeitlos gültigen, weil in der menschlichen Natur verankerten Triebkräfte der Gesch., was auf der polit. Ebene die Macht bedeutete. Th.' These von der immer gleichen oder ähnlichen Natur des Menschen war die Grundlage, von der aus Th. glaubte, belehren zu können. Seine Analysen ließen ihn nicht selten eher als Theoretiker denn als Hist. erscheinen.

Bei der Behandlung der entfernten Vergangenheit leistete Th. ebenfalls Neues: Unter den fünf einschlägigen Exkursen versuchte er bes. in der *Archäologie,* einem Abriß der Machtverhältnisse in Grld. seit frühester Zeit, durch die «Tekmerienmethode», d.h. durch Indizien, die Entwicklung allg. Zustände zu rekonstruieren. Dadurch schuf er ein Rahmenwerk für hist. Detailforschung, das erst in der Gesch.wiss. des 19. Jh.s ausgefüllt wurde.

Th. ist ohne den Hintergrund der revolution. Entwicklungen auf polit. u. geistigem Gebiet im Athen des 5. Jh.s, vor allem der Demokratie u. der Sophistik, nicht denkbar.

Ausg.: H.S. Jones – J.E. Powell (edd.): 2 Bde., O [2]1942; G.P. Landmann (Übs.), Z-Mn [2]1976; Komm.: A.W. Gomme –

A. Andrews – K. J. Dover, A Hist. Comm., 5 Bde., O 1945–81.
Lit.: K. v. Fritz, Die griech. Gesch.schr. I, 2 Bde., B 1967; S. Hornblower, Th., Lo 1987; K. Meister, Die griech. Gesch.schr., St 1990, 45–62 (Lit.); O. Lendle, Einführung in die griech. Gesch.schr., Darmstadt 1992, 73–109; S. Hornblower, Narratology and Narrative Techniques in Thucydides, in: ders. (Hg.), Greek Historiography, Oxford 1994, 131–166; H.-J. Gehrke, Thukydides. In: V. Reinhardt (Hg.), Hauptwerke der Geschichtsschreibung, 1997, 640–643. *H. B.*

Timaios von Tauromenion (Taormina) auf Sizilien (Mitte 4.–Mitte 3. Jh. v. C., angeblich 96 J. alt geworden), wurde schon in frühester Jugend vom Kampf gegen Karthager- und Tyrannenherrschaft erfüllt. Sein Vater Andromachos, zwar selbst Tyrann in dem von ihm neugegründeten Tauromenion, unterstützte dennoch das sizilische Befreiungswerk von T.' Idol, dem Korinther Timoleon (ab 345/4). Als um 316 Tauromenion in die Hände von Agathokles, dem Tyrannen v. Syrakus (317–289), fiel, wurde T. verbannt. Viell. war T. aber schon vorher nach Athen gegangen, um bei einem Schüler des Isokrates zu studieren. Dort blieb er 50 J.

Seine Gesch.schr. war viell. Ersatz für den Verlust eigener polit. Betätigung. Seine konservative, aristokratische, der Polis-Freiheit verpflichtete Haltung und sein sizilischer Patriotismus ließen ihn vom Alexanderreich im Osten unbeeindruckt und für den griech. Westen die maßgebliche Gesch. schreiben, von den mythischen Anfängen bis wohl zum ersten Übersetzen der Römer nach Sizilien (264/3), wenn man den Nachtrag über die Gesch. des Pyrrhos mit einbezieht. Die ausführliche Berücksichtigung der Frühgesch. Roms machte ihn zum ersten Hist. Roms. Die T. namentlich zugeschriebenen Frgmte und das anon. Material, das bes. in der sizilischen Gesch. bei ↑Diodor und in der Timoleon-Biogr. ↑Plutarchs enthalten ist, vermitteln immerhin eine allgemeine Vorstellung des Werkes, wenn sie auch keine sichere Rekonstruktion der mind. 38 B. zulassen.

T.' Stubengelehrsamkeit wertete zwar einerseits mit pedantischer Genauigkeit auch Inschriften aus und übte nach Art eines Polyhistors kleinliche Kritik an seinen Vorgängern, was T. den Spottnamen Epitimaios («Beckmesser») eintrug, andererseits aber beeinträchtigte sie auch T.' Glaubwürdigkeit. Sie ermangelte jeder praktischen polit. und milit. Erfahrung und Autopsie, was schon ↑Polybios scharf kritisierte. Negativ wirkte sich auch sein Wunsch nach einer populären Darstellung aus, die T. zu phantast. Ausschmückungen verleitete. Seine Religiosität, die in der Gesch. Strafen der Götter zu erkennen glaubte, ließ ihn Politik moralisch sehen und Vorzeichen und unglaubliche Wundergeschichten ernst nehmen, was ihm als Naivität ausgelegt wurde. Er glaubte schließlich auch an göttlich gelenkte Synchronismen, wofür seine *Olympionikai* die Grundlage abgaben. Dieses chronikal. Hb. verhalf der Olympiadenrechnung in der Gesch.schr. zum Durchbruch.

Ausg.: F. Jacoby, Die Frgmte der Griech. Hist., III B.b, Lei 1950–55, Nr. 566 (m. Komm.).
Lit.: T. S. Brown, T. of Tauromenium, Berkeley 1958; K. Meister, Hist. Krit. bei Polybios, Wie 1975; ders., Die griech. Gesch.-schr., St 1990, 131–7 (Lit.); O. Lendle, Einführung in die griech. Geschichtsschr., Darmstadt 1992, 211–218. *H. B.*

Tocqueville, Alexis de (1805–1859), polit. Schriftsteller, Politiker, Historiker. – T., ein liberaler Aristokrat, in jungen Jahren als Richter tätig, schrieb nach Rückkehr von einer Amerikareise ein Buch, das den 30jähr. auf einen Schlag berühmt machte und ein Klassiker der polit. Lit. geblieben ist: *De la démocratie en Amérique* (2 Bde., P 1835/

40 u.ö., dt. 1959 u.ö.). 1841 wurde T. in die Ac. franç. aufgenommen. Seit 1839 Abg., war er 1848 Mitgl. der Nationalversammlung, 1849 für einige Monate Außenminister der II. Republik. Der Staatsstreich Louis Napoleons bedeutete das Ende seiner polit. Karriere. In dem Bestreben, die polit. Erfahrung vom erneuten Scheitern der Republik geistig zu verarbeiten, schrieb T. dann das Buch, mit dem er sich unter die großen Historiker einreihte: *L'Ancien Régime et la Révolution* (P 1856 u. ö., dt.: *Der alte Staat und die Revolution,* Reinbek 1969, [3]1989). T. zeigte, aufgrund intensiver Arch.forsch., die hist. Kontinuität jenseits des polit. Umbruchs auf: In Staat und Institutionen vollendete die Frz. Rev. das Werk der frz. Monarchie, die Zentralisierung. Das war eine völlig neue Sicht der Revolution, die bisher als totaler Bruch mit allem Alten betrachtet worden war. T.s Werk, in dem hist. und soziologische Betrachtungsweise eng verbunden sind, hat die weitere Gesch.schr. tief beeinflußt und spielt noch heute eine wichtige Rolle in der wiss. Debatte über die Frz. Rev.

Ausg.: Œuvres complètes, Ed. définitive publiée sous la direction de J.-P. Mayer, P 1961ff. – Dict. Sc. Hist. (A. Burguière – Lit.).
Lit.: M. Hereth/J. Hoeffken (Hg.), A. de T., Baden-Baden 1981 (Lit.). *B. G. B.*

Toynbee, Arnold Joseph (1889–1975). T. begann als Klass. Philologe u. Althistoriker u. hatte 1919–24 in London einen Lehrstuhl für «Byzantine und Modern Greek Language, Literature and History» inne. 1925 wurde er, der im Weltkrieg für das Foreign Office gearbeitet u. als Nahostexperte an der Versailler Friedenskonferenz teilgenommen hatte, Director of Studies am neugegründeten British (später Royal) Institute of International Affairs («Chatham House»). 1925–39 editierte er (und schrieb teilweise) die Jahresbände der *Survey of International Affairs;* er wurde dabei zu einem der besten, einflußreichsten und angesehensten Analytiker der Weltpolitik. Gleichzeitig arbeitete er an seiner *Study of History* (12 Bde., Lo 1934–61). T., ein Mann von bemerkenswerter Lit.kenntnis und Produktivität, wurde in seinen späten Jahren zu einer internat. Zelebrität, zum bekanntesten lebenden Historiker. In der *Study* verfolgte T. den Durchgang der wichtigsten selbst. Zivilisationen (erst 23, später auf 13 reduziert) durch Zyklen von Aufstieg und Verfall; «Herausforderungen» und die (gelungenen oder mißlungenen) «Antworten» darauf hielt er für den Antrieb hist. Wandels. In den späteren Bdn. der Serie (bes. 7–10, 1954) wurde das Zyklenmodell durch die Idee einer heilsgesch. Progression der Hochreligionen in Richtung auf eine «universal church» (und einen Weltstaat) überlagert oder gar abgelöst. Der späte T. sah sich stets der Kritik durch die Fachhistorie ausgesetzt (und gab ihr weitgehend nach). Seine Deutungen sind im Detail oft fragwürdig und manchmal falsch. In der universalhist. Diskussion spielen die gesch.philos. Überlegungen des «engl. Spengler» erst neuestens wieder eine Rolle. Sein Hauptverdienst ist es, gegen fachwiss. u. eurozentrische Verengung der universalhist. Perspektive neue Geltung verschafft zu haben.

Lit.: P. Hablützel, Bürgerl. Krisenbewußtsein u. hist. Perspektive, phil. Diss. Zürich 1980 (mit WV); W. H. McNeill, A. J. T.: A Life, NY 1989; M. Perry, A. T. and the Western Tradition, NY 1996. *J. O.*

Treitschke, Heinrich von (1834–1896), studierte Gesch. und Nationalök., vor allem in Bonn bei ↑Dahlmann und Leipzig bei ↑Roscher. In seiner Habil. Schrift *Die Gesellschaftswiss.* (1859)

vertrat er entschieden den Primat der staatlich-politischen vor der gesellschaftl. Sphäre und erklärte eigenständige Sozialwiss. im Grunde für überflüssig. Er wurde a.o. Prof. für Staatswiss. in Freiburg (1863), dann o. Prof. für G. W. in Kiel (1866), Heidelberg (1867) und, nachdem ↑Burckhardt abgelehnt hatte, als Nachfolger von ↑Ranke in Berlin (1874). Ebenfalls in der Nachfolge Rankes wurde er 1886 Historiograph des preußischen Staates. 1871–84 war er Reichstagsabg., zuerst für die Nationalliberalen, nach 1879 parteilos. T. stellte seine Gesch.schreibung dezidiert in den Dienst der aktuellen Politik. Sein Hauptwerk, die *Deutsche Geschichte im 19. Jh.* (5 Bde., 1879–94), das bis zum Revolutionsausbruch 1848 reicht, ist bei fesselnd geschriebenen kultur- und sozialgeschichtl. Passagen im Kern eine Legitimations- und Erfolgsgesch. der preuß. Politik und mündet in ein Votum für die Hegemonialstellung Preußens beim inneren Ausbau des dt. Kaiserreichs.

T. verstand sich in gleichem Maße als Historiker und politischer Wissenschaftler; so analysierte er am Beispiel Napoleons I. und III. den neuen demokr.-populist. Herrschaftstyp, am Beispiel Cavours moderne Strategien der «Realpolitik». Sein wichtigstes publizist. Organ waren die «Preuß. Jbb.», deren Schriftleiter er 1866–89 war. 1895, wenige Monate vor seinem Tod, übernahm er die Herausgabe der HZ. Anhand von Aufzeichnungen wurden 1897/98 seine Berliner Politikvorlesungen (2 Bde.) herausgegeben, in denen T. sein Ideal des zentral. nationalen Machtstaats in system. Geschlossenheit entwickelte. Wissenschaftl. Politik war für ihn in dreifacher Weise «angewandte Gesch.»: Sie sollte anhand der hist. Staatenwelt die «Grundbegriffe des Staates» erkennen, die Eigenart der Völker erforschen und nicht zuletzt «hist. Gesetze» finden und «moralische Imperative» aufstellen. Dem liegt ein hist. Voluntarismus zu Grunde, der sich besonders in seinem berühmten Diktum ausdrückt, «Personen, Männer sind es, die Geschichte machen». T. hat sich nie den Regeln methodisch strenger Forschung gebeugt. Er verfocht seine nationalpädagog. Ziele in z. T. blendender Essayistik und mit großer öffentl. Resonanz. Mit seiner antisemit., antisozialist. und anglophoben Grundhaltung trug er zugleich dazu bei, daß sich entsprechende Feindbilder im dt. Bürgertum zunehmend verankerten.

WW: Hist. und polit. Aufsätze, 4 Bde., L 1865–97.
Lit.: U. Langer, H. v. T.: Polit. Biographie eines deutschen Nationalisten, Dü 1998.
G. H.

Treue, Wilhelm (1909–1992). Der Sohn eines Berliner Berufsoffiziers promovierte 1933 bei ↑F. Hartung an der Friedr.-Wilh.-Univ. mit einer Studie zur Agrarhandelspol. z. Zt. Caprivis, erwarb 1937 den Titel Dr. habil., ohne die zugehörige *venia legendi* erhalten zu können, wirkte zeitweilig an der kriegsgesch. Abteilung der Reichsmarine u. der Marineschule Mürwik u. stieg ab 1947 als zunächst Göttinger Lehrbeauftragter zum a.o. Prof. (1948), dann Ordinarius (1954) für Gesch. an der TH Hannover auf. Seine weit überdurchschnittl. zahlreichen Publikationen schlossen teilweise sehr erfolgreiche Sachbücher ein; fachwiss. war die Einbindung der Unternehmer-, Unternehmens- u. Technikgesch. in die Neueste u. Zeitgesch. entscheidend, die quellennah-empir., nicht theoret.-systematisierend erfolgte. Enge Beziehungen zu Persönlichkeiten der Wirtschaft ermöglichten fachl. u. organisat. Verknüpfungen mit der Praxis, die auch dem akadem. Nachwuchs zugute kamen.

HW: Wirtschaftszustände u. Wirtschaftspolitik in Preußen 1815–1825, B 1938;

Kulturgeschichte des Alltags, B 1942, 12. Aufl. 1952; Wirtsch., Gesellschaft u. Technik in Deutschland vom 16. bis zum 18. Jh., St 1975, weitere Aufl. 1981, 1983 u. 1999.

Lit.: VSWG 80 (1993), 1–3; H.-J. Teuteberg, W. T., ein Hist. zwischen Kultur, Technik, Medizin u. Naturwiss., in: Nachrichtenblatt der Dt. Gesellsch. f. Gesch. der Medizin, Naturwiss. u. Technik 50 (2000), 179–200. *W. W.*

Trevelyan, George Macaulay (1876–1962). 1899 veröff. T., der Großneffe ↑Macaulays, sein erstes Buch *(England in the Age of Wycliffe)*, dem während des nächsten halben Jhs. eine Kette von Büchern über engl. u. italien. (Garibaldi-Trilogie, 1907–11) Gesch. folgte. Sie alle wurden Erfolge beim Publikum. Keine anderen hist. Werke der Zeit übertrafen die Popularität von *History of England* (Lo 1926) u. *English Social History: A Survey of Six Centuries* (Lo 1944). Spätestens seit dem I. Weltkrieg war T. der bekannteste brit. Hist. 1903–27 hielt er sich vom akad. Betrieb fern. 1927 wurde er ↑Burys Nachfolger als Regius Prof. of Modern History in Cambridge, 1940 Master of Trinity College. T. war ein Gegner jeder «Wissenschaft» von der Gesch., wie sie ↑Seeley, ↑Maitland oder ↑Namier vertraten. Gesch.-schr. war für ihn in der Tradition des frühen 19. Jhs. eine narrative Kunstform, die mehr der Imagination des Hist. als seiner analyt. Fähigkeit bedurfte. T. war ein Meister der Darstellung. Wie weit er sich jedoch von der Fachhistorie entfernt hatte, zeigt seine späte *Social History,* ein problemfernes, oft beschönigendes Genregemälde.

Lit.: M. Moorman, G. M. T.: A Memoir, Lo 1980; D. Cannadine, G. M. T. A Life in History, Lo. 1992. *J. O.*

Trithemius, Johannes (1462–1516), **OSB.** Nach kurzem Stud. in Heidelberg trat der Trittenheimer Winzersohn 1482 ins Hunsrückkloster Sponheim ein u. avancierte schon 1483 zum Abt. Im eigenen Kloster wie in der Bursfelder Kongregation u. im Kapitel der OSB-Provinz Mainz/Bamberg wirkte T. als Reformer: In Predigten, einem Regelkommentar, einem verbreiteten Hb. für Novizen, *De triplici regione claustralium,* usw. suchte der Abt – der Sponheim im Anschluß an den Heidelberger Humanistenkreis um Bischof J. v. Dalberg zu einer Klosterakademie mit reicher Bibliothek modelte – eine Mönchsreform durch Rückkehr zu goldenen Ursprüngen im Stud. der Bibel u. ihrer Hilfswissenschaften (bes. Griechisch u. Hebräisch) voranzutreiben. Das Kloster schien ihm ideale Heimat von Bildung, die ins Leben eingreift; J. Wimpheling u. die «Dunkelmännerbriefe» haben sich an diesem Klosterhumanismus gerieben, die Sponheimer Mönche nötigten ihren Abbas, der zu oft abwesend war u. für seine Bücherleidenschaft zu viel Geld ausgab, zur Resignation. Als Abt des kleinen St. Jakob/Würzburg (ab 1506) verbrachte T., der in Treue zum Ordensideal Rufe Ks. Maximilians I. ausgeschlagen hatte, seinen Lebensabend.

T.s hist. Œuvre ist integraler Teil des reformerischen Gesamtwerks, das von Theologie u. Ordensreform bis hin zu Frömmigkeitsgesch. (Kontroverse zur Mariologie), Zauberei u. Geheimschriften streut; in Biographien Mainzer Bischöfe – bes. Rhabanus Maurus – sind die Zusammenhänge deutlich. T. selbst hat Universal-, Partikular- u. Lokalgesch. (Catholicon, Idicon, Topicon) unterschieden u. mit Klostergesch. – Hirsau, St. Jakob, Sponheim – bzw. seinen Arbeiten zur fränkischen Gesch. sich zum nationalen Humanismus bekannt. Seinen *Catalogus scriptorum ecclesiasticorum* (1494), der auf ma. Literargesch. aufruhte, hat er durch Auszüge für benediktinische bzw. dt. Autoren partikularisiert. Eine Chronologia für Maximilian I. verbindet Gesch. mit Sternenglauben. Die *Annales Hirsaugienses* begründen mit gefälschten QQ eine Kulturblüte dieses Klosters; die humanist. QQfälschung (Hunibald, Meginfrid) parallel zu Annius v. Viterbo stützt eine Herleitung der Franken von den Troianern u. untermauert eine gleichrangige Rolle neben den Römern, als deren Erben die freien «griechischen» Franken vorgeführt werden: Die Zielsetzungen des Lebens schlagen auf die historia magistra vitae zurück.

Lit.: K. Arnold, J. T., ²1991 (mit WV); N. L. Brann, The Abbot T., 1981; R. Behrendt, The library of abbot T., in: ABenR 51 (2000) 3–23. *H. D.*

Troeltsch, Ernst (1865–1923), Prof. für Ev. Systematische Theologie (ao. Prof. in Bonn 1892–94, o. Prof. in Heidelberg 1894–1915) und für Philosophie (1915–23 in Berlin). Als einer jener Gelehrten der letzten Jh.wende, die wie ↑M. Weber, ↑G. Schmoller und ↑W. Sombart die Einheit der hist. Kulturwiss. in interdisziplinärer Vernetzung neu zu verorten suchten, entzieht sich der Sozialwiss. T. eindeutiger Zuordnung. Tief beeinflußt von ↑Dilthey und in engem Austausch mit der südwestdt. Schule des Neukantianismus bemühte er sich nicht nur um eine jüngst wieder diskutierte «aufrichtige Theologie» (F. W. Graf), sondern leistete erkenntnistheoretisch fundierte Beiträge für die sich gerade etablierende dt. Soziologie und vor allem für eine zunftmäßig erstarrte Gesch.wiss., die er in eine hist. Sozialwiss. zu überführen suchte, der er mit seiner theolog. Theorie der kulturellen Moderne neue Wege wies und deren positivist. Reduktion auf handwerklich gesicherte Quellenkritik er mit seinem geschichtsphilosoph. Hauptwerk *Der Historismus und seine Probleme* (1922) ebenso gegensteuerte wie fragwürdig gewordenen Prämissen (Individualitäts- und Objektivitätsaxiom, Primat der Außenpolitik etc.). Indem T. den «Zusammenhang des hist. Denkens und der normativen Festsetzung von Wahrheiten u. Werten» als «die Hauptfrage aller Gesch.philosophie» bezeichnete, warf er das Problem des Wertrelativismus in der Historisierung des kulturellen Wissens als Zentralfrage einer «Gesch.-philosophie in praktischer Absicht» (F. W. Graf, H. Ruddies) auf. Der lange im Schatten des ihm wiss., polit. und persönlich nahestehenden Max Weber vernachlässigte und von der dt. Gesch.-wiss. kaum rezipierte T. erfährt neuerdings eine Renaissance, die die überdauernde Aktualität dieses Analytikers einer an ihrer kulturellen Vergesellschaftung leidenden Moderne bestätigt.

Ausg.: E. T., Ges. Schriften, 4 Bde., ND 1977–81; Krit. GA 20 Bde. (1998–).
Lit.: F. W. Graf, H. Ruddies (Hg.), E. T. Bibliographie, T 1982; H. Renz, F. W. Graf (Hg.), T.-Studien, 11 Bde., Gü 1982–2000; Mitteil. der E.-T.-Gesellsch.; G. Schmidt, E. T., in: H.-U. Wehler (Hg.), Dt. Historiker, Bd. 3, 1972, 91–108; F. W. Graf, H. Ruddies, E. T.: Gesch.philosophie in praktischer Absicht, in: J. Speck (Hg.), Grundprobleme der großen Philosophen, Gö 1986, 128–164; H.-G. Drescher, E. T., 1991; F. W. Graf (Hg.): E. T.s «Historismus» (2000); H. Renz: E. T. zwischen Heidelberg und Berlin (2001); F. W. Graf: E. T. in Nachrufen (2001). *R. v. B.*

Tschudi, Ägidius (Gilg) (1505–1572). Der schweizer. Historiograph, Humanist – Schüler Glareans – u. engagiert kath. Landespolitiker (Glarus) verfaßte neben ca. 100 wiss., v. a. sprachgeschichtl. u. vaterländ. Traktaten ein subjektiv wertendes u. mit Legenden (Tell-Sage u. a.) durchsetztes «*Chronicon Helveticum*» (2 Bde. Iselin, Basel 1734/36). Zu seinen Lebzeiten erschien nur «*Die urallt wahrhafftig Alpisch*

Rhetia» (Basel 1538) mit der von ihm skizzierten Schweizerkarte.

Lit.: F. Gallati, G. Tschudi, 1938; B. Stettler, Studien zur Geschichtsauffassung des Aegidius Tschudi, Zürich 1973. *R. A. M.*

Tsuda Sôkichi (1873–1961). Jap. Historiker, der die Ideen- und Kulturgesch. Japans und Chinas erforschte. Prof. an der Waseda-Univ. (1918–40). Anfangs erläuterte er mittels seiner literarischen Werke mit der Existenz im Mittelpunkt die Entwicklung der Ideengeschichte, und er publizierte die individuelle epochenübergreifende historische Abhandlung *Bungaku ni arawaretaru waga Kokumin-shisô no Kenkyû* [Untersuchung des sich in der Literatur zeigenden jap. Nationalgeistes, insgesamt 4 Bde., Tôkyô 1916–21]. Überdies veröffentlichte er Bücher, in denen er mit scharfer Quellenkritik den klassischen Geschichtswerken des 8. Jhs. [u. a. *Kojiki, Nihonshoki*] widersprach, und er forcierte die Erforschung der Gesch. des Altertums. Es existiert auch eine große Anzahl von Schriften und Abhandlungen hinsichtlich der Ideengesch. im chin. Altertum. Aber nach kurzem geriet seine kritische Forschung in bezug auf die japanische Altertumsgesch. unter den Druck der Regierung, und 4 Bde. lit. Werke, nämlich das *Shindaishi no Kenkyû* [Erforschung des Götterzeitalters, Tôkyô 1924] und das *Kojiki oyobi Nihonshoki no Kenkyû* [Erforschung des Kojiki und Nihonshoki, Tôkyô 1924] u. a., wurden 1940 unter Verkaufsverbot gestellt. Ferner wurde er, nachdem er blasphemische Artikel gegen die kaiserliche Familie veröffentlicht hatte, dieses Vergehens schuldig gesprochen. Nach dem Ende des Zweiten Weltkrieges verteidigte er gegen alle Erwartung sogar die kaiserl. Familie und mobilisierte eine Diskussionsfront gegen den Marxismus.

WW: Zenshu: Tsuda sokichi-Zenshu (Zen sanjusan kan, uchi Bekkan go-kan, Tokyo 1963–1966). Gesammelte Werke: Tsuda Sokichi (33 Bde., davon 5 Sonderausgaben, Tokyo 1963–1966). *S. I.*

Turner, Frederick Jackson (1861–1932). In Portage, Wis., geb., stud. an der U. of Wisconsin u. der Johns Hopkins U. (Ph. D. 1890). Er lehrte an der U. of Wisconsin (1889–1910) u. an der Harvard U. (1910–1924). Sein Aufsatz «The Significance of History» (1891, in: *The Early Writings of F. J. T.*, Madison 1938, 41–68) war der erste Ruf nach einer «New History», die die pol. Gesch. als ein Oberflächenphänomen ansah, die Soz.- u. Wirtschaftsgesch. sowie das Leben der Massen betonte, der geogr. Umwelt einen starken Einfluß zusprach u. die Vergangenheit aus Interesse an der Gegenwart studierte. In seinem berühmten Aufsatz «The Significance of the Frontier» (1893; in: *The Frontier in Amer. History*, NY 1920, 1–38) sah er die amer. Nation nicht durch europ. Einflüsse, sondern durch den Besiedelungsprozeß («westward movement») geformt. Wo sich Zivilisation u. Wildnis trafen («frontier»), wurde der individualistische amer. Nationalcharakter für immer geprägt. Die äußerst populäre Frontier-These wurde zunehmend wegen mangelnder Datenevidenz, wegen Überbetonung des «westward movement» u. des der industriellen Demokratie widersprechenden fixen amer. Pioniercharakters kritisiert. T. wandte sich dann dem geogr. Konzept der Region («section») zu, einer geogr. bestimmten, aber auch von ökon. u. soz. Kräften geformten Gesch.landschaft. Die Gesch. Amerikas resultierte aus Konflikten u. Kompromissen zwischen den Regionen (nicht den Staaten), wobei die Bundesregierung ein europ. Staatensystem verhinderte. *The Rise of the New West 1819–1829* (NY 1906) demonstrierte diese Interpretation für die Jahre von 1820 bis 1830. Ein umfassenderes Werk blieb unvollendet u. ergab zwei postume Werke: *The Significance of Sections in American History* (ein Sammelband, NY 1933) u. *The United States, 1830–1850: The Nation and Its Sections* (NY 1935). Als Pionier der modernen «New History» blieb T. einer der bekanntesten amer. Historiker.

Lit.: R. A. Billington, F. J. T., NY 1973. *E. B.*

Twinger von Königshofen, Jakob (1346–1420). Zunächst Pfarrer in Drusenheim (Elsaß), dann Kanoniker von St. Thomas zu Straßburg, verfaßte T. neben einem dt.-lat. Glossar und vorbereitenden chronikal. Skizzen in lat. Sprache eine Chronik in elsäss. Mundart, die, in sechs Kapitel unterteilt, die Weltgesch. bis Alexander d. Gr., die Geschichte Roms, der Kaiser bzw. Könige bis Wenzel, die Gesch. der Päpste, der Straßburger Bischöfe und der Stadt Straßburg sowie ein ausführliches alphabet. Register enthält und die das Ziel hatte, zur Unterhaltung und Belehrung von «klugen Laien», aber auch zur bürgerl. Identitätsstiftung Straßburg und den umgebenden Raum in die großen weltgesch. Zusammenhänge (kirchl. wie säkul. Natur) einzuordnen. Sie hat eine Verbreitung wie kaum ein anderes dt.-sprachiges Gesch.werk des MA gefunden (über 80 Hss. und 1 Inkunabelausgabe) und diente – bei Ausstrahlung in den schweizer., niederrhein., bayer. und österr. Raum – vielfach als Modell oder stoffliche Grundlage anderer Stadt-, Regional- und Familiengesch.

Ausg.: Chronik des Jacob Twinger von Königshofen, hg. von C. Hegel (Chroniken der deutschen Städte, Bd. 8 und 9), L 1870/71.
Lit.: VL 9, Sp. 1181–1193; LMA 5, Sp. 294; F. Hofinger, Studien zu den deutschen Chroniken des Fritsche Closener von Straßburg und des J. T. v. K. Diss. München 1974; K. Kirchert, Städtische Geschichtsschreibung und Schulliteratur. Wiesbaden 1993. *G. M.*

Ullmann, Walter (1910–1983), geb. 29. Nov. 1910 in Pulkau, gest. 18. Jan. 1983 in Cambridge, entfaltete sein Profil als Experte für die Gesch. des Papsttums und der polit. Theorien im MA und als Kenner der Kanonistik aus Wurzeln humanist. Erziehung und jur. Studiums in Österreich (Wien, u. a. bei Leopold Wenger, Innsbruck, bes. bei Theodor Rittler) sowie der Quellenarbeit an engl. Bibliotheken. Nach der jur. Staatsprüfung 1931, Promotion 1933 und Justizpraxis emigrierte U. während Anfertigung der rechtshistorischen Habil.-Schr. über die Postglossatoren z. Z. des Anschlusses Österreichs an das dt. Reich 1938 nach England. Vorerst im Schuldienst tätig (u. a. in Leicestershire), unterbrochen durch Wehrdienst 1940–43, wurde er aufgrund seiner Veröffentlichungen in engl. Sprache 1947/48 zum Maitland Memorial Lecturer in Cambridge, 1947 zum Prof. an der Univ. Leeds, 1949 zum Lecturer an der Univ. Cambridge, 1959 zum Fellow des Trinity College ernannt. Ab 1965 wirkte er dort als Prof. der ma. Gesch. und Kirchengesch. Rufe an verschiedene Univ., auch nach den USA, lehnte er ab, hielt aber Gastvorlesungen an dt. und amerikan. Univ. Seine Heimatuniv. Innsbruck verlieh ihm 1973 den Ehrendoktor der Staatswiss.; 1968 wurde er Fellow der British Academy, 1973 korresp. Mitglied der Bayer. und der Österreich. Akad. der Wiss.

Indem U. seit der Reformation erstmals wieder an engl. Univ. über Kanonistik vortrug, hat er die kanonist. Studien in der angelsächs. Welt stark angeregt. Seine grundlegenden Arbeiten spüren dem Verhältnis von Recht und Gesch., der Verflechtung von Institutionen und Ideen nach. Mehrere Bücher liegen in dt. Übersetzungen vor, so *Die Machtstellung des Papsttums im MA. Idee und Geschichte* (1960), *Papst und König im MA* (1967), *Kurze Geschichte des Papsttums im MA* (1978); fast alle erfuhren mehrere Auflagen. Sein letztes Werk galt dem Zeitalter der Entstehung der sog. Zweigewaltenlehre: *Gelasius I. (492–496). Das Papsttum an der Wende der Spätantike zum MA* (St. 1981). Kraft seiner Gedankenschärfe und Rhetorik wirkte U. schulebildend. Seine vom methodischen Ansatz her ausgeprägt theoretisch-konstruktiven Thesen fanden auch Widerspruch, so durch Friedrich Kempf in bezug auf die Struktur von Papstgewalt und -idee im HochMA. U.s Œuvre hat das Verständnis für ma. polit. Theorie im geistl. und weltl. Bereich, aber auch zu anderen Themen, wie z. B. zu den Wurzeln der Renaissance, wertvoll bereichert.

Lit.: F. Kempf, Die päpstliche Gewalt in der mittelalterlichen Welt, in: Miscellanea Historiae Pontificiae 21, 1959, 117–169; H. v. Fichtenau, W. U., in: Almanach der Österr. Akad. d. Wiss. 133, 1984, 399–403; N. Grass, W. U., in: HJb 105, 1985, 342–347; H. Baltl u. a. (Hg.), Recht u. Gesch., 1990, 273–290 (Autobiogr.); LThK³ X, Sp. 354 (P. Herde); E. Ullmann, W. U. A Tale of Two Cultures, 1990. *L. B.*

Ulrich (von) Richental (ca. 1365–1437). Der Konstanzer Bürger ist Verfasser einer Chronik des Konstanzer Konzils (1414–1418), das er selber als Augenzeuge miterlebte. Zwar nicht immer mit den internen Vorgängen vertraut, bietet der Chronist doch ein anschauliches Bild dieser Kirchenversammlung, mit vielerlei hist. Bezügen und statist. Angaben. Das Original des Werkes ist verloren, doch liegen zahlreiche Abschriften, mit z. T. reicher Illuminierung, vor. Damit wird die Chronik auch eine wichtige kulturhist. Quelle.

Ausg.: M. R. Buck (1882); O. Feger (Faksimile-Ausgabe der Konstanzer Hs.), 2 Bde., 1964.
Lit.: ADB 28, S. 433 ff.; VL 8, Sp. 55–60; LMA 8, Sp. 1201; LThK³ X, Sp. 358; W. Matthiesen, U. R.s Chronik des Konstanzer Konzils: Studien zur Behandlung eines universalen Großereignisses durch die bürgerliche Chronistik, Paderborn 1985. *R. A. M.*

Underhill, Frank Hawkins (1889–1971). U. war Prof. der Gesch. an der U. of Toronto (1927–55), vor allem aber Sozialkritiker u. Reformer. Ohne ein eigenes großes hist. Werk liegt seine Bedeutung in seinem Bemühen, den Schwerpunkt der kan. Gesch. von der vorwiegenden Verfassungsgesch. auf eine sozial und ökon. akzentuierte Gesch. zu verlagern. Unter dem Einfluß der amer. Progressiven Historiker (↑C. A. Beard) sah er die kan. Entwicklung nicht als eine teleologisch auf die Selbständigkeit hinzielende, sondern als eine von soz. Konflikten und wirtsch. Interessen bestimmte.

Lit.: On Canada: Essays in Honor of Frank H. Underhill, hrsg. von N. Penlington, Tor. 1971. *E. B.*

Vagts, Alfred (1892–1986). V. hat vorrangig Themen der Internat. Beziehungen, der Militärgesch. u. der Wechselwirkungen zwischen diesen u. der Sozial- u. Wirtschaftsgesch. aufgegriffen.

Der Sohn eines Mühlenbesitzers an der Elbmündung studierte 1912–14 in München, wo er in engen Kontakt mit der Münchner Boheme kam u. expressionist. Gedichte schrieb. V. nahm als Inf.offizier am Ersten Weltkrieg teil u. wurde 1918 in verschiedene Soldatenräte gewählt. Nach erneutem Studium und publizist. Tätigkeit wurde er 1923 Mitarbeiter des neugegründeten Hamburger Instituts f. Auswärtige Politik. Hier beschäftigte sich V. mit der Gesch. der Internat. Beziehungen u. war zugl.

in der sozialdemokrat. Arbeiterbildung engagiert. Nach der Promotion 1927 arbeitete er an einer Habilschr., die er angesichts der NS-Machtübernahme nicht mehr einreichte. 1932 ging er zunächst nach Engl. u. wanderte dann in die USA aus, wo er 1935 sein 2bändiges Werk über die dt.-amerikan. Beziehungen u. 1937 seine *Geschichte des Militarismus* veröffentlichte. 3 Jahre war er in Princeton am Institute for Advanced Study, während des Krieges im Board of Economic Welfare tätig. V. hat auch später keine längere Lehrtätigkeit ausgeübt u. lebte als Privatgelehrter unweit der Yale Univ. seinen wissenschaftlichen u. literarischen Interessen.

Das Werk V.s zeichnet sich durch einen weiten Blickwinkel, einen vielfach vergleichenden Ansatz u. unkonventionelle Fragestellungen aus. In *Mexiko, Europa und Amerika* (1928) wird am Beispiel der mexikanischen Ölpolitik die Diplomatiegesch. transzendiert. *Dtl. u. die Vereinigten Staaten in der Weltpolitik* (1935) stellt einen Beitrag zur Imperialismusforschung dar; die *Gesch. des Militarismus* war auf dem Hintergrund der Zeit von unverkennbarer Aktualität. Von seinen militärhistor. Studien seien genannt die *Gesch. der Landungsoperationen* (1946) und die *Gesch. des Instituts des Militärattachés* (1967), von seinen sozialhistor. Arbeiten die *Deutschamerikan. Rückwanderung* (1962).

Lit.: Bibliogr. der Werke V.' in: A. V. Bilanzen und Balancen. Fr. 1979, S. 303–306. Über V. ebd. die Einl. H.-U. Wehlers, S. 7–11. *B. F.*

Valentin, Veit (1885–1947), gehört zu der kleinen Gruppe von Historikern, die die Weimarer Zeit dezidiert bejahten, 1933 ihre Stellung verloren u. emigrierten. V.s bedeutendstes Werk ist seine *Gesch. der dtn. Revolution v. 1848/49.*

In Frankfurt geb.; sein Vater war Gymn.prof., seine Mutter Musikhistorikerin. Mit 21 J. promovierte er in Heidelberg bei ↑E. Marcks. 1910 habilitierte er sich in Freiburg. 1916 wurde er zum a. o. Prof. ernannt. Als Kritiker alldeutscher Positionen und zugleich in eine Presseaffäre verwickelt, gab V. schließlich unter dem massiven Druck der Fakultät u. des Kultusministeriums seine Venia legendi zurück. V., der seit 1920 als Archivrat im Potsdamer Reichsarchiv arbeitete, erhielt die ganze Weimarer Zeit über keinen Ruf an eine Univ.; allerdings lehrte er an der Berliner Handelshochschule u. an der Hochschule f. Politik.

V. engagierte sich seit 1918 für die DDP und betätigte sich politisch und publizistisch als überzeugter Demokrat u. Pazifist. V. bemühte sich um den Nachweis demokrat. u. pazifistischer Ideen u. Traditionen in der dtn. Gesch., vertrat einen demokrat. Einheitsstaat u. wandte sich frühzeitig gegen den italien. Faschismus, auch gegen den Bolschewismus.

1930/31 veröffentlichte V. seine *Gesch. der dtn. Revolution 1848/49* im Rahmen s. Tätigkeit im Reichsarchiv. Nach der NS-Machtübernahme wurde er im Juni 1933 aus dem Beamtendienst entlassen. V. emigrierte nach Engl., lehrte bis 1938 an der Univ. of London; 1939 reiste er in die USA, fand jedoch auch hier keine dauerhafte Stellung. Er sichtete 1945 im Auftrag des Office of Strategic Services Dokumente zur Vorbereitung der Nürnberger Prozesse. Im Januar 1947 starb er in Washington.

V. hat sich jahrzehntelang mit der 48er Revolution beschäftigt. 1908 publizierte er *Frankfurt a. M. u. die Revolution 1848/49.* Das den lokalgeschichtl. Rahmen übersteigende, polit. Gesch., Kultur- u. auch Sozialgesch. verknüpfende Buch stellt den Verlauf der Revolutionsereignisse in Frankfurt plastisch dar, läßt freilich den Einfluß von Marcks' ästhetisierender Geschichtssicht erkennen. Auch die Studie über *Fürst Karl Leiningen u. das dte. Einheitsproblem* (1910) weicht trotz kritischer Töne gegenüber Preußen nicht prinzipiell von den damals vorherrschenden Interpretationen ab. Veränderte Maßstäbe sind in V.s Arbeiten in der Frühphase der Weimarer Republik sichtbar. In seiner Studie *Die erste dte. Nationalversamml.* (1919) würdigte er vor allem die polit. Linke als Inkarnation des «revolutionären Geistes» u. arbeitete die histor. Bedeutung dieses Parlaments auch als Gegenbild zur Bismarckschen Politik heraus. Die 1919 erschienenen Skizzen *Das erste dte. Parlament u. wir* u. *Die 48er Demokratie u. der Völkerbundgedanke* versuchten die 48er Tradition mit der Gegenwart in Beziehung zu setzen u. zur Traditionsbildung der Weimarer Republik beizutragen.

V.s 2bändige *Gesch. der dtn. Revolution von 1848/49* (1930/31) ist die erste – u. bis heute die einzige – umfassende Gesch. der 48er Revolution, in der die gesamte Volksbewegung, auch in den verschiedenen Staaten samt der Vorgesch., plastisch erzählt wird. Die eigentl. Leitideen der Revolution waren aus V.s Sicht die Ideen der Demokratie. Für V. wird in der 48er Revolution die Besonderheit des dtn. Schicksals u. des dtn. Volkscharakters sichtbar. Zu den entscheidenden Folgen des Scheiterns der Revolution v. 1848/49 gehört für V. die Schwächung der demokrat. Mitte in Dtl. – Zweifellos wurde die Rezeption dieses bedeutendsten Werks V.s durch die NS-Zeit beeinträchtigt.

An weiteren Arbeiten V.s sind erwähnenswert sein Abriß *Die polit. Parteien in Dtl.* (1924), die populärhistor. Darstellung *Das Hambacher Fest* (1932) u. die angesichts des Flaggenstreits in der Weimarer Republik bedeutsame (zus. m. O. Neubecker verfaßte) Untersuchung *Die dtn. Farben* (1929). Mit seiner *Gesch. des Völkerbundgedankens* (1920) versuchte V. zu zeigen, daß auch in Dtl. Friedens- u. Völkerbundideen histor. tief verankert waren. – Mit der aus V.s Arbeit im Auswärtigen Amt hervorgegangenen Darstellung *Dtl.s Außenpolitik v. Bismarcks Abgang bis zum Ende des Weltkrieges* (1921) setzte sich V. mit der Politik der Wilhelm. Zeit auseinander, 1924 gab er die *Amtl. Urkunden zur Vorgesch. des Waffenstillstands* heraus.

Verbreitung fand nach dem Zweiten Weltkrieg V.s 1938 in Amsterdam publizierte Weltgesch., die aus seiner Sicht als «Kampf um die vier großen Lebensgüter Religion, Kunst, Wissenschaft u. Staatsform» zu begreifen war. Triebkräfte der Gesch. sind für V. nicht zuletzt große histor. Persönlichkeiten, daneben Ideen u. die als Kollektivindividualitäten betrachteten Völker. In *The German People* (1946; dt. unter dem Titel *Gesch. der Dtn.*, 1948 u.ö.) suchte V. das dte. Schicksal aus der Analyse des Nationalcharakters zu deuten.

Die Arbeiten V.s sind durch «einen oft aesthetischen Historismus auf lebensphilos. Grundlage» (Wehler) geprägt, dem es auf die Rekonstruktion der Vergangenheit durch Nachempfinden u. sinnlich-anschauliche Darstellungsweise ankam. Daß innerhalb dieses Rahmens große Leistungen möglich waren, zeigt V.s *Gesch. d. dtn. Revolution 1848/49*.

Lit.: E. Fehrenbach: V. V. In: H.-U. Wehler (Hrsg.); Dte. Historiker. Bd. 1. Gö 1971, S. 69–85; H. Schleier: V. V. In: Ders.: Die bürgerl. dte. Gesch.schreibung in der Weimarer Republik. Kö 1975, S. 346–398; W. Schaber: V. V. 25. 3. 1885–12. 1. 1947. In: Ders. (Hrsg.): Perspektiven u. Profile. Aus Schriften V. V.s, Frankf./M. 1965, S. 7–46 (m. Bibliographie). *B. F.*

Valla, Lorenzo (1406/07–1457). Der Römer, in den Spuren ↑L. Brunis und G. Aurispas humanistisch gebildet, wurde 1429 Prof. der Rhetorik in Pavia, wirkte in Florenz u. Mailand, ab 1435 als Sekretär König Alfons v. Aragon/Sizilien, der auch das Reich Neapel eroberte; 1448 berief Papst Nikolaus (V.) V. als Scriptor an die Kurie, wo er zum Sekretär aufstieg.

V. hat in seinen erfolgreichen *Elegantiarum latinae linguae LL6* und in der *Repastinatio dialectica et philosophica* die logische Kunstsprache der Scholastik kritisiert zugunsten einer durch Konsens und consuetudo für die Kommunikation in menschlicher Lebenswelt geeigneten Ausdrucksweise: Ihr schrieb er in rhetorischem Nominalismus den Zugriff auf «Realität» zu. Res und ihre intersubjektive sprachliche Bezeichnung sind untrennbar, Philologie als Universalwissenschaft vermittelt die Kenntnis der lateinischen Texte, die die menschlichen Erfahrungen speichern; Stilistik und Literaturgesch. erweitern sich zur umfassenden Kulturgesch.

Neben dem Beitrag V.s zur Historisierung der Weltanschauung fällt seine Gesch.schr. ab. Seine *Gesta Ferdinandi regis Aragoniae* konzentrierten sich auf das Privatleben des Königs, nicht auf die Politik, brechen aber – weil V. nicht imitatio, sondern aemulatio mit der Antike fordert – mit dem stilistischen Purismus, moderne Geographie und Sachverhalte mit antiken Begriffen wiederzugeben. Wichtiger sind V.s kritische Untersuchungen: in seiner *Collatio Novi Testamenti* bahnt er – ein Vorläufer des Erasmus – den Weg zur Bibelphilologie und Textkritik; in den *Elegantiae* und *In Bartoli de insigniis et armis libellum* stellt er dem systematischen (mos italicus) einen philol.-hist. Zugriff auf die römischen RechtsQQ entgegen und begründet so den mos gallicus in der Jurisprudenz. In *De falso credita et ementita Constantini donatione* erweist er – wie schon Nikolaus von Kues – die Konstantinische Schenkung als Fälschung: dem Reformer V. ging es um ein entweltlichtes Papsttum, die Verbreitung der Schrift in der Reformationszeit z.B. durch Ulrich v. Hutten machte daraus einen Angriff auf die Kurie.

Ausg.: L. V., Opera omnia, ²1962;
Lit.: W. Setz (ed.), De [...] Constantini donatione, 1976; O. Besomi (ed.), Gesta Ferdinandi regis Aragoniae, 1973; D. R. Kelley, Foundations of modern Historical Scholarship [...], 1970; E. Cochrane, Historians and Historiography in the Italian Renaissance, 1981; E. Keßler, L. V., Über den freien Willen, 1987. *H. D.*

Varnhagen, Francisco Adolfo de (1816–1878). V. wurde in Sorocaba, Bras., als Sohn eines dt. Ing. und einer Port. geb. Obwohl durch Ausbildung und Studium in Port. und Bras. zuerst als Ing., dann, nach Annahme der bras. Staatsbürgerschaft, als Diplomat in Port. und versch. lateinamerik. Ländern tätig, wurde V. dennoch zum «Lehrer und Wegweiser» der bras. Historiogr. (Capistrano de Abreu). Seine Stellung im Dipl. Dienst ermöglichte es dem gebildeten und belesenen V., in Archiven unermüdlich und akribisch Dokumente zur bras. Gesch. zu sammeln. Auf der Grundlage von bis dahin oft nicht benutzten Quellen verfaßte V. seine hist. Arbeiten über die Gesch. Brasiliens vom 16. bis 18. Jh. Sein HW, die Allgemeine Gesch. Bras. (*Historia Geral do Brasil*, 2 vols. São Paulo 1852–1857), wurde trotz gelegentlicher konzeptioneller und interpretativer Schwächen wegen der an ↑Ranke orientierten Quellenarbeit in Bras. richtungweisend. V. starb 1878 in Wien.

Lit.: J. Capistrano de Abreu, A Critique of F. A. Varnhagen, in: E. Bradford Burns, Perspectives on Brazilian History. NY 1967, 143–155; St. B. Schwartz, F. A. de Varnhagen: Diplomat, Patriot, Historian, in: HAHR 48, 2 (1967), 185–202; J. R. Thomas, 339 f. *H. J. K.*

Vasari, Giorgio (1511–1574). Im heimatlichen Arezzo u. Florenz ausgebildet, wirkte V. als manieristischer Maler, später auch Architekt u. Baudirektor im mediceischen Florenz. Kunstgeschichtl. Notizen, die er auf Reisen gesammelt hatte, arbeitete er auf Anregung von P. Jovius in *Le vite de' piu eccellenti architetti, pittori et scultatori italiani* [...] (1550) aus. Für eine Neubearb. 1568 hat V. Forschungsreisen unternommen, Informationen eingezogen u. Vorarbeiten des B. Adriani über antike Kunst integriert.

Die Biographie, die an ↑Sueton, ↑Plutarch u. an literarhist. Traditionen anknüpfen konnte, war nach F. Petrarca, dem Vater des Humanismus, mit F. Villani, ↑E. Silvio Piccolomini (Pius II.), V. da Bisticci u.a. in Serien oder Einzelwerken im 15./16. Jh. weitverbreitet. Berühmtheiten nicht nur der Politik, sondern auch der Literatur u. Kunst – Vorbild war Plinius d. Ä. – waren als «viri illustri» darstellbar, so daß die Verengung von Gesch.schr. auf Politik Korrekturen erfahren konnte. V.s *Vite,* chronologisch, aber auch nach Regionen und Schulen arrangiert, schildern nach einem spätantik-byzantinischen Niveauverlust den Aufstieg der Kunst in drei Schüben – mit Cimabue u. Giotto, mit Masaccio, Donatello u. Brunelleschi sowie L. da Vinci, Rafael u. Michelangelo zu einem Gipfel, der sogar die Alten überragt. So hat V. Umrisse der Kunstgesch. begründet.

Ausg.: R. Bettarini/P. Barocchi, 1966 ff. (Text 1550 u. 1568; G. V. Der literarische Nachlaß, hg. von K. Frey, Ndr. 1982, 3 Bände; Deutsche Übersetzung der Vite von E. Jaffé, 1980.
Lit.: T. S. R. Boase, G. V. The man and the book, 1971; G. V., Tra decorazione ambientale e storiografia artistica (Kongreß 1981), hg. von G. C. Garfagnini, 1985; L. Satkowski, G. V. Architect and Courtier, 1993. *H. D.*

Velleius (Gaius [?] V. Paterculus, ca. 25/20 v. – nach 30 n. C.), war ritterl. u. senator. Offizier unter Tiberius, wurde 15 n. C. Praetor u. schrieb zu Ehren des Konsulats von M. Vinicius (30 n. C.) eine röm. Gesch. in 2 Büchern. B. 1, dessen Anfang bis 168 größtenteils verloren ist, reichte von der Urzeit bis zum Epochenjahr ↑Sallusts 146 v. C.; in B. 2 sind die augusteische Zeitgesch. (z. B. zu den Römern in Germanien: 2,97; 104–109; 117–123) u. das Enkomion auf Tiberius als einziges zeitgenössisches Urteil über ihn bes. wichtig. Das Werk des V. ist das einzige erhaltene, in gewöhnlichem Stil nicht sehr sorgfältig verfaßte Beispiel latein. ‹Gebrauchshistorie›; es erweist V. als loyalen Anhänger des Kaisertums.

Ausg.: *TA:* W. S. Watt, Vellei Paterculi historiarum ad M. Vinicium consulem libri duo, L 1988. – *Komm.:* A. J. Woodman, V. P., [...] 2 Bde. C 1977/1983. – *Übers.:* Fr. Eyssenhardt, V. P., Römische Geschichte, B 1865.
Lit.: A. Dihle, in: RE 8A, 637–659; J. Hellegouarc'h, État présent des travaux sur l'‹Histoire Romaine› de V. P., in: ANRW II 32, 1, B 1984, 404–436. *H. W.*

Vervaux, Johannes (1585–1661), **SJ.** Der Lothringer V. war seit 1630 bis zu seinem Tod Beichtvater u. pol. Berater des Kurfürsten Maximilian v. Bayern u. verfaßte nach ↑Aventin die erste Gesamtdarstellung bayer. Gesch. Die *Annales Boicae gentis* (3 Tle. 1662/63) – wegen Schwierigkeiten mit der Ordenszensur unter dem Namen des bayer. Kanzlers Johann Adlzreiter v. Tettenweis erschienen – sind im Blick auf Form u. Stil der Darstellung (etwa die Verwendung fingierter Reden) der humanistischen Gesch.schr., hinsichtlich der verarbeiteten Stoffülle u. den Ansätzen krit. QQbenutzung der barocken Historiogr. verpflichtet. Die Auftragsarbeit für den bayer. Hof prägte «die Auffassung von der bayer. Gesch. noch weit bis ins 18. Jh. hinein» (A. Kraus).

Lit.: A. Kraus, Tassilo u. Karl der Große in der bayer. Gesch.schr. des 17. Jh.s, in: Ders., Bayer. Gesch.wiss. in drei Jh., Mn 1979, 35–45. *H. Z.*

Vicens Vives, Jaime (1910–1960). Geb. in Gerona, studierte V. in Barcelona, wo er nach Gesch.studium und Prom. 1936 auch lehrte. Nach dem Bürgerkrieg wurde er nach Andalusien auf eine Oberschule «verbannt», konnte aber 1948 nach Barcelona zurückkehren; dort hatte er von 1948–60 und von 1954–60 die Lehrstühle für Neuere Gesch. und Wirtschaftsgesch. inne. Mit seinen frühen Arbeiten über Ferdinand den Kathol. und über Katalonien führte er die span. und katalan. Historiogr. aufeinander zu (*Ferran II i la ciutat de Barcelona, 1479–1516,* 3 vols., Barcelona 1936–37; *Juan II de Aragón 1398–1479,* Barcelona 1953; *Notícia de Cataluña,* Barcelona 1954; *Els Trastamares [Segle XV],* Barcelona 1955). Seit ca. 1950 widmete er sich, beeinflußt durch die Schule der ‹Annales›, immer mehr der span. Wirtschaftsgesch. und der Gesch. des 19. Jhs. und regte damit neue Schwerpunktsetzung in der span. Historiogr. an (*Industrials i politics del segle XIX,* Barcelona 1959). V. schuf ein Publikationsorgan für die neuen Forschungen, *Estudios de Historia Moderna,* errichtete ein eigenes Verlagshaus, Teide, und gründete eine bibliograph. Zeitschrift für Literatur zu Span. und auch zu Lateinamerika: *Indice Histórico Español.* Unter seinen Werken verdient die von V. hrsg. *Historia social y económica de España y América* (Barcelona 1957–59; 4. Aufl. Tl. 1–5, 1982) besondere Erwähnung.

Lit.: M. Battlori, La doble lección de Jaime Vicens y Vives, 1910–1960, in: Razón y Fé 752 (1960), 261–272; P. Galera Cuffi, Bibliografia de Jaime Vicens Vives (1910–1960), in: Indice histórico español 6 (1960), 1–16. *H. J. K.*

Vico, Giovanni Battista (1668–1744), kam in einer armen neapolitanischen Familie zur Welt u. wurde vom Vater in die jur. Studien eingeführt, denen er sehr kritisch gegenüberstand. Bis 1695 war er neun Jahre Hauslehrer in Vatolla (Cilento), bis ihm 1699 der Lehrstuhl für Rhetorik an der Univ. Neapel anvertraut wurde. Doch konnte er nie die jur. Lehre vertreten, da seine Anschauungen an einer an die scholastische Tradition gebundenen Fakultät zu neu schienen. Das ganze Leben verbrachte er in bescheidenen wirtschaftlichen Verhältnissen in Neapel, ging als wahrer Philosoph ganz in seinen Studien auf und kam zu bedeutenden Ergebnissen, die ihn isoliert herausragen lassen.

Sein Hauptwerk, die *Scienza Nuova,* (zuletzt dt.: Die neue Wiss. […], übs. v. E. Auerbach, 2. Aufl. 2000), wurde erstmals 1725 in Neapel veröff., 1730 grundlegend umgearbeitet und 1744 noch einmal rev. Unter den anderen zahlreichen Arbeiten sind hervorzuheben: *Orazioni inaugurali* der Hochschuljahre; *De antiquissima Italorum sapientia ex linguae latinae originibus eruenda* (1710); *De constantia jurisprudentis* (1721); *Diritto universale* (1722); *Autobiografia* (1728).

Das Gedankengut V.s ist so reich und komplex, daß ihn die verschiedensten philosophischen Strömungen (von den Katholiken zu den Marxisten, den Positivisten zu den Existentialisten) als ihren Vorläufer bezeichnen. In seiner Weltsicht, in der Philos. und Gesch. zusammenfallen, überwindet er den Kartesianismus und den Rationalismus. Die Gesch. ist das einzig mögliche Ziel des menschl. Bewußtseins, da sie vom Menschen selbst gemacht ist und alle idealen Elemente durch sie Gestalt annehmen.

Lit.: A. Corsano, G. B. Vico, Bari 1956; A. M. Jacobelli Isoldi, G. B. Vico. La vita e le opere, Bol 1960; A. G. Manno, Lo storicismo di G. B. Vico, Na 1965; S. Mazzarino, Vico, l'annalistica e il diritto, Na 1971; I. Berlin, V. and Herder, 1976; G. Giarizzo, Vico la politica e la storia, Na 1981; N. Badaloni, Introduzione a Vico, R-Bari 1984; P. Burke, V., 1985 (dt. 1987); N. Erny. Theorie u. System der Neuen Wiss. bei G. V., 1994.
M. R. D. S.

Villani, Giovanni (ca. 1275–1348). Der Florentiner Bürger und Kaufmann verfaßte in ital. Sprache eine der bekanntesten Chroniken des MAs, die Chronik der Stadt Florenz. Diese *Chronica* weitet sich aufgrund von V.s polit. Tätigkeit und seiner weiten Reisen aus zu einer luziden Weltchronik. Florenz ist in den Augen des Verfassers die legitime Nachfolgerin Roms und damit Trägerin der Tradition des Imperiums, aber auch Stütze von Kirche und Papsttum. Als Partner Frankreichs in Italien erreicht die Metropole der Toskana an der Wende vom 13. zum 14. Jh. den Zenit ihrer wirtschaftl. und polit. Macht, dessen Ausdruck auch das Werk V.s ist. Besonders für die Zeitgesch. des Autors – von ca. 1300 bis 1340 – liefert das vielzitierte und weitverbreitete Werk wichtige Einblicke in die ital. Stadtkultur des späten MAs. Es war Fundament für die historiogr. Arbeiten von ↑Machiavelli und ↑Guicciardini.

Ausg.: L. A. Muratori, Rer. It. Scriptores 13, 1729; F. G. Dragomanni, 4 Bde., 1844/45.
Lit.: L. Green, Chronicle into History, 1972; F. Ragone, G. V. e i suoi continuatori: la scrittura delle cronache a Firenze nel Trecento, Roma. 1998. *R. A. M.*

Vincenz von Beauvais (gest. 1264). Dominikaner, von Ludwig IX. als Erzieher an den frz. Hof berufen (aus dieser Tätigkeit hervorgegangen das Werk: *De eruditione filiorum nobilium*), erlangte V. Berühmtheit vor allem durch seine dreiteilige, bis dahin umfangreichste Enzyklopädie *Speculum maius,* die fortan den Rang eines grundleg. und fortwährend herangezogenen Nachschlagewerkes zur Natur-, Wissenschafts- und Menschheitsgesch. einnahm. Einen integralen Bestandteil bildete dabei das «Speculum historiale», – eine Weltchronik bis zum Jahre 1250, die im scholast. Stil auf breitester kompilat. Grundlage und unter durchgängig wörtl. Zitierung der QQ den hist. Wissensstandard der Zeit vermittelte, aber auch etwa durch Heranziehung neuester Nachrichten (z. B. zur Mongolenherrschaft) beträchtlich erweiterte.

Lit.: VL 10, Sp. 365–369; LMA 8, Sp. 1705–1707; A.-D. v. den Brincken, Geschichtsbetrachtung bei V. von B., in: DA 34 (1978) 410–499; S. Lusignan, Préface au Speculum Maius de V. de B., P 1979; J. B. Voorbij, Het «Speculum Historiale» van V. van B., 1991. *G. M.*

Vogt, Joseph (1895–1986), lehrte als Prof. für Alte Gesch. vor allem in Tübingen (1926/29, 1940/44, 1946/63), außerdem in Würzburg, Breslau u. Freiburg i. Br. Nachdem er sich in jungen Jahren mit der kaiserzeitl. Münzprägung von Alexandria (1924) u. ä. befaßt hatte, fand er bald zur Republik (*Die röm. Republik* [6]1973), über die er gewichtige kleinere Arbeiten schrieb (vgl. *Orbis* 1960), zur Spätantike (bes. *Constantin d. Gr. u. sein Jahrhundert* [2]1960; *Der Niedergang Roms, Metamorphose d. antiken Kultur* 1965), zur Universalgesch. (*Wege zum hist. Universum. Von Ranke bis Toynbee* 1961) u. zur Gesch. der Sklaverei in der Antike (*Sklaverei und Humanität* [2]1972; 1983), deren Erforschung er im Rahmen der Mainzer Akademie entscheidend förderte. Bei aller Genauigkeit im antiquarisch-philolog. Detail fragte V. bes. nach den großen geistigen Themen der röm. Antike.

Lit.: K. Christ, in: Gnomon 59, 1987, 476ff.; U. Vogt, in: ANRW I 1, B 1972, *15–*28 (WV); K. Christ, Neue Profile der Alten Geschichte, Da 1990, 63–124; D. Königs, J. V. Ein Althistoriker in der Weimarer Republik u. im Dritten Reich, 1995. *H. W.*

Volpe, Gioacchino (1876–1971), wurde in Paganica (L'Aquila) geboren und schrieb sich an der Scuola Normale Superiore in Pisa ein. Aus interventionistischer Überzeugung nahm er am Ersten Weltkrieg teil und schloß sich ab 1920 mehr und mehr den Positionen Mussolinis an. So errang er schließlich einen bedeutenden Platz in der intellektuellen und pol. Welt des Faschismus. 1924 ging er an die Fakultät für Pol. Wiss. an der Univ. Rom, wurde Mitglied des Verwaltungsrats des faschistischen Kulturinstituts und der Kommission für die Verfassungsreform des Staats unter dem Vorsitz von Gentile. Seit 1926 war er Direktor der von Pietro Fedele gegründeten Schule für moderne und zeitgenössische Gesch., und von 1935 an leitete er die Rivista storica italiana. Nach dem Sturz des Regimes wurde ihm die Lehrerlaubnis entzogen, doch setzte er seine Studien fort, ohne je seine Einstellung zum Faschismus zu verleugnen. Sein sehr umfangreiches gesch.schreiberisches Schaffen kennzeichnen wirtschaftlich-juristische Anliegen.

HW: Studi sulle istituzioni comunali a Pisa, Pisa 1902; Movimenti religiosi e sette ereticali nella società medievale italiana, Fi 1922; Il medioevo, Fi 1927; Storici e maestri, Fi 1924; Fra storia e politica, R 1924; Momenti di Storia italiana, Fi 1925; L'Italia in cammino, Mi 1927; Francesco Crispi, V 1928; Guerra, dopoguerra e fascismo, V 1928; Lo sviluppo storico del fascismo, Palermo 1928; Storia del movimento fascista, Mi 1939; Storia della Corsica italiana, Mi 1939; Vittorio Emanuele III, Mi 1939; L'Italia nella triplice alleanza, Mi 1939; Italia moderna, 3 vols., Mi-Fi 1943–1952;

Lit.: Atti del convegno di studi su Gioacchino Volpe nel centenario della nascita, Pisa 1976; I. Cervelli, G. Volpe, Na 1977; G. di Giovanni, Il realismo storico di Gioacchino Volpe, R 1977; G. Belardelli, Il mito della «nuova Italia». Gioacchino Volpe, tra guerra e fascismo, Roma 1988. *M. R. D. S.*

Voltaire (1694–1778). Der berühmteste Repräsentant der Aufklärung, geb. in Paris als François-Marie Arouet, trat nicht nur als Philosoph und Schriftsteller, sondern auch als Historiker hervor. Er traf die Unterscheidung zw. Gesch.-schr. aufgrund von bloßer Überlieferung = Fabel, und Gesch.schr. aufgrund von Dokumenten, und ging von der Helden-Gesch., die er noch in seiner *Histoire de Charles XII* (1731) praktizierte, zu einer neuartigen Form von Kultur-Gesch. auf der Basis kritisch ausgewerteter QQ über. In dieser Hinsicht waren V.s *Le siècle de Louis XIV* (1751), wo gesellschaftl., wirtschaftl. und lit. Erscheinungen statt des Königs im Mittelpunkt stehen, und V.s *Essai sur l'histoire générale et sur les mœurs et l'esprit des nations* (1756) bahnbrechend. Dieses bedeutsamste hist. Werk V.s unterschied sich von den traditionellen Universal-Gesch. durch die Dominanz der Gesch.-Philos., ein von V. geprägter Begriff. Für V. war die Menschheits-Gesch. wesentlich Kultur-Gesch., er deutete sie als eine allmähliche, ständig von Rückfällen bedrohte Entwicklung zur Herrschaft der Vernunft.

Lit.: P. Brockmeier, R. Desné, J. Voss (Hrsg.), V. und Dtl., St. 1979; Dict. Sc. Hist. (J. M. Goulemot – Lit.). *B. G. B.*

Wachler, Ludwig (1767–1838), ist typischer Repräsentant der Gelehrsamkeit der dt. Spätaufklärung. Nach Studium in Jena, Göttingen und Rinteln (1788 Prom.) u. verschiedenen a. o. Professuren u. Schullehrertätigkeiten war er ab 1801 in Marburg, von 1815 bis zu seinem Tode in Breslau o. Prof. für Gesch. u. Lit.gesch. Sein bedeutendstes Werk ist die *Geschichte der historischen Forschung und Kunst* (2 Bde. in 5 Tln., Gö 1812/13 u. 1816/18/20), in dem er im Anschluß an zeitgenöss. biobibliograph. Lexika u. Gelehrtengesch. einen Überblick über die europ. Historiographiegesch. seit dem Humanismus gibt. Er schildert darin die methodisch geregelte Aneignung der Vergangenheit als ein dezidiert bürgerl. Unternehmen u. begründet diese damit als eine nationalpatriot. Notwendigkeit.

Lit.: M. Wachler, in: Lebensbilder aus Kurhessen u. Waldeck, Bd. 4, Marburg 1950, 404–415; H. W. Blanke: L. W.s Historiographiegesch. im Umbruch zwischen Aufklärung und Historismus, in: ders./J. Rüsen (Hg.): Von der Aufklärung zum Historismus, Pa 1985, 265–272. *H. W. B.*

Waitz, Georg (1813–1886), studierte zuerst Theol., dann 1832–1836 in Kiel und Berlin Gesch., Philol. und Rechtswiss. Als ältester und wohl bedeutendster Schüler ↑Rankes wurde er zu einem Mediävisten von großer Vielseitigkeit. Er veröffentl. zahlreiche quellenkrit. Studien und Editionen (*Jbb. des dt. Reichs unter Heinrich I* [1]1837, neubearb. [2]1863); 1836–1842 arbeitete er in Berlin an den ↑MGH als engster Mitarbeiter von ↑Pertz. Die von ↑Dahlmann begründete «Quellenkunde der dt. Gesch.» führte er ab [3]1869 fort. 1842 wurde er o. Prof. in Kiel, 1848 in Göttingen; nach seiner Emeritierung übernahm er 1875 in Berlin die Leitung der MGH. Er war Mitglied der Berliner und Göttinger Akad. d. Wiss. sowie der Hist. Komm. bei der Bayer. Akad. d. Wiss. In seinem Hauptwerk, der *Dt. Verfassungsgesch.* (8 Bde., 1844 –1878) erforschte W. Rechtsentwicklung und Herrschaftsordnung von den germanischen Stämmen angefangen bis zum dt. Reich des 12. Jhs., ausgehend von der Idee einer engen Verbindung von Volksfreiheit und Königtum. Mit seinen *Grundzügen der Politik nebst einzelnen Ausführungen* (1862), die den Staat als «ethischen Organismus» kennzeichnen, führte er die Tradition der Politikwiss. «auf hist. Grundlage» fort. Daneben verfaßte er umfangreiche Studien zur Schleswig-Holsteinischen Landesgesch.; als Kieler Abg. gehörte er der Frankfurter Nationalversammlung (rechtes Zentrum) an. W. hat als Forscher und Wiss.organisator die Professionalisierung und Spezialisierung des Fachs bedeutend vorangetrieben; zugleich hat er die Weichen für einen «positivistisch» ausgeformten Historismus gestellt.

HW: Gesammelte Abhandl., Gö 1896.
Lit.: E. Steindorff, Bibliograph. Übersicht über G. W.s Werke, Gö 1886. – E. Waitz, G. W. Ein Lebens- und Charakterbild, B 1913; K. Jordan, G. W. als Prof. in Kiel, in: FS für P. E. Schramm, Bd. 2, Wie 1964, S. 90–104. *G. H.*

Wandruszka, Adam (1914–1997). Der 1936 mit einer Diss. über *Karl Moering. Ein dt. Soldat und Politiker aus dem alten Österr.* bei ↑H. von Srbik Promovierte absolvierte sein Stud. an der Univ. Wien u. am Inst. für Österr. Gesch.-forsch. u. habilitierte sich in Wien 1955 mit der Schrift *Österreichs politische Struktur. Die Entwicklung der Parteien und politischen Bewegungen.* Nach seiner Lehrtätigkeit in Köln (1959–1969) übernahm er den Lehrst. für Österr. Gesch. an der Univ. Wien.

Sein umfangreiches Œuvre umfaßt die frühneuzeitl. u. neueste Geschichte Österreichs. Neben biograph. Arbeiten (*Leopold II.*, 1963 u. ö.; *Maria Theresia. Die große Kaiserin* (1980); *Gerard van Swieten und seine Zeit,* 1973) und Werken zur Habsburgermonarchie (*Das Haus Habsburg,* 1956 u. ö.; [Hg.] *Die Habsburgermonarchie 1848–1918,* 1973 ff.) befaßte W. sich mit der Problematik Österr. und Italien (1973) sowie mit der Periode des Dreißigjährigen Krieges *(Nuntiaturberichte aus Deutschland* 11/2, 1953; *Reichspatriotismus und Reichspolitik zur Zeit des Prager Friedens von 1635,* 1955). W. zählt zu den profiliertesten Historikern Österreichs im 20. Jahrhundert.

Lit.: DBE 10, 329; MIÖG 106 (1998), 443–450; W. Weber, Biographisches Lexikon zur Gesch.wiss. in Deutschland, Österreich und der Schweiz, Frankfurt 1984, 640; R. G. Plaschka, Nachruf, in: Almanach d. ÖAdW 147 (1998), 587–602. *R. A. M.*

Wang Guowei (1877–1927). W., der erst 1925 Prof. an einer der großen chin. Univ. (Qinghua in Beijing) wurde, war ein Universalgenie, das u. a. zu Lit.-gesch., Linguistik und Philos. wichtige Beiträge leistete, und einer der ersten Vermittler von ↑Nietzsche und Schopenhauer nach China. Sein Hauptinteresse galt ab 1912 der chin. Archäologie und Frühgesch., einem Gebiet, dem seine Analysen der 1899 entdeckten Orakelknochen u. Schildkrötenpanzer-Inschriften der Shang-Dynastie (ca. 1500–1100 v. Chr.) erst wiss. Rang verliehen. W. konnte dadurch viele Angaben alter Texte bestätigen und vor allem erstmals die Existenz der Shang-Dynastie beweisen. Hier wie bei scharfsinnigen Untersuchungen an Inschriften späterer Dynastien verband W. die textkrit. Tradition des 17. Jhs. (Gu Yanwu, 1613–1682) mit westl., bes. dt. Forschungsmethodik, die er durch japanische Vermittlung kennengelernt hatte. W. war einer der letzten chin. Monarchisten. Er ertränkte sich in einem Teich des Sommerpalastes, als die Nationale Revolutionsarmee gegen Beijing vorrückte.

Lit.: H. J. Bonner, Wang Kuo-wei: An Intellectual Biography, Cambridge Mass. 1986; H. Kogelschatz, Wang Kuo-wei und Schopenhauer, Stuttgart. 1986. *J. O.*

Warburg, Aby Moritz (1866–1929). Der einer jüd. Bankiersfamilie entstammende Kunsthist. studierte an der Univ. Bonn u. promovierte in Straßburg über *Sandro Botticellis ‹Geburt der Venus› und ‹Frühling›. Eine Untersuchung über die Vorstellungen von der Antike in der italien. Frührenaissance* (Druck 1893). Die Antike-Rezeption in Kunst u. Gesch. des Abendlandes wird das zentrale Forschungs- u. Publikationsthema W.s. Nach längeren Aufenthalten in den USA u. Italien (Florenz 1888/94), wobei er sich v. a. mit der Festkultur der italien. Renaissance befaßte, erwarb er mit Finanzmitteln der Warburg-Bank seine ungemein reichhaltige Bibliothek u. ließ für diese 1924/26 in Hamburg ein eigenes Gebäude errichten. Rufe auf Professuren lehnte der renommierte Privatgelehrte ab.

W. gilt als der Initiator der modernen Ikonologie, einer auf Kenntnissen u. Methoden der Anthropologie, Sozialpsychologie u. Kulturgesch. aufbauenden «Bildwissenschaft». Sein 1920 erschienenes Werk *Heidnisch-antike Weissagung in Wort u. Bild zu Luthers Zeiten* thematisierte die polit. Agitationsgraphik für die Kunsthistorie. 1918–24 psychisch erkrankt, widmete er sich nach der Gesundung ab 1926 seinem Projekt *Bilderatlas Mnemosyne*, welches via Photosamml. die Resultate seiner Forsch. belegen sollte. In der «Kulturwiss. Bibliothek Warburg», die zum Großteil 1933 nach London («Warburg Institute») transferiert werden mußte, fanden u. a. ↑E. Cassirer, ↑E. Panofsky, ↑P. E. Schramm wichtige Anregungen.

Lit.: Gesammelte Schriften, 2 Bde. Leipzig/Berlin 1932; 14 Bde. 1998–; D. Wuttke (Hg.), A. M. Warburg. Ausgewählte Schriften und Würdigungen, Baden-Baden 1979; E. H. Gombrich, A. W. An intellectual Biography, London 1970; R. Galitz/B. Reimers (Hgg.), A. M. W. «Ekstatische Nymphe ... trauernder Flußgott». Portrait eines Gelehrten, Hamburg 1995; H. Bredekamp u. a. (Hg.), A. W., 1991; Ch. Schoell-Glass, A. W. und der Antisemitismus, 1998; D. Wuttke, A. M. W.-Bibliogr. 1866–1995, 1998. *R. A. M.*

Wattenbach, Wilhelm (1819–1897). Der Sohn eines Hamburger Pastors und späteren Kaufmanns stud. an den Univ. Berlin, Bonn und Göttingen Klass. Philologie und Gesch. 1842 prom. er mit der Diss. *De quadrigentorum Athenis* bei ↑A. Böckh; 1851 erfolgte die Habil. im Fach Histor. Hilfswiss. in Berlin bei ↑Pertz mit der Arbeit *Beiträge zur Gesch. der christl. Kirchen in Böhmen und Mähren.* W., der u. a. auch ↑Ranke und J. Grimm zu seinen akad. Lehrern zählte, war seit 1843 Mitarbeiter der MGH und wurde 1875 Mitglied der Zentraldirektion. Nach Dozententätigkeit in Berlin und Archivdienst in Breslau übernahm er 1862 eine Prof. für Gesch. in Heidelberg, wechselte dann aber 1873 an die Univ. Berlin. Von 1886 bis 1888 leitete er als Nachfolger von ↑Waitz die MGH. W. war einer der besten Kenner und Hrsg. ma. Quellen. Sein mehrfach revidiertes Hauptwerk *Deutschlands Geschichtsquellen im MA bis zur Mitte des 13. Jhs.* (1858) stellt die bis heute fundierteste Darstellung ma. Historiographie dar (Neubearb. 1976 ff.). Neben der ma. Quellenkunde machte sich W. auch um die Histor. Hilfswiss. verdient, indem er Anleitungen zur griech. und lat. Paläographie verfaßte und *Das Schriftwesen des MAs* (1871) beschrieb.

Lit.: ADB 44, S. 439–443; HZ 80 (1898), S. 75–85; Weber, 641 f.; DBE 10, 345. *R. A. M.*

Weber, Max (1864–1920), wurde nach rechtshist. Prom. und Habil. a. o. Prof. für Römisches und Handelsrecht in Berlin (1893), o. Prof. für Nationalök. in Freiburg (1894), Heidelberg (1897), Wien (1918), für Gesellschaftswiss., Wirtschaftsgesch. und Nationalök. in München (1919). Sein wiss. Werk umfaßte röm. Agrar- und ma. Stadtgesch., die Entstehung des neuzeitl. Anstaltsstaats, die Ausprägung moderner Klassengesellschaften und interkulturelle Vergleiche religiöser Lebensführung. Das leitende Interesse galt der Wechselwirkung der Sphären Wirtschaft, Religion, Recht, Politik, Kunst und Wiss. Dies war das Anliegen der «Kulturgeschichte» seit ↑Burckhardt und ↑Gothein, und W. selbst nannte seine berühmteste Studie, *Die protest. Ethik und der «Geist» des Kapitalismus* (1904/05), einen «kulturgesch. Aufsatz». Methodisch beschritt W. neue Wege, indem er in kritischer Auseinandersetzung mit evolutionist. und naturalist. Positionen des Historismus sein Konzept einer neukantianisch orientierten, individualisierenden «Wirklichkeitswiss.» entwickelte. Dazu schuf er mit dem «Idealtypus» ein Instrument, mit dessen Hilfe das unendliche Material der als chaotisch gedachten hist. Wirklichkeit begrifflich trennscharf gegliedert werden sollte (*Wissenschaftslehre,* [7]1988). W.s Forschungen waren im universalhist. Vergleich ausgerichtet auf «die gesamte Moderne, d. h. unsere von Europa ausstrahlende christlich-kapitalist. rechtsstaatl. Kultur». In dieser Perspektive untersuchte er in seinen beiden zentralen, vielfach miteinander verschränkten Werken, den *Gesammelten Aufsätzen zur Religionssoziologie* (3 Bde., [1]1920/21, ND 1988) und *Wirtschaft und Gesellschaft* ([1]1922, [5]1976), den Legitimitätswandel politischer Herrschaft, die Veränderungsformen sozial-ökonom. Ungleichheit und die religiös-kulturelle Umprägung individueller und kollektiver Lebensformen. W. hat damit wichtige Impulse für die interdisz. verfahrenden hist. Kulturwiss. gegeben, die in der Gesch.wiss. zuerst von ↑O. Hintze aufgegriffen worden sind.

WW: M. W.-Gesamtausgabe, Tü 1984 ff.
Lit.: D. Käsler, Einführung in das Studium M. W.s, Mn 1979 (WV); J. Kocka (Hg.), M. W., der Historiker, Gö 1987; G. Hübinger, M. W. und die hist. Kulturwiss., in: N. Hammerstein (Hg.), Dt. Gesch.-wiss. um 1900, Wie 1988, S. 269–81; H.-K. Choi, M. W. und der Historismus, Waltrop 2000. *G. H.*

Wedgwood, Cicely Veronica (1910–1997). Engl. Hist.; Stud. u. Lehrtätigkeit in Oxford; Honorarprofessur am University College London. W. begann ihre wissenschaftl. Publikationstätigkeit mit einer Biographie (*Strafford 1593–1641*, 1935), weitere biograph. Studien gehören zum wesentl. Bestand ihres Œuvres (*The Great Rebellion*, I: *The King's Peace 1637–1641;* II: *The King's War 1641–1647*, London 1955/58; *William The Silent*, 1945 (dt. 1949); *Richelieu and the French Monarchy*, 1949; *The Trial of Charles I.*, 1964). Während ihr Werk *The Spirit of Time* (1984; dt. 1987), eine Weltgesch. bis 1550, nur wenig Resonanz zeitigte, avancierte ihr 1938 publiziertes u. profundes HW *The Thirty Years War* zum Standardwerk (dt. München 1967).

Lit.: R. Ollard/P. Tudor-Craig (Hrsg.), For Veronica Wedgwood These: Studies in Seventeenth Century History (FS), London 1986; The Blackwell Dictionary of Historians, 1988, 445 f. *H. F.*

Wegele, Franz Xaver (seit 1881: von W.) (1823–1897), seit 1857 o. Prof. in Würzburg, einer der wenigen kath. Historiker des 19. Jh.s, der sich jeglichen ultramontanen Tendenzen verschloß u. ausgesprochen kleindt. gesinnt war; er unterhielt gute Verbindungen sowohl zu ↑Ranke als auch zum Kreis der polit. Historiker um ↑Droysen u. ↑Sybel. Für sein wissenschaftl. Œuvre kennzeichnend ist die Verbindung von polit. Historie mit Lit.gesch.schreibung. Er war seit 1873 verantwortl. Redakteur an der «Allgemeinen Deutschen Biographie» u. auch ansonsten als Wissenschaftsorganisator bedeutend (Gründung des Würzburger Hist. Seminars 1857). Seine *Gesch. der Dt. Historiographie* (Mn 1885; ND: NY 1965), die das Herzstück der von Ranke initiierten Schriftenreihe «Geschichte der Wissenschaften in Deutschland» bilden sollte, erfüllte die in sie gesetzten Erwartungen nicht: Wegen ihrer antiquarischen Gelehrsamkeit ist sie zwar als Nachschlagewerk noch immer unersetzt (ebenso wie die Historiographiegesch. ↑Wachlers u. ↑Fueters), aber sie schildert die gesch.wissenschaftl. Bemühungen der Dt. eben nicht als einen spezifischen Beitrag zur nationalen Geistesgesch. u. verfehlte damit die ihr zugedachte Funktion, sich der eigenen nationalen Identität zu versichern.

Lit.: A. Wendehorst, in: Fränk. Lebensbilder, Bd. 7, Neustadt 1977, 222–240; J. Petersohn: F. X. Wegele u. die Gründung des Würzburger Hist. Seminars, in: P. Baumgart (Hg.): 400 Jahre Univ. Würzburg, Neustadt 1982, 283–337. *H. W. B.*

Weibull, Lauritz Ulrik Absalon (1873–1960), wurde als Sohn des Gesch.prof. Martin W. (1835–1902) in Lund geb. Nachdem er 1900 zum Dr. phil. promoviert worden war, arbeitete er zunächst im öffentl. Archivwesen. 1919–1938 lehrte er dann als Prof. an der Univ. Lund.

Schulebildend waren seine quellenkrit. Arbeiten über die Gesch. des nord. MAs und der Wikingerzeit. Hier ist vor allem auf die bahnbrechende Abh. *Kritiska undersökningar i Nordens historia omkring år 1000* (Lund 1911), zu verweisen. In anderen Problemanalysen behandelte er besonders die innere Abhängigkeit der hist. Berichte und die literar. Umgestaltungen der Überlieferungen. Sein wiss. Werk befaßte sich außerdem mit kameral. Problemen des schwed. und dän. MAs, mit dem archäolog. Dreiperiodensystem, mit den QQ der ältesten Gesch. d. Nordens, der Entstehung und Auflösung der nord. Kalmarer Union sowie Urkundenpublikationen. 1928 gründete W. die Zeitschrift «Scandia», deren Redakteur er bis 1957 war.

Durch W.s quellenkrit. Arbeiten und seine Lehrtätigkeit als Prof. in Lund gewann die hist.-krit. Schule allgemeine Anerkennung in Schweden und in Skand. überhaupt. Seine Sagakritik, die sich auf die Untersuchung von Details konzentrierte, entstand parallel zum Durchbruch des hist. Materialismus in Norwegen, der dort von Edvard Bull und ↑H. Koht vertreten wurde, darf aber nicht mit dieser Methode verwechselt werden. Während W. seine Ablehnung der Sagas als hist. QQ mit der inneren Struktur begründete, wandte sich die norweg., marxistisch inspirierte Kritik gegen das Gesellschaftsbild der Sagaverfasser.

Die meisten der krit. Aufsätze und Publikationen W.s wurden 1948–49 im Sammelwerk *Nordisk historia,* Bd. 1–3, neu herausgegeben.

Lit.: L. W., Skandza und ihre Völker in der Darstellung des Jordanes, in: Arkiv för nordisk filologi 41, 1925; B. Odén, L. W. och forskarsamhället, Lund 1977. *H. S.*

Werveke, Hans van (1898–1974). Prom. zum Doktor der Gesch. an der Univ. Gent bei ↑H. Pirenne, wurde dort 1924 Dozent, 1933 Ordinarius, 1966 emeritiert. Er schrieb eine kirchengeschichtliche Studie über das Bistum Terwaan und einige Beiträge in den «Annales» von ↑M. Bloch, die Pirennes These über «Mahomet et Charlemagne» auf dem Gebiet der Natural- und Geldwirtschaft nuancierten. Von Pirennes Anhängern war er derjenige, der am deutlichsten, jedoch nicht kritiklos, dessen Arbeit fortsetzte. Wie sein Lehrmeister lieferte er grundlegende Synthesen über die ma. Tuchindustrie, über den Handel zwischen Flandern, England und der Hanse, über das Zunftwesen und über Stadtfinanzen. Mehr als Pirenne legte v. W. den Akzent auf die Soz.gesch., und 1946 brachte er die erste «soziale Gesch.» einer Stadt in den Niederlanden, nämlich Gent, heraus. Als Chefredakteur der «Algemene Geschiedenis der Nederlanden» (1949–1958) behandelte er die Entwicklung der Niederlande, jedoch weder aus «belgizistischer» Perspektive, wie Pirenne, noch auch in jener des «Nederlandse Stam» wie ↑P. Geyl. V. W. war ideologisch einflußreich auf den liberalen Flügel der Flämischen Bewegung.

Lit.: Bibl. in: H. van Werveke, Miscellanea Mediaevalia, Gent 1968. – A. Verhulst, H. v. W., in: Belg. Ts. v. Fil. en Gesch. 53, 1975, 669–678; W. Prevenier, In memoriam H. v. W., in: Ts. v. Gesch. 88, 1975, 1–5; ders. (Ed.), H. v. W., Herinneringen uit kinderjaren en jeugd, 2000. *W. P.*

Westphal, Otto (1891–1950). Historiker mit dem Schwerpunkt der dtn. Geistesgesch., der die dte. polit.-kulturelle Entwicklung von der Westeuropas klar geschieden sah und sich für eine Fortsetzung des «dtn. Weges» nach dem Ersten Weltkrieg einsetzte. Schon vor 1933 sich dem NS annähernd, war W. ein Vertreter NS-affizierter Geschichtsschreibung im Dritten Reich.

Einer Hamburger Patrizierfamilie entstammend, provomierte W. 1917 bei ↑E. Marcks. Nach seiner Habil. 1923 lehrte er als Priv.doz. in Hamburg, seit 1931 in Göttingen. 1933 folgte er einem Ruf nach Hamburg, 1936 nach Königsberg, gab jedoch schon 1937 nach Krankheit u. Gerichtsverfahren, wohl auch um einer Entlassung zuvorzukommen, seinen Lehrstuhl auf. W. starb 1950 in Hamburg.

W. trat zunächst mit Arbeiten zur Gesch. des Liberalismus hervor, insbes. mit dem aus seiner Diss. hervorgegangenen Buch *Welt- u. Staatsauffassung des dtn. Liberalismus. Eine Untersuchung über die Pr. Jahrbücher u. den konstitutionellen Liberalismus in Dtl. von 1848 bis 1863* (1919) u. mit Aufsätzen über den Staatsbegriff ↑H. v. Treitschkes (1922) u. zur Beurteilung Hegels u. ↑Dahlmanns (1924). In seiner *Philos. der Politik* (1921) unternahm er den Versuch, die dte. geistesgeschichtl. Gegenwartslage auf universalgeschichtl. Hintergrund zu deuten. Eine beträchtliche Resonanz erzielte W. mit seinem Buch *Feinde Bismarcks* (1930), in dem er die wiss. u. ästhet. Opposition gegen die ideellen Grundlagen des Kaiserreichs darzustellen u. die vermeintliche ideelle Basis der Weimarer Republik zu treffen suchte. Während als «Ideen von 1871» die pr.-protest. Staatstradition, vor allem der Hegelsche Staatsbegriff, betrachtet wurden, figurierten als «Ideen von 1919» alle philosoph. u. literar. Ansätze, die nicht am Staat als zentraler sittlicher Idee orientiert waren. 1933 hob W. in seinem Aufsatz «Bismarck u. Hitler» hervor, daß die «Ideen von 1933» an die «Ideen von 1871» anknüpften. 1941 erschien W.s vom NS-Geist geprägtes Werk *Das Reich. Aufgang und Vollendung* (1941). Posthum veröffentlicht wurden *Asien und Amerika* (1950) und *Weltgesch. der Neuzeit 1750–1950* (1953) sowie *Die Weltgesch. im Spiegel von Goethes Farbenlehre* (1957).

W.s Geschichtsdenken weist eine Nähe zur Ideenströmung der «konservativen Revolution» der 20er und 30er Jahre auf. W.s Werk läßt die Problematik einer spekulativen Ideenhistorie überdeutlich werden.

Lit.: K. Hying: Das Geschichtsdenken O. Westphals u. Ch. Stedings, Phil. Diss. Berlin 1964; H. Heiber: Walter Frank u. sein Reichsinstitut für Gesch. des neuen Dtld., St 1966, S. 598 f. u. ö.; B. Faulenbach: Ideologie des dtn. Weges. Mn 1980, S. 127–30, 172–74 u. ö. *B. F.*

Widukind von Corvey (gest. nach 967/68). Vermutlich Nachfahre des Sachsenführers Widukind und Verwandter Mathildes, der Gemahlin König Heinrichs I., trat W. (vor 942) als 15jähriger in die dem Adel vorbehaltende Abtei Corvey an der Weser ein und verfaßte dort einige Heiligengesch. Aus «Ergebenheit gegenüber seiner Sippe und seinem Volk» wandte er sich dann aber einer Beschreibung der Herkunft und Gesch. der Sachsen bis zum Jahr 967 zu *(Rerum Saxonicarum libri III)*, die er der Tochter Ottos I., der Quedlinburger Äbtissin Mathilde, widmete. Am Stil ↑Sallusts, ↑Livius' und ↑Tacitus' geschult, oft lebendig und episch breit ins Anekdotische ausgreifend, noch in karoling. Tradition an antiken Verhaltensmodellen orientiert, gleichzeitig aber auch germanisch-heidnische Vorstellungen aufnehmend, lieferte W. eine Panegyrik des Sachsenstammes und des otton. Herrscherhauses; deren Ablösung der ehedem fränk. Führung und deren nunmehrigen Besitz des «Imperiums», das allerdings gegenläufig zur Politik Ottos I. nicht als ein universales oder gar heilsgesch. verankertes verstanden wird, sah er durch ihre besonderen Tugenden wie Unerschütterlichkeit und Unbesiegbarkeit als legitimiert und gesch. notwendig an.

Ausg.: Widukinds Sachsengeschichte, hg. von A. Bauer/R. Rau (Ausgew. Quellen zur dt. Gesch. des MA, hg. von R. Buchner, Bd. 8). Da 1977^2, 1–183.

Lit.: H. Beumann, Widukind von Corvey. Untersuchungen zur Gesch.schr. und Ideengesch. des 10. Jahrhunderts. Wr 1950; ders., Historiograph. Konzeption und polit. Ziele Widukinds von Corvey. In: La storiografia altomedievale. Settimane di Studio [...] Spoleto 17 (1970) 857–894; VL 10, Sp. 1000–1006; LMA 9, Sp. 76–78.

G. M.

Wieacker, Franz (1908–1994). Der in Stargard geb. Sohn eines hohen Richters war einer der vielseitigsten, produktivsten und wirkungsmächtigsten Rechtshistoriker des 20. Jhs., vielleicht der letzte, der «sein Fach zur Gänze u. in allen Epochen, in Antike, Mittelalter u. Neuzeit überblickte» (D. Simon) und durch eigene Forschungen bereicherte.

Nach dem Studium der Rechtswiss. in Tübingen, München u. Göttingen wurde W. Fakultätsassistent in Freiburg (1930–1933), übernahm danach Lehraufträge an den Univ. Frankfurt u. Kiel, u. folgte 1936/37 dem Ruf auf den Lehrstuhl f. Röm. Recht, Bürgerl. Recht u. Neuere Privatrechtsgeschichte an der Univ. Leipzig (planmäß. ao. Prof. 1937; o. Prof. 1939); aus Kriegsgefangenschaft zurückgekehrt, erhielt W. noch 1945 einen Lehrauftrag in Göttingen, seit 1948 lehrte er als o. Prof. in Freiburg, 1953–1973 wiederum in Göttingen. Als Schüler von F. Pringsheim u. O. Lenel begann W. seine wiss. Laufbahn mit Arbeiten zum röm. Recht der Antike (Diss.: *Lex commissoria. Erfüllungszwang u. Widerruf im röm. Kaufrecht*, 1931, gedr. 1932; Habil.: *Societas. Untersuchungen zur Geschichte d. röm. Gesellschaftsrechts*, 1933, gedr. 1936), erschloß sich aber in kürzester Zeit sämtliche Gebiete der Rechtsgeschichte als wiss. Arbeitsfeld u. arbeitete zudem intensiv an der Umgestaltung des geltenden Privatrechts, der nat.soz. ‹Rechtserneuerung› mit (*Wandlungen der Eigentumsverfassung*, 1935; *Bodenrecht*, 1938; *Zum System des deutschen Vermögensrechts*, 1941). Sein Engagement für die Rechtslehre im Unrechtsstaat hat W. nach 1945 öffentl. nicht explizit kommentiert, wohl auch in dem Bewußtsein, seine steile Karriere einer außergewöhnlichen Begabung, nicht primär ideologischer Angepaßtheit zu verdanken.

1952 veröffentlichte W. seine in der Folge vielfach übersetzte, enorm einflußreiche *Privatrechtsgeschichte der Neuzeit, unter besonderer Berücksichtigung der deutschen Entwicklung*, der 1967 eine stark erweiterte, völlig neubearbeitete 2. Aufl. folgte (ND 1996): Wandlungen u. Wirkungen des röm. Privatrechts im Prozeß seiner im HochMA einsetzenden Verwissenschaftlichung werden in drei großen Phasen – Rezeption, Naturrecht, Pandektistik – hochverdichtet u. differenziert bis zum Beginn des 20. Jhs. hin nachgezeichnet u. dabei erstmals intensiv in ihren komplexen geistes- u. ideengeschichtl. Kontext eingebunden. *Fortwirkungen der antiken Rechtskulturen in der europäischen Welt* (1966) der Neuzeit, Rechtsquellenforschung (*Textstufen klassischer Juristen*, 1960), die wissenschaftsgeschichtl. Selbstvergewisserung (*Gründer und Bewahrer*, 1959), Probleme rechtshistorischer Hermeneutik u. zeitgemäßer Theoriebildung, methodologische Fragen des Fachs zwischen Gesch.wiss. u. Rechtswiss.: zentrale Themen W.s, der Recht u. Rechtsentwicklung nie als isolierte Phänomene mit ‹eigener› Geschichte verstand (*Recht und Gesellschaft in der Spätantike*, 1964) u. daher bes. nachdrücklich die Öffnung u. Verbindung der Rechtsgeschichte auch zu ihren nicht-jurist. Nachbardisziplinen suchte. Dieses Integrationsmodell bewährte sich zuletzt in W.s großangelegtem Alterswerk, das die Summe seiner Erforschung u. Deutung antiker Rechtskulturen werden sollte: die *Römische Rechtsgeschichte* (Bd. I: Quellenkunde, Frühzeit, Republik, 1988 – Hdb. d. Altertumswiss.; Bd. II blieb unvollendet u. soll aus dem Nachlaß herausgegeben werden) präsentiert u. verwandelt das jurist. Teilfach Rechtsgeschichte als integralen Bestandteil der Altertumswissenschaften.

WV/WW: Bibliogr. der Schriften F. W.s, in: ZRG RA 112, 1995, S. 744–769; F. W., Zivilistische Schriften (1934–1942), hrsg. v. Chr. Wollschläger. Ffm 2000.
Lit.: DBE, Bd. 10, S. 476; In memoriam F. W. Gött. Univ.reden 90, 1995; D. Simon, F. W., in: Rechtshist. Journal 13, 1994, S. 1–31; O. Behrends, F. W., 5. 8. 1908–17. 2. 1994, in: ZRG RA 112, 1995, S. XIII–LXII. *H. C.*

Wilcken, Ulrich (1862–1944), wurde unter dem Einfluß seiner Lehrer A. v. Gutschmid und ↑Th. Mommsen zum Begründer der dt. historischen Papyrologie, die sich der Unmenge neugefundener Papyri als QQ für die gesamte Altertumswiss. systematisch annahm. Damit schuf er u. a. eine neue Grundlage für die hellenist. u. röm. Gesch. Ägyptens im Interesse einer Universalgesch. des Altertums.

In Berlin promoviert (1885), wurde er 1889 Prof. in Breslau. Über Würzburg, Halle, Leipzig, Bonn und München kehrte er 1917 nach Berlin zurück. Aus dem akad. Unterricht entstanden die universalhist. ausgerichteten Werke über die *Griechische Geschichte* ([9]1962) u. Alexander d. Gr. (1931).

Bes. mit dem zusammenfassenden Hb. *Grundzüge und Chrestomathie der Papyruskunde* (2 Bde. 1912, mit L. Mitteis) und mit der Zschr. *Arch. f. Papyrusforsch.* (seit 1900) als Zentralorgan suchte W. einer drohenden Zersplitterung der Papyrologie entgegenzuwirken.

Weitere WW: Griech. Ostraka (2 Bde. 1899); Urkunden d. Ptolemäerzeit (2 Bde. 1922–56); Berliner Akademieschr. z. Alten Gesch. u. Papyruskunde (1970).
Lit.: F. Oertel, U. W. (1968); W. Schubart, U. W., in: Gnomon 21, 1949, 88–90; K. Christ, Hellas (1999) 176–184 (m. Lit.). *H. B.*

Wilhelm von Tyrus (um 1130–1186). Geb. in Jerusalem aus einer seit zwei Generationen im lat. Orient ansässigen bürgerlichen Familie, gest. 29. Sept. 1186 unter nicht bekannten Umständen. Nach dem erst 1962 wiederentdeckten autobiographischen Kap. seines Werks verbrachte W. fast 20 Jahre zum Studium der Artes, Theol. und beider Rechte in Paris, dort Schüler des Petrus Lombardus, in Orléans, Chartres und Bologna. Nach Rückkehr 1165 erhielt er ein Dom-Kanonikat in Akkon und übernahm im Dienst König Amalrichs I. (†1174) wichtige Aufgaben, u. a. eine polit. Mission in Konstantinopel sowie die Erziehung des leprakranken Thronfolgers Balduin (IV.). Trotz der 1174 ausbrechenden Thronwirren, in denen Graf Raimund von Tripolis als Führer der Adelspartei die Regentschaft erlangte, wurde W. mit dessen Unterstützung 1174 zum Kanzler des Königreichs Jerusalem und 1175 zum Erzbischof von Tyrus erhoben. 1179 nahm er als ranghöchstes Mitglied der transmarinen Vertretung und Protokollführer am III. Laterankonzil teil. Die Niederlage gegenüber dem Rivalen bei der Patriarchenwahl 1180 scheint Glied einer Kette von Rückschlägen in der Karriere des in die polit. Wirren eingebundenen W. gewesen zu sein; 1183 verlor er das Kanzleramt.

W. gehörte «zu den bedeutendsten Persönlichkeiten, die der lat. Osten hervorgebracht hat» (Hiestand), seine *Historia rerum in partibus transmarinis gestarum* gilt als hervorragende Quelle für die Gesch. des Königreichs Jerusalem bis 1184, für die Gründungszeit basierend auf der Chronik ↑Fulchers v. Chartres, ab 1127 von originalem Wert. Das Werk besticht durch die pragmatische Orientierung an den polit. und kirchlichen Ereignissen unter Einbau mancher Dokumente, die idealisierende Charakterisierung der Person und Regierung Balduins III., das kritische Urteil über Amalrich; Weite des Blicks und Gestaltungskraft zeugen vom hohen Bildungsniveau des Verf. Außer der lat., franz. und griech. Sprache beherrschte W. vermutlich auch Arabisch, was ihn zur Abfassung der (verschollenen) *Historia de gestis orientalium principum* durch Auswertung islamischer Quellen befähigte. Von bes. Interesse sind W.s Ausführungen über die Muslime, z. B. die moralisch positive Beurteilung Nur ed-Dins von Aleppo und Damaskus, worin die jüngere Forschung teils Ansätze zu völkerrechtlicher Denkweise und religiöser Toleranz erkennen will.

Ausg.: Wilhelmi Tyrensis Archiepiscopi chronicon, ed. R. B. Huygens (= Corpus Christianorum, Continuatio Mediaevalis 63–63A), 1986 (mit. Einl.).
Lit.: R. Ch. Schwinges, Kreuzzugsideologie u. Toleranz. Studien zu W. v. T., Stuttgart 1977; R. Hiestand, Zum Leben u. zur Laufbahn W.s v. T., in: DA 34 (1978), 345–380; Th. Rödig, Zur politischen Ideenwelt W.s v. T., Frankfurt/M. 1990; LMA 9, Sp. 191 f. (H. Möhring). *L. B.*

Winckelmann, Johann Joachim (1717–1768), ist Begründer der wissenschaftl. Kunstgesch.schreibung. Nach einem wechselvollen Leben, das wesentlich durch kurzfristige Lehrtätigkeiten u. eine exzessive Lektüre gekennzeichnet war, arbeitete W. schließlich als Privatsekretär u. -bibliothekar ↑H. v. Bünaus (1748–54): er exzerpierte Urkunden u. Chroniken als Vorarbeit für weitere Bde. von dessen *Teutscher Käyser- und Reichs-Historie.* Die Konversion zum Katholizismus war Voraussetzung, um die Reise nach Rom u. den Aufenthalt dort finanziert zu bekommen. Hier (sowie in Florenz u. Neapel) studierte er v. a. die antiken Kunstwerke. Der wissenschaftl. Ertrag dieser Studien ist bereits in einer Reihe kleinerer Aufsätze dokumentiert; W.s Hauptwerk ist seine *Geschichte der Kunst des Alterthums* (2 Bde., Dresden 1764), das in zwei Teile zerfällt: in einen systemat. (*Untersuchung der Kunst nach dem Wesen derselben*) u. in einen hist., in dem *die Gesch. der griech. Kunst nach den äußeren Umständen der Zeit* rekonstruiert wird. Auch wenn W. die griech. Kunstwerke nur nach röm. Kopien beschrieb (u. infolgedessen viele seiner Ausführungen nicht aufrechterhalten werden können), so war er doch der erste, der die antiken Skulpturen nicht länger als eine Quelle antiquarischer Gelehrsamkeit auffaßte, sondern sie um ihrer selbst willen schilderte – u. sie in einen gesellschaftl. u. hist. Kontext hineinstellte.

Ausg.: Sämtl. Werke, 12 Bde., Dresden 1808–20/B 1824/25;
Lit.: C. Justi: W. u. seine Zeitgenossen, 3 Bde., K [5]1956; K. Breysig: Die Meister der entwickelnden Gesch.forschung, Br 1936, 138–66; H. C. Seeba: W. – zwischen Reichshistorik u. Kunstgesch., in: H. E. Bödeker u. a. (Hg.): Aufklärung u. Gesch., Gö 1986, 299–323. *H. W. B.*

Winter, Eduard (1896–1982). Höchst produktiver (über 500 Titel) Kultur- u. Geisteshistoriker bes. der österr. Aufklärung (Begründer d. Bolzano-Forschung; Hg. d. *Bolzano-Gesamtausgabe*). Löste sich in den dreißiger Jahren von seinem kath.-deutschnat. böhmischen Herkunftsmilieu (nach Priesterweihe, theolog. Prom. u. Habil. in Prag Wechsel zur Phil. Fak., später Laisierung) u. nahm 1947 nach vergeblichem Anlauf zur Gewinnung einer Prof. in Wien einen durch die sowjetische Besatzungsmacht vermittelten Ruf nach Halle-Wittenberg an. Als vielgeehrter Erforscher dt.-slaw. bzw. dt.-russ. Beziehungen u. polit. Aktivist (Mitglied d. Zentralvorstands der DDR-Gesellschaft für Dt.-Sowjet. Freundschaft) wechselte er 1951 an die Berliner Humboldt-Univ. bzw. die dortige Akad. der Wiss. (u. a. Direktor des Inst. für Gesch. der Völker der UdSSR).

WW: Der Josephinismus und seine Geschichte (Brünn 1943); Deutsch-Slawische Wechselseitigkeiten in sieben Jahrzehnten (B 1956); Rußland und das Papsttum, 3 Bde. (B 1960–1972); Ketzerschicksale (B 1972); Mein Leben im Dienste des Völkerverständnisses (B 1981; Autobiogr. Bd. 1); Erinnerungen 1945–1976, hg. von G. Oberkofler (Ffm 1994).
Lit.: Ost u. West in d. Gesch. des Denkens u. d. kulturellen Beziehungen (B 1966, Bibl.); Ost-West-Begegnung in Österreich (W. 1976, Bibl.); C. Grau, E. W., in: Wegbereiter der DDR-Geschichtswiss. (B 1989), S. 358–375; ders., E. W. als Osteuropahistoriker in Halle u. Berlin 1946–1956, in: Berliner Jb. für Osteurop. Gesch. 24 (1995), S. 43–76. *W. W.*

Wipo (gest. kurz nach 1046). Vermutlich oberdt., näher alemannischer Herkunft, Kaplan des Saliers Konrad II. (1024–39) und somit in die Regierungsgeschäfte des Deutschen Reiches gut eingeweiht, trotz Kränklichkeit Augenzeuge polit. und milit. Unternehmungen, widmete W. seinem König und dessen Sohn – Heinrich III. – rhetorisch meisterhafte, auf antike Stilkunst (vor allem ↑Sallust, aber auch Vergil, Horaz, Ovid und Lucian als Vorbilder) gründende Werke, die sich sowohl dem Herrscherlob wie auch der geistl. Mahnung hingaben *(Proverbia, Tetralogus)*. Seine *Gesta Chuonradi* schildern eingehend und lebendig die Taten Konrads II., verstehen sich aber weniger als hist. Bericht, sondern als «Fürstenspiegel», der dem Sohn zum Ansporn vorgehalten wird, auf daß er nach dem Vorbild des Vaters die königl. Amtsführung als Dienst an Gott verstehe. Geprägt von einer heilsgeschichtl. Sicht, einer in den Ansätzen bereits transpersonalen Staatsvorstellung und einem absoluten Glauben an die Richtigkeit einer theokratischen Monarchie, appelliert W. stets an die sakrale Pflicht des Königs, seine Taten wie eine Verkündung des Evangeliums zu vollziehen. Durch die Veränderungen des Investiturstreits gerieten W.s Werke nahezu in Vergessenheit, stellen heute aber eine der wichtigsten QQ zur polit. und geistigen Struktur der frühen Salierzeit dar.

Ausg.: Wipo, Gesta Chuonradi II imperatoris, hg. v. W. Trillmich (Ausgew. Quellen zur dt. Gesch. des MA, hg. von R. Buchner, Bd. 11). Darmstadt 1978[5], 507–613.
Lit.: M. Manitius, Geschichte der lateinischen Literatur des MA, 2. Teil, Mn 1923, 318–328; H. Beumann, Zur Entwicklung transpersonaler Staatsvorstellungen, in: Das Königtum, hg. v. Th. Mayer, Sigmaringen 1956, 185–224; VL 10, Sp. 1240–1248; LMA 9, Sp. 243 f. *G. M.*

Wittram, Reinhard (1902–1973), wurde in seinen hist.-wiss. Forsch. wesentlich durch seine Herkunft aus dem Baltikum bestimmt. 1925 in Tübingen prom., habil. er sich 1928 an der Herder-Hochschule seiner Heimatstadt Riga und war dort zunächst a. o. Prof. (1935), seit 1938 o. Prof. Von 1941–45 lehrte er an der Univ. Posen und wurde 1955 o. Prof. in Göttingen. Neben der balt. Gesch. (eine Gesamtdarstellung 1180–1918 in 3. Aufl. 1954) widmete er sich vor allem der russ. Gesch., dem Nationalitätenproblem im 19. und 20. Jh. sowie Fragen der Gesch.theorie und -methodologie. Seine zweibändige Biographie *Peter d. Gr.* (1964) brachte ihm internat. Anerkennung ebenso wie Arbeiten der 60er Jahre, die ihn zu einem viel beachteten Teilnehmer an der Theoriedebatte innerhalb der dt. Gesch.wiss. machten.

Lit.: H. Weiss, Dem Andenken an R. W., in: JbbGO 21, 1973, S. 321 f.; H.-E. Volkmann, Von Johannes Haller zu R. W. Dt.baltische Historiker u. der NS, in: ZfG 45, 1997, S. 21–46. *L. S. S.*

Wrong, George MacKinnon (1860–1948). W., ein Theologe, war Prof. der Gesch. an der U. of Toronto (1894–1917), wo er Elemente der dt. Gesch.-

wiss. einführte u. in *A Canadian Manor and its Seigneurs* (Tor. 1908) demonstrierte. Der verfassungsgesch. Weg Kanadas zur Selbständigkeit innerhalb des engl. Weltreiches wurde sein Hauptthema, das lange die kan. Gesch.schr. dominierte. W. war der Gründer der ersten kan. hist. Zeitschrift u. der Champlain Society für die Publikation von Dokumenten u. alten Texten.

Lit.: W. S. Wallace, The Life and Werk of G. M. W., in: Can. Hist. Rev. 29 (9/1948), 229–37. *E. B.*

Xenophon aus Athen (ca. 430/25–354 **v. C.**) war Schüler des Sokrates, bevor er sich 401 dem erfolglosen Feldzug des Kyros gegen dessen Bruder, den Perserkg. Artaxerxes II. (404–358), anschloß. Zur Rückkehr der 10000 griech. Söldner hatte X., wie er in seiner *Anabasis* unter einem Pseudonym beschreibt, erheblich beigetragen. Danach nahm er an den Feldzügen des Spartanerkg. Agesilaos in W-Kleinasien teil. Spätestens nach der Schl. bei Koroneia 394, in der er auf spartanischer Seite stand, wurde er verbannt. Für sein Exil gab ihm Sparta ein Gut in Skillus, südlich von Olympia, doch nach Leuktra 371 floh X. nach Korinth. Die Annäherung zwischen Athen u. Sparta führte ca. 368/7 zur Aufhebung seiner Verbannung. Von seinen beiden Söhnen, die in der Reiterei Athens dienten, fiel einer 362 bei Mantineia.

X.s gesamtes lit. Werk ist erh., darunter auch Unechtes, wie die Schr. über den *Staat der Athener.* Allg. am bekanntesten ist X.s *Anabasis,* eine memoirenhafte Monogr. in 8 B. über den Zug der «Zehntausend» nach Kunaxta und zurück ans Schwarze Meer, in der Berichtform der alten Küstenbeschreibungen (Periploi) mit Informationen über Land u. Leute. X.s *Anabasis* verdrängte die von Sophainetos.

Die Bedeutung der *Hellenika,* einer Gesch. Grld.s 411/0–362, bis zur Schl. bei Mantineia, in 7 B., liegt in ihrem Quellenwert, vor allem dort, wo X. Selbsterlebtes wiedergibt. Die ersten beiden B., bis zum Ende des Peloponnesischen Krieges u. der Herrschaft der «30 Tyrannen», sind eine im Sinne einer historia perpetua fugenlose Fortsetzung des ↑Thukydides unter weitgehender Beibehaltung von dessen Darstellungsprinzipien. Dagegen sind die 5 weiteren B. im wesentlichen eine Gesch. Spartas, nach einem religiös-metaphysischen Schema von Aufstieg, Peripetie u. Abstieg. Bes. hier ist der historiogr. Abstand X.s zu Thukydides deutlich: mangelhafte Recherchen, undeutliche Chronol., geringe Distanz u. einseitige antithebanische, prospartanische Stoffauswahl mit Vorliebe für alles Militärische, bes. für richtiges Verhalten milit. Führungspersönlichkeiten; letzteres hat ihm den Ruf des ersten Militärpädagogen der Gesch.schr. eingetragen.

Dies erklärt sich z. T. aus X.s andersartiger Geschichtsauffassung: Er stellte der großen Gesch. rühmenswerte Handlungen unbedeutender Personen oder auch kleiner Städte unabhängig von ihrer hist. Relevanz gleichwertig zur Seite, um durch solche Beispiele zu belehren.

X.s Agesilaos-Biogr. war weniger hist. als eine Lobschrift (Enkomion), um vom antiken Begriff der Biographie auszugehen. In sorgfältigem, rhetoris. Stil, kurz nach dessen Tod 360 verfaßt, enthielt sie vornehmlich Material aus den *Hellenika,* aber der zweite Tl. mit den Charaktereigenschaften war mit zahlreichen Topoi über den guten Feldherrn ausgestattet.

Daneben hat X. eine ganze Reihe polit., päd.-ethischer u. sokratischer Schr. verfaßt, darunter die *Kyrupädie* (8 B.), die Gesch. von Jugend, Aufstieg u. Herrschaft des älteren Kyros, des persischen Kg. 559–530, in der Art eines Fürstenspiegels.

Ausg.: GW: E. C. Marchant (Hrsg.): 5 Bde., O 1900–20; Anabasis: W. Müri (Hrsg. u. Übs.), Mn ²1959; Hellenika: G. Strasburger (Hrsg. u. Übs.), Mn ²1988.
Lit.: R. Nickel, X., EdF 111, Da 1979; K. Meister, Die griech. Gesch.schr., St 1990, 70–76 (Lit.); E. Lévy, L'art de la déformation historique dans les Helléniques de X., in: H. Verdin, G. Schepens, F. de Keyser (Hgg.), Purposes of History: Stud. in Greek Historiography from the 4th to the 2nd Century B. C. (Studia Hellenistica 30), 1990, 125–157; O. Lendle, Einführung in die griech. Gesch.schr., Darmstadt 1992, 110–119. *H. B.*

Yanagita Kunio (1875–1962). Japans maßgeblicher Führer und Organisator der Volkskunde und gleichzeitig Historiker. Fachstudium der Agrarpolitik an der Jurist. Fakultät der Kaiserl. Univ. Tokyo. Nach dem Abschluß trat er in das Landwirtschaftsministerium ein, war als Beamter aktiv und wurde Generalsekretär der Adelskammer, legte aber 1919 seine Ämter nieder. Bereits zuvor interessierte er sich für in Bauern- und Bergdörfern erhalten gebliebene Überlieferungen und konzipierte durch Lesen der Werke europ. Wissenschaftler wie J. Frazer die jap. Volkskunde; danach arbeitete er vornehmlich durch die redaktionelle Herausgabe der Zeitschriften *Kyôdo Kenkyû* [Heimatforschung] und *Minzoku* [Volk] u. a. und durch viele Werke und Artikel, die auch lit. Reiz haben, an der Organisation und Entwicklung der Volkskunde als Volkswissenschaft und förderte viele Forscher. Er übte heftige Kritik an den kleinkarierten Geschichtswissenschaften der damaligen Universitäten, an denen die zentralpolitische Ereignisgeschichte hauptsächlich aufgrund der Erforschung des schriftlichen Quellenmaterials dargestellt wurde. Die umfassenden Forschungsergebnisse, angefangen bei den Ursprüngen des jap. Volkes bis in die Gegenwart, sind zur eigenständigen Gesch.wiss. geworden. Im Mittelpunkt der Forschung stand Religionsgesch. wie Volksglaube, Feste usw., dann Gesch. der Agrargesellschaft, Gesch. des Alltagslebens, Familiengesch. und Brauchtumsgesch.

WW: [Teihon Yanagida Kunio] 36 Bde. (davon 5 Sonderausgaben), Tôkyô, 1962–71. Chosakushu: Teihon Yanagida kunio-Shub (Zen sanjurokkan, uchi Bekkan gokan, Tokyo, 1962–1971). *S. I.*

Zechlin, Egmont (1896–1992), geb. in Danzig als Sohn eines Divisionspfarrers. Nach Meldung 1914 als Kriegsfreiwilliger, Arbeit als Kriegsberichterstatter im Großen Hauptquartier u. schwerer Verletzung begann Z. das Studium der Gesch. 1919 in Berlin bei ↑F. Meinecke. Es folgte die Promotion 1922 bei ↑H. Oncken in Heidelberg zu *Bismarcks Stellung zum Parlamentarismus bei der Gründung des Norddt. Bundes* und 1927 die Habilitation in Marburg zu den «Staatsstreichplänen Bismarcks und Wilhelms II. 1890/1894». Im Zuge eines Rockefeller-Stipendiums 1931–1932, das ihn nach Ostasien u. in die USA führte, trat Z. für eine methodische Ausweitung der eurozentrischen Gesch.wiss. ein; bei der Auseinandersetzung Europas mit den überseeischen Erdteilen müsse stärker die Perspektive der außereuropäischen Staaten und Völker einbezogen werden. Der a. o. Professur 1934 in Marburg u. ab 1936 in Hamburg folgte von 1939 bis 1945 eine Professur für Übersee- u. Kolonialgesch. an der Friedrich-Wilhelms-Univ. Berlin. Hier leitete er die Fachgruppe für koloniale Gesch. in der im selben Jahr gegründeten kolonialwissenschaftlichen Abt. des Reichsforschungsrates.

Im Zuge eines breiteren Europadiskurses innerhalb der dt. Historikerschaft gegen Kriegsende verteidigte Z. noch 1942 die nat.-soz. Eroberungs- u. Großraumpol. im Bunde mit dem faschistischen Italien durch eine paradigmatische Wendung des Dritten Reiches als nun «tragende Ordnungsmacht einer europäischen Schicksals- u. Kulturgemeinschaft». Z. pflegte trotz seiner weitgehend systemkonformen Arbeiten Kontakte zum Widerstandskämpfer Arvid Harnack. Nach Kriegsende zunächst ohne Anstellung, erhielt Z. 1947 eine Professur in Hamburg u. leitete von 1950 bis 1967 das Hans-Bredow-Institut für Rundfunk und Fernsehen. Bereits kurz vor seiner zweiten Weltreise von 1953 bis 1954 war Z. wesentlich an der Gründung der «Deutschen Gesellschaft für Amerikastudien» beteiligt.

Im Rahmen der «Fischer-Kontroverse» exponierte sich Z. als entschiedener Kritiker der Thesen von ↑F. Fischer, die aus der innenpolit. u. sozialgesch. Struktur des Kaiserreichs heraus die Verantwortlichkeit Dtl.s am Ausbruch des Ersten Weltkrieges erklärten. Vielmehr betonte Z. den Primat der Außenpol. 1969 veröffentlichte Z. das wichtige Standardwerk über *Die dt. Pol. u. die Juden im Ersten Weltkrieg*, in dem auf breiter Quellengrundlage der Zusammenhang zwischen gesellschaftlichem Antisemitismus, interessengeleiteter Außenpol. u. dt. Herrschaftspraxis gegenüber den Juden Osteuropas analysiert wird.

HW: Staatsstreichpläne Bismarcks u. Wilhelms II. 1890–1894, 1929; Bismarck u. die Grundlegung der dt. Großmacht, 1930; Völker u. Meere, 1940; Die großen Entdeckungen u. ihre Vorgeschichte, 1942; Maritime Weltgeschichte. Altertum u. Mittelalter, 1947; Die dt. Pol. u. die Juden im Ersten Weltkrieg, 1969; Krieg u. Kriegsrisiko. Zur dt. Pol. im Ersten Weltkrieg, 1979; Überseegeschichte. Aufsätze aus den Jahren 1935–1964, 1986; Erlebtes u. Erforschtes 1896–1919, 1993,
Lit.: O. Brunner/D. Gerhard (Hrsg.), Europa und Übersee. FS für E. Z., 1961, Gedenkreden auf E. Z., 1993, G. Moltmann, E. Z. zum Gedächtnis, in: Amerikastudien 38 (1993), 7–9; Ders.: E. Z., in: HZ 256 (1993), 831–834; K. Schönwälder, Historiker und Pol., 1992. *B. H.*

Zeumer, Karl (1849–1914). Der als Sohn eines Kürschners in Hannover geb. Z. stud. an den Univ. Göttingen, Leipzig und Berlin – u. a. bei ↑Treitschke, ↑Wattenbach und ↑Droysen – Philologie und Gesch.; Prom. in Göttingen 1877. Seit 1878 Mitarbeiter der MGH und ab 1897 Mitglied der Zentraldirektion. 1887 an der jur. Fak. der Univ. Berlin habilitiert. 1889 a. o. Professur der german. Rechtsgesch., die Z. bis zu seinem Lebensende innehatte. Z.s Arbeitsgebiete waren vor allem die Verfassungs- und Rechtsgesch. des MAs. Zu seinen Hauptwerken zählen: *Deutsche Städtesteuern im MA* (1878; Diss.); *Die Goldene Bulle Kaiser Karl's IV.* (1908); *Heiliges Römisches Reich Deutscher Nation* (1910). Neben den Editionen *Formulae Merowingici et Karolini aevi* (1886) und *Leges Visigothorum antiquiores* (1894), gab er eine *Quellensammlung zur Geschichte der deutschen Reichsverfassung* (1904 u. ö.) heraus.

Lit.: HZ 113 (1914), 540–558 (F. Kern; WV); HRG 5, Sp. 1697–1699; DBE 10, 648. *R. A. M.*

Zhang Xuecheng (1738–1801). Erst im 20. Jh. hat man Z. in China wie in Japan und im Westen als den originellsten Hist. der Qing-Zeit (1644–1911) gewürdigt. Als einen Gesch.denker gegen die Strömungen seiner Zeit hat man ihn mit ↑G. Vico verglichen. Obwohl er die höchsten Staatsprüfungen bestanden hatte, verschmähte er die Ämter, die ihm offenstanden, und führte ein Leben ärmlicher Unabhängigkeit. Gegen das Übergewicht der (neokonfuzian.) Philos. einerseits, der (anti-neokonfuzian.) Philol. der kanon. Schriften andererseits beharrte er auf Empirie. Er befürwortete einen breiten QQbegriff (einschl. Inschriften u. «oral history») und ging von regionalgeschichtl. Fragen aus. Er sammelte und schrieb Lokalmonographien («fangzhi»). Aufgabe des Hist. sei nicht nur Kompilation von Details und ihre annalist. Darbietung (wie in der chin. Trad.), sondern auch gestaltende Darstellung größerer Zshg. unter Einsatz persönl. Urteilskraft u. Leidenschaft. Radikal war Z.s Historismus, der selbst die überzeitlich verbindlichen klassischen Schriften zu hist. Dokumenten machte. Gesch.schr. war für ihn pragmatisch auf die Gegenwart bezogen: Sie sollte das «dao», die natürl. Vernunft, wieder zur Herrschaft bringen. Z.s Werk ist nur fragmentarisch überliefert. Zu seinen Lebzeiten blieb es ohne Wirkung.

Lit.: D. S. Nivison, The Life and Thought of Chang Hsüeh-ch'eng, Stanford 1966.

J. O.

Ziekursch, Johannes (1876–1945), wurde durch seine *Polit. Gesch. des neuen dtn. Kaiserreiches* bekannt, die vom Boden der Weimarer Republik aus die Gesch. dieses Reiches kritisch darstellte. Historiogr. bedeutsam sind auch Z.s Arbeiten zur neueren schles. Gesch.

Der in Breslau als Sohn eines Kaufmanns geb. Z. promovierte in München 1900 bei ↑Heigel mit einer Diss. über *Die Kaiserwahl Karls VI. (1711)*; 1904 habilitierte sich Z. in Breslau über *Sachsen u. Preußen um die Mitte des 18. Jahrhunderts*. Z. wurde 1912 in Breslau zum a. o. Professor ernannt u. erhielt 1917 ein persönl. Ordinariat, 1927 dann einen Ruf nach Köln, wo er fortan lehrte.

Z. trat während des Ersten Weltkrieges für Annexionen ein, wandelte sich aber zum entschiedenen Linksliberalen u. Anhänger der Weimarer Republik. In der NS-Zeit hat Z. weiter lehren können. Es lassen sich drei Schwerpunkte im Œuvre Z.s unterscheiden: Arbeiten zur Diplomatie- und Kriegsgesch. des 18. Jh.s, zur Verwaltungs-, Wirtschafts- u. Sozialgesch. Schlesiens im 18. u. 19. Jh. u. zur Gesch. des Kaiserreiches.

Z.s Arbeiten zur polit. Gesch. des 18. Jh.s, über die Kaiserwahl Karls VI. u. den österr. Erbfolgekrieg sind geprägt durch eine preußenkritische Haltung. Diese ist auch in Z.s wiss. ungleich bedeutsameren Büchern u. Aufsätzen zur schles. Gesch. anzutreffen, die die Frage nach den tieferen Ursachen der pr. Reformen zum Ausgangspunkt haben. Z. arbeitete die starke Interessenverschränkung zw. dem Adel u. der Bürokratie im friderizianischen Pr. heraus. *Das Ergebnis der friderizianischen Städteverwaltung und die Städteordnung Steins* (1908) untersucht den Zusammenhang sozial-ökonom. u. polit.-administrativer Faktoren, der für die Stagnation der schles. Städte bis zur Steinschen Reform verantwortlich war. – Das 1915 erschienene Werk *Hundert Jahre schlesischer Agrargeschichte*, Z.s wohl bedeutendste Forschungsarbeit, stellt die Entwicklung der sozialgeschichtl. Struktur Schlesiens vom Siebenjährigen Krieg bis zur Mitte des 19. Jh.s dar. Die Arbeiten Z.s zur schlesischen Landesgeschichte zielten mit ihrer Verknüpfung verwaltungs-, wirtschafts- und sozialgeschichtlicher Fragen eine regionale Strukturgeschichte an.

In dem 3bändigen Werk *Polit. Gesch. des neuen dtn. Kaiserreiches* (1925, 1927 u. 1930) unternahm Z. den heftig befehdeten Versuch, die Erfahrungen des Untergangs des Kaiserreiches u. der Errichtung der Republik von Weimar in eine kritische Gesamtdarstellung des Reiches umzusetzen. Die parl. Demokratie als Ziel der europäischen Verfassungsgesch. begreifend, charakterisierte Z. das Reich als Gründung «dem Geist der Zeit entgegen», die durch den Genius Bismarck herbeigeführt worden war. Die Grundthese des Werkes wurde von der Mehrheit der rezensierenden Historiker u. von der rechten Presse abgelehnt. Heute ist es in vielen Hinsichten überholt, bleibt aber ein wichtiges Zeitdokument.

Z. gehörte zu jener kleinen Gruppe von dezidiert republikan. Historikern, die vom Scheitern des Kaiserreiches ausgehend, zu einer kritischen Sicht der jüngsten Vergangenheit nach dem Ersten Weltkrieg gelangte. Z. löste sich allerdings noch nicht von der traditionellen, auf das Handeln großer Persönlichkeiten abhebenden Geschichtsauffassung. Methodologisch «mehr kritischer Analytiker denn Hermeneutiker» (↑Faber) ging er vor allem mit seinen Arbeiten zur schles. Gesch. neue Wege, mit denen er das Konzept der geschichtl. Landeskunde auf die Neuzeit übertrug.

Lit.: K.-G. Faber: J. Z. In: H.-U. Wehler (Hrsg.): Dte. Historiker, Bd. 3, 1972, S. 109–123; H. Schleier: J. Z. In: Ders.: Die bürgerliche dte. Geschichtsschreibung der Weimarer Republik, Kö 1975, S. 399–451. *B. F.*

Zlatarski, Vasil Nikolov (1866–1935), war der führende Kopf der bulgar. Hist. vor u. nach dem Ersten Weltkrieg. Er studierte in St. Petersburg Gesch. u. anschließend in Berlin (1893–1895) Archäologie. 1897 wurde er zum Doz. an der Univ. Sofia ernannt u. 1900 als Mitgl. der Bulgar. Akad. der Wiss. berufen. Ab 1911 korresp. Mitgl. der St. Petersburger Akad. der Wiss., plädierte er stets für ein freundschaftliches Verhältnis zu Rußl. Seit 1921 leitete er den Lehrstuhl für bulgar. Gesch. in Sofia. Ab 1922 gab er als Präsident die *Izvestija na Istoričeskoto družestvo* (Nachr. der Hist. Ges.) sowie die *Bibliogr. zur Gesch. der Bulgaren u. der bulgar.* Länder heraus.

Er veröff. etwa 200 wiss. Abh. zur Gesch. des bulgar. MA, die meist in der Buchreihe «Bulgarska Istoričeska Biblioteka» erschienen. Sein Hauptwerk, *Istorija na Bulgarskata duržava prez srednite vekove* (Gesch. des bulgar. Staates im MA), wurde ein Standardwerk in der bulgar. Gesch.schreibung.

Lit.: I. Dujčev: Die bulgar. Gesch.forsch. während des letzten Vierteljh. (1918–1942), in: Südost-Forsch. 7 (1942), S. 546–573; W. Oschlies: Die 1. internat. Konf. der «Bulgar. Hist. Ges.» (Sofija 20.–21. Mai 1972), Kö 1972; Biograph. Lex. z. Gesch. Südosteuropas. Hrsg. v. M. Bernath. Mn 1981, Bd. 4, S. 495–96. *H. G.*

Abkürzungsverzeichnis

Das Abkürzungsverzeichnis enthält die wichtigsten in den Artikeln vorkommenden Abkürzungen, allgemein geläufige Abkürzungen wurden nicht entschlüsselt. Neben den hier angeführten Abkürzungen wurden die Adjektive, die auf -ich und -isch enden, gekürzt.

a. o., ao.	außerordentlich
Abb.	Abbildung(en)
abendl.	abendländisch
ABenR	American Benedictine Review – New York
Abg.	Abgeordneter
Abh., Abhandl.	Abhandlung
Abt.	Abteilung
Ac., Acad.	Académie
Ac. franç.	Académie française
ADB	Allgemeine Deutsche Biographie
AdW	Akademie der Wissenschaften
AfD	Archiv für Diplomatik
äg.	ägyptisch
AHR	The American Historical Review
Akad.	Akademie
akad.	akademisch
AKG	Archiv für Kulturgeschichte
althdt.	althochdeutsch
Althist.	Althistoriker
altspr.	altsprachlich
amer., am., amerik.	amerikanisch, American
Anf.	Anfang
angelsächs.	angelsächsisch
anglik.	anglikanisch
Ann.	Annalen, annales, annali
Ann.Fondaz. Ital. Stor. Ammin.	Fondazione italiana per la storia amministrativa. Annali – Mailand.
Ann.Hist.Rev.franç.	Annales Historiques de la Révolution française. – Nancy
annexion.	annexionistisch
anon.	anonym
ANRW	Aufstieg und Niedergang der Römischen Welt
Anthrop.	Anthropologie
apl.	außerplanmäßig
aram.	aramäisch
Arch.	Archiv
Arch.europ.soc.	Archives européennes de sociologie – Paris, Düsseldorf u. a.
Argent.	Argentinien, Argentinier
aristot.	aristotelisch
Art.	Artikel

Ass.	Assistent
AT	Altes Testament
At.	Altertum
ath.	athenisch
Aufl.	Auflage(n)
Aufs.	Aufsatz
Aufs.Slg.	Aufsatzsammlung
august.	augusteisch
Ausg.	Ausgabe(n)
ausgew.	ausgewählt(e)
Außenpol.	Außenpolitik
außeruniv.	außeruniversitär
B., Bd., Bde.	Buch, Band, Bände
B. A.	Bachelor of Arts
BBKL	Biographisch-bibliographisches Kirchenlexikon
Beitr.	Beitrag
Belg. Ts. v. Fil. en Gesch.	Belgisch Tijdschrift voor Filologie en Geschiedenis.
Ber.	Bericht
BerWissGesch	Berichte zur Wissenschaftsgeschichte
bes.	besonders
Bibl.	Bibliothek, Bibliographie
Bibliogr.	Bibliographie
Biogr.	Biographie
biogr.	biographisch
bisch.	bischöflich
Bist.	Bistum
Bl(l).	Blatt, Blätter
BlldtLG	Blätter für deutsche Landesgeschichte
bolschew.	bolschewistisch
bonapart.	bonapartistisch
Br.	Breisgau
brandenb.	brandenburgisch
Bras., bras.	Brasilien, brasilianisch
BRD	Bundesrepublik Deutschland
Bull.	Bulletin
byz.	byzantinisch
CEH	Central European History
C., Coll.	College
calv., calvin., calvinist.	calvinistisch
Can.Hist.Rev.	Canadian Historical Review – Toronto
Cannon	Cannon, John: The Blackwell Dictionary of Historians – Oxford 1988.
Cat.Gen.BN	Catalogue Général des Livres Imprimés de la Bibliothèque Nationale, Paris
CFHB	Corpus fontium historiae byzantinae
Christianis.	Christianisierung
chronol., chronolog.	chronologisch
Chronol.	Chronologie

class.	classical
CNRS	Centre national de la recherche scientifique – Paris.
Conn.	Connecticut
cos.	consul
CRH	Commission Royale d'Histoire
CSEL	Corpus Scriptorum ecclesiasticorum Latinorum Academiae Vindobonensis
d.Fr.	der Fromme
d.Gr.	der Große
DA	Deutsches Archiv zur Erforschung des Mittelalters
DACL	Dictionnaire d'Archéologie Chrétienne et de Liturgie
DBE	Deutsche Biographische Enzyklopädie
DBI	Dizionario biografico degli Italiani
DBJ	Deutsches Biographisches Jahrbuch
DDP	Deutsche Demokratische Partei
DHGE	Dictionnaire d'histoire et de géographie ecclésiastique
DHI	Deutsches Historisches Institut
Diad.	Diadochen
Dict.	Dictionary, Dictionnaire
Dict.Sc.Hist.	Dictionnaire des Sciences Historiques
Diöz.	Diözese
dipl., diplom.	diplomatisch
Dir.	Direktor
Diss.	Dissertation
div.	diverse
DNVP	Deutschnationale Volkspartei
Dok.	Dokument(e)
dokument.	dokumentarisch
Doz.	Dozent(ur)
dreibd.	dreibändig
dt.	deutsch
Dt.	Deutscher, Deutsche, Deutschen
Dtl., Dtld.	Deutschland
Dt. Zs. f. G.W.	Deutsche Zeitschrift für Geschichtswissenschaft
DVP	Deutsche Volkspartei
Dyn.	Dynastie
EB	Erzbischof
Ed., ed.	Editor, Edition, editio, edition, edidit, edited
EdF	Erträge der Forschung
EHHW	Encyclopedia of Historians and Historical Writing. 2 Bde., hrsg. v. Kelly Boyd, London/Chicago 1999
EHR	The English Historical Review
eigenst.	eigenständig
einers.	einerseits
einflußr.	einflußreich
Einl.	Einleitung
em., emer.	emeritiert
Enc.	Encyclopédie

ENFOM	Ecole Nationale de la France d'Outre Mer
ENS	Ecole Normale Supérieure
Entret.	Entretien(s)
Entw.	Entwicklung
Enzykl.	Enzyklopädie
Erg.	Ergänzung(sband)
erh.	erhalten
ersch.	erschienen
Erzb.	Erzbischof
Ethnogr.	Ethnographie
ev.	evangelisch
Ex.	Exemplar(e)
exempl., exemplar.	exemplarisch
Fachzs.	Fachzeitschrift
Fak.	Fakultät
Fasch.	Faschismus
FAZ	Frankfurter Allgemeine Zeitung
FBPG	Forschungen zur brandenburgischen und preußischen Geschichte
Feller/Bonjour	Feller, Richard/Bonjour, Edgar: Geschichtsschreibung der Schweiz vom Spätmittelalter zur Neuzeit. 2 Bde. – Basel, Stuttgart ^{2}1979.
Fkr., Frkr.	Frankreich
FMSt	Frühmittelalterliche Studien
FNZ	Frühneuzeit
Forsch.	Forschung
Forts.	Fortsetzung
frankoph.	frankophon
freikons.	freikonservativ
Frgmt.	Fragment
frgmt.	fragmentarisch
Frh.	Freiherr
frühnz.	frühneuzeitlich
FS	Festschrift
FU	Freie Universität
GA	Gesamtausgabe
GdA	Geschichte des Altertums
GDV	Geschichtsschreiber der deutschen Vorzeit
Geb., geb.	Geburtstag, geboren
gedr.	gedruckt
gegr.	gegründet
geh.	geheim
gen.	genannt
geneal., genealog.	genealogisch
germ.	germanisch, germanistisch
ges.	gesammelt
Ges., Gesellsch.	Gesellschaft
Ges.Schr.	Gesammelte Schriften

Gesamtdarst.	Gesamtdarstellung
Gesch.	Geschichte, Geschichts-
Gesch.schr.,	Geschichtsschreibung
gesch., geschichtl.	geschichtlich, geschichts-
gest.	gestorben
Gestapo	Geheime Staatspolizei
GG	Geschichte und Gesellschaft
ggf.	gegebenenfalls
Ggs.	Gegensatz
Ggw.	Gegenwart
Gooch	Gooch, George Peabody: History and Historians in the Nineteenth Century – London ²1952 (dt.: Frankfurt a. M. 1964)
Gouv.	Gouvernement
Grdr.	Grundriß
Griechl.	Griechenland
Grld.	Griechenland
Großhzg.	Großherzog
grundl.	grundlegend
grunds.	grundsätzlich
GS	Gesammelte Schriften
GW	Gesammelte Werke
GWU	Geschichte in Wissenschaft und Unterricht
Gymn.	Gymnasium
H.	Heft
Habil., Habilit.	Habilitation
Habil.schr.	Habilitationsschrift
hagiogr.	hagiographisch
HAHR	Hispanic American Historical Review
Handwb.	Handwörterbuch
hans.	hanseatisch
haupts.	hauptsächlich
Hb.	Handbuch
HdAW	Handbuch der Altertumswissenschaft
HdSW	Handwörterbuch der Sozialwissenschaften
hebr.	hebräisch
Hellen.	Hellenismus
herausr.	herausragend
Hist.	Historiker
hist., histor.	historisch, historical
HistJ	The Historical Journal
Hist. Vjbll.	Historische Vierteljahrsblätter
Historiogr.	Historiographie
HJb	Historisches Jahrbuch
hl., hlg.	heilig
HRG	Handwörterbuch zur deutschen Rechtsgeschichte – 1971–1998.
Hs(s)	Handschrift(en)

HS	Hochschule
human., humanist.	humanistisch
HVjs	Historische Vierteljahrsschrift
HW	Hauptwerk(e)
HWR	Handwörterbuch der Rechtswissenschaften. Hrsg. v. F. Stier-Somlo u.a. – Berlin 1925 ff.
HZ	Historische Zeitschrift
i.w.	im wesentlichen
IBDCEE	International Biographical Dictionary of Central European Emigrée 1933–1945, Vol. II/Biographisches Handbuch der deutschsprachigen Emigration nach 1933, Bd. 2, hrsg. vom IfZ und der Research Foundation for Jewish Immigration, München u.a. 1983
IfZ	Institut für Zeitgeschichte
individ.	individuell
Inf.	Infanterie
Inscr.	Inscriptione
Inst.	Institut
institut.	institutionell
Institutional.	Institutionalisierung
int., intern., internat.	international
interdisz.	interdisziplinär
IÖG	Institut für Österreichische Geschichtsforschung
It., it., ital.	Italien, italienisch, italiana
J.	Jahr(e), Journal
JAH	Journal of African History
jap.	japanisch
Jb.	Jahrbuch
JbAC	Jahrbuch für Antike und Christentum
JbbGO	Jahrbücher für Geschichte Osteuropas
JbbNÖS	Jahrbücher für Nationalökonomie und Statistik
JbGMO	Jahrbuch für die Geschichte Mittel- und Ostdeutschlands
JCH	Journal of Contemporary History
Jg.	Jahrgang
Jh.	Jahrhundert
JHF	Jahrbuch der historischen Forschung in der Bundesrepublik Deutschland
JHSN	Journal of the Historical Society of Nigeria
JICH	Journal of Imperial and Commonwealth History
Journ.	Journal
journal., journalist.	journalistisch
jr.	junior
JRS	Journal of Roman Studies
jur.	juristisch
kärnt.	kärntnerisch
kais., kaiserl.	kaiserlich
kameral.	kameralistisch

kan.	kanadisch
kan., kanon.	kanonistisch, kanonisch
kath., kathol.	katholisch
katholisier.	katholisierend
Katholiz.	Katholizismus
KG	Kirchengeschichte
Kg.	König
Kgin	Königin
kgl., königl.	königlich
Kgr.	Königreich
Kl.	Klasse
Kol.	Kolumbien
Kolloq.	Kolloquium
kolon.	kolonial, kolonialistisch
Komm.	Kommentar(e); Kommission
komm.	kommunistisch
kompilat.	kompilatorisch
Konf.	Konferenz
konfess.	konfessionell
konfuz.	konfuzianisch
kons.	konservativ
konstant.	konstantinisch
konstitut.	konstitutionell
Korresp., korresp.	Korrespondenz, korrespondierend(es)
KP	Kommunistische Partei
KPD	Kommunistische Partei Deutschlands
KR	Kirchenrecht
Kr.	Kreis
Krit.	Kritik
Ks.	Kaiser
Kürschner	Kürschners deutscher Gelehrten-Kalender – Berlin 1925 ff.
kult., kultur.	kulturell
Kulturmorph.	Kulturmorphologie
Kulturprot.	Kulturprotestantismus
KZ	Konzentrationslager
KZfSS	Kölner Zeitschrift für Soziologie und Sozialpsychologie
LA	Lateinamerika
Landesk.	Landeskunde
Lat.	Latein, Lateinische
lat., latein.	lateinisch
latin.	latinisiert
LCL	Loeb classical library
Lehrst.	Lehrstuhl
LG	Landesgeschichte
lib.	liber, liberal
Lit.	Literatur, literature
lit., liter.	literarisch

Literaturw.	Literaturwissenschaft
Litt. D.	Doctor of Letters
LL	libri
LL. B.	Bachelor of Law
LMA	Lexikon des Mittelalters – München, Zürich 1980–1999.
LSE	London School of Economics
LThK	Lexikon für Theologie und Kirche – 2. Aufl. Freiburg 1957–1967.
LThK³	Lexikon für Theologie und Kirche – 3. Aufl. Freiburg, Basel, Rom, Wien 1993–2001.
luth., luther.	lutherisch
M. A.	Magister Artium
MA	Mittelalter, Moyen Age
ma.	mittelalterlich
Mak., Maked.	Makedonien, Makedone(n)
maked.	makedonisch
Mart.	martyr, martyrium
masch.	maschinengeschrieben
Mass.	Massachusetts
mat.	materiell
MdR	Mitglied des Reichstages
Meckl.	Mecklenburg
MEGA	K. Marx u. F. Engels Gesamtausgabe
MEW	K. Marx u. F. Engels Werke
mexik., mexikan.	mexikanisch
MGH	Monumenta Germaniae Historica
MGH AA	Monumenta Germaniae Historica Scriptores. Auctores antiquissimi
MGH Auct. ant.	Monumenta Germaniae Historica Auctores antiquissimi (AA)
MGH Fontes rer Germ.	Monumenta Germaniae Historica Leges. Fontes iuris Germanici antiqui
MGH SRG (NS)	Monumenta Germaniae Historica Scriptores rerum Germanicarum (Neue Serie)
MGH SS	Monumenta Germaniae Historica Scriptores
MGH SS rer. Mer.	Monumenta Germaniae Historica Scriptores rerum Merovingicarum
MGH SS rer. Austr.	Monumenta Germaniae Historica Scriptores rerum Austriarum
MGH SS rer. Germ.	Monumenta Germaniae Historica Scriptores rerum Germanicarum
MGH SS rer. Lang.	Monumenta Germaniae Historica rerum Langobardicarum et italicarum
MGM	Militärgeschichtliche Mitteilungen
Migne PL	Patrologiae cursus completus, series Latina, ed. J.-P. Migne.
mind.	mindestens

MIÖG	Mitteilungen des Instituts für Österreichische Geschichtsforschung – Wien
Misc.	Miscellanea, Miscellanes, Miscellanies, Miszellen
Mitgl.	Mitglied
Mitt.	Mitteilungen
Mittellat.	Mittellatein
mittl.	mittlere
mod.	modern
MÖSTA	Mitteilungen des Österreichischen Staatsarchivs
Monogr.	Monographie
MPI	Max-Planck-Institut
Ms.	Manuskript
mschr.	maschinenschriftlich
Mus.	Museum
N	Norden
n.	numero
n. C., n. Chr.	nach Christus
N. F.	Neue Folge
n. s.	nova series, new series, nouvelle série
NA	Neues Archiv der Gesellschaft für ältere deutsche Geschichtskunde
Nachdr.	Nachdruck
Nachf.	Nachfolge
Nachl.	Nachlaß
Nachr.	Nachrichten
Nachw.	Nachwort, Nachweis
nat.	national
Nat.verslg., Nationalvers.	Nationalversammlung
National.	Nationalismus
nationalkons.	nationalkonservativ
nat.-soz.	nationalsozialistisch
natural.	naturalistisch
ND, Ndr.	Nachdruck, Neudruck
NDB	Neue Deutsche Biographie
Nekrol.	Nekrolog
NEP	Neue ökonomische Politik (Nowaja Ekonomitscheskaja Politika)
neugest.	neugestaltet
neuz., neuzeitl.	neuzeitlich
niederl., niederld., nl.	niederländisch
NL	Nachlaß
NO	Nordosten
NÖB	Neue österreichische Biographie ab 1815
norw.	norwegisch
Nrr.	Nummern
NS	Nationalsozialismus
NSDAP	Nationalsozialistische Deutsche Arbeiterpartei
N. Y.	New York

NZZ	Neue Zürcher Zeitung
O	Osten
o.	ordentlich
ÖAdW, ÖAk.	Österreichische Akademie der Wissenschaften
Obb.	Oberbayern
ÖBL	Österreichisches Biographisches Lexikon
OESA	Ordo Fratrum Eremitarum Sancti Augustini
offiz.	offiziell
Offz.	Offizier
OKW	Oberkommando der Wehrmacht
ök., ökon., ökonom.	ökonomisch
OP	Ordo Fratrum Praedicatorum (Dominikaner)
Opf.	Oberpfalz
ord.	ordentlich
org., organ.	organisch, organisiert, organisatorisch
orth.	orthodox
OSB	Ordo Sancti Benedicti (Benediktiner)
Osn. Mitt.	Osnabrücker Mitteilungen
österr.	österreichisch
Ostfr.	Ostfriesland
päd.	pädagogisch
parl., parlament.	parlamentarisch
PD	Privatdozent
peripat.	peripatetisch
Pers.	Persien, Persische, Perser
Ph. D.	Doctor (engl.)
Phil.	Philosophie
phil., philos.	philosophisch, philosophical
Philol.	Philologie
philol., philolog.	philologisch
PL	Patrologia Latina, hrsg. v. J.-P. Migne. Paris 1841–1864.
Pol.	Politik
polit., pol.	politisch, political
Port.	Portugal
Pos.	Position
Pr., pr., preuß.	Preußen, preußisch
Praef.	Praefatio
Präs.	Präsident
pragm.	pragmatisch
Priv.doz., Priv.-Doz.	Privatdozent
Prof.	Professor
prom.	promoviert(e)
Prosopogr.	Prosopographie
Protest., prot., protestant.	Protestant, protestantisch
Prov.	Provinz
publ.	publiziert(e)
purit.	puritanisch

PVS	Politische Vierteljahresschrift
Q, QQ	Quelle, Quellen
QFIAB	Quellen und Forschungen aus italienischen Archiven und Bibliotheken
Qkde.	Quellenkunde
QQkrit.	Quellenkritik
QQsmlg.	Quellensammlung
QQverz.	Quellenverzeichnis
quellenkr., quellenkrit.	quellenkritisch
R.	Reihe
radik.	radikal
rd.	rund
RE	Realenzyklopädie der klassischen Altertumswissenschaften
Ref.	Reformation
Rel.	Religion
rel., relig.	religiös
Ren.	Renaissance
repr.	reprint, reprinted
republik., rep.	republikanisch
Rer.	rerum
rev.	revidiert, revised
Rev.	Reverend
Rez.	Rezension
RFHOM	Revue Française d'Histoire d'Outre Mer
RGG	Die Religion in Geschichte und Gegenwart – 3. Aufl. Tübingen 1957–1965.
RGG[4]	Religion in Geschichte und Gegenwart – 4. Aufl. Tübingen 1998 ff.
RH	Revue Historique – Paris
RHE	Revue d'histoire ecclésiastique – Louvain
RHM	Römische Historische Mitteilungen
RHMC	Revue d'histoire moderne et contemporaine – Paris
RhVjbll.	Rheinische Vierteljahrsblätter
RIS	Rerum italicarum scriptores – Milano 1723–1885
Riv.	Rivista
Riv.stor.ital.	Rivista Storica Italiana
RömHM	Römische Historische Mitteilungen
RSFSR	Russische Sozialistische Föderative Sowjetrepublik (Rossijskaja Sozialistitscheskaja Federatiwnaja Sowjetskaja Respublika)
Rußl.	Rußland
s.	siehe
S.	Seite
säkul.	säkular
sämtl.	sämtliche
Samml.	Sammlung
Saraiva/Lopes	Saraiva, Antonio José/Lopes, Oscar: Historia da Literatura Portuguesa, 13. Aufl. Lisboa 1985.

SB	Sitzungsberichte
Schr.	Schrift(en)
Schriftst.	Schriftsteller
Schl.	Schlacht
Schultrad.	Schultradition
Schr.verz.	Schriftenverzeichnis
SchwZG	Schweizerische Zeitschrift für Geschichte
sec.	secolo
Sek.lit.	Sekundärliteratur
selbst.	selbständig
selbststil.	selbststilisiert
senat., senator.	senatorisch
Sieburg	Sieburg, Heinz-Otto: Deutschland und Frankreich in der Geschichtsschreibung des neunzehnten Jahrhunderts. 1815–1847. 2 Bde. – Wiesbaden 1954–1958.
siegr.	siegreich
SJ	Societas Jesu (Jesuiten)
Skand.	Skandinavien
skandin.	skandinavisch
Smlg.	Sammlung
Soc.	society, société, societá, societas
SoSe	Sommersemester
SozGesch.	Sozialgeschichte
Sozialdem.	Sozialdemokrat, Sozialdemokratie
Soziol.	Soziologie
Sp.	Spalte
Span.	Spanien, Spanier
spätaugust.	spätaugusteisch
spezif.	spezifisch
SPD	Sozialdemokratische Partei Deutschlands
SS	Schutzstaffel(n) der NSDAP
St., S.	Sankt, Saint
StA	Staatsarchiv
Stadler	Stadler, Peter: Geschichtsschreibung und historisches Denken in Frankreich 1789–1871. – Zürich 1958.
Stadtbeschr.	Stadtbeschreibung
stat., statist.	statistisch
stil.	stilistisch
stor.	storia
struktur.	strukturell
stud.	studierte
Stud.	Studium, Studien
Stud.Mitt.OSB, STMBO	Studien und Mitteilungen zur Geschichte des Benediktinerordens
stv.	stellvertretend
SU	Sowjetunion
Suppl.	Supplement
syst.	systematisch

T.	Text(e), Teil(e)
TA	Textausgabe
TAJB	Tel Aviver Jahrbuch für Deutsche Geschichte
TB	Taschenbuch
TH	Technische Hochschule
Theol.	Theologie
Thomas	Thomas, Jack R.: Biographical dictionary of Latin American historians and historiography – Westport 1984.
thukyd.	thukydideisch
Tit.	Titel
Tl(n).	Teil(en)
Trad.	Tradition, Tradierung
trad.	traditionell
transl.	translated
TRE	Theologische Realenzyklopädie – Berlin, New York 1977 ff.
troj.	trojanisch
Ts. v. Gesch.	Tijdschrift voor Geschiedenis. – Groningen
u. d. T.	unter dem Titel
üb.	über
Üb.-Bd.	Überleitungsband
Überl., überl., überlief.	Überlieferung, überliefert
Übers., übs., übers.	Übersetzung, übersetzt
Ung.	Ungarn
ung., ungar.	ungarisch
ungedr.	ungedruckt
Univ., U.	Universität, University
Univ.stip.	Universitätsstipendium, -stipendiat
Unters.	Untersuchung
unvoll.	unvollendet
USPD	Unabhängige Sozialdemokratische Partei Deutschlands
u. v. a.	und viele andere, und vor allem
v.	vita, vitae
v. C., v. Chr.	vor Christus
Ver.	Verein
verf.	verfassungs-
vergl.	vergleichend
verst.	verstorben
Vertr.	Vertreter
Verw.	Verwaltung
Vf.	Verfasser
VfZ, VfZG	Vierteljahrshefte für Zeitgeschichte
Vgl.	Vergleich
vgl.	vergleiche
vglb.	vergleichbar
viell.	vielleicht
VL	Die deutsche Literatur des Mittelalters. Verfasserlexikon. Hrsg. v. K. Ruh u. a. – Berlin u. a. [2]1978–99.

vol.	volume
vollst.	vollständig
vorindust.	vorindustriell
Vors.	Vorsitzender
VSWG	Vierteljahrschrift für Sozial- und Wirtschaftsgeschichte
VWL	Volkswirtschaftslehre
W	Westen
wahrsch.	wahrscheinlich
Wb.	Wörterbuch
WDF	Wege der Forschung
Weber	Weber, Wolfgang: Biographisches Lexikon zur Geschichtswissenschaft in Deutschland, Österreich und der Schweiz. – Frankfurt/M. 1984.
Westf., westf.	Westfalen, westfälisch
WestfZs	Westfälische Zeitschrift
Wirtsch.	Wirtschaft
Wis.	Wisconsin
Wiss.	Wissenschaft(en), Wissenschaftler
wiss.org.	wissenschaftsorganisatorisch
WS	Wintersemester
württ.	württembergisch
WV	Werkverzeichnis
WW	Werke
ZBLG	Zeitschrift für bayerische Landesgeschichte
zeitgen.	zeitgenössisch
zentral.	zentralistisch
ZfG	Zeitschrift für Geschichtswissenschaft
ZfO	Zeitschrift für Ostforschung
ZGO	Zeitschrift für die Geschichte des Oberrheins
ZHF	Zeitschrift für historische Forschung
ZKG	Zeitschrift für Kirchengeschichte
ZRG germ. Abt., ZRG GA	Zeitschrift der Savigny-Stiftung für Rechtsgeschichte, Germanistische Abteilung
ZRG kan. Abt., ZRG KA	–, Kanonistische Abteilung
ZRG RA	–, Romanistische Abteilung
ZRGG	Zeitschrift für Religions- und Geistesgeschichte
zs.	zusammen
Zs., Zschr.	Zeitschrift
Zshg.	Zusammenhang
Ztg.	Zeitung
zugeschr.	zugeschrieben
zugl.	zugleich
zus.	zusammen
zw.	zwischen
zweibdge.	zweibändige
z. Z.	zur Zeit

Die Historiker in chronologischer Reihenfolge

Homer 8. Jh. v. Chr.
Hekataios von Milet vor 545–ca. 480/79 v. Chr.
Hellanikos von Lesbos 5. Jh. v. Chr.
Herodot(os) aus Halikarnaß um 490/84–430/25 v. Chr.
Thukydides ca. 460/54–400 v. Chr.
Xenophon aus Athen ca. 430/25–354 v. Chr.
Aristobul(os) 4. Jh. v. Chr.
Ephoros aus Kyme 4. Jh. v. Chr.
Timaios von Tauromenion Mitte 4.-Mitte 3. Jh. v. Chr.
Kleitarch Ende 4./Anfang 3. Jh. v. Chr.
Aristoteles 384–322 v. Chr.
Theopomp von Chios ca. 378/6–ca. 300 v. Chr.
Kallisthenes aus Olynth um 370–327 v. Chr.
Ptolemaios um 367/6–283 v. Chr.
Hieronymos aus Kardia um 360–um 256 v. Chr.
Duris von Samos *um 330 v. Chr.
Phylarch 3./Anfang 2. Jh. v. Chr.
Polybios ca. 200–ca. 120 v. Chr.
Poseidonios um 135–um 51/50 v. Chr.
Diodor von Agyrion 1. Jh. v. Chr.
Caesar, Gaius Julius 100–44 v. Chr.
Nepos, Cornelius ca. 90–nach 27 v. Chr.
Sallustius Crispus, Gaius 86–34 (?) v. Chr.
Dionys(ios) von Halikarnaß ca. 80/75–nach 7 v. Chr.
Strabon 64/63 v. Chr.–19/24 n. Chr.
Livius, Titus 59 v. Chr.– 17 n. Chr. (oder 64 v.–12 n. Chr.)
Velleius Paterculus, Gaius ca. 25/20 v.–nach 30 n. Chr.
Curtius (Quintus C. Rufus) 1. Jh.
Pompeius Trogus 1. Jh.
Flavius Iosephus, Titus (?) 37/38–nach 100
Plutarchos von Chaironeia, Mestrios ca. 46/48–nach 120
Tacitus, Publius (?) Cornelius ca. 56–um 120 (?)
Suetonius Tranquillus, Gaius um 70/72–nach 121
Arrian(us), Flavius ca. 95–175 n. Chr.
Appianos vor 100?–nach 161?
Cassius Dio ca. 163/64–nach 229
Herodianos ca. 180–nach 240
Eusebios von Kaisareia 260/64–338/40
Eutropius um 330–nach 390?
Ammianus Marcellinus ca. 330–nach 395
Orosius, Paulus 5. Jh.
Cassiodor(us) ca. 485–ca. 580
Prokop von Caesarea ca. 490–ca. 565
Jordanes (Jordanis) 6. Jh.
Gregor von Tours 538/539–594
Fredegar 7. Jh.
Beda Venerabilis 673–735
Muhammad Ibn Ischak 704–767
Paulus Diaconus ca. 720–799
Einhard (Einhart) 770/775–840
Nithard † 844
Al-Tabari (Abu Dschafar Muhammad Ben Djani) 839–923
Regino von Prüm ca. 840–915
Liudprand von Cremona ca. 920–970/73
Widukind von Corvey †nach 967/68
Thietmar von Merseburg 975–1018
Rodulf Glaber um 985–1047/49
Richer von St. Remi † nach 998
Wipo † kurz nach 1046
Adam von Bremen † vor 1085
Lampert von Hersfeld ca. 1025–ca. 1085
Sigebert von Gembloux um 1030–1112
Skylitzes, Johannes nach 1040–ca. 1110
Frutolf † 1103
Hugo von Fleury † nach 1114
Ekkehard von Aura † nach 1125
Guibert von Nogent 1053/1064–um 1125

Fulcher von Chartres um 1058/59–1127
Ordericus Vitalis 1075–1142
Geoffrey von Monmouth ca. 1100–1154
Otto von Freising ca. 1112–1158
Helmold von Bosau ca. 1120–1177
Rahewin † 1170/1177
Gottfried von Viterbo ca. 1125–ca. 1190
Wilhelm von Tyrus um 1130–1186
Arnold von Lübeck † 1211/14
Giraldus Cambrensis ca. 1146–1223
Geoffroi von Villeharduin ca. 1150–ca. 1215
Choniates Niketas ca. 1155–ca. 1215
Burchard von Ursperg ca. 1177–ca. 1231
Roger von Wendower † 1236
Hermann von Niederaltaich ca. 1200–1275
Matthäus Parisiensis ca. 1200–ca. 1259
Vincenz von Beauvais † 1264
Salimbene von Parma 1221–ca. 1290
Jacobus de (a) Voragine (Varagine) 1228/30–1298
Dschuwaini, Ala ad-Din Ata Malik ben Muhammad ca. 1230–1283
Fadl Allah Raschid ad-Din ben Imad al Dawla Abu l-Khair ca. 1247–1318
Johannes von Viktring ca. 1250–ca. 1350
Bernardus Guidonis 1261/62–1331
Martinus Polonus (Oppaviensis; von Troppau) † 1278
Villani, Giovanni ca. 1275–1348
Ranulf Higden ca. 1300–1365
Ibn Khaldun, Abd-al Rahman 1332–1406
Twinger von Königshofen, Jakob 1346–1420
Froissart, Jean um 1347–nach 1404
Ulrich (von) Richental ca. 1365–1437
Bruni, Leonardo um 1370–1444
Dynter, Edmond de † 1449
Ibn Arabschah 1392–1450
Blondus (Biondo), Flavius 1392–1463
Piccolomini, Enea Silvio 1405–1464
Valla, Lorenzo 1406/07–1457
Basin, Thomas ca. 1412–1491
Platina (Sacchi), Bartolomeo 1421–1481
Rolewinck, Werner 1425–1502
Schedel, Hartmann 1440–1514
Commynes, Philippe de vor 1447–1511
Mennel, Jakob 1460–1526
Trithemius, Johannes 1462–1516
Kemal Pascha-Zadeh (Ibn I-Kemal) 1469–1534
Machiavelli, Niccolò 1469–1528
Cuspinianus (Spießhammer), Johannes 1473–1529
Las Casas, Bartolomé de 1474–1566
Aventinus (Turmair), Johannes 1477–1534
Oviedo y Valdés, Gonzalo Fernández de 1478–1557
Cochlaeus (Dobeneck), Johannes 1479–1552
Guicciardini, Francesco 1483–1540
Beatus Rhenanus 1485–1547
Barros, João de 1497–1562
Melanchthon (Schwartzert), Philipp 1497–1560
Tschudi, Ägidius (Gilg) 1505–1572
Sleidan (eigentl. Philippi), Johannes ca. 1507–1556
Vasari, Giorgio 1511–1574
Flacius (latin. Vlacich), Matthias 1520–1575
Sigonius, Carolus 1523–1584
Huamán Poma de Ayala, Felipe ca. 1532–1615
Mariana, Juan de 1536–1624
Baronius, Caesar 1538–1607
Reineccius (Reyneke), Reiner 1541–1595
Lipsius, Justus (eigentl. Joest Lips) 1547–1606
Bacon, Francis 1561–1626
Lehmann, Christoph 1570–1638
Goldast, Melchior (gen. von Haimisfeld) 1578–1635?
Vervaux, Johannes 1585–1661

Bolland (Bollandus), Jan 1596–1665
Chemnitz, Bogislav Philipp (von) 1605–1678
Conring, Hermann 1606–1681
Clarendon, Edward Hyde 1609–1674
Du Cange, Charles Du Fresne, Sieur 1610–1688
Boecler, Johann Heinrich 1611–1672
Ludolf, Hiob 1624–1704
Papenbroeck (Papebrochius), Daniel von 1628–1714
Mabillon, Jean 1632–1707
Pufendorf, Samuel (Freiherr von) 1632–1694
Cellarius (Keller), Christoph 1634–1707
Leibniz, Gottfried Wilhelm 1646–1716
Mustafa Naima 1655–1716
Arai Hakuseki 1657–1725
Gundling, Nicolaus Hieronymus 1661–1729
Gravina, Gian Vincenzo 1664–1718
Arnold, Gottfried 1666–1714
Ludewig, Johann Peter (von) 1668–1743
Vico, Giovanni Battista 1668–1744
Meichelbeck, Karl 1669–1734
Muratori, Ludovico Antonio 1672–1750
Giannone, Pietro 1676–1748
Pez, Bernhard 1683–1735
Holberg, Ludvig (Baron von) 1684–1754
Pez, Hieronymus 1685–1762
Tatiščev, Vasilij Nikitič 1686–1750
Schwarz, Ignaz 1690–1763
Mansi, Giovanni Domenico 1692–1769
Herrgott, Marquard 1694–1762
Mosheim, Johann Lorenz von 1694/95–1755
Schöpflin, Johann Daniel 1694–1771
Voltaire 1694–1778
Leut(h)ner (Leitner), Cölestin 1695–1759
Bünau, Heinrich Graf von 1697–1762
Desing, Anselm 1699–1772
Stadler, Daniel 1705–1764
Oefele, Andreas Felix (von) 1706–1780
Forster, Frobenius 1709–1791
Chladenius, Johann Martin 1710–1759
Hume, David 1711–1776
Winckelmann, Johann Joachim 1717–1768
Möser, Justus 1720–1794
Robertson, William 1721–1793
Gatterer, Johann Christoph 1727–1799
Iselin, Isaak 1728–1782
Denina, Carlo Giovanni 1731–1813
Kluit, Adriaan 1735–1807
Schlözer, August Ludwig (von) 1735–1809
Schmidt, Michael Ignaz 1736–1794
Gibbon, Edward 1737–1794
Zhang Xuecheng 1738–1801
Herder, Johann Gottfried (von) 1744–1803
Meiners, Christoph 1747–1810
Müller, Johannes (von) 1752–1809
Spittler, Ludwig Timotheus 1752–1810
Schiller, Friedrich (von) 1759–1805
Heeren, Arnold Hermann Ludwig 1760–1842
Karamzin, Nikolaj Michajlovič 1766–1826
Humboldt, Wilhelm von 1767–1835
Wachler, Ludwig 1767–1838
Cuoco, Vincenzo 1770–1823
Scott, Walter 1771–1832
Mill, James 1773–1836
Sismondi, Jean Charles Léonard Simonde de 1773–1842
Rotteck, Karl von 1775–1840
Görres, Johann Joseph (von) 1776–1848
Niebuhr, Barthold Georg 1776–1831
Schlosser, Friedrich Christoph 1776–1861
Hallam, Henry 1777–1859
Luden, Heinrich 1778–1847
Savigny, Friedrich Carl von 1779–1861
Eichhorn, Karl Friedrich 1781–1854
Raumer, Friedrich von 1781–1873
Restrepo, José Manuel 1781–1863

Böckh, August 1785–1867
Dahlmann, Friedrich Christoph 1785–1860
Lelewel, Joachim 1786–1861
Guizot, François 1787–1874
Balbo, Cesare 1789–1853
Grote, George 1794–1871
Böhmer, Johann Friedrich 1795–1863
Carlyle, Thomas 1795–1881
Pertz, Georg Heinrich 1795–1876
Ranke, Leopold (von) 1795–1886
Thierry, Augustin 1795–1856
Thiers, Adolphe 1797–1877
Michelet, Jules 1798–1874
Palacký, František 1798–1876
Döllinger, Ignaz (von) 1799–1890
Leo, Heinrich 1799–1878
Bancroft, George 1800–1891
Gachard, Louis-Prosper 1800–1885
Macaulay, Thomas Babington 1800–1859
Migne, Jacques-Paul 1800–1875
Gervinus, Georg Gottfried 1805–1871
Tocqueville, Alexis de 1805–1859
Amari, Michele 1806–1889
Droysen, Johann Gustav 1808–1884
Duncker, Maximilian (Max) 1811–1886
Waitz, Georg 1813–1886
Curtius, Ernst 1814–1896
Giesebrecht, Wilhelm (von) 1814–1889
Paparrigopulos, Konstantinos 1815–1891
Gams, Pius 1816–1892
Varnhagen, Francisco Adolfo de 1816–1878
Mommsen, Theodor 1817–1903
Roscher, Wilhelm 1817–1894
Sybel, Heinrich von 1817–1895
Burckhardt, Jacob 1818–1897
Froude, James Anthony 1818–1894
Häusser, Ludwig 1818–1867
Marx, Karl 1818–1883
Arneth, Alfred Ritter von 1819–1897
Cornelius, Carl Adolf 1819–1903
Jaffé, Philipp 1819–1870
Wattenbach, Wilhelm 1819–1897
Solov'ev, Sergej Michajlovič 1820–1879
Buckle, Henry Thomas 1821–1862
Gregorovius, Ferdinand 1821–1891
Klopp, Onno 1822–1903
Schliemann, Heinrich 1822–1890
Freeman, Edward Augustus 1823–1892
Fruin, Robert 1823–1899
Parkman, Francis 1823–1893
Riehl, Wilhelm Heinrich (von) 1823–1897
Wegele, Franz Xaver (von) 1823–1897
Potthast, August 1824–1898
Ficker, Julius (von) 1826–1902
Sickel, Theodor (Ritter von) 1826–1908
Rački, Franjo 1828–1894
Taine, Hippolyte 1828–1893
Gardiner, Samuel Rawson 1829–1902
Janssen, Johannes 1829–1891
Stubbs, William 1829–1901
Fustel de Coulanges, Numa Denis 1830–1889
Stephen, Leslie 1832–1904
Dilthey, Wilhelm 1833–1911
Schupfer, Francesco 1833–1925
Acton, John Emerich Edward Dalberg 1834–1902
Seeley, John Robert 1834–1895
Treitschke, Heinrich von 1834–1896
Sars, Johan Ernst Welhaven 1835–1917
Friedberg, Emil 1837–1910
Bryce, James 1838–1922
Schmoller, Gustav (von) 1838–1917
Ritter, Moriz 1840–1923
Gierke, Otto (von) 1841–1921
Ključevskij, Vasilij Osipovič 1841–1911
Dierauer, Johannes 1842–1920
Heigel, Karl Theodor (von) 1842–1915
Lavisse, Ernest 1842–1922
Sorel, Albert 1842–1906
Duchesne, Louis 1843–1922
Meyer von Knonau, Gerold 1843–1931
Brentano, Lujo 1844–1931

Denifle, Heinrich Suso 1844–1905
Monod, Gabriel 1844–1912
Nietzsche, Friedrich 1844–1900
Grotefend, Hermann 1845–1931
Hauck, Albert 1845–1918
Lehmann, Max 1845–1929
Schäfer, Dietrich 1845–1929
Johnson, Samuel 1846–1901
Mehring, Franz 1846–1919
Amira, Karl von 1848–1930
Bresslau, Harry 1848–1926
Delbrück, Hans 1848–1929
Dutt, Romesh Chunder (Chandra) 1848–1909
Aulard, Alphonse 1849–1928
Cunningham, William 1849–1919
Denis, Ernest 1849–1912
Zeumer, Karl 1849–1914
Adams, Herbert Baxter 1850–1901
Bernheim, Ernst 1850–1942
Dehio, Georg 1850–1932
Grauert, Hermann (von) 1850–1924
Lenz, Max 1850–1932
Maitland, Frederic William 1850–1906
Friedjung, Heinrich 1851–1920
Harnack, Adolf (von) 1851–1930
Erslev, Kristian August 1852–1930
Koser, Reinhold 1852–1914
Pöhlmann, Robert (von) 1852–1914
Simonsfeld, Henry 1852–1913
Abdur-Rahman Scheref 1853–1925
Gothein, Eberhard 1853–1923
Sudhoff, Karl 1853–1938
Beloch, Karl Julius 1854–1929
Pastor, Ludwig (Frh. von) 1854–1928
Seignobos, Charles 1854–1942
Finke, Heinrich 1855–1938
Meyer, Eduard 1855–1930
Osgood, Herbert Levi 1855–1918
Channing, Edward 1856–1931
Jastrow, Ignaz 1856–1937
Lamprecht, Karl 1856–1915
Dunning, William Archibald 1857–1922
Schulte, Aloys 1857–1941
Below, Georg von 1858–1927
Gebhardt, Bruno 1858–1905
Manitius, Max 1858–1933
Quidde, Ludwig 1858–1941
Redlich, Oswald 1858–1944
Jameson, J(ohn) Franklin 1859–1937
Jaurès, Jean 1859–1914
Cauchie, Alfred 1860–1922
Kehr, Paul Fridolin 1860–1944
Mirbt, Carl 1860–1929
Seeliger, Gerhard Wolfgang 1860–1921
Wrong, George MacKinnon 1860–1948
Bury, John Bagnell 1861–1927
Hintze, Otto 1861–1940
Marcks, Erich 1861–1938
Turner, Frederick Jackson 1861–1932
Meinecke, Friedrich 1862–1954
Pirenne, Henri 1862–1935
Wilcken, Ulrich 1862–1944
Andrews, Charles McLean 1863–1943
Ciccotti, Ettore 1863–1939
Robinson, James Harvey 1863–1936
Sombart, Werner 1863–1941
Weber, Max 1864–1920
Haller, Johannes 1865–1947
Hartmann, Ludo Moritz 1865–1924
Troeltsch, Ernst 1865–1923
Breysig, Kurt 1866–1940
Croce, Benedetto 1866–1952
Holl, Karl 1866–1926
Hruševs'kyj, Mychajlo Sergeevič 1866–1930
Steinhausen, Georg 1866–1933
Warburg, Aby Moritz 1866–1929
Zlatarski, Vasil Nikolov 1866–1935
Goetz, Walter 1867–1958
Joachimsen, Paul 1867–1930
Kötzschke, Rudolf 1867–1949
Brandi, Karl 1868–1946
Dopsch, Alfons 1868–1953
Pokrovskij, Michail Nikolaevič 1868–1932
Stutz, Ulrich 1868–1938
Hampe, Karl 1869–1936
Menéndez Pidal, Ramón 1869–1968
Oncken, Hermann 1869–1945
De Sanctis, Gaetano 1870–1957
Eichmann, Eduard 1870–1946

Rostovtzeff, Michael Iwanowitsch 1870–1952
Sarkar, Jadunath 1870–1958
Iorga, Nicolae 1871–1940
Mayer, Gustav 1871–1948
Hammond, John Lawrence Le Breton 1872–1949
Huizinga, Johan 1872–1945
Becker, Carl Lotus 1873–1945
Clapham, John Harold 1873–1946
Hammond, Barbara 1873–1961
Holtzmann, Robert 1873–1946
Koht, Halvdan 1873–1965
Radonič, Jovan 1873–1956
Salvemini, Gaetano 1873–1957
Tsuda Sôkichi 1873–1961
Weibull, Lauritz Ulrik Absalon 1873–1960
Beard, Charles Austin 1874–1948
Cassirer, Ernst 1874–1945
Churchill, Winston Spencer 1874–1965
Lefebvre, Georges 1874–1959
Mathiez, Albert 1874–1932
Tarle, Evgenij Viktorovič 1874–1955
Grabmann, Martin 1875–1949
Spahn, Martin 1875–1945
Yanagita Kunio 1875–1962
Fueter, Eduard 1876–1928
Hoetzsch, Otto 1876–1946
Levison, Wilhelm 1876–1947
Trevelyan, George Macaulay 1876–1962
Volpe, Gioacchino 1876–1971
Ziekursch, Johannes 1876–1945
Halbwachs, Maurice 1877–1945
Meyer, Arnold Oskar 1877–1944
Phillips, Ulrich Bonnell 1877–1934
Wang Guowei 1877–1927
Eyck, Erich 1878–1964
Febvre, Lucien 1878–1956
Friedell, Egon 1878–1938
Groulx, Abbé Lionel 1878–1967
Srbik, Heinrich Ritter von 1878–1951
Spengler, Oswald 1880–1936
Tawney, Richard Henry 1880–1962
Carcopino, Jérôme 1881–1970
Müller, Karl Alexander von 1882–1964
Hartung, Fritz 1883–1967
Helbok, Adolf 1883–1968
Mayer, Theodor 1883–1972
Piganiol, André 1883–1968
Seppelt, Franz Xaver 1883–1956
Szekfü, Gyula 1883–1955
Andreas, Willy 1884–1967
Cortesão, Jaime 1884–1960
Hauptmann, Ljudmil 1884–1968
Hintze, Hedwig 1884–1942
Kern, Fritz 1884–1950
Lehmann, Paul 1884–1964
Aubin, Hermann 1885–1969
Castro, Américo 1885–1972
Hóman, Bálint 1885–1951
Kaehler, Siegfried A(ugust) 1885–1963
Levene, Ricardo 1885–1959
Valentin, Veit 1885–1947
Bloch, Marc 1886–1944
Gelzer, Matthias 1886–1974
Taylor, Lily Ross 1886–1969
Geyl, Pieter 1887–1966
Lortz, Joseph 1887–1975
Schnabel, Franz 1887–1966
Dehio, Ludwig 1888–1963
Falco, Giorgio 1888–1966
Namier, Lewis Bernstein 1888–1960
Ritter, Gerhard 1888–1967
Rosenstock-Huessy, Eugen 1888–1973
Schlesinger, Arthur Meier 1888–1965
Collingwood, Robin George 1889–1943
Furlong Cardiff, Guillermo 1889–1974
Lower, Arthur 1889–1988
Mitteis, Heinrich 1889–1952
Rassow, Peter 1889–1961
Rosenberg, Arthur 1889–1943
Toynbee, Arnold Joseph 1889–1975
Underhill, Frank Hawkins 1889–1971
Baethgen, Friedrich 1890–1972
Santifaller, Leo 1890–1974
Sen, Surendra Nath 1890–1962
Burckhardt, Carl Jacob 1891–1974
Dölger, Franz Joseph 1891–1968
Ehrenberg, Victor 1891–1976
Leturía, Pedro de 1891–1955

Rothfels, Hans 1891–1976
Westphal, Otto 1891–1950
Carr, Edward Hallett 1892–1982
Guo Moruo 1892–1978
Herzfeld, Hans 1892–1982
Kos, Milko 1892–1972
Panofsky, Erwin 1892–1968
Vagts, Alfred 1892–1986
Gu Jiegang 1893–1980
Keyser, Erich 1893–1968
Renouvin, Pierre 1893–1974
Romein, Jan 1893–1962
Innis, Harold Adams 1894–1952
Schramm, Percy Ernst 1894–1970
Alföldi, András 1895–1981
Ganshof, François-Louis 1895–1980
Hantsch, Hugo 1895–1972
Kantorowicz, Ernst Hartwig 1895–1963
Labrousse, Ernest 1895–1988
Steinbach, Franz 1895–1964
Vogt, Joseph 1895–1986
Berve, Helmut 1896–1979
Winter, Eduard 1896–1982
Zechlin, Egmont 1896–1992
Elias, Norbert 1897–1990
Konetzke, Richard 1897–1980
Rapant, Daniel 1897–1989
Altheim, Franz 1898–1976
Bonjour, Edgar 1898–1991
Brunner, Otto 1898–1982
Cosío Villegas, Daniel 1898–1976
Fraenkel, Ernst 1898–1975
Werveke, Hans van 1898–1974
Braubach, Max 1899–1975
Baron, Hans 1900–1988
Bolin, Anders Sture Ragnar 1900–1963
Butterfield, Herbert 1900–1979
Jedin, Hubert 1900–1980
Chabod, Federico 1901–1960
Heimpel, Hermann 1901–1988
Kaegi, Werner 1901–1979
Lütge, Friedrich 1901–1968
Masur, Gerhard 1901–1975
Stern, Leo 1901–1982
Braudel, Fernand 1902–1985
Buarque de Holanda, Sergio 1902–1982
Creighton, Donald Grant 1902–1979
Grundmann, Herbert 1902–1970
Holborn, Hajo 1902–1969
Kehr, Eckart 1902–1933
Ostrogorsky, Georg 1902–1976
Pflaum, Hans-Georg 1902–1979
Stadelmann, Rudolf 1902–1949
Wittram, Reinhard 1902–1973
Basadre Grohmann, Jorge 1903–1980
Lhotsky, Alphons 1903–1968
Syme, Ronald 1903–1989
Tellenbach, Gerd 1903–1999
Abel, Wilhelm 1904–1985
Brunschwig, Henri 1904–1989
Jones, Arnold Hugh Martin 1904–1970
Kuczynski, Jürgen 1904–1997
Miranda, José 1904–1967
Rosenberg, Hans 1904–1988
Frank, Walter 1905–1945
Gilbert, Felix 1905–1991
Krausnick, Helmut 1905–1990
O'Gorman, Edmundo 1906–1995
Taylor, Alan John Percivale 1906–1990
Ennen, Edith 1907–1999
Haffner, Sebastian 1907–1999
Bosl, Karl 1908–1993
Fischer, Fritz 1908–1999
Kluke, Paul 1908–1990
Momigliano, Arnaldo Dante 1908–1987
Schieder, Theodor 1908–1984
Schlesinger, Walter 1908–1984
Wieacker, Franz 1908–1994
Bengtson, Hermann 1909–1989
Heuß, Alfred 1909–1995
Mann, Golo 1909–1994
Markov, Walter 1909–1993
Treue, Wilhelm 1909–1992
Conze, Werner 1910–1986
Erdmann, Karl Dietrich 1910–1990
Oestreich, Gerhard 1910–1978
Poliakov, Léon 1910–1997
Ullmann, Walter 1910–1983
Vicens Vives, Jaime 1910–1960
Wedgwood, Cicely Veronica 1910–1997
Carsten, Francis Ludwig 1911–1998

Fichtenau, Heinrich (von) 1912–2000
Finley, Moses I(mmanuel) 1912–1986
Ishimoda Shô 1912–1986
Southern, Richard William 1912–2001
Takahashi Kohachirô 1912–1982
Kellenbenz, Hermann 1913–1990
Bußmann, Walter 1914–1993
Soboul, Albert 1914–1982
Wandruszka, Adam 1914–1997
Hofstadter, Richard 1916–1970
Mazzarino, Santo 1916–1987
Dike, Kenneth Onwuka 1917–1983
Mosse, George Lachmann 1918–1999
Duby, Georges 1919–1996
Stone, Lawrence 1919–1999
Leyser, Karl Josef 1920–1992
Robinson, Ronald 1920–1999
Streisand, Joachim 1920–1980
Elton, Geoffrey Rudolph 1921–1994
Graus, František 1921–1989
Lutz, Heinrich 1922–1986
Diop, Cheikh Anta 1923–1986
Schmid, Karl 1923–1993
Romeo, Rosario 1924–1987
Thompson, Edward Palmer 1924–1993
Faber, Karl-Georg 1925–1982
Hillgruber, Andreas 1925–1989
Pollard, Sidney 1925–1998
Schubert, Friedrich Hermann 1925–1973
Broszat, Martin 1926–1989
Foucault, Michel 1926–1984
Angermann, Erich 1927–1992
Furet, François 1927–1997
Nipperdey, Thomas 1927–1992
De Felice, Renzo 1929–1996
Oberman, Heiko Augustinus 1930–2001
Boockmann, Hartmut 1934–1998
Mason, Timothy Wright 1940–1990
Peukert, Detlev J.K. 1950–1990

Über die Autoren

HARTMUT BEISTER, Dr. phil., geb. 1941, Akad. Dir. am Histor. Sem., Abt. Alte Geschichte, der LMU München.
Veröff. u. a.: Untersuchungen zu der Zeit der Thebanischen Hegemonie, Diss. München 1970; (Mithrsg.): Münchener Arbeiten zur Alten Geschichte 2, München 1989.

HORST WALTER BLANKE, Dr. phil. habil., geb. 1954, Privatdozent an der Fakultät für Geschichtswissenschaft und Philosophie der Universität Bielefeld.
Veröff. u. a.: Von der Aufklärung zum Historismus. Zum Strukturwandel des historischen Denkens (zus. mit J. Rüsen), Paderborn 1985; Theoretiker der deutschen Aufklärungshistorie, 2 Bde. (zus. mit D. Fleischer), Stuttgart-Bad Cannstatt 1990; Historiographiegeschichte als Historik, Stuttgart-Bad Cannstatt 1991; Transformation des Historismus. Wissenschaftsorganisation und Bildungspolitik vor dem Ersten Weltkrieg, Waltrop 1994; Politische Herrschaft und soziale Ungleichheit im Spiegel des Anderen, 2 Bde., Waltrop 1997; Dimensionen der Historik. FS für J. Rüsen (Hrsg. zus. mit F. Jaeger, Th. Sandkühler), Köln/Weimar/Wien 1998.

LAETITIA BOEHM, Prof. (em.) Dr. phil., geb. 1930, LMU München; Mitglied der Hist. Komm. bei der Bayer. Akad. der Wiss.
Veröff. u. a.: Geschichte Burgunds. Politik, Staatsbildungen, Kultur, 2. Aufl. Stuttgart 1979; Geschichtsdenken, Bildungsgeschichte, Wissenschaftsorganisation. Ausgewählte Aufsätze, hrsg. [als FS] v. G. Melville u. a., Berlin 1996; (Hrsg.) Christoph Besold: Synopse der Politik (= Bibliothek des Deutschen Staatsdenkens, hrsg. v. H. Maier/M. Stolleis), Frankfurt a. M. 2000; (Hrsg. mit anderen) Biographisches Lexikon der Ludwig-Maximilians-Universität München, T. I: Ingolstadt-Landshut 1472–1826, Berlin 1998. – Hrsg. der Reihe Ludovico Maximilianea seit 1971.

ERNST BREISACH, Prof. (em.) Dr. phil. Dr. rer. oec., geb. 1923, Western Michigan University in Kalamazoo, USA.
Veröff. u. a.: Introduction to Modern Existentialism, New York 1962; Caterina Sforza, Chicago 1967; Renaissance Europe 1300–1517, New York 1973; Historiography: Ancient, Medieval, and Modern, [1983], 2. Aufl. Chicago 1994; Classical Rhetoric and Medieval Historiography, Kalamazoo 1985; American Progressive History, Chicago 1993.

RÜDIGER VOM BRUCH, Prof. Dr. phil., geb. 1944, lehrt Wissenschaftsgeschichte an der Humboldt-Universität zu Berlin.
Veröff. u. a.: Wissenschaft, Politik und öffentliche Meinung. Gelehrtenpolitik im Wilhelminischen Deutschland 1890–1914, Husum 1980; Weltpolitik als Kulturmission. Auswärtige Kulturpolitik und Bildungsbürgertum in Deutschland am Vorabend des Ersten Weltkrieges, Paderborn u. a. 1982; (Hrsg.) ‹Weder Kommunismus noch Kapitalismus›. Bürgerliche Sozialreform in Deutschland vom Vormärz bis zur Ära Adenauer, München 1985; Jahrhundertwende. Der Aufbruch in die Moderne 1880–1930 (Hrsg. zus. mit A. Nitschke, G. A. Ritter, D. J. K. Peukert), Reinbek 1990; Forschung für den Markt. Geschichte der Fraunhofer-Gesellschaft (zus. mit H. Trischler) München 1999, (Hrsg.) Friedrich Naumann in seiner Zeit, Berlin/New York 2000; Hrsg.: Jahrbuch für Universitätsgeschichte, Stuttgart 1998 ff.

HANS CYMOREK, Dr. phil., geb. 1965, Wissenschaftlicher Mitarbeiter am Institut für Geschichtswissenschaften der Humboldt-Universität zu Berlin.
Veröff. u. a.: Georg von Below und die deutsche Geschichtswissenschaft um 1900, Stuttgart 1998.

HARALD DICKERHOF, Prof. Dr. phil., geb. 1941, lehrt Mittelalterliche Geschichte an der Katholischen Universität Eichstätt-Ingolstadt.
Veröff. u. a.: Land, Reich, Kirche im historischen Lehrbetrieb an der Universität Ingolstadt, Berlin 1971; Dokumente zur Studiengesetzgebung in Bayern in der ersten Hälfte des 19. Jahrhunderts, Berlin 1975; (Hrsg.): Der hl. Willibald – Klosterbischof oder Bistumsgründer?, Regensburg 1990; (Hrsg.): Bildungs- und schulgeschichtliche Studien zu Spätmittelalter, Reformation und konfessionellem Zeitalter, Wiesbaden 1994; (Hrsg. mit anderen): Görres-Studien, Paderborn u. a. 1999.

MARIA ROSA DI SIMONE, Prof. Dr., geb. 1949, Università degli studi di Teramo, Facoltà di Scienze Politiche.
Veröff. u. a.: La «Sapienza» romana nel Settecento, Roma 1980; Aspetti della cultura giuridica austriaca nel Settecento, Roma 1984; Legislazione e riforme nel Trentino del Settecento, Bologna 1992; Istituzioni e fonti normative in Italia dall' antico regime all' unità, Torino 1999; Storia della Facoltà di Lettere e Filosofia de «La Sapienza», a cura di L. Capo/M. R. Di Simone, Roma 2000.

ANDREAS ECKERT, Dr. phil., geb. 1964, Wissenschaftlicher Mitarbeiter am Institut für Asien- und Afrikawissenschaften der Humboldt-Universität zu Berlin.
Veröff. u. a.: Die Duala und die Kolonialmächte, Münster u. a. 1991; Lesarten eines globalen Prozesses. Quellen und Interpretationen zur Geschichte der europäischen Expansion (Hrsg. zus. mit G. Krüger), Münster u. a. 1998; Grundbesitz, Landkonflikte und kolonialer Wandel. Douala 1880–1960, Stuttgart 1999; Alles unter Kontrolle. Disziplinierungsprozesse im kolonialen Tansania 1850–1960 (Hrsg. zus. mit A. Wirz), Köln 2002.

BERND FAULENBACH, Prof. Dr. phil., geb. 1943, Prof. am Forschungsinstitut für Arbeit, Bildung, Partizipation Recklinghausen und an der Ruhr-Universität Bochum.
Veröff. u. a.: (Hrsg.): Geschichtswissenschaft in Deutschland, München 1974; Ideologie des deutschen Weges. Die deutsche Geschichte in der Historiographie zwischen Kaiserreich und Nationalsozialismus, München 1980; Getrennte Vergangenheit, gemeinsame Zukunft IV. Das SED-Regime in vergleichender Perspektive und die Bedeutung seiner Aufarbeitung (zus. mit I. Drechsler, M. Gutzeit), München 1997; Sozialdemokraten und Kommunisten nach Nationalsozialismus und Krieg (zus. mit H. Potthoff), Essen 1998; Die Revolution 1948/49 und die Tradition der sozialen Demokratie in Deutschland, Essen 1999; Zweierlei Geschichte (zus. mit A. Leo, K. Weberskirch), Essen 2000.

HELMUT FLACHENECKER, Dr. phil. habil., geb. 1958, ist Privatdozent für Mittlere und Neuere Geschichte an der Universität Göttingen und Projektleiter für «Germania Sacra» am Max-Planck-Institut für Geschichte Göttingen.
Veröff. u. a.: Eine geistliche Stadt. Eichstätt vom 13. bis zum 16. Jahrhundert, Regensburg 1988; Schottenklöster. Irische Benediktinerkonvente im hochmittelalterlichen Deutschland, Paderborn 1995.

HORST GLASSL, Prof. (em.) Dr. phil., geb. 1934, LMU München.
Veröff. u. a.: Die slovakische Geschichtswissenschaft nach 1945, Wiesbaden 1971; Das österreichische Einrichtungswerk in Galizien, München 1975; Gräben und Brücken. FS für E. Nittner (Hrsg. zus. mit F. Olbert), München 1980.

BEATE GÖDDE-BAUMANNS, Dr. phil., geb. 1936, Duisburg.
Veröff. u. a.: Deutsche Geschichte in französischer Sicht. Die französische Historiographie von 1871–1918 über die Geschichte Deutschlands und der deutsch-französischen Beziehungen der Neuzeit, Wiesbaden 1971.

NOTKER HAMMERSTEIN, Prof. (em.) Dr. phil., geb. 1930, Universität Frankfurt/Main.
Veröff. u. a.: Jus und Historie, Göttingen 1972; Aufklärung und katholisches Reich, Berlin 1975; Die Johann Wolfgang Goethe-Universität Frankfurt am Main, Bd. 1, Frankfurt/M. 1989; (Hrsg.) Staatslehre der frühen Neuzeit, Frankfurt/M. 1995; Handbuch zur deutschen Bildungsgeschichte, Bd. 1 (Zus. mit Chr. Berg, A. Buck, Chr. Führ), München 1996; Die Deutsche Forschungsgemeinschaft in der Weimarer Republik und im Dritten Reich, München 1999; Res publica litteraria, Berlin 2000.

EDGAR HÖSCH, Prof. Dr. phil., geb. 1935, lehrt Geschichte Osteuropas und Südosteuropas an der LMU München und ist Leiter des Südost-Instituts und der Historischen Abteilung des Osteuropa-Instituts in München.
Veröff. u. a.: Evgenij Viktorovič Tarle (1875–1955) und seine Stellung in der sowjetischen Geschichtswissenschaft, Wiesbaden 1964; Die Kultur der Ostslaven, Wiesbaden 1977; Geschichte der Balkanländer. Von der Frühzeit bis zur Gegenwart, München 1988, 3. Aufl. 1995; Reformer und Reformen in Osteuropa (Hrsg. zus. mit F.-L. Altmann), Regensburg 1994; Geschichte Rußlands vom Kiewer Reich bis zum Zerfall des Sowjetimperiums, Stuttgart 1996; (Hrsg.): Jahrbücher für Geschichte Osteuropas, Südost-Forschungen, Südosteuropa und Russia Medieval.

BJÖRN HOFMEISTER, M. A., geb. 1973, Studium der Geschichte, Politikwissenschaften und Soziologie in Berlin, der University of Sussex/Großbritannien und der Duke University/USA. Doktorand und Mitarbeiter am Institut für Geschichtswissenschaften der Humboldt-Universität zu Berlin; z. Zt. Research Fellow an der University of Sussex.
Veröff.: Kaiserreich und Erster Weltkrieg 1871–1918. Deutsche Geschichte in Quellen und Darstellung. Band 8 (zus. mit R. vom Bruch), Stuttgart 2000 (2. Aufl. 2002).

GANGOLF HÜBINGER, Prof. Dr. phil., geb. 1950, lehrt Vergleichende Kulturgeschichte der Neuzeit an der Europa-Universität Viadrina, Frankfurt/Oder.
Veröff. u. a.: Georg Gottfried Gervinus, Göttingen 1984; Intellektuelle im Deutschen Kaiserreich (Hrsg. zus. mit W. J. Mommsen), Frankfurt a. M. 1993; Kulturprotestantismus und Politik. Zum Verhältnis von Liberalismus und Protestantismus im Wilhelminischen Deutschland, Tübingen 1994; (Hrsg.) Versammlungsort moderner Geister. Der Eugen-Diederichs-Verlag, München 1996; Kultur und Kulturwissenschaften um 1900, 2 Bde. (Hrsg. zus. mit R. vom Bruch, F. W. Graf), Stuttgart 1989/1997; Kritik und Mandat (Hrsg. zus. mit Th. Hertfelder), Stuttgart 2000; Mitherausgeber der Kritischen Gesamtausgabe der Werke von Ernst Troeltsch.

SUSUMU ISHII (†), Dr. phil., em. Prof. für Geschichte Japans im Mittelalter an der Universität Tokyo, Japan.
Veröff. u. a.: Der japanische Staat des Mittelalters, Tokyo 1970; Der Charakter des japanischen Mittelalters – Eine Diskussion in der japanischen Geschichtswissenschaft, in: Bochumer Jahrbuch zur Ostasienforschung 2, 1979.

HANS-JOACHIM KÖNIG, Prof. Dr. phil., geb. 1941, lehrt an der Katholischen Universität Eichstätt-Ingolstadt Geschichte Lateinamerikas und ist Mitdirektor des dortigen Zentralinstituts für Lateinamerika-Studien.
Veröff. u. a.: Auf dem Wege zur Nation. Nationalismus im Prozeß der Staats- und Nationbildung Neu-Granadas 1750–1856, Stuttgart 1988; Der europäische Beobachter außereuropäischer Kulturen. Zur Problematik der Wirklichkeitswahrnehmung (Hrsg. zus. mit W. Reinhard, R. Wendt), Berlin 1989; Die Entdeckung und Eroberung Amerikas 1492–1550, Freiburg/Würzburg 1992; Das Bild Lateinamerikas im deutschen Raum (Hrsg. zus. mit G. Siebenmann), Tübingen 1992; Transatlantische Perzeptionen: Lateinamerika – USA – Europa in Geschichte und Gegenwart (Hrsg. zus. mit S. Rinke), Stuttgart 1998; (Hrsg.) El indio como sujeto y objeto de la historia latinoamericana. Pasado

y presente, Frankfurt a. M./Madrid 1998; Estado-nación, Comunidad indígena, Industria. Tres Debates al final del Milenio (Hrsg. zus. mit T. Platt, C. Lewis), Ridderkerk 2000.

CHRISTOPH FRHR. VON MALTZAHN, Dr. phil., geb. 1943, Geschäftsführer der Arbeitsgemeinschaft außeruniversitärer historischer Forschungseinrichtungen in der Bundesrepublik Deutschland e. V. (AHF) und Leiter der Redaktion des «Jahrbuchs der historischen Forschung» und der «Historischen Bibliographie».
Veröff. u. a.: Heinrich Leo (1799–1878). Ein politisches Gelehrtenleben zwischen romantischem Konservatismus und Realpolitik, Göttingen 1979.

GERT MELVILLE, Prof. Dr. phil., geb. 1944, lehrt Geschichte des Mittelalters an der TU Dresden.
Veröff. u. a.: Im Spannungsfeld von Recht und Ritual. Kommunikation in Mittelalter und früher Neuzeit (zus. mit H. Duchhardt), Köln 1997; Das Öffentliche und Private in der Vormoderne (zus. mit P. v. Moos), Köln 1998; Institutionalität und Symbolisierung, Köln 2001; Hrsg. der Reihen Vita regularis; Norm und Struktur.

JEAN-MARIE MOEGLIN, Prof. Dr. phil., geb. 1955, lehrt Mittelalterliche Geschichte an der Universität Paris XII–Val de Marne und an der École pratique des Hautes Études.
Veröff. u. a.: Les Ancêtres du prince. Propagande politique et construction d'une histoire nationale en Bavarière au Moyen Age (1180–1500), Genf 1985; Spätmittelalter 1250–1495. Deutsche Geschichte in Quellen und Darstellung. Bd. 2 (zus. mit R. A. Müller), Stuttgart 2000.

RAINER A. MÜLLER, Prof. Dr. phil., geb. 1944, lehrt Geschichte der Frühen Neuzeit an der Katholischen Universität Eichstätt-Ingolstadt.
Veröff. u. a.: Universität und Adel, Berlin 1974; Die Matrikel der Universität Ingolstadt 1750–1800, München 1979; Die Zahnheilkunde in Kunst und Kulturgeschichte (zus. mit H. Lässig), Köln 1983; Universitäten und Hochschulen in Deutschland, Österreich und der Schweiz (Hrsg. zus. mit L. Boehm), Düsseldorf 1983; (Hrsg.) Unternehmer-Arbeitnehmer. Lebensbilder aus der Frühzeit der Industrialisierung in Bayern, München 1985; Akademische Ausbildung zwischen Staat und Kirche, Paderborn 1986; Geschichte der Universität – Von der mittelalterlichen «universitas» zur modernen deutschen Hochschule, München 1990; Formen außerstaatlicher Wissenschaftsförderung im 19. und 20. Jahrhundert (Hrsg. zus. mit R. v. Bruch), Stuttgart 1990; Der Fürstenhof in der Frühen Neuzeit, München 1995; (Gesamthrsg.) Deutsche Geschichte in Quellen und Darstellung, 11 Bde., Stuttgart 1995–2001.

JÜRGEN OSTERHAMMEL, Prof. Dr. phil., geb. 1952, lehrt Neuere und Neueste Geschichte an der Universität Konstanz.
Veröff. u. a.: Britischer Imperialismus im Fernen Osten. Strukturen der Durchdringung und einheimischer Widerstand auf dem chinesischen Markt 1932–1937, Bochum 1983; Imperialism and after (Hrsg. zus. mit W. J. Mommsen), London 1986; Max Weber and his Contemporaries (Hrsg. zus. mit W. J. Mommsen), London 1987; (Hrsg.) Britische Übersee-Expansion und britisches Empire vor 1840, Bochum 1987; China und die Weltgesellschaft. Vom 18. Jahrhundert bis in unsere Zeit, München 1989; Kolonialismus, München 1995; Shanghai, 30. Mai 1925. Die Chinesische Revolution, München 1997; Die Entzauberung Asiens. Europa und die asiatischen Reiche im 18. Jahrhundert, München 1998; Internationale Geschichte (Hrsg. zus. mit W. Loth), München 2000; Geschichtswissenschaft jenseits des Nationalstaates, Göttingen 2001.

KIRAN KLAUS PATEL, Dr. phil., geb. 1971, Wissenschaftlicher Mitarbeiter am Institut für Geschichtswissenschaften der Humboldt-Universität zu Berlin.

Veröff.: «Soldaten der Arbeit.» Arbeitsdienste in Deutschland und den USA, 1933–1945. Diss. (im Druck). Aufsätze zu Arbeitspolitik, Lagersystemen und Erziehung im Nationalsozialismus und im New Deal sowie zu den Beziehungen zwischen beiden Gesellschaften.

WALTER PREVENIER, Prof. Dr. phil., geb. 1934, lehrt in Gent, Princeton, Columbia (N. Y.).
Veröff. u. a.: Die burgundischen Niederlande (zus. mit W. Blockmans), Weinheim 1986; In de ban van Bourgondië, Houten 1988; The promised lands. The Low Countries under Burgundian Rule 1369–1530 (zus. mit W. P. Blockmans), Philadelphia 1999; From Reliable Sources. An Introduction to Historical methods (zus. mit M. Howell), Ithaca, N. Y. 2001.

BERND RILL, Jurist und Historiker, geb. 1948, Wissenschaftlicher Referent in der Hanns-Seidel-Stiftung München.
Veröff. u. a.: Deutsche und Polen, Puchheim 1981; Tilly – Feldherr für Kaiser und Reich, München 1984; Kemal Atatürk, Reinbek 1985; Friedrich III.: Habsburgs europäischer Durchbruch, Graz 1987; mit F. Majoros: Bayern und die Magyaren, Regensburg 1990; Karl VI. – Habsburg als barocke Großmacht, Graz 1992; mit F. Majoros: Das Osmanische Reich, Regensburg 1994; Sizilien im Mittelalter, Darmstadt 1995; Kaiser Matthias: Bruderzwist und Glaubenskampf, Graz 1999; Aktuelle Profile der islamischen Welt, München 1998; Der europäische Gedanke, München 2001.

HELGE SALVESEN, Prof. Dr. phil., geb. 1947, lehrt Mittelalterliche Geschichte, samische Geschichte und historische Methode an der Universität Tromsö/Norwegen; Direktor der Univ.-Bibliothek.
Veröff. u. a.: Ödegårdstid i Norge (zus. mit J. Sandnes), Oslo 1978; Jord i Jemtland, Östersund 1979; und viele Aufsätze.

LUISE SCHORN-SCHÜTTE, Prof. Dr. phil., geb. 1949, lehrt Neuere Allgemeine Geschichte unter besonderer Berücksichtigung der Frühen Neuzeit an der Universität Frankfurt/Main.
Veröff. u. a.: Karl Lamprecht. Kulturgeschichtsschreibung zwischen Wissenschaft und Politik, München 1984; Evangelische Geistlichkeit in der Frühneuzeit, Gütersloh 1996; Die Reformation, 2. Aufl. München 2000; Karl V., 2. Aufl. München 2000.

WOLFGANG STUMP (†), Dr. phil., geb. 1938, Lehrbeauftragter an der Hochschule für Politik in München.
Veröff. u. a.: Geschichte und Organisation der Zentrumspartei in Düsseldorf 1917–1933, Düsseldorf 1971.

WOLFGANG WEBER, Prof. Dr. phil., geb. 1950, Geschäftsführender wissenschaftlicher Sekretär des Instituts für Europäische Kulturgeschichte der Universität Augsburg.
Veröff. u. a.: Priester der Klio, 2. Aufl. Frankfurt a. M. 1987; Prudentia gubernatoria, Tübingen 1992; (Hrsg.): Der Fürst. Idee und Wirklichkeiten in der europäischen Geschichte, Köln/Weimar/Wien 1998; Art. Universalgeschichte, in: M. Maurer (Hrsg.): Aufriß der Historischen Wissenschaften. Bd. 2: Räume, Stuttgart 2000.

HARTMUT WOLFF, Prof. Dr. phil., geb. 1941, lehrt an der Universität Passau Alte Geschichte.
Veröff. u. a.: (Hrsg.) Andreas Alföldi. Studien zu Caesars Monarchie und ihren Wurzeln, Bonn 1985; Heer und Integrationspolitik (zus. mit W. Eck), Köln 1986; (Mithrsg.) Das Christentum im bairischen Raum: von den Anfängen bis ins 11. Jahrhundert, Köln 1994.

HELMUT ZEDELMAIER, PD Dr. phil. habil., geb. 1954, lehrt Neuere Geschichte an der LMU München.
Veröff. u. a.: Bibliotheca universalis und Bibliotheca selecta. Das Problem der Ordnung des gelehrten Wissens in der frühen Neuzeit, Köln/Weimar/Wien 1992; Johann Lorenz von Mosheim – Theologie im Spannungsfeld von Philosophie, Philologie und Geschichte (Hrsg. zus. mit M. Mulsow, R. Häfner, F. Neumann) Wiesbaden 1997; Skepsis, Providenz, Polyhistorie. Jakob Friedrich Reimmann (Hrsg. zus. mit M. Mulsow), Tübingen 1998; Die Praktiken der Gelehrsamkeit in der Frühen Neuzeit (Hrsg. zus. mit M. Mulsow), Tübingen 2001; Der Anfang der Geschichte. Studien zur Ursprungsdebatte im 18. Jahrhundert (im Druck).

Verzeichnis der Autorensiglen

H. B.	Hartmut Beister, Dr., München
H. W. B.	Horst Walter Blanke, PD Dr., Bielefeld
L. B.	Laetitia Boehm, Prof. em. Dr., München
E. B.	Ernst Breisach, Prof. em. Dr., Michigan/USA
R. v. B.	Rüdiger vom Bruch, Prof. Dr., Berlin
H. C.	Hans Cymorek, Dr., Berlin
H. D.	Harald Dickerhof, Prof. Dr., Eichstätt
M. R. D.S.	Maria Rosa Di Simone, Prof. Dr., Teramo, Rom/Italien
A. E.	Andreas Eckert, Dr., Berlin
B. F.	Bernd Faulenbach, Prof. Dr., Bochum
H. F.	Helmut Flachenecker, PD Dr., Göttingen
H. G.	Horst Glassl, Prof. Dr., München
B. G. B.	Beate Gödde-Baumanns, Dr., Duisburg
N. H.	Notker Hammerstein, Prof. em. Dr., Frankfurt/Main
E. H.	Edgar Hösch, Prof. Dr., München
B. H.	Björn Hofmeister, M. A., Berlin
G. H.	Gangolf Hübinger, Prof. Dr., Frankfurt/Oder
S. I.	Susumu Ishii, Prof. em. Dr., Tokyo/Japan †
H. J. K.	Hans-Joachim König, Prof. Dr., Eichstätt
C. v. M.	Christoph Frhr. v. Maltzahn, Dr., München
G. M.	Gert Melville, Prof. Dr., Dresden
J. M. M.	Jean-Marie Moeglin, Prof. Dr., Paris/Frankreich
R. A. M.	Rainer A. Müller, Prof. Dr., Eichstätt
J. O.	Jürgen Osterhammel, Prof. Dr., Konstanz
K. K. P.	Kiran Klaus Patel, Dr., Berlin
W. P.	Walter Prevenier, Prof. Dr., Gent/Belgien
B. R.	Bernd Rill, München
H. S.	Helge Salvesen, Prof. Dr., Tromsö/Norwegen
L. S. S.	Luise Schorn-Schütte, Prof. Dr., Frankfurt/Main
W. S.	Wolfgang Stump, Dr., München †
W. W.	Wolfgang Weber, Prof. Dr., Augsburg
H. W.	Hartmut Wolff, Prof. Dr., Passau
H. Z.	Helmut Zedelmaier, PD Dr., München

Aus dem Verlagsprogramm

Große Geschichtsschreibung

Jacob Burckhardt
Werke
Kritische Gesamtausgabe
Band 2: Der Cicerone
Eine Anleitung zum Genuss der Kunstwerke Italiens. Architektur und Sculptur.
Herausgegeben von Bernd Roeck, Christine Tauber und Martin Warnke unter Mitarbeit von Katja Amato und Sibylle Backmann.
2001. 827 Seiten. Leinen
Band 3: Der Cicerone
Eine Anleitung zum Genuss der Kunstwerke Italiens. Malerei.
Herausgegeben von Bernd Roeck, Christine Tauber und Martin Warnke unter Mitarbeit von Katja Amato und Sibylle Backmann.
Band 5: Die Baukunst der Renaissance in Italien
nach der Erstausgabe der «Geschichte der Renaissance in Italien» herausgegeben von Maurizio Ghelardi.
2000. 533 Seiten mit 221 Abbildungen. Leinen
Band 6: Das Altarbild – Das Portrait in der Malerei – Die Sammler
Beiträge zur Kunstgeschichte von Italien.
Aus dem Nachlaß herausgegeben von Stella von Boch, Johannes Hartau, Kerstin Hengevoss-Dürkop und Martin Warnke.
2000. 592 Seiten. Leinen
Band 10: Ästhetik der bildenden Kunst – Über das Studium der Geschichte
Mit dem Text der «Weltgeschichtlichen Betrachtungen» in der Fassung von 1905.
Aus dem Nachlaß herausgegeben von Peter Ganz.
2000. 695 Seiten. Leinen

Marc Bloch
Die wundertätigen Könige
Aus dem Französischen von Claudia Märtl
Mit einem Vorwort von Jacques Le Goff.
1998. 555 Seiten mit 5 Abbildungen. Leinen
C. H. Beck Kulturwissenschaft

Natalie Zemon Davis
Die schenkende Gesellschaft
Zur Kultur der französischen Renaissance
Aus dem Amerikanischen von Wolfgang Kaiser
2002. 232 Seiten mit 23 Abbildungen. Paperback
C. H. Beck Kulturwissenschaft

Verlag C. H. Beck München